山口に残る古代地上絵五形図の謎

池畑孝次郎著

東洋出版

はじめに

　五形図の地上絵を紹介する前に、前作『山口に残る古代地上絵　北斗図の謎』について少し振り返ってみたいと思います。（105-62）

　前作を上梓した目的は、古代の山口——周芳国に描かれた最大、最古の地上絵・北斗図を紹介することに尽きます。

　北斗図とは、北斗七星（北極星を含める）と二十八宿（天球の赤道にある28の星座）を4つに分けた一つ南方朱雀宿（井、鬼、柳、星、張、翼、軫の7星座を含む領域）、さらに西北に向かって飛翔する鳳凰と思われる3つの図形で構成された地上絵のことで、精確な測量と設計を基に描かれています。（59-55）（279-1-264）（357-82）

　最大とする理由は、北斗図全体で南北約25km、東西約28kmの規模があり、おそらく世界最大の地上絵と考えられるからです。

　その証拠に、有名なナスカ（ペルー共和国）の地上絵で最大とされる鳥形図（ペリカンと推測される）でも285mの大きさしかありません。（396-38）

　例えば北斗図では、北斗七星第1星（北辰妙見社／山口市大内氷上）から第7星（月読神社／山口市仁保大向）までの直線距離が11522m、これはナスカの地上絵の約40倍になり、その規模の大きさが判ります。

　我が国で最古とする理由は、この地上絵が飛鳥時代の天武天皇十年(681)辛巳に描かれたと推測されるからです。

　しかも、地図上に単純に線を引いたのではなく、経・緯度から計算された数字の確かな裏付けがある地上絵の発見例が、検索した範囲では北斗図以外に現時点では報告されていないからです。

　精確な測量と設計に基づくとする理由は、大宝律令（701年制定）により施行された条里制（誤差0.7%）よりも誤差が少なく精度が高い設計例を多く認めたからです。（第1章／五形図と条里制の精度比較）

　この地上絵は、天武天皇十一年(682)壬午の年に予想された洪水を避けるための呪術的対策の一つで、壬午の干支のうち壬、すなわち「天の水」が洪水を予想させた第一の理由でした。

　現代では一般的に、子年生れ、丑年生れなど十二支を人の運勢や性格判断に用いるだけですが、しかし、古代人の干支に対する思想・信仰は現代人の想像を遥かに超えるものがありました。

　太陽と月の運行を観測して造られた暦の干支は人為的に変更することができない絶対的な指標で、その中には時間と空間と方位、そして物質に到るまでのさまざまな情報が含まれていました。

　その壬午から予想される洪水に対して、大和から見て西方の周芳国に北斗図を描き、東方の伊勢国には多気大神宮（瀧原宮／三重県度会郡大紀町）を整備したと推測されます。

　これは天子（天皇）にとって最も重要とされた宗廟祭祀（祖先の霊を祀ること）を実現した事業で、道教の星信仰（北斗七星と織女星の祀り）に基づいて宗廟祭祀を行えば洪水を防ぐことができる、とする思想が根拠です。（7-541）（570-111）

　さらに、北斗図の謎を追及する過程で思わぬ問題が明らかになりました。

　それは、壬申の乱(672)で自害に追い込まれた大友皇子の怨霊が存在した可能性です。

　『史記』魯周公世家第三に、子孫の祭祀を受けなければ先祖の霊が祟る、とする思想があり大友皇子の霊は

充分に祟る理由がありました。(279-1-360)

天武天皇の最晩年、朱鳥元年(686)に大友皇子の遺子・与太王の嘆願を承けて園城寺（通称・三井寺／滋賀県大津市）が建立されるまで、大友皇子の霊は供養を受けていません。

『日本文学の民俗学的研究』の中で三谷栄一氏は、非業の死を遂げた人の魂魄が特に荒ぶる、と述べています。(268-6)(464-2-98)

同じ年の六月「天皇の病は草薙剣の祟り」と卜占され、草薙剣に憑依したのが実は大友皇子の怨霊でした。

天武紀（日本書紀）の一面は祟りに怯え続けた記録であり、その怨霊を鎮める呪術的対策の一つとして北斗図が描かれた可能性があります。(391-2-478)

　呪術とは超人的な力を操作して目的を果たそうとする技術である、と『日本の俗信』にあります。(111-77)

要するにお呪いのことで、お金が欲しい、若返りたい、旨い物を食べたい、など限りない人の欲望を満たそうとする技術です。

眉毛に唾を塗ると狐や狸に騙されないとか、財布に蛇の脱殻を入れておくとお金が貯まると期待する程度のものから、陰陽五行思想などで理論化された複雑な呪術まであり、本書で扱う呪術（お呪い）は後者になります。(61-1-57)(111-75)

　さて、本書では五形図を紹介します。

北斗図と同じように精確な測量と設計に基づいて描かれた地上絵です。

古代インドで発生した五大思想では宇宙を構成する要素（根源的なるもの）を5つに分類して五大（空・火・地・水・風）と呼び、その五大（五輪）の表現形が宝珠形・三角形・方形・円形・半月形です。

一方、古代中国の五行思想では、宇宙を構成する要素を同じく5つに分類して五行（木・火・土・金・水）と呼びました。

五大と五行は言葉の上で似ていても、それを生みだした思想は全く異なります。

五大の言葉には馴染がなくても、宮本武蔵の五輪書や五輪塔の五輪といえばかなり知られた言葉になります。

五輪とは、密教で五大を呼ぶ言葉でした。

この思想はインド仏教に取り入れられ、中国を経由して日本にも伝来しています。

インド仏教が中国で漢訳（中国語に翻訳）される際に五大と五行が習合された可能性もありますが、実態は判りません。（漢訳に際して老荘思想や陰陽五行思想を含む道教の宗教用語が用いられた）(51-208)

　本書では、五輪（五大）の表現形を五形と呼んでいます。(表1-2)(177-21)(180-40)

その理由は、五輪塔の成立時期が平安時代中期(901〜1068)ころとされ、本書で問題にする地上絵が描かれた時代（文武紀から元明紀）と最大370年余り離れているからです。（五輪石塔は仁安二年［1167年］の記事が最古／中尊寺）(20-418)(219-118)(509-3,-6)

したがって、仮に五輪図とした場合、後代に成立した五輪塔の造形と混乱する恐れがあります。

五大（五輪）の思想はすでに伝来しており、地上絵が描かれた時期とさほど離れていない時期に成立した『大日経疏』（開元一三年［725年］以後に成立した大日経の注釈書）には、ばらばらに描かれた五輪の表現形が記述されていることもあり、混乱を避けるため五輪図とせずに五形図としました。(20-947)

つまり、五輪塔の造形が成立する以前の五輪の表現形をそのまま地上に描いた図形、それが五形図です。

　五輪塔に関連して五重塔の起源は、インド仏教で釈迦の遺骨を納めるための墓標であるストゥーバ（Stupa／塚）とされ、五輪の造形とする説は後代になってからの意味付けと思われます。(327-204)(509-6)

五輪塔の成立時期から考えて、世界最古の法隆寺五重塔（7世紀末〜8世紀初）は五輪の造形である、とする説が成立するとは考えられません。

古代中国の仏塔についても、五輪を象徴すると指摘した説は見当たりません。(202-9)(248-175)(291-31)(327)

墓地に立てる卒塔婆（本来は釈迦の遺骨を納める仏舎利塔）や高野山の参詣道に立てられた町石の造形も、橋の欄干にある擬宝珠の造形なども、五輪塔が成立したあとの造形と考えられます。(11-110)

五輪の造形は大陸にはなく、五輪塔は日本で考案されたとする説が有力で、五形図は五輪塔が成立する以前の五輪の表現形であることが重要です。(20-418)(509-3)

　　本書は五形図の全貌を紹介し、その動機と目的について考察しています。
北斗図が天文観測に基づいて描かれた具象的な図形であるのに対して、五形図は五大思想を基礎にした観念的な図形である点が異なります。
しかし、用いられた描点が神社（あるいは榜示石）や山であることは同じです。（現在は神社であったとしても最も初期の描点の実態については不明）
また、描点の位置を決定するのに山立て（測量基点とする）を多用した方法を採用し、北斗図の測量と設計よりもやや複雑です。
基点として採用された山は、「聖なる神の坐ます山」と信奉されていた可能性があります。（第5章／設計線に根拠を与える思想）

　　実のところ、北斗図より先に発見したのが五形図で、山口市平川にある泉香寺山を交点とする南北軸と東西軸を発見したのが始まりでした。
南北軸は泉香寺山とショウゲン山（東鳳翻山に連なる尾根の一つ）を結ぶ軸、東西軸は故五宮（山口市朝田）と泉香寺山そして毛割若宮跡（山口市下小鯖）を結ぶ軸で、この2軸で山口盆地には象限が描かれたことになります。
つまり、ショウゲン山の「ショウゲン」は、この「象限」に由来すると考えられます。

　　五形図は、北斗図より約20から30年後に描かれたと推測しています。
やはり呪術的色彩が強く、描かれた時期については3つの候補が考えられ、それぞれの動機と目的には異なる部分があります。
　　第1候補は、文武二年(698)戊戌です。
この年、東方の伊勢国に伊勢皇大神宮（内宮）を創建して皇祖神アマテラスを祭祀し、西方の周芳国に五形図を描いたと推測されます。(98-1-4)
陰陽五行思想では陰陽・東西の調和を計ることが最も基本的な思考原理ですから、東で陽の伊勢国に神宮を創建すれば、西で陰の周芳国にそれに見合う国家的事業を実行する、それが地上絵でした。
北斗図が北斗七星と織女星の星信仰で調和を保っていたように、五形図では太陽神・アマテラスと密教の根本仏・大日如来（アマテラスと同一視される）で調和を保っています。(340-170)(422-150)
その根拠の一つは、大日如来の胎内に納められた水晶製の五輪塔と五輪塔を象った木札にあり、五輪塔は大日如来を象徴していると考えられます。(図5-21)(63-72)(281-34)(305-12)(446-29)
したがって、五輪（五大）の表現形である五形図は大日如来を象徴していることになります。
　　第2候補は和銅三年(710)庚戌の年で、平城京遷都と対をなす国家的事業として五形図が描かれたと考えます。
平城京遷都(710)は持統元年(687)から23年目になり23は三才（天・地・人）の和（9＋8＋6）で、遷都が持統天皇（称制）と聖数関係にある神聖な事業として位置付けられています。（事績は『日本古代史年表』にしたがった）
五形図を描くことは呪術的対策の一つで、和銅年間には他にも壮大で夥しい対策が実行されました。
中には、和同開珎の発行(708)、大崎玉祖神社（防府市大崎）の祭神を高安（大阪府八尾市）へ勧請(710)すること、出雲大神宮（京都府亀岡市）の創建(709)と祭神を杵築神社（出雲市大社町）へ遷座(710)させること、伏見稲荷大社（京都市伏見区深草）の創建(711)、さらに平城京遷都(710)、『古事記』撰上(712)までも含まれる可

能性があります。

五行「金生水の法則」から「水気」洪水を生む「金気」は都から遠ざけられ、「土剋水の法則」から「水気」洪水を消し去る「土気」は都の近くへ招かれた、あるいは創造された、と考えられます。

　第3候補は大宝二年(702)壬寅、持統天皇の崩御に伴って失われた「土徳」を補う目的で五形図が描かれたと考えられます。

その動機には、やはり壬子の年に予想された洪水が念頭に存在したはずです。

　史料を詳しく解析すると、壬申の乱から10年後の天武十一年壬午、20年後の持統六年壬辰、30年後の大宝二年壬寅、40年後の和銅五年壬子など、壬の年には重要な事績が記録され北斗図と五形図が描かれた時期とも重なり、これらは偶然とは思えない符合です。

つまり、干支の持つ意味は重大で、国政を動かすほどの呪力が含まれていました。

さらに、大友皇子の怨霊の祟りが持統朝から文武朝、元明朝まで終息していなかった可能性もあります。

（170-36）（341-255）（438-10）（494-13）（518-38）（519-10）

古代日本へ伝来した災異思想は、日本人の価値観を支配し時代を動かしたのです。（369）

　呪術的色彩の強い地上絵が描かれた周芳国の位置には、それを描くだけの確かな理由が存在したはずで、偶然に決定されたとは考えられません。

『周礼』考工記（営国）に「左祖右社」という言葉があります。（372-35）（405-10）（457-269,-394,-740）

それは、天子が南面した場合、左側すなわち東方に宗廟（祖廟）を置き、右側すなわち西方に社稷（土地の神と五穀の神）を置くという思想です。（厳密に区別する説に対して本書では天子と皇帝を併用している）（176-6）

この思想に基づいて、東方の伊勢国には宗廟として多気大神宮（瀧原宮）と伊勢皇大神宮を配し、西方の周芳国には社稷として北斗図と五形図を描いたと考えられます。（元伊勢社には諸説ある）（490-1-21）

つまり、隻翼（片羽）の鳥が飛べないように、伊勢国と周芳国は共に欠くことのできない両翼として朝廷の祭祀を支えてきたのです。

伊勢国に創建された神宮は朝廷の宗廟として、周芳国に描かれた地上絵は社稷として、1300年間、国家と国民の安泰を祈り続けてきたことになります。

五形図から800年余りのち、大内義興(1477～1529)が国内で唯一、伊勢皇大神宮の分霊を周芳国山口へ勧請することができた理由の一つには、朝廷の祭祀を支えてきた史実が伝えられていた可能性があります。

　本書の構成は、第1章五形図の発見とその全貌、から始まり、第2章五形図が描かれた時期の3候補、第3章時代を動かした災異思想、第4章地上絵から空間設計の問題へ、第5章地上絵の謎――残された素朴な疑問、で終章になります。

五形図の発見を始め、洪水に対する恐怖と「土気」への篤い思想・信仰、銅銭の発行が呪術であった可能性、時代を動かした災異思想、空間設計の痕跡と空間考古学が成立する可能性、地上絵の謎についての素朴な疑問など、五形図の謎を解明することが北斗図の謎をいっそう明らかにすることに繋がりました。

　ところで、干支や瑞祥と災異、五行の法則、聖数関係、陰陽の言葉や『易経』の卦などを用いた解析は一般的な歴史研究の在り方とは異なり、読者を混乱させる恐れが予想されることから、前もってお断りをしておきます。

著者にとって本書で扱う内容の大部分が専門外の問題であるため、多くの文献を引用しながら推論を進めました。

結果、引用文が長くなった感がありますが、できるだけ恣意的な偏った解釈を避けるための配慮です。

なお、呪術的な視点からの解析であっても、現実的な問題を無視する方法ではなく目的でもありません。

歴史にもいろいろな側面があり、視点によって歴史の違った側面を知ることが期待できる、という意味です。

私見を理解して戴くために、時に断定的な表現を用いたこと、必要に応じて繰り返し説明した結果、文書がやや煩雑になったこと、などをお詫びします。

前作と本書は、全く専門外の素人が、偶然に発見した地上絵が存在する事実を説明し、その謎を明らかにするために悪戦苦闘した足跡の記録、と理解して戴ければ幸いです。

すべては地上絵の謎を解明するための試みでしかなく、今後の研究に期待される部分が多く残されています。

　最後に、地上絵を発見するまでに340地点余りの山や神社を調査しました。

その中には荒廃した森林に蝕まれて朽ちてしまったお社もあり、地域の過疎化と高齢化で存続が危ぶまれるものも多くあります。

今、記録しておかなければ貴重な遺跡が失われる危機感が、執筆を急がせた動機の一つです。

前作『山口に残る古代地上絵　北斗図の謎』と本書を多くの方々に読んで戴き、山口に地上絵が存在する事実が認められれば、必ず貴重な歴史的遺産として将来にわたり保存されると信じています。

地上絵が残されていた事実が、永い歴史のある山口の新たな誇りになり歴史の一頁に刻まれれば幸いです。

調査対象と計測方法、表記と凡例

＊調査対象は、原則として「鳥居が存在する神社」と定義し、鳥居のない小さな祠は除外した。

＊国土地理院の五万分一地形図上で「小郡」「山口」「長門峡」「防府」に含まれる鳥居の印があるものの約72%を実地調査した。

＊実地調査できなかった位置の経・緯度は、国土地理院地図閲覧サービスで求めた。

＊GPSは、GARMIN社製のOREGONN300日本版を用いた。

＊経・緯度と標高を計測する位置は、原則として神社拝殿前（寺院本堂前、石組は中央）、山の場合は三角点（頂上）とした。

＊経・緯度の表記は、60進数（度分秒）で北緯・東経（000000, 0000000）とした。

　　　　例）泉香寺山（340816, 1312723）　　多々良山（340419, 1313502）

＊古代に存在した経すなわち南北軸と緯すなわち東西軸を現代の経・緯度の表記で示した。

＊距離と方位角の値は、国土地理院の測量計算サイトで計算して求めた。

＊計器上の誤差、経・緯線に含まれる潜在的な幅（緯度34°付近で1″が31m）について考慮せず、計算結果に反映しなかった。

＊方位角の表記は、北を0°として時計周りの左手系を用い、文中では特に必要な場合を除いて単位を省略し経・緯度と同じ表記とした。

＊地形図は、国土地理院の五万分一地形図（柾判旧版地図を含む）と地図閲覧サービスの地形図、そして数値地図50000（山口・福岡・大分）CD-ROM版を用いた。(425)

＊空中写真は、国土地理院の空中写真閲覧サービスと地図センターより購入した写真を用い、またGoogle航空写真から引用した。

＊星座の形や過去の星座位置の確認などは、『つるちゃんのプラネタリウム』・シェア版3.5.2を用いた。

＊十二支で表現した一年の構図（消息図）などは、理解し易いように原則として紙面の上を北として図示したが、北斗七星が南中する天球図は北極星より上を南として図示している。

＊年月日の表記は、原則として旧暦は漢数字を、グレゴリオ暦（新暦）は洋数字（算用数字）を用いた。

＊年月日の干支が資料に記載されていない場合には、年表から計算して求めた。

＊史料中に記載のない日付の表記には洋数字を用いて加筆した。

例）天武十二年(683) 癸未 春正月 己丑朔 丙午(18)　　和銅五年(712)壬子秋七月 戊辰朔 壬午(15)

＊参考文献は、原則として著者名（あるいは文献名）のabc順に数字を宛てて巻末にまとめた。

＊本文中の表記は（数字-頁）とし、全集などの場合には（数字-巻-頁）あるいは（数字-上-頁）とし、巻一、巻二などの表記は洋数字を用いて1、2とし、上・中・下の表記も1, 2, 3とし、春夏秋冬の場合も季節順に1. 2. 3. 4. とした。

＊図表の表記は、図（表）章-序数、とした。

＊参考資料で用いた図表の表記は、図（表）参-序数、とした。

＊用いた図と写真で出典の記載が無いものは、著者自身による作図、撮影写真である。

＊頻出する書籍名は初出を除いて可能な限り略し、例えば『日本書紀』は『書紀』とした。

＊煩雑さを避けるために中大兄皇子、大海人皇子の表記は用いず、時期は問わずにすべて天皇名で表した。
持統上皇も持統天皇とし、大友皇子の場合は、即位の有無を議論しているわけではないので弘文天皇の表記も用いている。

＊引用した資料には必要に応じてルビを付し傍点を打ち、図表や文章を改変、加工したことを示す記述を適宜挿入した。（ルビ著者）：ルビは著者による付記　（傍点著者）：傍点は著者による付記

＊全調査対象は紙面の都合もあり、前作を参照されたい。

目次

はじめに	3	調査対象と計測方法、表記と凡例	8

第 I 章　五形図の発見とその全貌

はじめに	16	参道は設計線の痕跡	60
発見するまでの経緯——すべては偶然の出会い	17	不明の谷山付近	62
五形図の全貌	21	北斗図と五形図で共通して用いられた「聖なる軸」	
五大と五行について	21	——泉香寺山と龍穴	62
五形について	22	321°の方位線「聖なる軸」と鳳凰図の描かれた時期	
三角形——最初に発見した地上絵	23	について	63
円形	26	五形図には含まれない基点と設計線	64
泉香寺山と向島立岩稲荷大明神奥宮を結ぶ「聖なる軸」		大崎玉祖神社	64
の発見	27	田島玉祖神社	67
方形	29	赤田神社	67
宝珠形	31	平井日吉神社と白石伝説	71
半月形	33	老松神社	72
北斗図と五形図で用いられた描点の相違	35	国津姫神社——立岩稲荷奥宮を望む拝殿	75
北斗図の構成要素	35	「龍神の棲む龍穴」を望む壮大な設計——宗廟を	
五形図の構成要素	37	忘れない徳	77
五形図の描点を決定するための基点	37	くり返される巽乾軸の設計	78
泉香寺山	39	東鳳翔山と氷上山を繋ぐ巽乾軸	79
金成山	41	高倉荒神（竈神）と巽乾軸の設計——戌亥（乾）の	
秋穂岩屋山	43	信仰	81
西目山西嶺	45	周防国衙の指北の振れと地上絵の基本的設計線	83
五形図の設計線と描点の位置の決定	46	毛利邸祖霊社と立岩稲荷本宮を結ぶ設計線	83
土師八幡	47	興隆寺参道の設計線	87
土師八幡の重要性	50	多々良山山麓に充満する「蛇」	89
大内畑伊勢社跡	52	大和と周芳に共通した設計——設計線に根拠を	
毛割若宮跡	53	与える思想	91
陶春日神社	54	「龍神の棲む龍穴」への信仰に基づく設計	91
藪台春日神社	55	「聖なる神の坐ます山」を基点とする設計思想	93
故五宮	56	周芳の建石と楯築遺跡の立石の類似性	94
古四宮	57	調査対象から描点を選び出す方法	96
朝田神社	58	誤差の判断基準	96

| 五形図と条里制の精度比較 | 98 | 本章のまとめ | 99 |

第2章　五形図が描かれた時期の3候補

はじめに	102
考えられる3つの候補	102
候補として選んだ根拠	103
解析方法	104
宗廟祭祀の重要性	105
聖数関係で組み立てられた事績	105
大災害を予測した記録の一例	107
文武紀の解析	108
即位前紀	108
文武元年（697）丁酉——瑞祥と災異	109
文武天皇の「金徳」を象徴する「金気」の瑞祥	109
災異の例数と内容	111
瑞祥と災異の例数の比較（北斗図と五形図に関して）	112
文武朝から元正朝までの日食記事の信憑性	113
「金徳」を扶翼する呪術的政策	115
杠谷樹は「金気」扶翼の呪術	115
文武二年（698）戊戌——五形図第1候補	118
伊勢国と周芳国の連繋した動き	119
土左大神からの献上品	121
本長谷寺銅板法華説相図と天武天皇	123
文武三年（699）己亥	125
天武天皇と役行者	125
蔵王堂建立と大友皇子の怨霊	127
合葬と入寂の共通項	129
多胎は「土気」扶翼の呪術	130
文武四年（700）庚子	130
五行の法則に基づく記述	130
神秘思想に基づく記述	131
白亀の献上——「金徳」を扶翼する瑞祥	131
大宝元年（701）辛丑——「土気」瑞祥改元	132
対馬から黄金を献上	132
瑞祥改元が多かった奈良時代	132
大宝二年（702）壬寅——五形図第3候補	133
持統天皇の予想外の崩御と強力な「土気」の喪失	133
金星の異変	134
「金気」から「土気」へ変化する瑞祥	134

文武天皇への忠言	135
大友皇子の怨霊による祟りが終息していなかった	
可能性	136
神馬献上	136
大宝三年（703）癸卯	137
火葬と合葬は「土気」を補充する呪術	137
慶雲元年（704）甲辰——「土気」瑞祥改元	138
慶雲は「土気」の瑞祥	138
木連理は「土気」補充の呪術	139
慶雲二年（705）乙巳	140
文武朝から元正朝までの疫と飢饉	140
慶雲三年（706）丙午	141
土牛と大儺	141
鬼門がないことにした呪術	143
祟りと疫気	145
慶雲四年（707）丁未——文武崩御の謎	145
文武崩御と「金気」忌避の呪術	145
遷都計画の詔	149
元明紀の解析	149
和銅元年（708）戊申——すべては和銅五年に	
向かって動き出した	149
「水気」が溢れる「壬子」の暗示	149
「土徳」を期待された元明天皇	150
「土気」瑞祥の頻出	151
和銅五年の干支を呪術的に午にするための改元	152
和銅献上	153
平城遷都の詔と四神相応の地	153
和銅二年（709）己酉	154
複数の聖数関係で結ばれた和銅二年	154
出雲大神宮創建は「金気」忌避	155
和銅三年（710）庚戌——五形図第2候補	156
平城京は巨大な「土気」の都	156
オオクニヌシ遷座と玉祖命勧請——「金気」忌避と	
「土気」歓迎	157
「金気」忌避と荒神谷遺跡／賀茂岩倉遺跡	158
「土気」を渇望した和銅三年	161

和銅四年(711)辛亥──伏見稲荷大社創建と
制水呪術 162
伏見稲荷大社創建は制水呪術 163
「金気」出雲神の祟り 164
耳土器と神事 166
紅白の対応について 170
和銅五年(712)壬子──「水気」が溢れる暗示 171
『古事記』撰上と「土気」 171
玄狐献上は洪水に止めを刺した呪術 172
騎乗の狐 173
天命を表す聖数15が用いられた事績 175
和銅五年と聖数関係で結ばれる記録 176
北斗図と五形図の候補の比較 177
洪水が予想された年の干支の相違点と呪術的対策 177
稗化為禾献上は制水呪術 178
本章のまとめ 180
参考資料1──必要な陰陽五行思想の概略 181
はじめに 181
陰陽思想（陰陽説）について 181
五行思想について 182

陰陽思想と五行思想が習合した陰陽五行思想 183
五気の順序 184
五行の法則 184
五行の本体と本性 186
五気の生数と成数 187
五行配当表 188
十干と十二支 189
十二支の象意 191
十干の象意 192
支合と合日 192
「干合法則」 193
「三合法則」 194
方局と土用 196
河図と八卦 198
『易経』の六義 200
十二消息卦 202
洛書と九星 203
九星象意 204
伊吹山 206

第3章　時代を動かした災異思想

はじめに 210
地上絵の謎を解く鍵は宗廟祭祀と洪水の恐怖 210
董仲舒の災異思想 211
日本人の価値観を支配し行動を強く規制した
災異思想 212
五形図の動機と災異思想 214
洪水の恐怖 214
災異思想からみた時代の序破急 215
天武紀の序破急 215
文武紀から元明紀の序破急 216
詔から探る天皇の置かれた状況 219
天武十二年(683)癸未春正月己丑朔(18)の詔 219
哀帝の詔 221
文武天皇の慶雲二年(705)乙巳の詔 221
元明天皇の和銅五年(712)壬子九月丁卯朔己巳(3)
の詔 222
哀帝と文武の詔の比較 222
天武天皇と元明天皇の詔の比較 223

元明天皇が禅譲を固辞した理由は陽徳の不足 224
元明天皇の即位の詔 224
元明天皇の譲位の詔 225
女性の有する「土徳」と制水呪術 227
はじめに 227
『続紀』に載る「土気」を必要とした呪術的施策 229
治水と「土気」 229
古代の河内と治水 229
制水呪術と聖牛 230
「土気」を介した殉死と埴輪の等価交換 231
茨田堤と人柱 233
人身御供と松王健児と大日如来 234
オトタチバナヒメの入水 236
氷上夫人の死と制水呪術 236
女帝と九星「土気」の制水呪術 236
橋の擬宝珠が制水呪術である可能性について 237
富本銭と和同開珎の呪術 241
はじめに 241

富本銭の発行	242
富本銭の造型に見られる呪術的要素	243
円形と方孔は天円地方の象徴	244
「富本」の出典	245
「富本」とは呪術的に何を意味するのか	245
7つの刻点の意味するところ	245
九星「七赤金気」と7つの刻点	246
八卦「兌」と方孔について	246
富本銭と北斗図の呪術的な共通項	248
富本銭と長登銅山と周芳	249
「兌」と山口の地名	250
厭勝銭を否定する説	251
富本銭の文字の画数からみた解析の試み	251
和銅と和同開珎	252
和銅献上と改元	252

和銅そのものを元号に用いたのは、なぜか	254
和銅献上が改元するほどの慶事とされたのは、なぜか	256
始まったばかりの元明天皇の治世を天神地祇が祝福した	
のは、なぜか	256
銅鉱石ではなく和銅を必要としたのは、なぜか	256
和銅が献上されたにもかかわらず最初に銀銭が発行された	
のは、なぜか	257
長登銅山の産銅を秩父産と偽ったのは、なぜか	257
貨幣の名が和銅ではなく和同としたのは、なぜか	258
和同開珎の文字の画数からみた解析の試み	259
怨霊と祟りの時代	260
怨霊になる条件	262
本章のまとめ	264
災異思想と制水呪術	264
災異思想と貨幣発行の呪術	264

第4章　地上絵から空間設計の問題へ

はじめに	266
山口盆地に描かれた象限と西北隅（粒象限）の問題	
	266
「平野殿」と呼ばれた五輪塔	267
平野という地名	268
平安京の平野神社について	269
平野神社の創建時期と位置の決定	274
平野と平群と和氏	277
平野とは竈神の名か？	280
くり返される巽乾軸──戌亥（乾／西北）と	
辰巳（巽／東南）	285
平安京の神泉苑について	287
神泉苑の乾臨閣は道観か	288
神泉苑と不老不死	289
神泉苑と祈雨祈願と龍について	295
艮兌軸と山沢通気	296
長岡京と平安京遷都について	298
長岡京遷都と平安京遷都は当初から計画されていた	
のではないか	298
長岡京遷都は壮大な方違	300
犯土と土公神の祟り	303

遷都に際して働いた吉凶の判断	307
消息卦の象意に従った遷都	309
平安京への遷都を決定させたとされる水害について	
	311
計算値から得られる長岡京周辺の事実	312
毛受腹・土師氏を外戚とした桓武天皇について	316
土師氏四腹と毛受腹の意味	316
「タタラ」の語源は「龍腹（儲けの腹／毛受腹）」	319
桓武天皇の行動を支配した道教の思想信仰を示唆する	
史実	321
桓武天皇の「火徳」「土徳」を示唆する記録	323
不老不死の仙人を目指した桓武天皇	324
桓武朝の分析	325
神泉苑行幸の分析	325
遊猟の分析	327
災異と瑞祥の分析	333
神泉苑行幸と遊猟、災異、瑞祥の一括した分析	334
為政者の厄年と事績	335
平安京と平野神社に共通する「平」	336
周芳の「平野」は何を意味するのか	338
本章のまとめ	342

参考資料2──凌雲寺跡の重要性	346	荒神社の位置の決定とその重要性	349
はじめに	346	凌雲寺跡総門の設計	351
中尾秋葉社と荒神社の存在	347	三段構造と崑崙山	360
中尾秋葉社の位置の決定	347	犬塚勉の世界	362

第5章　地上絵の謎──残された素朴な疑問

はじめに	366	なぜ、五形図を描いたのか	401
なぜ、地上絵は見えないように描かれたのか	367	大日如来を象徴する五輪塔	401
九星「七赤金気」の象意・隠退と陰の象意・かくす		三昧耶形と五輪塔	403
	367	どのように測量し、設計・施行したのか	404
呪術性の強い地上絵	368	方格法の伝来	404
宇佐八幡宮神託事件と「兌」	368	中国最古の数学書『黄帝九章算術』	405
なぜ、地上絵は周芳に描かれたのか	369	用いられた測量技術	405
北斗図と五形図の比較からみえること	369	古代の方位測定法と地上絵	406
左祖右社による配置	372	北斗図と条里制の精度比較	406
左近の桜と右近の橘	373	北斗図と飛鳥時代の寺院建築の比較	406
四神相応の地と評価された可能性について	376	伊能忠敬の測量	406
なぜ、北斗図（北斗七星／南方朱雀宿／鳳凰）を		設計図は残されていないのか	409
描いたのか	382	大日古墳の存在意義	410
動機と目的を明らかにするための推論の流れ	382	巽乾軸の思想と設計	411
なぜ、北斗七星を描いたのか	384	北極星と北斗七星の関係を具象化した設計	415
宗廟祭祀	384	石灰壇と北斗七星の祀りにみる設計思想	417
天子親耕と皇后親桑	385	外宮と内宮の設計思想	420
北斗七星の徳	386	豊受大神と北斗七星	423
織女星の徳	387	地上絵を描いた人たちはどこから来たのか	425
宗廟祭祀の中心は北斗七星と織女星の祀り	388	『書紀』に載る土師氏の記事	426
アマテラスの変遷	388	土師氏の事績のまとめ	427
天武天皇の「火徳」について	389	土師氏と大内氏を結ぶ「タタラ」	429
なぜ、南方朱雀宿を描いたのか	392	琳聖太子と土師氏（大内氏）の関係を示唆する伝承	
天武天皇の「火徳」を扶翼する呪術	392		431
蘇州天文図と北斗七星	394	菅原道真の伝承と土師氏	431
周芳国名の由来は、南方朱雀宿にある分野「周」	394	周芳国は纏向型前方後円墳の空白地帯	432
回転する北斗七星と大内の地名	395	土師氏の関与を示唆する設計の痕跡	432
なぜ、鳳凰を描いたのか	396	「土徳」で結ばれる北斗七星と土師氏	433
聖天子の出現を予祝し「火徳」天武天皇を扶翼する		地上絵を描いた土師氏が大和から来たことを	
呪術	396	示唆する事柄	433
雌雄の鳳凰図	398	北斗図と五形図以外の地上絵は存在しないのか	434
鳳凰図でなければならなかった理由	400	周芳に方眼線が描かれた可能性	434

大和にも象限を設計した可能性　　　434

周芳に残る設計線の謎——800年に渉る空間設計の跡
　　　435

　「聖なる神の坐ます山」と「龍神の棲む龍穴」　　　435

　図a.　東鳳翻山-氷上山-国津姫神社を結ぶ巽乾軸
　　（推定673年まで）　　　438

　図b.　象限と「聖なる軸」の設計（推定698年まで）
　　　438

　図c.　土師八幡の設計（推定698年まで）　　　438

　図d.　五形図の設計（推定698年から717年まで）438

　図e.　赤田神社の設計（伝承717年）　　　438

　図f.　北辰妙見社上宮の設計（推定827年以降）　　438

　図g.　高嶺大神宮の設計（1519年／1520年）　　　439

　図h.　凌雲寺跡（推定1507年）の設計　　　440

　東鳳翻山を基点とする4つの設計線　　　440

　周芳に残る測量と設計の伝統　　　442

本章のまとめ　　　444

北斗図と五形図の総まとめ　　　445

参考文献　　　449
あとがき　　　457
謝辞　　　458

第1章

五形図の発見とその全貌

はじめに

　この章では、まず五形図を発見するまでの経緯について述べ、次に五形図の全貌、用いられた測量と設計の基点、最後に地上絵の設計線と描点の位置を決定した方法について述べています。

図1-1：北斗図（北斗七星／南方朱雀宿）と五形図

＊北斗図は多々良山を設計の中心とし月読神社、横浜神社を含む緑線で囲まれた範囲になり、五形図は泉香寺山を設計の中心とし黄線（方形）で囲まれた範囲になる。（2頭の鳳凰図は図5-18を参照）

　図1-1のように、五形図のおおよその規模は南北12km、東西13kmで、北斗図（南北25km／東西28km）の半分以下になります。
規模は違っても北斗図（北斗七星）と五形図そのものの大きさは調和していて、描かれた位置は南方朱雀宿の範囲に納まり、山口盆地のほぼ西側の地域です。
多々良山（防府市多々良）が設計の中心であった北斗図とは異なり、五形図では泉香寺山（山口市平川）が設計の中心になり、明らかに異なる意図で設計された地上絵であることが判ります。（図1-1）（図2-6b）（表2-8）
北斗図（北斗七星／南方朱雀宿／鳳凰）が主に天文観測をもとに描かれた具象的な地上絵であるのに対して、五形図は五大（五輪）の表現型である五形（宝珠形／三角形／方形／円形／半月形）を描いていて、観念的な地上絵であることも明らかな相違点です。（180-53）
北斗図が星信仰の陰陽の調和（北斗七星と織女星）を考慮した呪術、あるいは五行「火気」を扶翼する（「火気」の働きを扶ける）呪術であったのに対して、五形図は皇祖神アマテラスを創造し伊勢皇大神宮を創建した神道と国家鎮護を目的とする仏教（密教）の両立を目指した企画、あるいは五行「土気」を扶翼、補充する呪術であった可能性があります。
五形図を単独では理解しづらいと予想されることから、北斗図との比較で述べることにします。
　読者の多くは、北斗図と五形図といっても俄には信じられないかも知れません。
しかし、これら二つの異なる地上絵が古代の山口、周芳国に描かれていたのは事実です。
異なる地上絵が存在する事実は、互の存在を保証することになり、北斗図だけでは今一つ信じられないと感じても、五形図が存在することで北斗図の信憑性が高まり、その逆もまた同じです。（第2章／北斗図と五形図は聖数関係で結ばれる国家的事業）
したがって、本書と前作を合せて、古代の周芳国に描かれた地上絵の全貌を初めて明らかに示すことができます。（本書では『書紀』と『続紀』の記述から、「すおう」に対して周芳の表記で統一し、資料の中の用例と周防国衙などの引用例を除いて周防は用いなかった。『書紀』天武十年周芳、『続紀』文武元年周防、文武二年周芳、文武四年周防。）（10）（391）

これらの地上絵は、天武天皇(在位672～686)から持統天皇(在位687～697)、文武天皇(在位697～707)、元明天皇(在位707～715)までの44年間に実行された呪術的対策でした。
五形図が描かれたのは、北斗図が描かれた天武十年(681)辛巳から約30年後までになります。
その時期を絞り込むと3つの候補が考えられ、それぞれの時期で動機と目的と対策が異なり、それは第2章で述べることになります。

発見するまでの経緯——すべては偶然の出会い

　まず、五形図を発見するまでの経緯について述べます。
今から思うと不思議なことです。
　「ゴダイ」
五大明王（密教で中央の不動と四方の明王の総称）の言葉に初めて接したのは、地上絵の存在などまったく頭になく、ただ何かに衝き動かされるようにして調査を続けているときでした。(20-419)
特に強い関心を持ったわけではなく、五大陸、五大湖、五大洋などと同じく「五つの」を指すのだろうという程度でした。
平川（山口市平川）の西方に黒川（山口市黒川）と呼ばれる地域があり、平野、堂紺（堂山／紺屋）、吉野の集落が含まれます。
藩政時代、そこは佐々木氏の900石余の領分でした。
佐々木氏は藩士の中でも地位の高い寄組と呼ばれる階級に属し、小郡上郷や秋穂二島（共に山口市）にも領分があり、幕末の知行の総高は千石に達していたと『平川文化散歩』にあります。(122-90)(123-442)
　佐々木屋敷跡の周辺を調査した時、寺山溜池の土手に古い五輪塔（平野殿と呼ばれる）が一基残されていました。(図1-2)
五輪塔の五輪が宮本武蔵の五輪書に使われている言葉と同じであることは知っていましたが、その五輪が五大と同じ意味だとは知りませんでした。(122-45)(509-47)(510-107)(523-69)(575-38)
五大を密教では五輪と呼び、「ゴダイ」が単なる五つではなく密教の根本教義に関係した言葉であることを知ったのは、かなり後のことです。(20-418)
振り返ると、この五輪塔が五形図を発見する道標であったと思われてなりません。(177-21)(180-46)(420-207)
五形図の発見だけでなく、東鳳翻山を基点とする土師八幡、朝田神社、堂山（吉野）を結ぶ南北軸の問題、凌雲寺跡と平野（伽藍山）の問題、大崎玉祖神社と堂山を結ぶ巽乾軸、高倉山と竈神の問題、地上絵から空間設計の問題、などを考える場合、いつも平野殿の五輪塔が手招きをしていた気がします。

図1-2：平野殿と寺山池

a　　　　　　　　　　　　　　　　　　　b
a：五形図を発見する道標になった五輪塔（平野殿／山口市黒川）。冬枯れの中にひっそりと佇む。b：凍てつく寺山池。

第1章　五形図の発見とその全貌　　17

1994年、職場を移転するために、それまで余り知ることがなかった山口市平川に土地を求めました。偶然手にした『平川文化散歩』には、平川の中央に泉香寺山と呼ばれる標高60m余りの山があり、その山頂から山口盆地が一望できるとありました。(図1-3)(122-60)
しかし、樹木で遮られて山頂からの眺望はなく、がっかりしたのを憶えています。
この時、泉香寺山が山口盆地に描かれた象限の交点になっているとは、夢にも思わないことでした。

図1-3：泉香寺山周辺

a：中央やや左寄りに雪を戴いた東鳳翻山（左↓）と右寄りにショウゲン山（右↓）が見える（手前の建物群は平川小学校）。(1967年撮影／宮田幸太郎氏提供)　b：江戸期(1727～1753)に描かれた「地下上申絵図」(山口県文書館蔵)から200年後(1967)で人家の数が余り変わっていないようにみえる。(地下上申絵図を引用加工)　c：当時、保存状態の良かった東側の武者走り（以後、武者走／武者走は8合目に造られた山を1周する段／後述）。

　泉香寺山の背後にある高倉山には、高倉荒神の元社があり地域の信仰を集めています。
1994年の冬至の朝、偶然、泉香寺山と高倉山を結ぶ線上に昇る朝日を見る機会がありました。(図1-4a)
小川光三氏は『大和の原像』の中で、奈良の三輪山と多神社が東西軸上に並んでいる、と述べています。(319-22)
その記事と高倉山に昇る朝日とが結びついて、古い歴史のある山口にも似た設計があるかも知れない、と漠然と思いました。

図1-4：高倉山に昇る冬至の朝日

a：1994年12月22日7時43分、冬至、高倉山に昇る朝日。地上絵の存在などまったく念頭になかった。この位置（平川ライスセンター辺り）から望む高倉山は堂々とした円錐形で神奈備山の風格を持つ。高倉山と泉香寺山の間に河内山がみえる。翌1995年は朔旦冬至であった。(105-45)　b：24年後、2018年12月22日午前7時22分、冬至、あいにくの雨で朝日は望めなかった。2日後、12月24日、雨上がりの濃霧、7時59分、おためし神事の行われる盤座のあたりに朝日が昇り（東南東117°）、地上絵を携えて戻ってきたことに感無量。

18

試しに地図上に高倉山を通る東西軸と南北軸を引いてみても、明らかな設計は何も見つかりませんでした。その後、広い範囲では平面化された地図上に直線を引いても意味がないことが判り、それは地球が楕円球面体であり平面化した地図上では歪みを生じるからです。
　したがって、複数の対象が同一線上にあると決定するためには、その経・緯度から計算しなければならないことに気付き、山や神社の経・緯度を調べることにしました。（調査対象を主に神社と山にしたのは『大和の原像』の影響）調査には10年余りを費やしましたが、なぜ続けられたのか今でも判りません。
　しばらく、専門の研究が忙しくなり地上絵の問題から離れた時期がありました。
2007年、改めて地形図に目をやった時、泉香寺山と東鳳翻山に連なるショウゲン山が同じ経線上に存在することに気付き、その緯・経度を調べると、泉香寺山（340816, 1312723）とショウゲン山の三角点（341400, 1312724）の経度が1″すなわち計算上約31mの差でしかなく、この時点ではおおよそ同一経線上にあると判断しました。（図1-5）（表1-1）

表1-1：泉香寺山を基点とする距離と方位角

地点	緯度	経度	距離（m）	方位角
泉香寺山	**340816**	**1312723**	0	**0**
ショウゲン山	341400	**1312724**	10600	**00818**
故五宮	**340816**	1312515	3280	**2700036**

図1-5：泉香寺山と山口盆地の西を塞ぐ鳳翻連峰

a：標高710.9m（三角点）のショウゲン山は、東鳳翻山に連なる尾根の東端に位置する。　b：西鳳翻山（左↓／742m）、東鳳翻山（中↓／734m）、ショウゲン山（右↓）。　＊前作（第1章／図1-46）でショウゲン山の図示を誤っていた（経・緯度と計算結果に問題はない）。

　同じ経度上に存在する山があれば、同じ緯度上に存在する山もあるのではないかと考え、緯線を引くと17832m離れた東方に高黒石山の北嶺（340816, 1313859／標高479.6m）があり、泉香寺山と緯度が一致し東西軸としていた可能性を考えました。（誤差0.06％）
　次に、泉香寺山の西方を調べると、『郷土大歳のあゆみ』に明治42年まで五ノ宮（旧朝田神社／現・故五宮／山口市朝田）が存在したと記されていました。（348-80）
地形図には神社を示す鳥居の記号はなく、現地へ行って初めて神殿跡が残されているのを確認できたものです。
　偶然出会った地区の人の案内で、残されている神殿跡ではなく社殿が存在したとされる本来の位置（340816, 1312515）の緯・経度を測定したところ、驚くことに泉香寺山（340816, 1312723）の緯度と完全に一致し、これが五形図と北斗図の地上絵を発見する端緒になりました。（調査当時、残されている神殿跡より約60m南の地点に存在したという現地での聞き取りにしたがって緯・経度を求め、本書での解析にはすべて上記の数値を用い、他の地点を含めた測量精度と解析結果もこの位置を支持している。正確な位置は不明であるが、残されている神殿跡での緯・経度は340819・1312515になり、この数値を用

いても後述する三角形、宝珠形に余り影響しない。)(348-81、348-363)(図 1-39c)

この偶然の出会いがなければ、泉香寺山と緯度が異なる神殿跡の位置を採用しなかったことから、地上絵の発見はなかったはずです。

偶然手にした『平川文化散歩』、偶然目にした高倉山の朝日、偶然出会った人の案内、を思い出すたびに不思議な縁を感じています。

　これらの事実から、ショウゲン山の「ショウゲン」は象限儀の「象限」と考え、山口盆地には、泉香寺山で直交する東西・南北軸で区切られた象限といえる設計が存在する可能性を考えました。

そして、神社や山などの位置を緯・経度で表し、2点間あるいは3点間の距離と方位角などを全て計算で求め、解析することに確信を得ました。(現在は神社であっても地上絵が描かれた当初、その描点に何が置かれていたかは不明)

ちなみに、泉香寺山と同一緯線（東西軸）上に設計された毛割若宮跡（山口市下小鯖）を発見するには、もう少し時間が必要でした。

図 I-6：山口盆地に描かれた象限とショウゲン山

a：地形図上での象限の再現（描点、設計線は必ずしも正確ではない）。　b：三角点（左↓）と榜示石の可能性がある石（右↓）。　c：実際に測量が行われたと推測される地点（341359, 1312723）（左↓）。

b

c

　図 I-6 は、国土地理院の地図閲覧サービスと五万分一数値地図 50000（山口・福岡・大分）CD-ROM 版から引用加工した地形図です。(425)

泉香寺山とショウゲン山を結ぶ南北軸と泉香寺山と故五宮、毛割若宮跡を結ぶ東西軸で象限が描かれているのが判ります。

当初は、泉香寺山とショウゲン山を結ぶ方位角 3595142 に対して距離 10600m では、誤差の判断基準（11500m で 3′）を充たさないと考えていました。(章末／誤差の判断基準)

そこで、北斗図が描かれた当時の観測地点は、現在の三角点（341400, 1312724）より 31m 西方（341359, 1312723）

20

へ移動した所ではなかったかと想像しました。(現時点では、おおよその誤差は0.1％で条里制より誤差が少なく南北軸上にあると判断している)(図1-6c)

実際、当時の測量が行われたと推測される位置に立ってみると、周芳国を1枚の画布として地上絵を描こうとした古代人の壮大な心に触れたようで、不思議な感覚に襲われました。

残念ながら、樹木が繁り泉香寺山を望むことはできません。

　ところで地上絵が描かれた山口盆地は椹野川が東北から西南へ流れ、その盆地の中央南端に泉香寺山があります。(図1-6a)

盆地特有の気候の割には温暖で比較的災害も少なく、大気中の水滴が拡散しにくく雨上がりにはしばしば虹を見ることができます。

中世、大内氏の居館があった大内御堀は椹野川と仁保川の合流地点、泉香寺山の東北に位置します。

居館は高岳、ミヅ岳を背にして南面していたと推測され、仁保川が東西方向に流れ、西に石州街道、南に仁保川が造り出した窪地(低地)を持つ四神相応の地でした。(64-181)(105-45)(347-36)(568-216)

五形図の全貌
五大と五行について

　古代インド哲学で宇宙の構成要素を5つに分類した五大と、古代中国の五行思想で宇宙の構成要素を5つに分類した五行とは、全く異なる思想から派生した概念です。(177-21)

インド仏教が中国で漢訳(中国語に翻訳される際に道教的要素を習合／『抱朴子』)された際に五大と五行が習合された可能性がありますが、明らかなことは判りません。(51-208)

検索した範囲内で、五大あるいは五輪と五行との関係を説明した資料は見当たりません。(139-43の典拠不明)

　本書では、五大が五行に習合されたと仮定して考察しています。(五大も五行も一種の宇宙観といえる)(420-207)

そのかすかな根拠の一つは、仏旗と色彩に対応した方位の言葉にあります。(図1-7a)

図1-7：仏旗と大日如来

a：長谷寺(奈良県桜井市初瀬)開山堂の五色の仏旗。
b：大日如来(光徳寺)の毛髪の青、身体の黄色(黄金)、など比較的よく色彩が保存されている。(446-17)

　仏旗には如来に備わる五色(抱朴子／五色の幔幕／五色の薄絁)が用いられていて、その青・赤・黄・白・黒は五行の五色と同じです。(皇大神宮儀式帳では五色の薄絁を用い、乞巧奠でも五色の幡を用い、いずれも道教の祭祀の影響が考えられる)(51-201)(52-28)(139-125)

青は如来の毛髪の色、赤は血液の色、黄は身体の色、白は歯の色、黒(紫／橙)は袈裟の色とされ、これは五行の五色の配当(分類)と同じです。(表1-2)(139-125)(340-84)

真言密教では五色に対応して五方位があり、青・赤・黄・白・黒に対して東・南・中央・西・北が配当され、これも五行の色彩と方位の配当と同じです。

　その他の根拠に、敏達紀十三年(584)に司馬達等の女、嶋を出家させて善信尼とした、という記録がありま

す。
すなわち、本来は神に仕えるべき巫女が仏（異国の神）に仕える尼として登場し、神仏混淆の初期の様子を知ることができます。（5-78）（391-2-148）（391-2-101）
しかし、尼になったからといって巫女の性格をすべて失ったわけではありません。
その理由は、巫女は女性のすべてが生れながらに供えていた信仰上の資格だったからです。（131-27）（196-120）（197-15）（295-72）（461-1-86）

これらの史実と事実から、五大と五行は古代のある時期に習合されたと推測され、これに従って以下の考察を進めます。

表1-2：五行配当表に仮に配当した五大

五行	木	火	土	金	水	備考
五大	空	火	地	水	風	宇宙の本源
五形	宝珠形	三角形	方形	円形	半月形	表現形
真言（種子）	佉（キャ）	羅（ラ）	阿（ア）	婆（バ）	訶（カ）	大日如来の真言
五色1	青	赤	黄	白	黒	
五色2	薄青	赤	黄	白	青	

＊本書では五大（空・火・地・水・風）を仮に五行配当表に配当して、五色1を決定した。（139-125）　＊五大の表現形を仮に五形とした。　＊種子とは、仏尊を象徴する一音節の呪文のこと、胎蔵界大日如来は阿（ア）。（75-304）（340-120）　＊五行「五色」（五色1）と一致するとする説。（139-34）　＊五色2は、真如苑真澄寺の大日如来（運慶作）の五輪塔形木札の彩色によって一切色とされる空の色を薄青とした。（446-111）

五形について

五大とは、古代インド哲学で宇宙の構成元素（根源的なるもの）を5つに分類した概念で、各元素の性質は下記の通りです。（180-199）
この五大を具体的に表現した図形が五形で、下記の対応があります。（図1-8）（表1-2）（180-46）
空：サンスクリット語でアーカーシャの訳で虚空とも訳される空間で宇宙を意味する。
火：力強さ、情熱、何かをするための動機づけ、欲求などを表す、燃え上るもの上昇するもの。
地：大地・地球を意味し、固い物、動きや変化に対して抵抗する性質。
水：流体、無定形の物、流動的な性質、変化に対して適応する性質。
風：成長、拡大、自由、動く気体を表す。

図1-8：五形

＊用いた色彩は表1-2の五色1に従い、本文中でも同じである。

時代が下って鎌倉時代（13世紀）に製作された黒漆舎利厨子には、五大の種子（真言）を中心に配した金銅製の五輪塔がはめ込まれています。（図1-9）（20-667）（261-223）
本書で五形と呼ぶ形がよく理解できる作品です。
また、東大寺別院・阿弥陀寺（防府市牟礼）には、重源上人(1121～1206)が願主となって建久八年(1189)に製作された水晶製の五輪塔と鉄製多宝塔があります。（いずれも国宝）
鉄製多宝塔の中に納められた水晶三角五輪塔は、図1-8で示した「火」に当たる部分が三角形をしていて、五

輪塔が創出された初期の形をよく伝えています。（五輪の火の表現は四角錐の形が多い）

図 1-9：五輪の造形

a：黒漆舎利厨子に組まれた五輪塔。(261-45) ＊梵字は空（キャ）風（カ）火（ラ）水（バ）地（ア）に対応する。(20-429)(403-56) b：水晶製三角五輪塔（高 14.3cm）(312-39)(496)

　以上の五形を地上に描いたのが五形図で、描点は泉香寺山を交点とする象限の主に第Ⅱ象限に偏っています。（図 1-10）

図 1-10：五形図の全貌

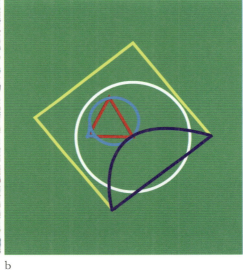

a：地形図上での再現（描点、設計線は必ずしも正確ではない）。
b：五形図のみを取り出し背景を緑色にして判り易くした。色彩は五色1に従った。（表 1-2）

三角形──最初に発見した地上絵

　最初に発見した地上絵は五大「火（か）」に配当される三角形で、当初は五形を描いた図形などとは想像もできませんでした。（図 1-11）

その端緒は、泉香寺山を中心とする円を地形図上に描いている時、故五宮と古四宮が同心円上に存在することを発見したことでした。

三角形は、泉香寺山、故五宮（旧朝田神社／山口市朝田）、古四宮（ふるしのみや）（山口市吉敷中村）で構成されています。

地上絵の三角形が五大「火」の象意、すなわち力強さ、情熱、欲求などを表現しているかは判りません。

仮に、この三角形が五行「水気三合（すいきさんごう）＝申子辰（さるねたつ）」を表しているとすると、「生・旺・墓（せいおうぼ）」の生は故五宮、旺は古四宮、墓は泉香寺山の位置になります。（第2章末／陰陽五行思想概略）

しかし、「水気三合」と説明するだけの根拠を見出せません。（後述する青鼇山泉香寺の名称が「水気」を表している可能性はある）

　表 1-3、1-4 の方位角から各内角を求めると、ほぼ 60°であることが明らかになり、この時点で正三角形で

第 1 章　五形図の発見とその全貌　23

あると判断しました。

表1-3：泉香寺山を基点とする距離と方位角

地点	緯度	経度	距離（m）	方位角
泉香寺山	**340816**	1312723	**0**	**0**
故五宮	**340816**	1312515	**3280**	**2700036**
古四宮	340948	1312618	**3288**	**3293432**

表1-4：故五宮を基点とする距離と方位角

地点	緯度	経度	距離（m）	方位角
故五宮	340816	1312515	0	0
古四宮	340948	1312618	**3262**	**293856**

＊前作では古四宮の方位角が1″異なっていたが解析結果には影響しない。

図1-11：三角形

a：地形図上での再現（描点、設計線は必ずしも正確ではない）。　b：三角形の内角と各辺の長さ　∠（故五宮－泉香寺山－古四宮）＝593356　∠（泉香寺山－故五宮－古四宮）＝602140　∠（泉香寺山－古四宮－故五宮）＝600424　c：古四宮（現在は赤田神社の遥拝所）　d：故五宮（神殿跡）より南へ約60m下った位置に拝殿が存在した可能性がある。前作では三角形の内角の数値が間違っていたが解析結果には影響しない。

c

d

『郷土大歳のあゆみ』には、五ノ宮は大内氏の崇敬が特に篤く、流鏑馬神事や神楽も行われた大社でした。（図1-11d）（348-80、348-363）（525-359）

故五宮　郷社　朝田神社（大字朝田字朝田）　祭神　罔象女神（玉祖命の説あり）
周防五社の内の一社で、五ノ宮あるいは五ノ宮大明神と称された。大内氏の崇敬篤く、明応六年（一四九七）大内義興の五社御参詣の記録あり。創建年不詳。再建立の棟札に明応八年とある。「防長風土注進案」（一八四〇年代）によれば、当時は神殿・拝殿・釣屋・鐘撞堂等の建屋があり、産子五拾六家とある。……明治六年、郷社朝田神社となる。朝田・馬庭・河内地区の氏神社であった。

この中で故五宮の祭神を玉祖命とする説は、地上絵の謎を追及する上で重要です。

『書紀』では、土師氏の遠祖・アマノホヒノミコトはアマテラスの勾玉から生まれ、玉祖命はニニギノミコトの降臨に伴った五伴緒命の一柱とされるため、土師氏と玉祖命を直接結び付けることはできません。

しかし、神名に「土生金の法則」すなわち「土気」が「金気」を生む、を当てはめて解析すると、玉祖の玉「金気」の祖は「土気」になり、玉祖命と「土徳」土師氏が繋がります。（第2章末／陰陽五行思想概略）(105-354)

この私見を支持するのに、「土徳」土師氏から派生したと推測される大内氏の崇敬が特に篤かった、とされる上記の伝承です。（私見では、土師氏は「土徳」を付与され創造された氏族）（第5章／土師氏と大内氏）(105-354)

後述するように、毛利氏も土師氏から改氏姓した大枝（大江）氏の末裔で、その氏祖の記憶を永く保っていました。（土師八幡の一の鳥居の願主／図1-64a）

故五宮の「五」も土師氏の「土徳」を表す数字、すなわち「土気」生数5を意味する可能性があり、単に一宮から五宮の順で参詣したのではなく、「五」そのものにも意味を与えていたと推測できます。（図1-12）

　上記の周防五社とは、一宮・大崎玉祖神社から五宮・故五宮までを指します。

それぞれの社名は、五行「相生の法則」にしたがって命名されていることを前作で指摘しました。（第2章末／陰陽五行思想概略）(105-43)

その根拠は、社名に含まれる五気の言葉です。

一宮：大崎玉祖神社　　　玉＝「金気」
二宮：出雲神社　　　　　雲＝「水気」
三宮：仁壁神社　　　　　仁＝「木気」の徳
四宮：赤田神社　　　　　赤＝「火気」正色
五宮：故五宮　　　　　　五＝「土気」生数

これらの言葉に「相生の法則」を当てはめると、以下の関係が判ります。
「金生水の法則」：玉祖神社の「金気」玉が出雲神社の「水気」雲を生む。
「水生木の法則」：出雲神社の「水気」雲が仁壁神社の「木気」仁を生む。
「木生火の法則」：仁壁神社の「木気」仁が赤田神社の「火気」赤を生む。
「火生土の法則」：赤田神社の「火気」赤が故五宮の「土気」五を生む。

図1-12：「相生の法則」による周防五社の配列

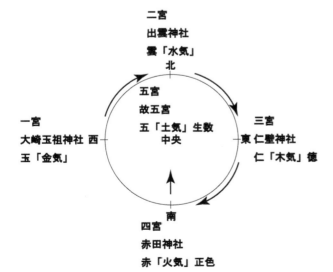

＊周防五社の位置は「相生の法則」に基づく観念上の位置で、実際の位置を示しているわけではない。

第1章　五形図の発見とその全貌　　25

時によって社名や祭神、その位置さえも替えられることがあり断定はできませんが、現時点では上記の関係を考えています。(105-48)

大内時代に当主は、この配列にしたがって大崎玉祖神社から順に参拝する慣例であったことからも、その配列には「相生の法則」が生かされていたと考えて間違いないようです。(図1-12、1-13)

その根拠は、『尚書』洪範九疇に政の第一は「五行であること」とあり、五行の運行を乱さないことが最大の徳とされ、「相生の法則」に従って順に参拝することが五行循環を促すことになったからです。(7-183)(561-26)

図1-13：周芳五社

a：一宮・大崎玉祖神社　b：二宮・出雲神社　c：三宮・仁壁神社　＊古四宮と故五宮跡は既出。　＊式内社は大崎玉祖神社、出雲神社（715年創建）、仁壁神社の三社で、いずれも地上絵の描点ではない。(382-2)

円形

　三角形の次に発見した地上絵は、五大「水」に配当される円形でした。(図1-14)

三角形の場合と同じように、泉香寺山を中心とする円を地形図上に描いている時、土師八幡（山口市吉敷上東）と大内畑伊勢社跡（山口市大内畑）が同心円上に存在することに気付きました。(表1-5)

この3点で前述した泉香寺山、故五宮、古四宮で造られる三角形の図形を表しているわけではなく、他の施設が同心円上には全く存在しないことからも、意図して描かれた円形であると考えました。

線分（泉香寺山－土師八幡）と線分（泉香寺山－大内畑伊勢社跡）の差は4mでしかなく、線分（泉香寺山－土師八幡）に対するおおよその誤差は0.1％で驚くほど精確な測量が行われたと推測されます。

表1-5：泉香寺山を基点とする距離と方位角（土師八幡／大内畑伊勢社跡）　　図1-14：円形

地点	緯度	経度	距離(m)	方位角
泉香寺山	340816	1312723	**0**	0
土師八幡	341018	1312635	**3955**	3415330
大内畑伊勢社跡	340635	1312858	**3951**	1415731

＊地形図上での再現（描点、設計線は必ずしも正確ではない）。　＊泉香寺山、大内畑伊勢社跡、大崎玉祖神社、向島の立岩稲荷大明神奥宮（龍穴）は、一直線上に設計された。

土師八幡と伊勢社について、『山口県神社志』には以下の記載があります。
土師八幡：祭神は、応神天皇、天穂日命、野見宿禰、菅原道真公、息長帯日売命、三女神。鎮座年不詳。神紋は、右三つ巴。（521-564）
伊勢社：矢田村の大内畑にあった。もとは恒富村高倉に創建せられた。……明治四十一年、志多里八幡に合祀許可。（223-477）

そもそも地形図に円を描いていた理由は、円がもっとも簡単に描ける図形で、地上絵を描いた当時も用いられていたに違いないと考えたからです。（567-203）
それは、伏義と女媧の物実に規（コンパス）と矩（サシガネ）があることからの類推でした。
伏義は、BC3350年頃の古代中国神話の神または伝説上の帝王で、天地の理を理解して『易経』の八卦を造ったとされ、伏義と女媧（妹とする説もある）は原始蛇信仰を背景に人面蛇身として描かれています。
図1-15のように伏義は方形を描く矩、女媧は円を描く規を持ち、これは互いの物実を交換した姿で、古代中国の宇宙観である天円地方を具象化した画像です。（210-133）

図1-15：画像石に彫られた伏義（右）・女媧（左）の像（人面蛇身／金石索）

＊それぞれの本来の物実を交換して、画面右の伏義は直角定規（地、陰の象徴である方形を描く）を、左の女媧はコンパス（天、陽の象徴である円を描く）を持ち、下半身を交わらせている（蛇の交合）のは夫婦であることを示す。（416-36）（577-3-223）（578-218）

『淮南子』天文訓では、古代中国の宇宙観（天円地方の観念）について天（天道）は円く地（地道）は方形をしていると説きます。（淮南子／漢武帝の建元二年[BC139]に撰上された一種の百科全書）（210）
同心円上に土師八幡と大内畑伊勢社跡を設計したのは、天円地方の宇宙観にしたがって天（円）すなわち古代の周芳国を支配したと推測される土師氏の立場を円で示したのかも知れません。
土師八幡が東鳳翻山の真南に設計されていることも、その根拠の一つになります。（後述／土師八幡の重要性）
天道を円と曰ひ、地道を方と曰ふ。方は幽を主り、円は明を主る。明は気を吐く者なり。是の故に火を外景と曰ふ。幽は気を含む者なり。是の故に水を内景と曰ふ。気を吐く者は施し、気を含む者は化す。是の故に、陽は施し陰は化す。天地の偏気、怒れる者は風と為り、天地の含気、和なる者は雨と為る。陰陽の相薄まるや、感じて雷と為り、激して霆と為り、乱れて霧と為る。陽気勝てば、則ち散じて雨露と為り、陰気勝てば、則ち凝りて霜雪と為る。毛羽ある者は飛行の類なり。故に陽に属す。介鱗ある者は蟄伏の類なり。故に陰に属す。（210-1-133）

泉香寺山と向島立岩稲荷大明神奥宮を結ぶ「聖なる軸」の発見

円形の地上絵の発見は、それだけに留まらずさらに重要な発見に繋がりました。
それは北斗図と五形図を含めて、地上絵の最も基本的な設計線（方位角321°）と考えられる線分①（泉香寺山－大内畑伊勢社跡－大崎玉祖神社－立岩稲荷大明神奥宮）を発見したことです。（立岩稲荷大明神奥宮を以後、立岩稲荷奥宮と略す）
線分（立岩稲荷奥宮－大崎玉祖神社）と線分（立岩稲荷奥宮－大内畑）のおおよその誤差は0.3％、線分（立岩稲荷奥宮－大内畑）と線分（立岩稲荷奥宮－泉香寺山）の誤差は0.2％で、いずれも条里制の誤差0.7％より高い精度であり、4者は同一線上に存在するといえます。（章末／誤差の判断基準）（図1-16）（表1-6）

最も基本的とする理由は、この設計線に平行な線分が北斗図と五形図の両者に、すなわち北斗図の中で鳳凰図の体軸と五形図の中で方形の２辺（１辺は推定）に用いられているからです。(105-23)

表 1-6：立岩稲荷奥宮を基点とする距離と方位角

地点	緯度	経度	距離（m）	方位角
立岩稲荷奥宮	335953	1313526	0	**0**
大崎玉祖神社	340328	1313201	8458	**3213415**
大内畑（伊勢社跡）	340635	1312858	15888	**3211512**
泉香寺山	340816	1312723	19839	**3212431**

図 1-16：立岩稲荷奥宮（龍穴）と泉香寺山を結ぶ 321°の方位線

a：地形図上での再現（描点、設計線は必ずしも正確ではない）。　b：瀬戸内海の波打ち際、断崖絶壁の下にある龍穴（↓）を遠望する。（図 1-68b）

　線分①上に大内畑伊勢社跡、大崎玉祖神社が存在し、さらに向島の赤崎に立岩稲荷奥宮（防府市向島）が存在することに気付いた時は、体が震えるほど興奮しました。
　震えるほど興奮したのは、この線分が土師氏の「聖なる軸」を表しているのではないか、と直感したからです。なぜなら、土師氏から派生した大内氏の本貫と推測される大内畑（畑は生れる所の意）の伊勢社跡、土師氏の奉斉した大崎玉祖神社、など土師氏と強い関係が窺われる社が一直線上に並んでいたからです。(105-50)(223-646)
　その興奮が冷めぬまま立岩稲荷に行き、奥宮とされる龍穴を見た時には、一瞬目を疑いました。
それは、奈良の室生龍穴神社（奈良県宇陀市室生）の奥宮である龍穴と同じ岩盤の裂け目だったからです。(図 1-67b)
室生龍穴神社の祭神クラオカミノカミは、イザナギに斬られたカグツチの血が手の股から漏れた時に生まれたとされる渓谷の水を掌る龍神です。(血統の繋がりを示唆する神話／水利権の占有)(192-63)
風水では龍穴は大地の気脈が吹き上がる場所とされ、吉祥龍穴と呼ばれる室生龍穴神社奥宮の場合は祭神・善女龍王の住む所とされています。(64-479)(416-130)
龍すなわち蛇を祖神とする原始蛇信仰では、「龍神の棲む龍穴」は最も神聖な場所です。(64-232)(105-399)
つまり、原始蛇信仰を信奉し地上絵を描いたと推測される土師氏が、この龍穴と泉香寺山を結んで「聖なる軸」とした、その直感は当たっていたのです。(105-508、105-538)
　ちなみに龍穴にたどり着くには、拝殿から 60m 余りの断崖絶壁を下りなければなりません。(図1-16b)
「なぜ、こんな所に」、素朴な疑問に対する答えは、やはり龍穴の存在抜きには考えられません。

方形

　三番目に発見した地上絵は方形で、五大「地」を具象化した図形です。（図 1-17）
毛割若宮跡（山口市下小鯖）の石碑を偶然に知ったことから、方形の地上絵の発見に繋がりました。
地形図上には神社を示す鳥居の記号もなく、「若宮」の地名を頼りに調査していた時のことでした。
古老の話では、幼い頃には鳥居があり拝殿で遊んだそうです。（拝殿は昭和 17 年の周防灘台風で倒壊した）
この若宮は小鯖八幡宮の別宮で古くより鎮座していたと石碑に記され、本宮の主祭神は応神天皇です。
応神天皇の若宮の祭神が若皇子・仁徳天皇であることから若宮八幡宮と呼ばれたとあります。
昭和 27 年に撮影された国土地理院の空中写真で確認すると、石碑の位置より少し東へ移動した所（現在は病院の敷地）に参道らしい道と建物があり、若宮であったかも知れません。（図 1-20b）
石碑の位置を採用した結果、多少の誤差を生じた可能性は否定できませんが、大きくは離れていないようです。

　方形図の構成要素で発見された地点は、毛割若宮跡（石碑の位置）、陶春日神社（山口市陶）、藪台春日神社（山口市小郡町藪台）で、未発見の地点は谷山付近（仮称／山口市中尾）です。（図 1-43a）（表 1-8）
図 1-17b の辺 c と辺 d で介在する地点（測点）には、春日山北（仮称／山口市春日／防長先賢堂の位置）と泉山北嶺（仮称／山口市吉敷）があります。
未発見の地点が存在する限り、本書は未完成といわざるを得ません。
特定できない理由は、予測される地点の山が荒れて侵入できないこと、林道の建設で破壊された可能性があることですが、将来、何等かの遺構（社／榜示石）が発見される可能性は残されています。(324-34)

　一方、北斗図の中でも鳳凰の体軸の先端に相当する位置が不明で、それが谷山付近でした。（鳳凰図と方形図で予想される位置は異なる）（図 1-43）（図 5-46）
方形図と鳳凰図で不明の地点が同じ谷山付近であるのは、両者で方位角 321°の「聖なる軸」に平行する線分が用いられているからです。（図 1-44a）
「聖なる軸」に平行する複数の線分が異なる地上絵に用いられている事実は重要で、これらの設計が偶然ではないことを示唆しています。

図 1-17：方形

a：地形図上での再現（描点、設計線は必ずしも正確ではない）。　b：方形の構成要素を取り上げ、距離と方位角を示した図。　c：毛割若宮跡の石碑。

第 1 章　五形図の発見とその全貌

表 1-7：陶春日神社を基点とする距離と方位角

地点	緯度	経度	距離（m）	方位角
陶春日神社	340516	1312630	**0**	0
毛割若宮跡	340817	1313100	**8887**	510641
藪台春日神社	340900	1312254	**8848**	3211715

表 1-8：毛割若宮跡を基点とする距離と方位角

地点	緯度	経度	距離（m）	方位角
毛割若宮跡	340817	1313100	0	**0**
春日山北	341058	1312820	6435	**3202706**
谷山付近	341201	1312722	**8878**	**3210247**

＊谷山付近とするのは計算上で得られた緯・経度の地点を指す。

表 1-9：藪台春日神社を基点とする距離と方位角

地点	緯度	経度	距離（m）	方位角
藪台春日神社	340900	1312254	0	**0**
泉山北嶺	341035	1312512	4589	**502134**
谷山付近	341201	1312722	**8844**	**505256**

　表 1-7、1-8、1-9 から読み取れる事実は、以下の通りです。

1. 線分 a（8887m）と線分 d（8878m）の距離差は 9m で、線分（a、d）に対するおおよその誤差は 0.1％、線分 b（8848m）と線分 c（8844m）の距離差は 4m で、線分（b、c）に対するおおよその誤差は 0.05％、いずれも高い精度である。

2. 線分（毛割若宮跡－春日山北）と線分（毛割若宮跡－谷山付近）の方位角のおおよその誤差は 0.6％、線分（藪台春日神社－泉山北嶺）と線分（藪台春日神社－谷山付近）の方位角のおおよその誤差は 0.5％で、いずれも条里制より誤差が少なく、毛割若宮跡と春日山北と谷山付近、藪台春日神社と泉山北嶺と谷山付近は一直線上に存在する。

3. ∠（毛割若宮跡－陶春日神社－藪台春日神社）、∠（陶春日神社－藪台春日神社－谷山付近）、∠（陶春日神社－毛割若宮跡－谷山付近）は、いずれもおおよそ 90° で各辺は直交する。

4. 線分 b（方位角 3211715）と線分 d（3210247）、線分 a（510641）と線分 c（505256）が平行する。

　上記の事実から考えられる事柄は、以下の通りです。

1. 線分 c と線分 a が「聖なる軸」に直交し、線分 b と線分 d が「聖なる軸」に平行する。

2. 描点の中間には春日山北と泉山北嶺が存在し、緻密な設計が行われた傍証の一つになる。

3. 線分 a と線分（藪台春日神社－泉山北嶺）が「聖なる軸」に直交していること、線分 b と線分（毛割若宮跡－亀山）が「聖なる軸」に平行していること、などから不明の谷山付近に遺構が存在する、あるいは存在した可能性が高いと考えられる。

4. 上記の事実から、未発見の 1 地点があっても緻密な設計に基づく方形の地上絵と考えられる。

　上記のように毛割若宮跡が不確実なこと、谷山付近と仮称する地点が未発見であることから、これらを含む線分は実線ではなく破線で表示すべきかも知れません。

後述する陶春日神社一の鳥居横にある「建石」が方形図の榜示石であった可能性があり、未発見の地点に同じような榜示石が発見される可能性もあります。（第 1 章末／周芳国の建石と楯築遺跡の立石の類似性）（143-5）

北斗図（北斗七星）の場合、3 地点（2 地点は発見される可能性がある）が未発見であっても、現実の北斗七星（平面に写し取った）と比較できる内角や各辺の長さが近似することから、北斗七星の地上絵と判断しました。（105-72）

　視点を変えると、図 1-18 a、b で線分 c（「聖なる軸」に直交）には泉山北嶺（山口市吉敷赤田）が、線分 d（「聖

なる軸」に平行）には春日山北（山口市春日）が介在することから、以下の設計法も考えられます。

しかし、後述する描点を決定する8つの設計線（同じ設計思想）が存在することから、先にあげた設計法を現時点では採用しました。

どの方法が実行されたのか、今後の調査と研究に期待されるところです。

1. 泉山北嶺を通り線分①（泉香寺山－立岩稲荷奥宮）に直交する線分cを引く。
2. 春日山北を通り、線分①に平行する線分dを引く。
3. 1.と2.の交点に谷山付近を決定する。
4. 2.の線分と泉香寺山を通る東西軸の交点に毛割若宮跡を決定する。
5. 毛割若宮跡を通り、線分①に直交する線分を引き、線分d（谷山付近－毛割若宮跡）と同じ距離の地点を陶春日神社とする。
6. 陶春日神社を通り線分①に平行する線分を引き、泉山北嶺を通る線分cとの交点に藪台春日神社を決定する。

図1-18：方形の辺に介在する地点

a　b

a：図1-17a、bで辺cに介在する泉山の北嶺（仮称／赤↓／中尾方面から望む）。　b：辺dに介在する春日山の先賢堂付近。

宝珠形

　三角形、円形、方形を発見した時点で、もしかすると五形を描いた地上絵が存在するかも知れない、と考えるようになりました。

それは、寺山溜池の堤にあった五輪塔が頭に浮かんだからです。（図1-2）

今にして思えば、北斗図と五形図を発見する道標（みちしるべ）といえるものがありました。

毎朝、湯船で聴いていた氷上山興隆寺（ひかみさんこうりゅうじ）の鐘の音が北斗図を発見する道標になり、平野殿の五輪塔が五形図を発見する道標になっていたようです。（105-はじめに）

　三角形、円形、方形までは比較的順調に発見できましたが、残りの宝珠形と半月形の発見には少々手間取りました。（図1-19）

解決の糸口は、地形図上で朝田神社（元・住吉神社／五宮合祀後に朝田神社と称す）の位置に視点を移した時でした。

それは、五形図の設計の中心が泉香寺山であること、少ない描点を効率的に用いていること、などの基本的な設計思想に立ち返ったからです。（521-567）

朝田神社の位置と古四宮、五ノ宮、泉香寺山との関係を再検討して宝珠形を発見し、同じ視点から半月形の発見に至りました。

図 1-19：宝珠形と宝珠の例

a：地形図上での再現（描点、設計線は必ずしも正確ではない）。　b：図 a の宝珠を時計の針の方向へ 120°回転して判り易くした図形。
c：長谷寺開山堂（徳道上人）の宝珠。

　五大「空」に配当される宝珠形を発見する上で、朝田神社はなくてはならない存在でした。
その朝田神社の位置について感じていた疑問は、以下の 2 点です。
1. なぜ、土師八幡と同一経線上（東鳳翩山の真南）に設計されているのか。
2. なぜ、泉香寺山と古四宮のほぼ中間あたりに存在するのか。

　これらの謎を解決したのは、三保里神社を基点とする方位角 240°の線分⑥で、気付くまでに永い時間が必要でした。（図 1-19）
この方位線は線分③（故五宮－泉香寺山－毛割若宮跡）の東西軸と交わり、その交点に故五宮が設計されています。
故五宮から逆に線分⑥を引いて三保里神社を設計した可能性もありますが、三保里神社の位置は北斗図で既に決定されていたと考えられることから、この推論は除外しました。（三保里神社の位置は五形図よりもより古い時代に決定され、321°の「聖なる軸」と熊野神社を基点とする東西軸の交点に設計された／五形図を発見した時点で北斗図は未知）
線分⑥は、泉香寺山－故五宮－古四宮で造られる三角形の中で、辺（泉香寺山－古四宮）の垂直二等分線になっていることが重要でした。（図 1-19a、b）
　朝田神社は、土師八幡を通る線分④（南北軸）と線分⑥（三保里神社－故五宮）の交点に設計されています。
そこで朝田神社を円の中心として、線分（朝田神社－泉香寺山）あるいは線分（朝田神社－古四宮）を半径にして円を描くことができます。
最後に、故五宮を頂点とする弧を描くと宝珠形が完成します。（180-49）（575-219）
つまり、設計の段階から朝田神社（の位置）は宝珠形の「心臓部」であることが決定されていて、偶然、線分④と線分⑥の交点に位置した訳ではありません。（525-360）
この事実から、緻密な設計図が存在したことが示唆されます。
　実際に経・緯度から計算すると、以下の結果が得られます。

表 1-10：三保里神社を基点とする距離と方位角

地点	緯度	経度	距離（m）	方位角
三保里神社	341013	1312915	0	**0**
朝田神社	340854	1312635	4767	**2391816**
故五宮	340816	1312515	7127	**2393754**

表 1-11：朝田神社を基点とする距離と方位角

地点	緯度	経度	距離（m）	方位角
朝田神社	340854	1312635	**0**	0
古四宮	340948	1312618	**1720**	3452006
泉香寺山	340816	1312723	**1698**	1333531

改めて表 1-10、1-11 から読み取れる事実は、以下の通りです。

1. 線分（三保里神社－朝田神社）と線分⑥（三保里神社－故五宮）の方位角のおおよその誤差は 0.3％で条里制の誤差（0.7％）より少なく、3 者は同一線上に存在する。

2. 線分（三保里神社－故五宮）と線分（泉香寺山－古四宮）のなす角度は 901616 で 90°に対する誤差はおおよそ 0.3％であり、2 つの線分は直交する。

3. 線分（三保里神社－朝田神社）と線分（泉香寺山－古四宮）のなす角度は 895638 で 90°に対する誤差はおおよそ 0.06％であり、2 つの線分は直交する。

4. 線分（朝田神社－泉香寺山／ 1698m）と線分（朝田神社－古四宮／ 1720m）の距離の差は 22m である。

上記の事実から考えられる事柄は、以下の通りです。

1. 線分⑥（故五宮を通る）は正三角形の辺（泉香寺山－古四宮）の垂直二等分線である。

2. 朝田神社は上記の垂直二等分線上に存在することから、線分（朝田神社－泉香寺山）と線分（朝田神社－古四宮）は等距離に設計されたはずである。

3. 線分（朝田神社－泉香寺山）と線分（朝田神社－古四宮）の距離の差から、古四宮の測量位置が 1″程度南側（現在の鳥居の位置）であった可能性がある。

4. 朝田神社の位置は偶然、東鳳翔山の真南に存在したのではなく、宝珠形の心臓部として設計の当初から決定されたと考えられる。

半月形

最後まで発見に手間取った地上絵は、五大「風」を具象化した半月形でした。

いくつかの候補を検討した結果、他の五形図は泉香寺山を含めた 10（谷山付近を含む）の描点を無駄なく使っていたことから、半月形も必ずこれらの描点を用いていると考え、最終的に図 1-20 の半月形を採用しました。

半月形の弦に当たるのが線分（陶春日神社－毛割若宮跡 1）で、弧に当たるのが線分（陶春日神社－泉香寺山－毛割若宮跡 1）です。（円弧ではない）

表 1-12：泉香寺山を基点とする距離と方位角

地点	緯度	経度	距離（m）	方位角
泉香寺山	340816	1312723	**0**	0
毛割若宮跡 1	340817	1313100	**5560**	893956
陶春日神社	340516	1312630	**5710**	1934556
毛割若宮跡 2	340817	1313104	**5662**	894016

＊実際の計算に用いた位置を毛割若宮跡 1 とし、本来の位置に近いと推測される東方の位置を毛割若宮跡 2 とした。

表1-12から読み取れる事実は、以下の通りです。
1. 線分（泉香寺山－毛割若宮跡1）と線分（泉香寺山－陶春日神社）の距離の差は150m。
2. 線分（泉香寺山－毛割若宮跡2）と線分（泉香寺山－陶春日神社）の距離の差は48m。
3. 線分（泉香寺山－毛割若宮跡1）の東西軸に対する方位角の誤差は0.4%。
4. 線分（泉香寺山－毛割若宮跡2）の東西軸に対する方位角の誤差は0.3%。

上記の事実から考えられる事柄は、以下の通りです。
1. 毛割若宮跡2の位置が毛割若宮跡1より東西軸に対する方位角の誤差も少なく、社殿が存在した本来の位置に近いと考えられる。
2. 石碑（毛割若宮跡1／白↓）の位置から空中写真で確認できる位置（毛割若宮跡2／赤↓）の間に存在していたと推定できる。

図1-20：半月形

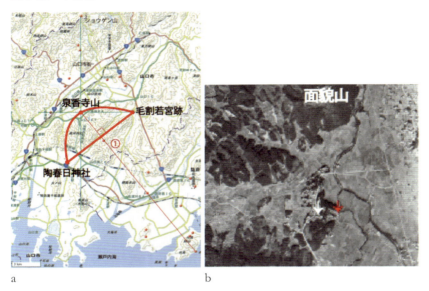

a：地形図上での再現（描点、設計線は必ずしも正確ではない）。　b：毛割若宮跡の石碑（白↓）と原位置？（赤↓）。昭和27年国土地理院空中写真画像データより引用加工。

　この地上絵は、弓張月とも呼ばれた下弦の月の形をしています。
下弦の月は、その姿から呪術の究極とされる鳴弦に喩えられ、邪気、妖魔を退散させると信じられました。
しかし、五形図の半月形に、下弦の月の意味が込められていたかどうかは不明です。(68-284)(565-284)
　以上、五形図の全貌と発見に至る経緯について述べました。
次に、北斗図と五形図で用いられている描点の相違と特徴について述べ、両者が明らかに異なる設計であることを示しておきます。

北斗図と五形図で用いられた描点の相違
北斗図の構成要素

　北斗図は北斗七星と南方朱雀宿、西北へ飛翔する鳳凰と思われる3つの図形で構成され、設計の中心は多々良山です。（図1-21）（表1-13）

図1-21：北斗図（北斗七星／南方朱雀宿／鳳凰）

a：地形図上に描いた北斗七星と南方朱雀宿（赤線で囲まれた扇形の範囲）。
線分（月読神社－多々良山）は19042m, 線分（横浜神社－多々良山）は16513m。

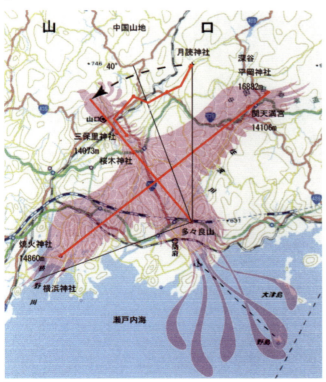

b：地形図上に描いた鳳凰図（a、bともに描点と直線は必ずしも正確ではない）。
線分（谷山付近－多々良山）は14013m, 線分（焼火神社－関天満宮）は29906m。

＊2頭の鳳凰図は第5章。　国土地理院五万分一地形図を引用加工した。鳳凰図はデザイン事務所ガレージ（105-15）

第1章　五形図の発見とその全貌　　35

多々良山（防府市東佐波令）、北辰妙見社（山口市氷上）、宮野石組（山口市宮野上）、高野時森様（山口市仁保下郷）、月読神社（山口市仁保上郷）、横浜神社（山口市秋穂西）、桜木神社（山口市矢田）、三保里神社（山口市大内御堀）、焼火神社（山口市秋穂二島）、関天満宮（山口市徳地堀）、平岡神社（山口市徳地深谷）、の11の描点で構成されています。

未発見の谷山付近と北斗七星の第2、4、6星の位置を加えると15の描点になります。（未発見率27％／第2・4・6星の位置は当初から描かれていなかった可能性がある）（105-20）

表 I-13：北斗図の構成要素

地上絵	構成要素（描点）					未発見
北斗七星	多々良山	北辰妙見社	宮野石組	高野時森様	月読神社	第2、4、6星
南方朱雀宿	多々良山	月読神社	横浜神社			
鳳凰	多々良山	桜木神社	三保里神社			谷山付近
	焼火神社	関天満宮	平岡神社			

図 I-22：横浜神社

a b

a：横浜神社の拝殿。　b：横浜神社から大海山（左↓）と多々良山（中↓）、納経山（右↓）を望む。　＊多々良山の右に大平山（標高631m）が見えることから、目視によって測量が行われた可能性がある。（第5章／伊能忠敬の測量）

36

五形図の構成要素

　　五形図は、五大の表現型である五形（宝珠形／三角形／方形／円形／半月形）で構成され、設計の中心は泉香寺山で、北斗図とは明らかに異なる設計です。（図1-23）（表1-14）

泉香寺山（山口市黒川）、改五宮（山口市朝田）、古四宮（山口市吉敷中村）、陶春日神社（山口市陶）、藪台春日神社（山口市小郡上郷）、土師八幡（山口市吉敷上東）、朝田神社（山口市矢原）、大内畑伊勢社跡（山口市大内畑）、毛割若宮跡（山口市下小鯖）、の9の描点で構成されています。

北斗図が11（未発見を加え15）の描点で構成されていたことに比較して、より少ない描点でより複雑な地上絵を描いているのも特徴です。

不明の谷山付近（仮称／山口市中尾）を加えると10の描点になります。（未発見率10％）

表1-14：五形図の構成要素（五大の配置は五輪塔の配置に従う）

五大	五形	構成要素（描点）				未発見
空	宝珠形	泉香寺山	故五宮	古四宮	朝田神社	
風	半月形	泉香寺山	藪台春日神社	毛割若宮跡		
火	三角形	泉香寺山	故五宮	古四宮		
水	円形	泉香寺山	土師八幡	大内畑伊勢社跡		
地	方形	藪台春日神社	陶春日神社	毛割若宮跡		谷山付近

五形図の描点を決定するための基点

　　この節では、五形図の描点を決定するために用いられた基点について述べています。（北斗図の設計は前作参照）

10の基点が存在し、それらを結ぶ8つの方位線が描点の位置の決定に用いられ、全体として複雑な設計が行われ、設計の中心は泉香寺山です。（泉香寺山は基点であると同時に描点でもある）

　　なぜ、これらの山（聖なる神の坐ます山）や龍穴（龍神の棲む龍穴）が基点とされたのか、その明らかな理由は判りません。

山名の多くは土師氏を象徴する、あるいは土師氏と関連することから、基点として選ばれた後に命名されたと考えるのが自然です。（表1-15）

そこで、命名される以前にそれぞれの山が持っていた山容の特徴、たとえば土師氏が信奉した原始蛇信仰に結びつく山容、あるいは山の位置の重要性、たとえば自然にできた東鳳翻山と氷上山を結ぶ巽乾軸（天地を結ぶ軸）の存在、などを考えることが五形図の謎を追及する上で重要になります。

　　それぞれの基点について考えられる選考理由は、下記の通りです。

1. 泉香寺山　　　：平川の中原に存在し、ショウゲン山と南北軸を形成する位置に存在した。（105-45）
2. ショウゲン山：泉香寺山と南北軸を形成する位置に存在した。（105-45）
3. 東鳳翻山　　　：鳳凰が羽を翻したような秀麗な山容で、「聖なる神の坐ます山」と意識された。
4. 龍穴　　　　　：龍神の信仰「龍神の棲む龍穴」。
5. 堂山　　　　　：「聖なる神の坐ます山」東鳳翻山の真南に位置した。
6. 金成山　　　　：「土生金の法則」で命名され、土師氏の聖地の一つとされた。（105-52）
7. 岩屋山　　　　：くねくねした山容は龍脈と呼ばれ、大地の気が流れる聖山に値し、岩屋（石窟）が存在した。（64-479）（105-545）
8. 西目山　　　　：くねくねした山容は龍脈と呼ばれ、大地の気が流れる聖山に値し、修験道が行われた。（64-479）（105-545）
9. 三保里神社　　：鳳凰図の体軸すなわち「聖なる軸」に平行な線分上に決定されていた。
10. 伽藍山東嶺　　：古くから修験道が行われた（東嶺に何らかの遺構が存在する可能性がある）。（453-135）

表 I-15：描点を決定するための基点

基点	実態	標高（m）	測量位置	備考
泉香寺山	山	61	山頂	方位盤？　青銅製経筒と白磁壺が出土
ショウゲン山	山	711	三角点より西方へ31m	泉香寺山と結ぶ南北軸
東鳳翻山	山	734	三角点	「聖なる神の坐ます山」
立岩稲荷奥宮	龍穴	0	龍穴入口	「龍神の棲む龍穴」
堂山（吉野）	山	20	山頂	虚空蔵堂と宝物の伝承（122-15）
伽藍山東嶺（仮称）	山	225	山頂（地形図上）	修験道が行われた伝承（聞き取り）
金成山	山	175	山頂の表示	「土生金の法則」による命名
秋穂岩屋山	山	218	三角点（地形図上）	岩屋
西目山西嶺（仮称）	山	294	三角点（地形図上）	神奈備山？
三保里神社	神社	26	拝殿前	保名を残す

＊泉香寺山々頂より発掘された経筒（甲盛蓋）は青銅製で、密教（修験道）との関係を示唆する。（119-452）（122-60）　＊白磁壺も経筒と同時に発掘される例が多い。（119-458）　＊前作で石祠とした金成山の経・緯度は山頂の経・緯度で、計算結果には変化はない。

図 I-23：五形図の基点

　以下、主な基点について現時点で明らかになった事柄を記しておきます。
東鳳翻山、龍穴、伽藍山東嶺、堂山については後述し、ショウゲン山（第１章／発見するまでの経緯）については既述しました。
三保里神社については、前作を参照して下さい。

泉香寺山

　泉香寺山は、地上絵を発見する端緒となった山です。（105-44）（122-60）

平川の中原に位置する標高61mの独立した山で、その山名は明治に廃寺となった泉香寺と呼ばれた禅寺の名に由来します。

　山の八合目あたりに武者走と呼ばれる鉢巻状の段があって、これは図1-24bのように方位盤として加工された痕跡ではないか、と想像します。（122-60）

その理由は、泉香寺山が五形図の設計の中心であることから、方位盤であれば測量と設計に役立ったであろうと思えるからです。

山頂には、石碑を中心に90°（卯）、150°（巳）、330°（亥）の位置に自然石を認め、これらが方位盤の痕跡であるのかは不明で、今後の研究に期待されます。（図1-24h）

比較的よく残されている西側の武者走の幅は3〜5m、頂上へ向かう傾斜角30°の法面の距離は約19mです。（計測可能な範囲）（図1-24c, d）

約20年前、保存状態の良かった東側の武者走は雑木が繁り、侵入できる状態ではありません。

武者走から頂上付近を眺めると円墳の頂点にも見えることから、巨大な円墳であった可能性も否定できません。（図1-24c 白破線）（図3-9b）

　山頂は図1-24のように地形図上は歪な長円形で、明治29年3月に日清戦争凱旋記念碑を建設する時に平面を加工したのかも知れません（小高い盛り土状であった）。（122-62）

出土した経筒の中には腐食物（おそらく経典の一部）がつまっていたとあり、これが地上絵の設計図であった可能性を考えてみたくなります。（経筒は国立博物館に収蔵され実見できない）

経筒を埋納するのは平安時代の末法思想の影響を受けた信仰とされ、埋納方法が慎重で土器は白磁の小壺（推定、唐時代）で貴重品であること、などから造営したのは後代の大内氏であった可能性もあります。（第5章／凌雲寺跡）（図1-24g）

経筒が埋納されていた事実は、泉香寺山の位置が重視されていた明らかな傍証になります。

石碑をこの山頂に建設する地開き工事があった。その時、世に珍しい「経筒」を掘り当てたのである。その地点は小高い盛り土状であって、土中に縦一・四〇メートル、幅〇・九メートル、厚さ一〇センチぐらいの平石があった。それを除くと下に木炭層があり、中央は石で四方を囲み、その内側にも木炭をつめ、その中央に銅の筒状の容器と土器があり、銅筒の中には腐食物がつまっていた。（122-62）

　経筒が埋納された泉香寺山の意味を考える上で参考になるのが、勝尾寺（大阪府箕面市）の境内にある榜示石八天石蔵です。

文化庁HPの国指定文化財等DBから要点を抜粋します。（文化庁HPの国指定文化財等DBより引用改変）

1.　寛元元年（1240）の縁起に、開成皇子（桓武天皇の異母兄）が、境内の四方四隅に石蔵を設けた。

2.　石蔵は自然石をもって方形三段の壇を築いている。

3.　内部に陶製の壺を埋め、青銅製の四大明王または四天王を安置した。

図 I-24：泉香寺山

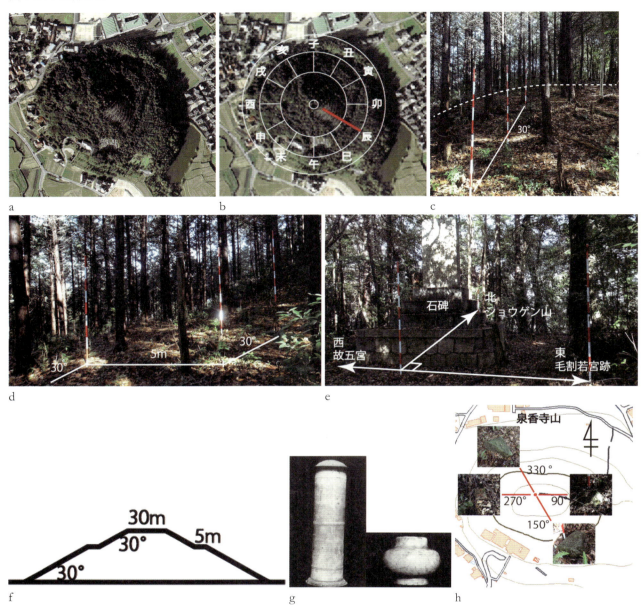

a：山頂を中心にして方位角0°から150°の範囲（子から巳）で、8合目付近に山頂を取り囲む環状構造の跡（武者走）が木立の帯として見ることができ、山全体が人工的に加工された印象がある。武者走は辰から子にかけて西側の植林帯に比較的よく残されている（122-61）　b：外から2、3番目の円周で囲まれた部分が武者走に相当し、方位盤であった可能性を考えさせる。　＊山頂への登り口（赤線／辰から戌）は泉香寺山を東から西へ越える峠にある。　＊風水で用いる羅盤（羅針盤）は方位を測る方位磁石を備えた道具、羅経とも呼ばれる。(64-478)　＊泉香寺山の空中写真はグーグルマップより引用加工した。　c：斜面と頂上付近の曲線（円墳に類似）。　d：比較的よく残された西側の武者走と思われる平面での計測。武者走から頂上への斜面の角度は30°で法面は約19m。　e：日清戦争凱旋記念碑は南面して設置されている。この真下に経筒が埋納されていた。周辺は雑木が繁り荒廃して眺望はまったくない。　f：立面復元図からは円墳あるいは前方後円墳の後部を思わせる。（図3-9参照）　＊数字はおおよその距離と角度。杉植林帯の北側の武者走と山麓へ向う30°の斜面。　g：山頂から出土した青銅製経筒と白磁の壺。（『平川文化散歩』の図は転倒している）(122-63)　h：石碑を中心に90°（卯）、150°（巳）、330°（亥）の方角に石を認めたが偶然かも知れない。（測量棒の赤白の間隔は20cm）（地形図上での再現で描点、設計線は必ずしも正確ではない）。

石蔵の構造が類似し、陶製の壺と青銅製の像の組合せが、泉香寺山から出土した陶製の壺と青銅製の経筒に一致します。
つまり、勝尾寺の榜示石八天石蔵が結界を示すために安置されたように、泉香寺山の経筒も象限の交点であることを示すために埋納された経筒であった可能性を考えさせます。（外宮の四方を守る四至神）(220-46)

山名の由来になった泉香寺について、『防長寺社由来山口宰判』には以下の記述があり、文中、洞家とは曹洞宗のことを意味します。(525-340)

恒富村禅宗青鼈山泉香寺　当寺往古は大内廿一代盛見公御建立にて、禅宗済家にて開山仏光恵光禅師にて御座候処、中古より洞家に相成、本寺山口古熊永福寺末寺に相成、開山昌岩春盛大和尚にて御座候、開闢年代考え難く候事。

青鼈山の鼈とはスッポンのことです。（青鼈は中国語ではミドリガメを指す）
鼈と蛇を合せると玄武（「水気」北の守護神）になり、泉香は「泉が香る」と読めることから、青鼈山泉香寺とは「水気の寺」を意味した可能性があります。
「水気」で南北軸（泉香寺山とショウゲン山を結ぶ）を暗示した可能性もありますが、寺名と地上絵との明らかな関係は不明です。（地下上申図会／山口県文書館蔵では禅宗泉香寺と泉香寺の表記がある）（図1-3）

図1-25：殿山（東方）からみた泉香寺山（1988年／宮田幸太郎氏提供）

＊8合目付近に鉢巻状に山を巡る武者走の跡が段として見える。
＊手前のお社は高倉荒神（竈神）。

金成山

金成山（山口市大内氷上）の山名は、「土生金の法則」による命名で「土気」が「金気」を生む、すなわち「土徳」土師氏から「金気」金成山が生れた（あるいは命名した）、土師氏を象徴する山と考えられます。(105-65)
山頂（標高175m）からの眺望はなく、少し下った石祠（標高147m）から撮影したのが図1-26（e、f）です。
毛利時代の建立（家紋と聞き取り）とされ、地上絵が描かれた時代には榜示石が置かれていた可能性があります。
金成山の石祠から面貌山（標高185m／富士山に似た円錐形の山／山口市大内矢田）を望むと、その延長線上に大日古墳が存在し、この方位線は「宗廟を望拝する方位線」といえます。（表1-16）
面貌山の円錐形の山容はトグロを巻く蛇に似ていることから、原始蛇信仰を信奉する土師氏に採用されたのかも知れません。(561-131)

上記の榜示石とは、境界を示すために置かれた石のことで、石以外に立札や標杭（標柱）その他さまざまな物が用いられました。（図1-50b）（図1-70）（図3-23a）(471-42)
本書では、測量基点として用いられた石（岩）のことを榜示石としています。
平安京の船岡山（京都市北区）の頂上には盤座（祭祀遺構が存在したかは不明／チャートの露頭）があり、朱雀大路の測量基点（榜示石）として用いられたのが著明な例です。（第5章／設計線に根拠を与える思想）（図1-69b）
後述する高倉山の「おためし神事」が行われる盤座も測量基点として用いられ、同じ設計思想が存在したことを示唆します。（第5章／高倉荒神と戌亥の信仰）（図1-59d）

第1章　五形図の発見とその全貌　　41

図 I-26：金成山の周辺

a

b

c

d

a：北辰妙見社（元の下宮）と北辰妙見大菩薩の扁額（伝・後土御門天皇の勅額）　b：北辰妙見社の後方に見えるのが金成山で、尾根筋の右側樹木が少し切れた位置に石祠（↓）がある。
c：南から望む金成山（左↓頂上、右↓石祠）。　d：面貌山に面した金成山山頂の石祠（毛利時代のもの）。　e：石祠より少し低位から見た面貌山方面、向島（左↓）、大日古墳（中↓）、西目山西嶺（右↓）。　f：金成山－面貌山－大日古墳を結ぶ「宗廟を望拝する方位線」（左↑）、金成山－桜木神社を結ぶ同一経線（右↑）。＊金成山の登山道は20年前と比較して整備が進み、岩場も階段になって登り易くなっている。（図5-29／大日古墳）

e

f

　私見では、面貌山の山名は「貌(みたまや)(宗廟)へ面(めん)する（望む）」ことに由来します。(105-65)(176-41)
その名の通り、毛利時代の石祠（秋葉様）は大日古墳（防府市大日）を向いて建てられていて、毛利氏（毛受腹・土師氏が改氏姓した大枝氏あるいは大江氏）は大日古墳を土師氏の宗廟（おそらく土師娑婆連猪手の墳墓）と認めていた傍証になります。

42

線分（金成山－面貌山）と線分（金成山－大日古墳）のおおよその誤差は 0.1％で条里制より精度が高く、同一線上に存在すると判断できます。（表 1-16）

古墳の形体がよく判らない今回の調査では、大日古墳羨道入口を古墳の位置として測定しました。（詳細は前作）（105-50）

表 1-16：金成山を基点とする距離と方位角

対象	緯度	経度	距離（m）	方位角
金成山	340950	1313031	0	**0**
面貌山	340849	1313057	1994	**1602912**
大日古墳	340421	1313252	10762	**1602214**

＊線分（金成山－面貌山）と線分（金成山－大日古墳）のおおよその誤差は 0.1％で条里制（誤差 0.7％）より精度が高い。計算方法は後述（誤差の判断基準）。

金成山を基点とする設計線（五形図以外のものも含む）

毛割若宮跡を決定する方位線（166°）：金成山－西目山西嶺
陶春日神社を決定する方位線（216°）：金成山－秋穂岩屋山
宗廟を望拝する方位線（160°）　　：金成山－面貌山－大日古墳

　　土師氏の「宗廟を望拝する方位線」の基点・金成山の西方には、吉敷佐畑天神（仮称／山口市吉敷佐畑）と同一緯線上に設計された北辰妙見社があります。（北辰妙見社は、北斗図で北斗七星第 1 星に相当する）

氷上山を北に構える北辰妙見社は大内氏の氏神とされ、氷上山の中腹には土師八幡（土師氏の氏神／山口市上東）と同一緯線上に設計された妙見社上宮（跡）があります。（図 1-32c）（表 1-21）

これらは、土師氏と大内氏の密接な関係を強く示唆する設計です。

　　以上の事柄から、金成山から氷上山のある地域は土師氏と大内氏の聖地と見做され、本書では「氷上の里」と呼ぶことにしました。（105-52）

東鳳翻山－氷上山－国津姫神社を結ぶ巽乾軸が金成山と隣接していることも、また「氷上の里」の重要性を示唆しています。

　　図 1-26f のように金成山から向島（龍神の棲む龍穴のある）を望めることから、古代の測量が目視によって行われていた可能性を考えさせます。（向島は高倉山山頂、国津姫神社周辺からも望むことができる／防府市向島）（第 5 章／伊能忠敬の測量）

ちなみに、金成山（340950, 1313448）から向島の錦山山頂（340025, 1313448）までは直線（方位角 1591501）で 18614m あり、中継点を置いたとしても北斗図や五形図の規模の測量が十分に可能であったはずです。（図 1-26f）

秋穂岩屋山

　　秋穂岳の一番北側の嶺が岩屋山（山口市名田島）になり、この嶺の麓には天平勝宝十九年(747)に行基菩薩によって創建された地蔵院があります。（図 1-27）

秋穂岳は古代「合尾」と表記され、蛇を象徴する言葉「尾」があることからも、くねくねした山容に蛇を連想していたことが推測されます。（2-97）（105-557）

同時に、秋穂岳には「火の山」とも呼ばれ天智天皇の時代、九州から京へ急報する狼煙場がありました。（2-97）（145-705）

かりに狼煙場でなかったとしても、蛇と火は結びつくことから「火の山」と呼ばれたことも頷けます。（105-631）（561-39）（569-5）

図 1-27：秋穂岳

a：秋穂岳の火の山（標高304m 右↓）、陶ヶ岳（標高253m 中↓）、岩屋山（標高218m 左↓）。 b：狼煙場であった火の山と陶ヶ岳。(2-97)

図 1-28：蛇を連想させる山容（龍脈）

a：香香地町夷谷（大分県国東半島香香地町） b：昭和10年の香春岳（福岡県田川郡）（224-扉絵）。 c：宗像三女神（田心姫命／市杵島姫命／湍津姫命）を祭神とし弁財天（蛇身人首）と習合した厳島神社は「蛇」の信仰を残し、弥山大神の「ミ」は巳と考えられる。 d：水辺を好む蛇を象徴するかのように満潮時には海水に接する厳島神社の回廊。 e：蝮の腹板と鱗の接点（赤線）のギザギザした形。(105-556) ＊「カガ」は蛇の古語「カカ」。(105-545) ＊夷谷の「エビス」は蛇身人首の神。(105-557) ＊香春岳の「カワラ」は、私見では「蛇腹」、弥山の「ミ」は蛇を意味する。(105-224)(560-224) ＊ギザギザした秋穂岳は図1-27。

　上記で蛇と火がなぜ結びつくのかについて、説明が必要です。
瞬きをしない蛇の瞳は光の源泉とされ、日本だけでなく世界の多くの民族で太陽信仰（権威の象徴）と蛇神の結びつきが認められています。(192-200)(577-3)(578-166)(580-84)
太陽神として知られる伊勢大神が実は蛇神であるとする荒木田神主家の伝承からも、蛇と火の結びつきが窺えます。（古社の祭神の多くは蛇神）(310-50)(560-193)(569)

また、二股に分かれた蛇の舌は火炎に見立てられたこと、五窮官「舌」が「火気」に配当されること、からも蛇と火の結びつきを連想できます。(第2章末/陰陽五行思想概略) (572-16)

秋穂岳に似た山容は、夷谷(大分県国東半島香香地町)、香春岳(福岡県田川郡)、弥山(広島県廿日市市宮島)、弥山(奈良県吉野郡天川村)など各地に見られ、それぞれの名前も蛇(かが/えびす/かわら/み)を連想させ、名前と形(象)が一致しているのは偶然ではあり得ません。(図1-28)

蛇を連想させるのは、山の形が「くねくね」「ぎざぎざ(言葉の例として京都の嵯峨、あるいは中国の峨眉山、峨はぎざぎざの意味)」していること、あるいは図1-28eのように蛇の腹板と鱗の境界の形に似ているからです。(105-557)

西目山西嶺

防府の西方にある西目山(防府市山田)の麓には、土師氏の宗廟と推測される大日古墳があります。(図1-29)
西目の西は周防国衙から見て西の意味と思われ、五行の視点から西と四、死は「金気」で同気になります。
そこで同気の西と四は置き換えることができ、西目山は四目山となり方相氏の「四目」に相当する可能性、あるいは神奈備山(祖霊の帰る山)の可能性もあります。(方相とは四方を相る意味で「土気」の本性を持つ) (66-56) (105-381)

西方に対しては、どの民族も一種の信仰を持ち、古代中国では崑崙信仰の形態をとっている、と白川静氏は西方に対する信仰を指摘します。(412-493)

西目を四目と置き換えると、土師氏の職掌の一つである方相氏に関係するかも知れません。
方相氏とは、「金色の四つ目」を持った疫病を払う神のことです。(黄金は「土気」) (105-380) (181-94 注2、181-293 注3)

西目山の南麓に土師氏の宗廟と考えられる大日古墳が築造されていることも、西目山の重要性を語っています。「大日」は大日如来に由来する可能性があり、五形図が大日如来を象徴していることと関係がありそうです。

図1-29:西目山(右↓)と西目山西嶺(左↓/仮称)

五形図の設計線と描点の位置の決定

　この節では、五形図の8つの設計線と9つの描点（未発見の谷山付近も加えると 10）について述べています。(図 1-30a)（表 1-17）

表 1-17：基本的な設計線

番号	設計線	意味	方位角（°）	方位角の基点
①	泉香寺山－立岩稲荷奥宮	最も基本的な設計線	321	立岩稲荷奥宮
②	泉香寺山－ショウゲン山	象限の南北軸	0	泉香寺山
③	故五宮－泉香寺山－毛割若宮跡	象限の東西軸	270	泉香寺山
④	東鳳翻山－土師八幡－朝田神社－堂山	土師八幡、朝田神社を決定する設計線	180	東鳳翻山
⑤	ショウゲン山－土師八幡－伽藍山東嶺	土師八幡を決定する	192	ショウゲン山
⑥	三保里神社－故五宮	故五宮を決定する設計線	240	三保里神社
⑦	金成山－西目山西嶺	毛割若宮跡を決定する設計線	166	金成山
⑧	金成山－秋穂岩屋山	陶春日神社を決定する設計線	216	金成山

＊番号は図 1-30a の設計線に付した数字で、五形図そのものの描線は含まない。

図 1-30：五形図の基本的な設計線

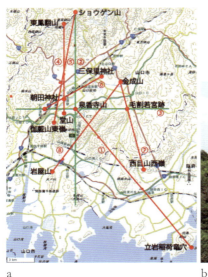

a：地形図上での再現（描点、設計線は必ずしも正確ではない）。　b：高倉山山頂（標高 381m）から向島（左↓／標高 354m）と大内畑（右↓／標高 364m）を見ることができ、立岩稲荷奥宮と泉香寺山を結ぶ「聖なる軸」（赤↓）を視覚的に思い浮かべることが可能であったと推測される。

a　　　　　　　　　　　　　　　　b

　線分①は、立岩稲荷奥宮と泉香寺山を結ぶ方位角 321°の「聖なる軸」です。(図 1-30a)（表 1-17）
この軸は地上絵の最も基本になる設計線で、五形図（方形の2辺）だけでなく鳳凰図の体軸にも平行した方位線が用いられています。
線分①には、立岩稲荷奥宮（龍穴）、大崎玉祖神社（土師氏が奉斉）、大内畑伊勢社跡（推定、大内氏の本貫）、泉香寺山（象限の交点／五形図の設計中心）が存在することから、この設計線の重要性が判ります。(地上絵が描かれた当時の形態は不明)
道教の「道」と共に歩み永生を得るとされた巽乾軸（315°）を採用することなく、敢えて方位角 321°の線分①を採用した理由は、龍穴（龍神の棲む）と泉香寺山を結ぶ「聖なる軸」（龍神信仰）であったからと考えられます。(244-199)
個々の設計線の詳細については、描点の位置決定の節で述べます。
　さて、五形図に用いられた描点の位置を決定するには、それぞれの根拠が存在したはずです。
「だいたいこの辺りに」などと、適当に決定されたとは考えられません。

その理由は、五形図が伊勢皇大神宮や平城京遷都と対をなす神聖な国家的事業として描かれ、土地に備わる条件が厳しく評価されたと推測されるからです。

この土地を評価する方法を相地術（方位術／風水）と呼び、龍穴と美しい山容を重視します。(64-6)

ちなみに、土師氏の祖ノミノスクネの「野見」は相地を意味します。（石工の鑿とする説もある）(379-19)

『続紀』和銅元年(708)戊申二月甲子朔戊寅の平城遷都の詔には「平城の地は三山に囲まれる四神相応の地で亀筮で吉とでた」とあり、相地が実施されたことが判ります。(10-131)(511-47)

風水学において重要な点は、「龍と水」にある。風水における山水形勢では、山が美しく力強ければ、その山によってご加護があり、その山を来龍とする近隣の穴では、人口が増え、大きな村や町になる。素晴らしい龍穴、来龍、青龍砂、白虎砂、明堂には整然とした秩序があり、一枚の美しい絵画のように、私たちの眼を通じ心を癒す。……龍穴を結ぶとされる美しい「龍（山脈）」がなければ、山の形は奇怪な形状をなし、人々を感動させるような曲線美などを生むことはないだろう。(64-6)(347-42)

　もともと、風水（蔵風得水の略）の「風」は強すぎる風を抑えること、「水」は良い水が得られ、かつ洪水が起きないこと、を意味します。(64-184)

風水で理想とするのが四神相応の地、すなわち東の青龍、南の朱雀、西の白虎、北の玄武の四神に守護された土地で、具体的には北に山を構え、南に窪地、東に河、西に街道が存在すること、などの条件があります。（第5章／四神相応の地）(64-181)

さらに、東西、南北軸の交点、方位線、巽乾軸、など思想信仰に基づく決定法もあったと思われます。

　以下、五形図の描点を決定した方法と根拠について述べています。

土師八幡

　土師八幡（山口市吉敷上東）は、下記の2つの線分の交点に決定されています。（丸ツキ数字は図1-30による）（図1-31）

1. 線分④（東鳳翻山－堂山）

2. 線分⑤（ショウゲン山－伽藍山東嶺）

　根拠は下記の2点です。

1. 線分④（東鳳翻山－堂山）は南北軸を形成。

2. 線分（ショウゲン山－土師八幡）と線分⑤（ショウゲン山－伽藍山東嶺）の方位角が近似する。（誤差の計算は後述）

表1-18：ショウゲン山を基点とする距離と方位角

地点	緯度	経度	距離（m）	方位角
ショウゲン山	341400	1312724	0	0
土師八幡	341018	1312635	6955	1902345
土師八幡参道鳥居	341015	1312634	7050	1902754
佐々木屋敷跡	340747	1312601	11688	1902902
伽藍山東嶺	340728	1312554	12297	1904836

＊東嶺は仮称、佐々木屋敷跡は以後、屋敷跡と略す。

表1-19：東鳳翻山を基点とする距離と方位角

地点	緯度	経度	距離（m）	方位角
東鳳翻山	341319	1312634	0	0
土師八幡	341018	1312635	5577	1794413
一の鳥居	341013	1312635	5731	1794438
朝田神社	340854	1312635	8165	1794913
堂山	340801	1312634	9798	1800000

＊朝田神社（山口市高畠）　堂山（山口市吉野）

表 1-18、1-19 から読みとれる事実は、以下の通りです。
1. 線分（東鳳翩山－土師八幡）と線分（東鳳翩山－一の鳥居）の方位角の誤差は 0.004％、線分（東鳳翩山－土師八幡）と線分（東鳳翩山－朝田神社）は 0.09％、線分（東鳳翩山－土師八幡）と線分（東鳳翩山－堂山）は 0.3％、いずれも条里制の誤差 0.7％より精度は高く、4 者は同一線上に存在する。
2. 線分（ショウゲン山－土師八幡）と線分（ショウゲン山－参道鳥居）の方位角の誤差は 0.07％、線分（ショウゲン山－土師八幡）と線分（ショウゲン山－屋敷跡）の方位角の誤差は 0.09％、線分（ショウゲン山－土師八幡）と線分⑤（ショウゲン山－伽藍山東嶺）の方位角の誤差は 0.4％、いずれも条里制の誤差 0.7％より精度は高く、5 者は同一線上に存在する。

上記の事実から考えられる事柄は、以下の通りです。
1. 土師八幡は線分⑤（ショウゲン山－伽藍山東嶺）と東鳳翩山を基点とする線分④（南北軸）の交点に設計された。
2. 土師八幡は伽藍山東嶺すなわち平野を向いて設計された。（第 5 章／ 800 年に渉る空間設計の跡）
3. 拝殿から参道鳥居までの参道は線分⑤（ショウゲン山－伽藍山東嶺）の痕跡で、一の鳥居の位置は南北軸すなわち線分（東鳳翩山－堂山）の痕跡、あるいは測量時の目印（測点）と考えられる。

図 1-31：土師八幡の位置決定

a：土師八幡は東鳳翩山の真南に位置する。的に含まれる 1″（31m）の誤差によるもの。
b：線分（ショウゲン山－参道鳥居）と参道鳥居の位置が一致しないのは、方位線に潜在＊地形図上での再現（描点、設計線は必ずしも正確ではない）。

図 1-32：土師八幡と北辰妙見社上宮

48

c

a：土師八幡の一の鳥居。　b：土師八幡の拝殿と本殿。　c：土師八幡と同一緯線上に設計された北辰妙見社上宮跡碑。

　下記のように、土師八幡の位置は多くの設計の基点になり、地上絵だけでなく山口盆地の空間設計で重要視されたことが判ります。（空間設計と空間考古学は著者の造語／検索した範囲内では見当たらない／後述）
北辰妙見社上宮（標高95m／山口市大内氷上）、多々良山（標高236m／防府市多々良）、岸津(きしづ)神社（標高1m／防府市岸津）など、土師八幡（標高52m）と結ばれている描点（山／神社）は、いずれも土師氏を象徴するもの、あるいは大内氏の伝承と密接に関係するものが選ばれています。
多々良山と土師八幡の標高差が184mであることから、平地での測量と比較してより高度な技術が要求されたと推測されます。（第5章）
土師八幡と他の描点については重複することから、それぞれの節を参照して下さい。

土師八幡を基点とする設計線（土師八幡を通過する設計線も含む）
　　北辰妙見社上宮　　：同一緯線上
　　朝田神社　　　　　：同一経線上
　　虚空蔵堂（堂山）　：同一経線上（東鳳翩山と堂山を結ぶ南北軸上に土師八幡が設計された、とする方が正しいかも知れない）
　　平井日吉(ひよし)神社　：土師八幡－平井日吉神社－多々良山
　　赤田(あかだ)神社　　　：土師八幡－赤田神社（巽乾軸）
　　大内畑伊勢社跡　　：泉香寺山を中心とする同心円上

　本書で定義する「空間設計」とは、例えば「聖なる神の坐(い)ます山」と「龍神の棲む龍穴」を結ぶ設計で、その線上に存在する「場」に確かな根拠を与える設計を意味します。
つまり、空間に「人智ではなく、神意にしたがって決定した」とでもいえる意味付けを与える設計です。（相即不離の関係にある物質・時間・空間・方位のすべての意味を含む）
設計線が地上に描かれているわけではなく（拝殿の向きや参道などに痕跡は残されている）、経・緯度から距離と方位角を計算し複数の線分が交わる「場」を掘り起こします。
このような設計を分析することで古代人が決定した「場の意味」、たとえば次節で述べる土師八幡の重要性、すなわち、なぜそこに存在するのか、誰が設計したのか、どのような思想信仰が背景に存在するのか、などを明らかにできる可能性があり、この研究を仮に「空間考古学」と呼ぶことにします。

土師八幡の重要性

　ところで、土師氏にとって「聖なる軸」と考えられる線分①の延長線上に、なぜ土師氏の氏神・土師八幡が設計されなかったのか、疑問でした。（丸ツキ数字は設計線に配した数字／描点の位置決定）

土師八幡と大内畑伊勢社跡（推定、大内氏本貫）は泉香寺山を中心とする同心円上に設計され、土師氏と大内氏の結びつきが示唆されます。

その大内畑伊勢社跡が線分①上に設計されているにもかかわらず、土師八幡は線分①上にはありません。

土師八幡と朝田神社は東鳳翻山（341319, 1312634）を通る南北軸に設計され、両者は東鳳翻山の真南でなければならない、という設計者の強い意志を感じます。（朝田神社の位置は宝珠形を設計する上で採用された）（第5章）

しかし、朝田神社は線分①上にはなく、泉香寺山を基点とする314°（巽乾軸に近似）の方位線上に設計されています。（後述）

このように、同心円の設計以外、土師八幡と泉香寺山の関係は認められません。

　これらの疑問と事実から、土師八幡は五形図が描かれる以前（五形図第1候補／推定698年）に土師氏の拠点（位置を決定／社殿ではなく居館か）として、地上絵とは関係なく決定された可能性が考えられます。

その根拠の一つは、土師八幡が東鳳翻山の真南に位置し、盆地を一望できる場所（土師山／仮称）に存在することです。（335-133）

このような国の中心として位置付けられた丘では、占拠儀礼（食事と国見／領有の確認）が行われました。（3-305）（368-25）

土師八幡の長い参道から社殿を眺める時、往事を彷彿させる堂々とした格式の高さ（垂直に切られた千木）に驚き、伝承にある「土器を作る人たちの氏神」とする程度ではなく、周芳国山口を治めたであろう土師氏の氏神としての威厳を感じます。（図1-32b）（氷上山興隆寺の創建は伝・613年）

3本の千木（3は「木気」生数を象徴／外削ぎ）は、土師八幡の祭神が「木気」鱗虫に配当される龍、すなわち毛受腹（龍腹）であることを暗示しているようです。（出雲大社の千木は2本、鰹木は3本／土師氏と出雲氏は同族）（382-130）

　さらに、土師八幡と朝田神社（旧社名・住吉神社）は、いずれも式内社（延喜式神名帳に載る1286の官社で祈年祭で幣帛を受ける／周防10座）ではありません。（475-108）

周防五社のうち、式内社は一宮・大崎玉祖神社、二宮・出雲神社（715年創建）、三宮・仁壁神社の三社だけです。

つまり、『延喜式』成立時（延喜五年927年）には土師八幡と朝田神社は創建されていなかった可能性があります。

神社の形態ではなく居館であったか、あるいは式内社より古い地主神であった、なども考えられます。（第5章／地上絵と設計線の制作年代）（式内社の基準は曖昧）（188-304）（378-102）（382-2）

　土師八幡の境内には、昭和38年4月に昭和天皇が手ずから播かれた松の碑が残り（松は枯死した）、土師氏（毛受腹／大枝朝臣）が桓武天皇の外戚（生母・高野新笠の母が毛受腹の土師宿禰真妹）であった縁が約1200年間伝えられてきたことを物語るようです。（第4章／土師氏四腹と毛受腹の意味）（図1-33）

地上絵の謎を解き明かす過程で明らかになった土師八幡が存在する意義は大きく、改めて由来を見直す必要を感じます。（第5章／地上絵と設計線の制作年代）

図 1-33：昭和天皇御手播松碑（昭和 38 年 4 月吉日）

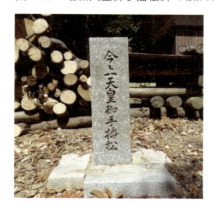

　次に、土師八幡と北辰妙見社上宮の関係を解析する過程で、吉敷佐畑天神（340959, 1312536）の存在が浮かびました。（前作では木崎天神としていたが吉敷佐畑天神と改めた／いずれも仮称）
吉敷佐畑天神（鳥居の位置）は、泉香寺山を基点とする線分①から外れた位置になります。（図 1-34）（表 1-20）
線分①に対する誤差は 3.7％で条里制の誤差 0.7％より大きく、吉敷佐畑天神は線分①上にも泉香寺山を中心とする円周上にも存在しないと判断できます。（吉敷佐畑天神の社殿は不明）

図 1-34：吉敷佐畑天神と北辰妙見社

a：地形図上での再現（描点、設計線は必ずしも正確ではない）。
b：天神山の鳥居（拝殿は不明）。

a　　　　　　　　　　　b

表 1-20：泉香寺山を基点とする距離と方位角

地点	緯度	経度	距離（m）	方位角
泉香寺山	340816	1312723	0	0
吉敷佐畑天神（鳥居）	340959	1312536	4194	3191134

＊吉敷佐畑天神の位置は、計算では線分①（方位角 321°）の線上から 2° 外れている。

誤差の計算（60 進法による計算であることを示すため単位を記入した／以下、計算方法は同じであり数式と単位は省略する）

方位角の差　　　：321°24′31″ − 319°11′34″ ＝ 2°12′57″
対応する円弧　　：4194（m）× 2π × 2°12′57″/360°00′00″ ＝ 156（m）
おおよその誤差　：156/4194 × 100 ≒ 3.7（％）
最終的な式　　　：$\varepsilon \fallingdotseq 2\pi\theta \div 36000$（$\varepsilon$：誤差／$\theta$：方位角差）

第 1 章　五形図の発見とその全貌　　51

吉敷佐畑天神の位置は重要で、無視できない存在です。

その理由は、吉敷佐畑天神と北辰妙見社が同一緯線上に設計され、これは土師八幡と北辰妙見社上宮が同一緯線上に設計されているのと同じ意図を感じるからです。（図1-34）（表1-21、1-22）

ただちに、これらの関係を明確に説明することはできませんが、周芳国の空間設計の段階では重要な描点として計画された可能性があります。（上宮は土師八幡を通る緯線と下宮を通る経線の交点に決定された可能性がある／下宮の位置は不明）

表1-21：土師八幡を基点とする距離と方位角

地点	緯度	経度	距離（m）	方位角
土師八幡	**341018**	**1312635**	0	**0**
上宮跡	**341018**	1312958	5199	**895903**
朝田神社	340854	**1312635**	2588	**1800000**

＊土師八幡と北辰妙見社上宮跡は同一緯線上に設計されている。

表1-22：北辰妙見社を基点とする距離と方位角

地点	緯度	経度	距離（m）	方位角
北辰妙見社	**340959**	1313001	0	**0**
吉敷佐畑天神（鳥居）	**340959**	1312536	6787	**2700114**

＊吉敷佐畑天神と北辰妙見社は同一緯度上に設計されている。270°に対する誤差は0.02％。

大内畑伊勢社跡

　大内畑伊勢社跡は、線分（泉香寺山－土師八幡）を半径とし泉香寺山を中心とする円と線分①の交点に決定されています。（図1-35）

1. 線分（泉香寺山－土師八幡）を半径とし泉香寺山を円の中心とする。

2. 上記の円周と線分①（泉香寺山－立岩稲荷奥宮）との交点。

　根拠は、下記の2点です。

1. 線分（泉香寺山－土師八幡）≒線分（泉香寺山－大内畑伊勢社跡）（表1-5）

2. 線分①（泉香寺山－立岩稲荷奥宮）と線分（大内畑伊勢社跡－立岩稲荷奥宮）の方位角が近似する。（表1-6）

　立岩稲荷奥宮を基点とする線分①（泉香寺山－立岩稲荷奥宮）と線分（大内畑伊勢社跡－立岩稲荷奥宮）のおおよその誤差は0.2％になり、条里制（誤差0.7％）より高い精度で、3者は同一線上に存在するといえます。（表1-6）線分（泉香寺山－土師八幡）と線分（泉香寺山－大内畑伊勢社跡）の距離の差はわずか4mでしかなく、実際にどのような方法が採用されたのか知りたいところです。（439）

図 1-35：大内畑伊勢社跡の位置の決定

a：地形図上での再現（描点、設計線は必ずしも正確ではない）。∠（土師八幡－泉香寺山－大内畑伊勢社跡）は 160°。　b：二代目の大内桜（223-663）　c：伝・琳聖太子の墓（五輪塔を模す）。(147-646)

毛割若宮跡

　毛割若宮跡（山口市下小鯖）の位置（石碑）は、下記の２つの線分の交点に決定されています。（図 1-36）

1. 線分③（泉香寺山－故五宮）の延長線（東西軸）。
2. 線分⑦（金成山－西目山西嶺）。

　根拠は下記の２点です。

1. 線分（金成山－毛割若宮跡）と線分⑦（金成山－西目山西嶺）の誤差は 0.3％で３者は同一線上に存在する。（表 1-23）
2. 線分（故五宮－泉香寺山）と線分（故五宮－毛割若宮跡）の誤差は 0.2％で３者は同一線上に存在する。（表 1-24）

図 1-36：毛割若宮跡の位置の決定

＊地形図上での再現（描点、設計線は必ずしも正確ではない）。毛割若宮跡碑は図 1-17c に既出。

第 1 章　五形図の発見とその全貌　　53

表 I-23：金成山を基点とする距離と方位角

地点	緯度	経度	距離（m）	方位角
金成山	340950	1313031	0	**0**
毛割若宮跡	340817	1313100	2960	**1652750**
西目山西嶺	340442	1313205	9791	**1654502**

表 I-24：故五宮を基点とする距離と方位角

地点	緯度	経度	距離（m）	方位角
故五宮	**340816**	1312515	0	**0**
泉香寺山	**340816**	1312723	3280	**895924**
毛割若宮跡	340817	1313100	8839	**894624**

＊線分（故五宮－泉香寺山）と線分（故五宮－毛割若宮跡）の方位角が近似し、東西軸を形成する。＊90°に対する誤差は、それぞれ0.01％、0.2％。

　線分（金成山－毛割若宮跡）と線分⑦（金成山－西目山西嶺）の誤差は0.3％、線分（故五宮－泉香寺山）と線分（故五宮－毛割若宮跡）の誤差は0.2％になり、条里制より高い精度です。
したがって、金成山－毛割若宮跡－西目山西嶺の3地点と、故五宮－泉香寺山－毛割若宮跡に含まれる3地点は、それぞれ一直線上に存在すると考えられます。
石碑の位置を計算に用いたことで生じる問題点については、既述した通りです。（第1章／方形）

陶春日神社

　陶春日神社（山口市立石）の位置は、下記の2本の線分の交点に決定されています。（図1-37）
1．線分（毛割若宮跡－陶春日神社）
2．線分⑧（金成山－秋穂岩屋山）

　根拠は、下記の2点です。
1．線分（毛割若宮跡－陶春日神社）（方位角231°）と線分①（方位角321°）が直交する。
2．線分（金成山－陶春日神社）と線分⑧（金成山－秋穂岩屋山）の誤差は0.4％で3者は一直線上に存在する。

図1-37：陶春日神社の位置の決定

a　　　　　　　　　　　　　　　b

a：地形図上での再現（描点、設計線は必ずしも正確ではない）。　b：陶春日神社（伝承では藤原不比等によって708年に創建された）。

表 1-25：金成山を基点とする距離と方位角

地点	緯度	経度	距離（m）	方位角
金成山	340950	1313031	0	**0**
陶春日神社	340516	1312630	10460	**2161212**
秋穂岩屋山	340429	1312545	12310	**2163340**

表 1-26：毛割若宮跡を基点とする距離と方位角

地点	緯度	経度	距離（m）	方位角
毛割若宮跡	340817	1313100	0	**0**
陶春日神社	340516	1312630	8887	**2310912**

　下記の計算（60進法）により線分（立岩稲荷奥宮－大内畑伊勢社跡）と線分（毛割若宮跡－陶春日神社）、線分①（立岩稲荷奥宮－泉香寺山）と線分（毛割若宮跡－陶春日神社）は直交するといえます。

線分（立岩稲荷奥宮－大内畑伊勢社跡）と線分（毛割若宮跡－陶春日神社）の交わる角度：

3211512 － 2310912 ＝ 900600

線分①（立岩稲荷奥宮－泉香寺山）と線分（毛割若宮跡－陶春日神社）の交わる角度：

3212431 － 2310912 ＝ 901519

＊ 90°に対する誤差は、それぞれ 0.1％、0.3％で条里制（誤差 0.7％）より精度が高い。

　陶春日神社について『山口県神社誌』には、以下の記述があります。

和銅元年(708)戊申の創建とすると、後述する和銅五年(712)壬子に予想された洪水に対して、大崎玉祖神社が和銅三年(710)庚戌に大阪の高安へ勧請され玉祖神社が創建されたのと対をなす事業であった可能性があります。（藤原不比等が五形図の企画に関わった可能性）（第2章／和銅三年）（105-383）

奈良時代の和銅元年(708)に藤原不比等が創建したともいい、また延暦四年(785)に奈良春日神社から遷斎したとも伝えられる。県下にある古社の一つで、貞観元年(859)に藤原真道が周防鋳銭司長官となったとき、この社を鋳銭司の惣社としたという。

藪台春日神社

　藪台春日神社（山口市小郡藪台）の位置は、下記の2本の線分の交点に決定されています。（図 1-38）

1. 陶春日神社を通り線分①（泉香寺山－立岩稲荷奥宮）に平行する線分を引く。

2. 線分（陶春日神社－毛割若宮跡）を半径とし陶春日神社を中心とする円弧と陶春日神社を通る線分①と平行した線分との交点に藪台春日神社を決定。

　根拠は、以下の3点です。（表 1-6,1-27）

1. 線分①「聖なる軸」の方位角 3212431 と線分（陶春日神社－藪台春日神社）の方位角 3211715 が近似し、誤差は 0.1％である。

2. 線分（陶春日神社－毛割若宮跡）と線分（陶春日神社－藪台春日神社）が直交する（3211715 － 510641 ＝ 2700074）。270°に対する誤差は 0.01％で条里制（誤差 0.7％）より精度が高い。

3. 線分（陶春日神社－毛割若宮跡）と線分（陶春日神社－藪台春日神社）の距離が近似する。

　線分（陶春日神社－毛割若宮跡）と線分（陶春日神社－藪台春日神社）の距離差は 39m で、おおよその誤差（辺の長さに対する）は 0.4％になり条里制（誤差 0.7％）より高い精度です。

藪台春日神社は谷筋から上った標高 60m の位置に造られ、陶春日神社の標高は 21m で両者の標高差は 39m になります。

山に遮られて直接見ることができない高低差のある位置の測量方法について、明らかなことは何も判りません。

難しい測量の問題は、立岩稲荷奥宮－泉香寺山、多々良山－月読神社、焼火神社－関天満宮などを結ぶ設計線にも当てはまります。

図1-38：藪台春日神社の位置の決定

a：地形図上での再現（描点、設計線は必ずしも正確ではない）。
b：藪台春日神社の鳥居と拝殿。

a　　　　　　　　　　b

表1-27：陶春日神社を基点とする距離と方位角

地点	緯度	経度	距離（m）	方位角
陶春日神社	340516	1312630	**0**	0
毛割若宮跡	340817	1313100	**8887**	510641
藪台春日神社	340900	1312254	**8848**	3211715

故五宮

故五宮の位置は、下記の2本の線分の交点に決定されています。（図1-39）

1. 泉香寺山を通る緯線。
2. 三保里神社から東西軸に対して引いた方位角240°の線分⑥。

根拠は、下記の2点です。

1. 線分（三保里神社－朝田神社）と線分⑥（三保里神社－故五宮）のおおよその誤差は0.3％で、3者は同一線上に存在する。
2. 線分（故五宮－毛割若宮跡）は東西軸である。（90°に対する誤差は既述した）（表1-1、1-24）

故五宮（五ノ宮大明神／旧・朝田神社）は、明治42年に他地区の氏神と合祀され朝田神社（旧・住吉神社）になりました。（図1-11d）（348-80、348-363）（525-359）
本来の神殿があったとされる位置（図1-39c右↓）から、仮に現在の朝田神社の参道と同じ約300mの位置を求めると、大歳地区小字配置図の「的場」（流鏑馬を連想させる）から「はいの木」あたりまでになり、やはり相当な大社であったことが想像できます。（348-8）
故五宮を向いて設置された朝田神社の西の鳥居（三保里神社を基点とする240°の設計線の痕跡）については、この後の節で述べます。

図1-39：故五宮の位置の決定

a：地形図上での再現（描点、設計線は必ずしも正確ではない）。　＊線分③は泉香寺山を交点とする東西軸、線分⑥は三保里神社を基点とする240°の方位線。　＊240°の方位線⑥と東西軸③の交点に故五宮が決定されている。　b：故五宮神殿跡の奥↓の方向に泉香寺山が存在する。　＊『郷土大歳のあゆみ』の絵図にある大樹の残欠もない。(348-364)
c：本来の神殿があった場所と教えられた位置（右↓）(340816, 1312515) を解析に採用している。残されている神殿跡（上記b／340819, 1312515）は約60m北の木立（左↓）にある。三保里神社を基点とする240°の方位線の痕跡は、朝田神社の西の鳥居に残されている。（図1-41c, d）『郷土大歳のあゆみ』には、いかにも流鏑馬を連想させる的場の小字名がある。(348-7)

b

c

古四宮

古四宮の位置は、下記の方法で決定されています。(図1-40)

1. 泉香寺山と故五宮を中心として線分（泉香寺山－故五宮）を半径とする円弧を描く。
2. その交点に古四宮を決定。

根拠は、以下の2点です。

1. 線分（泉香寺山－故五宮）、線分（泉香寺山－古四宮）、線分（故五宮－古四宮）の3者が近似する。(表1-3)
2. ∠（泉香寺山－故五宮－古四宮）、∠（故五宮－古四宮－泉香寺山）、∠（古四宮－泉香寺山－故五宮）は、いずれもほぼ60°。(表1-4)

計算された方位角から各内角を求め、いずれも60°に近似していることは、既述した通りです。
線分（泉香寺山－故五宮）と線分（泉香寺山－古四宮）の距離差はわずか8mで、おおよその誤差（辺の長さに対する）は0.2％になり条里制より高い精度です。
線分（泉香寺山－故五宮）と線分（故五宮－古四宮）の距離差は18mで、おおよその誤差は0.6％になり条里制とほぼ同じ精度になります。(表1-3：泉香寺山を基点とする距離と方位角／表1-4：故五宮を基点とする距離と方位角)

図1-40の方法は正三角形を描く一般的な方法ですから、五形図を描いた土師氏もコンパスと定規を用いる方法を知っていたことになります。(図1-15)(210-133)
規と矩は、伏義と女媧の絵にも描かれていることから、7世紀の日本でも用いられていたと推測されます。
現在の拝殿は赤田神社の遥拝所になっていて、本来の位置は不明です。
計算上は、鳥居の当たりではなかったか、と想像します。

第1章　五形図の発見とその全貌　　57

図 1-40：古四宮の位置の決定

a：地形図上での再現（描点、設計線は必ずしも正確ではない）。　b：古四宮の鳥居と拝殿（現在は赤田神社遥拝所）。

a　　　　　　　　　　b

朝田神社

　宝珠形を発見する上で不可欠であった朝田神社の位置は、線分④と線分⑥の交点に決定されています。（図 1-41）（表 1-28）

線分（三保里神社－朝田神社）と線分（三保里神社－故五宮）の誤差は 0.3％になり、条里制より精度が高い、といえます。

1. 線分④：土師八幡を通る経線。（東鳳翻山の真南）
2. 線分⑥：三保里神社を基点とする方位角 240°の線分。

　根拠は、下記の 2 点です。

1. 土師八幡と朝田神社の経度が一致する。（表 1-28）
2. 線分（三保里神社－朝田神社）と線分（三保里神社－故五宮）の方位角が近似する。（表 1-10）

表 1-28：朝田神社を基点とする距離と方位角

地点	緯度	経度	距離（m）	方位角
土師八幡	341018	**1312635**	2588	**0**
朝田神社	340854	**1312635**	0	**0**
西鳥居	340853	**1312633**	60	**2385841**

　西側の鳥居（図 1-41d）は、まるで故郷を偲ぶように故五宮（本来の社殿の位置）を向いて（方位角 2385841）設置され、合祀された当時、地元から氏神を失った朝田地区の人々の思いを今に伝えています。（鳥居は結界を示す以外に方位を示す役割があることを知る）

図 1-41：朝田神社の周辺

a：地形図上での再現（描点、設計線は必ずしも正確ではない）。　b：朝田神社と刻まれた扁額（もと故五宮のもの）と「玉祖五宮」と刻まれた一の鳥居の扁額。

c：三保里神社を基点とする 240°と土師八幡を基点とする南北軸の交点に朝田神社の拝殿が設計された。
d：三保里神社を基点とする 240°の方位線の痕跡が西を向く鳥居に残されていた。　e：楼門（旧住吉大明神の舞殿）ごしにみる参道と、一の鳥居から参道（設計線の痕跡）と杜を遠望（木立の奥に泉香寺山が存在する）。(348-367)　参道は泉香寺山を基点とする 314°の方位線（巽乾軸に近似）で拝殿の向きを決定するために採用された設計線。

これは『説文解字』に載る、決して宗廟（故郷）を忘れないこと、を具体的に表した設計と思われます。(565-167)

拝殿と西の鳥居を結ぶ方位線は、三保里神社を基点とする 240°（2391801）の設計線の痕跡で、合祀された明治 42 年（1909）になっても朝田神社（旧・住吉神社）の位置を決定した設計が記憶（五形図第 1 候補の文武二年 698 年）されていた証拠といえそうです。(図 1-39a)（図 1-41c）（表 1-10）

西の鳥居の前に立って、この事実に気付いた時、思わず唸ってしまいました。

　同じ設計線の痕跡（同じ設計思想）は後述する国津姫神社でも認められることから、余り離れていない時期に朝田神社（旧・住吉神社／創建年不明）と国津姫神社（伝・673 年創建）の位置が決定されたのではないか、と推測されます。

第 1 章　五形図の発見とその全貌　　59

参道は設計線の痕跡

さて、朝田神社は長い参道と深い社叢が周囲の水田と一体になって、清らかな風格を備えています。
一の鳥居から眺めると、参道から本殿までが一直線上に造られているのが明らかに判ります。(図1-41d)
試しに、泉香寺山を基点として距離と方位角を計算すると表1-29になります。

表1-29：泉香寺山を基点とする距離と方位角

地点	緯度	経度	距離（m）	方位角
泉香寺山	340816	1312723	0	**0**
朝田神社	340854	1312635	1698	**3133558**
一の鳥居	340900	1312627	1974	**3132304**

この設計をもう少し詳しく分析すると、線分（泉香寺山－朝田神社）と線分（泉香寺山－一の鳥居）のおおよその誤差は0.2％で条里制より高い精度です。
したがって、線分（泉香寺山－朝田神社－一の鳥居）は一直線上に存在すると判断でき、朝田神社本殿から続く276mの参道は、泉香寺山を基点とする当時の設計線の痕跡と考えられます。(社殿の方位を決定する設計)
これは線分（陶春日神社－泉香寺山）、線分（大崎玉祖神社－田島山）、線分（土師八幡－伽藍山東嶺）などと同じ設計であり、拝殿から参道にかけての直線は設計線の痕跡と考えられます。

さらに、朝田神社の設計と同じ例（位置の決定とは異なり社殿の方位を決定した例）として陶春日神社の参道があります。(図1-42)
陶春日神社の位置の決定は、線分（毛割若宮跡－陶春日神社）と線分⑧（金成山－秋穂岩屋山）の交点に決定されていました。
しかし、表1-30のように社殿から参道の向きは泉香寺山を基点とする方位線（194°）で決定されています。
線分（泉香寺山－陶春日神社）と線分（泉香寺山－一の鳥居）のおおよその誤差は0.1％で、条里制より精度が高く3者は一直線上に存在します。
つまり、陶春日神社の参道（384m）は泉香寺山を基点とする設計線（社殿の向きを決定する）の痕跡と考えられます。
この事実は、陶春日神社（方形の描点の一つ）と泉香寺山（五形図の設計の中心）との結びつきを示唆し、一の鳥居の横にある建石が榜示石であった可能性が高くなります。(社殿と参道の方位を決定する設計に用いられた／周芳国の建石と楯築遺跡の立石の類似性)(図1-70)

表1-30：泉香寺山を基点とする距離と方位角

地点	緯度	経度	距離（m）	方位角
泉香寺山	340816	1312723	0	**0**
陶春日神社	340516	1312630	5710	**1934556**
一の鳥居	340504	1312626	6094	**1935231**

これらの事実から、拝殿と参道を結ぶ線分を検討して未知の設計線を発見することが期待されます。
祭祀遺跡（神社／盤座）と山の結びつきを否定する説もありますが、上記の計算値が明らかに示されれば否定できくなります。(84-10)

図 1-42：陶春日神社の参道

＊一の鳥居のすぐ東に建石がある。周辺には周芳鋳銭司跡があり重要な位置であったことが判る。
＊地形図では地区名に「立石」の表記が使われている。　＊地形図上での再現（描点、設計線は必ずしも正確ではない）。

　解析の結果、社殿に関係した設計線には2通りあることが判ります。（両者が同一の場合もある）（磁極の位置を反映した周防国衙朱雀路、氷上山興隆寺参道などの設計線については他節に譲る）（朱雀路の名称は『空から見た古代遺跡と条里』にしたがった）（137-145）
1. 社殿の位置を決定する設計線。
2. 社殿の方位を決定する設計線。

設計線の痕跡と考えられる参道の例
1. 位置を決定する設計線が参道に残されている例
　　　国津姫神社－東鳳翻山　　：図 1-54g
　　　大崎玉祖神社－田島山　　：図 1-45d
　　　荒神社－参道口　　　　　：図参 2-4g

2. 社殿の方位を決定する設計線が参道に残されている例
　　　泉香寺山－朝田神社　　　：図 1-41
　　　泉香寺山－陶春日神社　　：図 1-42
　　　ショウゲン山－土師八幡　：図 1-31b
　　　古熊神社－赤田神社　　　：表 1-37
　　　国津姫神社－立岩稲荷奥宮：図 1-54c
　　　熊野神社－多々良山　　　：図 5-7c

不明の谷山付近

方形の描点の中で谷山付近(仮称／山口市中尾)は山が荒れて侵入できず、遺構の有無は不明です。

図 1-43：不明の谷山付近

a：赤点で示した予想される位置は方形図の場合(341201, 1312722)、鳳凰図の場合(341220, 1312713)、各地点から半径30m以内(経・緯度の誤差範囲)に遺構が発見される可能性がある。　＊地形図上での再現(描点、設計線は必ずしも正確ではない)。　b：山が荒れて侵入できない。

a　　　　　　　b

谷山付近の位置(341201, 1312722)の決定には、下記の方法が用いられたと推測されます。(図1-43)
1. 藪台春日神社を通る231°の方位線。
2. 毛割若宮跡を通る321°の方位線。
3. 2つの方位線の交点を谷山付近とする。

北斗図と五形図で共通して用いられた「聖なる軸」——泉香寺山と龍穴

本書で「聖なる軸」と呼ぶ向島の立岩稲荷奥宮(龍穴)と泉香寺山を結ぶ方位線は、五形図の方形の2辺と鳳凰図の体軸に用いられています。
結果、321°の方位線が合計4本(1本は推定)存在し、北斗図と五形図を含めて地上絵の中で最も基本となる設計線といえます。(図1-44)
4本の321°の方位線が存在することから考えられる事柄は、下記の通りです。
1. 道教で重視する巽乾軸よりも、龍穴(龍神の棲む龍穴)の信仰に基づく方位線を「聖なる軸」として重視した。
2. 最も基本的な設計線として線分①が採用され、まず北斗図の中の鳳凰図に用いられた。
3. 線分①は五形図の方形図にも採用され、継続して設計されたことを示唆する。
4. 少なくとも元明朝までは地上絵の存在が伝承され、設計図が残されていた可能性がある。
5. 北斗図を描いた土師氏が元明朝まで存命していた可能性がある。

龍穴を発見した土師氏は、驚嘆したに違いありません。(図1-68b)
なぜなら、地中を流れる龍脈の気が噴き出す龍穴は、龍の出入り口にも譬えられ、土地の吉凶を占う風水では隆盛する土地とされ、龍脈と並んで重視されたからです。(64-232)(225-13)
地上絵を描いた土師氏は、後述する大和の室生龍穴神社の龍穴を思い浮かべ、立岩稲荷奥宮がある赤崎も「気」の充ちた聖域として信奉した、などと想像が膨らみます。(第1章／「龍神の住む龍穴」への信仰に基づく設計)
ちなみに、沖を通過する軍艦の艦長はボートで上陸し、必ず立岩稲荷奥宮を参拝したという伝承があり、龍神への信仰が脈々と息づいていた証かも知れません。(奥宮での聞き取り)

図1-44：4本の321°の方位線

a：五形図で用いられた321°の方位線（青／黄）と鳳凰図で用いられた321°の方位線（赤）。(105-23)　＊鳳凰図の体軸で先端の推定される位置は谷山付近（341220, 1312713）、五形図の方形で推定される位置は谷山付近（341201, 1312722）で、南北で589m、東西で279mの距離差があり、いずれの位置も侵入できない。（図1-43a）　＊地形図上での再現（描点、設計線は必ずしも正確ではない）。

b：321°の「聖なる軸」（青↑）と基点であった可能性がある立岩（白↓／立岩稲荷の社名の元になった立岩は台風で倒された）。

321°の方位線「聖なる軸」と鳳凰図の描かれた時期について

　西北へ向かって飛翔する鳳凰と思われる地上絵（鳳凰図）が、北斗図ではなく五形図と同じ時期に描かれたのはないか、という疑問がありました。（第5章／第2の鳳凰図）
その理由は、五形図の方形の2辺に用いられている線分①が、鳳凰の体軸に相当する線分（多々良山頂－桜木神社－三保里神社－北斗七星第7星）にも用いられていたからです。

　この疑問に対して、鳳凰の出現は聖天子（資質が特に高い天子／聖帝）の予兆（前触れ／前知らせ）とされることから、鳳凰図を描かせたのは自らを聖天子と意識した天皇、すなわち天武十二年(683)に出された詔の内容からも天武天皇以外あり得ないのではないか、と考えていました。(111-24)(491-2-278)(551-26、551-28)
その詔の中で、数多く現れた天瑞は政道が天道にかなっている験として、自らを聖天子と見做しています。
　斉明、持統天皇は女帝であって、陰陽五行思想の下では聖天子の資格は原則的にありません。
女帝には宮廷祭祀を無意味にしてしまう問題がある、と井上亘氏は述べています。(118-127)(468-268)
（一代一度の大嘗祭）儀礼が地方豪族から貢進された国魂としての食物供献と、国神の依代としての采女との神婚（同衾）とから成り、後者が無意味となるからである。

　天智天皇と周芳国の関係は明らかでなく、天皇を批判した童謡（政治的予言の歌）も多く記録され聖天子とはいえないと考えました。(105-414)(198-Ⅶ)(199-11)
　文武天皇は若干15歳で即位し持統上皇を戴いているため聖天子の資格がなく（本来、宗廟社稷の祭をすることができない）、元明、元正天皇は女帝でやはり資格がありません。(457-71)
したがって、持統朝以後に描かれた可能性は低く、天武朝に描かれたと考えました。
ちなみに、『緯書』の多くに鳳凰と聖天子の関係が記述されています。(551-26、551-28)
鸞鳳があらわれるということは、やがてよい政治が行われるであろうという予言となり、予兆と理解された。そして緯書の形で流行した。『史記』、『漢書』、『後漢書』などの史書は、こうした祥瑞の事例を、各帝王の伝記に数多く記録している。

　鳳凰図が天武朝に描かれたことを示唆するように、西北へ向かって飛翔する鳥について、北斗図が描かれたと推測される前年（天武九年）の記事が『書紀』にあります。(391-2-444)
天武九年(680)庚辰十一月壬申朔辛丑(三十) 臘子鳥、天を蔽して、東南より飛びて、西北へ度れり。

第1章　五形図の発見とその全貌　63

この記事に鳳凰の姿はありませんが、『緯書』には鳳凰が「飛ばば則ち群鳥これと征く」と表現しています。

鳳は火の精なり。丹穴に生じ、梧桐にあらざれば棲まず、竹実にあらざれば食せず、醴泉にあらざれば飲まず。身に五色を備へ、鳴かば五音に中り、道あらば則ち見はれ、飛ばば則ち群鳥これと征く。（傍点著者）(552-93)

　『書紀』の記事と『緯書』の内容から、天を蔽った臘子鳥が鳳凰とともに東南から西北（巽乾軸上を）へ飛び去り、聖天子の出現あるいは再生を予祝（あらかじめ祝うこと）した、と読むことができそうです。

鳳凰図が天武朝に描かれたと推測された結果、地上絵を描くに当たって、まず向島の立岩稲荷奥宮の龍穴と泉香寺山を結ぶ方位線が聖なる設計線として採用された、と考えました。

道教で「道」と共に歩み永生を得るとされた巽乾軸よりも、敢えて「聖なる軸」を採用した背景には龍神の信仰が存在したと推測されます。（第5章／龍神の棲む龍穴）

それは「龍神の棲む龍穴」を基点とする「聖なる軸」を鳳凰図の体軸に用いる、という強い信仰心です。

　上記の鳳凰の体軸に相当する線分（多々良山頂－桜木神社－三保里神社－北斗七星第7星）で「北斗七星第7星」とする意味は、多々良山を中心にして反時計回りに北斗七星の地上絵を約40°回転させた時の第7星に相当する位置を意味しています。（図1-43a）(105-23)

その訳は、当初、北斗七星の地上絵を多々良山を中心として反時計回りに約40°回転すると、多々良山頂－桜木神社－三保里神社－北斗七星第7星が一直線上に存在することを発見したからです。

「北斗七星の地上絵を約40°回転する」と表現したのは、鳳凰の体軸に相当する線分（多々良山頂－桜木神社－三保里神社－北斗七星第7星）が線分①（方位角321°）と平行することに、まだ気付いていなかったからです。

五形図には含まれない基点と設計線

　この節では、五形図に含まれていない神社（描点）や古墳の位置を決定した方法について述べます。

その理由は、五形図で用いられた測量と設計の信頼性を高め、五形図以外の地上絵が存在する可能性も示すことができる、と考えるからです。

大崎玉祖神社

　大崎玉祖神社（防府市大崎居合）の位置は、以下の2本の線分の交点に決定されています。（図1-45a）

線分（西目山西嶺－大崎玉祖神社）と線分（西目山西嶺－田島山）のおおよその誤差は0.5%になり、条里制（誤差0.7%）より高い精度です。

1. 線分①（泉香寺山－立岩稲荷奥宮）
2. 線分（西目山西嶺－田島山）

表1-31：西目山西嶺を基点とする距離と方位角

地点	緯度	経度	距離（m）	方位角
西目山西嶺	340442	1313205	0	0
厄神の杜	340353	1313212	1520	1731312
玉の岩屋	340347	1313210	1700	1754024
大崎玉祖神社	340328	1313201	2282	**1823434**
田島山	340117	1313156	6321	**1820537**

図 I-45：大崎玉祖神社の位置決定

a：地形図上での再現（描点、設計線は必ずしも正確ではない）。　b：大崎玉祖神社拝殿と本殿。　c：「玉祖一宮」の扁額（朝田神社の扁額／玉祖五宮）。

a　　　　　　　　　　　　　　　b　　　　　　　　　　　　　　　c

d　　　　　　　　　　e

f　　　　　　　　　　g

d：大崎玉祖神社の神門と鳥居の延長線上に田島山（↓で示した扁額の下にわずかに田島山が見える）。　e：田島山（左↓）と宮城森（伝・景行天皇行在所跡／中↓）と大崎玉祖神社の杜（右↓）。景行天皇は垂仁天皇の第3皇子で母は日葉酢媛命、ヤマトタケルの父君になる。垂仁天皇と田道間守（タヂマモリ）の伝承から周芳国との関係も考えられ（前作）、田道間守と田島山に「タヂ」が共通する。　f：厄神の森（伝・大崎玉祖神社元宮）の真後に西目山西嶺（↓）が存在する。　g：西目山西嶺（左↓）と西目山（右↓）。　h：玉の岩屋（墓）と大崎玉祖神社の杜（↓）。

h

第 1 章　五形図の発見とその全貌　　65

表1-31から、厄神の杜（伝・大崎玉祖神社元社）と玉の岩屋（伝・玉祖命の墓で岩屋は天岩戸と同じく石室をいう）は線分（西目山西嶺−田島山）上に存在しないことが判ります。

しかし、厄神の杜拝殿と鳥居は西目山西嶺を背にして設計されていることから、この山を重視していたことが判り、大崎玉祖神社の位置を決定する設計線の基点に西目山西嶺が選ばれた傍証になります。（図1-45f, g）

一方、厄神の杜と玉の岩屋は西目山西嶺を基点とする同じ方位線上に設計された可能性があり、大崎玉祖神社との関係を考える上で重要になるかも知れません。（図1-45g）

線分（西目山西嶺−田島山）上に大崎玉祖神社が設計されたことを示唆するように、大崎玉祖神社の拝殿、神門、鳥居は真直ぐ田島山に向かっていて、参道は設計線の痕跡と考えられます。（図1-45a）

田島山は、大崎玉祖神社と田島玉祖神社の神奈備山であった可能性があります。

表1-31を注意深く観察すると、線分（西目山西嶺−厄神の杜−玉の岩屋）と線分（西目山西嶺−大崎玉祖神社−田島山）が同じ構造（山−神社−山あるいは岩屋）を持つ設計であることが判り、玉の岩屋が厄神の杜の位置を決定する上で榜示石の役割を担っていた可能性が考えられます。

しかし、表1-31の計算から線分（玉の岩屋−西目山西嶺）と線分（玉の岩屋−厄神の杜）のおおよその誤差は4%になり一直線上に設計されたとはいえません。

この問題については後節（大和と周芳に共通した設計）で纏めます。

北斗図にも五形図にも含まれない大崎玉祖神社（周芳国一宮・式内社）は、地上絵を描く以前の早い段階（北斗図681年以前）で、あるいは比較的遅く（古事記／712年以後）に創建された可能性があります。（位置の決定では異なる）

比較的遅く（新しい）とする理由は名前（社名／神名）の透明度（判りやすさ）にあり、例えばオオナムチ（おそらく大地の霊）よりオオクニヌシ（国土を支配する神）の方が透明度が高い（判りやすい）といえます。（378-130）（454-14）

その意味で、タマノオヤ（玉の祖）は透明度が高く、ハジシ（おそらく處霊／地霊を含む）は透明度が低いといえます。（透明度は西郷信綱氏の用語）（105-354）

大崎玉祖神社の社伝から、神話にある玉屋命とは玉祖命のことです。（日本神話では玉造部の祖とされる）

玉造連玉祖氏が祭祀した伝承に反して、玉石の分布も玉造の遺跡も存在しない、と齋藤盛之氏が指摘しています。

つまり、土師氏が「土徳」を付与されて創造された後に、神話創造の段階で土師氏の祖神として創作された可能性があり、タマノオヤの社名の透明度が高いのも頷けます。（後述／「周防国正税帳」天平十年の断簡には大崎玉祖神社の祢奇玉作部五百背の名がある／岩屋は墓の意味）（105-383）（290-302）（382-125）（521-459）

五伴緒神の一柱であり天の岩戸隠れの神事の後、玉祖命は大前（大崎）に住居して中国地方を平定し、ついにこの地で神避りました。亡骸は御祖の地（江良の玉の岩屋）に葬り、その威霊を祀ったのが当社の起源で以後、玉造連玉祖氏が祭祀を司ったと思われる。（傍点著者）

ところで、大崎玉祖神社は和銅三年(710)に大阪の高安へ勧請され玉祖神社が創建された伝承があり、これは和銅五年(712)に予想された洪水を防ぐ制水呪術の一つであったと推測されます。（逆に高安玉祖神社から勧請された伝承もある）（105-383）

そのように考える理由は、「土剋水の法則」から「土気」が「水気」を打ち負かす、すなわち「土気」玉祖神社が「水気」洪水を防ぐ呪術が成立しているからです。（第2章／和銅三年庚戌）

この伝承は、大崎玉祖神社が「土徳」であると考える根拠にもなります。

周防国衙あたりから望む田島山は、秀麗な円錐形をしていて神奈備山の風格を備えています。

その田島山の山名の由来を考える上で、「土徳」大崎玉祖神社が田島山を向いて設計されていることが重要です。

つまり、「土徳」土師氏が奉斉する「土徳」の社と関係の深い「タヂ」を含む命名がなされた、と考えられる

からです。（音韻学的な問題は不明）

私見では「タチ」は地霊を意味する「處霊」に由来し、「土徳」土師氏の「ハジ」と語源が同じになります。田島山は周芳国にやってきた土師氏が、最も早い時期に氏族を象徴する山（当時は島）として選んだのではないか、と想像します。(93-83)

「土」は本来「處霊」で地霊を意味するという白川静氏の指摘があります。(第5章)(105-412)

土・地　大地、地上を言う。地は天に対して言う事が多い。「ち」は「霊」の意味。「つ」は、あるいは「処」の母音交替形であろう。つち、は土一般をさすのではなく、その地中にひそむ霊的なものを呼ぶ名であった。すなわち地霊を言う語であったと思われる古代には地霊に対する呪儀が多い。(411-511)

田島玉祖神社

田島玉祖神社（防府市田島）は田島山の真南（同一経線上）に存在し、その位置を決定した他の設計線との関係を見出せません。(図1-45、1-46)(表1-32)

図1-46：田島玉祖神社と阿弥陀寺より望む田島山

a　　　　　　　　　　　　　　　　　　b

a：田島玉祖神社　b：阿弥陀寺から望む田島山。

表1-32：田島山を基点とする距離と方位角

地点	緯度	経度	距離（m）	方位角
田島山	340117	**1313156**	0	**0**
田島玉祖神社	340051	**1313156**	801	**1800000**

田島玉祖神社は田島山を御神体と仰ぐ位置に孤立して存在していることから、周辺に存在が確認される4ヵ所の玉祖神社の中でも最も早い時期に位置が決定された可能性があります。（創建年代は不詳）

田島玉祖神社は、後述する老松神社の設計で線分（田島玉祖神社－老松神社－重源石）の基点としても重要です。（以後、重源石を影向石とする）

祭神：玉祖命　室町時代の長禄元年（一四五七）、周防国一ノ宮玉祖神社の御分霊を岡庄（中関南山手）に勧請し、文正二年（一四六七）に現在地田島へ遷した。田島は古くから一ノ宮の社領であり、……。(521-464)

赤田神社

赤田神社（山口市赤田）は、土師八幡を基点とする方位角314°の線分（巽乾軸に近似）と伽藍山東嶺を通る南北軸の交点に設計されています。(図1-47)(表1-33、1-34)

図 1-47：赤田神社の位置決定

a：地形図上での再現（描点、設計線は必ずしも正確ではない）。　b：赤田神社拝殿

表 1-33：土師八幡を基点とする距離と方位角

地点	緯度	経度	距離（m）	方位角
土師八幡	341018	1312635	0	0
赤田神社	341051	1312554	1462	3140502

表 1-34：伽藍山東嶺を基点とする距離と方位角

地点	緯度	経度	距離（m）	方位角
伽藍山東嶺	340728	1312554	0	0
赤田神社	341051	1312554	6255	0

　線分（土師八幡－赤田神社）に影響する他の基点が認められないことから、当初から巽乾軸を意識したと推測されます。
神託により養老元年(717)丁巳に古四宮から赤田神社へ遷座したという伝承から、設計の基点になった土師八幡は717年には既に存在していたことが判ります。（土師八幡が社殿の形態であったかは不明）
1. 土師八幡を通る巽乾軸。
2. 伽藍山東嶺を通る南北軸。
　根拠は、以下の2点です。
1. 線分（土師八幡－赤田神社）が巽乾軸に近似し、他の基点は認められない。
2. 線分（伽藍山東嶺－赤田神社）の南北軸に対する誤差は0％である。

　上記の設計とは異なり、赤田神社（717年遷座）の位置を決定した、あるいは赤田神社を基点として平井日吉神社（天慶六年[943年]創建／山口市平井）、岸津神社（14世紀以降／防府市岸津）の位置が決定された、とも考えられる設計線が存在します。（図 1-48）（表 1-35、1-36）
200年以上時代が下った創建時代の異なる複数の地点から1点（赤田神社）を決定することはありえず、日吉神社と岸津神社は赤田神社を基点として位置が決定された、と考えます。
1. 線分（多々良山－平井日吉神社－土師八幡－赤田神社）。
2. 線分（岸津神社－土師八幡－赤田神社）。

根拠は、以下の3点です。
1. 線分（多々良山－赤田神社）と線分（多々良山－土師八幡）の誤差は0.3％。
2. 線分（岸津神社－赤田神社）と線分（岸津神社－土師八幡）の誤差は0.02％。
3. 線分（多々良山－赤田神社）と線分（多々良山－平井日吉神社）の誤差は0.3％。

＊いずれも条里制の誤差より少なく、それぞれ同一線上に存在する。

図1-48：赤田神社を基点とする設計線

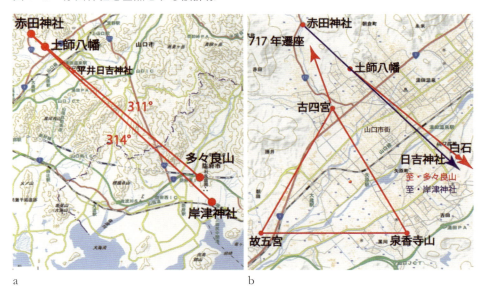

a：赤田神社を基点とする位置決定。　b：古四宮の遷座と赤田神社の位置決定。　＊経・緯線には幅（1″で31m）があることから、一見すると土師八幡が2つの線分の交点になっているように見える。（土師八幡の位置決定）

表1-35：多々良山を基点とする距離と方位角

地点	緯度	経度	距離（m）	方位角
多々良山	340419	1313502	0	**0**
平井日吉	340911	1312810	13872	**3102758**
土師八幡	341018	1312635	17063	**3102703**
赤田神社	341051	1312554	18522	**3104436**

表1-36：岸津神社を基点とする距離と方位角

地点	緯度	経度	距離（m）	方位角
岸津神社	340310	1313532	0	**0**
土師八幡	341018	1312635	19061	**3134911**
赤田神社	341051	1312554	20523	**3135041**

さらに、赤田神社と古熊神社（山口市古熊）が関係している可能性があり、古熊神社の参道の方位角273°と計算で得られた方位角2724216が一致します。（図1-49）（表1-37）
古熊神社は天満宮で土師氏である菅原道真（すがわらみちざね）を祭神とすることから、土師氏と同族で出雲氏の祖神オオナムチを祭神とする赤田神社に向かって創建された可能性が考えられます。

第1章　五形図の発見とその全貌　69

表 1-37：古熊神社を基点とする距離と方位角

地点	緯度	経度	距離（m）	方位角
古熊神社	341043	1312919	0	**0**
赤田神社	341051	1312554	5256	**2724216**

図 1-49：岸津神社（a）と古熊神社（b）

a　　　　　　　　　　　　　b

　赤田神社と日吉神社は、いずれもオオナムチを祭神とする出雲系（土師と同族）のお社です。
土師八幡は土師氏の産土神と考えられ、線分（多々良山－平井日吉神社－土師八幡－赤田神社）の基点である多々良山は龍腹すなわち毛受腹の土師氏を象徴する山です。（第4章／「タタラ」の語源）(105-399)
基点から終点までに存在するすべてのお社に土師氏が関係しているのは、偶然では考えられません。
一方、岸津神社は、琳聖太子（北斗七星の化身）が着岸（当時の多々良浜）した伝承のある社です。
線分（岸津神社－土師八幡－赤田神社）の基点から終点まで、やはり土師氏が関係しています。
　以上から、線分（多々良山－平井日吉神社－土師八幡－赤田神社）と線分（岸津神社－土師八幡－赤田神社）はいずれも土師氏（出雲氏）の宗廟を望拝する方位線といえる可能性があります。
　宗廟を望拝することに関して、上記の方位線を設計する時点ですでに鎮座させるべき社が決定されていたのか、その後に決定されたのかは不明です。
古代の神社は独立国であった、といわれ決定に至るまでの過程は簡単ではなかったはずです。
筑紫申真氏は、国造（くにのみやつこ）と神社との関係について次のように述べています。(454-98)
カミをまつる国造は、みな日本の歴史のうえでいちじるしく名のたかい土豪で、そしてかみの司祭者です。天皇家は、このような地方の著名なカミを承認するという形式によって、つまり神社という名目でもって、いままでの地方豪族の政治団体である国や県を、実質的に存続させているのです。古代の神社は独立国であった、といわれるのはそのためです。

　神社を創建する際に問題になったのは、干支、位置と方位、奉斉する祭神、などでさまざまな価値観が錯綜したと考えられます。
結果、これらの線分は、同族である土師氏と出雲氏の関係を物語るかのように設計されています。
この関係は、金成山と面貌山、大日古墳を結ぶ宗廟を望拝する方位線、大日古墳が国津姫神社を望む方位線、国津姫神社が龍穴（立岩稲荷奥宮）を望む方位線、にも現れています。（図1-54b）
古熊神社の場合も、祭神である土師氏・菅原道真が赤田神社を望むように設計され、いずれも強い設計意志を感じます。
周芳国に描かれた宗廟を望拝する方位線については、この後の節（聖なる龍穴を望む壮大な設計）で述べます。
　既述したように、古四宮は養老元年丁巳に赤田神社へ遷座した伝承があり、これは五形図の第1候補、文武二年(698)戊戌から19年後になり、神託による遷座ではなく「一九年七閏法」を考慮した計画的な遷座であっ

たと考えられます。（一九年七閏法とは19年間に7回の閏月を加えて太陰太陽暦を正確に運用していく方法）（第2章／慶雲四年）（323-20）

「一九年七閏法」を考慮したとすると、太陽と月の誤差が同時に解消されて再生することを意味し、「土気」養老の元号と丁巳（共に「火気」）の干支を併せて「火気」扶翼の呪術であった可能性が考えられます。（伊勢皇大神宮の式年遷宮に合せた可能性も考えられる／文武二年に多気大神宮を伊勢の度会に遷した）（98-1-7 注三〇）

平井日吉神社と白石伝説

余談ですが、平井の日吉神社には「白石」と呼ばれる岩にまつわる伝説があります。（図1-50b）
「白石」は白石英を主とする鉱石で、この辺りでは見られないことから、他の場所から搬入され榜示石として設置された可能性が高いと考えられます。（60-11）
717年に古四宮が赤田神社の位置に遷座した時にも、「白石」は榜示石として位置を決定するのに用いられたと推測され、717年以前に設置されていた可能性があります。
実見すると、その素朴な外形から、原初的な榜示石の姿を見る思いがします。（第5章／伊勢皇大神宮瀧祭宮の祭神と類似）
社伝によると、天慶六（九四三）年の創建というが、これを立証すべき文書史料はない。この宮は、もとは平井の西部落の公会堂のところにあり、そのあたりを「古宮」というが、寛永二（一六二五）年に火事にあって社殿が焼失したとき、神霊が火難を避けて、台部落の田地のそばの岩、「白石」の上に飛行された。里人はこれを神慮と感じて、白石の東方の峰尾の上に神殿を建てて祭ったのが、今の日吉神社である。（122-59）

図1-50：日吉神社（a）と白石（b）

a

b

表1-38：多々良山を基点とする距離と方位角

名称	緯度	経度	距離（m）	方位角
多々良山	340419	1313502	0	0
平井日吉	340911	1312810	13872	**3102758**
白石	340912	1312807	13951	**3102129**
土師八幡	341018	1312635	17063	**3102703**

表1-38のように線分（多々良山－白石）と線分（多々良山－土師八幡）の誤差は0.1％になり、条里制より誤差が少なく精度が高い、といえます。
線分（多々良山－日吉神社）と線分（多々良山－土師八幡）の誤差は0.01％になり、条里制よりはるかに高い精度で、表1-38の4者は一直線上に存在するといえます。
結果、日吉神社の創建時に白石を榜示石として測量し補正してより誤差を少なくした、と推測されます。

日吉神社は、古代に近江国日吉社（祭神・山王権現は「土気」）より勧請し、江戸時代の寛永二年（1625）に現在

地へ遷座したと『山口県神社誌』にあり、神紋は大内菱です。(第2章／鬼門がないことにした呪術)(143-5)(521-569)
日吉神社は平井一帯の産土神で、祭神は出雲氏の祖神オオナムチ（大地の霊）です。(火山の神格化とする説あり)
(254-64)

土師八幡と多々良山を結ぶ線上に創建されていることから、出雲氏と同族・土師氏との関係が示唆されます。

老松神社

老松神社（防府市お茶屋町）の位置は、下記の2つの線分の交点に決定されています。(図1-51)(表1-39、1-40)
1. 線分（影向石－田島玉祖神社）。
2. 天神山を基点とする方位角184°の線分との交点。

根拠は、以下の2点です。
1. 線分（田島玉祖神社－老松神社）と線分（田島玉祖神社－影向石）の誤差が0.04％で条里制より精度が高い。
2. 線分（天神山－老松神社）の方位角184°は、周防国衙の朱雀路の方位角185°に近似する。(後述)

図1-51：老松神社の位置決定

a

b

c

d

a：地形図上での再現（描点、設計線は必ずしも正確ではない）。 b：老松神社 c：天満宮一の鳥居の真北に天神山が位置する。(527-64) d：『松崎天神縁起』では、道真の来訪を知らせるように松崎の天神山（旧・酒垂山／画面左）に一筋の光明がさして瑞雲が満ち、この奇瑞に国司が海浜で礼拝した。　＊天神山は菅原道真の故事の後に付けられた山名で、旧称は酒垂山、その酒は「土気」で「土徳」土師氏との関係を示唆する。(第2章末／陰陽五行思想概略)(394-58)

表1-39：田島玉祖神社を基点とする距離と方位角

地点	緯度	経度	距離（m）	方位角
田島玉祖神社	340051	1313156	0	**0**
老松神社	340242	1313422	5072	**473517**
影向石	340437	1313653	10321	**473245**

表1-40：天神山を基点とする距離と方位角

地点	緯度	経度	距離（m）	方位角
天神山	340403	1313429	0	**0**
老松神社	340242	1313422	2502	**1840653**

　老松神社について『山口県神社誌』には、以下の説明があります。

娑婆氏は土師娑婆連猪手の子孫で土師氏になることから、老松神社は土師氏が奉斉したお社になります。

影向石は動かせないことから、田島玉祖神社と影向石を結ぶ線上に老松神社が設計されたはずです。

老松神社の「老」「松」ともに「土気」に配当され、「土徳」土師氏が奉斉した「土徳」玉祖神社との強い結びつきを示唆しています。（老は「五黄土気」の象意、松は「八白土気」の八白）(470)（北野の老松は老の名に基づいて、白大夫という翁とする説もある／241-11-114）

飛鳥時代の白雉三年(652)の創建といい、当初は須佐神社と称し、娑婆氏が之を祀ったと伝える。社前に松の老樹が繁茂するに依り、平安時代の貞観十四(872)、老松神社と改称する。……社前の楠木は、創建当時すでに大樹であったが、寛保の罹災によって半面に火害を蒙る。しかし、現在も枝葉は繁茂していて、実に二千有余年を経たる神木である。(521-486)

　老松神社の位置を決定する上で重要な問題は、線分（天神山－老松神社）の方位角が184°であることです。(図1-51a)

この角度は、後述する周防国衙を貫く朱雀路の南北軸185°（184～186°）に近似します。

田島玉祖神社の位置を決定した線分（田島山－田島玉祖神社）の方位角は180°で南北軸に一致（田島山の真南）していることから、線分（天神山－老松神社）の方位角を敢えて184°にした理由が存在するはずです。

社伝にある白雉三年(652)の創建とすると、周防国衙の建設時期（7世紀）と一致することから、国衙と同じ設計思想で位置が決定された可能性があります。(図1-60)(92-193)(93-67)

　さらに注目すべき点は、白雉三年の干支が壬子であることです。

壬子には水が溢れる暗示があり、これは60年後の和銅五年(712)壬子と同じで、予想される洪水に対して和銅年間には夥しい呪術的施策が実行されました。（壬／水の兄、子「水気」正位）（第2章／和銅五年）

和銅五年の60年前、その干支から白雉三年にも洪水が予想されたとすると、須佐神社（老松神社旧称）の創建は洪水を防ぐための呪術的対策であった可能性があります。(105-354)

なぜなら、「老松」と改称した貞観十四年(872)の干支が壬辰で、白雉三年と同じく水が溢れる暗示があるからです。（壬／水の兄、辰「水気三合」基）

「老」「松」共に「土気」で「水気」洪水との間に「土剋水の法則」が成立し、「土気」が「水気」を打ち負かす、すなわち「土気」老松神社が「水気」洪水を防ぐ呪術になります。(470)

つまり、「老松」と同じく「須佐」の名称にも「土気」が含まれていた可能性を考えさせます。（「土徳」スサノオ）

　白雉を献上した例には、天武二年(673)癸酉の1例、元明天皇の和銅六年(713)癸丑に2例、桓武天皇の延暦五年(786)丙寅と十一年(792)壬申の2例などがあり、その干支には延暦五年の丙寅を除いていずれも「水気」癸と壬が含まれます。（『延喜式』中瑞／『緯書』善行に対する吉兆）(187-527)(189-2-262)(552-26)

天武二年癸酉の前年は壬申の乱、和銅六年癸丑の前年は洪水が予想された和銅五年壬子、延暦十一年壬申は桓武天皇の遊猟の記録が急増した年で壬申の乱から120年後でした。

白雉の献上と洪水を予想させた干支「壬」「癸」の間に相関がありそうです。

　以上、老松神社の位置を決定するのに採用された設計線の問題は、周防国衙の設計と関連するばかりでなく、地上絵が描かれた時期の推定にも重要な示唆を与えます。

第1章　五形図の発見とその全貌　　73

図 1-52：阿弥陀寺仁王門と影向石

a　　　　　　　　　　　　　　b

a：阿弥陀寺仁王門には慶派作と推測される阿形吽形の仁王が納まる。b：前作では名称が判らず影向石を重源石(仮称)としていた。
＊上面が人工的に平に加工されたと推測される影向石には以下の伝承が残り、上記の計算値と併せて榜示石（測点）であった可能性が高い。

阿弥陀如来のお姿がお立ちになった場所で、その霊示によって重源上人はこの地に阿弥陀寺を一一八七年（文治三年）に建立されました。(366-106)(496)

　詳しく周辺の経・緯度を調べてみると老松神社と同じ緯度上に伊佐江八幡が存在します。(表 1-41)
創建は神亀三年(726)丙寅とされることから、老松神社を基点にして位置が決定されたと考えられ、約70年後にも同じ設計思想が存在した可能性を示唆します。

表 1-41：老松神社を基点とする距離と方位角

地点	緯度	経度	距離（m）	方位角
老松神社	**340242**	1313422	0	**0**
伊佐江八幡	**340242**	1313314	1744	**2700019**

＊東西軸（伊佐江八幡と同じ緯線／老松神社と伊佐江八幡との関係は明らかではない）。

国津姫神社——立岩稲荷奥宮を望む拝殿

　国津姫神社（防府市富海）の位置は、東鳳翻山を基点とする巽乾軸と大日古墳を基点とする線分（大日古墳－毛利邸祖霊社－国津姫神社）の交点に決定されています。（図1-53）（表1-42、1-43）

1. 線分（東鳳翻山－氷上山）の延長線。
2. 線分（大日古墳－毛利邸祖霊社）の延長線。

　根拠は、以下の通りです。

1. 線分（東鳳翻山－氷上山）と線分（東鳳翻山－国津姫神社）のおおよその誤差が0.04％。
2. 線分（大日古墳－祖霊社）と線分（大日古墳－国津姫神社）のおおよその誤差は0.7％。

　＊いずれも条里制の誤差より少ないか同等である。

図1-53：国津姫神社を望む大日古墳（防府Web歴史館より引用加工）

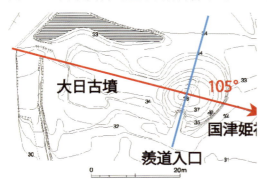

＊赤線は国津姫神社を望む方位線（105°）、青線は羨道の方位線（195°）、両線は直交する。

表1-42：東鳳翻山を基点とする距離と方位角

地点	緯度	経度	距離（m）	方位角
東鳳翻山	341319	1312634	0	**0**
氷上山	341022	1313006	7695	**1350714**
国津姫神社	340259	1313854	26915	**1350932**

表1-43：大日古墳を基点とする距離と方位角

地点	緯度	経度	距離（m）	方位角
大日古墳	340421	1313252	0	**0**
祖霊社	340349	1313520	3921	**1043310**
国津姫神社	340259	1313854	9621	**1051150**

　氷上山の「氷」は下記の『易経』「説卦伝」で「乾」の象意（冰）に由来し、それは東南で「巽」に位置する国津姫神社から見て氷上山が西北で「乾」（象意に冰）に位置するからです。（437-2-302）
つまり「氷」を含む名称で、線分（東鳳翻山－氷上山－国津姫神社）が巽乾軸であることを示しています。

乾は天であり、その属性からすれば円であり、人間として言えば君であり父であり、純剛の物と言う点では玉であり金であり、西北寒冷の方角に配される卦だから寒であり冰であり、純陽の色と言う点では大赤であり……生気の充実した姿という点では木の果である。（傍点著者）

図 I-54：国津姫神社の周辺

a：国津姫神社拝殿　b：国津姫神社の設計線の痕跡（赤↓と赤○は向島赤崎へ向かう設計線と鳥居の位置、青↑と青○は東鳳翻山へ向かう設計線と鳥居の位置）。　c：赤崎へ向かう港側の鳥居。　d：赤↓は向島赤崎へ向かう設計線、左赤↓は赤崎、中赤↓は向島、右赤↓は江泊島。　e：赤崎遠望　f：青↑は東鳳翻山へ向かう巽乾軸、左赤↓は多々良山、右赤↓は大平山。　g：東鳳翻山へ向かう山側の鳥居。　＊参道が設計線の痕跡であり、鳥居は測点であった可能性がある。拝殿天井の方位盤（設計線が理解し易い）は漁民から奉納された可能性がある。

表 I-44：立岩稲荷奥宮を向く国津姫神社

地点	緯度	経度	距離（m）	方位角
国津姫神社	340259	1313854	0	0
立岩稲荷奥宮	335953	1313526	7831	2225825

　国津姫神社の社殿は、立岩稲荷奥宮（龍穴）を望むように設計され、現地で測定した社殿の方位角は224°で、経・緯度から計算で求めた国津姫神社と奥宮を結ぶ方位角223°に近似し、国津姫神社は立岩稲荷奥宮に向けて設計されたと考えられます。（図1-54b、d、e）

76

ここにも、土師氏が篤く信奉したと想像される龍穴の存在があります。

大日古墳、祖霊社、国津姫神社が一直線上に存在することは、既述したように大日古墳が国津姫神社を向いて築造された、とする推測に根拠を与えます。（表1-43）

後述するように、大日古墳は飛鳥の岩屋山古墳と同じ設計図を用いたと推測され、両古墳の規格を比較すると、私見では大日古墳は岩屋山古墳の約76％の縮尺になります。（表5-16）（105-53）（352-71）

大日古墳は琳聖太子、あるいは土師娑婆連猪手（603年来目皇子の殯を桑山行い、皇極二年癸卯643年上宮王家襲撃事件で戦死）の陵墓とする伝承があり、琳聖太子は伝説上の人物ですから大日古墳が陵墓ではありえません。

線分（大日古墳－祖霊社－国津姫神社）の設計時期（673年以後）と古墳の築造時期（7世紀末から8世紀初）が近似することからも、大日古墳は実在した猪手の墓の可能性が高いと考えられます。（象徴的な古墳である可能性）（352-326）（391-2-179）

このように国津姫神社と大日古墳は、地上絵が描かれた時期を解明する上で重要な示唆を与える遺構です。

国津姫神社は、壬申の乱の翌年、天武二年(673)癸酉に創建された伝承があります。（521-503）

これは、北斗図が描かれたと推測される天武十年辛巳の8年前になり、かなり早い時期に北斗図の構想が練られていた可能性があります。

国津姫神社について『山口県神社誌』には、以下の説明があります。

天武天皇の時代（673〜）に、富海人が海岸守護のため、郷土の祖神として女神（田心姫命・市杵島姫命・湍津姫命）を岡の宮に奉斉したことに始まるという。……この周防娑婆一円を領した女首長神夏磯姫は、国津神として当社に祭られている。（521-503）

「龍神の棲む龍穴」を望む壮大な設計——宗廟を忘れない徳

北斗図と五形図の地上絵に関連した重要な方位線として、方位角315°の巽乾軸と方位角321°の「聖なる軸」が存在します。

巽乾軸は後天易で「巽」から「乾」へ向かう方位線で、道教では宇宙の真理「道」と共に歩む人に永生を保証する軸です。（244-199）（423-220）

方位角321°の方位線は、立岩稲荷奥宮（龍穴）と泉香寺山を結ぶ方位線で「聖なる軸」と考えられ、北斗図では鳳凰図の体軸に、五形図では方形の2辺に用いられていることは、既述した通りです。

図1-55を見ると、金成山を基点とする線分（黒線）は宗廟・大日古墳を望拝する方位線であり、次の大日古墳を基点とする線分（緑線）は国津姫神社を向き、その国津姫神社を基点とする線分（黄線）は龍穴を望むように設計され、まるで土師氏の来歴を描き留めたのではないかと思わせる一連の方位線です。

つまり、金成山と面貌山から遠望する大日古墳が土師氏の宗廟であることを示し、大日古墳から望む国津姫神社が「大地の母」の社で「土徳」土師氏との関係を示唆し、最後に国津姫神社が祖霊・蛇を象徴する龍穴を望むように設計されていて、地上絵を描いたと推測される毛受腹（モウケノハラ／龍腹）の土師氏すなわち多々良（龍腹から派生）であることを暗示しているようです。（第4章／土師氏四腹と毛受腹の意味）

宗廟を望拝することに関して、許慎の『説文解字』（AD100年成立／文字を解説した書物）に「狐に三徳有り。その色は中和（黄）。前を小とし後を大とす。死すれば則ち丘に首す。これを三徳という。」文言があります。（207-272）（544-4）（565-137）

三徳とは狐の色・形・徳行から示された「仁（木徳）・礼（火徳）・信（土徳）」を指し、仁徳とは「死すれば則ち丘に首す」、信徳とは「その色は中和（黄）」、礼徳とは「前を小とし後を大とす」、とあります。（566-59）

この中で「死すれば則ち丘に首す」すなわち決して宗廟（故郷）を忘れないこと、この徳が大日古墳（土師氏の宗廟）を望拝する方位線から龍穴に辿り着く一連の壮大な設計になっています。（565-167）

国津姫神社を含む方位線は、以下の通りです。（図 1-55）

105°の方位線：国津姫神社　←　大日古墳（前作では100°としていた）

223°の方位線：国津姫神社　→　立岩稲荷奥宮

135°の方位線：国津姫神社　←　氷上山　←　東鳳翻山（巽乾軸）

図 1-55：壮大な設計

＊黄線：国津姫神社－立岩稲荷奥宮（龍穴）。　＊赤線：立岩稲荷奥宮－大崎玉祖神社－大内畑伊勢社跡－泉香寺山を結ぶ「聖なる軸」。　＊青線：国津姫神社－氷上山－東鳳翻山を結ぶ巽乾軸。　＊黒線：金成山－面貌山－大日古墳を結ぶ宗廟を望拝する方位線。　＊緑線：大日古墳－国津姫神社。　＊巽乾軸と「聖なる軸」に囲まれるようにして宗廟を望拝する方位線が連続する。　＊地形図上での再現（描点、設計線は必ずしも正確ではない）。

くり返される巽乾軸の設計

　北斗図を発見する以前に巽乾軸（天地を結ぶ軸）を意図した設計、すなわち線分（東鳳翻山－氷上山－国津姫神社）と線分（天御中主神社－大日古墳－古四宮）を発見し、その存在がまた北斗図の謎の解明にも役立ちました。（第5章／巽乾軸の思想と設計）

　巽乾軸とは、東南「巽」（地門）と西北「乾」（天門）を結ぶ軸のことで、天門と地門すなわち「天地を結ぶ軸」といえます。

巽乾軸が重要視された理由は、この「巽」から「乾」へ移動することが宇宙の真理「道」と一体となり永生を得ることに繋がる、と考えられたからです。

永生すなわち不老不死を説く道教の「道」を分り易く説明した文言が『抱朴子』にあります。（152-3）（244-199）
宇宙の人生の根源たる道、太陽の如く永遠に万象を生み続け、あらゆる活動の根本となっている道、その道と吾れとが一体となることにより、人間は永生を得る。（傍点著者）

　さらに、私見ですが巽乾軸が重要視された理由には、太一（北極星の神霊化）の運行順序が関係しています。すなわち、太一は天の車（帝車＝北斗七星）に乗って宇宙を一巡し、五行を循環させ、宇宙を統治する、と考えられていました。（第1章／方位角135°の巽乾軸の意味）（第2章末／陰陽五行思想概略）（347-75）（564-39）

この循環を九星図に当てはめると、図 1-56 の矢印のように太一は「一白水気」を出発して年ごとに「二黒土気」「三碧木気」「四緑木気」と廻り「九紫火気」で終わって、再び「一白水気」に戻ります。（300-308）（559-230）

その運行順序を示した序数が九星の名前にある数字です。
この順序で唯一、枠を横切らずに進むのが「四緑木気」「五黄土気」「六白金気」で構成される巽乾軸（赤矢印）です。
巽乾軸が重要視された理由には、この進路だけが宇宙の本体を表す数字15（五行生数の和）が得られることにあったと考えられます。
さらに、135（巽乾軸の方位角）が聖数とされた理由は月食の発生頻度を示す数字でもあったから、と考えられます。

1. 「巽」（地門）から「乾」（天門）へ向う軸は、唯一、九星の枠を横切らないで、その数の合計が15になることから、この軸上を進むことは「道」と一体となり永生を得ると考えられた。（105-104）
2. 食（月蝕）は135ヵ月に23回起きることから、135と23の両者が聖数となった。（37-104）

図1-56：九星図と太一の運行順序

＊巽乾軸を進む太一（赤線：四＋五＋六＝十五）

巽乾軸を採用した設計線については第5章で纏めて述べることにし、この節では、自然に形成された東鳳翻山と氷上山、国津姫神社を結ぶ巽乾軸と、地上絵を発見する端緒になった高倉山に関連した巽乾軸について述べます。

東鳳翻山と氷上山を繋ぐ巽乾軸

東鳳翻山と氷上山を繋ぐ巽乾軸に気付いたとき、地上絵を描いた土師氏はきっと驚いたに違いありません。（図1-55）（図5-33）（表1-42）
なぜなら、巽乾軸を歩むと「道」と一体となり永生を得ることができる、と『抱朴子』にあるからです。（244-199）
つまり、巽乾軸は太陽が東に昇って西へ沈むことを永遠に繰り返すように、東南（巽／地門／極陰）から西北（乾／天門／極陽）へ進む「永遠の輪廻」の軸、と考えられたからです。（第2章末／陰陽五行思想概略／後天易）（181-59）
したがって、この軸の延長線上に設計された国津姫神社は、やはり特別なお社であったことが判ります。
この巽乾軸に接する氷上山麓「氷上の里」は、自然が造りだした聖地として捉えられたに違いありません。結果、北斗図では北斗七星第1星の位置に選ばれ、後に安楽坊や北辰妙見社が創建された理由も頷けます。
「氷上の里」は、東から南を仁保川が流れ、北に氷上山、東に金成山、西に高岳とミズ（蛟か）岳が聳え、これらの山に抱きかかえられるような四神相応の地でもありました。（第5章／四神相応の地）
国津姫神社については既述し、設計線の詳細については第5章で述べます。

図 I-57：氷上山周辺

a：ごつごつとした岩の氷上山山頂。三角点、祭祀跡は確認できない。　b：山頂付近の株立ちの樹木は人が利用した生活痕跡（こんなところまで）。山が放置されて荒廃している。　c：山頂から東鳳翻山が明らかに目視できる（↓）。　d：山頂から望む北辰妙見社（↓）。　e：乗福寺の梵鐘（重要文化財）越しに臨む氷上山（↓）。　f：山頂から 50m 下の中腹（341021, 1313003）にある屏風岩と呼ばれる巨岩（盤座であった可能性）。樹木の立ち位置から斜面の傾斜が判る。　g：北辰妙見社上宮跡の「分真」と刻まれた碑。「分真」は天台宗で修行の五段階を「分真即」とする（聞き取り）。　h：北辰（北極星、北斗七星を含む場合がある）が輝いた伝承のある不動水。現在も利用されている。　i：山頂から南方面を望む。方位角 135°の線分（東鳳翻山－氷上山－国津姫神社）に介在する大平山の中腹、泉香寺山など本書で取り上げた主要な山が明らかに目視できる。

80

高倉荒神（竈神）と巽乾軸の設計——戌亥（乾）の信仰

　地上絵を発見する端緒は、冬至の日に高倉山（山口市吉田）と泉香寺山を結ぶ線上に昇る朝日を見る機会があったことでした。（図1-4）（105-44）

高倉山には高倉荒神の元社（元荒神社跡）があり、地域の信仰を集めています。（図1-58、1-59）

荒神（三宝荒神）とは陰陽道の竈神（カマド神）を指します。（347-110）

図1-58：高倉荒神

　この高倉荒神のさらに元社が防府市にあり、社伝では明治18年社寺分離令によって当地に遷座したとあります。

試しに、高倉山と防府市西佐波の高倉荒神（以後、佐波荒神）の位置関係を計算すると表1-45になり、巽乾軸（方位角315°）上に設計されていることが判ります。（図1-59）

表1-45：高倉荒神（西佐波）を基点とする距離と方位角

名称	緯度	経度	距離（m）	方位角
佐波荒神	340322	1313337	0	0
高倉山	340733	1312840	10853	**3152820**
元荒神社跡	340736	1312832	11063	**3150307**
おためし神事盤座	340737	1312831	11103	**3150415**

　高倉山山中（山頂から距離210m、高度80m下）にある「おためし神事」と呼ばれる年占が行われる盤座（露頭／以後、高倉山盤座）と佐波荒神を結ぶ方位角は3150415、元荒神社跡と結ぶ方位角は3150307、巽乾軸（315°）との誤差は前者が0.07％、後者が0.05％で、まことに驚くべき精度です。（図1-59a）

ところが、盤座のある場所は高倉山山頂から西北に突き出た尾根筋の根元に当たり、山頂に遮られて南東方面（西佐波）の視界はありません。（図1-59b）（122-102）

視界のない測量をどのように行ったのかは不明ですが、高倉山盤座を基点とした巽乾軸でなければならないとする設計者の強い意志が示唆され、巽乾軸を重視した背景には「竈神は西北に祀る」「戌亥の信仰」の存在をも考えさせます。（268-1）

同時に、測量の基点として信仰の対象でもある岩（盤座／磐境／神籬）が用いられていた明らかな証拠にもなります。（おためし神事の盤座が「兌」の象意に基づくことについては後述）（77）（83-9）（84-21）

図 I-59：高倉山周辺

a：高倉山々頂の三角点（奥↓）と榜示石の可能性がある石（手前↓）。ショウゲン山三角点傍の石に似ている。　b：高倉山（左↓）、おためし神事盤座（中↓）、泉香寺山（右↓）。山頂が基点ではなく盤座を基点とし元社を設計したことが判る。地形図上での再現（描点、設計線は必ずしも正確ではない）。　c：木洩れ陽が神々しく射す元荒神社跡（高倉山中）　d：「おためし神事」の行われる盤座。中央の窪んだ所に溜る水の量で豊・不作を占う（小成の卦「兌」の象意については後述）。　e：春のミツバツツジ、アオダモ、ヒメワラビの群落。　f：晩秋にはマユミの赤い実が迎えてくれ植生が豊富である。　g：高倉荒神（防府市西佐波）は推古十九年(611)辛未、来朝した琳聖太子が海上守護の霊神として佐波郡西佐波に造立した社殿を、多々良重村（938～947）の時、高倉山に遷し山名も高倉と名付けた。(122-106)　＊『大内氏實録』では重村は茂村か。(147-322)

さて、高倉山の「高」は尊称、「倉」は神座の「くら」で、もとは「おためし神事」が行われる盤座を意味した命名であったと推測されます。（豊受大神宮の西南に標高117mの高倉山があり元は高坐山とした／石の信仰については後述）(67)

「高」「倉」は地域の中心として、大極殿の中心にある天皇の御坐「高御座」と同じ意味を含む可能性もあります。（第5章／外宮と内宮の設計思想）(56-62)(209-1-235)

あるいは「戌亥土蔵に巽井戸」の言葉のように「福、徳、幸いをもたらす蔵」を意味した可能性もあります。(268-28)

戌亥の隅に蔵（倉）を建てるのは新しいことではなく、平安時代中期に成立した『宇津保物語』（蔵びらき／上）にも戌亥の隅に大きな蔵があったことが語られていて、作者の思想の根拠には戌亥に祝福をもたらす祖霊の方向を考えていたことが明らかである、と三谷栄一氏が指摘しています。(222-255)(268-28)

上記のような設計の存在は、多々良すなわち土師氏から派生したと推測される大内氏も「戌亥の信仰」「竈神（荒神）の信仰」また巽乾軸を重視していた傍証になり、地上絵を描いた土師氏が大和からやって来たことを物語る傍証にもなります。（第5章）

また、大内氏の時代に高倉山へ遷座したとすると、大内氏も高度な測量技術を有していたことになり、その伝統は後述する大内義興が勧請した高嶺太神宮と凌雲寺跡の設計にも活かされています。（第4章／参考資料2-凌雲寺跡の重要性）

周防国衙の指北の振れと地上絵の基本的設計線

毛利邸祖霊社と立岩稲荷本宮を結ぶ設計線

前作では、周防国衙を南北に貫く朱雀路の指北が4°東へ振れ（地形図上での計測）、これは当時（飛鳥時代）の磁極（北極）の位置を反映した可能性がある、と指摘しました。(図1-60、1-61)(105-64)

しかし、現地で実測した経・緯度から計算すると、表1-46のように方位角は1844529で5°東へ振れています。また、1947年の空中写真（図1-60a）で計測すると、朱雀路の方位角は186°で6°東へ振れていることになります。（図版の上が正しく北を指しているかは不明）

さらに、国土地理院の地形図（図1-60c）で計測すると、4.5°東へ振れています。（WSより引用改変）

国府を南北に貫く朱雀路の指北の振れは184～186°の幅があり、最終的に現地で測定した経・緯度から計算で得られた指北が5°東へ振れている数値（中間値）を採用し、以下の解析を進めました。

表1-46：周防国衙朱雀路北端を基点とする距離と方位角

地点	緯度	経度	距離（m）	方位角
朱雀路北端	340331	1313513	0	**0**
朱雀路南端	340321	1313512	309	**1844529**

図 I-60：周防国衙の指北の振れ

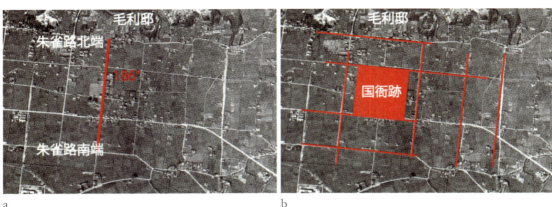

a：空中写真（300-144 より引用加工）。(137-144) ＊赤線は当時の朱雀路で、小字名として「朱雀（しらか）」が残る。＊現地での測量では、朱雀路の南北軸（赤線）は 185°であった。　b：現存条里跡を赤線でしめした。土居八丁と呼ばれた周防国衙の設計に平行して条里制が行われたことが明らかに判る。(137-144)　c：線分（祖霊社－立岩稲荷本宮）と線分（朱雀路北端－大路南端）がほぼ平行する。地形図上での再現（描点、設計線は必ずしも正確ではない）。

図 I-61：歳差現象

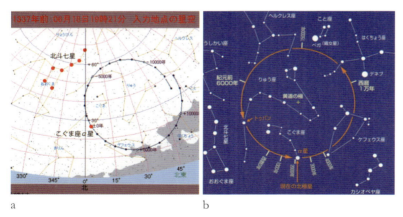

a：北斗図を描いた当時のこぐま座 a 星（現在の北極星）の位置。(105-74)（313)（479 より引用加工）　＊天武十年(681)辛巳 6 月 18 日 19 時 21 分、夏至の宵に北斗七星が南中する山口の天空を再現し、こぐま座 a 星の位置が東へ 4°振れているのが判る。　＊歳差現象（地球自転軸の首振り現象）の軌跡（青線）。　b：黄道の極を中心に描いて歳差現象を説明した。25800 年の周期でコマの首振り運動のように向きを変えていく。(42-1-47)

　上記の指北の振れは磁極の位置が移動する歳差現象に原因し、現在の北極星である小熊座 a 星が北極から約 4°東へ振れていたことを反映した可能性があります。（図 1-61a）
当時の北極には紐星あるいは帝星、天枢と呼ばれる星が存在した可能性もありますが、明らかではありません。
この場合の天枢は、北斗七星の第 1 星天枢とは別の星になります。(511-52)
中国で天枢とよばれる五・二等級の微星が……北極から一・六度離れていて、……この天枢を北極星と考えることは、唐から宋の時代まで行われていたことで、……七五〇年ごろになると、この天枢はいっそう北極に近づき、僅かに北極

から〇・二四度、すなわち十四分あまりしか離れていないことになる。したがってもし天枢を観測して北の方向を決定したとすれば、その南北線はよほど正確に知ることができる。……天枢を同定することは、かなりすぐれた天文学者の存在を前提としなければならない。

　周防国衙の朱雀路の指北が5°東へ振れていることを支持するように、飛鳥時代の寺院建築を調査して、その南北線が北極星の位置を反映して5〜7°振れている事実を明らかにした研究があります。(118-44)
当時の北極に対して、大和と周芳で同じ認識が存在した可能性を示唆する重要な研究です。
石田茂作氏が明らかにした飛鳥時代の寺院建築の南北の振れの大きさは、周防国衙の朱雀路が南北線から約5°振れていることに近似し、北斗図を描いた時期は飛鳥時代ではないかと考えていました。(105-63)(409-194)
今飛鳥時代の寺院に於いて五度乃至七度ふれている事実は、蓋し此の北極星の示す南北線と甚だ近似するを思わせる。只現在の磁針の南北と北極星による南北の差は三乃至四度、飛鳥時代寺院にあっては五度乃至七度で、其の間僅少の差を逃れぬが、北極星の位置は永き時代に極小の変化を示すものと言えば、こうした誤差こそ、一千余年の時代的経過に於いては当然な変化ではないだろうか。そう考えて来ると当代寺院の経営に於いては北極星によって南北線を定め、これに基準を置いて建築をしたものと考うべきではないかと思う。

　また、奈良の下ツ道（奈良市から五条市へ至る古代の街道）の南北方位の振れ（公共座標軸北に対し西へ 17′ 47″）を明らかにした研究があります。(私見では誤差は 0.3%)(399-321)
公共座標軸とは、当時の公共事業などで用いる南北軸と東西軸で造られる座標です。(439-58)
下ツ道付近の子午線収束角は約 7′ であるから、振れの値に 18′ を用いれば、条里の南北方位は真北に対して約 25′ 西へ振れていたことになる。

　さて、問題の周防国衙がいつ建設されたかについて『周防の国衙』に詳細な研究があり、西暦 7 世紀としています。(図 1-60)(表 1-46)(92-193)(93-67)
したがって、西暦 7 世紀以後に国府の設計に変更がなかったとすると、大路の南北軸の振れは建設当時の状態を温存していると考えられます。
応仁の乱(1467〜1477)で火災にあった以外、基本的な設計に変更がなかったことについて、下記の記述があります。
周防国府は所謂土居八町が現代まで維持されていたので、道路その他の関係遺構が良く保存されているといわれ、三坂氏によって復原された当時、地方郡市としての国府の規模を具体的に知りうる好例とされた。それ以来、今日まで国府の規模は方八町とする考え方が学界の支配的な考え方になり、周防国府はその代表例と目されるに至った。周防国府が旧状を保った理由は、文治 2 年(1186)、周防国が東大寺知行国となり、国庁には東大寺から目代僧が派遣されて国務をとり、近世に至るまで東大寺領として土居八町のうちが治外法権的性質を維持した歴史的事情に負うている。(ルビ著者)(92-63)

　それでは、この指北の振れが何に由来するのか、地上絵の基本的な設計線に関連した問題として検討する必要があります。
北斗図が描かれたのは天武十年(681)、五形図は文武二年(698)以後と推測され、いずれも国府の建設時期と重なることから、指北の振れは当時の歳差現象（地球自転軸の首振り現象）を反映している可能性があります。
あるいは、国府を建設するに当たって、北斗図や五形図と同じように、基本的な設計線が存在したのではないか、その設計線の痕跡が残されているのではないか、などの疑問が浮びます。
これらの疑問に対する答えの一つとして、毛利邸祖霊社（祖先の霊を祀る社）と向島の立岩稲荷本宮を結ぶ線分の方位角が 185.4224 で、計算で得られた朱雀路の指北の振れの値 185° と近似し、国府を建設する際の基準

線として用いられた可能性が明らかになりました。（祖霊社の位置は国津姫神社の位置を決定する際にも用いられた）（図1-60）（表1-46）

　大正時代に築造された毛利邸は多々良山南麓にあり、そこに期山寺(きざんじ)と呼ばれた寺があったそうです（聞き取り）。
空中写真で見る限り、毛利邸の中心は国府の朱雀路に一致して設計されたと推測されます。
祖霊社の建設時に左祖右社、すなわち南面する毛利邸に対して祖霊社は左側、東方に置いたはずです。(497-3)
東方の位置を最終的に決定した根拠に、国府を建設した当時に置かれた榜示石が存在した可能性があります。
その痕跡が、既述した祖霊社と立岩稲荷（本宮）を結ぶ方位角1854224の方位線ではないか、と考えました。
おそらく国府を建設するに当たって、現在の祖霊社と立岩稲荷本宮の位置に榜示石を置いて、当時の歳差現象による指北の振れを反映する基本的な設計線とした、と想像します。
図1-60で線分（朱雀路北端－朱雀路南端）と線分（祖霊社－立岩稲荷本宮）がほぼ平行する事実を、このように説明することができます。

　ちなみに、向島には本宮以外に三岩(みついわ)稲荷、立岩稲荷奥宮が存在し、これらと祖霊社を結ぶ線分の方位角はいずれも国府の南北を貫く朱雀路の方位角とは一致しません。(表1-47)
「立岩」の名称自体が榜示石を示唆している可能性があります。（第1章末／立石と建石／岩と石は適用）

図1-62：毛利邸祖霊社（a）と立岩稲荷本宮（b）、三岩稲荷（c）

a

b

c

表1-47：毛利邸祖霊社を基点とする距離と方位角

地点	緯度	経度	距離（m）	方位角
毛利邸祖霊社	340349	1313520	0	**0**
立岩稲荷（本宮）	340054	1313459	5419	**1854224**
三岩稲荷	340105	1313511	5058	1823659
立岩稲荷（奥宮）	335953	1313526	7273	1784713

　大宝律令(たいほうりつりょう)（701年制定）により施行された条里制にも、この設計線が用いられている可能性があり、図1-60のように国府の朱雀路に対して平行した条里地割(ちわり)が認められます。(137-144)
周防国府の存在する防府平野は、周芳国では条里制が最もよく条里地割の遺存する地域とされ、なかでも国衙西辺は、桑山(くわやま)の南西部と共に現景観によくその痕跡をとどめている。この条里地割は条里施行当時のままのものではないが、……およそ施行当時の位置を踏襲してきたものと考えられる。(ルビ著者)(92-196)

　上記の私見に反して、条里が国府の条坊(じょうぼう)に影響した、とする説があります。(137-145)
しかし、国府の設置と地上絵の描かれた時期が重なること、その時期は条里制より以前であること、多数の基本的な設計線の痕跡が存在すること、特に線分（祖霊社－立岩稲荷本宮）と線分（朱雀路北端－朱雀路南端）がほぼ平行すること、などから国府の設計が条里に影響した、と考えられます。(図1-60)

1954年方八町の周辺に拡がる道路や畦畔に注目した米倉二郎氏は、「条里」を基本に周防国衙は設定されたと考え、方八町の南の境を、条里の境界とより距離的に符合する、三坂氏の推定より約60m北の旧JR山陽本線軌道敷に変更した。こうして、「条坊」は条里を基本に設定され、都城をまねた形態であることを補強した。

　逆に私見を支持する説も存在し、現在残る大路北端と南端を結ぶ線分（当時の朱雀路）が条里の基準になった、としています。

既述した毛利邸祖霊社が線分（大日古墳－国津姫神社）の間に介在していることも、上記の私見を支持します。（図1-53）（表1-42、1-43）

造営当初の周防国府には方八町といった方形の区郭や群城の条坊を意図した設計は全くなく、後世に現在残る方形の地割は形成されてゆく。その際、基準になったのは、南北に走る道路や畦畔に関しては、推定国庁の指定地「二町域」から南へ直線的に延びるメインストリート「朱雀路」であり、「朱雀路」から西へ約120mに位置する南北道路である。(137-145)

興隆寺参道の設計線

　周防国衙の朱雀路（方位角185°）は、当時の歳差現象による指北の振れを反映した設計と考えました。

その有力な傍証として、氷上山興隆寺金堂跡（山口市大内氷上）と日吉神社（山口市大内御堀菅内）を結ぶ方位角186°の方位線（参道）があります。（氷上山興隆寺と同じ境内に北辰妙見社がある）

　伝承では、氷上山興隆寺は推古二十一年(613)癸酉、琳聖太子の創建になります。

琳聖太子は推古十九年(611)辛未に来朝し、『大内多々良氏譜牒』によれば荒陵（現・四天王寺）に登って聖徳太子より大内県を拝領したとあります。（本書では、大内県は北斗図を描いた後の地名としている／大内氏が琳聖太子の末裔としたのは14c以後）(258-1)

琳聖太子来朝から540年後の仁平元年(1151)辛未、大内家臣河野某が近江国比叡山より勧請して日吉神社（仁平寺の鎮守／仁平寺が神宮寺）を創建し、同年、仁平寺が建立されています。(223-472、223-509)

　これらの伝承から、以下の疑問が湧きます。

1. 琳聖太子が来朝した年と仁平元年の干支が同じ辛未であることから、仁平元年から遡って創作した伝承ではないか。

2. 推古十九年(611)辛未から60年前は欽明十二年(551)辛未で、60年後は壬申の乱(672)の前年になり、いずれも聖徳太子は生存していないことから、聖徳太子(伝・574〜622)との縁を語るためには干支が同じである推古十九年しかなかったのではないか。

3. 聖徳太子と結び付けたのは、土師娑婆連猪手が来目皇子（聖徳太子の弟）の殯を桑山で行った伝承(推古十一年癸亥603年)があったからでにないか。（聖徳太子と土師氏を結び付ける記録は、来目皇子の殯と上宮王襲撃事件の2例）

4. 仁平元年には仁平寺と日吉神社を創建していることから、仁平元年が大内氏にとって画期的な年だったのではないか。

5. 多々良朝臣大内氏の初見は仁平元年(1151)辛未の翌年（壬申）であり、琳聖太子（北斗七星の化身）の伝承を創作し、先祖（土師氏）の徳を継承する目的があったのではないか。(1151 − 611 = 540／9回の還暦　540 = 聖数135 × 2²／135ヵ月に23回の月食／琳は月の異称)

　これらの疑問と、興隆寺参道と周防国衙朱雀路の方位角が近似している事実から、興隆寺と日吉神社の位置は国衙建設時(7c)に決定されていた、という推論が成り立ちます。（日吉神社以前の遺構は不明）(図1-63a、b)

図 I-63：興隆寺金堂跡を基点とする設計線

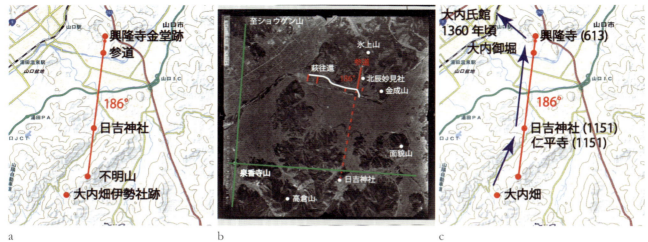

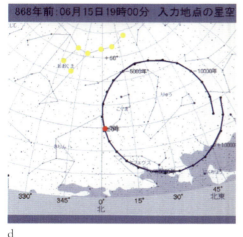

a：氷上山興隆寺金堂跡から延びる参道は日吉神社へ向う 186°の方位線。　b：氷上山興隆寺の参道（赤線）に平行する小道（赤線）が萩往還（白銭）に接して残されている。（緑線は象限。国土地理院地図・空中写真閲覧サービスで 1947 年の空中写真を引用加工）　c：大内氏の移動した軌跡（青線）の仮説。大内畑から菅内に日吉神社と仁平寺を創建（1151）し、1152 年には「多々良」と名のり、大内御堀から大内弘世（1325-1380／大内義興の 6 世祖）の代（1360 年頃）に築かれた大内氏館に移動した。　d：仁平元年（1406 年前）の磁極の位置（赤点）は東へ 1°振れている。（青線は磁極の移動軌跡）

表 I-48：興隆寺金堂を基点とする距離と方位角

地点	緯度	経度	距離（m）	方位角
興隆寺金堂	341009	1313000	0	0
参道	340947	1312957	682	1862802
日吉神社	340805	1312943	3846	1863014
不明山	340700	1312933	5865	1864634

＊氷上山興隆寺金堂の位置は江戸期の古図を参照した。＊参道は萩往還に接する位置。＊不明山（仮称／標高 381m）奥山（標高 429.6m）の西方。

　表 I-48 から線分（興隆寺金堂－参道）と線分（興隆寺金堂－日吉神社）のおおよその誤差は 0.04％で、興隆寺金堂、参道、日吉神社の 3 者は同一線上に存在したといえます。
線分（興隆寺金堂－参道－日吉神社）の方位角は 186°で、既述した周防国衙の朱雀路の方位角 185°（184〜186°）に近似します。（毛利邸祖霊社と立岩稲荷本宮を結ぶ方位線は 186°）
萩往還（図 1-63b 白線）に接した小道（図 1-63b 赤線）も線分（興隆寺金堂－参道－日吉神社）に平行して設計されたと推測されます。（参道が地域の主軸とされた証拠）
これは、周防国衙周辺の条里制にも朱雀路と平行した方位線が用いられていたのと同じです。
試しに、日吉神社を創建した仁平元年の磁極の位置を再現すると、こぐま座の α 星は東へ 1°振れています。（図 1-63c）（479）
この位置を北極として南北軸を設計したとすれば、方位線は 181°であったはずです。
したがって、興隆寺が創建された（後の日吉神社の位置も決定された）のは伝承の推古二十一年(613)癸酉に近く、

参道の方位角が186°であるのは周防国衙が建設された当時（7c）の歳差現象を反映した可能性を考えさせます。

このような興隆寺金堂と日吉神社を結ぶ設計が存在した事実から、以下の問題が考えられます。設計線の痕跡から推測される大内氏が移動した軌跡（大内畑－菅内－大内御堀－大殿）の可能性については、稿を改めて考えてみたいと思います。（図1-63c）

1. 方位角186°の方位線を採用できるのは、周防国衙を設計したと推測される土師氏（大内氏）しかないのではないか。
2. 伝承が事実とすれば、土師氏は推古二十一年(613)癸酉には山口へ進出していた可能性がある。（土師娑婆連猪手は603年に来目皇子の殯をするために派遣された史実と一致する）
3. 日吉神社の位置を決定したのは、「死すれば則ち丘に首す」すなわち決して宗廟（故郷）を忘れない思想・信仰にしたがったのではないか。（566-59、566-167）
4. つまり、日吉神社が創建された奥域の大内畑は、大内氏が土師氏から派生した場所であったからではないか。
5. 後述する五形図の円形で土師八幡と大内畑伊勢社跡が泉香寺山を中心とする同心円上に設計されていたことが、土師氏と大内氏の結びつきを示唆する。

磁極の位置を反映させたと推測される設計例（条里制まで）
1. 線分（天神山－老松神社）184°
2. 線分（祖霊社－立岩稲荷本宮）186°
3. 周防国衙朱雀路 185°
3. 線分（氷上山興隆寺－日吉神社）186°
4. 周防国衙周辺の条里制。
5. 氷上山興隆寺周辺の小道。

多々良山山麓に充満する「蛇」

余談ですが、毛利邸のある多々良山の南麓には「蛇」の言葉が充満しているという話です。毛利氏は土師氏四腹（よんはら）の内、毛受腹（もづばら）の土師氏が改姓した大枝（後の大江）氏の末裔（まつえい）です。（土師八幡の鳥居の奉献名）
毛利氏が氏祖を土師氏であると記憶していた証拠の一つは、土師八幡の鳥居（安政七年[1860年]）に残る奉献名に大江元潔とあり、これは吉敷毛利家十三代当主毛利元潔（もときよ）（元一）のことです。（枝は金枝玉葉／皇帝から分かれた皇族）（123-423）（154）

図1-64：土師八幡の一の鳥居

＊土師八幡の一の鳥居に残る願主・大江元潔（吉敷毛利家十三代当主）の名。

毛利氏が祖霊を蛇神と記憶していた証拠は、祖霊社に植えられた梛（なぎ）、梛川、梛邸など蛇の古語「ナギ」が付けられた名称にあります。（図1-15）（497-1）
多々良山の「タタラ」は龍腹（たつばら）（蛇腹）から派生した言葉で、毛受腹（モウケノハラ）の土師氏を象徴します。（第4章／

「タタラ」の語源）（105-399）

その多々良山（語源で言えばタツハラヤマ）を水源とする梛川の「ナギ」は、蛇の古語の一つ「ナーガ」すなわち「コブラの神霊」から派生した言葉でした。（20-1457）

「タツハラヤマ」言い換えれば「蛇腹山」から流れ出た川の名が「ナギカワ」すなわち「蛇川」であるのは、まことに相応しい命名です。

さらに梛川の東方に建造された毛利邸は梛邸（蛇の邸）と呼ばれています。（497-2）

毛利邸の東方にある祖霊社には梛（蛇の木）の巨木があり、おそらく祖霊の「蛇」を象徴する神木として植えられたと想像します。（梛の異名は竹柏／竹の異名は蛇祖／事物異名類編）（図1-65c）（105-586）（426）

このように多々良山の南麓は、「タタラ」「ナギ」など蛇（龍）を表す言葉で充満しています。

ちなみに、梛と楠、あるいは黄心樹（小賀玉木／私見では尾の霊）は熊野大社（熊野大社の祭神／クマノクスヒノミコト）の神木でした。（傍点著者）（66-10）

図I-65：毛利邸

a：梛邸と多々良山（赤↓）。　b：多々良山を水源とする梛川。　c：祖霊社の梛の大木（伽藍山が自生地の北限）。ナギは葉や材にナギラクトンと呼ばれる殺菌・除草効果を持つ物質を含み、中国雲南省にも植生が認められる。（102-134）

　ところで祖霊社の祖霊とは、土師氏（大枝氏／大江氏）を指している可能性があります。

その理由は、毛利氏は土師氏四腹のうち毛受の土師氏が改姓した大枝氏（後の大江氏）の末裔であること、毛利元就は安芸にあって多治比殿（マムシ殿）と呼ばれ「タチ」は地霊を意味する「處霊」に由来し「土徳」土師氏の「ハジ」と語源が同じになるからです。（タジヒは蝮の古語）（第4章／土師氏を外戚とした桓武天皇）（タジヒは蝮の古語）（235-7）

毛利氏は大正時代になっても氏祖・土師氏の伝承を残していたと考えられます。

既述した金成山の石祠（秋葉様／毛利時代）が大日古墳を望むように建てられていたことや、土師八幡の鳥居の奉献名に毛利元潔の名があることも、毛利氏が土師氏を氏祖と記憶していた傍証になります。（図1-26c）

　土師氏四腹とは土師氏の支族を指す言葉で、桓武天皇の生母・中宮高野新笠を生んだ中宮母家の土師氏は、毛受系統の支族で毛受腹でした。（第4章／土師氏四腹と毛受腹の意味）

この毛受腹の土師氏が大枝朝臣となり、他の3支族が秋篠朝臣と菅原朝臣になったと考えられています。
加賀前田家は大枝朝臣、菅原道真は菅原朝臣の末裔になります。（105-395）（153）（247）（277）（301）（302-32）（448）（543）

大和と周芳に共通した設計──設計線に根拠を与える思想
「龍神の棲む龍穴」への信仰に基づく設計

　龍穴あるいは山への信仰に基づく設計線が周芳と大和に共通して存在する意味は重要です。
大和に存在する線分（室生龍穴神社奥宮龍穴－三輪山－飛鳥戸神社）と周芳に存在する線分①（泉香寺山－大内畑伊勢社跡－大崎玉祖神社－立岩稲荷奥宮）は、いずれも龍穴あるいは山を基点として設計された可能性が高く、龍神（あるいは蛇神）の思想を共有する大和と周芳の強い繋がりを考えさせます。（図1-66）（表1-49）（105-53）
さらに、後述する土師氏の宗廟と考えられる大日古墳が飛鳥の岩屋山古墳と同じ設計図で築造されたと推測されることは、地上絵を描いたと推測される土師氏が飛鳥からやって来たことを示唆し、大和と周芳を繋ぐ人の直接的な関係を考えさせます。（表5-16）（105-66）（古墳終末期に消滅した土師遺跡の存在／203-150）（572-1）

表1-49：室生龍穴神社を基点とする距離と方位角

地点	緯度	経度	距離（m）	方位角
室生龍穴神社	**343206**	1360251	0	**0**
三輪山	**343206**	1355201	16575	**2700304**
飛香戸神社	**343206**	1353819	37537	**2700657**

＊線分（室生龍穴神社－三輪山）と線分（室生龍穴神社－飛香戸神社）のおおよその誤差は0.06％で条里制（誤差0.7％）より精度が高く、3者は東西軸上に存在するといえる。　＊室生龍穴神社拝殿の位置は再計測の結果、表1-49の値を得た（奥宮の龍穴は川を挟んで接近できない）。

図1-66：龍穴を基点とする大和と周芳の設計線

a：龍穴あるいは山への信仰に基づく設計線。　b：飛鳥戸神社　＊周芳の設計線の地形図上での再現は第1章泉香寺山と向島立岩稲荷大明神奥宮を結ぶ設計線の発見──「聖なる軸」。

　図1-66を見るまでもなく、三輪山（奈良県桜井市）は動かせないことから、飛鳥戸神社（大阪府羽曳野市）と室生龍穴神社（奈良県宇陀市室生）は明らかに三輪山の東西軸上に設計されたはずです。
同じく、周芳の龍穴と泉香寺山は動かせないことから、大内畑伊勢社跡と大崎玉祖神社は明らかに龍穴と泉香寺山を結ぶ線分上に設計されたはずです。
　これらの設計から、龍穴とそれを結ぶ山には特別な意味を与えていたことが想像できます。
龍への信仰は、初代・神武天皇の皇后ヒメタタライスズヒメ（ヒメタタライスケヨリヒメ）の「タタラ（龍腹）」にも見ることができ、龍穴の存在する周芳国は朝廷にとっても多々良と名のった大内氏（土師氏）にとっても、重要な聖地であったと思われます。（105-395）

第1章　五形図の発見とその全貌　　91

『抱朴子』で説く「永遠の生命を得る道」である巽乾軸を採用せずに、あえて線分①を優先した第一の理由は龍穴の存在であり龍神への信仰であった、と考えてよさそうです。（64-6、64-473）（105-399）（244-199）

大和と周芳に存在する龍穴と山を結ぶ設計線に共通した事柄を比較すると、表1-50になります。大和の龍穴とは室生龍穴神社の奥宮で、周芳の龍穴は既述した向島の立岩稲荷奥宮です。（図1-67、1-168）

表1-50：龍穴を基点とする設計

国	奥宮（龍穴）	山	神社	備考
大和	室生龍穴神社	三輪山	飛鳥戸神社	東西軸上
周芳	立岩稲荷	泉香寺山	大崎玉祖神社	321°の方位線上

図1-67：室生竜穴神社本宮（a）と奥宮（b）

a　　　　　　　　　　　　　　　　　　b

図1-68：立岩稲荷奥宮拝殿（a）と奥宮（b）

a　　　　　　　　　　　　　　　　　　b

＊室生寺は室生龍穴神社の神宮寺になる。（469-97）　＊九穴八海と呼ばれる龍穴がある。（469-83）　＊龍穴は「神仙の住居」とも考えた。（469-100）　＊立岩稲荷奥宮の堂々とした龍穴は、日本三大龍穴（室生龍穴神社奥宮、貴船神社奥宮、備前の龍穴）に引けを取らない。

周芳と大和に共通する龍穴と山を結ぶ設計から考えられる事柄を纏めると、下記になります。
龍穴と山を結ぶ設計が周芳と大和に存在することから、その背景に存在する同じ思想が示唆されます。

1. 龍穴の存在

    大和と周芳に龍穴を基点とする設計が存在する。

    龍穴と山は動かせないため、両者を結ぶ設計が考案された。

2. 三輪山と泉香寺山

    三輪山は大和の中原に位置し、泉香寺山は平川の中原に位置する。

    出雲氏と土師氏は同族であることから、三輪山に鎮座する大物主神は土師氏の信仰する神でもあった。

泉香寺山に大物主神に相当する神が鎮座していた、という伝承はない。

三輪山と泉香寺山の対比から、泉香寺山も土師氏の信仰する山であった可能性がある。

3. 飛鳥戸神社と大崎玉祖神社

飛鳥戸神社と大崎玉祖神社を直接に結びつける伝承はない。

飛鳥戸神社は、龍穴を基点とする東西軸上に存在する。

大崎玉祖神社は、龍穴を基点とする321°の方位線上に存在する。

飛鳥戸造氏の居住地（近飛鳥）に創建された飛鳥戸神社の案内板には、以下の説明があります。

昆伎王は第25代武寧王の父になり、大内氏の祖とされる琳聖太子の曽祖父、桓武天皇の生母・高野新笠の祖先でもあります。（第5章／土師氏と大内氏を結ぶもの）（593-629）

琳聖太子は第26代聖王（聖明王／明王）の第3王子になり、高野新笠（父方和氏／母方土師氏）の祖・純陀太子は聖王の弟であることから、飛鳥戸造氏と土師氏、大内氏は同族になるはずです。（図4-34 百済王神社の扁額）

飛鳥戸造氏と土師氏が同族とすると、龍穴あるいは山への信仰に基づく設計線が大和と周芳に存在すること、飛鳥（遠飛鳥）の岩屋山古墳と周芳の大日古墳が同じ設計図で築造されたこと、などの説明も容易になりそうです。

飛鳥戸神社は、飛鳥上の段の一角に鎮座する延喜式内の名神大社であり、雄略紀に渡来伝承をもつ百済系飛鳥戸造氏族の祖神である「飛鳥大神（百済の昆伎王）」を祭っている。（飛香戸神社案内板）

「聖なる神の坐ます山」を基点とする設計思想

山口盆地の四方を囲む多くの山の中でも、一見して他とは異なる印象を与える山がいくつかあります。

その中で、東鳳翻山（鳳凰図の存在を暗示）は伸びやかに羽を翻す鳳凰を連想させ、高倉山（高御座を暗示）は堂々とした円錐形で、いずれも神奈備山の風格を備え「聖なる神の坐ます山」と認められていたと想像できます。（図1-4、1-46、1-59）（図5-42）

事実、東鳳翻山は氷上山と結ぶ巽乾軸や土師八幡、朝田神社、堂山を結ぶ南北軸の設計線（後代を含めると4つの設計線）の基点に、高倉山（おためし神事盤座）は佐波荒神と結ぶ巽乾軸の基点に採用されていました。

これらの「聖なる神の坐ます山」を基点とする設計は、神託や卜占を重視した時代に「神意にしたがって決定した」という根拠を与え、その設計線で決定された「場」に確かな意味を持たせたのだろうと考えられます。

「聖なる神の坐ます山」と結ばれる地点には山を初めとして、古墳や岩（盤座／神籬／磐境／積石塚）、岩屋（石室／洞穴／龍穴）があり、いずれの例も単純に線を引いたのではないことが容易に想像できます。（83-9）

南北軸　　　　　　　：東鳳翻山－土師八幡－朝田神社－堂山　　田島山－田島玉祖神社

巽乾軸　　　　　　　：東鳳翻山－氷上山－国津姫神社　　高倉山盤座－佐波荒神社

聖なる軸　　　　　　：泉香寺山－伊勢社跡－大崎玉祖神社－立岩稲荷奥宮（龍穴）

宗廟を望拝する方位線：金成山－面貌山－大日古墳

同じ設計思想に基づく例として大和に眼をやると、前述した通り神奈備山として著名な三輪山を基点とし飛鳥戸神社と室生龍穴神社を結ぶ東西軸がありました。（図1-66）（表1-49）

この設計線の意味を直ちに説明することは容易ではありませんが、他ならぬオオモノヌシが鎮まる三輪山を基点としていることから相応の意味が込められていたはずです。

また、後述する金峯山寺蔵王堂と多気大神宮を結ぶ東西軸は、大友皇子の怨霊を鎮める呪術に関連して設計された可能性があります。（図2-12）（表2-10、2-11）

平安京に眼を移すと、矢雀大路（大極殿）の基点となった船岡山（京都市北区）の頂上にある盤座と甘奈備山（京田辺市と枚方市に跨る）を結ぶ設計線があり、平安京の南北軸を形成しています。（船岡山はチャートの露頭で盤座

とする説もあるが祭祀跡は確認されていない）（図1-69）（図4-33）（255-184）

長岡京大極殿の位置の決定には、やはり神奈備山とされた交野山（大阪府枚方市）を基点とする南北軸が採用されていました。（図4-33）

　これら周芳と大和、あるいは平安京の周辺に残されている「聖なる神の坐ます山」を結ぶ設計線の意味を解析することで、設計の背景にある思想信仰が明らかになり、歴史の空白を埋めることが期待されます。

図1-69：船岡山からの眺望

a

b

c

d

a：神泉苑、大極殿、平野神社の位置関係がある程度わかる（おおよその位置を示した）。　＊赤↑は、朱雀大路のおおよその方向で甘奈備山へ向う。　＊空気が澄んだ日には交野山と天王山の間にあべのハルカスが遠望できることから、四天王寺もみえた可能性がある（現地での聞き取り）。　b：朱雀大路の基点になった船岡山の盤座（層状チャートの露頭）と方位盤で、赤↑が南北軸で図aの矢印と一致する。　＊チャート（角岩）は海底で動物の殻や骨片が堆積してできた岩石で非常に硬く層状をなすことが多い。(173-208)　c：船岡山の三等三角点（350209, 1354441／標高112m）。　d：船岡山の空中写真（南側から）、左↓が盤座、右↓が建勲神社。（WS京都フリー写真素材集より引用改変）

周芳の建石と楯築遺跡の立石の類似性

　余談ですが、陶春日神社一の鳥居横に残されている建石と楯築遺跡（岡山県倉敷市矢部）の立石の形が似ていることについて興味があります。（図1-70、-71）（49-26）

図1-70、1-71で見るように建石と立石の両者ともに、花崗岩を薄く板状に加工して地面に垂直に立てています。

側溝に沿うように保存されていることから、もともと現在の位置に建石が設置されていたかは不明です。

説明板にも、昔は田の道に立てられ「阡陌の法」すなわち条里制で用いた、とする伝承を載せています。

図 1-70：陶春日神社一の鳥居横の建石

高：165cm　幅：155cm　厚：8〜14cm
＊計測値は地表部分での最大値。

a　　　　　　　　　　b

図 1-71：楯築遺跡の 3 号列石（立石）

高：280cm　幅：269cm　厚：10〜18cm
＊計測値は地表部分での最大値。（49-26）

a　　　　　　　　　　b

図 1-72：楯築遺跡立石と周芳建石の輪郭（描線が重なるように拡大・回転した）

＊赤線は楯築遺跡の 3 号列石（立石）、青線は陶春日神社一の鳥居横の建石。

　陶春日神社の建石と楯築遺跡の列石の一つ立石は形が似ているだけでなく、いくつかの類似点が認められます。
高さ／幅比は、建石が 1.07（高さ／幅＝ 165/155）に対して立石が 1.04（280 ／ 269）で近似しています。
立石と建石の類似点と問題点
1. 素材は共に花崗岩(かこうがん)である。
2. 上端の形態が類似し、高さ／幅比が近似している。
3. 割石である（条里制の榜示石であれば加工する必要はなかったのではないか）。
4. 建石も近隣に存在した列石（ストーンサークル）を抜き取って再利用した可能性がある。
5. 周芳国と吉備国の関係が示唆される（土師氏の祖・野見宿禰と吉備国の関係）。

第 1 章　五形図の発見とその全貌　　95

図 1-72 のように、両者の輪郭を重ねると一致する部分がかなり存在することから、「形に意味を与えた」可能性を考えて見たくなります。

環状列石は原始古代の墓とする説があることから、立石を含む楯築遺跡の環状列石が巨大古墳の上に残された古い形態の墓であった可能性もあり、周芳の建石も周辺に残されていたストーンサークルや墓石から再利用された可能性があります。（420-175）

　地上絵の描点として神社や山、石組が用いられていることが明らかになり、神社が創建される以前には何らかの目印すなわち榜示石が置かれていたと想像されます。（日吉神社と白石伝説）（471-42）

その可能性を示唆するのが建石で、既述したように陶春日神社の社殿の方位（194°）を決定するために用いられた榜示石と考えられます。（参道は設計線の痕跡）（図 1-42）

さらに、建石の平面の方位角が約 138°に対して、藪台春日神社と陶春日神社を結ぶ方位角が 1411513 と近似していることも、榜示石であった可能性を考えさせます。（藪台春日神社と陶春日神社の距離は 8848m）

調査対象から描点を選び出す方法

誤差の判断基準

　この節では、前作と本書で用いた誤差の判断基準を述べます。

　調査を続けていると、なぜこんな所に神社が造られているのか、疑問に感じることがたびたびあります。

人の往来がありそうにない海岸の崖下、深い谷底や険しい山頂などに祀られていることもあります。

その場所がなぜ選ばれたかについて、一般的には神霊の降臨する聖地としての磐境や盤座、神籬が考えられ、さらに古墳や滝、秀麗な山（神奈備山）、などが理由として上げられます。

新谷尚紀氏は神社の原型について、次のように述べています。

このような、神霊の依代として祭祀の対象となった岩を盤座、また、聖域に樹木や枝を立てて祭壇としたものを神籬、岩や石を積み並べて作られた祭場を磐境と言い、これらも神社の原型に位置付けられている。（407-16）

　本書と前作では、このような理由以外にも地上絵の描点として創建された社が存在する可能性を明らかにしてきました。（現在は神社であっても当初の形態は不明であり、榜示石が置かれていただけかも知れない）

周芳国に残された地上絵を見る限り、既存の神社などを繋ぎ合わせて作成したとは、到底考えられません。

　五形図の中で最初に発見した三角形や円形では、内角や辺の長さ、円の中心からの距離を比較することで図形の正否を判断することが可能です。

しかし、鳳凰図の体軸や翼軸、地上絵の描点を決定するための設計線などで、複数の地点が直線上に存在するかどうかを判断する基準が当初は判りませんでした。

地球が楕円球面体であり平面にした地図では歪みを生じ、単純に地図上に線を引いても意味がないことは、既述した通りです。

例えば、複数の地点が一直線上に、あるいは同心円上に存在すると判断する場合、どの程度の誤差であれば許容されるのか、それを明示した判断基準は検索した範囲内では知ることができませんでした。

その位置を決定する理由が必ずあったはずで、漠然と「だいたいこの辺に」決定したとは考えられません。

十分な測量機器のなかったと推測される古代においても、北斗図と五形図を見る限り精確で高度な測量と設計、施行が行われたことが示唆されます。（第 5 章）

これは、古墳時代（3 世紀後半～7 世紀前半頃）に培われた技術であった、ことが容易に想像がつきます。（238-30）

古墳造営の伝承にしたがえば土師氏は当時最高の知識と技術と経験を持った頭脳集団でした。（238-39）

　基点から離れた複数の地点が一直線上に存在するかどうかを判断するために、2 つの方法を用いました。

第1選別

1. 弧（ab'）≦ 10m
2. 線分（ab）≦ 10m

図1-73：円弧(ab') ≦ 10m　　　　　　　　　　　図1-74：線分（ab）≦ 10m（同心円上の判断の場合）

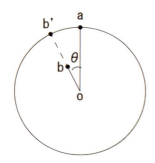
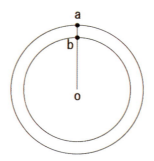

第2選別

中心点 O を共有する2本の線分の方位角差（θ）から以下の計算式で誤差を求める。（線分の長さは最終的には計算式から消える）

2πR × θ ÷ 3600000R × 100 = 2πθ ÷ 36000（%）　θ：方位角差　R：半径（oa = ob'）

　第1選別は、複数の神社が地形図上で直線上に並んでいる、あるいは同心円上に存在すると漠然と疑われた時に採用した方法です。
この時点では、地上絵の存在など全く念頭にありません。
　第2選別は、第1選別で振り分けられた複数の地点を結ぶ線分の方位角の差が、条里制の誤差に比較して精度が高いかどうかを判断する時に用いました。
条里制の誤差（指北の振れ）はおおよそ 0.7％であることが判っています。（第5章／伊能忠敬の測量誤差も 0.7％）（表1-51）
　第1選別に用いた方法は、図1-73のように2つの線分（oa、ob'）で作られる円弧（ab'）の長さを ≦10m とする基準です。（詳細は前作）
円弧の長さを ≦50m とすると偶然の要素がかなり含まれることが明らかになり、2点間の距離を ≦10m としました。
神社の広い境内から考えると ≦50m でも良さそうですが、狭い領域に神社が密集している場合には、偶然の要素が多く含まれ注意が必要です。
調査対象としたのは国土地理院の五万分一地形図で「小郡」「山口」「防府」「長門峡」の4区域で、その面積は 172000km² です。
その中に解析の対象になった山や故地を除く 314 社が存在し平均密度は 1.8 社／km² で低いようにみえますが、分布は非常に不均一です。（都市部に集中）
この不均一な分布の問題を考慮して、最終的に許容される誤差を原則的に ≦10m としました。
しかし、この基準では基点からの距離が遠ければ遠いほど精密な測量が要求され、近ければ精度を要求されないという非現実的な問題が生じます。
したがって、地上絵が存在する領域に限って、おおよそ距離 5000m で中心角 7' から 19000m で中心角 1.8' の範囲内での基準として捉えるべきかと考えました。
　これは恣意的な評価や解析を行わないようにするための便宜的な基準であり、この基準をわずかに超える場合でも、重要な意味があると考えられた場合には採用しました。

重要な意味とは、土師氏や出雲氏、大内氏と関係した伝承や祭神の社である場合、あるいは設計線の基点と終点に「聖なる神の坐ます山」「龍神の棲む龍穴」など思想・信仰の背景が存在する、と考えられる場合などです。

　第2選別として、基点と離れた2点で作る中心角（θ）から求める方法を採用しました。

この方法では、中心角（方位角差）だけで判断できるため簡便で、ラジアン（radian／弧度）の考え方です。

条里制の誤差0.7％の場合、1mrad（3′26″）とすると12.3mradまで許容されることになります。

　第1選別で選ばれた対象も第2選別の計算で誤差を確認し、最終的な評価をしました。

2つの方法で選別された地上絵の描点は、全調査対象（地上絵を発見するまでの対象）341地点に対して、北斗図の場合11地点3.2％、五形図の場合9地点2.6％であり（いずれも不明地点を除く）、厳しい選別であったといえます。

五形図と条里制の精度比較

　五形図と比較できる同時代の測量精度は条里制の誤差が参考になります。

表1-51のように北斗図の測量は条里制（誤差0.7％）より精度が高く、同じように五形図の場合も条里制より誤差が少なく精度が高い、といえます。（五形図の精度は各節で述べているので表1-51では省略した）

表1-51：条里制と北斗図の誤差の比較

誤差	条理制	北斗図に含まれる一例
距離と誤差	千尺で七尺の誤差：0.7％ *	14073mで14mの誤差：0.1～0.3％ *** 多々良山－桜木神社－三保里神社
指北の誤差	大和の条里に指北の誤差：656.2mで約24分 座標北に対して西へ15′～29′：平均18′ 座標軸西に対し南へ0′～20′：平均8′ 真西との振れは約15′ **	多々良山と月読神社の指北の誤差：0～0.03％ 座標北に対して0～6′ ***

* （439-5）　** （399-321）　***経・緯線の幅31mを考慮。北斗図の誤差は線分（多々良山－桜木神社－三保里神社）を例にとった。

　大和の条里制では距離656mで西へ約4mずれ、角度でいえば約24′の誤差になります。

武田通治氏によれば、大宝律令(701年制定)により施行された条里制で、確認されている最古の地籍は孝謙三年(751)近江国水島郡の東大寺領田とされます。(439-5)

一方、北斗図が描かれたのは天武十年(681)辛巳夏五月と推測されることから、条里制の施行より約20年前の事業になります。(第2章)

上記の条里制の誤差0.7％と比較しても北斗図の誤差0.1～0.3％は少なく、精密な測量と設計が行われたと推測されます。

　さて、現実の経・緯線には幅が含まれているために、この問題は誤差を判断する場合に注意が必要です。

例えば、北斗図が存在する北緯34度付近の山口盆地の場合、経線、緯線の幅は約31mあり、経線、緯線が一致するといっても31mの差が存在する可能性が常にあります。

経・緯度の小数点以下を比較することは現実的ではなく、かといって潜在する31mの誤差を無視するわけにもいきません。（社殿の設計時の測量位置は確認しようがなく、経緯度の測量に際してすでに誤差を生じている可能性がある）

そこで誤差の判断基準≦10mを例えば4m超える場合には、45m（14+31）の幅を念頭に置いておく必要があり、先述の計算に反映させると0.3％の誤差があり得ることになります。

しかし、それでも条里制よりは高い精度で、須股孝信氏も条里制に関して、驚嘆する技術、と指摘しています。

下記の文中で「熟達した技術者集団」とは、古墳の造営を家職とした土師氏の可能性が高いと考えられます。(399-330)（439-148）

森浩一氏は、築造を担当した当時最高の頭脳集団の土師氏の子孫から、後代、菅原道真を輩出したのもしごく

当然のことに思える、と指摘しています。(238-39)

（指北は）、正に驚嘆させられる事実である。周髀算経、九章算術などの天文・幾何・数学を修得し、精緻な技能と、観測・計測に熟達した技術者集団によってなされた測量成果と考えられ、高度な技術内容からみても、大和平野の条里は下ツ道とあまり違わない時期の施行と想定される。（ルビ著者）

本章のまとめ

1. 五大（空・火・地・水・風）の表現形を描いた地上絵が存在し、本書では五形図と呼ぶ。
2. 五形図は宝珠形、三角形、方形、円形、半月形で構成されている。
3. 五形図の設計の中心は泉香寺山である。
4. 泉香寺山を交点とする象限が存在する。
5. 五形図は、8つの設計線で決定された10の描点（不明の谷山付近を含む）で構成されている。
6. 用いられた描点は、北斗図と同じく神社や山である。
7. 山立てを多用した測量方法を採用し、北斗図の測量と設計よりもやや複雑である。
8. 北斗図が天文観測をもとに描かれた具象的な地上絵であるのに対して、五形図は観念的である。
9. 左祖右社の原則にしたがって東方の伊勢に皇大神宮を創建し、西方の周芳に五形図を描いた可能性がある。
10. 宗廟である皇大神宮にアマテラスを奉斉し、社稷である五形図は大日如来を象徴して東西の調和が図られている。
11. 泉香寺山と立岩稲荷奥宮「龍神の棲む龍穴）を結ぶ「聖なる軸」が存在し、五形図と北斗図の両者に用いられた。
12. 五形図に含まれない設計線が存在し、未発見の地上絵が存在する可能性がある。
13. 「龍神の棲む龍穴」への信仰に基づく設計と、「聖なる神の坐ます山」を繋ぐ設計が、大和と周芳に共通して存在する。
14. 宗廟を忘れない徳を示唆する龍穴を望む壮大な設計線が存在する。
15. 周防国衙の指北の振れは歳差現象を反映し、国衙建設と地上絵が描かれた時期とが重なる可能性がある。
16. 「聖なる神の坐ます山」東鳳翻山と土師八幡、朝田神社、堂山を結ぶ線分は象限ⅡとⅢを貫く南北軸で、土師氏が山口に拠点を築いた当初の最も重要な設計線であったと推測される。

　第1章では、五形図が存在する事実と地上絵以外の設計線が存在する事実を述べてきました。
第2章から後は地上絵の謎解きになりますが、しかし、本書の謎解きは試みの一つでしかなく今後の研究が期待されます。

ここで第2章へ移る前に、龍穴のある向島の豊かな自然を紹介します。
その名の通り向島は瀬戸内海に浮かぶ島でした。（干拓が進み現在は狭い水路を橋で繋いでいる）
南北朝期（1336〜1392）、今川貞世が九州探題に任じられて西下した際、防府地方の通路を記したくだりがあり、美しい海岸線が目に浮かびます。(93-82)
外の海（富海）の磯ぎわから折れ曲がった橘坂（浮野峠カ）を越えると、西の麓は入り海で前方に島（向島）を見て、国府に着く。桑山寄りの松原はかた浜で塩を焼いている。干潟の路を行くと、島々・入江が続き、大崎の沖に田島が見えてくる。（傍点著者）

　文中、傍点を付した部分は、本書にとって重要な位置が記録されています。
富海には国津姫神社があり、橘とは田島と同じく土師氏と関係する「タチ」を連想させ、向島には龍穴があり、国府とは周防国衙を指し、桑山では土師娑婆連猪手が来目皇子の殯を行った伝承が、松原（鞠生）には菅原道真の伝承が、大崎には田島（当時は島）に向いて創建された大崎玉祖神社あります。(橘について／105-448)
白砂青松の言葉通り、約600年前の美しい海岸線が目に浮かびます。
中でも、龍穴のある向島は現在も植生が豊かで、「大地の霊気」が噴き出す龍穴の存在を実感させます。
狸が多く生息する島としても有名で、南斜面をうめるヤマザクラも一見の価値があります。(64-232)(225-13)

図I-75：豊かな向島

a：ヤマザクラに包まれる向島立岩稲荷大明神奥宮の拝殿。　b：自生のヤマザクラの美しさは吉野を凌ぐか。　c：珍しいアカハナのシデコブシ。　d：タチツボスミレの群落。　e：ミツマタの群落もみごと。

第 2 章
五形図が描かれた時期の 3 候補

はじめに

考えられる3つの候補

北斗図は、天武十一年(682)壬午(みずのえうま)の年に予想される洪水を防ぐための呪術的対策の一つでした。

五形図もやはり呪術性の強い対策と考えられます。

描かれた時期については3つの候補が考えられ、それぞれの候補で動機と目的が異なります。(表2-1)

最も可能性の高い第1候補は、文武二年(698)戊戌(つちのえいぬ)の年です。

動機は、文武二年が天武天皇の十三回忌にあたり追善供養になります。

目的は、北斗図と同じように東西・陰陽の調和として左祖右社(さそうしゃ)、すなわち東方に宗廟(そうびょう)を西方には社稷(しゃしょく)を建てる原則に従って、東方の伊勢国に宗廟である伊勢皇大神宮(いせこうたいじんぐう)を創建し、西方の周芳国に社稷にあたる五形図を描くことでした。

その主な根拠は、北斗図を描いたと推測される天武十年(681)辛巳(かのとみ)から17年が経ち、17は陰陽の和(9 + 8)で北斗図と五形図が聖数関係で結ばれ、両者が神聖な国家的事業であったと考えられることです。(37-8)

また、壬申の乱(じんしん)(672)から26年が経ち、26は「一九年七閏法」の和(19 + 7)で、追善供養と併せて天武天皇の事績を顕彰する意義も考えられます。

「一九年七閏法(古代ギリシャのメトン法)」とは、19年間に7回の閏月(じゅうきゅうねんしちじゅんぽう)を加えて太陰太陽暦(たいいんたいようれき)(旧暦)を正確に運用していく方法です。(323-20)

すなわち、太陰太陽暦では19年間に7回閏月を加えることで太陽(陽)と月(陰)の誤差(年に11日)が解消されて、「陰陽が同時に再生して新たに出発する」ことになります。(37-58)(357-37)

次に可能性の高い第2候補は和銅三年(710)庚戌(かのえいぬ)の年で、平城京遷都と対をなす国家的事業として五形図が描かれたと考えます。

平城京遷都(710)は持統元年(687)から23年目になり23は三才(さんさい)(天・地・人)の和(9 + 8 + 6)で、遷都が持統天皇(称制)(しょうせい)と聖数関係にある神聖な事業として位置付けられています。(事績は『日本古代史年表』にしたがった)(418)

可能性が低い第3候補は大宝二年(702)壬寅(みずのえとら)の年で、持統崩御による「土気」の喪失を補う呪術として描かれた地上絵でした。

3つの候補に分けて考察しましたが、文武朝(697〜707)から元明朝(707〜715)にかけて連続して設計された可能性も否定できません。

3候補に共通して、和銅五年(712)壬午の年に予想された洪水に対する呪術的対策であった可能性があります。

詳細は、各候補の節に譲ります。

表2-1：五形図を描いた時期の候補と動機と目的

候補	年	動機	目的と原理	備考
1	文武二年戊戌 (698)	天武十三回忌	伊勢皇大神宮創建と対をなす国家的事業 皇祖神アマテラス創造 左祖右社	北斗図(681)より17年 壬申(672)より26年
2	和銅三年庚戌 (710)	洪水を予想	平城京遷都と対をなす国家的事業 強力な「土気」の補充 「土剋水の法則」	持統元年(687)より23年
3	大宝二年壬寅 (702)	持統崩御 「土気」喪失	強力な「土気」の補充	壬午(682)より20年

＊候補の数字は可能性の高さを示す。

候補として選んだ根拠

　これらを候補として選んだ根拠は、その年に記録されている以下の５項目について分析した結果です。

主な資料は『続日本紀』（以後『続紀』）で、『日本書紀』（以後『書紀』）『古事記』『日本紀略』『日本後紀』さらに風土記、社伝なども参照しています。(10)(99)(189)(190)(192)(240)(289)(317)(375)(391)(491)

下記で天の譴責とは天人相感思想による言葉で、人間（天子／天皇）の悪徳や悪行に対して天が反応し災害や怪異を齎す、とする考えです。(551-191)(552-206)

その他の言葉の詳細については、文献あるいは章末に載せてある陰陽五行思想の概略をご覧下さい。

1. 干支　　　　　：干支が暗示する災異、特に壬、子など水を暗示する記録。
2. 瑞祥と災異　　：天皇の「徳」に応じた瑞祥と天の譴責による災異の記録。(554-4)
3. 五行の法則　　：相生・相剋の法則、生数と成数が暗示する問題。
4. 聖数関係　　　：聖数（威霊再生を含む）を示唆する数字。(37)
5. 陰陽（易経）　：陰陽の言葉や『易経』の卦が示唆する事象。(437)

　５つの項目に従って、天武天皇の崩御年から『日本紀（日本書紀）』撰上(720)までの重要な事績を分析したのが表2-2です。

五行の法則、聖数関係、干支の暗示などによって、重要な事績が組み立てられ記録されているのが判ります。

表2-2：天武崩御から元正朝までの重要事績と意味

西暦	天皇	干支	事績1	事績2	五行・易経	聖数	数字の意味	備考
686	天武	丙戌	天武崩御 64 歳	朱鳥改元	「火気」扶翼		大成六十四卦 64	
			持統称制		天智崩御 15 年		五行生数の和 15	天命
687	持統	丁亥	持統元年		壬申の乱 15 年		五行生数の和 15	天命
689		己丑	草壁薨去 28 歳		十市皇女薨去 11 年		「木気」生・成数 11	怨霊の存在
690		庚寅	持統即位			天智崩御 19 年	「一九年七閏法」19	皇統とは？
694	五	戊午	藤原京遷都			天智崩御 23 年	三才の和 23	
697	文武	丁酉	文武即位			天智崩御 26 年	「一九年七閏法」26	
					「金徳」	持統即位 7 年	「一九年七閏法」7	
					文武 15 歳		五行生数の和 15	天命
698	二	戊戌	（天武 13 回忌）	伊勢皇大神宮創建		壬申の乱 26 年	「一九年七閏法」26	
			五形図		北斗図 17 年		陰 8 陽 9 の和 17	**第 1 候補**
699	三	己亥	役小角配流 65 歳				大成六十四卦が一巡	
701	大宝	辛丑	黄金献上　改元	大宝律令	「金気」扶翼			
702	二	壬寅	持統崩御 58 歳	五形図	「土気」喪失			**第 3 候補**
					持統元年 15 年		五行生数の和 15	天命
704	慶雲	甲辰	慶雲　改元		「土気」扶翼			
					藤原京遷都 10 年		「土気」成数 10	
707	四	丁未	文武崩御 25 歳		「金気」喪失	持統即位 17 年	陰 8 陽 9 の和 17	
			元明即位		「土徳」	斉明崩御 46 年	三才の和 23 の倍	
708	和銅	戊申	和銅献上　改元	和同開珎鋳造	「火侮水の法則」	運命の年 26 年	「一九年七閏法」26	
709	二	己酉		出雲大神宮創建	「金気」忌避	持統即位 19 年	「一九年七閏法」19	
						天武崩御 23	三才の和 23	
						天智崩御 38	「一九年七閏法」19 × 2	
710	三	庚戌	平城遷都	平城	「土気」扶翼	持統元年 23 年	三才の和 23	
				杵築神社勧請	「金気」忌避			出雲「金気」
				玉祖神社勧請	「土気」扶翼			玉祖「土気」
				五形図	第 1 候補 12 年		十二支一巡	**第 2 候補**

第 2 章　五形図が描かれた時期の 3 候補　　103

711	四	辛亥		伏見稲荷大社創建	「土気」扶翼			伏水
712	五	壬子	『古事記』撰上	玄狐献上	「土気」扶翼	天智元年50年	「土気」生数5	
					「土剋水の法則」	持統崩御10年	「土気」成数10	
						天武崩御26年	「一九年七閏法」26	
713	六	癸丑		白雉献上×2	「火剋金の法則」			
715	霊亀	乙卯	元正即位	白狐献上	「土生金の法則」	第1候補17年	陰8陽9の和17	
			霊亀献上　改元		龜「離」卦			
717	養老	丁巳	霊泉献上　改元		養老、甘露「土気」			
720	四	庚申	『日本紀』撰上	藤原不比等薨去		文武即位23年	三才の和23	
						藤原遷都26年	「一九年七閏法」26	

＊西暦と和暦の記載は、『日本古代史年表』によった。(418)　＊五行生数の和15とは、生数（1・2・3・4・5）の和を意味する。(293-1-87)　＊「木気」生・成数11とは、「木気」生数3と成数8の和11を意味する。　＊「一九年七閏法」19とは、十九年の19を意味する。(37-58)　＊「一九年七閏法」26は、19と7の和を意味する。　＊陰8陽9の和17とは、陰の極数8と陽の極数9の和を意味する。(37-8)　＊三才23とは、三才（天・地・人）すなわち9、8、6の和23を意味する。(37-108)　＊天命(423-200)(582-92)　＊運命の年とは、洪水が予想された天武十一年(682)を指す。(105-103)

解析方法

　五形図の謎を解明する方法は、基本的には北斗図の場合と同じで、上記の項目にそって分析する方法です。北斗図は北斗七星、南方朱雀 宿 、鳳凰を描いた3つの地上絵で構成され、『史記』「天官書」や『淮南子』天文訓などの資料が豊富であるばかりでなく、それぞれに為政者（天皇）との関係を説明できる要素があって、解明するための手掛かりが複数含まれていました。

ところが、五形図の場合は五形そのものの資料が少なく、そもそも五形図が何を象徴しているのか判らず、北斗図と異なり為政者（天皇）との関係も不明で手掛かりを見いだせないでいました。

　解決の糸口は、五大と習合した可能性のある五行の法則による解析の視点でした。(第2章末／陰陽思想概略)

五行と五大が習合したと考えられる根拠は、既述した通りです。(第1章)

たとえば、大宝二年(702) 壬 寅の場合、寅は「土気三合＝午戌寅」墓（「土気」が消えるとき）になり「土徳」持統天皇の崩御が暗示され、「土気」の喪失を埋める呪術の一つが五形図であった可能性があります。

　災異は飛鳥で観測された日食（大宝二年九月朔日）が1例記録され、12月の持統天皇の崩御を予兆したことになります。

文武朝から元正朝までの25年間に27例の日食が記録されていますが、飛鳥で観測が可能であったのは6例だけで、残りは予測による記録とされます。

観測されなかったにも拘らず、天子が最も不吉とする日食をあえて記録したのは、なぜでしょう。(103)(283)(322)(357-39)(383-215)(462)(483-546)(508-19)

日食を不吉としたのは『史記』「天官書」の記述に由来し、日食は月食で認められる法則性（135ヵ月に23回の月食）がないことから天意を示すものとされ、不吉なこととされたようです。(279-257、279-265注36)

文武朝の11年間の治世では9例の記録があり、観測が可能であったのは2例のみでした。

少し穿った見方ですが敢えて記録された理由として、「金徳」文武と「火気」太陽の間には「火剋金の法則」が成立し「火気」太陽が「金徳」文武天皇を消し去ることから、逆に「火気」が消える日食は「金気」にとってはむしろ歓迎すべき天文現象であった、と考えることも可能です。(無い事を強調する／猿カ辻／稲荷の神使・白狐)

　五行の生数と 成 数の視点から、草壁皇子の薨去(689)は十市皇女の薨去(678)から11年目でした。

11は「木気」生数3と成数8の和、すなわち「木気」を象徴する数字で、「木徳」大友皇子の怨 霊 の存在を暗示しています。(561-107)

前作では、天武紀の一面が「木徳」大友皇子の怨霊に怯え続けた記録である、と指摘しました。(105-118)

そこで、草壁皇子の突然の死は、「木徳」大友皇子の怨霊に剋殺された可能性があります。

現実的には持統天皇の関与を疑う説や自害説などもありますが、しかし、大友皇子の怨霊との関係で記録され

たことに意味があります。(568-126)

　偶然、文武朝の治世も 11 年で、文武天皇の若すぎる崩御の背後にも怨霊の存在が暗示されます。
文武天皇が即位したのは 15 歳（14 歳の説もある）、15 は五行生数（1・2・3・4・5）の和で宇宙の本体を表し、天皇の即位が宇宙の理に適う、すなわち天命に適った即位であることを暗示しています。(表 2-2)(423-序)
これは、壬申の乱から 15 年目に持統元年(687)を迎えたのと同じ意味です。(後述／15 の問題)

　文武二年の伊勢皇大神宮の創建と皇祖神アマテラスの創造は、天武天皇の十三回忌に合せて行われました。(私見では、『書紀』撰上 720 年の時点でアマテラスは明確でなく、文武二年 698 年では創建されていなかった可能性がある)(273-176)(454-14)
13 は「金気」生数 4 と成数 9 の和で「金気」の象意・永生を示すことから、天武天皇がアマテラスの血統を継承する天皇として永遠の生命を得たことを暗示します。(293-1-70)
　宗廟祭祀は天子が即位して直ちに行うものと『漢書』「五行志」（以後「五行志」）にあります。(554-80)
王者は即位すると、必ず天と地とを都の郊外で祀って天神地祇に祈り、山川を遠望して順序通りに祭り、八尾万の神々を招き宥め、尊び仕えないということはない。物忌をきちんと行ってかしこみ敬うならば、鬼神はその祭りを受け、多くの加護を受けることができる。

宗廟祭祀の重要性
　『五行大義』には、君主が祭祀を行わなければ「水に潤下せず」すなわち洪水が発生するとして、宗廟祭祀の重要性を強調しています。(293-1-70)
この場合の鬼神とは、人の霊魂すなわち祖霊を指します。(7-541)(18-31)(25-284)(457-193)(570-111)
もし人君が祭祀をやめ、鬼神をあなどり、天の時に逆らったならば、水気はその性を失い、水が急に出て、漂い溢れ、沈み溺れさせ、城邑を壊し、人に害を与える。そこで水に潤下せず、と言うのである。

　文武二年に宗廟である伊勢皇大神宮を創建したことから、宗廟祭祀を行わないことで生じる洪水の問題はすでに解決していたはずです。
にもかかわらず、和銅五年に洪水が予想されたのは、その年の干支・壬子による判断でした。
予想された洪水を防ぐ目的で行われたのが、和銅元年から五年に向けて実施された数々の対策です。
　実は、和銅の献上もその対策の一つでした。
和銅とは自然銅のことで、銅を含む鉱石ではなく稀に自然界で精錬を必要としない銅鉱物すなわち純銅の状態を指します。(図 3-26)(173-7)(433-22)(499-8)(500-30)
自然銅は強力な「火気」で「水気」洪水との間に「火侮水の法則」が成立し強力な「火気」和銅が「水気」洪水を消し去る、すなわち和銅（自然銅）の献上は洪水を防ぐ呪術となります。
これと同じ呪術として、「土剋水の法則」を応用した五形図が描かれた可能性があります。
　和銅が献上されて「和銅」と改元されたにもかかわらず、鋳造された銅銭は和同開珎で「銅」ではなく「同」が用いられていますが、なぜでしょう。
この問題については第 3 章で述べることにします。(第 3 章／富本銭と和同開珎の呪術)

聖数関係で組み立てられた事績
　聖数関係の視点から、持統即位(690)は天智崩御(671)から 19 年目で、これは「一九年七閏法」の 19 を意味し、天智崩御と持統即位が「威霊再生」関係で結ばれ、「持統」で表される皇統とは何か、を考えさせます。
大友皇子の曽孫で漢風諡号を一括して付けたとされる淡海三船(722〜785)は、この事実に基づいて「持統」と名付けたのかも知れません。(186-66)
　藤原京への遷都(694)は天智崩御から 23 年目で三才の和 23 に一致し、藤原京遷都が天智天皇との関係で語

られている、と読むことができます。（三才とは天と地と人の働きを意味する）（437-2-289）

これは平城京遷都(710)が持統元年(687)から23年目で、遷都が持統天皇との関係で記録されたのと同じです。

23は三才すなわち天・地・人（9・8・6）の和で、9と8の和17は十七条憲法にも用いられています。

この23と17を聖数として扱うのは法家の『管子』の思想による、と江口冽氏は指摘しています。（37-108）

菅仲は、この三才に数字を当てました。天道は九を以て制し、地道は八を以て制し、人道は六を以て制す。

　天智崩御と持統即位が、また天智崩御と藤原京遷都が、さらに持統元年と平城京遷都が「威霊再生」関係で結ばれていることから、すでに皇統が天智系に戻されようとしていた可能性があります。

また、斉明天皇の崩御年(661)から元明天皇の即位年(707)までは46年で三才の和23の2倍になり、元明天皇が斉明天皇と「威霊再生」関係で結ばれて即位年が決定されています。

このようにある天皇の事績は歴史上偉大とされた天皇との関係を示す数字を用いて記録され、ある史実はある天皇と関係する聖数を用いて記録されていて、これを江口冽氏は「聖数ライン」あるいは「威霊再生の関係」と呼んでいます。（37-8）

『五行大義』（蕭吉撰／隋までの五行説を蒐集／500年代）にも「事柄は象によって知ることができ物事は数によって成りたつ」とする記述があり、記録された数字の重要性を説いています。（293-1-37）

　古代において数字の重要性を説く根拠は、用いられている数字の多くが天文観測によって得られた科学的な数字であるからです。

つまり、天皇の正統性の根拠を「天体の示す数学」に求めた思想でした。

数を神秘化する思想は古代社会に共通し、数学を万物の理法とみる思想が生れた、と藪内清氏も指摘しています。（数理考古学について安本、中田の興味深い研究があり、稿を改めて言及したい。）（294）（511-187）（556）

数はみな神秘なのです。……太陽が必ず三六五日をかけて1周するという事実を知った人々にとって、この数の世界は、神秘を秘めたものだったのです。この天文学が捉えた科学を、地上で表すのが暦です。その暦で構成されたものが「歴」なのです。……天皇は、天体の神秘を示す数字にいち早く飛びつきました。自分たちが天の存在であることを証明できる数字を見出したのです。……天皇の聖数の理解には、天皇思想の理解が必要です。天皇思想と言えば堅苦しく聞こえますが、簡潔に言えば、「どうして自分たちは天皇であるのか、それは太陽の子孫だからだ」という思想です。その時、数字は天皇の思想と化すのです。（37-10）

　表2-2をみると、五行の法則も瑞祥と災異の記述で多用され、干支の中には時間と空間と方位、そして物質に到るまでのさまざまな情報が含まれ、これらは当時の思想信仰を反映した記述として重要です。

しかし、現代語訳の『続紀』の場合、干支は完全に削除されているため干支に含まれる情報が欠落し、五行の法則による解釈もありません。（490）

したがって、本書で示した解析結果を導くことはできないのです。

「今一度、昔に還って、省みなければならない」と折口信夫氏も指摘しています。（355-17-413）

　では、文武朝から元明朝までの概観を上記の5項目の視点から解析して、五形図が描かれたと推測される候補の年を浮かび上がらせたいと考えます。

解析の結果、元正朝には五形図を描いたと推測される候補の年が存在せず、紙面の都合もあり元正朝の記述は省略しました。

　北斗図の謎を解明するための中心となる史料は『書紀』で、五形図の場合は奈良時代の基本史料とされる『続紀』です。

『書紀』には神話をはじめヤマトタケルの物語、為政者を批判する童話や意味不明の記事などがあり、問題を解明する糸口が多く残されていました。

ところが『続紀』は記述が簡潔で、かえって解明の糸口を見出すのが難しく感じました。

『続日本紀』（岩波書店 1989）の序文でも、その点を指摘して以下のように述べています。(10-5)

続紀が時代の大きな流れを記述しているといっても、それは流れの表層の記述にすぎないということである。……続紀が完成したときの上奏文に、"前半の草稿三十巻は、削って二十巻とした"とあるように最終段階の編者が抹消したのである。……上奏文でも"細語・常事"は略したといっているが、……不備は続紀の後半二十巻よりも、前半二十巻に目立つ。（ルビ著者）

　日常の些細なことは記録に止めなかった『続紀』であっても注意深く読み解くと、各時代の事績が干支、五行の法則、聖数関係の数字、などで構成されているのが判ります。

すなわち、史実をそのまま記録したのではなく、ある意図をもって組み立てられているのです。

その点は『書紀』の場合も同様で「ひどく修飾している」とする研究者の指摘こそが単に改竄した記録ではなく、干支や五行の法則、聖数関係の数字を用いて「組立て直された」証拠、と考えられます。(37)(294)(558)

持統天皇三年以後、文武に譲位するまでの『日本書紀』持統天皇紀の記事も、役に立つのではないかと思われるかも知れない。だが違う。『日本書紀』は、編集に使った原史料の文章を、ひどく修飾してしまっている。その点、『続紀』は正直だ。(10-7)

　一般人の日記ではなく天皇の記録ですから、「天命を受けた為政者」としての修飾は必要であり、その意味では『続紀』も正直とはいえないと思います。

判断の難しい紀年構成の問題に対して、天皇の即位年数を解析する方法として安本美典氏が提唱した数理考古学は、さらに中田力氏により発展され、例えば神武即位年を 272 年としています。(294-84)(556-141)

大災害を予測した記録の一例

　天文観測から大災害を予測した記録が『三代実録』の中にあります。(191)

古代の天文観測は天文占、つまり星の動きを観察して「天の意志」を推し測り、その吉凶禍福を占う手段でした。

「天の意志」を信じない現代人でも、太陽活動で生じる直接、目にすることはできない磁気嵐は広く知られていることから、災異思想、神秘思想が隆盛を極めた当時、星の光度や軌道の異常が災害に結び付くと考えたとしても、あながち否定はできません。(214-4)(551-191)

　貞観十七年(875)十一月、太歳、客気、太陰三神の会合（軌道上で重なり合ってみえる）することが（天文計算で）予測され、天下に災変があると記録されています。（貞観五年から地震、火山噴火が頻発した）(293-1-15)

太歳は木星の神霊化、太陰は月、客気について『三代実録』の注には「害気」とあり、具体的に何を意味するのか検索した範囲では判りません。(191-2-366)

客星は彗星または超新星（超新星爆発）の意味に使われることから、客気（害気）も普段見られない「怪しげな光」の意味かも知れません。

貞観十七年(875)十一月十五日甲午、黄帝九宮経、蕭吉九篇に云ふ、天の道を承け、人の情に因り、上三光を占し、下五行を用ふ。三神相合す。名付けて三合と曰ふ。所謂三神は、太歳、客気、太陰、これなり。（著者訳）

　『五行大義全釈』には、三合の年には天下に災害がある、と指摘しています。（地磁気に影響した可能性）(293-1-15)

　『史記』「天官書」には「歳星が月に入ると、その相当の国では、宰相が放逐される」とあります。（相当の国とは「分野説」に基づいて該当する国を指す）(89-63)(279-1-249)

　『太平記』巻二七には、貞和五年の話として三星合の記事があり、三星合の太白は金星、辰星は水星、歳星は木星のことで、天子は位を失い、天下の変、兵乱、疫癘などの兆候としています。(72-3-54)(384-61)

貞和五年正月ノ此ヨリ、犯星客星隙無ク現ジケレバ <ruby>旁<rt>カタガタ</rt></ruby> 其慎ミ軽カラズ。王位ノ愁、天下ノ変、兵乱疫癘有ベシト、陰陽寮頻ニ密奏ス。……マタ同六月十日（I349 年 6 月 26 日）ヨリ太白・辰星・歳星ノ三星合ウチツヅキシカバ、月日ヲ経ズシテ大乱出来シテ、天子ハ位ヲ失イ、大臣ハ災ヲ受ケ……餓死者ハ街ニ満ツベシ、ト天文博士注説ス。

　天武紀には天文異変（前作では中国の記録と比較できる異変に限る）が全災異 61 例のうち 13 例・21.3％記録されていました。(105-121)

その内訳は日食 2 例、月食 1 例、彗星 4 例、流星 2 例、惑星の軌道異常 2 例などです。

後述するように、文武紀には全災異 33 例のうち日食が 9 例・27％、元明紀には全 23 例のうち日食が 13 例・57％記録され、観測されない日食が多く記録されていました。(図 2-2)（表 2-5）

しかし、その天文異変から何か災害を予想した記録はありません。

これらの重要な情報が国史に記載されていないことについて、斎藤国治氏は以下の指摘をしています。

資料に直接の記録がなくても、天文異変の記録の背景には<ruby>占文<rt>せんもん</rt></ruby>があり、天子に関係した極秘事項が隠されていることが判ります。（占文削除）

したがって、上記の 5 項目について資料を分析することに一つの根拠を与えてくれます。

陰陽寮から内奏する占書の内容は、天子個人の生命または国家の危始に関連ある極秘事項であったから、のちに国史を編纂するに当たっては占文の部分はもちろん削除され、天文異変の事項だけが文飾のように文中にあちこちに記入された。今日、『日本書紀』やそれにつづく国史のなかに、天文記事が前後の文と関連なく挿入されているのは、このような事情によるのである。(384-6)

文武紀の解析

即位前紀

　八月甲子朔庚辰に文武天皇の即位を告げる詔の記録があります。(98-40-3)

この記録に不足する干支と日付を加えて解析すると、以下の事柄が明らかになります。

丁酉　　　：「火気」丁と「金気」酉に「火剋金の法則」が成立し、後述する射芸と同じ文武を否定する記述。

酉辰　　　：「酉辰支合」から新たな「金気」が生れる。（第 2 章末／陰陽思想概略）

庚　　　　：「金気」

辰　　　　：土用（辰・未・戌・丑）のはじめ。

I7 日　　：陰陽の極数 8 と 9 の和。

　このように「土気」と「金気」で構成された記録で「土生金の法則」が成立し、<ruby>五徳 終 始説<rt>ご とくしゅう し せつ</rt></ruby>にしたがって「土徳」持統天皇から「金徳」文武天皇へ禅譲されたことを暗示しています。（五徳終始説とは、戦国時代の斉の<ruby>鄒衍<rt>すうえん</rt></ruby>によって唱えられた王朝が交代する法則で、五行「相剋の法則」による順序で交替するという説／「相生の法則」にしたがう説もある）(105-269)

さらに、陰陽の極数（8 と 9）の和 17 の日付が選ばれているのは、陰（持統）と陽（文武）の陰陽の調和に配慮した結果と考えられます。

　即位前紀には、射芸を得意とした、とする以下の記述があります。

天皇、天の<ruby>縦<rt>ゆる</rt></ruby>せる<ruby>寛仁<rt>かんじん</rt></ruby>にして。<ruby>愠 色<rt>いかりいろ</rt></ruby>に <ruby>形<rt>あらは</rt></ruby>れず。<ruby>博<rt>ひろ</rt></ruby>く<ruby>経史<rt>けい し</rt></ruby>に<ruby>渉<rt>わた</rt></ruby>り。<ruby>尤<rt>もっと</rt></ruby>も<ruby>射芸<rt>しゃげい</rt></ruby>を<ruby>善<rt>よ</rt></ruby>くしたまふ。

　<ruby>経史<rt>けい し</rt></ruby>（経書と史書）を良く学び射芸を得意としたことは、<ruby>文武 両 道<rt>ぶん ぶ りょうどう</rt></ruby>の天皇の印象があり、その<ruby>漢風諡号<rt>かんふう しごう</rt></ruby>・<ruby>文武<rt>もん ぶ</rt></ruby>を説明しているようにもみえます。

しかし、淡海三船が撰上したとされる漢風諡号の中に、文武天皇と<ruby>弘文<rt>こうぶん</rt></ruby>天皇の名がありません。(186-66)

即位していなかったとされる弘文天皇の名がないのは当然としても、文武天皇の名がないのは謎とされ、没年齢を含めて以下の問題があります。（『釈日本紀』に文武天皇の名がある）

文武天皇に纏わる謎

皇后不在の謎　：妃をもたぬことは豊穣な生産力をもたぬことと同義。(378-159)

諱の謎　：軽皇子

漢風諡号　：典拠不明（186-66）（316-20-106）

年令の謎　：『懐風藻』『扶桑略記』『水鏡』『一代要記』『皇代記』25 歳没（157-86）

　　　　　　『愚管抄』78 歳没（326-67）（498-73）

　淡海三船が漢風諡号を撰上する 10 年前、天平勝宝三年(751)辛卯に編纂された『懐風藻』には、作者として文武天皇の名があります。(284-63)

森鴎外の『帝諡考』では、多くの典拠を挙げながらも文武天皇の諡号については明確でなく、文武天皇の漢風諡号の典拠については不明としかいえません。(316-20-106)

　ところで得意とされた射芸の射は「火気」に配当され、「火気」と「金気」には「火剋金の法則」が成立し「火気」が「金気」を打ち負かす、すなわち「火気」射が「金徳」文武天皇を消し去る暗示があり、即位前紀の記述に自己を否定する内容が含まれていることは注意する必要がありそうです。

文武元年 (697) 丁酉——瑞祥と災異

　文武元年(697)丁酉、持統天皇から譲位された文武天皇は若干 15 歳で、慶雲四年(707)丁未に 25 歳で病没するまで、足掛け 11 年の治世でした。

15 歳の 15 は五行生数（1・2・3・4・5）の和で、天命に適った即位であったことを暗示しています。

これは、持統称制が天智崩御から 15 年目であったことと同じ意味を持ち、持統元年と文武即位が共に天命に適っていたと『書紀』『続紀』の編述者に記述されたことになります。

治世 11 年の 11 は「木気」生数 3 と成数 8 の和であることから、「木気」大友皇子の怨霊の存在も考えておく必要があります。

　持統は史上初めての太上天皇になり、幼い文武天皇を補佐しました。

文武即位年は持統即位年から 7 年で、これは「威霊再生」関係のうち「一九年七閏法」の 7 の可能性があります。

あるいは、九星「七赤金気」の 7 の可能性もあり、この場合は文武天皇の「金徳」を扶翼しています。(470-179)

五徳終始説にしたがえば、天武天皇は「火徳」、それを継ぐ持統天皇は「土徳」、文武天皇は「金徳」になります。

文武天皇の「金徳」を象徴する「金気」の瑞祥

　「金徳」を祝福するように元年には、嘉稲、白鼈（すっぽん）、白鹿など「金気」の正色「白」を強調した瑞祥が記録され、その後も「金気」に配当される瑞祥が続き、全瑞祥 38 例のうち 24 例・63％を占めます。（図 2-2）（表 2-3）

　「五行志」に「瑞と異は徳に応ずるの効なり」と述べられているように、天子の徳に応じて記録されたことに意味があり、瑞祥が現実に現れたのかどうかを考えることに意味はありません。(554-4)

なぜ記録されたのか、に意味があります。

瑞祥と災異のほか、干支、五行の法則、「威霊再生」についても同じで、これらの記録は当時の思想を反映した結果で無視することはできません。

天皇の歴史を天の法則に則って組み立てることで、天皇が天命を受けた侵すべからざる神聖な存在であることを強調したのです。（423-210）

　文武朝の瑞祥を纏めると、表2-3になります。

表2-3：文武紀の瑞祥

文武紀	元年	二	三	四	五	六	七	八	九	十	十一	
元号					大宝元	大宝二	大宝三	慶雲元	慶雲二	慶雲三	慶雲四	
西暦	697	698	699	700	701	702	703	704	705	706	707	
干支	丁酉	戊戌	己亥	庚子	辛丑	壬寅	癸卯	甲辰	乙巳	丙午	丁未	合計
嘉稲	1											1
白鼈	1											1
白鹿	1									1		2
牛黄		2										2
銅鉱		2										2
白礜石		1										1
赤烏		2							1			3
白鉛		2										2
鉛鉱		1										1
雌鉛			1									1
多胎			1	1				1		2	1	6
白鳩		1								1		2
白燕		1						1				2
錫				1								1
白亀				1								1
金					1							1
杠谷樹						2						2
神馬						1	1					2
八蹄馬						1						1
嘉禾						1						1
慶雲									1			1
木連理									1			1
白鳥									1			1
合計	3	10	4	3	1	5	0	6	1	4	1	38

＊ゴシック体は「金気」の瑞祥。（10）

　『呂氏春秋』には、「五行相勝と災異瑞祥」として「その色は白を尚び、その事は金に則る」とあり、「金気」の瑞祥の特徴を「白」と「金属」であると述べています。（484-159）
事実、「金徳」文武天皇の治世では「金気」の瑞祥が24例記録され、全38例の63％でした。（表2-3）
ちなみに、「火徳」天武天皇の場合は記録された瑞祥23例中「火気」に配当されるのは14例・61％で、ほぼ同じ出現頻度であるのは偶然でしょうか。（図2-1）
「土徳」持統天皇の場合は瑞祥6例中3例が「金気」を意識した記録で「土気」の特徴は認められません。
むしろ、災異の中に「土気」を象徴する凶短折が3例含まれ、災異の視点から「土気」を意識したのかも知れません。
凶短折とは不慮の夭折をいい、天罰の究極のものとされます。（表3-10）（554-24、554-217）
『書紀』の中では、十市皇女の夭逝、飛鳥寺の西の槻（ケヤキの古称）の枝が自然に折れたこと、などが該当します。（391-2-430）

「その究極のまがごとは凶短折（不慮の夭折）」。人間をそこなう場合には「凶」といい、動物の場合には「短」といい、草木の場合には「折」という。一説では「凶」とは若死にのこと、兄が弟に先だたれるのを「短」、父が子に先だたれるのを「折」という。

　文武朝の「金徳」を象徴する瑞祥の内容を分類すると、表 2-4 になります。

嘉稲は五穀「稲」に該当し、堅く結実した栗や桃と同じように「金気」に配当されます。

「金気」の正色「白」を強調した瑞祥も多く記録され、五虫「毛蟲」（毛のある動物）も「金気」に配当されます。

特殊な瑞祥として杠谷樹があり、これについては後述します。（文武朝の瑞祥・災異）

表 2-4：「金徳」を象徴する瑞祥の内容

「金気」象徴	瑞祥	備考
五穀「稲」	嘉稲	堅い結実
五行「金」	銅　鉱、白礬石、鉛鉱、鑞鉱（錫）、金	金属
正色「白」	白鼈、白鹿、白鳩、白燕、白龜、白烏、白礬石、白なまり（金＋葛）	白を強調
五虫「毛蟲」	神馬、八蹄馬	毛のある動物
特殊	杠谷樹	

＊『呂氏春秋』の記述にしたがい白と金属を重視した。　　＊金は黄金とすれば五金「土気」。

災異の例数と内容

　文武紀に記録された災異の例数と内容について纏めます。

何を災異とするかについては『漢書』『緯書』『捜神記』などに載る災異の例を参考にし、表 2-5 のように旱（旱魃）、日食、大風、地震、蝗（の害）などを取り上げました。（181）（211）（551）（552）

災異は単なる自然現象ではなく天の譴責すなわち怒りであって、天子の政治に失敗があると、先ず「災」を示して忠告し、反省しない場合には「異」を示して戒め、それでも反省しない場合には「国を亡ぼしてしまう」とあります。（第 3 章／時代を動かした災異思想）（551-196）

飢饉と疫については、『続紀』の記事から発生数と国数を正確に把握できないため、災異の項目とは分けて取り上げました。（図 2-16、2-17）

　文武天皇が持統天皇より譲位されたのは元年八月で、さすがにこの年、災異は記録されていません。（表 2-5）

11 年間の治世で 33 例の災異が記録され、注目されるのは日食の多さです。

後述するように、記録された 9 例のうち観測が可能であったのは大宝二年九月の 2 例だけです。（表 2-6）

その 3 ヵ月後十二月に持統天皇が崩御していますので、その予兆と捉えられた可能性があります。

　崩御する前年、慶雲三年には 3 例・75％の火災が記録され、「火剋金の法則」から「火気」が「金気」を打ち負かす、すなわち「火気」火災が「金徳」文武天皇を消し去る暗示があり、崩御が近づいた予兆と捉えることができます。

表 2-5：文武紀の災異（33 例）

文武紀	元年	二	三	四	大宝元	大宝二	大宝三	慶雲元	慶雲二	慶雲三	慶雲四	合計
西暦	697	698	699	700	701	702	703	704	705	706	707	
干支	丁酉	戊戌	己亥	庚子	辛丑	壬寅	癸卯	甲辰	乙巳	丙午	丁未	合計
旱		1				1		1	1	1		5
日食		2	1		1	1		1		2	1	9
大風		1			2	1		2	1			7
地震					1							1
蝗					1	1		1				3
星昼見					1							1
落雷						1				1		2
火災							1			3		4
霖雨											1	1
合計	0	4	1	0	6	5	1	5	2	7	2	33

＊ 697 年 8 月持統天皇より譲位。（10）

瑞祥と災異の例数の比較（北斗図と五形図に関して）

　一つの記事を災異や瑞祥であると判断するためには、『漢書』『緯書』『捜神記』などに載る災異の例や『延喜式』の瑞祥規定を参考にしました。（105-119）

隣接する同じ内容の記事では重複を避けて一つの現象と判断した結果、全体の数字に多少の過誤が生じた可能性がありますが、大きく数値が増減することはなく明らかな傾向を示すことが出来たと考えます。

天智紀から持統紀（662 年から 697 年までの 36 年間）までの例数を示したのが図 2-1 で、文武紀から元正紀（697 年から 724 年までの 28 年間）の瑞祥と災異の例数を示したのが図 2-2 です。（105-119）

　まず、図 2-1 から明らかなように天武紀には災異が突出して出現しているのが判ります。

その発生の仕方も特徴的で、天武九年(680)庚辰に急増し最晩年の朱鳥元年(686)丙戌にかけて漸減しています。これは災異が発生し始めた天武四年(675)乙亥から九年にかけて天の譴責を受ける何か重大な失政が生じたこと、その譴責に対して何も対策が実行されなかったこと、などの可能性を示唆しています。

　確かに天武九年には天災地変（天変地異に同じ／自然界に起こる異変）の中で最も恐れられた日食が現れて、天皇の統治能力のないことを示す天の譴責として受け取られたに違いありません。

その恐怖心を示すかのように皇后が不豫（病気）に陥り、2 週間後、天武天皇が病に倒れました。

天武九年と十年辛巳の日食は飛鳥で観測可能であったことが明らかになっていて、『書紀』の編者が恣意的に加筆したとは考えられません。（438-151）（508-296）

洪範九疇に載る即位後直ちに行うべき数々の政策が、即位後十年も経って急遽実行された理由には日食の出現があったことを示唆します。（7-183）（105-108）

そこで、前作では天武十年辛巳を天の譴責に対して反省し始めた「転機の年」としました。（105-119）

　しかしまた、天武紀を通じて災異に呼応するように瑞祥が記録され、一方で天は天皇の治世を部分的にでも嘉祥しているようにも記録されています。

「天子の政が良ければ天は喜んで瑞祥を現わし、悪ければ災異を以って戒める」とする天人相感、災異思想をそのまま数字で表したと思えるのが天武紀の災異と瑞祥のグラフの特徴です。（551-34）

　文武紀、元明紀、元正紀を通じて、天武紀でみられた頂点はなく全体に散発しています。（図 2-2）

敢えていくつかの頂点を挙げると、災異の頂点は大宝元年の 5 例、慶雲三年の 7 例、養老五年の 8 例です。

瑞祥の頂点は、文武二年の 10 例、慶雲元年の 6 例、和銅六年の 8 例が挙げられます。（第 3 章／文武紀から元明紀の序破急）

図 2-1：天智紀から持統紀までの瑞祥と災異の例数

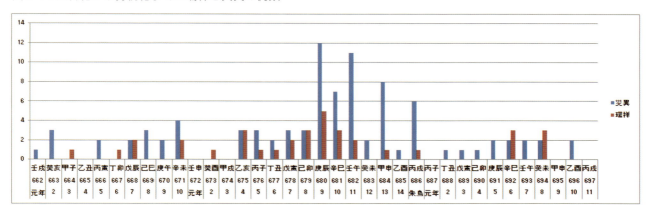

＊662年から697年までの36年間、元年は図の左から天智、天武、持統。(105-119)

図 2-2：文武紀〜元正紀までの瑞祥と災異の例数

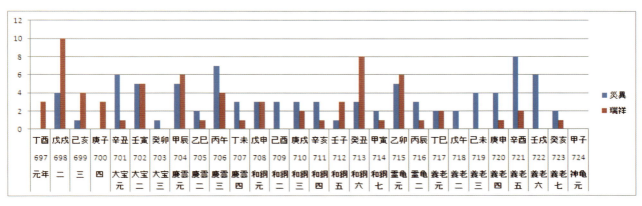

＊697年から724年までの28年間、元年は図の左から文武、元明、元正。(10)

文武朝から元正朝までの日食記事の信憑性

文武朝から元正朝までに『続紀』には27例の日食の記事があり、その中で観測が可能であったのは6例にすぎません。(508-296)

他の21例は予測に基づいて記録された日食とされています。(283)(462)(483)

予測による記録であったとしても天子が最も不吉とする日食が、観測されていないにも関わらず記録されたのか、疑問です。

元明朝で唯一、日食が記録されなかったのは、慶雲四年(707)から霊亀元年(715)までの9年間で和銅五年だけです、なぜでしょう。

和銅五年壬子は洪水が予想された年で、洪水と日食の関係が考えられます。

それは「水剋火の法則」から「水気」洪水が「火気」太陽を消すこと、すなわち「火気」太陽が消える日食を記録すると「水気」洪水を認めてしまうことになる、このような判断が働いた結果ではないかと推測されます。

実際に観測されたのは、和銅七年二月と霊亀元年七月の2例だけでした。

日食については、内田正男氏と渡辺敏夫氏の詳細な研究があります。(483-546)(508-19)

表2-6のように文武朝には9例の日食記事があり、記録がないのは元年、四年、大宝三年、慶雲二年の4年だけです。

表 2-6：『続紀』の日食記事

天皇・元号		旧暦年月日	西暦年月日	食分（場所）	観測可能	関連記事
文武		2・7・1	698・8・12	×（飛鳥）		なし
		2・11・1	698・12・8	－		なし
		3・11・1	699・11・27	－		なし
	大宝	元・4・1	701・5・13	－		15日戊午祈雨
		2・9・1	702・9・26	9	○	17日五国飢
	慶雲	元・2・1	704・3・10	－		なし
		3・6・1	706・7・15	－		4日丙子祈雨
		3・12・1	706・1・9	－		9日己卯天下諸国疫疾
		4・6・1	707・7・4	2	○	15日辛巳天皇崩御
元明		4・12・1	707・12・29	7	○	4日伊予国疫
	和銅	元・11・1	708・12・17	－		なし
		2・4・1	709・5・14	－		
		2・10・1	709・11・6	－		
		3・4・1	710・5・3	－（以下、奈良）		
		3・10・1	710・10・27	－		
		4・4・1	711・4・23	－		
		4・9・1	711・10・17	－		和銅五年には記録がない
		6.2.1	713・3・1	－		
		7・2・1	714・2・19	2	○	観測
元正		元・7・1	715・8・4	4	○	観測
	霊亀	元・12・1	715・12・31	－		
		2・閏11・1	716・12・19	－		
	養老	元・11・1	717・12・8	－		
		2・5・1	718・6・3	－		
		3・5・1	719・5・24	－		
		4・9・1	720・10・6	－		
		6・3・1	722・3・22	3	○	

＊内田正男「わが国で記録されている日食について」（日本暦日原典）。（483）　＊－は飛鳥もしくは奈良では生じなかった日食、×は地球上のどこにも発生しなかった日食。　＊文武2年(698)七月己未朔の日食は、あるいは六月己丑朔のまちがいか、ただし、飛鳥では生じない。（508-296）　＊和銅三年以降の観測地は奈良。（10）

「金徳」を扶翼する呪術的政策

注意深く読むと『続紀』の中には、文武天皇の「金徳」を扶翼する呪術的政策ではないかと考えられる記事があります。

「文武二年三月辛巳(21)、山背国賀茂の祭の日、衆を会して騎射することを禁ず」

一見すると流鏑馬を禁じただけの記録です。

この日付を『続紀』に記載のない干支、朔日を含めて記述すると、文武二年(698)三月辰月辛酉朔辛巳(21)、になります。

辛、酉、巳すべてが「金気」で構成され、「金徳」を扶翼する意図が感じられます。

しかし、騎射（流鏑馬）すなわち馬に乗って矢を放つ姿を五行の視点から解析すると、以下のようになります。馬（午）と射ともに「火気」に配当され「金気」文武天皇と「火気」騎射の間には「火剋金の法則」が成立し「火気」が「金気」を消し去る、すなわち「火気」騎射が「金徳」文武天皇を消し去ることになり、騎射は忌避すべきものとして禁止された可能性があります。

つまり、騎射（「金気」を消し去る「火気」）を禁止することは「金徳」文武天皇を扶翼する呪術に成り得ます。

騎射を『易経』の卦に置き換えると馬の上に載って射る構図から、図2-3のように「離為火」になります。

「火気」を禁じることは、後述する日食の記録にも当てはまります。

図2-3：離為火の構造と騎射

離掛＝射

離掛＝馬

『書紀』で認められた大成の卦「離為火」を具象化した呪術は、下記の通りでした。（詳細は前作を参照）（105-330）

1. 乗馬の天武天皇（壬申の乱）
2. 七月七日の開戦（壬申の乱）
3. 亀石と白雉（天武二年の瑞祥）
4. 騎射（天武九年の流鏑馬）
5. 南門に朱雀（天武九年の瑞祥）
6. 婦女乗馬（天武十一年の施策）
7. 九月九日の重陽（重陽の節句）

杠谷樹は「金気」扶翼の呪術

特殊な瑞祥とした杠谷樹について述べておく必要があります。（表2-3）

大宝二年(702)壬寅正月と四月に杠谷樹を献上した記録があり、献上されたことから瑞祥と考えられますが、杠谷樹とは何でしょう、このままでは判りません。

四月の杠谷樹は伊勢皇大神宮へ奉献していることから、特別な瑞祥と考えられます。

大宝二年正月から持統天皇（太上天皇）崩御までの重要事績を纏めると、以下の通りです。(98-1-333)

大宝二年(702)　　正月丙子(8)　　造宮職が杠谷樹の長さ八尋なるを献る〈俗に比比良木と曰う。〉
　　　　　　　　四月丁未(10)　　従七位下秦忌寸広庭、杠谷樹の八尋の桙根を献る。……伊勢大神宮に奉らしむ。
　　　　　　　　八月癸卯(8)　　倭建命の墓に震す。使を遣して祭らしむ。
　　　　　　　　九月乙丑朔　　　日蝕ゆること有り。
　　　　　　　　十二月戊戌(6)　星、昼に見る。
　　　　　　　　乙巳(13)　　　　太上天皇不予したまふ。

甲寅(22)　　　　太上天皇　崩(かむあが)りましぬ。

　柊谷樹について『続紀』には、瑞祥に準ずるとしています。（10-1-333 補注 2-108）
モクセイ科の常緑小高木で、トゲがあり、悪霊邪気を祓う呪力があると考えられていた。八尋の尋は両手を広げた長さ。景行記に、天皇が倭建命に東方十二道のアラブル神の征討を命じたとき、「比々羅木之八尋矛」を賜ったという。下文四月丁未条に「柊谷樹八尋桙根」献上の記事がある。祥瑞に準じて献上されたのであろう。

　『古事記』の景行記(けいこうき)同注二一には、柊谷樹が武器（斧鉞）の一面を持つことについて述べています。（192-211）
倭名抄、新撰字鏡共に柊谷樹にヒヒラギの訓がある。柊谷樹（柊）で作った長い桙。続日本紀大宝二年正月の条に「造宮職献柊谷樹長八尋。〈俗曰比比良木。〉」とあり、同四月の条に「秦忌寸広庭、献柊谷樹八尋桙根。遣使者奉于伊勢大神宮。」とある。記伝に「古は将軍などは、凡て矛を杖（ツケ）りしことなり。今此に比々羅木矛を賜へるも此故なり。」と説いている。書紀には斧鉞(ふえつ)を授けられたことになっている。（ルビ著者）

　上記の斧鉞について『広辞苑』には、以下の説明があります。
1．おのとまさかり。
2．征伐。また、重刑。昔、中国で刑具として、おのとまさかりが出征の大将に授けられたことからいう。

　以上から、柊谷樹（柊／比々羅木）は斧鉞と同じ武器と考えられ、出征の大将に授けられるのが常でした。『古事記』には、景行天皇が東国へ出征するヤマトタケルに比々羅木(ひひらぎ)（柊谷樹）を授けた記述があります。
（192-211）（375-305）
あるいは、斧は「断つこと」を表し聖王の物事をよく判断し解決する力を象徴する、と『紫禁城の后妃と宮廷芸術』にあることから、武器であると同時に戦勝を祈念した呪物でもあった、と推測されます。（358-15）
また、山伏の大先達(せんだつ)が露払いに斧を担ぐのと同じで、山伏の行列にあだをなす悪魔を払う力を斧に認めていたから、と五来重(ごらいしげる)氏は述べています。（66-228）

図 2-4：入峰斧

a
b

a：入峰斧(にゅうぶ)を持つ前鬼(ぜんき)。（345-8）
b：先達は入峰斧を持って道を拓いた。（345-117）

　『日本民俗語大辞典』には、ヒイラギは神霊を迎え落ち着けるための樹であり、武具ではなく邪霊を圧え鎮めるための信仰呪具（後の節刀(せっとう)にあたる）、とあります。（120-1100）
また、柊には節分(せつぶん)の夜、邪鬼を払うため鰯(いわし)の頭を付けて門口に挿す呪(まじな)いの習俗があり、これは「金剋木の法則」の応用で「金気」が「木気」を打ち負かす、すなわち「金気」柊が「木気」邪鬼（鰯は「木気」鱗虫）を打ち負かす呪術です。（111-4）（120-122）
この習俗からも、正月に「金気」柊谷樹を献上したのは文武天皇の「金徳」を扶翼し、「金気」柊谷樹で「木

気」邪鬼を打ち負かす呪術であった可能性を考えさせます。
これは桃の弓、葦（葦牙）の矢で鬼を射るのと同じで「金剋木の法則」から「金気」が「木気」を打ち負かす、すなわち「金気」桃で「木気」鬼を追い払うのと同じ呪術（鬼門よけ）です。（105-481）（120-1328）（139-12）
　　五来重氏は、足柄山の金太郎が持つ斧も邪鬼を追い払う呪具だと指摘しています。（66-228）
私見では、図 2-5 で描かれている金太郎（「七赤金気」の赤い肌／赤龍の夢を見て産んだという伝承）、金字の前垂れ、斧、ウサギ、サル、クマ（すべて「金気」毛虫）、富士山（不死の山／不死は「金気」「土気」）、推定年齢は七歳（「七赤金気」の七）で、すべてが「金気」で構成された物語です。
一緒に住んでいた「土気」母と「金気」金太郎の間には「土生金の法則」が成立し、「土気」母が「金気」金太郎を生む構成です。（孫の文武と祖母の持統／人柱の母と松王）
一緒に住んでいたのが父であれば、この関係が成立しません。
　　図 2-5 の背景に描かれている富士山は「土気」の象徴になります。（不死の山／不死は「土気」でもある）
日本一の「土気」富士山を背景にした最強の「金気」金太郎は、「金剋木の法則」で「金気」金太郎が「木気」邪鬼を打ち祓い、出世して坂田金時になる話です。
坂田金時の名の中にも、「土気」坂（地）と「金気」金があり、「土気」と「金気」が繰り返されています。
猿が一番身近にいるのは、猿（「金気」あるいは「土気」）が山王権現（土徳）の神使であるからと考えられ、ここにも「土生金の法則」が応用されています。（慶雲三年／猿ヶ辻）

図 2-5：金太郎の斧と柊谷樹

a　　　　　　　　　　　　　　　b　　　　　　　　　　　　　　　c

a：足柄山の金太郎。（184-扉絵）金太郎は、初め、相模の国（今の神奈川県）の足柄山の山奥に、母とふたりで住んでいました。……源頼光に仕えてからは、学問と武芸に励み、大江山の鬼を退治して、武士のかがみといわれました。（184-1）　b：伏見人形の金太郎（伏見人形窯元丹嘉）も基本的には同じ造形である。　c：ヒイラギ（柊谷樹）の花。　＊斧と柊谷樹が同じ呪物になる不思議。

『続紀』で柊谷樹の記事に関連して使われている言葉を五行の視点から纏めると、表 2-7 になります。

表 2-7：柊谷樹に関連して用いられている言葉

記事の内容と特徴	言葉	五行
正月寅月と四月辰月に献上	寅、辰	「木気方局＝寅卯辰」
八尋と八が強調される	八	「木気」成数
東方の伊勢皇大神宮に奉納された	東方	「木気」方位
ヤマトタケルの墓に落雷があった	雷	「木気」後天易

「金気」柊谷樹に関連して使われている言葉は、表 2-7 のように「木気」に配当されるものばかりです。
つまり、柊谷樹の献上は「金気」柊谷樹が「木気」邪鬼を追い払う呪術であったと考えられます。
この「木気」に相当するものが「木徳」大友皇子の怨霊である可能性を考えておく必要があります。

第 2 章　五形図が描かれた時期の 3 候補　　117

それは「土徳」持統天皇と「木徳」大友皇子の間に「木剋土の法則」が成立し「木気」が「土気」を打ち消す、つまり「木徳」大友皇子の怨霊によって「土徳」持統天皇が剋殺された可能性を否定できないからです。壬申の乱を夫君と共に戦った持統天皇には大友皇子の怨霊に祟られる理由は十分あり、予想外に早すぎた崩御は怨霊によって剋殺された可能性を暗示しています。

　持統天皇（58歳崩）以外に大友皇子の怨霊の犠牲になった可能性があるのは、十市皇女（20代後半薨）、天武天皇（64歳崩）、草壁皇子（27歳薨）で、いずれも壬申の乱を経験しています。（没年には諸説ある）

十市皇女の死については自害説、病気説など諸説あり、草壁皇子の死については持統天皇による毒殺の説もあります。（105-181）（116-43）（568-186）

いずれも既述した凶短折の「凶（夭折）」にあたり、究極の天罰が下ったと記録されたことになります。

　ところで、東方の伊勢皇大神宮に献上された杠谷樹を奉納したことは、天武天皇の最晩年に「木徳」大友皇子の怨霊が憑依した草薙剣を熱田神宮へ奉還したことと同じ背景を考えさせます。

景行天皇から杠谷樹を授けられた記録と、草薙剣と熱田神宮のいずれにも、ヤマトタケルが関連しているのは偶然でしょうか。（「金気」杠谷樹と「木気」伊勢大神の間に「金剋木の法則」が成立する可能性は否定できない）（105-199）（192-211）

前作では、天武天皇の「火気」の衰弱の暗示としてヤマトタケルの最期を取り上げました。（伊吹山）（105-347）

　以上から、杠谷樹は「金気」で文武天皇の「金徳」を扶翼する瑞祥であったと考えられます。

しかし、一方で「木徳」大友皇子の怨霊の存在を暗示する記録であった可能性も考えさせる言葉です。

文武二年（698）戊戌──五形図第1候補

　元年（697）丁酉から四年（700）庚子までは元号がなく、干支による表記です。

文武二年の干支・戊戌は戊（土の兄）と戌（「土気三合」旺）の強い「土気」で構成され、この年には干支が暗示する「土気」の象意に適う事業が企画され、あるいは意識して記録されたはずです（戌は「土用」「金気」でもある）。

その記録の一つに「正月（寅月）己巳（8）、土左国、牛黄を献る」があります。

日付の寅と己、土左の土、牛黄の牛と黄が「土気」に配当される言葉で「土気」を強く意識した記録です。（10-1-9）

「土気」は五行循環の中軸にあって、他の四気（水・火・木・金）を扶けて対立を和らげ、春夏秋冬のめぐりを促して五行の活動をなめらかにし、宇宙の調和を保つ働きすなわち安泰を齎す働きがあります。

より判り易く譬えれば「土気」は時計の針を回すゼンマイ（電池）、あるいは「時間という車」を動かすエンジンに相当し、「土気」には時を進める働きがあります。（第2章末／陰陽五行思想概略）

　「土気」だけで構成された戊戌の干支で暗示される安泰を齎す国家的事業とは、この年に創建された宗廟・伊勢皇大神宮をおいて他にありません。（伊勢皇大神宮の創建については諸説）（597）

その陰陽・東西の調和と左祖右社の原則にしたがって、東方の宗廟に対する社稷として西方の周芳に五形図を描いた可能性があります。（372-35）（405-10）

社稷とは土地の神と五穀の神を祀ることであり「土気」を祀ることに外ならず、「土気」だけで構成される干支・戊戌の年には、まことに相応しい事業です。

土地は本来「處霊」で地霊を意味することから、東の祖霊と西の地霊で調和が成り立ちます。

地霊については、白川静氏の説を取り上げました。（第1章／五形図には含まれない基点と設計線）（411-511）

　『五行大義』では、宗廟祭祀を行わないと「水気」が本性を失って（正しい働きができなくなって）洪水が起こり城邑（都）を破壊する、と宗廟祭祀の重要性を強調しています。（293-1-70）

したがって、文武二年に伊勢皇大神宮を創建し宗廟祭祀を行ったことは、すでに予想されていた和銅五年壬子の洪水を防ぐための呪術的対策であった可能性もあります。（祟るアマテラスを遷し却った可能性）（536-118）

記録にはありませんが、文武二年は天武天皇の十三回忌にあたり「二年戊戌春正月壬戌の朔、……庚辰、直広参土師宿禰馬手を遣わして、新羅の貢物を大内山陵に献らしむ」の記事が該当する可能性があります。(10-9)
　ちなみに、十三回忌の13は「金気」生数4と成数9の和になり、ここにも「金徳」文武を扶翼する意味が込められています。

伊勢国と周芳国の連繋した動き

　宗廟祭祀と五形図を示唆する記事は、「九月壬午(25)、周防国、銅の鉱を献る」「十一月辛酉(5)、伊勢国、白なまり（金+葛）を献る」「十二月乙卯(29)、多気大神宮を度会郡に遷す」などの記録で、まるで周芳国と伊勢国が連繋して動いているようです。(図2-6)(98-1-7 注三〇)(391-2-411)
　この動きは、北斗図が描かれたと推測される天武十年辛巳の記録と似ています。
　天武十年には、「五月己巳朔己卯(11)　皇祖の御魂を祭る」「八月丁卯朔壬午(16)　伊勢國、白茅鴟を貢れり」「九月丁酉朔辛丑(5)周芳國、赤龜を貢れり」と記録され、これらは「火気」を扶翼する呪術で「火徳」天武天皇を扶翼する呪術でもありました。
　文武二年には、「金徳」文武を扶翼するように「金気」金属の献上品で記録されています。
　これらの関係を纏めると、図2-6a、表2-8になります。
　献上品は、天武十年の伊勢国の「白（茅鴟）」と周芳国の「赤（亀）」、文武二年の伊勢国の「白（鉛）」と周芳国の「赤（銅）」がみごとに対応しています。(和銅四年／紅白の対応)

図2-6：周芳と伊勢の連携した動き

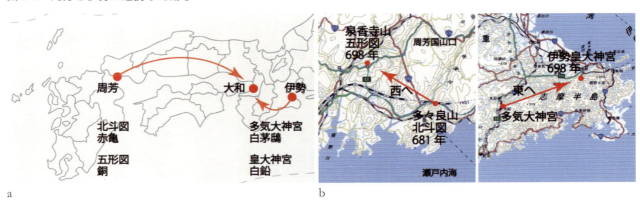

a：周芳国と伊勢国からの献上品が見事に対応している。　b：周芳国では設計の中心が西へ移動（13847m）し、伊勢国では祭祀の中心が東へ移動（29291m）した。　＊698年は『続紀』の記事にしたがい、地上絵の年代は推定した。(391-2-411)

　上記の事柄から、天武十年辛巳、陰陽・東西の調和として西の周芳国には北斗図を描き東の伊勢国には多気大神宮（瀧原宮／三重県度会郡大紀町）を整備し、文武二年己亥、やはり陰陽・東西の調和として周芳国に五形図を描き伊勢国に皇大神宮を創建したのではないか、などの推論が生れます。
　図2-6bのように周芳国の場合は設計の中心が西（多々良山から泉香寺山）へ移動していること、伊勢国の場合は祭祀の中心が逆に東（多気大神宮から伊勢皇大神宮）へ移動していることも、見逃せません。
　多々良山から泉香寺山の直線距離は13847m、多気大神宮から伊勢皇大神宮（内宮）の直線距離は29291mです。この事実も、陰陽・東西の調和として計画されたことを示唆しています。

さらに、文武二年は壬申の乱から 26 年、北斗図を描いた天武十年から 17 年が経過していました。

26 は「一九年七閏法」の 19 と 7 の和で太陽と月の完全な再生を意味し、17 は陰陽の極数（9 と 8）の和で陰陽の調和を意味し、複数の聖数関係が成立しているのも偶然とは考えられません。(37-233)

文武二年が壬申の乱から 26 年を経過した「一九年七閏法」の関係で結ばれていること、かつ北斗図を描いた天武十年と陰陽の数字の関係でも結ばれていることは、共に緻密な計算のもとに立案され、聖数関係を意識した神聖な国家的事業として実施されたことを示唆しています。

文武二年(698)

壬申の乱(672)　　　→ 26 年→　　　伊勢皇大神宮創建　皇祖神アマテラス創造

北斗図(681)　　　　→ 17 年→　　　五形図

　これらの知見は、天武十年に北斗図を描いたとする推論を改めて支持するばかりでなく、同時に五形図の存在を支持するものとして重要です。(105-32)

つまるところ、『書紀』も『続紀』も地上絵の存在を暗に記録していたといえそうです。

　以上の解析の結果、文武二年が五形図を描いた第 1 候補の年になりました。

竣工した時期は、根拠に乏しいものの多気大神宮を度会郡（わたらいぐん）に遷した十二月（丑月）と推定します。(表2-8)

この年の干支・戊戌と丑と五形図で「土気」が重なるからです。

表 2-8：天武十年と文武二年の重要事項の比較

天皇	干支	月日	事項 1	事項 2	備考
天武十年 (681)	辛巳	五月己巳朔己卯(11)	祭皇祖御魂	［織女星(棚機女)］	多気大神宮
		［五月己巳朔丙戌(18)］	［北斗図］	［北斗七星］	祭皇祖 7 日後
		八月丁卯朔壬午(16)	伊勢國、白茅鴟（しろいひどよ）を貢り		祭皇祖 3 月後
		九月丁酉朔辛丑(5)	周芳國、赤龜（あかきかめ）を貢り		祭皇祖 4 月後
文武二年 (698)	戊戌	九月戊午朔壬午(25)	周防国、銅鉱を献る		遷宮 3 月前
		十一月丁巳朔辛酉(5)	伊勢國、白鉛を献る		遷宮 1 月前
		十二月丁亥朔乙卯(29)	多気大神宮を度会郡に遷す	［天武十三回忌］	
			［アマテラスの創造］	太陽神	
			［五形図］	大日如来	

＊［　］内は私見であり史料に記録のないもの。　＊祭皇祖 7 日後とは、「祭皇祖御魂」の記事から 7 日後の意味で、以下同様である。
＊『続紀』にしたがって多気大神宮（諸説あり／前作では瀧原宮）とした。(98-1-7 三〇)(105-30,-221)(192-436)(210-1-5)(340-170)(391-2-411)(422-150)(454)(597-82)　＊アマテラスと大日如来は同一視される。

土左大神からの献上品

　話を戻して土左（書紀）といえば、天武四年(675)乙亥三月乙巳朔丙午に土左大神から神刀が奉献された記事がありました。（図2-7）（391-2-419）

土左大神とはコトシロヌシと同一視されるヒトコトヌシのことで、廣畑輔雄氏が指摘する「皇孫の命の近き守り神」になり、天武天皇に強い呪力を与えたはずです。（85-401）（105-394）

その土左大神が天武十三回忌に合せて牛黄を献上したのは偶然ではなく、天武天皇と文武天皇の関係を強く意識して記録されたと考えられます。

出雲国造神寿詞では、オホナムチ神が、自己の分霊を大和大三輪神とし、また子神たるアジスキタカヒコネノ神・コトシロヌシ神・カヤナルミ命を、それぞれ葛城、雲梯、飛鳥に配置して「皇孫の命の近き守り神」とすることを述べるのであるが、この神話の精神を忠実に発展させたものであったと思われる。

　ところで、天武四年は占星台を設置した年でした。（105-131）

「占星」は天文占（天体の位置や光の異常）を通じて天の意志を推し計り吉凶禍福を占う手段であることから、天武天皇は天文異変すなわち天意に常に留意していたことが判ります。（89-4）（551-191）

また、占星台を設置したのは聖天子として「天命を保持しようとした証拠」とする指摘もあります。（151-282）

この年は、「木徳」大友皇子の怨霊の存在を暗示する「木気」大風と地震が初めて発生した年でもありました。（105-131）

　さらに、天武四年と文武二年（天武十三回忌）の間には、以下の興味ある関係が明らかになりました。

天武四年から文武二年までは23年で、23は三才（9・8・6）の和、あるいは135ヵ月に23回起きる食（月食）の回数を表す聖数です。（37-104）

食は天子にとって不吉であることから、この場合の23は三才の和になります。

つまり、23の聖数関係で結び付く天武四年と文武二年に土左大神が各天皇の徳に応じた瑞祥を献上したことに意味があり、天武天皇には「火徳」に応じて「火気」神刀（武器は「火気」に配当される）を献上し、文武天皇には「金徳」に応じて「土気」牛黄（「土生金」の法則）を献上しています。（105-337）

　一方、十三回忌（12年）は歳星（木星）を神霊化した太歳が天空を一周するのに必要な時間を意味し、文武二年（698）が天武崩御年（686）と12の聖数関係で結び付いた年になります。（210-154）（279-248）（558-40）

これは偶然ではありえず、意図して企画された、あるいは創作された記述と考えられます。

　土左大神が献上した神刀（武器）は「火気」に配当され、天武天皇の「火徳」を扶翼する呪術になりました。刀の持つ呪力について、邪気を退散せしめ、女帝の不眠症の治療にも顕著な効果を発揮した、と『家伝』（藤氏家伝／天平宝字四年に成立した藤原氏の伝記）には載るそうです。（401-7）

　一方、牛黄の場合には「土生金の法則」から「土気」が「金気」を生む、すなわち「土気」牛黄が「金徳」文武天皇を扶翼する呪術になります。

牛黄は牛の胆石で、中国最古の薬学書『神農本草経』では上薬に分類され「久服増年」すなわち「久しく服用すれば年を増す」とされる生薬です。（図2-7c）（253-84）

つまり、牛黄を献上した記録は、文武天皇の長寿と国家の増年すなわち万世一系を暗示しています。

　以上の分析から、天武天皇の十三回忌を期して国家の未来永劫にわたる安泰を確立するため、「土気」で構成された干支・戊戌の年に東方の伊勢国に皇大神宮を創建し皇祖神・アマテラスを創造して、西方の周芳国には五形図を描いた、そのように考えられます。

壬申の乱から26年、天武四年から23年、天武崩御から12年であるなど、複数の史実と聖数関係で結ばれている文武二年は特別な年と見做されたはずです。

さらに、北斗図から陰陽の和を示唆する17年が経過し、北斗図と聖数関係で結ばれていることからも五形図を描くには相応しい年であったと考えられます。

図 2-7：土左大神からの献上

a

b

c

a：天武四年と文武二年は三才（9・8・6）の和 23 で結ばれる。　b：土佐一宮の拝殿の奥に朱塗りの本殿がみえる（現代では土佐を使用）。　c：牛黄の「玉」と「抹」（金よりも高価）。

本長谷寺銅板法華説相区と天武天皇

　本長谷寺（桜井市初瀬）には、国宝・銅板法華説相図が所蔵されています。（図 2-8e）

銅板の銘文には「戌年」に「飛鳥浄御原で天下を治めた天皇」の病気平癒のため道明上人が作ったと書かれ、この「戌年」について朱鳥元年(686)丙戌ではなく、文武二年(698)戊戌とする説があります。（333-70）

文武二年の作とすると、天武天皇の十三回忌に合せて行われた事業の一つであったと推測され、その中に五形図も含まれていた可能性を示唆します。

　本長谷寺とは、朱鳥元年丙戌、川原寺（高市郡明日香村）の道明上人が初瀬の西の岡に開いた寺です。（333-7）

川原寺は天武天皇と因縁の深い寺で、天武二年(673)に一切経を書生に写し始めさせたのを皮切りに、最晩年の朱鳥元年丙戌までに 8 例（『書紀』全体で 9 例／ 1 例は孝徳天皇四年六月）の記録があり、まるで天武天皇の私寺といえるほどの密接な関係が判ります。（礎石のみ残されている）

その川原寺の道明上人が、朱鳥と改元した七月に銅板法華説相図を作成して創建した本長谷寺に納めたことから、天武天皇の病気平癒を祈願したことは勿論、呪術的な印象を強く感じます。

なぜなら、朱鳥改元の理由は福永光司氏が指摘するように、朱鳥、朱雀（共に鳳凰に同じ）は道教の宗教哲学で「万物の生命の充実もしくは蘇り」を意味する言葉で、死期が迫った天皇の招魂の意味があったと考えられるからです。（第 5 章）（51-215）（391-2-406）

　「戌年」を朱鳥元年丙戌とすると、銘文にある戌年、七月上旬、八十人余の文言から銅板法華説相図の製作が呪術であった可能性を強く考えさせます。

その理由は、戌は「金気方局」季、七月（申月）は「金気方局」孟または「七赤金気」、八（酉）は「金気方局」仲で、すべてが「金気」で構成され、「木徳」大友皇子の怨霊との間に「金剋木の法則」が成立し、「金気」が「木気」を消し去る、すなわち「金気」文言が「木気」大友皇子の怨霊を鎮める呪術になります。

文言の申、酉、戌は桃太郎（桃は「金気」）の家来になった猿、雉、犬と同じ組合せであり、銅板法華説相図の文言が桃太郎の物語と同じ構造であることを示唆しています。（戌は「火気」「土気」、申は「水気」でもある）

「金気」桃太郎が退治したのも「木気」鬼でした。

　「天皇の病は草薙剣の祟り」と「御体御卜」で卜占されたのは六月十日で、1ヵ月後には銅板法華説相図を作り終えていたことになり、怨霊を封じ込める対策であったことが十分に考えられます。

　銘文の文字数、十二字（4 × 3）で二十七行（3 の 3 乗）、計三百十九字（盈数を除く 3 と 9 ／ 19 行目のみ 7 文字／「一九年七閏法」）にも「金気」生数 4 と「木気」生数 3 の倍数があり、ここにも「金剋木の法則」が成立します。（19 行のみ「火気」成数の 7 文字にしたことに「火徳」天武天皇の再生を願う強い意図を感じる）（333-70）

さらに、道明上人が建立したと伝えられる三重塔と銅板にある三重の宝塔と三本の九輪（3 × 3）など、「木気」生数 3 が頻出します。（「一九年七閏法」は太陽と月が同時に再生する、すなわち「火徳」天武天皇の再生を象徴）

本長谷寺が真東（「木気」の方位）を向いて建てられていることも「木気」大友皇子の怨霊への慰謝（鎮魂）を暗示、あるいは太陽の再生（天武天皇の再生）を暗示していて、呪術の可能性を強く印象づけます。

　最後に、「銅板」が妙に強調されるのも不思議です。

銅は五金「アカガネ」で「火気」に配当され、崩御を前に衰えた天武天皇の「火徳」を扶翼するための朱鳥改元と密接に関係した呪術と考えられます。（第 3 章／富本銭）

　以上の事柄から、法華説相図が作成されたのは文武二年戊戌ではなく、伝承通り朱鳥元年丙戌に作成されたと考えて良さそうです。

「隠国の泊瀬」と詠まれた初瀬は、天武天皇との結びつきが強い長谷寺を始め、アマテラスが初めて降臨したとされる與喜天満宮や初代斎宮・大來皇女が潔斎した泊瀬斎宮（脇本遺跡）など、北斗図と五形図の謎を考える上で重要な示唆を与える場所です。（與喜は南方朱雀宿の分野「秦」に含まれる鬼宿の別称・與鬼の可能性がある）

図2-8：長谷寺周辺

a：長谷寺の仁王門。　b：道明上人の御廟塔。
c：本長谷寺の扁額。　d：本長谷寺の本堂。
e：本長谷寺の本堂内の銅板法華説相図。　f：長谷寺の鎮守ともいえる與喜天満宮。　g：與喜天満宮境内にあるアマテラスが降臨したと伝えられる鵝形石（盤座）と沓形石（奥）。

　以上、天武天皇との複数の聖数関係で結ばれる文武二年は、五形図を描くに相応しい年であったと考えられます。
第1候補の動機と目的、根拠と意義を纏めると、下記の通りです。
動機：文武二年が天武天皇の十三回忌であった。
目的：追善供養
竣工：文武二年
根拠：壬申の乱から26年（一九年七閏法の和）、天武四年から23年（三才の和）、天武崩御から12年の聖数関係にある。
　　　北斗図から17年（陰陽8と9の和）の聖数関係にある。
意義：伊勢皇大神宮創建と対をなす国家的事業として五形図を企画した。
　　　「左祖右社」の原則にしたがって、東方に宗廟として伊勢皇大神宮を創建し皇祖神アマテラスを奉斉し、西方には社稷あるいは仏教の国家鎮護を目的として五形図を描き、陰陽の調和と「土気」の強化を行った。

複数の「聖数関係」で結ばれた文武二年(698)

壬申の乱(672)	→26→	伊勢皇大神宮創建　皇祖神アマテラス創造
天武四年(675)		
土左大神神刀	→23→	土左大神牛黄
北斗図(681)	→17→	五形図
伊勢国白茅鴟		伊勢国白鉛
周芳国赤亀		周芳国銅（アカガネ）
天武崩御(686)	→12→	天武十三回忌

文武三年(699)己亥

天武天皇と役行者

　この年に注目されるのは、役行者（役小角）が伊豆大島へ配流された記事です。
役行者についての記述は、公式な歴史書では『続紀』巻第一に載る文武天皇三年(699)己亥五月甲寅朔丁丑(24)の条が唯一とされ、たぶんに伝説上の人物です。(図2-10b)(98-1-9)(432-201)
丁丑、役君小角を伊豆嶋に配流した。はじめ小角は葛木山に住み、呪術をよく使うので有名であった。外従五位下韓国広足の師匠であった。のちに小角の能力が悪いことに使われ、人々を惑わすのであると讒言されたので、遠流の罪に処せられた。世間のうわさでは「小角は鬼神を思うままに使役して、水を汲んだり薪を採らせたり、若し命じたことに従わないと、呪術で縛って動けないようにした」といわれる。(ルビ著者)(490-1-23)

　天武天皇の12歳下になる役小角は「天武天皇の影」として描かれ、十二支が一巡した十三回忌を待って御役御免になったのではないか、などの可能性を前作で考えました。(105-217)
その根拠は表2-9に示した天武天皇と役行者の接点の多さで、二人は常にほぼ同じ方向へ付かず離れず行動しているように見えるからです。

表2-9：天武天皇と役行者の接点

天武紀	干支	天武天皇の年令と事績(満年齢)		役行者の年令と事績(満年齢)	
即位前(671)	辛巳	49歳	吉野へ遁走	37歳	吉野で行を始める
元年(672)	壬申	50歳	勝手神社の天女の舞　壬申の乱	38歳	弥山大神(天女)を介して天皇を加護
三年(674)	甲戌	52歳	大來皇女斎宮(伊勢大神)祭祀	40歳	一千日行の後、蔵王権現感得　創祀
八年(679)	己卯	57歳	疫病	45歳	陀羅尼助を考案
九年(680)	庚辰	58歳	災異多発	46歳	大峯(弥山大神を介して天皇を加護)
十一年(682)	壬午	60歳	運命の年　天の譴責　笠置寺創建	48歳	熊野(「火気」扶翼？)
十二年(683)	癸未	61歳	秋七月から八月日照り	49歳	祈祷後、大雨　笠置山で修行
十三年(684)	甲申	62歳	国見から役行者の話を聞く？	50歳	申し出により土地を譲渡

＊参考文献は下記文中に記載。　＊天武十一年(682)61歳の本厄では笠置寺を創建した。　＊初代斎宮・大來皇女は初瀬の斎宮で一年半潔斎した。

　天武天皇（大海人皇子）が大津から吉野へ遁走した同じ時期に、役行者は吉野で行を始めています。
狭い吉野で面識はなかったのでしょうか、疑問です。(141-8)
天武天皇が勝利を祈願して勝手神社（蔵王堂から約300m）で琴を奏でていたところ、役行者が弥山に祀っていた弥山大神の化身である天女が舞い降りて袖を振った伝承があります。(図2-9)(21-469)
つまり、役行者は弥山大神を介して天武天皇を加護していたことになります。

第2章　五形図が描かれた時期の3候補　125

図 2-9：勝手神社

a　　　　　　　　　　　　　　b

a：勝手神社（吉野郡吉野町）の祭神はアメノオシホミミで土師氏とも関係する（2001年不審火で焼失）。　b：勝手神社の背後にある
袖振山、弥山大神の化身である天女が舞い降りて五度、袖を振ったことから、天武天皇が「五節舞」を考案した。「五」は「土気」生
数。「袖を振る（領巾ふる）」のは相手の霊魂を招きよせ宿りこめる方法で、魂乞いの一方法であった。（120-750）

図 2-10：蔵王権現

a　　　　　　　　　　　　　　　　　　　　　　　　b

a：蔵王権現（蔵王堂）の姿勢は、乳児に見られる非対称性緊張性頸反射（ATNR）を連想させ、乳児は五行「木気」であることから、
蔵王権現は「木気」の本性を具象化した造形で「木気」大友皇子の怒りを表現したと想像させる。（即位の有無は別にして、大友皇子は
少なくとも「木気」天つ日嗣の位、東宮であった）（14-101）（105-229）　b：鉄下駄（☰☷艮／山の象意）を履き右手に独鈷杵（大日如
来を象徴か）、左手に錫杖（「土気」地蔵の象徴）を持つ異形の役行者は「土気」象徴か。（345-8）

　本書でいう「運命の年」とは、天の譴責である洪水が予想された天武十一年壬午を指し、この年、役行者は
熊野（熊は火の精）に向かうことで「火気」を扶翼し洪水を防ごうとしていたとも考えられます。（105-103）
大來皇女を斎宮（伊勢大神）として差し出し伊勢での祭祀を始めた年に、役行者は一千日の苦行の後に蔵王権現を
感得して金峯山を開創したとされています。（蔵王権現を感得して金峯山を開創したことに関しては諸説あり）（363-29）（454-88）
　天武天皇の危急を馬（午歳生まれを暗示）が救った縁で天皇が笠置寺（京都府相楽郡）を創建したとき、役行者
は笠置山で修行をしていました。（数え歳61歳の本厄）（39-64）
笠置寺は、兜率天（弥勒菩薩が住む世界）に通じる龍穴が境内に存在することでも有名です。（20-187）
　天武十二年は旱魃が続き、役行者が葛木山に登って「孔雀の呪文」を唱えたところ3日にして大雨が降っ
たとあります。（39-111）
　天武天皇の信任が篤かった当麻真人国見が、直接、役行者に相談して当麻寺を移築する土地を譲渡して貰っ
た話は、天皇に報告されていたはずです。（39-107）

おそらく天武八年、流行した疫病に役行者が陀羅尼助を考案して病者を救った伝承があります。(39-108)(270-123)
陀羅尼助は黄檗（オウバク／キハダ）を主成分とする民間薬で漢方の成書には記載がありません。(253-135)

以上、伝承でしかありませんが、これだけ多くの接点が存在するのは偶然とは考えられません。
図2-10bのように、行者像が強い「土気」を具象化した可能性もあり、「土悔木の法則」から「土気」行者が「木気」大友皇子の怨霊を調伏する呪術として創造された可能性を考えさせます。

蔵王堂建立と大友皇子の怨霊

地上絵の問題に関連して、役行者の存在は無視できないものがあります。
それは、周芳と大和に存在する巽乾軸と象限の設計で、いずれにも役行者と天武天皇が関与している可能性があるからです。
周芳に存在する象限については既述した通りです。（第1章／五形図の発見とその全貌）
大和に存在する象限（一部）は図2-12、表2-10、2-11の通りで、南北軸（弘文天皇陵－蔵王堂）と東西軸（蔵王堂－瀧原宮）で構成され蔵王堂が交点になります。
2本の巽乾軸は、線分（飛鳥浄御原宮－丹波・内尾神社）と線分（生駒岳／興法寺－天上ヶ岳）で構成されています。
これは、周芳に存在する線分（国津姫神社－氷上山－東鳳翩山）と線分（天御中主神社－大日古墳－古四宮）で構成される2本の巽乾軸と同じ思想的背景で設計されたと推測されます。
その背景とは『抱朴子』に載る道教の思想で、巽乾軸を歩むことで「道」と一体となり永生を得る、と言う思想です。(244-199)

図2-11：園城寺（三井寺）と石山寺周辺

a：園城寺山門（滋賀県大津市）。　b：一切経庫は、慶長七年、山口の国清寺より毛利輝元が移築した。移築した理由は不明。(421-120)　c：三井寺の由来になった閼伽井屋。　d：園城寺の北側に位置する弘文天皇陵（長良山前陵／園城寺亀岡古墳）。　e：大友皇子を葬ったとされる若宮（石山寺境内／滋賀県大津市）。　＊若宮と怨霊。(83-245)　＊「金気」石山と「木気」大友皇子の間には「金剋木の法則」が成立し、「金気」が「木気」を消し去る、すなわち「金気」石山寺が「木気」大友皇子の怨霊を鎮める呪術の可能性がある。　f：石山寺の名前の由来になった石山寺珪灰石（石山寺は石山寺珪灰石の巨大な岩盤の上にある）。(278-17)

表 2-10：周芳と大和に存在する象限と巽乾軸の設計

国	周芳	大和（吉野）
象限		
交点	泉香寺山	蔵王堂
東西軸	故五宮－泉香寺山－毛割若宮跡	蔵王堂－多気大神宮（瀧原宮）
南北軸	ショウゲン山－泉香寺山	蔵王堂－弘文天皇陵
巽乾軸		
	国津姫神社－氷上山－東鳳翻山	飛鳥浄御原宮－丹波・内尾神社
	天御中主神社－大日古墳－古四宮	生駒岳（興法寺）－天上ヶ岳

表 2-11：蔵王堂を基点とする距離と方位角

名称	緯度	経度	距離（m）	方位角
蔵王堂	342206	1355129	0	0
大神神社拝殿	343144	1355111	17816	3583125
園城寺金堂	350048	1355111	71555	3593805
弘文天皇陵	350107	1355115	72139	3594305
多気大神宮	342158	1362531	52177	900638

＊園城寺金堂－蔵王堂の南北軸（3600000）に対する誤差は 0.4％、弘文天皇陵－蔵王堂の誤差は 0.3％、蔵王堂－多気大神宮の東西軸（900000）に対する誤差は 0.1％で 3 者は南北軸上に存在する。大神神社拝殿－蔵王堂の南北軸に対する誤差は 2.2％で南北軸上に存在しない。

図 2-12：弘文天皇陵と金峯山寺蔵王堂、多気大神宮（瀧原宮）の関係

弘文天皇陵（350107, 1355115）

72139m
誤差 0.3%

蔵王堂（342206, 1355129）　　多気大神宮（342158, 1362531）

52177m
誤差 0.1%

a

c

a：線分（弘文天皇－蔵王堂）の南北軸に対するおおよその誤差は 0.3％、線分（蔵王堂－多気大神宮）の東西軸に対するおおよその誤差は 0.1％で、いずれも条里制（誤差 0.7％）より精度が高い。　b：南北軸（弘文天皇陵－金峯山寺蔵王堂）と東西軸（金峯山寺蔵王堂－多気大神宮）。　＊地形図上での再現（描点、設計線は必ずしも正確ではない）。　＊蔵王権現と蔵王堂。(21-10)(363-25)　c：瀧原宮（左）と瀧原竝宮（右）（三重県度会郡大紀郡）。垂仁天皇の御代に、皇女・倭姫命が宮川を遡ってアマテラスを祀る場所を求めた。(220-62)　＊本書では『続紀』の記述にしたがい瀧原宮を多気大神宮とした。　＊伊勢皇大神宮（内宮）の別宮（遙宮）とされる。(460-104)(488-77)

表 2-11 から、南北軸に対する線分（弘文天皇陵－蔵王堂）の誤差は 0.3％で弘文天皇陵と蔵王堂は南北軸上に設計され、東西軸に対する線分（多気大神宮－蔵王堂）の誤差は 0.1％で多気大神宮と蔵王堂は東西軸上に設計されたと考えられます。

つまり、蔵王堂は弘文天皇陵を基点とする南北軸と多気大神宮を基点とする東西軸の交点に決定されたことになります。（元伊勢とされる多気大神宮の問題から伊勢皇大神宮とアマテラスとは何かを考えさせる）（図 2-11、2-12）

役行者が蔵王権現を感得したのは天武三年(674)と伝えられることから、蔵王堂の建立は天武三年以後になります。

大友皇子の怨霊に気付き始めたのは十市皇女が急逝した天武七年(678)でした。（表 3-1：天武紀の序破急）

園城は「天子の墓（園）を築く（城）」と読むことができ、蔵王は「王を蔵す」と読めることから「王」は弘文天皇（大友皇子）を指す可能性が高いと考えられます。（105-243）

つまり、この設計は「木徳」大友皇子（弘文天皇）の鎮魂の目的で企画された可能性があります。

ちなみに、弘文天皇陵（長良山前陵／園城寺亀岡古墳）は園城寺金堂の約 530m 北方にあり、金堂は弘文天皇陵を通る南北軸上に決定されたと考えられます。（園城寺は朱鳥元年丙戌の創建／与太王の嘆願）

　蔵王権現が「木気」象徴（「木徳」大友皇子と「木気」皇太子／天津日嗣／東宮を象徴）の造形とする根拠は、五情「木気」大怒の形相、「木気」正色の青（青黒）い肌、繰り返される「木気」生数 3、身に纏った虎（寅「木気方局」孟）の毛皮、「木気」五能「生」に配当される乳児でしか認められない非対称性緊張性頸反射（ATNR）を思わせる姿態、などです。（図 2-10）（105-229）（14-101）

　以上、蔵王権現（「木気」本性の造形）を納める蔵王堂が「木徳」大友皇子の怨霊を鎮撫する目的で建立された可能性が考えられます。

また、多気大神宮を整備し北斗図を描いた際に認められた伊勢国と周芳国の連携した動きからも、北斗図を描く目的の中に大友皇子の怨霊対策が存在した可能性も考えさせます。（多気大神宮は天武二年には存在していた可能性が高い）

合葬と入寂の共通項

　天武天皇と持統天皇は大内山陵に合葬され、役行者と母は共に天上ヶ岳（大阪府箕面）から入寂しました。持統天皇の遺骨は金銅製（あるいは銀製）の壺に入れられ、役行者の母は小さくなって鉄鉢の中に入っています。

夫婦で合葬されたことと母子で共に入寂したこと、金銅製の骨壺に入れられたことと鉄鉢の中に入ったこと、これらは本質的に同じ内容です。（39-145）

全く立場の異なる天武天皇と役行者の間で認められる同じ内容の記述は、天武天皇と持統天皇を合葬した朝廷の内部事情を知った者でなければ描けなかった記述ではないか、という疑問が湧きます。（105-235）

つまり『書紀』の編述者が役行者の伝承も同時に創作し、それが上記の巽乾軸の設計にも入寂の伝承にも反映されたのではないか、と推測されます。

天武天皇は持統天皇と合葬され、役行者は母を連れて生駒岳と天上ヶ岳を結ぶ巽乾軸を歩み入寂し、共に道教神学に基づく仙人として描かれています。（50-18）（51-215）

実在の有無は別として、あらためて「役行者」とは何か、ゆっくり考えてみたくなります。（376-9）

　上記の伝承と計算値から導き出される重要な点は下記の通りです。

1. 天武天皇と役行者には多くの接点があり、役行者は天武天皇の影として描かれた可能性がある。

2. 天武天皇と役行者は共に午歳の生れの「火徳」で、両者の没年は共に「火気」を意識して記述されている。

3. 役行者が天武天皇の十三回忌を待って放逐されたのは、十二歳下で地支が一巡したことを暗示する。

4. 周芳国と大和に共通する巽乾軸と象限の設計に、天武天皇と役行者の伝承が関係している。

5. 蔵王堂は弘文天皇陵を通る南北軸と多気大神宮を通る東西軸の交点に設計された。

6. 弘文天皇陵、蔵王堂、多気大神宮の3者の関係から、その設計には大友皇子の怨霊を鎮撫する目的が存在した可能性がある。

7. この設計は天武七年(678)以後で北斗図を描いた天武十年(681)と近く、同じ国家的事業であった可能性がある。

多胎は「土気」扶翼の呪術

　この年、一度に4人を産んだ多胎の報告があり、「金気」生数4は「金徳」文武を扶翼する瑞祥の可能性があります。

正史における多胎記事の初見は、天武四年冬十月、相模国高倉郡で一度に3人の男子が生れた、とする記事です。

「人口増加奨励のため、政府は多産者に褒賞を加えるのが例であった」と『書紀』注十八にはあります。
（多産と多胎は厳密には分ける）(105-194)(391-2-421 注十八)

　しかしなぜ、多産の記録が正史に必要だったのでしょうか。

出産すなわち「吐出」することは「土気」の本体であると『五行大義』にあり、多胎は「土気」に配当され「土生金の法則」から「土気」が「金気」を生む、すなわち「土気」多胎が「金徳」文武天皇を扶翼する記録と考えられます。(293-1-46)

文武紀には6例の記事があり、多胎6例中4例・67%は持統崩御後の記事で、「土徳」持統天皇の崩御に伴う「土気」の喪失を補う目的で記録されたようです。(図2-1,2-2)(表2-3)

　瑞祥は、「金気」の正色を強調した白鳩、白燕などが続きました。(484-159)

文武三年に五形図を描いたことを示唆する記事はありません。

しかし、周芳と大和に共通した設計の問題を考える上で、重要な視点が得られた年です。

文武四年(700)庚子

五行の法則に基づく記述

　『続紀』にはめずらしく、道照和尚（『書紀』／道昭）の話が長々と続きます。

道照和尚は河内国（大阪府東部）丹比郡の人で、唐から経論と舎利（仏陀の遺骨）を持ちかえりました。(10-1-25)

帰国途上、海上で嵐に遭遇し、陰陽師の占術に従って鍋を投げ入れて海神を宥めた話があります。

この鍋と海神・竜王の話は「金剋木の法則」の応用で、「金気」が「木気」を打ち負かす、すなわち「金気」鍋が「木気」竜王を退治する話で、これは「金気」桃太郎が「木気」鬼を退治する話と同じです。(120-1328)

また、和尚が死去したときに香気が満ち、火葬のあとに灰や骨が風に吹き上げられて消えてしまった話は、尸解仙を語る常套句で神仙思想が息づいていた時代を反映しています。(34-50)(217-49)

尸解とは、蝉や蛇が脱皮して脱殻を残すように「屍を解く」の意味で、死体が消えると同時に仙人として昇天することを道教では尸解仙といいます。(34-50)(217-49)(279-1-274)

　『書紀』には、聖徳太子と尸解「片岡遊行の真人」の話があります。(391-2-193)

　丹比郡（八下／依羅／三宅／土師）といえば「土徳」土師氏の本貫地でした。(44)(144)(153)(226)(277)(302-33)

丹比郡の「タジヒ」は不老不死の象徴・蝮の古語で、原始蛇信仰（民族の祖神を蛇とする信仰）を残す土師氏の本貫地に相応しい郡名です。（第4章／土師氏の末裔・大枝氏の毛利元就は多治比殿と呼ばれていた）(105-320)

その丹比郡の出身である道照和尚が不老不死の尸解仙として語られるのは、土師氏との関係を示唆する記録なのかも知れません。

神秘思想に基づく記述

　　八月丙午朔戊申(3)、宇尼備、賀久山、成会山陵、吉野山などの樹木が理由もなく枯れた記録があります。
樹木が理由もなく枯れた話で何を語ろうとしているのか、このままでは判りません。
この話は、天武九年(680)庚辰秋七月に飛鳥寺の西の槻の枝が自然に折れた話に近いものを感じ、神秘思想あるいは天人相感思想に基づく記述と考えられます。(10-1-29)(391-2-442)
天武九年は、災異が最も多発し全32例中12例・37.5％を数え、十一月には天武天皇と皇后（持統天皇）が共に病に倒れ、2年後には洪水が予想された天武十一年(682)壬午の年が迫っていました。(105-249)
　　『抱朴子』には大木が自然に折れた話があり、それは神霊によるもの、と村上嘉実氏は指摘しています。
木が折れたのは人事に天が反応した結果だと読め、天人相感思想に基づく記述です。(244-170、244-172)
「大木をして風吹かざるに自づから摧折」は、飛鳥寺の西の槻の木が自然に折れたのと同じ現象のようです。
山は大小となく皆神霊あり。山大なればすなわち神大、山小なればすなわち神小なり。山に入りて術なければ、必ず患害あり。……或いは大木をして風吹かざるに自づから摧折し、巌石をして故無くして自づから堕落し、打撃して人を殺さしむ。（登渉篇）

　　飛鳥寺の西の槻の樹下では、さまざまな歴史が刻まれました。
吉野裕子氏は、槻の木は神意の啓示を負う神聖な木で国家の重大事の予兆を示す木であった、と指摘しています。(565-156)
飛鳥寺の西の槻の木の下の広場では、大化の改新には皇族・群臣があつまって樹下の誓約がなされ、壬申の乱には軍営がおかれ、帰服した蝦夷・隼人らを饗応し、種々の楽が奏され相撲がおさめられた。(5-76)

　　槻が自然に折れたのは天罰の中で「土気」に配当される凶短折になり、そのうち草木の場合を「折」と呼びます。(391-2-430)(554-24)
凶短折の原因として「五行志」には、上に立つ者の思慮が寛大でない、とあります。
天武九年に飛鳥寺の槻の枝が自然に折れた話と同じく、吉野山などの樹木が理由もなく枯れた話もおそらく凶短折と考えられ、文武天皇の政治の在り方（不詳）を批判している可能性があります。
吉野山は持統天皇が31回（禅譲後も含めると32回）も行幸した縁の地ですから、国家の重大事の予兆すなわち2年後の持統天皇の崩御の予兆と捉えるのが良いのかも知れません。（「兌」の象意・毀折で天意を示した可能性がある）
(437-305)

白亀の献上——「金徳」を扶翼する瑞祥

　　八月乙卯(10)に献上された白亀は「金気」正色の白を強調し、「金徳」文武天皇を扶翼する「金気」の瑞祥になります。
その日付に干支を加えて（傍点部分）詳しく分析すると、「乙庚干合」が成立し新たな「金気」が生れることから十分に検討された日付と考えられます。
つまり、「乙庚干合」で新たな「金気」が生れる庚（金の兄）の年の「金気方局」仲（「金気」正位）でかつ「金気三合」旺（「金気」が壮んなとき）になる八月に「金気」の瑞祥・白亀を献上した、すべて「金気」で充たされた記録です。
単純な記録ではなく、天干地支の法則を巧みに応用して組み立てられているのが判ります。
　　『続紀』の記録に干支を加えた表記は「文武四年庚子八月酉月丙午朔乙卯（十）長門国、白亀を献ず」となり、元の記録では「乙庚干合」も不明で「金気」で充たされた記録とは結論できないのが明らかです。
　　この年、五形図が描かれたことを示唆する記録はありません。

大宝元年(701)辛丑 ──「土気」瑞祥改元

対馬から黄金を献上

三月甲戌朔甲午(21)、対馬から黄金が献上され、大宝と改元されました。

黄金は五金「土気」に、あるいは金属として「金気」に配当されます。

「土気」の場合「土生金の法則」によって「土気」から「金気」が生れ、文武天皇の「金徳」を扶翼する呪術になります。

仮に「金気」の場合でも「金徳」文武を扶翼する瑞祥で「金気」が選ばれたと考えられます。

黄金は西国の対馬から献上され、後述するように和銅は東国の秩父郡から献上されました。（後述／和銅元年）

「金気」西国と「土気」黄金の間に「土生金の法則」が成立し、「木気」東国と「火気」和銅に「木生火の法則」が成立していることから、いずれも綿密に組み立てられた記述と考えられます。

仮に「土気」黄金が「木気」東国から献上されたとすると「土剋水の法則」が成立して呪術が破綻し、同じく「火気」和銅が「金気」西国から献上されると「火剋金の法則」が成立して破綻してしまうために、呪術的にはありえないことなのです。

天皇の治世をいかに嘉祥するか、苦心の跡が窺える記述です。

両者を比較すると表2-12になり、方位と献上品の五行配当が記事の本質を表し、年月日も可能な限り同気を選んでいます。

表2-12：黄金と和銅献上の比較

天皇	文武／「金徳」			元明／「土徳」		
改元	大宝			和銅		
国	対馬国			武蔵国秩父郡		
方位	西		「金気」	東		「木気」
献上品	黄金		「土気」	和銅		「火気」
年	大宝元年(701)辛丑	辛	「金気」	和銅元年(708)戊申	戊	（土気）
		丑	「土用」		申	（金気／水気）
月	三月	辰	「土用」（木気／水気）	春正月	寅	「火気」「木気」
朔	甲戌朔	戌	「土気」	乙未朔	未	「火気」「木気」
日	甲午(21)	午	「土気」（火気）	乙巳(11)	巳	「火気」（金気）
法則			「土生金の法則」			「木生火の法則」「火生土の法則」

＊（　）内の「気」は記録の主旨からは外れる「気」。

瑞祥改元が多かった奈良時代

黄金が献上されて大宝と改元されたように、瑞祥の出現で改元することを祥瑞改元と呼びます。（本書では瑞祥で統一し、祥瑞改元は引用文献の記載に従った）

献上された「土気」黄金は「土生金の法則」から文武天皇の「金徳」を扶翼する瑞祥（祥瑞）になります。

改元理由を『日本の年号』に従って纏めると、以下の4つになります。（450-39）

1. 代始改元：新しい天皇の即位にあわせて行う改元（即位改元）。
2. 祥瑞改元：祥瑞（瑞祥／吉兆）の出現にあわせて行う。
3. 災異改元：大きな災害や異変を天の戒めと考えて行う。
4. 革年改元：辛酉の年には革命、甲子の年には革令、戊辰の年には革運が起きると考えられた結果（三革）。

これは、陰陽五行思想、天命思想、天人相感思想、讖緯思想、五徳終始説などに基づく分類です。（450-90）

三革とは、甲子の年の革令（政令を改めること）、戊辰の年の革運（運気が革まること）、辛酉の年の革命（王朝が

交代すること）を指します。

これらは、菅原益永『革命勘文』(1441)に載る「辛酉革命／甲子為革令」（易緯）あるいは「戊辰革運／辛酉革命／甲子革令」（詩緯）を引用しています。(552-62)

　三革の例として、神武天皇が辛酉（革命）に即位し甲子に改革（革令）を行い、天智天皇も辛酉の年(661)に即位し甲子の年(664)に冠位二十六階を制定し改革令を定め、桓武天皇は天応元年(781)辛酉に即位し延暦三年(784)甲子に長岡京へ遷都したことなどがあり、いずれも讖緯思想による判断でした。(179-29)

讖緯思想とは前漢(BC206〜AD8)末ごろから出現した思想で、天文が未来に起こる予兆・予告、と考える思想です。(551-35)

　奈良時代には瑞祥改元が多く、平安時代には災異改元が多かった、と『日本の年号』にあります。(450-94)(451-133)

大宝二年(702)壬寅——五形図第3候補

持統天皇の予想外の崩御と強力な「土気」の喪失

　五徳終始説にしたがえば「火徳」天武天皇の後継者・持統天皇は「土徳」になり、「土徳」の後継者・文武天皇は「金徳」になります。(第2章末／陰陽五行思想概略)

「土徳」持統天皇は女性、母（草壁皇子の母）でもあって、いっそう強力な「土徳」を有していました。

　考えてみれば「金徳」文武天皇が即位した時点で、すでに和銅五年壬子の洪水は予想されていたはずですから、「水気」を生む「金気」すなわち「金徳」文武天皇の立場は危うい状態でした。

なぜなら、自身の徳が洪水を引き起こしかねない、と判断されたからです。

予想される洪水を防ぐためには強力な「土気」が期待され、それが「土徳」持統天皇（太上天皇）の存在でした。

つまり、文武天皇が「金徳」であったとしても、強力な「土気」が存在することで予想される洪水は乗り切れる、と考えていたに違いありません。

それは「土剋水の法則」の応用で「土気」が「水気」を打ち負かす、すなわち「土徳」持統天皇の存在が「水気」洪水を防ぐことができる呪術が成り立ちます。

単に幼帝のための中継ぎではなかったのではないか、と考えられます。(116-126)(197-232)

　ところが、期待に反して十二月癸巳朔甲寅(22)に持統天皇が58歳で崩御してしまい、強力な「土気」を失った結果、呪術的に「土気」を必要とし、五形図を描いて「土気」を補充し円滑な五行循環を促そうとした、と推測されます。

仮に、和銅五年まで生存していたとしても68歳で、呪力は十分に保たれていたはずです。

「土徳」持統天皇の予想外の崩御、それに伴う「土気」の喪失、そして洪水を引き起こしかねない文武天皇の「金徳」、これらが呪術的な視点から検討した場合に是非とも解決しなければならない最大の障害でした。(98-1-34)

　持統天皇が亡くなった日付、十二月は丑月（土用の終わり）、寅は「土気三合」墓（「土気」が終わるとき）で、当年の干支の寅と合せて「土気」で構成され「土徳」の死を暗示しています。(傍点著者)(表2-27)(98-1-34)

大宝二年(702)壬寅　十二月癸巳朔戊戌(6)　星（金星）が昼に見られた。
　　　　　　　　　　乙巳(13)　太上天皇の病が重くなった全国に大赦し……。
　　　　　　　　　　甲寅(22)　太上天皇が崩御された。

　持統天皇の崩御が予想外であった傍証として、さらに以下の関係が認められます。

持統即位年と神武崩御年は陰陽の極数（8と9）の和17、持統即位年と神武即位年は「一九年七閏法」の「威霊再生」関係で結び付いています。(37-233)

しかし、予想外であった崩御年には、この関係を見出すことができません。

仮に予想外でなかったとすると、持統天皇の崩御年は過去の偉大な天皇と「威霊再生」関係で記述されたはずだからです。

「威霊再生」関係は、後述する文武天皇の没年齢にも認められ、他の天皇との関係が認められる 25 歳説は疑わしく、関係が認められなかった 78 歳説がより正しいと考えさせる根拠と同じです。

神武崩御年（前 585）　　　→　　　17 × 75　→　　　持統即位年（690）

神武即位年（前 660）　　　→　　　19 × 71　→　　　持統即位年（690）

?　　　　　　　　　　　　→　　　　　　　　　　　持統崩御年（702）

　大宝二年（702）は『古事記』（712）の 10 年前、『書紀』（720）の 18 年前になり、10 は「土気」成数、18 は「土用」を意味します。（第 2 章末／陰陽五行思想概略／方局と土用）

ここにも「土気」を意識した数値が認められ、偶然とは思えない符合です。

金星の異変

　大宝二年壬寅十二月癸巳朔 戊戌（6）の白昼に見られた星について、斎藤国治氏は天文計算から飛鳥の南東に見えた金星であると指摘しています。（383-124）

この日の昼ごろ、金星は太陽の東三七度にあり、光度はマイナス四・四等星の最大光輝に達していた。飛鳥京から見て、南東の方角の多武峰のはるか上空に輝いて見えたであろう。

　『続紀』の注では、太白（金星）が昼に現れたのは持統太上天皇死去の兆か、としています。（10-62 注六）

「天文訓」には「太白は、明け方に東方に現れる」とあります。（27-1-331）（210-1-140）

つまり、異変として捉えられたのは、東方で明け方に見えるはずの金星が南東で白昼に見えたこと、すなわち出現した方位と時間の異常であったと考えられます。

金星が出現した日付の戊戌は戊（土の兄）と戌（「土気三合」旺あるいは土用）の「土気」で構成され、崩御の日付は甲寅で寅は「土気三合」墓（「土気」が終わるとき）になり、「土徳」持統天皇の崩御と崩御に伴う「土気」の喪失が暗示されています。

もちろん、金星は「金気」を象徴する星ですから、その出現の異常は「金徳」文武天皇にとっても不吉なことが起きる予兆としても捉えられたはずです。

　ちなみに、金星が見られた戊戌から持統天皇の崩御日の甲寅までに寅の日は、壬寅（10）があります。

甲寅の場合、「木気」甲と「土気」寅の間に「木剋土の法則」が成立し「木気」甲が「土気」寅を消し去る暗示があり、この日を崩御日と記録したことに作為を感じます。（「木徳」大友皇子の怨霊に剋殺された可能性については後述）

壬寅の場合、「水気」壬と「土気」寅の間に「土剋水の法則」が成立し「土気」寅が消えることはありません。

「金気」から「土気」へ変化する瑞祥

　持統崩御が予想外のことであったとする推論を裏付ける根拠の一つが、大宝二年と三年を境（持統崩御を境）に変化する瑞祥の内容です。（図 2-13）（表 2-13）

表 2-13：大宝二年以前と三年以後で「金気」から「土気」へ変化する瑞祥の例数

	二年以前	三年以後	合計
「金気」	20（80%）	5（20%）	25
「土気」	2（25%）	6（75%）	8

図 2-13：文武朝の瑞祥の変化

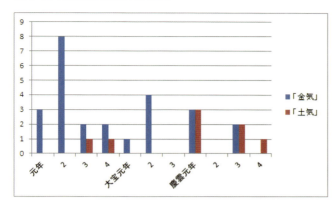

＊縦線は例数、横線は年。　＊瑞祥の変化は「土徳」持統天皇の崩御による「土気」の喪失が契機になった。　＊喪明けになった大宝三年には瑞祥が記録されていない。

　図 2-13、表 2-13 のように、大宝二年までは文武天皇の「金徳」を祝福する「金気」の瑞祥が多く現れ、「土徳」持統天皇の崩御を境に瑞祥の内容が「金気」から「土気」へ変化します。
大宝二年以前の 6 年間に「金気」の瑞祥は 25 例中 20 例・80％が記録されているにもかかわらず、大宝三年以後の 5 年間には 5 例・20％が記録されているにすぎません。
しかも大宝二年に出現した 4 例の「金気」瑞祥は、いずれも持統天皇崩御以前の記録です。
やはり崩御は予想外で、まだまだ文武天皇の「金徳」を嘉祥（かしょう）しようとしていた様子が窺えます。
一方、「土気」の瑞祥は大宝二年以前には 8 例中 2 例・25％が記録されているだけですが、三年以後には 6 例・75％に増加しています。
つまり、持統崩御を境に瑞祥が「金気」から「土気」へ明らかに変化し、失われた「土気」を補おうとしている様子が判ります。
　この変化の意味するところを纏めると、下記になります。
1. 和銅五年壬子の年には洪水が予想された。
2. 「金生水の法則」から「水気」を生む「金気」すなわち文武天皇の「金徳」は洪水を誘発する可能性があった。
3. 文武天皇の「金徳」の欠点を補うのは、持統天皇の強力な「土気」であった。
4. 「土剋水の法則」から「水気」を消す「土気」すなわち持統天皇の「土徳」が洪水を防ぐと期待された。
5. 持統天皇の崩御により「土気」が失われ、それを補うように「土気」の瑞祥が多く記録された。

文武天皇への忠言

　余談ですが、洪水が予想された天武十一年壬午の経験を、持統天皇は孫の文武天皇に話していたかも知れません。
この持統天皇の教えが、後述する慶雲二年(705)乙巳夏四月庚戌朔（かのえいぬ）壬子（みずのえね）(3)に下された詔の内容に反映された可能性もあります。
注意すると、日付の乙と庚で「乙庚干合」が成立し新たな「金気」が生れ、巳は「金気三合」生（「金気」の生れるとき）で、いずれも文武天皇の「金徳」を意識した記述です。（第 2 章末／陰陽五行思想概略）
つまり、慶雲二年の詔は 2 年後に迫る崩御を前に文武天皇を扶翼する意味を持っていたと考えられます。
　持統天皇の話を再現してみました。（著者）
軽皇子よ、よく心に刻んでおくがよい。
壬申の戦から天武天皇が歩まれた時代は、一言ではいえぬほど過酷な時代であった。
とりわけ、壬午の年(682)に予想された洪水は深刻で、天皇の身に危険がおよぶ運命にあった。
それは宗廟祭祀を怠ったために下された天の譴責、あるいは大友皇子の怨霊による祟りであったかも知れぬ。
天武九年(680)庚辰十一月、天皇と私が共に病に倒れたのは、洪水の不安と祟りへの恐怖からであった。

そこで辛巳の年(681)、多気大神宮を建て周芳国に北斗図を描いて宗廟祭祀を行い、難を逃れることができた。

あれから30年目になる壬子の年(712)、洪水が再び予想されている。

そなたの「金徳」では洪水を招きかねないが、私の「土徳」で防ぐことができるであろう。

しかし油断はならぬぞ、我が身に何があるかも知れぬ、これからも身を慎んで備えるように。

　（壬申には「水気」が溢れる暗示があり「水剋火の法則」から「水気」が「火気」を消し去る、すなわち「火徳」天武天皇にとっては最大の危機であった／乱とせず戦とした）

大友皇子の怨霊による祟りが終息していなかった可能性

　持統崩御に至る記録の簡潔さは、後述する文武天皇崩御の記録の簡潔さに近く、人為的な死あるいは怨霊による剋殺なども考えさせます。

持統崩御日の甲寅は「木気」甲が「土気」寅を消し去る、すなわち「木気」大友皇子の怨霊がいまだ終息せず「土気」持統天皇を剋殺した可能性を否定できません。

寅は「土気三合」墓（「土気」が終わるとき）でもあり、「土徳」持統天皇の死を暗示し作為を感じます。

　天武九年(680)庚辰十一月、天武天皇と皇后（持統天皇）が共に病に倒れたのは、洪水の不安と祟りへの恐怖からでした。（105-23）（391-2-443）

壬申の乱で敵味方に分かれたとはいえ、天武天皇と大友皇子は叔父と甥の関係で持統天皇と大友皇子は異母姉弟になります。

晒された大友皇子の首級を検分した経験から、怨霊による祟りへの恐怖は常に抱いていた可能性があり、あるいは逆に、斬首することで怨霊を防ごうとした可能性もあります。

古代には恐怖や疑心、憎しみが強ければ強いほど遺体を損壊し、死んだことを確認しようとする傾向がありました。（136-167）（541-265）

『書紀』にも、イザナギに切り刻まれたカグツチの神話や、孝徳大化五年(649)己酉に右大臣蘇我倉山田石川麻呂の首を斬り肉を刺した記事があります。（271-57）（391-2-308）

人間が怨みを抱いて死んだとき、……いわゆる怨霊になるものと信じられていた。斬首はそうした怨霊を防ぐ手段にもなった。

　「木剋土の法則」は「土徳」持統天皇と「木徳」大友皇子の間に成立し「木気」が「土気」を打ち消す、すなわち「木徳」大友皇子の怨霊によって「土徳」持統天皇が剋殺された可能性を考えさせます。

その「木徳」大友皇子の怨霊を調伏する目的では「金剋木の法則」が応用され「金気」が「木気」を打ち負かす、すなわち既述した杠谷樹の献上は「金気」杠谷樹が「木徳」大友皇子の怨霊を追い払う呪術であった可能性を考えておく必要があります。

大宝二年から三年にかけて、持統天皇に関する記事の日付には「丁 壬 干合」が成立し新たな「木気」を生じていることも、「木徳」大友皇子の怨霊の存在を考えさせる根拠になります。（傍点部分が丁と壬）

大宝二年(702)壬寅九月丁亥(23)　　　大赦天下（大赦の理由不詳）

大宝二年(702)壬寅十二月丁巳(25)　　設斎於四大寺（法会の食）

大宝三年(703)癸卯十二月丁巳朔壬午(26)　合葬於大内山陵（持統天皇合葬）

神馬献上

　瑞祥は、杠谷樹2例、神馬1例、八蹄馬1例で、災異は日食1例、大風1例、蝗1例、雷1例、星昼見1例で、詳細は後述します。

　大宝二年壬寅四月と慶雲元年甲辰五月に神馬が、七月には八蹄馬が献上されました。

馬は五虫「毛虫」（毛のある動物）で「金気」に配当され、四月巳月が「金気三合」生（「金気」の生れるとき）

で、さらに七月申月は「金気方局」孟（「金気」のはじめ）であることからも、「金徳」文武天皇を扶翼する瑞祥と考えられます。（馬は午として「火気」に配当される場合もある）

八蹄馬の八は「八白土気」の八で「土気」を暗示し、「金徳」文武天皇との間に「土生金の法則」が成立していることも見逃せません。（八蹄馬の名称自体に「土生金の法則」が成立）

　この年の十二月、「土徳」持統天皇が崩御し「土徳」が失われたことは、既に述べた通りです。

慶雲元年には「金気」神馬と「土気」慶雲が同時に記録され、「土生金の法則」が成立して「土徳」持統天皇の崩御に伴う「土気」の喪失を補い、五行の運行が乱れないように配慮されています。

なにより、献上された五月午月が「土気三合」生（「土気」が生れるとき）であることも、「土気」を補充する意図が十分に感じられます。

　「金気」を扶翼する神馬が献上された干支を詳しく分析すると、「酉辰支合」（下記の傍点部分）が成立し新たな「金気」が生れていることも注目されます。（第2章末／陰陽思想概略）

大宝二年(702)壬寅四月戊戌朔乙巳(8)　　飛騨国、神馬を献る。

　　　　　　　七月丙寅朔乙亥(10)　　美濃国大野郡の人神人大、八蹄の馬を献る。

慶雲元年(704)甲辰五月乙酉朔甲午(10)　　備前国、神馬を献る　西楼の上に慶雲見る。

　持統天皇の崩御に伴う「土気」の喪失を補う目的で五形図が描かれた可能性を考えました。

しかし、年内に残された日数はわずかしかなく、他の事業との関係も明らかではないため、五形図を描いた可能性は最も低くなります。

　以上が、五形図を描いた第3候補とする根拠です。

第3候補の動機と目的、根拠と意義を纏めると、以下の通りです。

動機：「土徳」持統天皇崩御による「土気」の喪失。

目的：強力な「土気」を補充する。（「土剋水の法則」／五気の中軸）

竣工：大宝二年壬寅十二月丑月

根拠：瑞祥の変化。（図2-13）（表2-13）

意義：「土気」補充

大宝三年(703)癸卯

火葬と合葬は「土気」を補充する呪術

　大宝三年は、前年に崩御した持統天皇（太上天皇）の喪正月で開けています。

秋七月、災害や異変が続き穀物が不作であったと詔にはありますが、しかし、災害は下記の丙午の日に近江国の山火事が1例記録されているだけです。

強力な「火気」を表す丙午の日に大きな火を意味する山火事が起きたとする記録には作為を感じ、5ヵ月後の持統天皇の火葬を暗示しているのかも知れません。

　持統天皇は初めて火葬された天皇として記録されました。

仏教の伝来によって土葬から火葬へ葬送の方法が変わったとする説が有力ですが、それ以前にも火葬が行われていたことが竃室（荼毘に付す竃）などの遺跡の存在から明らかになっています。（20-192）（420-175）

十二月丁巳朔癸酉、持統天皇は飛鳥の岡で火葬され、9日後の壬午、大内山陵に合葬されました。（10-1-75）

大宝三年(703)癸卯　　秋七月申月庚寅朔丙午(17)　　近江国、山の火自ら焚く

　　　　　　　十二月丑月丁巳朔癸酉(17)　　飛鳥岡に火葬

　　　　　　　壬午(26)　　　　　　　　　　大内陵に合葬

　五行の視点に立てば、以下の呪術が成立した可能性も考えられます。

「火徳」天武天皇と「土徳」持統天皇の間に「火生土の法則」が成立し「火気」から「土気」が生れる、すなわち「火気」天武の後継者として「土気」持統が即位することになります。
あるいは「火気」火葬と「土気」灰にも「火生土の法則」が成立し、「火徳」天武と「土徳」持統を合葬した意味をさらに強調しています。(568-108)

　この推論を裏付けるように、火葬された十二月（丑月）は「土用」、日付の丁（火の弟）、巳（「火気方局」孟）は「火気」で、「火気」と「土気」で構成されています。
また、合葬された日付には午（「火気三合」旺、「火気方局」仲、「土気三合」生）も加わり、いっそう「火気」と「土気」を強調しています。
さらに、17日の火葬から26日の合葬までに要した9日間の9は「金気」成数で死を暗示し、あるいは陽数の極数9または「火気」生数2と成数7になり「火気」火葬を強調しています。
つまり「土徳」持統天皇と火葬の間には「火生土の法則」が成立し、「火気」が「土気」を生む、すなわち「火気」火葬されることで「土気」灰になり、持統天皇は「火徳」天武の後継者として「土徳」を全うしたといえます。
持統天皇が崩御したことで失われた「土気」を「土気」灰になることで補充した、とも考えられます。
大内山陵に合葬されたのも夫婦和合、すなわち陰陽合一の象徴で「土気」に配当され、「土気」をいっそう補充したことになります。(56-21)(200-20)(218-1-81)

　このように火葬から合葬に至るまでの一連の葬儀は、「土気」を補充する呪術であった可能性があります。
さらに、火葬された日付と山火事のあった七月の日付が同じ17（陰8＋陽9）で火事と火葬が結び付き、合葬された日付が「一九年七閏法」の和26（19＋7）であることからも、聖数関係を意識した記録といえます。
　さすがにこの年、瑞祥は1例も記録されていません。

慶雲元年(704)甲辰──「土気」瑞祥改元

慶雲は「土気」の瑞祥

　五月 乙酉朔 甲午(10)、宮中の西楼の上に慶雲（けいうん／きょううん）が現れ慶雲と改元した、とする記事があります。(図2-14)
慶雲は彩雲と同じで五色（五は「土気」生数あるいは陰陽を兼ねる）を備えることから「土気」に配当され、「土徳」持統天皇の崩御で失われた「土気」を補充する目的で記録された可能性があります。
彩雲は珍しい現象ではないことから「宮中の西楼の上に現れたこと」に意味を持たせた記録と考えられ、文武天皇の「金徳」を意識した記述です。(132-210)(436-144)
『延喜式』では大瑞に分類され「烟のようで烟に非ず、雲のようで雲に非ず」と表現されるように淡い色彩の雲です。(図2-14)(187-527)(279-1-259)(475-134)

図2-14：彩雲

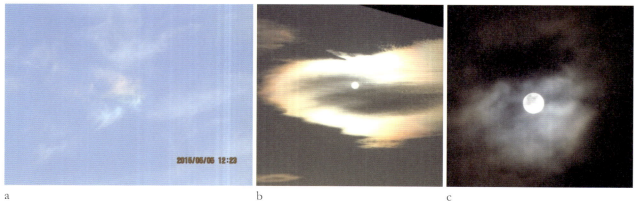

a　　　　　　　　　　　b　　　　　　　　　　　c

a：2015年5月5日12時23分、東京上野で観測された彩雲は「烟のようで烟に非ず」の通り。　b：2018年5月17日18時3分、萩市で観測した不完全な光環と彩雲。　c：2018年12月23日4時35分、山口市で観測した平成30年最後の満月による月光環と彩雲。新しい時代の予祝か。

木連理は「土気」補充の呪術
　文武紀から元明紀にかけて、木連理の記録が3例あります。（傍点部分は「土気」）
慶雲元年(704)甲辰六月乙卯朔己巳(15)　　阿波国、木連理を献(たてまつ)る。
和銅五年(712)壬子三月庚午朔戊子(19)　　美濃国、木連理ならびに白鷹を献る。
和銅六年(713)癸丑十一月辛酉朔丙子(16)　近江国、木連理十二株(ちかつあふみ)を献る。

　延喜式では下瑞に分類され、仁木(じんぼく)で枝や幹が他の木と繋がったもの、と『続紀』の注にあります。(10-1-80)
(475-134)
連理について『広辞苑』には以下の説明があります。(図2-15)(154)
1. 1本の木の幹や枝が他の木の幹や枝とつらなって木理が通じていること。
2. 夫婦または男女の深い契りのたとえ。

　連理（繋がったもの）は陰陽合一（夫婦和合）の象徴で「土気」に配当され、白居易(はくきょい)（白楽天）の『長恨歌(ちょうごんか)』で歌われる比翼(ひよく)（翼が連なった鳥）も「土気」に配当されます。(長生殿の故事)（第5章／雌雄の鳳凰図）(218-1-81)
在天願作比翼鳥、在地願為連理枝（天に在っては比翼の鳥になりましょう、地に在っては連理の枝になりましょう。）

　以上から、木連理の記事は和銅五年壬子に予想された洪水を防ぐ呪術、すなわち「土剋水の法則」を応用した呪術に必要な「土気」を補充する目的で記録された可能性があります。

図2-15：連理の例

a：室生龍穴神社の連理の杉。　b：長谷寺の二本杉(ふたもと)（源氏物語の玉蔓(たまかずら)内侍ゆかりの木）。　c：八重垣神社（松江市佐草町）の夫婦椿。　d：米子の根上り連理の松（米子市博労町）。(482-16)　＊木連理（合体木）は珍しい現象ではないが、夫婦和合「土気」の象徴として愛でた。(481-18)

慶雲二年(705)乙巳

文武朝から元正朝までの疫と飢饉

夏四月庚戌朔壬子(3)、次の詔が下りました。(490-1-70)

朕は徳の薄い身でありながら、王公の上に位している。天を感動させるほどの徳もなく、人民に行きわたらせるほどの仁政もできない。そのためか陰陽の調和がくずれ、降雨と日照りが適当でなく、穀物の作柄が悪く、人民は飢えに苦しんでいる。これを思うと心がいたむ。

この詔の内容は、前漢の第12代皇帝・哀帝(BC7～BC1在位)の詔に似ています。(551-198)

哀帝が帝位を継いだ時の詔は以下の通りで、宗廟祭祀の重責に戦々恐々として天意を恐れている様子がわかります。(211-1-100)

詔を下して言った。朕は宗廟祭祀の重責を承け、戦戦競競として天意を失うことを恐れている。このごろ日月五星は光りを失い五星は運行を止め、郡国には頻々と地震がある。さきに河南郡と潁川郡で出水があり、民を溺死させ蘆舎を損壊した。朕の不徳ゆえであるのに、かえって民が罪をこうむったこと、朕ははなはだこれを懼れている。

文武天皇も哀帝と同じ状況に置かれていたのでしょうか。

文武二年に宗廟祭祀は済ませていたことから、五行の運行を乱した他の原因を探す必要があります。

『尚書』洪範九疇に政の第一は「五行であること」とあり、五行の運行を乱さないこと、つまり「時計の針を止めないこと」が最大の徳でした。(第2章末／陰陽五行思想概略)(7-183)

詔では五行の運行が乱れた原因は自身の徳にあると述べ、自身の「金徳」を否定しているようです。

『続紀』にしたがって、文武朝から元正朝までの疫と飢饉が発生した国の数と記事の数を現わしたのが図2-16です。

実数が確認できない記録もあり、多少の過誤を生じた可能性もありますが発生の傾向を示すことはできたと考えます。

記録された国数が慶雲二年に頂点に達していることから、この年の詔に反映された可能性があります。

瑞祥は赤烏1例、災異は旱魃1例、日食2例、落雷1例、火災3例が記録されています。

文武自身が詔で述べているように、飢饉は悪政(具体的には不明)による五穀不登の結果で、「土気」がその本性を失った(正しい働きができなくなった)ことを暗示しています。

なぜなら、「土気」の本性は稼穡すなわち「稼とは種を蒔くこと、穡とは穀物を取り入れること」で、「土に稼穡せず」とは五穀が稔らないことを意味するからです。(293-1-66)

『続紀』は飢饉の記録を通して文武天皇の政治を批判する一方、「土徳」持統天皇の崩御によって「土気」が失われたことをも暗示しているようです。

したがって五形図が企画された目的の中には、文武天皇の悪政によって失われた「土気」の本性を回復すること、も含まれていた可能性があります。

図2-16：文武朝から元正朝までの疫の記事数と国数

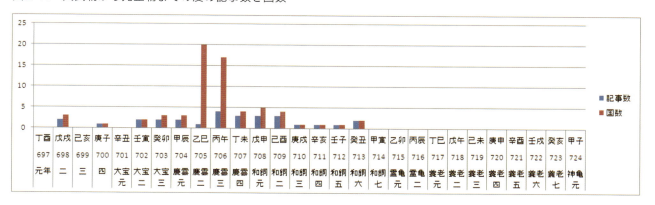

＊『続紀』の記述通りに記事と国の数を示したが、実数が確認できない記事も多い。

図2-17：文武朝から元正朝までの飢饉の記事数と国数

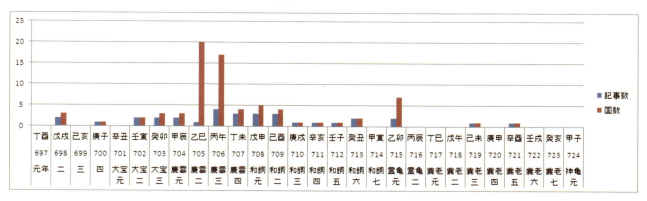

＊『続紀』の記述通りに記事と国の数を示したが、実数が確認できない記事も多い。(98)

慶雲三年(706)丙午

土牛と大儺

　十二月（季冬／冬の終り）、「是の年、天下の諸国に疫疾ありて、百姓多く死ぬ。始めて土牛を作りて大儺す」と『続紀』にあります。(10-1-109)
大儺とは追儺（ついな／おにやらい）ともいわれ、疫気を払う宮中行事でした。（祟りと疫気）
　土牛について、延喜陰陽寮式には「土牛童子像などを大寒の日の前夜に諸門に立てる。……立春の前夜半には取り除く」とあります。(98-3-60 注二四)（187-437）
これらの記事で注目されるのは、十二月（丑月）の丑、土、牛（丑）、童児のすべてが「土気」に配当されることです。
　『礼記』「月令」季冬の月（十二月）には、以下の記述があります。(419-268)
役人に命じ、にぎやかに追難（鬼やらい）を催し、四方の門に牲を磔にして（邪鬼の退散を）祈り、また土牛を作って寒気の去ることを祈る（土は水に克つという五行信仰に基づき、また北方や水や寒冷の気を子＝ね・ねずみに結合させる俗信によれば、十二支において子の次には丑＝牛が来るので、そこで土の牛を出して水の（寒冷な）鼠を追っ払ってしまう、というまじないである。）

　「月令」の文言から、土牛童子は冬から春へ季節の移り替わりを促す呪術であることが判ります。
これは「土剋水の法則」を応用で、「土気」が「水気」を打ち負かす、すなわち「土気」土牛と童児で「水気」冬を追い払って「木気」春を迎える呪術になります。

12月（丑月）から1月（寅月）を含む丑寅は変化宮（時間と空間と方位の境界／鬼門）として怖れられ、朝廷では一年で一番重要な祀、すなわち御体御卜（天皇の身体を亀卜で占う）、月次祭（6月、12月11日の班幣）・神今食（天皇と神の会食）、御贖（罪穢の替身）・大祓（罪穢を祓う）が行われました。（第2章末／陰陽五行思想概略）（図2-18）（116-127）（187-79）（560-45、560-169）

図2-18：十二支「丑寅」(a) と後天易「艮」(b)

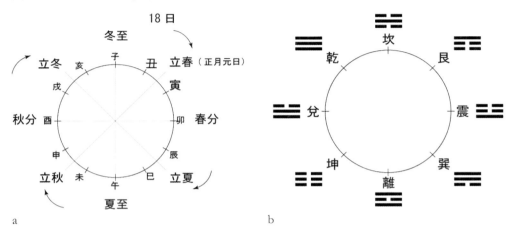

a　　　　　　　　　　　　　b

　陰陽五行思想では時間と方位は同じ十二支で表され（分類され）、例えば冬から春へ移る（冬とも春とも言えない）時間と北から東へ移る（北とも東とも言えない）方位を共に丑寅と呼び、そこは丑寅の造形・鬼が出入する（鬼門／この世ともあの世とも言えない）空間になります。(576-25)
赤坂憲雄氏は、境界に棲む「モノ」に含まれる両義性（現世とも他界とも言えない）について以下のように述べています。
両義性とは「土気」の本性（働き／性質）の一つです。
村はずれの辻・橋や坂・峠などの境界が、内／外・生／死・現世／他界といった二つの世界のあわいを浮遊する人やモノらの棲み処であった……。(5-45)

　「モノ」の棲み処で鬼の出入り口として恐れられた丑寅について、吉野裕子氏は次のように述べています。(566-106)
そこで丑寅とは、日にとれば丑刻、寅刻で午前一時から五時（日の境）、年にとれば丑月（旧十二月）、寅月（旧正月）（年の境）、四季にとれば冬の終わり、春の始め（季節の境）である。……このように一日の陰陽二気の終始交替の時なのである。……丑寅の時間によって象徴されるところは常に陰陽の交代変化である。この「変化」の象意はそのまま方位に持ち込まれ、その結果、丑寅の方位は「変化宮」として恐れられ鬼門とされるわけである。

　図2-18aで示した四立（立春・立夏・立秋・立冬）の前18日間を土用（辰・未・戌・丑）と呼び、「土気」の領分になります。（第2章末／陰陽思想概略）
現代でも活きている「土用丑日の鰻」の「土用」は、立秋の前18日間の「土用」丑の日を指します。
　さらに、土牛が「土気」と考えられていた証拠は、『延喜式』の「（土牛は）立春の前夜半には取り除く」とする文言です。(7-183)（187-437）
立春は二十四節気の起点で旧暦では正月元日を指し、その前日を節分と呼び大晦日になります。(419-227)
したがって、土牛を立春の前夜半（大晦日）に取り除くとは、「土剋水の法則」で「土気」土牛が「水気」冬を終わらせて後に「木剋土の法則」で正月「木気」春が「土気」土牛を消し去る（取り除く）ことを意味します。

あるいは『老子』第5章に載る「天地は不仁、万物を以て芻狗と為す」すなわち「お祭りの時、厄払いに使う藁で作った犬ころは祭がすめば惜し気もなく投げ棄てられる」に由来する可能性もあります。(55-1-68)

　天武十三年「十二の角のある犢」の記事が天命の尽きることを暗示していたように、慶雲三年の土牛の記事は何か変化が起こりそうな兆候、すなわち文武天皇の崩御の予兆であった可能性もあります。

図 2-19：土牛と土馬

a：土牛は、萩焼作家・大和佳太氏による再現（萩焼窯元明善窯／山口市桜畠）。　b：平城京壬生門の濠から出土した土馬。(307-62)

a　　　　　　　　　　　b

　土牛は、図 2-19a のような姿であったかも知れません。（具体的な資料が見当たらない）
単に牛（丑）ではなく土と童児で「土気」を強調している点が重要で、強力な「土気」で「木気」疫気を駆逐する一方、「水気」冬を終わらせ「木気」春を迎える呪術とした苦心の跡が窺えます。

　以上、「土牛を作りて大儺す」から読み取れる事柄は、以下の3点です。
1. 疫気を駆逐する「土気」の呪術。
2. 冬を終わらせ春を迎える「土気」の呪術。
3. 文武崩御の予兆。

鬼門がないことにした呪術

　鬼門（鬼の出入り口）をいかに恐れたかを示す好例に、京都御所の猿ヶ辻と呼ばれる東北隅があります。鬼門にあたる部分の築地塀を凹ませて（隅切り）「鬼門がないことにした」封殺呪術です。
凹ませるだけでは気が済まなかったのか、さらに「猿（申）」と名付けることで、申の対中の寅（すなわち丑寅／鬼門）が存在しないことにする念の入れようです。（凹はオカメと同じ「兌」の造形の可能性／図 4-22）（図 2-20）
これは、対中するものは激しく対立する、十二支の法則に基づいた命名です。（第2章末／陰陽五行思想概略）(563-166)

　それでもまだ気が済まなかったのか、猿ヶ辻の軒下に猿の彫り物を置いています。（図 2-20b）
猿は山王権現（日吉大社）の神使で、私見では山王権現は「土気」を神格化した神です。（図 3-13）（表参 1-6）
その根拠は、東北は後天易「山」（先天易／艮）で、「山」は最大の「土気」つまり「土気の王」は「山王」になるからです。
また、東北は九星「八白土気」で、「二黒土気」「五黄土気」「八白土気」で作られる「土気」の軸で最大のものになるからです。（第2章末／陰陽五行思想概略）

　猿（山に棲む智慧者）を山王権現の神使とした他の根拠は、申（「金気」猿）に対中する寅（「木気」鬼）の間には「金剋木の法則」が成立し、「金気」が「木気」を打ち負かす、つまり「金気」猿が「木気」鬼を調伏する呪術にあります。（「土気」山王権現の敵は「木気」鬼／山王権現の神使・猿は「土気」でもある）（猿はヒョットコと同じ「艮」の造形の可能性／サルタヒコ／図 4-22）
同じ対中であっても、未すなわち羊では見るから役立ちそうにありません。

第 2 章　五形図が描かれた時期の 3 候補　　143

図 2-20：平安京の鬼門／猿ヶ辻

a　　　　　　　　　　　　　　　　　　　　　　　　　　b

a：「ないことにするため」大内裏の鬼門（丑寅の隅）は切り取られている（隅切）。　b：猿ヶ辻の東壁軒下に祀られた烏帽子を被り御幣を手にした猿の彫り物。

鬼や死霊が出入りする東北方向は「鬼門」とされ……封じ込まねばならない忌み嫌われた方角だった。古代中国の風水理論をもって、陰陽師たちは、この凶方の魔を封殺し、天皇と国家をも守ろうとしていたのである。(272-185)(579-19)

　後述する長岡京から平安京への遷都も九星「土気」の軸を進み、その先に王城の鬼門を守る比叡山があります。
比叡山を越えると、神名そのものが最大の「土気」を表している大山咋神(おおやまくいのかみ)と大己貴神(おおなむち)（大国主神／大地の霊）を祭神とする日吉大社（滋賀県大津市坂本）が鎮座し、これでもかというほどに「土気」の軸を意識した設計です。（第5章）（オオナムチを火山の神格化とする説あり）(254-64)
「二黒土気」「五黄土気」「八白土気」「比叡山」と「土気」の軸を進んで「土気」大山祇神を祀る山王権現が鎮座する、「土気」で埋め尽くされていて、ここに「水気」や「木気」が入り込むことは呪術的にありえないことなのです。

　猿ヶ辻について纏めると、以下になります。
1. 築地塀を凹ませて「鬼門がないことにした」。
2. 猿（申）と名付けることで鬼門（寅）が存在しないことにした。
3. 最大の「土気」山王権現の神使・猿（「金気」「土気」）を置くことで鬼を調伏する呪術とした。（「金剋木の法則」）
4. 隅切の凹と猿の凸でオカメ・ヒョットコと同じ陰陽相和「沢山咸」を示し「土気」天下太平を表現した可能性がある。
5. 五行と十二支、九星、『易経』の法則が応用された。

144

崇りと疫気

疫気とは、疫と呼ばれる風病を起こす邪気で「木気」に配当（分類）されます。(388-19)

邪気とは陰陽の調和が乱れた状態で、「木気」春に吹く自然現象の風も含めた「風」が特に問題とされました。風邪に冒されることを中風（風に中る／やぶれる）と呼び、現代の「カゼ」はその一つの現れに過ぎません。(230-34)

古代に考えられていた病気の原因は、季節に順応しない邪風に冒されてかかるもの、生霊や死霊、物の怪、呪いによって生じるもの、などがありました。（カゼは万病の元の誤解）(230-12)

風は万病の元、万病は風の変化したものともいわれ、「各季節を主る将軍に率いられて来る風は命を損なわないが、逆らって来る風に中ると死病にかかる」と考えられていた。中風というのは、現在とちがって、「風に中（やぶ）れる」の意味で、頭、肺、胃、腹、肝、脚その他さまざまな中風があった。

『書紀』で疫病の初見は、崇神天皇五年「国内に疫病多く、民の死亡するもの半ば以上に及ぶほどであった」とする記事で、この疫病はオオモノヌシの祟りでした。(388-20)

オオモノヌシの「モノ」は疫癘（疫病）の原因である霊的な力を意味する、あるいは「物」から「抽象」へ変化した言葉、と捉える説もあります。(83-245)(255-193)(343-34)

最古の医学書『黄帝内経素問』には「木気」が造る（配当される）人体の臓器や働き、たとえば筋、肝、目や怒りを列挙し、「木気」の異常がそれらの臓器や働きに影響し、筋のひきつりや怒りの感情を引き起こすと述べています。(201-28)

下記の傍点を打った言葉が「木気」に配当されます。（第2章末／陰陽五行思想概略）

春の時におきましては、神は天にあっては風となって作用し、地にあっては木を生じ、人体内にあっては筋となり、五臓では肝、色では青、音は角、声は呼、病変としてはひきつって手を握りしめるようになり、五官では目となり、味は酸、精神的な動きとしては怒りとなって現れます。（傍点著者）

慶雲三年は二年に次いで疫、飢饉ともに頂点に達していました。（図2-16、2-17）

慶雲二年の詔にあるように、陰陽の調和が乱れて疫や飢饉が起きるのは天子の徳が不足するためで、文武天皇の天命もいよいよ尽きようとしていた、と考えられます。

事実、慶雲三年十一月、すでに文武天皇は病に陥っていました。

慶雲四年(707)丁未——文武崩御の謎

文武崩御と「金気」忌避の呪術

洪水が予想された和銅五年壬子を5年後に控えた慶雲四年は、五形図の謎を考える上で重要な年です。

それは、「金徳」文武天皇の崩御と「土徳」元明天皇の即位が、実は高度な呪術的意味を持っていたからです。

この年の干支・丁未に丁（火の弟）と未（「火気方局」季）の「火気」で構成され、「金徳」文武天皇との間に「火剋金の法則」が成立して「火気」が「金気」を消し去る、つまり「火気」丁未が「金徳」文武天皇を消し去る、すなわち崩御あるいは「史上から隠される」暗示があります。

「史上から隠される」と考える理由は、文武天皇の没年齢に2説あり、いずれかが創作されたと推測されるからです。

『懐風藻』『水鏡』では25歳、『愚管抄』では78歳の説があり、78歳の方が和風諡号・天之真宗豊祖父天皇に相応しい（祖父を含むことから）印象があります。(10-240補注1-三)(157-86)(326-67)(498-73)

78歳説からは、慶雲四年に「金徳」文武天皇は崩御せずに御簾の奥深く隠れ、「土徳」元明天皇に譲位し天寿を全うした可能性を考えさせます。

なぜなら、78歳の78は「一九年七閏法」の和26の3倍になり、文武天皇は太陽と月が同時に再生する聖数

26 で示唆される太陽神アマテラスの正統な子孫である、と記録されたことになるからです。

25 歳の 25 が天の数（奇数）の合計（1 + 3 + 5 + 7 + 9）であるとしても、同じ関係を見出すことはできません。（第 2 章末／陰陽五行思想概略）

「太陽と月が同時に再生する」とは「一九年七閏法」に基づく考え、すなわち太陰太陽暦では 19 年間に 7 回閏月を加えることで太陽（陽）と月（陰）の誤差（1 年に 11 日）が解消されて（11 日 × 19 年 ÷ 7 回 ≒ 30 日）、陰陽が同時に再生して新たに出発すること、を意味します。（理解し易いように計算式に単位を加えた）（37-58）（357-37）

古代中国では章法と呼び十九年を一章とし、十九太陽年と十九太陰太陽暦年が一致する十一月朔日（1 日）の冬至、すなわち朔旦冬至を再生の祝いとしました。（第 4 章／長岡京と平安京遷都について）

しかしなぜ、文武崩御年を偽る記録が必要だったのか、疑問です。

1 年に 11 日の誤差は下記の計算による。

朔望月 29.530589 日　太陽年 365.2199 日　（365.2199 ÷ 12 － 29.530589）× 12 ≒ 10.9 日

　江口洌氏の説に従って、文武崩御年と「威霊再生」関係で結ばれる史実を求めると、以下になります。

文武天皇の崩御年が慶雲四年の場合には舒明即位年と結びつき、天平宝字四年の場合には慶雲四年の翌年和銅元年と結びつく、興味ある事実が明らかになりました。

舒明即位年（629）　　→ 26 × 3 →　文武崩御年（707）25 歳説

和銅元年（708）　　　→ 26 × 2 →　文武崩御年（760）78 歳説

　さらに、舒明即位年と文武即位年が陰陽の和の聖数 17 関係で結び付き、神武崩御年と元明即位年がやはり 17 関係で結び付いています。（37-41）

元明即位年とは、すなわち文武崩御年（25 歳説）に外なりません。

舒明即位年（629）　　　→ 17 × 4 →　文武即位年（697）15 歳

神武崩御年（前 585）　　→ 17 × 76 →　元明即位年（707）、文武崩御年（707）25 歳説

　文武即位年と崩御年が舒明即位年と結びつき、文武崩御年と神武崩御年が結びついて、複数の「威霊再生」の関係が成立しているのは偶然とは考えられません。

つまり、文武天皇が 25 歳で崩御したとする説は創作された可能性が高く、他の天皇との「威霊再生」関係が見いだせない 78 歳説が正しいのではないか、と考えさせます。

　江口洌氏も神武と文武の結びつきは重要として、以下のように述べています。（一部改変）（37-45）

神武の立太子年を決めた大きな要因として、神武と文武の結びつきは重要です。

神武の立太子年は前 697 年、そして文武の立太子年は 697 年ですから、それは丁度西暦でいう 0 年（不在年）のところでふたつ折りにしたように 697 という数字で対称です。

神武即位年（前 660）　　→ 1357 年（二三 × 59）→　文武即位年（697）

神武立太子年（前 697）　→ 1394 年（一七 × 82）→　文武立太子年（697）

　このように、文武天皇は神武天皇との関係が強調されていることから、『続紀』は文武天皇を非常に大切な存在として編集された形跡があり、日本の紀元も文武天皇を中心に決められた、とも指摘しています。（37-136）

日本の紀元がどのようにして決められたかは、これに拠った、とは簡単に言えないのです。ただ日本の紀元決定法は、文武天皇を中心に決められたとは言えそうです。文武即位年を二三年毎に遡った年に決められたと思います。神武即位年と結びついた天武、持統、文武の 3 天皇の即位年では、文武即位年が史実としては一番信じられるからです。それに文武の即位年を記した『続日本紀』も信用できます。

文武天皇は慶雲四年に崩御したのは史実ではなく、和銅五年壬午に予想された洪水を防ぐ呪術的対策として「土徳」元明天皇に譲位して隠れ、78歳になる天平宝字四年(760)庚子まで生存していた、と考えることも可能です。

後述する九星図で「金徳」文武天皇を「七赤金気」に置き換えると、「土徳」持統天皇は「二黒土気」（母／坤「土気」）になります。（「七赤金気」の象意・隠れるは地上絵にも採用された）（第2章／陰陽五行思想概略）

「七赤金気」の象意には静寂、隠棲があり、文武天皇の退位を暗示する可能性があります。

　「軽」と諱されたのは、表舞台から姿を消して78歳と長命であったことから神仙秘薬の効能「身を軽くして老化せず、神明に通ず」に由来するのかも知れません。(34-160)(133-131)(217-293)(232-19-181)(253-366)(473-139)

なぜなら、神仙秘薬を服用して仙人あるいは尸解仙になった特徴は、最期に姿が見えなくなること、だからです。

　大宝二年、持統天皇の崩御後の施策の流れをみると、5年後に予想される洪水を防ぐために「金徳」文武天皇を退位させて「土徳」元明天皇を即位させる必要があった、そのような事情を考えさせます。

そのうえ慶雲四年は「土徳」持統天皇が崩御して5年目で、5は「土気」生数であることからも緻密に計算された上での譲位であった、と推測されます。（表2-27）

さらにまた、和銅五年壬午まで5年で、慶雲四年はちょうど中継点になります。

大宝二年(702)壬寅	→5年→	慶雲四年(707)丁未	→5年→	和銅五年(712)壬子
持統天皇崩御		文武崩御（25歳）		洪水予想
「土気」喪失		「金気」忌避		「土気」切望

　文武天皇が崩御した六月未月の未は十二支で8番目になり、病に陥った慶雲三年十一月子月からは、ちょうど8ヵ月後でした。

8は九星「八白土気」とすれば象意には童児があり、15歳で即位して軽皇子とも称された文武天皇を暗示します。

未が木のまだのびきらない小枝の部分を象徴することも、「軽」に相応しいと考えられます。(155)

未月は「木気三合」墓（「木気」が終わるとき）、すなわち五行で唯一の生命体が消える時、あるいは土用（辰・未・戌・丑）で五虫「裸虫」（皮膚になにもない動物）に配当される人の死も暗示します。（第2章末／陰陽五行思想概略）

以上の解析から、病に陥った十一月から崩御した六月までの記録には、作為を感じます。

　表2-14のように、天智天皇から文武天皇までの生没年を比較すると、五徳終始説（都合よく改変された）に従って没年が記録されています。

他の没年の日付記載が綿密であるのに比較して、文武天皇の場合は最後の辛巳で辻褄を合せた印象があります。

　慶雲四年六月未月丁卯朔、日食があり、15日後の辛巳に「天皇崩御」とする極めて簡潔な記録で、崩御に到るまでの記録が全くないことから、異常な死ではなかったのか、と憶測を生みます。

「大内山陵に事ふること有り」は、大内山陵に元明即位の意志を告げて物を献じたことをいう、と『続紀』にあります。(10-124注一)

しかし、日食から始まる一連の記事を考えると、大内山陵に異変が起きたとする異説も検討する余地がありそうです。

慶雲四年(707)丁未六月丁卯朔　丁卯(1)　　日、蝕ゆること有り

　　　　　　　　　　　　　辛巳(15)　　天皇、崩りましぬ

　　　　　　七月丙申朔　　庚子(5)　　大内山陵に事ふること有り

　　　　　　　　　　　　　壬子(17)　　天皇、大極殿に即位きたまふ

　文武天皇崩御の記録の簡潔さは、天武十一年壬午春正月乙未朔壬子、宮中で薨じた氷上夫人、持統三年夏四月癸未朔乙未の草壁皇子薨去の記事と類似し、人為的な死あるいは怨霊による剋殺などを考えさせます。
辛巳は「金気」で構成され15日の満月は「陰の極み」で、文武天皇の「金徳」に相応しい崩御の日であり、作為を感じます。

また、15日の15は五行生数の和で文武即位が天命に適ったことを暗示していたように、崩御もまた天命に適ったように記録されたこと、に意味があります。

　文武天皇の遺詔には、簡潔に「挙哀は三日間、喪服を着けるのは一月だけとせよ」とあり、十一月子月乙未朔丙午(12)、持統天皇の場合と同じ飛鳥の岡で火葬され、甲寅(20)、桧隈安古山陵に葬られました。

葬られた日付の甲寅は、持統天皇が崩御した日付と同じでした。

火葬は「火生土の法則」から「火気」が「土気」を生む、すなわち「火気」火葬が「土気」灰を生むことになり、ここでも呪術的に「土気」が求められた、と考えられます。

　崩御に関連した記録について計算され尽くしている、という疑念を拭えません。

表2-14：天智天皇から元明天皇までの生没年の比較

天皇	生年	没年	傍点部分
天智(626〜671)	推古三十四年＊　干支表記：丙戌歳(以下不明)	天智十年十二月三日　干支表記：辛未歳丑月癸亥朔乙丑	「水気」
天武(622〜686)	推古三十年＊　干支表記：壬午歳(以下不明)	朱鳥元年九月九日　干支表記：丙戌歳戌月戊戌朔丙午	「火気」
持統(645〜702)	大化元年　干支表記：乙巳歳(以下不明)	大宝二年十二月二十二日　干支表記：壬寅歳丑月癸巳朔甲寅	「土気」
文武(683〜707)	天武十二年　干支表記：癸未歳(以下不明)	慶雲四年六月十五日　干支表記：丁未歳未月丁卯朔辛巳	「金気」
元明(661〜721)	斉明七年　干支表記：辛酉歳	養老五年辛酉十二月六日重篤　七日崩御　干支表記：辛酉歳丑月癸酉朔戊寅　己卯	「土気」

＊西暦と旧暦と干支表記は、『日本古代史年表』によった。(418)　＊『書紀』で聖徳太子は推古二十九年没。(391-2-204)　＊天智の生年は『書紀』によった。(391-2-234)　＊天武の生年は『一代要記』と『本朝皇胤紹運録』にある推古三十年(622)壬午とした。(172-15)　＊天智と天武のいわゆる「年令矛盾」は、そのままとした。(172-19)　「水徳」天智天皇の後継者・大友皇子が即位していたと仮定して「木気」の部分は省略してある。(391-2-379)

遷都計画の詔

　藤原京遷都(694)からわずか13年で、新たに平城京遷都の計画が始められたのは、なぜでしょう。藤原京のなにが良くなかったのでしょうか。(339-55)

13は「金気」の生数4と成数9の和になり、文武天皇の「金徳」を意識した計画であった可能性もあります。

文武天皇はすでに病にあって崩御4ヵ月前になり、ここでも「金気」生数4が意識されています。

前年十一月には母・元明天皇に譲位を打診し、文武天皇自身が遷都を実施し得ないのは明らかであるのに、なぜ遷都の計画を始めたのか、不思議です。

壬午(15)の詔でも、「忌み忍ぶること」として文武天皇は死期を察し、万一のことがあっても報いることができないのを懸念していたにもかかわらず、大事業を計画したのはなぜでしょう。(10-111 注二四)

余程、重大な事情がない限り考えられないことです。

　後述する通り、平城とは「大地を築く」と読むことができ「土気」を意識した命名で、新京の名前にも「土気」の必要性が暗示されています。(後述／踏平の説)

　平城遷都は、北魏の洛陽遷都の先例に倣ったとする説があります。(372-261)

藤原京から平城京への遷都のきわめてよく似た先例に隋における大興城の造営がある。またさらにその先例を求めるならば北魏の洛陽遷都がある。そしてまさしく平城京のプランの淵源は、この洛陽遷都において現れるのである。

　平城京の名称は北魏王朝の国都を模倣している、とする福永光司氏の指摘もあります。(54-186)

明元帝が第二代皇帝として即位する北魏の王朝文化は、古代日本、とくに八幡大神が正史『続日本紀』に記載されはじめる聖武天皇の奈良朝時代の古代日本文化ときわめて密接な関係をもち、奈良の都を平城京と呼ぶのも、天皇の宮殿を「紫宮」と呼ぶのも、聖武天皇の最初の元号が「神亀」であるのも、みな北魏の模倣であった。

　夏四月庚辰、日並知皇子(文武の父／草壁皇子)の薨じた日を、はじめて国忌に加えた、という記事があります。(10-1-346 補注 2-161)

慶雲四年は草壁皇子が薨去して18年が経過し、18は「土用」を暗示する数値で、国忌を制定することにも、「土気」を期待した跡が窺えます。(第2章末／陰陽思想概略)

　以上、大宝二年に「土徳」持統天皇が崩御して以来、「土気」の補充に苦心した様子が判ります。

持統天皇の火葬、土牛、平城京遷都計画、国忌の制定、文武天皇の火葬、元明天皇の即位、など「土気」を意識した施策が立て続けに記録され、朝廷内の切迫した状況が想像できます。

和銅五年まであと5年(5は「土気」生数)、洪水は迫っていました。

元明紀の解析

和銅元年(708)戊申──すべては和銅五年に向かって動き出した

「水気」が溢れる「壬子」の暗示

　和銅元年戊申春正月乙未朔乙巳(11)、武蔵国秩父郡から和銅が献上されたことを祝して年号を和銅と改めたことが『続紀』にあります。(10-1-127)

この和銅献上と改元(祥瑞改元)が、実は和銅五年壬子に予想された洪水を防ぐための呪術的対策の一つで、全てが和銅五年に向けて動きだしていたのです。(450-94)(451-133)

つまり和銅元年は、予想された洪水を防ぐための呪術的対策が数多く実施された和銅年間の幕開けの年で、後述するように、壬子の年が和銅五年になるように計画された可能性があります。

そのように考える根拠は、瑞祥の献上と改元は必ず政治的(呪術的)な意味を持っているからです。(450-30)(451-6)

呪術的な対策を示唆する資料は、『続紀』と風土記や社伝です。(3-419)(10)(192-43)

　元明天皇即位から和銅五年までの重要事績と呪術的意味を纏めると、表2-15になります。

表2-15：慶雲四年から和銅五年までの重要事績

事績	年号	年(西暦)	干支		呪術的意味		記事
元明天皇即位	慶雲	四年(707)	丁未	「土気」補充	女帝：「土気」		○
和銅献上	和銅	元年(708)	戊申	「火気」補充	銅(あかがね)：「火気」		○
和同開珎銅銭鋳造				「土気」補充	和同開珎：「土気」		○
出雲神宮創建		二年(709)	己酉	「金気」忌避	出雲：「水気」を生む		
大国主神遷座		三年(710)	庚戌	「金気」忌避	出雲：「水気」を生む		
				「金気」忌避	三輪山の神：「金気」		○
大崎玉祖神社勧請				「土気」補充	玉祖：「土気」		
平城京遷都				「土気」補充	平城：「土気」		○
伏見稲荷創建		四年(711)	辛亥	「土気」補充	伏見：伏水(水を伏せる)		
『古事記』撰上		五年(712)	壬子	「土気」補充	古：「土気」		

＊○印は『続紀』に記載がある事績。　＊出雲神宮創建と大国主神遷座は社伝と『丹波国風土記』逸文による（不詳）。　＊大崎玉祖神社勧請は高安玉祖神社の社伝。(466-197)　＊伏見稲荷創建は『山城国風土記』逸文。(3-419)(282-84)　＊『古事記』撰上は『古事記』序文に従った。(192-43)

「土徳」を期待された元明天皇

　慶雲四年(707)秋七月申月 丙申朔 壬子(17)、元明天皇は太極殿で即位しました。

即位の日付、申、壬、子のすべてが「水気」で構成されているように、五徳終始説にしたがえば元明天皇は「金徳」文武天皇の後を継ぐ「水徳」であるはずでした。(表2-16)

ところが、元明天皇が重篤に陥った養老五年(721)辛酉十二月癸酉朔戊寅(6)の寅は「土気三合」墓（「土気」が終わるとき）で翌日の崩御を暗示します。

干支の辛酉は、天命が革まる年として選ばれた可能性があります。(澤火革)(437-123)(450-90)(451-90)

また、崩御の日付の養老五年辛酉十二月癸酉朔己卯(7)は丑(十二月)、己がやはり「土気」であり、これらの日付の干支（丑、戊、寅、己）から「土徳」と認められていた可能性が高くなります。(表2-14)

つまり、本来は「水徳」であるにもかかわらず、呪術的に「土気」が期待された結果でした。

表2-16：即位の日付が暗示する文武天皇と元明天皇の徳

天皇	年	干支	月	朔	日	備考
文武	文武元年	丁酉	八月酉月	甲子	庚辰	傍点部分は「金気」
元明	慶雲四年	丁未	秋七月申月	丙申	壬子	傍点部分は「水気」

＊「酉辰支合」で新たな「金気」が生れる。

　女帝（陰）で「坤の君」、さらに母（文武天皇の母）である元明天皇は持統天皇と同様に「土徳」としての資格が十分にありました。(第2章末／陰陽思想概略)(6-24)(7-391)(437-1-303)

「坤」とは『易経』小成の卦で「天」（乾）に対する「地」（坤）すなわち大地であり「土気」になります。

　元明天皇を「土徳」と判断した根拠には、さらに「土気」に配当される瑞祥の出現があります。

その第一は『延喜式』で上瑞に分類され「土気」に配当される甘露で、『書紀』では天武七年 戊 寅冬十月甲申朔に1例記録されているだけです。（十市皇女が急逝し大友皇子の怨霊に気付き始めた年）(187-528)

甘露は『老子』三十二章に載る言葉で、陰陽合一の象徴すなわち陰陽を兼ね備える「土気」の象徴です。(55-233)

天地、相い合して以て甘露を降す」は、天地陰陽の二気が調和交合して美味い露を降らせるの意。男女の性のいとなみを自然界の現象に擬人化した古代人の発想。

その甘露が元明紀には2例（和銅元年と霊亀元年のいずれも五月）も記録されていて、明らかに元明天皇の「土徳」を嘉祥する瑞祥と考えられます。（表2-17）(10-1-139)
献上された五月は午月で「土気三合」生（「土気」が生れるとき）を意味し、あるいは5が「土気」生数を示唆することから、いずれも元明天皇の「土徳」を嘉祥しています。（五月は「火気三合」旺、「火気」正位で生命の燃盛る時でもある）（第4章／変若水・甘泉・甘水・神泉）

図 2-21：秋篠寺

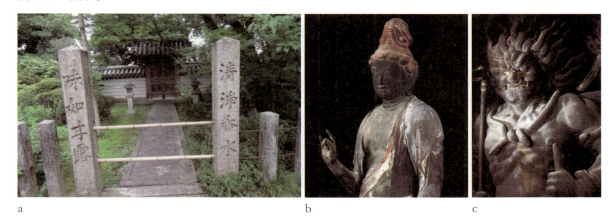

a b c

a：「清浄香水　味如甘露」とある秋篠寺（奈良市秋篠町）の香水閣。「清浄無為」は後漢の桓帝・霊帝時代の宮廷道教で祭祀の主神とされた「黄老（黄帝・老子）」の"清浄無為"の教えに由来する。(54-244)(185-24)　b：国内で唯一の伎芸天（技芸修達の仏神）が芸能（学問）の伝統を有する土師氏の秋篠寺に存在する意義は大きい。(185-17)(276-31)　c：香水閣（閼伽井）の水面に映ったとされる大元帥明王（立像）。首には蛇が纏う。なにを、そんなに怒っているのか。「怒」は五情「木気」。(185-24)(276-31)　＊芸能とは学問のことで、菅原道真、大江匡房などの学者が輩出したのも土師氏の学問の伝統があったから、と考えられる。(242-5-39)(277)(301)(487)(543)

　甘露が湧く香水閣（こうすいかく）が秋篠寺（あきしのてら）にあり、皇室の正月行事に用いられてきました。（光仁、桓武天皇の勅願所）（図2-21c）
秋篠は土師氏四腹から分かれた氏族（毛受腹ではない）で、桓武天皇の父・光仁天皇が食封（じきふ）を増やし、桓武天皇の五七回忌が行われたのも秋篠寺でした。（光仁天皇は秋篠氏も外戚と認めていた可能性がある／5と7は桓武天皇の「土気」と「火気」の象徴か）
　「甘」「香」はともに「土気」で、「土徳」秋篠氏の「土気」香水閣から「土気」甘露が湧出する、「土徳」黄帝と老子の教え（清浄無為）を標榜する、など「土気」で構成された伝承です。（黄と老ともに「土気」）（第2章末／陰陽五行思想概略）

「土気」瑞祥の頻出

　元明天皇の「土徳」を嘉祥するように「土気」瑞祥が頻出します。
多胎（たたい）が3例、木連理（えんぎしき／下瑞（げずい））と慶雲（延喜式／大瑞（だいずい））が2例ずつ記録されています。
木連理は陰陽合一の象徴で、慶雲も五色を兼ねることから、いずれも「土気」に配当されます。（文武三年／慶雲元年）
このように「土気」に配当される瑞祥が23例中9例・39％記録されたことは、元明天皇が「土徳」と認められていた傍証になります。（図2-14）（表2-17）(187-527)(218-1-81)(279-1-259)(293-1-46)(475-134)
予想される洪水に備えて「土徳」の天皇を必要としたのは、天武十一年壬午の年に予想された洪水に備えて「土徳」土師氏の存在そのものを呪術とした事績と似ています。(105-354)
それは「土剋水の法則」から「土気」が「水気」を打ち消す、すなわち「土徳」元明天皇が「水気」洪水を打ち消す、と考えられたからです。

第2章　五形図が描かれた時期の3候補　　151

表 2-17：元明紀の瑞祥

元号 西暦 干支	慶雲四 707 丁未	和銅元 708 戊申	和銅二 709 己酉	和銅三 710 庚戌	和銅四 711 辛亥	和銅五 712 壬子	和銅六 713 癸丑	和銅七 714 甲寅	霊亀元 715 乙卯	合計
和銅		1								1
多胎		1			1			1		3
甘露	1								1	2
銅銭				2						2
白雁						1				1
玄狐						1				1
木連理						1	1			2
嘉瓜							1			1
白鳩（鴿）							1	1		2
稗化為禾							1			1
嘉蓮							1			1
白雉							2			2
慶雲							1		1	2
白狐									1	1
霊亀									1	1
合計	0	3	0	2	1	3	8	1	5	23

＊ゴシック体は「土気」の瑞祥。

表 2-18：元明紀の災異

元号 西暦 干支	慶雲四 707 丁未	和銅元 708 戊申	和銅二 709 己酉	和銅三 710 庚戌	和銅四 711 辛亥	和銅五 712 壬子	和銅六 713 癸丑	和銅七 714 甲寅	霊亀元 715 乙卯	合計
日蝕	1	1	2	2	2		1	1	1	11
大風		1					2	1		4
霖雨		1	1	1						3
旱					1					1
地震						1			3	4
合計	1	3	3	3	3	1	3	2	4	23

＊ 135ヵ月（朔望月）に 23 回の月食（日食は不定）。（279-256）（357-36、357-39）（508-15）　＊霖雨＝連雨とした。

和銅五年の干支を呪術的に午にするための改元

　私見では、和銅献上に伴って改元した目的は、和銅五年(712)の干支を呪術的に午にするためでした。
なぜなら、和銅が献上された日付は「火気」と「土気」で充たされ、和銅献上と和銅改元は強力な「火気」と
「土気」を必要とした記録であった、と考えられるからです。（図2-22）

　現実の干支を人為的に変更することは出来ません。

しかし、仮に和銅元年の地支を「火気三合」生（「火気」が生れるとき）の寅とすると和銅五年は「火気三合」
旺（「火気」が旺になるとき）あるいは「土気三合」生（「土気」が生れるとき）の午になります。（図2-22）（表2-19）
このように配置すると、現実の干支は申と子で「水気」が溢れる暗示があっても、呪術的には寅と午になり
「水気」が消えることになります。

さらに「火気」と「土気」の寅と午で「火生土の法則」「土生金の法則」が働いて「土剋水の法則」が成立し
強力な制水呪術になります。

和銅五年の 5 が「土気」生数であり、重ねて「土気」が意識され「土剋水の法則」が成立していることも見逃
せません。

表 2-19：現実と呪術の干支の比較

	現実		呪術	
和銅元年戊申	申	「水気三合」生	寅	「火気三合」生
				「土気三合」墓
和銅五年壬子	子	「水気三合」旺	午	「火気三合」旺
		「水気方局」仲		「土気三合」生

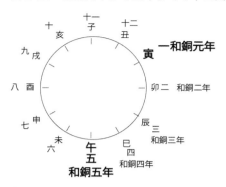

図 2-22：和銅元年から五年までの十二支の構造

和銅献上

　五月壬辰朔壬寅に和同銀銭の鋳造が行われ、八月庚申朔己巳に和同銅銭を鋳造した記録があります。和銅が献上されて和銅と改元されたにもかかわらず、最初に鋳造されたのは銀銭で、次に銅銭が鋳造され、その両者がなぜ「和同」とされたのか、疑問です。
この問題については第3章で述べることにして、この節では和銅元年に武蔵国秩父郡から和銅が献上されたことについて考えます。（第3章／富本銭と和同開珎）

　武蔵国は大和の東方で「木気」の位置になり、「木気」武蔵国と「火気」和銅の間に「木生火の法則」が成立し「木気」が「火気」を生む、すなわち「木気」武蔵国が「火気」和銅を産むことになります。
現実には長門国長登銅山の銅鉱でしたが、西方の「金気」の位置から産出された和銅では、この関係が成立しません。
仮に西方の「金気」長門から「火気」和銅が献上されたとすると、「火剋金の法則」が成立し「火気」が「金気」を打ち消す、すなわち「火気」和銅が「金気」長門を打ち消すことになり、呪術が破綻してしまいます。
「火気」和銅は「木気」武蔵国から産出されるのが呪術的には必然だったのです。
「火気」で充たされた日付に東方の武蔵国から和銅が献上されて和銅と改元したこと、ここに呪術的に強力な「火気」を必要とした苦心の跡が窺えます。

平城遷都の詔と四神相応の地

　和銅元年戊申二月甲子朔戊寅に平城遷都の詔が下されました。（10-131）
方に今、平城の地。四禽図に叶ひ。三山鎮を作し。亀筮並に従ふ。都邑を建つべし。

「四禽図に叶ひ」とは、四神相応の地を意味します。（第5章）
四神とは東西南北の方位を守護する霊獣のことで、東は青龍、南は朱雀、西は白虎、北は玄武です。（図2-23）
つまり、四神相応の地とは四神に守られている地相を指し、具体的には北の山を背にして南面し、川が東西方向に流れ、西に街道、南に平野（低地）を持つ土地を指します。（64-181）（568-216）
　上記の三山とは、東の香具山、北の耳成山、西の畝尾山のことです。
亀筮とは亀卜と卜筮のことで、亀の甲羅を焼いて吉兆を占い、筮（めとぎ／占いに使う萩の茎）を用いて同じく吉兆を占うことです。
亀筮に従うとは、亀卜と卜筮の両者の占いで吉と出たことを意味します。（61-1-5）（89-22）（111-42）
　四神相応の地と亀筮されたにもかかわらず、「遷都のことは必ずしも急がなくてよい（遷都の事、必ずとすること遑あらず）」と乗り気でないことを大角修氏は指摘しています。
さらに「官人の多くが賛同した（衆議忍び難く）」の文言からは、仕方なく遷都する雰囲気を感じるとも指摘しています。（遷都の詔は宣命体ではなく漢文であった）

遷都の発案に藤原不比等の存在を挙げる説もあります。(289-44)
いずれにしても「遷都は皆が賛同したから」と正当化しなければならなかった平城遷都の理由は、何だったのでしょうか。(汚穢が溜ったとする説がある)(74-230)(339-57)
私見では、壬午の年に予想される洪水を防ぐ呪術的対策の一つであったため人に真相を語ることができなかった、可能性を考えています。(339-58)(427-163)(450-94)(451-38)
『周易参同契』には、呪術は人に見せる（話す）と失敗し力を失くすとあり、呪術とは「見せないもの」「話さない」ことが基本的な取り決めだったからです。(427-163)

図 2-23：四神

＊中央の円が内規で内側を紫微垣、その外側の円が天球の赤道、中心がはずれた円が黄道で太陽の見かけ上の通り道。(279-1-246) ＊東西を反転している。(23) より引用改変。(30-94)(315-22)(414-44)(415-58)

和銅二年(709)己酉
複数の聖数関係で結ばれた和銅二年

　和銅二年己酉、この年は天智崩御から38年目、天武崩御から23年目で、38は「一九年七閏法」の19の2倍、23は三才（9・8・6）の和23を示唆し、複数の聖数関係が成立した年でした。(表2-2)
「八月甲申朔乙酉(2)、銀銭の通用を停止して、専ら銅銭を使用させた」記録があります。(10-1-153)
これは、天武十二年癸未夏四月戊午朔壬申「以後、必ず銅銭を用い銀銭を用いることなかれ」とした詔の内容に似ています。(391-2-456)
　銀は五金「しろがね（白金）」で「金気」に配当され「金生水の法則」から「金気」が「水気」を生む、すなわち「金気」銀が「水気」洪水を引き起こすとして禁止された可能性があります。
銅は五金「あかがね（赤金）」で「火気」に配当され「土生金の法則」から「火気」が「土気」を生む、すなわち「火気」銅が「土徳」元明天皇を扶翼する瑞祥として記録されたと考えられます。
同時に「火剋金の法則」から「水気」を生む「金気」を消し去る、すなわち「水気」洪水を生む「金気」銀を「火気」銅で消し去る意味も含まれていた可能性があります。
　八月辛亥、元明天皇が平城京へ行幸した記事があり、遷都を翌年に控えていました。(149-1-271)
後述するように、「土徳」元明天皇が巨大で強力な「土気」を象徴する平城京へ行幸したことには呪術的な意味があり、「土気」に「土気」を重ねることで呪術を盤石にする意志が感じられます。
さらに、神である天皇が「みゆき（みゆきあそばす）」すなわち「遊ぶ」ことは「土気」に配当され、「土気」が重なっています。
なぜなら「遊ぶ」ことは神の行為であり、「土気」の本性（はたらき）は四方に散ること、すなわち遠くへ行くことだからです。(135-25)(267-245)(463-122)
　古代には、神が遠くへ行くことを「遊ぶ」と呼び、「アソ」の原義には「遠くへ」の意味が残されています。「遊」について、白川静氏は次のように述べています。(413-3-26)
遊をあそぶとよむことは、極めて的確な訓詁である。わが国では神の遊びがやがて貴人の行為の上にも移されて、「遊

154

ばす」という語は遊猟や音楽など、神人の相交会するときのみでなく、その行為の全般に及んで用いられ、のちに敬語的な助動詞として一般化された。それがもと神々との交通の方法を意味するものであったからであろう。

出雲大神宮創建は「金気」忌避

元出雲と呼ばれる丹波国一宮・出雲大神宮（京都府亀岡市）は和銅二年(709)に創建された社伝があり、以来、明治になるまで「出雲」といえば丹波一宮を指していました。(出雲大神宮社伝)(382-10)

図2-24：出雲大神宮（丹波一宮）周辺

a：御蔭山を背にした出雲大神宮拝殿（蔭は日影のことか）。　b：明らかに陰石から湧出する真奈井の泉は不老長生の神水（変若水／甘露）。

a　　　　b

出雲大神宮の国史の初見は、『日本紀略』の「弘仁九年(819)十二月乙亥条、丹波国桑田郡出雲社、名神に預かる」とあり、五形図から約120年後には既に有力なお社でした。(189-2-308)
元出雲と呼ばれる理由は、社伝と『丹波国風土記』逸文（不詳）にある「元明天皇和銅年中、大国主命御一柱のみを島根の杵築の地に遷す」を根拠にしているようです。
なぜ、この時期に奈良の三輪山の麓ではなく、丹波の御蔭山の麓に社殿を創建したのでしょうか、疑問です。出雲の神であるオオナムチの和魂とされるオオクニヌシが鎮座していたのは、三輪山でした。(オオナムチ、オオクニヌシ、オオモノヌシほか7つの神名がある)(32-63)(378-130)(486-38、486-44)
和魂とする説に対してオオモノヌシについては荒魂とする説もあり、本書も荒魂として考察しています。
大物主は、その名が端的にオオ（大）・モノ（疫神）・ヌシ（主）と物語っているように、病気、すなわちモノノケの原因であるモノそのものの神格化であり、記紀にもそれがそうであることを語る記事がちゃんとありながら、そういう事実が無視されてきた。…たたりガミの猛威への恐怖、その斎い鎮めに狂奔した事実の記憶が、はっきりと刻みこまれている、といいたいのである。(255-183)

「金気」出雲は「金生水の法則」から「金気」が「水気」を生む、すなわち「金気」出雲が「水気」洪水を引き起こす、と忌み嫌われた結果ではないかと推測されます。(出雲の語源については諸説ある)(第1章／三角形)(32-27)
これは、銀銭の使用を禁じたのと同じ発想で、すべては和銅五年に予想される洪水を防ぐことに向かって動いていたのです。
ちなみに、丹波は「丹の生れるところ」を意味し、「火気」丹と「金気」出雲の間には「火剋金の法則」が成立して「火気」が「金気」を打ち消す、すなわち「火気」丹が「水気」洪水を生む「金気」出雲を打ち負かす呪術であった可能性もあります。(蔭が影であれば「火気」になり「火剋金の法則」が成立して、御蔭山の麓への遷座自体が「金気」忌避の呪術であったとする仮説を支持する／ヒカゲノカズラ)(図2-29、2-32)(100-91)(105-494)

図 2-25：丹砂

a　　　　　　　　　　　　　　　　　　　　　　　b

a：自然水銀と丹砂、赤色の粉状のものが丹砂（硫化水銀）で、容器の底部に自然水銀の銀色の粒が見える。（105-484）　b：丹砂が塗り込められた藤ノ木古墳石棺。（227-40）

　図 2-25 のように、丹とは丹沙あるいは丹朱とも呼ばれる水銀朱（硫化水銀）のことで、その赤い色から「火気」に配当されます。（丹波は丹生地名と鉱床のあわない唯一の地域／丹波は創作された地名／慶雲四年）（100-93）（105-39、105-494）

　『字統』には、すべて丹朱を加えることは聖化の方法であった、とあります。（412-578）

和銅三年（710）庚戌──五形図第 2 候補
平城京は巨大な「土気」の都
　正月壬子朔 丙寅(15)には大宰府が銅銭を献上し、戊寅(29)には播磨国が銅銭を献上しました。献上日はいずれも「火気三合」生（「火気」が生れるとき）の寅で、「火気」を意識した日付が選ばれています。つまり、「火気」の生れる寅の日に「火気」銅銭が献上された、という「火気」で充たされた記録です。
丙寅は「火気」一色になり、戊寅では「土気」戊と「火気」寅の間に「火生土の法則」が成立し、「火気」が「土気」を生む、すなわち「火気」銅が「土徳」元明天皇を扶翼することになり、いずれの献上日も綿密に計算されているのが判ります。（銅銭を「火気」としたのは五行による判断）
　「三月壬子朔 辛酉(10)、始めて都を平城に遷す」が遷都の記録です。（98-4-8）
辛酉は三革（甲子革令／戊午革運／辛酉革命）の一つで、革命すなわち王朝が革まるほどの事件が起きる日付として選ばれたに違いありません。（427-2-123）（450-90）（451-90）
　ところで、藤原京がわずか 16 年で廃都になったのは、なぜでしょうか。（第 4 章／長岡京と平安京）
私見では、平城の「平」は天円地方の「方」すなわち土地を表し「城」は築くと読めることから、平城とは「大地を築く」を意味し「土気」を意識した命名と考えられます。（平には均すの意味も指摘される）（146-153）
つまり、平城京遷都は巨大で強力な「土気」を実現する国家的事業で、2 年後に予想された洪水を打ち消す呪術であった可能性があります。
藤原京廃都そのものには特に背景（治水の問題は存在した）があるわけではなく、平城京への遷都が決定された必然の結果であったと推測されます。
　ちなみに、平城京と同じ構造を持つ言葉には園城寺（通称は三井寺／滋賀県大津市）と金峯山寺蔵王堂（奈良県吉野町）があります。（象限を形成するだけでなく名称の上でも同じ構造であることが重要）（図 2-12）（表 2-11）
「園」は「天子の墓」を意味し「城」は「築く」意味があることから、園城とは「天子の墓を築く」と読めます。（『国語』では戊申の戊を土地とし申を他動詞として、土地を広めると用いている）（105-200）（179-175）
この場合の天子とは大友皇子を指し、天武天皇の最晩年に大友皇子の遺子・与太王の嘆願を承けて建立を許可

された園城寺の命名にも呪術的な意味合いを強く感じます。

また、蔵王は「王を蔵す」と読め、この場合の王も大友皇子の可能性が高いと考えられます。

南北軸を形成する園城寺（弘文天皇陵）と蔵王堂の名称が同じ構造であることが重要で、設計者の強い意図を感じさせます。（第2章／文武三年の節）（表2-10、2-11）（105-243）

その意図は、東西軸を形成する多気大神宮と蔵王堂の間にも同じように働いていたはずです。

したがって、同じ構造をもつ平城京の名称にも呪術的意味を持たせたであろうこと、が容易に想像できます。

オオクニヌシ遷座と玉祖命勧請──「金気」忌避と「土気」歓迎

和銅二年己酉に創建された出雲大神宮の祭神オオクニヌシが、僅か1年で和銅三年（710）庚戌に島根の杵築神社へ遷座させられたのは、なぜでしょう。（丹波国風土記／逸文）

この年の干支で庚は「金気方局」仲（「金気」正位）あるいは「金気三合」旺（「金気」が壮んなとき）、戌は「金気方局」季（「金気」が終るとき）で、共に「金気」であり「金徳」出雲の神が遷座するのに相応しい年でした。

同じ年、大崎玉祖神社（山口県防府市）の分霊が現在の大阪府八尾市高安へ勧請されて、高安村の氏神・高安大明神すなわち玉祖神社が創建されたのは、なぜでしょう。（466-197）

玉祖命（玉屋命）の分霊は、住吉の津に上陸して恩智神社（元春日）に留まり、高安へ移動した伝承があります。

玉祖命の分霊が勧請されたとき、なぜ住吉の津に上陸し、なぜ恩智神社に留まったのち高安へ移動したのか、疑問があります。

つまり、祭神オオクニヌシが丹波から杵築へ移動したことと、玉祖命が恩智神社から高安へ移動したことは、同じ意図で行われた呪術的政策ではなかったのか、と考えられます。

玉祖命は「土徳」土師氏の奉斉した「土徳」の神でした。（105-383）（290-302）

これらの疑問に対して図2-29のように、「金徳」出雲の神は「金生水の法則」から「金気」が「水気」を生む、すなわち「金徳」オオクニヌシが「水気」洪水を引き起こす可能性があることから遠くへ追いやられ、「土徳」玉祖命は「土剋水の法則」から「土気」が「水気」を打ち負かす、すなわち「土徳」玉祖が「水気」洪水を消し去ることから都の近くへ招かれた、という呪術的な説明が成り立ちます。

つまり、「水気」洪水を引き起こす「金気」は遠ざけ、「水気」洪水を打ち負かす「土気」は近づけた、これが実態ではなかったかと考えられます。（延喜式／祟り神を遷し却るという祝詞）（図2-29）（192-447）（301）（448）（532）（536-1-99）

「金徳」オオクニヌシが丹波に一年間留まったのは、既述したように「火気」丹波との間に「火剋金の法則」が成立し「火気」が「金気」を打ち負かす、すなわち「火気」丹波が「金徳」オオクニヌシを鎮める目的があったのではないか、と想像させます。（丹波では不足でさらに杵築へ追いやった可能性がある／御蔭山の蔭が影であれば「火気」になる）

一方、玉屋命が恩智神社に留まったのは、住吉の津（難波津）が古来、祓いの名所であったこと、恩智神社の「恩智」が越智水（変若水）の「おち」に通じること、などから高安へ鎮座する前の「潔斎」の意味があった可能性を想像させます。（斎宮と潔斎／五精・意智は不老不死の「土気」／越智水については第4章）（53-66）（377-219）

高崎正秀氏によれば「祖（おや）」は女性をさす古語であり、女性（「土気」または「火気」）で祖であれば玉祖命にはより強力な「土気」が期待されたはずです。（第3章／女帝と「土気」の制水呪術）（452-1-25）

天孫降臨の際における五伴緒の内、石凝姥命と玉祖命は、とめ・おやが女性をさす古語であった以上、猿女の遠祖鈿女命を加へて、三人までは確かに女の宰領であったことが訣る。（ルビ著者）

図 2-26：高安玉祖神社（高安玉祖大明神）

a：高安玉祖神社の拝殿（大阪府八尾市神立）。　b：天然記念物の大楠。　c：長鳴鳥（周芳大崎玉祖神社の黒柏と同じ鶏）。　d：高安山の中腹、標高140mに位置する高安玉祖神社の境内からは遠く淡路島（左↓）、明石海峡（中↓）、六甲山（右↓）から河内平野を一望できることから、呪術的な意味（制水呪術）だけでなく、十三峠（大和と河内を結ぶ要衝）を東北に構え南方に接する高安城（天智6年667年築城）との関係からも、現実的、戦略的な意義が十分に考慮されている。
e：玉祖神社御神位〇掲所の碑（〇は脱字）。神霊をこの地へ引き上げた意味か。

　以上、オオクニヌシの遷座と玉祖命の勧請は、和銅五年に予想された洪水を防ぐための呪術でした。洪水を起こしかねない「金気」オオクニヌシを杵築へ遷座させたのは、荒ぶるスサノオを根の国へ追放した神話の再現といえるかも知れません。（神話は祭を創造し祭は神話の再演あるいは神話を補強する）（192-85）（331-1-104）（335-244）（516-217）

　上記の仮説を裏付けるように、『延喜式』巻八には「祟り神を遷し却る」（遷却祟神）祝詞があり、宮中には「祟り神」を遷す祭祀があったことが判ります。（アマテラスの変遷と伊勢皇大神宮の創建に通じる）（192-447）
あからさまにいえば、祟り神（アマテラスも含む）はさっさと出て行って欲しい、といっているのと同じです。
高天原に神留りまして……荒び給ひ健び給ひ事無くして……此の地よりは、四方を見霽かす山川の清き地に遷り出で坐して、吾が地と領きまませと……。

「金気」忌避と荒神谷遺跡／賀茂岩倉遺跡
　1984年、偶然発見された荒神谷遺跡（島根県斐川町神庭西谷）では、銅剣358個と銅鐸6個、銅矛16本が出

土しました。

1996年、やはり偶然発見された加茂岩倉遺跡（島根県雲南市加茂町岩倉）では、銅鐸39個が出土しています。いずれも埋納時期が不明とされるところから、和銅三年庚戌に出雲大神宮からオオクニヌシを杵築神社へ遷座させたのと同じ「金気」を忌避した呪術の可能性を考えさせます。（図2-27）

図2-27：荒神谷遺跡と加茂岩倉遺跡と四隅突出型墳丘墓

a

b

c

a：荒神谷遺跡出土状況（斜面西側からの撮影）。(79-扉)　b：加茂岩倉遺跡の出土状況復元。　c：銅剣の茎に刻まれた「×」印。(79-21)　d：「×」にみえる四隅突出型墳丘墓（弥生時代中期／島根県出雲市西谷古墳群）の南側の突出部分。

d

埋められた理由について、祭祀説、保管説、隠匿説、廃棄説、境界埋納説などがあります。(79-23)

銅剣も銅鐸も金属器として「金気」で、「金生水の法則」から「水気」を生む「金気」を忌避する、すなわち「金気」銅剣、銅鐸、銅矛を埋納して「水気」洪水を防ぐ呪術とした可能性があります。(85-37)

出土した銅剣の本数と出雲圏内に存在する式内社が同数であることも、呪術的埋納であったことを示唆しています。

358本の銅剣のうち344本に「×」印が刻まれ、「×（バッテン）」は悪魔払いの印とする説から、呪術であった印象をいっそう強くします。（図2-27c）(66-258)(79-20)(158-42)(262-185)

図2-27dのように出雲地方にみられる四隅突出型墳丘墓も視点をかえれば「×」にみえることから、青銅器の埋葬者を邪気から守る意図があったかも知れません。（方相氏も四つ目であった／四は「金気」生数）(262-17)

「金気」忌避の他の可能性として「剣が祟る」とする思想があり、道教の神怪説話集『異苑』に記載がある、と福永光司氏は指摘しています。

剣が祟るということについても六朝時代に書かれた道教の神怪説話集『異苑』（北堂書鈔／巻一二二所引）に、晋の恵帝の元康三年(293)武庫に火ありて（漢の高祖の）斬蛇剣を焼けり。茂先（張華）難を懼れ、兵を列べ衛りを陳ぬることを作す。咸く此の剣の屋を穿ちて飛び去るを見たり」（ルビの一部と傍点は著者）(50-180)

『書紀』にも朱鳥元年丙戌六月己巳朔戊寅、天武天皇の病は「草薙剣の祟り」と卜占（御体御卜）され、即日、熱田神宮へ奉還した記録があります。（伊勢神宮は未だ創祀されていなかった／ミヤズヒメが熱田神宮を創建し剣を奉斉

第2章　五形図が描かれた時期の3候補　159

した）
「草薙剣の祟り」は大友皇子の怨霊が草薙の剣に憑依して出現した祟りである、と私見を述べました。（105-232）

図 2-28：石上神宮

a　　　　　　　　　　　　　　　　　　b

c　　　　　　　d

a：出雲建雄神社から望む石上神宮全景。　b：「布都御魂大神」と書かれた扁額。　c：布留高庭を取り囲む瑞垣は、何かにおびえているかのように執拗に組まれている。　d：草薙剣の伝承が残る出雲建雄神社。

　草薙剣は熱田神宮へ奉還されたにもかかわらず、その荒魂（祟り神）は石上神宮の出雲建雄神社へ祀られた、という記録があります。（126-20）
出雲建雄神とは草薙剣の荒魂であると同時に、石上神宮の祭神・布都斯御魂大神の御子神とも考えられ、出雲建雄神社は「若宮」とも呼ばれていました。（若宮は怨霊を祀った社である場合がある）（83-245）
石上神宮の略史には、桓武天皇に石上神宮の兵仗が祟ったとあります。（126-3）
桓武天皇の延暦二十三(804)年には非常時に備えるため当神宮収蔵の兵仗を山背国葛野郡に搬出するよう詔が下り、そのために要した人員が十五万七千余人であったと伝えられています。しかし、この時搬出された兵仗は、天皇が御病気になり、それが兵仗搬出に対する石上大神の祟りであるとのことで、翌年当神宮に返還されました。（126-3）

　『石上神宮』には、わが国古代の霊剣は草薙剣の他は全て当神宮に祀られることになった、とあり石上神宮とは何か、神社とは何か、を考えさせます。（祟り神が遷却される地は清浄な異界）（126-3）（536-116）
明治7年8月には、当時の大宮司菅政友が石上布留高庭を調査して、伝承通りに神剣韴霊（布都御魂剣）を発掘していることから、銅剣を埋納した荒神谷遺跡にも同じ呪術的意図が存在した可能性を考えさせます。（126-14）
　図 2-28c の瑞垣の内側が布留高庭になります。（126-4）
神剣・布都御魂剣を埋納した布留高庭を取り囲む瑞垣は執拗に繰り返される呪術を彷彿とさせ、その荒削りの無骨さはなにかを閉じ込め抑え込む（祟りを封じ込める）印象があり、柿本人麻呂の歌（をとめらが袖る山の瑞垣の久しき時ゆ思ひきわれは）を恋の歌とする解釈には疑問を感じます。（傍点著者）（331-4-60）

石上神宮と剣の祟り

1. 草薙剣の祟りと出雲建雄神（草薙剣の荒魂）。

2. 石上神宮の兵仗の祟り。

3. 布都御魂剣（の祟り）。

「土気」を渇望した和銅三年

　ひるがえって、この年に記録された「火気」銅銭の献上と離卦（☲）の象徴・嘉瓜の献上は「火生土の法則」から「土気」を扶翼する呪術でした。

「秋七月庚戌朔丙辰、嘉瓜を献上す」の記事があり、外が堅く（陽爻＿＿で表す）中が柔らかい（陰爻＿＿で表す）瓜は小成の卦・離の象徴で「火気」に配当され「火生土の法則」から「火気」が「土気」を生む、すなわち「火気」嘉瓜が「土徳」元明天皇を扶翼する瑞祥になります。（第2章末／陰陽思想概略）（図5-13）

　「九月戊申朔乙丑、天下の銀銭を禁ず」とする詔が下され、「金気」銀は「金生水の法則」から「金気」が「水気」を生む、すなわち「金気」銀が「水気」洪水を引き起こすとして忌避された、と考えられます。

平城京遷都は巨大で強力な「土気」を実現する呪術で、同時に「土徳」元明天皇を扶翼する呪術でもあり、和銅三年は「土気」で溢れていた、あるいは「土気」を渇望した年といえます。（図2-29）

「土気」を渇望した理由は、2年後、和銅五年壬子の年に予想された洪水を防ぐ呪術に不可欠だったからです。

　この年は持統元年(687)丁亥から23年が経過し、23は三才の和で平城京遷都(710)が持統元年と聖数関係で結ばれた特別な事業でした。

この関係は天智崩御(671)辛未と持統即位(690)庚寅が「一九年七閏法」関係で、天智崩御(671)と藤原京遷都(694)戊午が23年関係で結ばれていたのと同じ神聖な国家的事業であったことを物語っています。

　北斗図は、天武十一年壬午に予想された洪水を防ぐための呪術的対策の一つで、伊勢国の多気大神宮の整備と対をなす国家的事業でした。（98-1-7 注三〇）

五形図の第1候補、文武二年(698)戊戌もまた、宗廟・伊勢皇大神宮の創建と対をなす国家的事業で、和銅五年壬子に予想された洪水も念頭にあったはずです。

なぜなら、宗廟祭祀を行わなければ洪水が起きる、と『五行大義』に記述されていたからです。（293-1-69）

　以上の経緯から、聖なる国家的事業で巨大な「土気」の実現を目指した平城京遷都と東西・陰陽の調和として五形図が企画された、と考えることが可能です。

しかし、天武十年と文武二年に認められた伊勢国と周芳国が連携した動きの記録はなく、根拠にいささか乏しい感は否めません。

　以上、和銅三年を第1候補より可能性が低い第2候補とする根拠です。

第2候補の動機と目的、根拠と意義を纏めると、下記の通りです。

動機：洪水予想　和銅五年壬子秋七月申月　戊辰朔　壬午(15)

目的：「土気」補充　和銅三年庚戌三月辰月　壬子　朔辛酉(10)　平城京遷都

竣工：和銅三年(710)庚戌

根拠：平城京遷都は持統元年より23年。

意義：平城京遷都と対をなす神聖な国家的事業。

図2-29：和銅三年庚戌から四年辛亥の動き

和銅四年（711）辛亥──伏見稲荷大社創建と制水呪術

　和銅四年辛亥は、北斗図が描かれたと推測される天武十年辛巳から30年が経過していましたが、北斗図を描いた土師氏が未だ存命し地上絵の事実を伝えていた可能性があります。
　その土師氏の一人、従四位下土師宿禰馬手が二月丙午朔辛丑に死去しています。
馬手は壬申の乱の功臣で、天武元年(672)壬申六月辛酉朔甲申に屯田司舎人として仕えました。
屯田司舎人は屯田を直接主管する職分で、天皇以外には東宮（皇太子）だけに従う立場にあり、土師氏と天皇の親密な関係を窺わせます。(542)
持統天皇の葬儀では造御竈副に任命され、天皇の竈（竈神）を築く重要な任務に就きました。(第5章／平野と竈神と土師氏)(98-1-41)(102)(515-122)
　「土徳」馬手の死は「土気」の喪失を意味し、和銅五年の洪水に備えて「土気」を必要とした朝廷にとっては大きな損失であったと想像されます。(私見では土師氏は「土徳」を付与されて創造された氏族)(105-354)
日常の些細なことは記録に止めなかった『続紀』の中で数少ない土師氏の記録ですから、その落胆の大きさが窺い知れます。(10-5)
馬手の死を「土徳」の喪失と考える理由は、丑すなわち「土用（辰・未・戌・丑）の終り」を死去した日として記録しているからです。(丑は土用、「金気三合」墓、「水気方局」季でもある)(第2章末／陰陽五行思想概略)
　「十二月辛丑朔庚申、蓄銭叙位の法を制す」の詔があり、蓄銭を勧めているのは、なぜでしょう。(98-1-96)
「火気」銅すなわち「火気」を蓄えることは、「火侮水の法則」から強い「火気」銅が「水気」洪水を消し去る、すなわち翌年に予想された洪水を防ぐ呪術になります。
記録された十二月丑月の丑（「金気三合」墓）、辛（金の弟）、庚（金の兄）、申（「金気方局」孟）のすべてが「金気」で構成されていることから、呪術性の強い政策であったと考えられます。

伏見稲荷大社創建は制水呪術

　この年に最も注目されるのは、伏見稲荷大社の創建です。(図2-30)
稲荷社では、祭神ウカノミタマが伊奈利山に降臨した日を初午(その月の初めての午の日)としています。(566-102)
その創建の日を「和銅四年辛亥二月十一日戊午日」とする説に対して、私見では和銅四年(711)辛亥二月の朔は丙子で11日の干支は丙戌になり戊午は存在しません。
したがって、本来は壬午(7)が和銅四年辛亥二月の初午になります。(418-1-67)
仮に、初午を壬午とすると、壬(天の水)が午(地の火)を消す、すなわち水が溢れる暗示があることから忌避された可能性があります。(洪水が予想された天武十一年も壬午／暦で示された天命に逆らうほど切実であった証)(表2-21)(418-1-101)
　初午を戊午とすると、戊(土の兄)と午(「火気三合」旺、「火気方局」正位、「土気三合」生)の間には「火生土の法則」が成立して「土気」を生み、その干支と共に強力な制水呪術になります。
これらの点を考慮して、本来は存在しないはずの戊午の日を初午にしたと推測します。
　初午の干支の分析から、伏見稲荷大社の創建そのものが制水呪術であった一面を知ることができます。
和銅四年と五年に予測される洪水に備えて和銅四年に土気の狐を鎮祭する呪術が案出されたと思われる。多雨と天候不順が予測され和銅四年、五年に対処する呪術としたのである。……和銅四年辛亥二月十一日戊午日を期して行われたのが稲荷神、土徳の狐神勧請鎮祭だったのである。(566-102)

図2-30：伏見稲荷大社

a　　　　　　　　　　　　　　b　　　　　　　　　　　　　c

a：伏見稲荷大社の神門。　b：神使の白狐。　c：稲荷山へ続く千本鳥居。(282-46)　＊朱(赤)を多用するのは「火生土の法則」で「火気」が「土気」を生む、すなわち「火気」朱(神門／鳥居)が制水呪術に必要な「土気」を生む目的がある。朱のつく朱雀、朱鳥(いずれも鳳凰と同じ)など再生の象徴。すべて丹朱を加えることは、聖化の方法であった。(412-578)

　狐が稲荷神の神使とされるのは、既述した狐の三徳の中で信徳(「土気」黄色)が関係し、「土剋水の法則」から「土気」が「水気」を消し去る、すなわち「土気」狐(黄色)が「水気」洪水を消し去る呪術が成立するはずだからです。(565-167)(566-59)
しかし、神使は白狐で、白は「金気」正色、狐は五虫「毛虫」(体に毛のある動物)で「金気」になり、白狐には「金生水の法則」から洪水を引き起こす危険があります。
これは「金徳」文武天皇自身の徳が洪水を引き起こしかねない、と考えたのと同じです。
　では、なぜ白狐で「金気」を強調したのか、という疑問に対してやはり狐の三徳が関係すると考えられます。
三徳「仁(木徳)・礼(火徳)・信(土徳)」の中で欠けているのは「金徳」と「水徳」です。
つまり、三徳に「金気」白狐を加えることで、逆に「水気」が欠けていること(洪水がないこと)を強調できる、と考えた結果ではないかと推測します。(和銅五年壬子秋七月戊辰朔壬午伊賀国が玄狐を献上)(慶雲三年／猿ヶ辻と同

じ発想)

　ちなみに、伏見の語源について『続・地名語源辞典』には「伏水（フシミ）の意か、すなわち伏流水のことか」とあります。(533-2-168)

「伏水」とすると「水を伏せる」と読めることから、地名自体が制水呪術として命名されたことが判ります。

　以上、出雲大神宮、大崎玉祖神社、伏見稲荷大社の一連の動きから「水を消し去るものは都へ近づけ」「水を生むものは都から遠ざける」という為政者の強い主張が感じられます。（スサノオを根の国へ追放）（図2-29）

表2-20のように、各社の神階がいずれも正一位から正二位の高位であることから、朝廷にとってはおろそかに出来ない重要な大社であったことを示唆しています。

表2-20：和銅四辛亥、五年壬子に予想される洪水に対する呪術的対策

社	創建	勧請	呪術対策	神階	備考
出雲	和銅二年(709)己酉	和銅三年(710)杵築社	「金生水の法則」	正一位(1292)	元出雲
		大国主神	忌避		丹波一宮
伏見稲荷	和銅四年(711)辛亥		「土剋水の法則」	正一位(942)	
大崎玉祖	不明	和銅三年(710)庚戌	「土剋水の法則」	従一位(964)	周芳一宮
		高安玉祖神社	歓迎		
杵築	不明	和銅三年(710)	「金生水の法則」	正二位(867)	

＊出雲神宮創建と大国主神遷座は社伝と『丹波国風土記』逸文（不詳）。　＊大崎玉祖神社勧請は高安玉祖神社の社伝。(466-197)
＊伏見稲荷創建は『山城国風土記』逸文。(3-419)(282-84)

　その年の干支から洪水が予想された天武十一年壬午と和銅四年辛亥、和銅五年壬子について比較すると、表2-21になります。

共に「火気」と「土気」を必要とし、呪術を駆使して予想される洪水に対応したことが判ります。

表2-21：天武十一年と和銅四年、五年の比較

	天武	元明
予想される災禍	洪水	洪水
年と干支	十一年(682)壬午	和銅四年(711)辛亥
		和銅五年(712)壬子
干支の意味	「水剋火の法則」	「金生水の法則」
	壬(天の水)が午(地の火)を剋す	辛亥：「金気」辛と「水気」亥
		壬子：「水気」壬と「水気」子
		和銅四年、五年ともに水が溢れる
呪術的対策	宗廟祭祀(北斗図と多気大神宮)	稲荷神社勧請と神使の狐(「土気」「金気」)
	土師氏の創造	伏見(伏水)の命名(水を伏せる)
		玄狐献上(「土剋水の法則」)
実行時期	十年(681)辛巳五月午月己巳朔丙戌(18)	和銅四年(711)辛亥二月丙子朔壬午(7)
	「火気」が充満	「火気」
		和銅五年(712)秋七月玄狐
期待された「徳」	北斗七星、南方朱雀宿、鳳凰の「火徳」	和銅の「火気」
	土師氏の「土徳」	狐の「土徳」

＊伏見稲荷の創建は『山城国風土記』逸文。(3-419)(282-84)　＊和銅四年辛亥二月（小の月）の朔は丙子で初午は壬午(7)になる。(418-1-67)　＊「土徳」土師氏の創造。(105-354)

「金気」出雲神の祟り

　和同年間に予想された洪水は辛亥と壬子の干支が暗示する「水気」でしたが、さらに「金気」出雲神の祟り

と考えられた可能性もあります。

　祟りを齎すものは遠ざける、あるいは封じ込める、あるいは祟り神を祭祀することで国家鎮護の神に転じる、これらが祟りを鎮めるための基本的な方法でした。（草薙の剣の奉還／出雲大社と伊勢皇大神宮／石上神宮布留高庭）(85-37)

出雲大神宮を丹波に創建して国家鎮護の神へ変身させた、とも考えられます。

祟り神が最強の守護神に変化するのは日本神話の常道で、この間の事情について廣畑輔雄氏は指摘しています。祟り神を閉じ込めた例に不空院（奈良市高畑）にある御霊塚があり、怨霊として恐れられた廃后・井上内親王の荒魂を封じ込めたとされます。（祟るアマテラスを伊勢へ遷し却った可能性／祟り神を遷し却るという祝詞）（図2-31a）(420)(536-1-43)

征服した土地に自らの守護神を祀るのは、古代の常であったと思われるのだが……祟りをなした神が、祭祀を受けることにより国家守護の神に転じて行く……。(85-37)

図2-31：高畑周辺

a：廃后・井上内親王（775年薨去）の荒魂を封じ込めた御霊塚（不空院）。 b：十市皇女の墓とされる比売神社。 c：十市皇女（678年薨去）と氷上夫人（682年薨去）を葬ったとされる赤穂神社。 d：藤原広継（740年没）の怨霊を鎮めるために屋敷跡に創建され、新薬師寺の鎮守とされた南都鏡神社（大同元年806年／桓武天皇崩御／伝・平野日吉神社創建）。 e：新薬師寺本堂（747年？）。 f：僧元昉の首塚の伝承がある頭塔（奈良市高畑）。南都鏡神社は僧元昉の弟子による勧請。＊高畑界隈は怨霊に関する伝承が多い。『元亨釈書』

　荒魂・和魂は神道で霊魂が持つ二面性を表し、荒魂は神の荒々しい側面（天変地異や祟りを起こし病を流行ら

第2章　五形図が描かれた時期の3候補　165

せる神／モノ／疫神)、和魂は神の穏やかな側面を示すとされ、神格に対して陰陽思想を反映させた概念です。(335-39)(361-39)(536-1-70)

『時代別国語大辞典』には、荒御魂(あらみたま)について以下の説明があります。(ミタマは後世の言葉)

神霊の動的で勇猛な面を尊んでいう。ミタマについての信仰で、その強力な、創造的なはたらきを神格化したもの。ニキミタマの対。(332-56)

耳土器と神事

余談ですが、伏見稲荷大社の大山祭(おおやまさい)に関連して、耳土器(みみかわらけ)について少し触れておきます。

その理由は、箸置きとされる小さな土器が、呪術的には大きな意味を持っていたと考えられるからです。

明応(めいおう)九年(1500)、大内義興が前将軍・足利義稙(よしたね)を饗応した時に使用されたと推測される耳土器が、少数、大内氏館跡から発掘されています。(献立を再現したのが大内御膳(おおうちごぜん)／歴食JAPANN認定歴食・大内御膳より引用)(図2-32b)(147-75)

これと同じ耳土器が大山祭で使われていて、耳は斎土器(いみどき)の「斎(いみ)」が訛った言葉とされます。

図2-32：大内御膳富と耳(斎)土器

a：大内氏の繁栄ぶりを彷彿とさせる再現された大内御膳。(写真提供／山口市商工会議所／歴食JAPANN認定歴食／大内御膳より引用)(147-75) ＊大内御膳に用いられた食材の豊富さは、当時の大内氏の権勢と経済力、広い交易圏などを彷彿とさせる。
＊大内御膳は山水園(山口市緑町4-60／TEL 083-922-0560)などで提供される。 b：大内氏館跡(山口市大殿大路)から出土した「ミミカワラケ」。山口市教育委員会文化財保護課蔵 c：伏見稲荷大社の大山祭。(282-116) d：大神神社の境外摂社・率川神社の三枝祭で舞姫はヒカゲノカズラを頭に飾り手にはササユリを持って「五節舞」を舞う。ヒメタタライスズヒメノミコトの住まいが狭井川のほとりにあり笹百合(大神神社の御神花)が咲き匂っていた。(330-69) e：アメノウズメとヒカゲノカズラ。(335-表紙)(梶田判古「天宇受売命」／福富太郎コレクション) ＊ヒカゲノカズラは杉林に分布、大山祭で参者に授与され、アメノウズメが手次(てすき)(天の蘿(ひかげ))にした。(120-1103)

c　　　　　　d　　　　　e

『明応九年三月五日将軍御成雑掌(しょうぐんおなりざっしょう)注文(ちゅうもん)』により再現された式正(しきしょう)料理は、二十五献(こん)(食品数119種以上)とあり、二十五は天数(てんすう)(1・3・5・7・9)の合計で、大内義興が道教(陰陽道)に通じていたことを示唆します。(地数(ちすう)2・4・6・8・10の合計は30)(334-131)

さらに『看聞日記』では二十七献、『伊勢貞久武雑記』では二十献が記録され、大内御膳として再現されたのは三十二膳(献)でした。

私見では、それぞれの数値には根拠があり、供膳の数にも『易経』「五行」「北斗信仰」などを反映した「数理」を求めたことがわかります。（器物製作にも『易経』の理が活かされている）（第2章末／陰陽五行思想概略『易経』の六義）

単に見栄を張って、義興が大盤振る舞いをしたのではなかったのです。（国占儀礼との関係）（335-133）

供膳の数の根拠

20　：5（五行）、7（北斗七星）、8（八卦）の合計。

25　：天数（1・3・5・7・9）の合計。

27　：7（北斗七星）、8（八卦）、12（十二支）の合計。

32　：5（五行）、7（北斗七星）、8（八卦）、12（十二支）の合計。

大山祭では、御膳谷にあった御饗殿と御竈殿で神饌を供え、その際、斎土器に中汲酒を注ぎ御餞石の上に供えて生産豊穣を祈願します。（282-116）（385-116）

この祭で使用した土器を醸造に用いると水質が澄んで上質の酒が出来るといわれ、伏見の酒造家が集まります。

大山祭は大社の創祀に縁のある重要な例祭で、毎年一月五日に挙行されます。

この祭は大山祭（土の祭といわれる）の「山」を始め、「一月」（寅月／「土気三合」墓）、「五」「御餞」「竈」（「土気」「火気」）、「土器」「中」「酒」「五穀豊穣」など「土気」に配当される言葉で構成されています。

つまり、大山祭が大社の創建と同じく「土剋水の法則」を応用した制水呪術であった可能性を考えさせ、「創祀に縁のある祀」とされた理由が納得できます。

図2-32eのように、アメノウズメが天岩戸の前でヒカゲノカズラ（日影蘰）を襷にして踊るのは、ヒカゲが日陰ではなく「日影」つまり「日差し」の意味で、ヒカゲノカズラが「火気」を象徴する呪具だからです。（日影は陽光の中で良く育つことに由来する）（106-19）

太陽神アマテラスを引き出すのに、「日陰」では話になりません。

大山祭で神職と巫女がヒカゲノカズラを襷にするのも同じ理由で、「火生土の法則」の応用で「土気」を呼び出す呪術と考えられます。（図2-32c、d、e）

その視点で改めて岩戸神話を見直すと、アメノウズメは人（神）として「土気」、女性として「土気」「火気」、「火気」女陰を露にし、「火気」ヒカゲノカズラをタスキと冠（鬘華）にして、「土気」酒桶を「土気」踏みならし「火気」笑った、ことなどから「土気」と「火気」で構成された神話であることが判ります。

ちなみに、アメノウズメの「ウズ」はヒカゲノカズラを鬘華（髪飾り）に挿したことに由来する説があります。（諸説ある／挿す／出雲大社の宇豆柱／オカメと同じ兌の具象化）（図2-32f）（335-29）

ヒカゲノカズラに関連して、大神神社の境外摂社・率川神社の三枝祭で舞姫がヒカゲノカズラを頭に飾り手にササユリを持って「五節舞」を舞うのは、疫病を鎮める鎮火祭の側面があることを示唆しています。（鎮火祭は疫神である御霊を花に鎮めとどめる祭／花と鬼／狭井川のサイはササユリの古名／ユリの花弁は「木気」生数の3）（70-262）

さて、耳について『字統』では耳の形に象った象形文字だとし、耳は目とともに神霊に接する最も重要な方法であると述べています。

耳の形に象る。［説文］一二上に「聴くことを主るものなり」という。耳は目とともに神霊に接する最も重要な方法であり、その敏きものを聖という。聖とは神に祈り、企ってその声を聞く形である。さらに目の徳を加えたものを聴という。聴とは耳目の聡明を合せいう語である。（412-380）

『原色陶器大辞典』には、耳土器は耳の形に似ているから、としています。（216-927）

みみかわらけ（耳土器）　形が耳に似たかわらけである。箸を置く台とする。七五三などの膳、すべて式正の膳には必ずみみかわらけに箸を置く。（43-2-176）

耳土器は箸置きに用いられた一方、大山祭と同じように酒器（斎土器）として使われたのではないか、あるいは客人である将軍を神として迎えるための土器ではなかったのか、などの疑問があります。（385-116）
なぜ、そのように考えるのかについて、耳土器が「耳に似ている」とする定説が腑に落ちないからです。

図 2-33：特殊神饌と「みみ」のいろいろ

a：率川神社三枝祭では、特殊神饌を載せた折敷の手前に箸を置いた耳土器（白←）がみえる。（330-122）　b：上左は食パンの「みみ」、上右は「みみ」と呼ばれる書籍の頁を開きやすくするための背のふくらみ、下左は月白釉貫耳瓶の「みみ」（北宗官窯）（362-31）、下右は青銅鏡の縁の「みみ」。

a　　　　　　　　　b

　ためしに「耳」と名の付くものを集めると図 2-33b になり、「耳の形に似ている」ものは一つもなく、すべて「物の端、縁についた膨らみや突起」を意味しているのが明らかです。
したがって耳土器は「耳の形に似ている」からではなく、大山祭で用いる「斎土器」に由来すると考えて良さそうです。
耳は目とともに神霊に接する最も重要な方法であることから、たとえ箸置きであるとしても耳土器の耳（斎土器）が神事と関係することを考えさせます。（412-380）
　ちなみに伊勢皇大神宮では、耳土器と箸を一対にして参詣者に配布しています。（図 2-34a）
なぜ、単なる箸置きを重視するのでしょうか。（箸置きだけでなく供饌に用いるものを斎土器としたか）
箸が置かれていることから箸置きに違いないとしても、伊勢皇大神宮が参詣者に配布することから、やはり「斎土器」の「斎」で示す神事の意味が含まれていると捉えるのが自然です。
「耳に似た箸置き」ではなく、伊勢皇大神宮が配布する斎土器だから有り難いものになるはずです。
　斎（いむ、いつく）について字訓には、以下の説明があります。
いむ（忌・斎）禁忌にふれないように慎みおそれる。……「いみ」はその名詞形。禁忌を守り、身を浄める慎むことをいう。穢れを祓い清めたものについて、「斎鉏」「忌服屋」のように接頭語的に加えて用いる。そのことを掌るものを斎部・忌部という。（410-132）
いつく（斎）四段「巌」の派生語で、「く」をそえた動詞。「忌む」「斎垣」の「い」と同根の語。けがれを避けてつかえることをいう。……すべて神事に用い、その神事につかえることを「いつく」、そのさまを「いつくし」という。（410-118）

　斎の視点に立って「耳土器と箸」に似た物を探すと図 2-34 になり、いずれも元は神事に用いられました。
吉野裕子氏は、お菱葩は陰陽相和（和合）の造形であるとしています。
陰陽相和した一組を主題にするのは道教の大きな特徴でした。（56-21）（200-20）
正月の宮中に参賀した高官達に二個（陰陽の二）宛下賜されたことにも、陰陽相和が反映されています。
宮中の正月料理の主体となる餅に「お菱葩」がある。……お菱葩とは小豆汁でそめた赤紫色の菱型の餅で……味噌餡で和えた……細い牛蒡を芯にして、一つは熨斗のように両方から折りたたみ、……これはつまりその色といい、その形といい、全く念入りな陰陽交合の造型であるが、……。（571-111）

図 2-34：似た形と構造

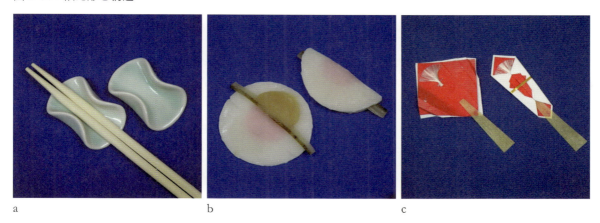

a：耳土器と箸（伊勢皇大神宮）。遷宮時、朝廷から派遣された造宮担当の役人をもてなす「饗膳の儀」で箸置きとして使用された耳皿（神宮司廳の栞を引用）。　b：お菱葩を開くと（手前）、紅白の求肥と牛蒡がある。花びら餅の牛蒡も箸と同じように元は2本であった。（43-1-75）　c：熨斗を開くと（手前）、お菱葩と同じく紅白の和紙に薄く切った鮑の干しものがある。

熨斗について『日本民俗語大辞典』には、以下の説明があります。
熨斗鮑のノシで、……のしあわびは、昔の祝儀用の食物（なまぐさもの）で、今でもめでたい行事を、精進と、区別するものになっている。……鮑の耳を切り落し、ヘリから薄く中心に向って剥ぎ切る……作った生のまま、また干したものが、ノシなのだ。よって、凶事に添えず、なまぐさ物には添えない。紅白・金銀の水引と共に、多くは用いる。（120-1010）

　上記3者に共通しているのは、両側から折り畳むこと、その隙間に箸や牛蒡、干し鮑など棒状のものを挟むこと、です。
お菱葩と熨斗に限ると、お菱葩には赤い小豆の餡と白い求肥、熨斗には紅白の和紙を用い、紅白の色が意識されていることです。
形と構造が共通していることから、耳土器（斎土器）は陰陽相和の象徴であり、同時に「斎」すなわち穢れを祓い清める意味も含まれていると考えられます。
陰陽相和は「道」すなわち宇宙を象徴することになり、小さな箸置きが客人を神としてもてなす最高の呪物になり、それは、お菱葩、熨斗についても同じです。（『老子』／道は一を生じ、一は二を生じ、二は三を生じ、三は万物を生ず）（55-2-38）
　陰陽相和は、後述する山沢通気（先天易／艮兌軸）を具象化した「オカメ・ヒョットコ」にもなります。（オカメ・ヒョットコについては第4章／艮兌軸と山沢通気）
この場合、オカメに相当するのが耳土器、求肥、和紙になり、ヒョットコに相当するのが箸、牛蒡、熨斗（ほし鮑）になります。
このように表面的には全く異なっていても、呪術（呪物）は『易経』の理や五行の法則で構成されているのが判ります。（逆に、理が判れば表面の形が異なっても神事や造形の意味が判る）
呪術とは、不思議なモノ（技術）です。
　江戸時代まで、客人を神（大神／大尽）として迎える古代の風習は遊里に色濃く残されていました。
義興も将軍を神として迎え、斎土器を添えて神饌をお供えするのと同じ古儀に適った供応をしたと想像され、この場合、義興は神に仕える巫女の立場でした。
発掘例が少ないのは、おそらく将軍にだけ供された結果と推測されます。

第2章　五形図が描かれた時期の3候補　　169

大内氏館跡から発掘された耳土器は、中世の饗応の古儀を示唆する重要な遺物と考えられます。（334-129）（355-1-78）

神の資格を持つ客は供を引き連れて、江戸と吉原の境目である衣紋坂を越えると、古代の神の目印であった蓑笠に倣い、茶屋で深編笠を借りて結界である大門を潜ります。これを迎える揚屋（後には引手茶屋と変わりますが）の亭主や内儀は主賓を大神という尊称で崇めます。……揚屋では大神の前に銚子盃台、大きな台の上に肴を堆く積み上げたものを持ち出します。料理というより寺社のお供えのような飾りつけは、王朝の大饗における大盤の面影が特長で、武家の本膳料理よりも古儀に適ったものでした。……このように、主賓に対して酒肴を勧め、丁重にもてなすありさまは、神職が神前に神饌をお供えするのと全く同じで、……指定の遊女屋に大神の来訪を知らせます。（131-52）

紅白の対応について

　巫女の服装とお菱葩や熨斗には、紅白の対応があります。

巫女の服装について、福永光司氏は道教の影響を指摘しています。（『真誥』道教の神学奥義書）

巫女さんが朱の袴をはき、手に金属製の鈴を持っているのも、これとまったく同じことが『真誥』の中の江南の巫女の記述に見えており、江南の宗教文化がかなり古い時代からいろいろと日本に持ち込まれていたことが知られます。（51-202）

　桓武天皇の延暦二十三年に伊勢神宮の神職から朝廷に献上された『皇大神宮儀式帳』の記述にも道教的要素が大幅に採り入れられている、とも指摘しています。

神宮の儀式儀礼の多くは道教ないし中国古代の宗教思想信仰と密接な関連性を持ち、例えば祭祀に用いる例えば祭祀に用いる「幣帛」や「五穀」「人形」や「五色の薄絁」、神職の用いる「明衣」、「祷」、「袴」に至るまで、道教的な中国のそれが大幅に採り入れられている。（51-17）

　これらの記述にもかかわらず、なぜ巫女の服装が朱（緋）色の袴で、白の白衣（白の小袖）であるのかについては触れられていません。（455-14）

私見では、古代の巫女が神妻（かみづま／かむつま）、すなわち神と人の媒ちを行っていたからではないかと考えます。（第2章末／陰陽五行思想概略／河図と八卦／イタコと「兌」）

赤は赤児と呼ぶように新生（生命）の色で「生」を表す「火気」正色です。

一方、白はヤマトタケルの白鳥伝説や葬儀を意味する白衣会（大唐開元占経）のように「死」を表す「金気」正色です。（白鳥の古語「鵠」は「告＋鳥」で神の託宣を告げる鳥を暗示する）（27-2-429）（391-1-303）

つまり、赤と白で生死（人と神）と陰陽の間に存在すること、すなわち、赤と白の対応は神事に従事することを表し、神と人の間にあって神託を告げる者であることを表していると考えられます。（「兌」の象意）（陰陽の間は「土気」の領分）

　そのように考える他の根拠に、道教の女真・女仙たちが持つ鈴の数があります。

『呉越春秋』の巫術というのは、神に事えて祭事・神事を掌り、降神、祝禱、禁呪、治病などの道術を行いますが、巫女は朱色の袴をはき、「帯に十余の小鈴を係け」、もしくは「鈴を手に握り」、「鈴を振る」などと記述されています。……巫女さんは朱の袴をはいて、金属製の鈴を持っていますが、その鈴は上中下の三段になっていて、いちばん下は七個、真ん中は五個、いちばん上は三個といったように七・五・三の構成です（七五三の構成も道教の宇宙生成の宗教哲学に基づきます）。（51-57）

　腰に帯びる四箇の鈴は「金気」生数、手に持つ七五三（合計十五）の鈴は九星「三碧木気」「五黄土気」「七赤金気」の数に一致し、「木気」「生」から「金気」「死」までを表していると考えて良さそうです。（「木気」は唯一の生命体）

以上の事柄から、紅白の色の対応は神事に関係し、赤（紅／緋）は「生」を象徴する「火気」正色、白は「死」を象徴する「金気」正色に由来し、巫女の服装もお菱葩と熨斗の紅白の対応も神事に基づくものと考えます。（源平の紅白も神事に由来する可能性がある）（五行配当表で紅は「火気」間色）

　この視点で、天武十年（681）辛巳と文武二年（698）戊戌に認められた周芳国と伊勢国の連携した動きを見直すと、献上品が赤と白で対応し、多気大神宮と伊勢皇大神宮の創建はもちろん、地上絵（北斗図と五形図）も神事であったといえます。（第2章／伊勢国と周芳国の連繋した動き）（図2-6）（表2-6）

つまり、左祖右社の原則にしたがって、西の周芳国に描かれた地上絵は社稷として、東の伊勢国に創建された多気大神宮と伊勢皇大神宮は宗廟として、朝廷の宗廟祭祀を支えてきたのです。

和銅五年（712）壬子──「水気」が溢れる暗示

『古事記』撰上と「土気」

　　正月丁酉、『古事記』撰上の記録が『続紀』にはなく、正史に準ずる『古事記』が『続紀』に記録されていないのは、なぜでしょう。

古来、偽書説の根拠になった問題です。

本書では真偽を問題にするのではなく、『古事記』撰上そのものが呪術であった可能性を考えています。

　「和銅四年九月十八日、太安万侶に詔が下って稗田阿礼の誦む処の勅語の旧辞を撰録させた」と『古事記』序文にあります。（192-43）

この日付に干支を加えて詳しく表記すると、和銅四年（711）辛亥九月戌月癸酉朔庚寅（18）、になります。

干支を解析すると、戌は「土気三合」旺（「土気」が壮んになるとき）、寅は「土気三合」墓（「土気」が終わるとき）で、18は「土用」を暗示して「土気」を意識した記述であることが判ります。

撰上された日付で、「火気」丁と「金気」酉の間に「火剋金の法則」が成立し「火気」が「金気」を打ち負かす、すなわち「水気」を生む「金気」を消し去る呪術にも成り得ます。

　さらに『古事記』の「古」にも「土気」を意識した可能性があります。（古と老は同じ「五黄土気」の象意）（470）

「古事」とは「史」で『古事記』は『史記』を意味する、とする説もあります。（50-163）

この年は天智即位（662）から50年、聖徳太子薨去（622）から90年、天武生誕（622）から90年を迎える因縁の年で、『古事記』が撰上されたのは偶然とは思えません。（表2-2）

これらの事実から、『古事記』撰上には歴史的な節目を顕彰する一面と制水呪術の一面があった可能性を考えさせます。

　『古事記』撰上に制水呪術の一面があると考える他の根拠に、木連理、白雁、玄狐の献上など同じ目的の呪術が続くことが上げられます。

「三月庚午朔戊子、美濃国、木連理ならびに白雁を献ず」の記事があり、三月辰月は土用（辰・未・戌・丑）で「土気」が意識されています。

木連理は『延喜式』では下瑞に分類され「仁木なり。本を異にして枝を同じくす。或は枝を旁出し上部で還合す」と説明があり、夫婦和合（陰陽合一）の象徴で「土気」に配当され、「土剋水の法則」から洪水を防ぐ呪術として記録されたと考えられます。（図2-15）（98-1-98）（187-21-527）

白雁を瑞祥と捉えた場合は「金気」白と「火気」雁（羽虫）の間に「火剋金の法則」が成立し、「火気」が「金気」を打ち負かす、すなわち「水気」を生む「金気」を消し去る呪術であった可能性があります。

玄狐献上は洪水に止めを刺した呪術

和銅五年壬子秋七月 戊 辰朔 壬 午(15)、伊賀国が 玄 狐 を献上した記事があります。

この年の干支・壬子は「水気」だけで構成され「水気」が溢れることを暗示します。

表2-22の日付を詳しくみると、秋七月申月の申は「水気三合」生で「水気」が生れる、すなわち洪水が予想されます。（図参1-6）

朔日の戊辰を分析すると「土気」戊と「水気」辰の間に「土剋水の法則」が成立し「土気」が「水気」を消し去る、すなわち「土気」戊が「水気」辰を消し去る制水呪術の暗示があります。

壬午(15)の壬（天の水）と午（地の火）の間に「水剋火の法則」が成立し、15日の満月は「陰の極み」で「水気」が溢れ、「水気」が「火気」を消し去る暗示があります。

結果、秋七月申月壬午は「水気」が最も壮んになる日と考えられたはずです。

玄狐を分析すると「水気」玄（「水気」正色／黒）と「土気」狐（狐の信徳／「土気」）の間に「土剋水の法則」が成立し「土気」が「水気」を打ち負かす、すなわち「土気」狐が「水気」洪水を防ぐ呪術になります。

複雑な組合せですが、玄狐の献上には玄狐（「水気」「土気」）と朔日の戊辰（「土気」「水気」）に「土剋水の法則」を応用した制水呪術が暗示され、秋七月申（「水気」が生れるとき）と日付の壬（水の兄）、満月の15日には「水気」が溢れる暗示があります。

つまり、この日に玄狐を献上したのは洪水を防ぐ呪術、すなわち玄狐で洪水に止めを刺した呪術であったと考えられます。（類似した呪術の例に白馬の献上がある／「金気」白と「火気」馬の間に「火剋金の法則」が成立し、「火気」日照を期待した）（563-231）

15日の15は五気生数の和でもあり宇宙の本体を表すことから、玄狐献上は宇宙の理に適う瑞祥と捉えられた可能性があります。（423-序）

以上の事柄から洪水が予想された日は、和銅五年壬子秋七月戊辰朔壬午(15)、と推定します。

伏見稲荷大社の創建と玄狐の献上の日付を比較すると、表2-23になります。

表2-22：玄狐が献上された年月日の分析

年月日	分析		意味	
和銅五年	和銅：「火気」	五：「土気」生数	「火生土の法則」	
壬子	壬：「水気」	子：「水気方局」仲	「水気」が溢れる	
秋七月	申：「水気三合」生		「水気」が生まれる	
戊辰朔	戊：「土気」	辰：「水気三合」墓	「土剋水の法則」	
壬午	壬：「水気」	午：「火気三合」旺	「水火の対立」	
		：「火気方局」仲	「水剋火の法則」	
15	満月：陰の極み「水気」	五行生数の和	天命に適う	＊満月と水。
玄狐	玄：「水気」正色	狐：「土気」	「土剋水の法則」	（210-1-135）

表2-23：伏見稲荷大社創建と玄狐献上

事績	年	干支	月	朔	日	備考
伏見稲荷大社創建	和銅四年(711)	辛亥	二月	丙子	壬午(7)	狐の「土徳」
玄狐献上	和銅五年(712)	壬子	秋七月	戊辰	壬午(15)	狐の「土徳」

＊初午の問題点は既述。

表2-23をみると、伏見稲荷大社創建は和銅四年辛亥二月丙子朔壬午で、その干支は「金気」辛と「水気」亥で「金生水の法則」が成立し、「水気」が生れる暗示があります。（本来は和銅四年辛亥二月壬午）

一方、玄狐が献上された和銅五年の干支は「水気」壬と「水気」子の「水気」だけで構成され、やはり「水気」が溢れる暗示があります。

その干支から、和銅四年、五年ともに「水気」が溢れる、すなわち洪水が起きる可能性がありました。

朔日をみると、伏見稲荷大社が創建された二月朔日の丙子は「火気」丙と「水気」子で「水剋火の法則」が成立し、「水気」が「火気」を消し去る、すなわち洪水が起きる暗示があります。

日をみると、伏見稲荷大社の創建も玄狐の献上も同じ壬午の日で、「水気」壬と「火気」午の間に「水剋火の法則」が成立し、「水気」が「火気」を消し去る、すなわち洪水が起きる暗示があります。

その年の干支と日付に見られる洪水の暗示に対して、「土徳」伏見稲荷大社を創建し「土徳」狐を献上したことは「土剋水の法則」の応用で強い「土気」で「水気」を消し去る、すなわち両者が予想される洪水を防ぐための呪術であったことを物語っています。

翻って、北斗図と五形図で洪水が予想された日付を比較すると、**表 2-24** になります。

洪水を予想した根拠は、共に干支の壬（海洋／大河の水）にありました。（第 2 章末／陰陽五行思想概略）

天武十一年の干支を分析すると、朔日の癸巳は「水気」癸と「金気」巳の間に「金生水の法則」が成立し「金気」が「水気」を生む、すなわち水が溢れる暗示があります。（105-299）

さらに「水気」（壬、癸）と「火気」（午、巳、丙）で構成され「水火の対立」が際立ち、「火徳」天武天皇にとって最大の危機でした。

和銅五年の干支の分析は前述した通りで水が溢れる暗示がありました。

両者ともに「陰の極み」満月で、『淮南子』には満月の夜に方諸で水を集めるとあり、やはり水が溢れる暗示があります。（114-268）（210-1-135）

既述したように、壬申の乱から 10 年後の天武十一年壬午、20 年後の持統六年壬辰、30 年後の大宝二年壬寅、40 年後の和銅五年壬子など、壬の年には重要な事績が記録され北斗図と五形図が描かれた時期とも重なり、これらは偶然とは思えない符合です。

持統称制六年壬辰には五形図を描いたとする根拠は認められず、大宝二年壬寅は持統崩御に伴う「土気」の喪失を埋めるために五形図を描いたとする第 3 候補の年でした。

表 2-24：北斗図と五形図に関係して洪水が予想された日付の比較

地上絵	年	干支	月	朔	日	備考
北斗図	天武十一年(682)	壬午	五月午月	癸巳	丙午(14)	傍点「水気」
五形図	和銅五年(712)	壬子	秋七月申月	戊辰	壬午(15)	傍点「水気」

騎乗の狐

余談ですが、玄狐の連想から造られたのではないか、と想像される「騎乗の狐」と呼ぶ伏見人形があります。

「騎乗の狐」と天武十一年の施策である「婦女乗馬」の呪術的意味を比較すると、**表 2-25** になります。（105-303）

狐の三徳のうち「火徳」を取り上げた結果、「火気」午と「火気」狐で強力な「火気」が成立します。

両者ともに強力な「火気」による「火剋水の法則」を応用した制水呪術で、「婦女乗馬」と「騎乗の狐」は同じ構造の言葉であることが判ります。

婦女を「土気」人とした場合でも、「土気」人と「火気」午の間に「火生土の法則」も成立し「土剋水の法則」を期待した呪術の可能性もあります。

同じく狐の「土気」を取り上げた場合でも、「火気」午と「土気」狐で「火生土の法則」が成立し「火気」が「土気」を生む、すなわち「火気」午が「土気」狐を生むことになり制水呪術に成り得ます。

婦女を「火気」とすることについて、少し説明が必要です。
女性から生まれる人は五虫「裸虫」（皮膚になにもない動物）で「土気」になり、その「土気」を生むものは「火生土の法則」から「火気」になります。(105-303)
結局、人を生むのは女性であり、人が生れてくる女陰は「火気」で「火処」と呼ばれました。（火処を俗説とする説もある）(375-151)
『古事記』では、イザナミがヒノカグツチを産むとき「美蕃登」と記述して、女陰を「火気」としています。(192-61)
人が生れてくる女陰は、その神秘性から信仰の対象となり呪力があるとされました。(297-238)(567-199)

表2-25：「婦女乗馬」と「騎乗の狐」の比較

呪術	婦女乗馬	騎乗の狐
呪術的要素1	婦女　：「火気」または「土気」	狐　　：「火気」または「土気」
呪術的要素2	馬(午)：「火気」または「金気」	馬(午)：「火気」または「金気」
目的	洪水を避ける	洪水を避ける
応用される法則	「火侮水の法則」	「火侮水の法則」
	[「火生土の法則」「土剋水の法則」]	[「火生土の法則」「土剋水の法則」]

＊狐の三徳のうち礼（火徳）を取り上げた。(566-59)　＊[　]内は可能性を示した。

図2-35：騎乗の人形

a：騎乗の狐（伏見人形）は「火気」扶翼の呪術。垂仁天皇の時代に朝廷より土師職に任命され、伏見深草の里に住んで土器、土偶を造ったのが元。（伏見人形窯元丹嘉）(408-扉)　b：牛乗り天神（滋賀県東近江市／小幡人形九代目／細居源悟作）は「土気」扶翼の呪術。　＊土人形といえば伏見人形といわれ「土」が強調されるのは「土気」を期待した表れかも知れない。

a　　　　　　　　b

図2-36：Phallicism（性器崇拝）の例

a：出雲大神宮（亀岡市千歳）の陰石（女陰）。b：高安玉祖神社の大楠の根元から突き出た陽石（男根）。　＊『日本巫女史』ではPhallicismを広く性器崇拝の意味で用いているが、本来は男根崇拝とすべきか。(105-507)

a　　　　　　　　b

『日本巫女史』には、古代日本の性器崇拝（Phallicism）について以下の記述があります。（295-236）

アメノウズメが「火気」女陰を現わしたのは「火気」を呼び出す（アマテラスを天岩戸から引き出す）呪術で、結果、「火気」アマテラスが再生したのは『古事記』にある通りです。（岩戸は死と再生の場／図参2-11）（192-83）

我国の性器崇拝（Phallicism）は遠く神代から存していた。天鈿女命が磐戸の斎庭で神懸りせる折に『胸乳掻出し、裳紐を番登に押垂れ』たのは、性器に呪力があるものと信じたからの所作である事は既述した。……巫女が性器を利用する呪術に大胆であったことも、当然の帰結として考えられる。

桃の実やタカラガイやアワビなど、いろいろな事物に女性器を連想することは現代人にも容易です。（311-208）

桃の実がタテの筋をもっていますことから女性器を連想し、それが当時の生殖器崇拝と結びついて、はたは桃が鬼を征伐したり、雷神を避けたり、いろいろの霊力を発揮すると考えられるようになります。イチジクの実もまた、その開果の形状や色彩によって、未開人たちに性的な連想を抱かせました。

女性が戦の先駆けとして呪力のある女陰を露わにした神話もあり、古代人は女陰（火処）に強い呪力が存在すると信じていました。（565-8）

猿田彦命が天八街に立塞がって、天孫民族の前進を阻止した時、天鈿女命が陰を露わにして、嘲笑いつつ向いたった。……「女は戦の先駆け」という沖縄の古伝承……「女陰露出、即、敵を降す効果」ということが古代は信じられていた。

日本神話や伝承の中で女陰の扱われ方に2つの要点があり、これに史料の記述を加えて纏めると以下になります。（99-5）（571-78）

1. 女陰の損傷がもっとも尊貴な女神達の死因になる：女陰が古代信仰の対象であった。

イザナミはヒノカグツチの出産で女陰を焼かれた。（491-1-18）

（アマテラスが）杼（機織りで横糸を巻いた道具）で女陰を損傷した。（491-1-33）

2. 女陰露出が非常時に行われる：露出は信仰に基づく呪術であった。

天岩戸でアメノウズメが女陰を露にして舞った。（491-1-34）

天八達之衢でサルタヒコに出くわしたアメノウズメが女陰を露にして呪詛した。（491-1-57）

天命を表す聖数15が用いられた事績

『続紀』には、聖数15（五行生数の和）が含まれた事績がいくつかあり、試しに月齢と関連づけて纏めると表2-26になります。（第2章末／陰陽五行思想概略）

月齢と関連させて考えるのは、月が再生を繰り返すことから「威霊再生」関係を暗示し、あるいは15が満月を連想させ満月が陰の極みで死や「水気」を象徴するからです。（28-121）（166-141）（210-1-135）（269-2）（476-1-24）

月の光を集めて露（月の水）を取る鏡を方諸と呼び、『周易参同契』には方諸が露を取ることについて月の中に水があるからだ、と説きます。（210-1-135）（427-138）

表2-26をみると、持統元年は壬申の乱から15年目になり、持統即位が天命に適った事績であることを示唆します。

文武即位は朔日すなわち新月に行われていて、西の空に再生する新月に天皇命の再生を重ね合せた日柄が選ばれた可能性があります。

文武崩御日と玄狐が献上された日（洪水が起きると予想された日）は陰の極みである満月（望）で死を、水（雨）を降らせる満月は洪水を連想させます。

役行者が没したのは天武崩御から15年で天命に適う死（天武天皇の影）と記録された可能性があり、月は上弦でした。（第2章／文武三年）

前作で指摘した通り、壬申の乱の進軍と戦闘の記録も月齢に従っていました。(105-257)

聖数 15 を含むと同時に、持統元年と文武即位、文武崩御が 10 年（「土気」成数）毎に記録されているのも意味がありそうです。

表 2-26：五行生数の和 15 が用いられた事績

事績	年月日	15 の意味	月の状態
持統元年	持統元年(687)丁亥春正月丙寅朔(1)	壬申の乱(672)から 15 年	新月(朔)
文武即位	文武元年(697)丁酉八月甲子朔(1)	15 歳	新月(朔)
役行者没	大宝元年(701)辛丑六月壬寅朔丁未(7)	天武崩御(686)から 15 年	上弦
文武崩御日	慶雲四年(707)丁未六月丁卯朔辛巳(15)	陰の極み(死)	満月(望)
玄狐の献上	和銅五年(712)壬午秋七月戊辰朔壬午(15)	洪水が起きると予想された日	満月(望)

＊月の中には水があると信じられた。(427-138)

和銅五年と聖数関係で結ばれる記録

次に、江口洌氏の説に従って、和銅五年と聖数あるいは五行の関係で結ばれる記録を探すと、下記になります。和銅五年と 23 年関係で結ばれる持統三年(689)は、草壁皇子が薨去した年でした。

薨去に関係した 23 年関係は三才の和の 23 ではなく月食（135 ヵ月に 23 回月が死ぬ）の回数である可能性が高く、和銅五年が草壁皇子の突然の死と何らかの関係を持つことを示唆しています。

草壁皇子と月といえば、やはり柿本人麻呂の歌（東の野にかぎろひの立つ見えてかへり見すれば月傾きぬ）が想い出されます。(236-23)（331-1-325）

「かぎろひ」に文武天皇（軽皇子）の登場を、「傾く月」に草壁皇子の薨去を暗示する、とする説があります。

草壁皇子の薨去と関係すると、壬午の年を和銅五年になるように和銅元年を決定した問題以外にも、和銅五年は特別な意味を持つ年である、と『続紀』の編者に認識されていた可能性があります。

それは、干支の壬子から洪水が予想される年であるだけでなく、複数の過去の史実と聖数関係で結ばれる特別な年と認識していた可能性です。

既述したように、26 は「一九年七閏法」の和、23 は三才の和あるいは 135 ヵ月に 23 回起きる食（月食）の回数、15 は五行生数の和です。

天武崩御年(686)　→ 26×1 →　和銅五年(712)

持統三年(689)　　→ 23×1 →　和銅五年(712)

草壁皇子薨去

文武即位(697)　　→ 15×1 →　和銅五年(712)

北斗図と五形図の候補の比較

　ここで、北斗図と五形図の各候補を纏めると、表 2-27 になります。

五形図と北斗図は、ほぼ同じ動機と目的を背景にした同じ原理に基づく呪術であることが判ります。

五形図の場合、北斗図のように竣工した日付までを推定することはできませんでした。

表 2-27：北斗図と五形図の比較

地上絵		年	干支	月	朔	日	備考
北斗図							
動機	洪水予想	天武十一年	壬午	五月午月	癸巳	丙午(14)	傍点「火気」
目的	宗廟祭祀	天武十年	辛巳	五月午月	己巳	己卯(11)	多気大神宮整備
竣工		天武十年	辛巳	五月午月	己巳	丙戌(18)	
要点	伊勢国と周芳国の連携した動き						
五形図							
第1候補							
動機	天武十三回忌	文武二年	戊戌	春正月	壬戌	庚辰(19)	傍点「土気」
	洪水予想	和銅五年	壬子	秋七月申月	戊辰	壬午(15)	
目的	宗廟祭祀	文武二年	戊戌	十二月丑月	丁亥	乙卯(29)	伊勢皇大神宮創建
竣工		文武二年	戊戌				
要点	伊勢皇大神宮創建は壬申の乱から 26 年、北斗図から 17 年、天武崩御から 12 年 伊勢国と周芳国の連携した動き						
第2候補							
動機	洪水予想	和銅五年	壬子	秋七月申月	戊辰	壬午(15)	傍点「土気」
目的	「土気」補充	和銅三年	庚戌	三月辰月	壬子	辛酉(10)	平城京遷都
竣工		和銅三年	庚戌				
要点	平城京遷都は持統元年より 23 年						
第3候補							
動機	持統崩御	大宝二年	壬寅	十二月丑月	癸巳	甲寅(22)	傍点「土気」
目的	「土気」補充						
竣工		大宝二年	壬寅				

＊午は「土気三合」生（「土気」が生れるとき）、辰は「木気方局」季（「木気」が終わるとき）、寅は「火気三合」生（「火気」が生れるとき）でもある。

洪水が予想された年の干支の相違点と呪術的対策

　北斗図と五形図が描かれた動機には、洪水が予想された年の干支の違いがありました。

天武十一年壬午には、壬（天の水）が午「火徳」天武天皇を「水剋火の法則」によって消し去ることが予想され、被害を受けるのは天皇個人でした。（壬午は数え 61 歳の本厄／生まれながらにして水火の対立が暗示された）

和銅五年壬子には、壬（天の水）と子（地の水）の「水気」だけで構成され、予想される大洪水で被害を受けるのは国土全体でした。

この点が、天武十一年壬午と和銅五年壬子の年の干支による状況の違いです。

　そこで、和銅年間には国を挙げてといえるほど、「土剋水の法則」を応用した呪術的対策が数多く実施され、五形図（第 2 候補）以外に「土気」が期待された対策には、大崎玉祖神社の遷座と伏見稲荷大社の創建があり、平城京遷都も巨大で強力な「土気」を期待した呪術の側面がありました。（表 2-28）

オオクニヌシを出雲大神宮（亀岡）から杵築神社（出雲）へ遷座させたのは、「金生水の法則」により「水気」を生む「金気」を忌避した呪術です。（図 2-29）

つまり「土気」あるいは「土気」を生む「火気」は大和へ近づけ、「水気」あるいは「水気」を生む「金気」は大和から遠ざける、呪術的対策でした。

和銅五年に撰上された『古事記』でさえも、「古」が「土気」に配当されることから、「土気」を期待した呪術的対策であった可能性があります。（古と老は「五黄土気」の象意）(470)

表 2-28：『続紀』に載る「土気」を中心とする呪術的施策

年	干支	施策	意味	備考
文武元年	丁酉	太上天皇	強力な「土徳」	「金徳」文武天皇即位
二年	戊戌	**[五形図 1]**	「土徳」大日如来を象徴 陰陽の調和	伊勢皇大神宮
大宝元年	辛丑	黄金献上	「金気」	「金気」扶翼
二年	壬寅	**[五形図 3]**	「土気」喪失を補充	「土徳」持統天皇崩御
三年	癸卯	火葬	「土気」灰	「土剋水の法則」
慶雲元年	甲辰	慶雲改元	「土気」五色の雲	「土剋水の法則」
二年	乙巳	八咫烏神社	「火気」	「火剋金の法則」
		赤烏献上		
三年	丙午	土牛	「土気」	「土剋水の法則」
四年	丁未	平城京立案	「土気」大地を築く	「土剋水の法則」
		国忌	「土用」	草壁皇子薨去から 18 年
和銅元年	戊申	元明即位	「土徳」	「土剋水の法則」
		和銅献上	「火気」	「火剋金の法則」
		和同開珎	「土気」	「土剋水の法則」
二年	己酉	銅銭専用	「火気」	「火侮水の法則」
三年	庚戌	銅銭献上	「火気」	「火侮水の法則」
		平城京遷都	「土気」	「土剋水の法則」
		[五形図 2]	「土気」	「土剋水の法則」
四年	辛亥	蓄銭叙位	「火気」	「火侮水の法則」
五年	壬子	『古事記』撰上	「土気」	「土剋水の法則」
		嘉瓜献上	離卦（火）	「火侮水の法則」
		白雁献上	「金気」＋「火気」	「火剋金の法則」
		木連理献上	「土気」	「土剋水の法則」
		玄狐献上	「土気」	「土剋水の法則」
六年	癸丑	白雉献上	「金気」＋「火気」	「火剋金の法則」
霊亀元年	乙卯	白狐献上	「金気」＋「土気」	調和
		霊亀献上	離卦（火）	
養老元年	丁巳	養老	「土気」	調和
		甘露献上	「土気」	

＊「土気」は「土剋水の法則」から「土気」が「水気」を消す、あるいは調和を促す働きがある。　＊「火気」は、「火剋金の法則」から「水気」を生む「金気」を消す、あるいは「火侮水の法則」から「水気」を消す働きがある。　＊[　]内は私見。

稗化為禾献上は制水呪術

和銅五年壬子に予想された洪水を夥しい数の呪術で防ぐことができた翌年、和銅六年癸丑春正月乙丑朔戊辰に、「稗の化して禾となれる一茎（稗化為禾）」が献上されました。

『続紀』には「治部省式には見えず。宋書符瑞志下に、呉孫亮五鳳元年、交趾稗草化為稲とある」とあります。(10-1-192 註三)

献上されたことから瑞祥と考えられますが、脚註の記述では意味が分かりません。

稗は五穀「火気」に稲（禾）は「金気」に配当され、「火気」と「金気」の間に「火剋金の法則」が成立し「火気」が「金気」を打ち負かす、すなわち「火気」稗が「金気」稲を消し去る呪術と考えられます。

同じ日に献上された白鳩は「金気」、嘉瓜は離卦の象徴で「火気」に配当され、同じ日に同じ五気に配当され

る瑞祥が献上されたことからも、上記の呪術を考えることに無理はありません。（第2章末／陰陽思想概略）

　和銅六年癸丑の干支を解析すると、癸（水の弟）は「水気」、丑は「水気方局」季（「水気」が終わるとき）で共に「水気」に配当され、いまだ洪水の可能性が解消されていないことを示唆しています。

すなわち、同日に献上された白鳩、嘉瓜、稗化為禾には「火剋金の法則」が成立して、「水気」を生む「金気」を消し去る、すなわち「水気」洪水を防ぐための呪術であったと考えられます。

　あるいは、丑を土用（辰・未・戌・丑）の終りと捉えると、春正月寅月の寅は「土気三合」墓（「土気」が終わるとき）、戌（土の兄）、辰は土用（辰・未・戌・丑）になり、日付のすべてが「土気」で構成され、「土気」を期待した記録であったともいえます。

すなわち「土剋水の法則」で「土気」が「水気」を消し去る、洪水を防ぐための呪術が日付の上でも成立しています。

　呪術とは抽象的な思考の産物ですから、現実に見ることができない抽象的な思考であればあるほど念には念を入れて、繰り返される性質があります。（御所の鬼門猿ヶ辻／石上神宮瑞垣）

古代人は執拗に繰り返すことを好み、これは呪術や信仰の形でもありました。（131-27）（320-7）（355-17-394）（420-183）

本章のまとめ

　地上絵の謎は、宗廟と社稷の調和、宗廟祭祀を怠ることで下される天罰としての洪水、洪水を防ぐための制水呪術、に帰結します。

1. 五形図が描かれた時期について 3 つの候補がある。
2. 第 1 候補の動機と目的、根拠と意義

　　動機：文武二年が天武天皇の十三回忌であった。

　　目的：追善供養

　　竣工：文武二年

　　根拠：壬申の乱から 26 年（一九年七閏法の和）、天武四年から 23 年、天武崩御から 12 年、北斗図から 17 年（陰陽 8 と 9 の和）の聖数関係にある。

　　意義：伊勢皇大神宮創建と対をなす国家的事業として五形図を企画した。

　　「左祖右社」の原則にしたがって、東方に宗廟として伊勢皇大神宮を創建し皇祖神アマテラスを奉斉し、西方には社稷あるいは仏教の国家鎮護を目的として大日如来を象徴する五形図を描き、陰陽の調和と「土気」の強化をはかった。

		文武二年(698)
壬申の乱(672)	→ 26 →	伊勢皇大神宮創建　皇祖神アマテラス創造
天武四年(675)		
土左大神神刀	→ 23 →	土左大神牛黄
北斗図(681)	→ 17 →	五形図
伊勢国白茅鵄		伊勢国白鉛
周芳国赤亀		周芳国赤銅
天武崩御(686)	→ 12 →	天武十三回忌

3. 第 2 候補の動機と目的、根拠と意義

　　動機：洪水予想　　　和銅五年壬子秋七月申月戊辰朔壬午(15)

　　目的：「土気」補充　　和銅三年庚戌三月辰月壬子朔辛酉(10)　　平城京遷都

　　竣工：和銅三年庚戌

　　根拠：平城京遷都は持統元年より 23 年の聖数関係。

　　意義：平城京遷都と対をなす神聖な国家的事業。

4. 第 3 候補の動機と目的、根拠と意義

　　動機：「土徳」持統天皇崩御による「土気」の喪失。

　　目的：強力な「土気」を補充する（「土剋水の法則」／五気の中軸）。

　　竣工：大宝二年壬寅十二月丑月

　　根拠：瑞祥の変化（「金気」から「土気」）。

　　意義：「土気」補充

5. 五形図が、文武紀から元明紀にかけて連続して描かれた可能性も否定できない。

参考資料１──必要な陰陽五行思想の概略

はじめに

　本書の内容を理解するためには、ある程度の陰陽五行思想の知識が必要で避けて通ることができません。

しかし、陰陽五行思想は複雑難解で、その詳細を述べる余裕はなく本書の目的でもないため、必要に応じて資料を参照して下さい。

ここでは陰陽五行思想の概略と、地上絵の謎を解析する上で重要であった『書紀』や『続紀』などの記事を取り上げ、解析に用いた五行の法則、干支が暗示する意味、『易経』や九星の象意で示唆される問題などを述べます。

資料は、一般向けのものから専門的な研究書まであり、その主な文献を上げています。

番号は、本書の末尾に掲載した文献一覧の番号と同じです。

6、7、12、21、38、110、114、116、139、152、179、181、211、279、293、299、347、419、437、457、503、551、552、554、558、559、560、561、562、563、564、567、573

　複雑で難解な陰陽五行思想について、木場明志氏の簡潔な記述があります。(139-61)

季節の移り変わりを観察して、その消長と循環を基礎理論とする自然哲学であった、とする説は判り易いと思います。(陰陽には諸説)

陰陽思想・五行思想という中国古来からの別々の思想が漢代以降（紀元前三世紀初〜）に結合して陰陽五行説が成立した。もともとは、季節の移り変わりを観察し、その消長（盛んになることと衰えること）と循環を基礎理論とする自然哲学であったろう。それが、人事におよぼされて王朝交替の必然性を説明し、さらに十干と十二支をも理論に組み込んで、自然・人間・社会の諸現象をはば広く説明するようになり、八卦も加えて未来予知にまで至り、複雑な陰陽五行説となった。

　この指摘のように、陰陽五行思想は陰陽思想と五行思想が習合して成立しました。

まず、陰陽思想について概略を述べます。

陰陽思想（陰陽説）について

　陰陽思想とは、宇宙に存在する全てのものが陰と陽の二気（要素／エネルギー）で成り立つとする考えで、正（プラス）と負（マイナス）にある絶対的対立ではなく、互に必要不可欠な要素で調和を重視します。

たとえば、男（陽）と女（陰）、昼（陽）と夜（陰）、明（陽）と暗（陰）、といった対立したように見える関係ではあっても、互いに必要不可欠な存在であることは明らかです。

男と女はいうまでもなく、明るい昼と暗い夜の関係は誰でも直感的に理解でき、日常の自然観察を通じて得られたのが陰陽思想です。

調和を重視する理由は、宇宙そのものが調和しているからです。

　『書紀』で陰陽の初出は国土の成立を語る箇所で、三国時代(220〜280)の呉国の徐整が撰述した『三五暦記』を引用したことが明らかになっていて、すでに陰陽思想が浸透していたことが判ります。(107-1-76)(391-1-76)

陰陽の二気が「混沌」の中から分かれ、天地が造られている様子が判り易く描かれていて、美しい文体ですから読み下し文と現代語訳を併記します。

読み下し文

古に天地未だ剖れず、陰陽分れざりしとき、渾沌れたること鶏子の如くして、溟涬にして牙を含めり。其れ清陽なるものは、薄靡きて天と為り、重濁れるものは、淹滞ゐて地と為るに及びて、精妙なるが合へるは搏り易く、重濁れるが凝りたるは竭り難し。天先づ成りて地後に定まる。然して後に、神聖、其の中に生れます。

現代語訳

昔、天と地がまだ分かれず、陰陽の別もまだ生じなかったとき、鶏の卵の中身のように、固まっていなかった中に、ほのぐらくぼんやりと何かが芽生えを含んでいた。やがてその澄んで明らかなものは、のぼりたなびいて天となり、重く濁ったものは、下を覆い滞って大地となった。澄んで明らかなものは、一つにまとまり易かったが、重く濁ったものが固まるには時間がかかった。だから天がまず出来上がって、大地はその後で出来た。そして後からその中に神がお生まれになった。（491-1-9）

「軽く澄んだ気は天になり、重く濁った気は大地になった」という文言を図象化したのが大極図です。（図参1-1）
大極とは、陰陽思想で宇宙を意味する言葉です。
下降するように見えるのが陰気（黒）、上昇するように見えるのが陽気（白）です。
図参1-1の中で、陰気の中にも陽気（白点）が含まれ、陽気の中にも陰気（黒点）が含まれることが重要です。
陰陽は調和しながら循環する、これが陰陽思想の基本理念です。

図参1-1：大極図（347-69）

五行思想について

五行思想は、宇宙の万物は5つの原素（木・火・土・金・水）で成り立つと考える思想で、四大元素（土・水・空気・火）で構成されると考えた古代ギリシャの思想と似ています。
しかし、五行思想では物質だけでなく時間と空間と方位をも五行で分類している点が大きく異なる所です。
時間とは、日付に付された干支のうち甲（木の兄）、乙（木の弟）で表される過去、現在、未来などのことです。
たとえば壬申の年といえば、壬申の乱の年を含め過去（たとえば612年）、現在（最近としては1992年）、未来（たとえば732年）の60年毎に巡ってくる壬申の年を意味します。
十干十二支の組合せは60年毎に一巡する、いわゆる還暦です。
空間と方位とは、たとえば東西南北を東「木気」、西「金気」とする分類です。
元々は、古代に観測可能であった五惑星（木星・火星・土星・金星・水星）から導き出された概念とされています。（諸説あり）

古代中国では人類の歴史が始まる以前、太古、混沌とした宇宙に五元素が生まれたと考え、その循環と作用を五行と呼びました。（現代の化学元素周期表には化学物質を生む118の元素が載っている）（7-183）
五行説の創始者は黄帝といわれ、その五行説が応用されているのは『書経』の中の洪範である。洪範は夏の禹王が天から授かったもので、その後、歴代の王に伝えられ、殷が滅亡したとき、殷の箕子がそれを周の文王に伝えたと言われる。（571-47）

五行の考え方が体系化された最も古いものは『春秋左氏伝』（BC480頃成立）です。（551-146）
吉野裕子氏は、五行が滞りなく循環して宇宙の永遠性が保証される、と説きます。
五気は互に影響し合って生滅を繰り返し万物が変化して循環するという。森羅万象の象徴である木火土金水の間に相

生相剋の二面があって、万象ははじめて穏当な循環が得られ、この循環五行によってこの世の万象の永続性が保証される。（563-30）

このように五行思想は「循環の哲学」といわれ、太陽は東に昇り西へ沈むことを繰り返し、月は満ち欠けにより明らかな再生を繰り返す事実から導き出された哲学です。
五元素の作用と循環が五行であり、五行の行は動くこと、巡ること、働くことを意味します。（64-27）（563-27）
五原素の輪廻・作用が五行である。くり返していえば、五行の「五」は、木・火・土・金・水の五原素、あるいは五気をさし、「行」は動くこと、廻ること、作用を意味する。要するに、五原素の作用・循環が五行なのであって、後述するように一日の朝・昼・夕・夜も、一年の春・夏・秋・冬の推移も、すべてこの五行なのである。

既述した『書紀』と『古事記』の冒頭の記述が中国古典の創世記を引用している、と折口信夫氏も指摘していました。（355-17-413）
吉野裕子氏は、歴史の謎を解く手段として古代の思想信仰が重要であると指摘しています。
このように、日本書紀、古事記の冒頭の文はすべて中国古典の創世記およびその表現の寄せ集めであることがわかる。歴史を知ろうとする時、祖先たちが何を信じ、何を基準として生きていたか、その精神生活の中心を求めることが必要である。時を遡行して古人の側に近づくことが重要で、現在の位置に居座って今の心で合理的な解釈とか推測を加えることはできない。古人の遵奉していたものが今日からみれば迷信に過ぎず、たたえ非科学的なものであるにせよ、とにかく先ず以てそれを学ぶことが先決である。非科学的といって斥け、それを問題解決の手掛かりとして用いないことは科学的でない。（561-19）

陰陽思想と五行思想が習合した陰陽五行思想

漢武帝の建元二年（BC139）に撰上された一種の百科全書『淮南子』「天文訓」には、五元素の誕生について下記の説明があります。（185-1-132）（210-1-132）
すでに、日月陰陽から五気が生じたとする文言から、陰陽思想と五行思想が習合されているのが判ります。
この世がどのようにして出来上がったのか、出来ているのか、を説明しようとしています。
陽気の累積である熱気によって火を生じ、火気の精なるものは日となる。陰気の累積である寒気によって水を生じ、水気の精なるものは月となる。日月からこぼれ出た気のうち、その精なるものは星辰となる。かくて、天は日月星辰を受け入れ、地は雨水や塵埃を受け入れることとなった。

『古事記』序第二段には、天武天皇が陰陽二気と五行が正しく運行するように善政を敷いたことが述べられています。（317-8）
つまり、天子が善政を敷けば陰陽の交替と五行の循環が時宜を得て順当で豊作は間違いなく民生は保証され国家は安寧である、と考える思想が浸透していたことが判ります。
天武天皇のご政道は中国古代の五帝の一人である黄帝を上回り、その聖徳は周の文王より勝っていらっしゃいました。天皇であることのしるしとしての〈三種の神器〉を継承して、天下を隈なく統合なさいました。天下泰平の兆候として陰陽二気が正しく運行するように、泰平に天下を営まれ、善政の徴候として万物生成の元素である木火土金水が秩序をもって運行するように、善政を敷かれ、神祇祭祀を復興しまた様々な良俗を進め、すぐれた徳風を施してその及ぶ国の範囲を定められました。（ルビ著者）

請来された陰陽五行思想が国家組織の中に組み込まれ、祭政、占術、年中行事、医学、農業などの基礎原理になっていたことも、地上絵の謎を解く手段として陰陽五行思想の理論を用いることに一つの根拠を与えてくれます。

陰陽五行思想は、日本渡来以来、国家組織の中に組み込まれ一貫して朝廷を中心に祭政、占術、諸年中行事、医学、農業などの基礎原理となり、時に権力者によって軍事に至るまで広範囲に実践応用された。このように古代日本の社会を隅々まで拘束していた陰陽五行思想は、生活の指導原理となっていた。しかし今日の日本人は、先人達が生活のよりどころとしていた世界観も法則も知らない。(563-24)(564- 序)

　　以下、陰陽五行思想の中でも特に呪術として多用され、地上絵の謎を解明するために不可欠であった五行思想の法則について述べます。

五気の順序
　　五気には生成順（せいせいじゅん）、相生順（そうせい、そうしょう）、相剋順（そうこくじゅん）の順序があり、自然科学的な観測結果に哲学的な思考を加えて導き出された考えです。

生成順　＝　水→火→木→金→土

相生順　＝　木→火→土→金→水

相剋順　＝　水→火→金→木→土

　　生成順とは最初に生れた（と考える）「水気」から「火気」「木気」「金気」「土気」に至る五気が生れた観念的な順序のことで、『尚書』（しょうしょ）洪範にはその順序と本性（働き）について以下の説明があります。(7-183)
五行は一に曰く水、二に曰く火、三に曰く木、四に曰く金、五に曰く土。水に潤下（じゅんか）といい、火に炎上（えんじょう）といい、木に曲直（きょくちょく）といい、金に従革（じゅうかく）といい、土はここに稼穡（かしょく）す。

　　相生順とは、「木気」から「火気」、「火気」から「土気」、「土気」から「金気」、「金気」から「水気」、「水気」から「木気」の順序で五気が生れることを意味し、その中に含まれる科学的な視点は古代の医学や薬学の基礎にも含まれています。(44-148、44-149)(551-148)
相生説は、五行の素材が相い生ずる関係に次序されており、木が燃えて火を生じ、火は灰となって土を生じる。その土の中から金が生じ、その金は水を生じる。その水がもとに循環して木を生ずるという相生の関係で金から水を生ずるというのは、金属が水滴を生ずることがあることを指している……極めて科学的な自然観察から組立てられており、古代人の自然科学思想のすばらしさが、この相生循環の説に見られ、一驚に値するものがある。

　　曖昧になりがちな「気」（エネルギー／元素）の定義について、『完全定本地理風水大全』には『地理小補』に載る定義を引用しています。(＊著者補足)(64-31)
人は生を天の気より受け、地の形に依る。(＊宇宙のエネルギーが地上で人の形となって現われたもの)

気には陰陽が有り、すなわち形には雌雄がある。(＊陰陽の二気があり、人の形にも雌雄陰陽がある)

気には往来があり、すなわち順逆がある。(＊陰陽は互いに行き来し、影響し合う)

気には盛衰が有り、すなわち生死がある。(＊陰陽のエネルギーには盛衰の変化がある)

気には闔闢（こうへき）（開閉）があり、すなわち尊卑がある。(＊闔闢とは開閉のことで、陰陽の往来と同じ)

気には交媾（こうこう）（交合）が有り、すなわち配合がある。(＊交媾とは性交のことで、陰陽が交わることで新しい気が生まれる)

気には舒促（じょそく）（長短）が有り、すなわち妖寿がある。(＊妖寿とは若死にのことで、陰陽のエネルギーの寿命にも長短がある)

気には清濁が有り、すなわち善悪がある。(＊具象化したものが大極図)

気には厚薄（物事の程度）が有り、すなわち大小がある。(＊エネルギーには大小がある)

この理はすでに明るく、すなわち地理の道を得る。(＊このことわりは自明で、人が暮している世界を説明できる)

五行の法則

五行の基本的な法則には「相生の法則」と「相剋の法則」があり、呪術で多用されます。(110-60)

　「相生の法則」には「木生火の法則」「火生土の法則」「土生金の法則」「金生水の法則」「水生木の法則」があります。(293-1-145)

「木生火の法則」とは「木気」から「火気」が生れる、たとえば「木気」木と木を擦り合せると「火気」火が着く、という現象から得られた法則です。

「火生土の法則」とは「火気」から「土気」が生れる、たとえば「火気」火がついて物が燃えると（土気）灰になり（土気）土になる、という現象を意味します。

「土生金の法則」とは「土気」から「金気」が生れる、たとえば「金気」金属の多くは「土気」土の中に生れる、という現象から得られた法則です。

「金生水の法則」とは「金気」から「水気」が生れる、たとえば「金気」金属の表面には「水気」水滴が生まれやすい、という現象から得られた法則です。

　「水生木の法則」とは「水気」から「木気」が生れる、たとえば「木気」木を含め一切の植物は「水気」水で育てられる、という現象から得られた法則です。(551-148)

　本書で取り上げた「相生の法則」は「金生水の法則」を応用して丹波に出雲大神宮を創建すること、杵築神社へオオクニヌシの分霊を遷座させること、などに用いられています。(表2-2)

　「相剋の法則」には、「水剋火の法則」「火剋金の法則」「金剋木の法則」「木剋土の法則」「土剋水の法則」があり、「水気」「火気」「金気」「木気」「土気」の順序で剋すこと、すなわち打ち負かすこと、消し去ることを意味します。(293-1-224)(551-149)

同じ着眼を相剋理論にも見出す。……木は土に勝ち、土を破って芽を出して来る。金は木に勝ち、木を打ち壊す。火は金に勝ってこれを溶かす。水は火に勝ってこれを消す。更に循環して、土は水に勝って、これを堰き止めることができる。素朴ながら自然の科学的な観察よりでてきている。春秋戦国時代には考えられていたと見られる。

　「水剋火の法則」とは「水気」が「火気」を打ち負かす、すなわち「水気」水が「火気」火を消す、という現象から得られた法則です。

「火剋金の法則」とは「火気」が「金気」を打ち負かす、すなわち「火気」火が「金気」金属を溶かす、という現象から得られた法則です。

「金剋木の法則」とは「金気」が「木気」を打ち負かす、すなわち「金気」金属でできた鉈や鋸で「木気」木を伐り倒す、という現象から得られた法則です。

「土剋水の法則」とは「土気」が「水気」を打ち負かす、すなわち「土気」土で造られた堤防は「水気」水をせき止める、という現象から得られた法則です。

このように相剋の法則も全く抽象的ではなく、自然現象をよく観察して得られた具体的な法則であるといえます。

　『続紀』では、「木剋土の法則」は「土徳」持統天皇と「木徳」大友皇子の怨霊との間に成立し「木気」が「土気」を打ち消す、すなわち「木徳」大友皇子の怨霊によって「土徳」持統天皇が剋殺された可能性を考えさせました。

現実的には病死あるいは老衰であったとしても、怨霊の存在を示唆するように記録されたことが重要です。

その「木徳」大友皇子の怨霊を調伏する目的では「金剋木の法則」が応用され、「金気」と「木気」の間には「金剋木の法則」が成り立ち「金気」が「木気」を打ち負かす、すなわち杠谷樹（ヒイラギ）の献上は「金気」杠谷樹が「木徳」大友皇子の怨霊を追い払う呪術であった可能性を考えておく必要があります。

　本書では制水呪術に応用された「土剋水の法則」が特に重要でした。

「土剋水の法則」は和銅五年壬子に予想された洪水を防ぐ呪術に応用され、「土徳」持統天皇の譲位、「土徳」元明天皇の即位、「土気」平城京遷都、「土気」大崎玉祖神社分霊の遷座、「土気」伏見稲荷大社創建、『古事

記』撰上、など多くの可能性を考えました。（表2-2）

「土気」伏見（伏水）稲荷大社で「水気」洪水を打ち負かす呪術は、玄狐（くろきつね）の献上すなわち「土気」狐で「水気」玄を打ち負かすのと同じ五行の法則を用いた呪術でした。（玄は「水気」正色の黒と同じ）

さらに「水気」冬を「土気」土牛（どぎゅう）で追い払う呪術として「是の年、始めて土牛を作りて大儺（おおはなぎ）す」記事に応用されています。（図2-19）（98-3-60 注二四）（187-437）

　「火剋金の法則」は、「火気」で「金気」を消し去る、すなわち「火気」で「水気」を生む「金気」を消し去る呪術に応用されていました。

それが和銅元年の和銅「火気」献上、白雉献上、予測による日食の記録、「火気」丹波での「金気」出雲大神宮の創建、白鳩、嘉瓜、稗化為禾の献上、などの施策でした。

　「水剋火の法則」は、和銅五年壬子の干支から洪水を予想したこと、和銅五年壬子秋七月戊辰朔壬午に洪水が起きると判断したこと、その洪水を防ぐ呪術として和銅四年辛亥二月丙子朔壬午に伏見稲荷大社を創建したこと、などに応用されていました。

　さらに、本来なら剋されるものが強大になって真逆（まぎゃく）の相剋が成立する法則もあり、「剋」ではなく「侮（ぶ）」を使い相手を「みくびる」「あなどる」と表現します。

たとえば、いくら水をかけても消せない巨大な火の場合に「火侮水（かぶすい）の法則」が成立し、巨大な「火気」が逆に「水気」を消し去る、ことになります。（例えば山火事や火山の噴火）

「火侮水の法則」は、銅銭専用、銅銭献上、蓄銭叙位、嘉瓜献上、など元明紀に多く認められ、やはり和銅五年に予想された洪水を防ぐ呪術でした。（109-216）

同じように「土侮木（どぶもく）の法則」「金侮火（きんぶか）の法則」「木侮金（もくぶきん）の法則」「水侮土（すいぶど）の法則」などがあり、強力な「土気」が「木気」を打ち負かし、強力な「金気」が「火気」を打ち負かし、強力な「木気」が「金気」を打ち負かす、ことになります。

「土侮木の法則」は「土気」富本銭が「木徳」大友皇子の怨霊を打ち負かす呪術に応用されている可能性があります。

「金侮火の法則」「水侮土の法則」を応用した呪術は、用いられなかったようです。

　呪術はこれらの法則を用いて造り上げる結果、循環することから考えれば一部を過大にし、あるいは過小にすることは、循環を乱すことになり矛盾するはずです。（7-186）

しかし、呪術は観念的に造られた法則や現実にはあり得ない超自然的な威力で災禍を免れたり起こしたりする技術であり、とりあえず「心の平安」さえ得られれば良いと考える行為であることから、もともと矛盾を含みます。（111-77）（198-460）（266-232）（481-460）

たとえば、和銅五年(712)壬子の年に予想される大水を回避するために考えられる呪術は、以下の３点になります。

これらは「水気」を打ち負かそうとする呪術で、「水気」が打ち負かされる結果、他の四気の衰退が予想されます。

しかし、打ち負かすのは異常な「水気」であることから、呪術の結果、むしろ四気の循環は改善される、と都合よく考えるものです。

1.「土気」で「水気」を打ち負かす　　　　：　「土剋水の法則」の応用
2.「火気」を強化して「水気」を打ち負かす　：　「火侮水の法則」の応用
3.「水気」を生む「金気」を衰えさせる　　　：　「火剋金の法則」の応用

五行の本体と本性

　五行で示される万物には本体と本性が備わり、本体はそのものの象（かたち）で、本性は働きであり作用です。（293-1-61）

本体（象）と本性（用）があって、はじめて万物は十分に働くことが出来ると考えます。

判り易く車で譬えれば、車という本体（象）があって走って止まるという本性（用／働き）がある、となります。

『五行大義』の中に、五気の本体と本性について下記の説明があります。（293-1-43）

さて、万物には、自然に形体と性質とが具わっている。聖人はその類に象って、その名を制定した。そこで、名称は形体を定めるのだと言うのである。……五行は、万物のはじめである。その五行の形体と作用とは、万物の生成をたすけるものである。

　五行思想を詳述した最も古い文献は隋代(581〜619)に成立した『五行大義』で、五行の法則に基づく天人相感の原理（人君の行いは天文に影響する）を説きました。（293-1-9）

隋の長沙宣武王の孫・蕭吉(〜615？)が著わした書物で、先秦(BC221以前)から隋に至るまでの五行説を蒐集し、それを組織的に整理、分類した五巻からなります。

『続日本紀』天平宝字元年(757)十一月の勅に、陰陽生の必読書として『周易』(BC1046？〜BC256)とともにその名が挙げられています。（98-20-127）

中国では宋時代(960〜1276)に失われたにもかかわらず、日本では盛行して吉凶の占断から年中行事、医術等に至るまでを説明する根拠とされ、その影響は広範囲に及びます。（559-72）

五気の生数と成数

　五気の生成順に付された序数が各気の生数になり、生数とは五気の本体すなわち象を表す数字です。（44-148）（293-1-72）（551-148）

五行生成は、また五行始生ともいい、天地の生成する順序を、このように次第したものである。素朴な考えのようであるが、それなりに科学的根拠が見られ、中国古代人の天地生成論の一端が知られる。

　成数は五気の本性すなわち働きを表す数字で、生数に5を足して得られる数字です。（表参1-1）

成数を得るのに5を足す意味は重要で、それは5が「土気」生数であり「土気」以外の他の四気は「土気」の本体5を得て初めて活躍できるからです。

つまり、「土気」の本性「稼穡」が示すように、「土気」は他の四気の働きを扶けて五行循環を促すことになります。（土徳賛歌）（7-183）（105-361）（566-79）

四気の本性の中には「土気」の本体が含まれている、ともいえます。（陰陽を兼ねる「土気」の両儀性）

稼穡のうち、種を蒔くことを稼といい、穀物を取り入れることを穡（収穫）と呼びます。（293-1-96）

表参1-1：生数（本体）と成数（本性）

五気	木	火	土	金	水	具体的な説明
本体	温柔	明熱	含散・持実	強冷	寒虚	象（かたち）
本性	曲直	炎上	稼穡	従革	潤下	働き
生数	3	2	5	4	1	天数（動かない数）
成数	8 (3＋5)	7 (2＋5)	10 (5＋5)	9 (4＋5)	6 (1＋5)	地数（活動する数）

＊生数（天数）を動かない数とし、成数（地数）を活動する数とする。（293-1-87）

　四気の成数の中に「土気」の生数5が含まれている問題について、『五行大義』には以下の説明があります。（293-1-87）

水は五を得てその数は六となり、湿った土地に流れ、くぼみにしたがって下って行くことができるようになる。火は五を得てその数は七となり、燃え上がることができるようになる。木は五を得てその数は八となり、曲がったり真っ直ぐ

になったりできるようになる。金は五を得てその数は九となり、柔らかで自由に形を変えることができるようになる。土は五を得てその数は十となり、作物を植えたり収穫できるようになる。

　上記のように、五行では数字が重視されます。
その理由について、陰陽が消長変化（生から死までの変化）する道理を明らかにするためには数（生数と成数）によらなければならない、として『五行大義』に以下の説明があります。
陰陽の交感から万物が生成される点は男女の交合から導き出された言葉で、陰陽の働きを最も端的に表すのが男女の営みだからです。（293-1-72）
太極は陰陽の両儀を生じ、両儀は四序（春夏秋冬の順序）を生ずる。四序は、生の生ずるところである。万物は茂り繁殖し、こうして万物は生成するのである。万物は皆、陰陽の二気からなっており、陰陽の二気はふるいおこって形をつくり、互いに交感しあうのである。だから、陽のみで生ずることはできず、また、陰のみで生ずることもできない。必ず陰陽が配合されて、万物が生成されるのであり、こうして、万物は変化流通するのである。つまり、天に気象があり、その精気が下流すると、地道はこれを含み変化させ、これをもとにして形を生ずる。陰陽が消長変化することによって、生れたり滅んだりするのである。その明らかにし難い道理を明らかにするには、数によらなければならない。（傍点著者）

　五行生数（1・2・3・4・5）の和は 15 になり、生数は五行の本体を表すことから宇宙の理に適う、すなわち 15 は天命に適うことを暗示した可能性があります。
15 を意識した記述の例に、持統称制が天智崩御から 15 年、持統元年が壬申の乱から 15 年、文武即位が 15 歳、持統崩御が即位から 15 年、玄狐の献上日が 15 日、などがあります。（第 2 章／天命を表す聖数 15 が用いられた事績）

五行配当表

　宇宙の万物を構成している五原素を分類し、表記したのが五行配当表です。（表参 1-2）
吉野裕子氏は『陰陽五行と日本の民俗』の中で、五行配当表について簡潔に説明しています。（563-31）
木・火・土・金・水は、互いに相生・相克して輪廻するが、同時にこの木・火・土・金・水は五原素としてあるばかりでなく、宇宙間の万象、つまり色彩・方位・季節・惑星・天神・人間精神・徳目・内臓・十干・十二支等を象徴するものでもある。換言すれば、万象がこの五気に還元され、あるいは配当されているわけである。

　五行配当表の読み方は、まず縦に読んで「木気」の中に含まれる物（物質／時間／空間／方位）、つまり「木気」として分類されたモノには何があるのかを見ます。（表参 1-2）
たとえば、季節は春、方位では東、色彩では青、生数は三、五星の歳星（木星）、五臓の肝臓、五腑の胆嚢、五神の青龍、五候の風、五金の鉛（錫）、十干では甲・乙、十二支では寅卯辰、五情では怒、五虫では鱗虫（鱗のある動物）があり、その代表に蛇が配当されています。（7-183）
この分類は本体と本性に基づいていて、「木気」の本体は温柔すなわち（春のように）穏やかで素直なこと、本性は曲直すなわち（木の根や枝のように）曲がったり真直ぐになったりして成長することになります。
判り易くいえば、温柔とは樹が真直ぐ空に向かって伸びる姿（象）をいい、曲直とは根が地中を曲がりながら成長していく過程（働き）を表しています。
　次に横に読んでいくと、各気に対応して季節の春、夏、中央（土用）、秋、冬、方位の東、南、中央、西、北など季節、感覚、内臓、方位、徳目などが配当されているのが判ります。（293-1-251）
現代人の理解の範囲を超えた分類であっても、古代には万物をこのように理解していた、と捉えることが大切かと思います。（青春、朱火、白秋、玄冬などの言葉が残されている）

表参 I-2：五行配当表（一部）

五気	木	火	土	金	水	備考
本体	温柔	明熱	含散・持実	強冷	寒虚	象（かたち）、本質
本性	曲直	炎上	稼穡	従革	潤下	働き、作用
五季	春	夏	土用(中央)	秋	冬	季節
五方	東	南	中央	西	北	方位
五刻	朝	昼	中央	夕	夜	時刻
五正色	青	赤（矢、絳）	黄	白（素）	黒（玄）	本体の色
五間色	緑	紅	黄	藍（縹）	紫	相剋による混合と配当
生数	三	二	五	四	一	天数（動かない数）
成数	八	七	十	九	六	地数（活動する数）
五神	青龍	朱雀	鳳凰	白虎	玄武	各方位を護る神
五輪	空	火	地	水	風	密教の根源的な要素
五形	宝珠形	三角形	方形	円形	半月形	五輪（五大）の表現形
五候	風	熱	湿	燥	寒	気候
五金	鉛（錫）	銅（あかがね）	金	銀	鉄（くろがね）	実用鉱物
五星	歳星（木星）	熒惑（火星）	鎮星（土星）	太白（金星）	辰星（水星）	惑星
十干	甲・乙	丙・丁	戊・己	庚・辛	壬・癸	十干すなわち五行
十二支	寅卯辰	巳午未	（丑辰未戌）	申酉戌	亥子丑	十二支と土用
月	一、二、三	四、五、六	三、六、九、十二	七、八、九	十、十一、十二	旧暦月
五常	仁	礼	信	義	智	儒教的徳目
五臓	肝	心	脾	肺	腎	実質臓器
五腑	胆	小腸	胃	大腸	膀胱	管腔臓器
五窮官	目	舌	口（唇）	鼻	耳・二陰	五臓の支配を受ける器官
五主	筋	血脈	肌肉	皮毛	骨髄	五臓を支配する組織
五情	怒	喜（笑）	思（慮）	悲（憂）	恐（驚）	五臓から起きる感情
五事	貌	視	思	言	聴	五臓の働きの一部
五声	呼	笑	歌	哭	呻	五臓から発せられる声
五虫	鱗虫（蛇）	羽虫（鳥）	裸虫（人、蛙）	毛虫（鹿、熊）	介虫（亀、貝）	動物の分類（）は例
五飲	漿	酒（濁酒）	醴（甘酒）	酒（清酒）	水	五臓を養う飲物
五石	曾青	丹砂	雄黄	白礬石	慈石	有毒(薬)鉱物
五味	酸	苦	甘	辛	鹹（塩）	五臓が必要とする食味
五臭	膩（あぶら）	焦（こげくさい）	香	腥（なまぐさい）	腐（くされ）	五臓の異常による体臭
五穀	麦	稗	黍	稲（米）	豆	五臓を養う穀物

＊本書の記述に必要な項目だけを取り上げた。　　＊流布している配当には異説も多い。

十干と十二支

　天干地支と呼ばれるように、十干は古代中国で考えられた天上にある 10 個の太陽が 10 日で一巡することを表し、10 日を纏めて旬と呼びました。

一方、地支と呼ばれるように十二支は地上にある植物の一年間（12 ヶ月）の変化を表す言葉でした。

この十干と十二支が組み合わされて、中国の殷代(BC16c〜BC1023)には日付を記録するのに使われていました。（図 2-23）（114-52）（293-1-51）（476-1-323）

十干と十二支が五行に組み込まれて五季を表すのに用いられ、日付だけではなく年・月・方位・時間を表すようにもなったのは、戦国時代(BC403〜BC221)以後です。

十二支は年だけではなく、月にも日にも時刻にも方位にも配当される。月の十二支は北斗七星の黄昏時（午後八時ごろ）に始めて見える時に指している方位によって指示される。つまり北斗の剣先が、黄昏時に、寅の始めを指す日を正月の

節とし、寅の中央を指す日を正月の中とし、卯の中央を指す日を二月の中とする。正月は常に寅月であるのはこの為である。（563-41）

　おおよそ12年で天空を1周する木星（太歳）の公転周期を利用して年を表す方法に太歳紀年法があり、これは歳星（木星）を神霊化した太歳の居所に十二支を配したものでした。
（279-259）（292-1-序）（293-1-26）
太歳紀年法について「天文訓」には、以下の説明があります。（210-1-141）
中国の暦法で、木星（歳星）が……歳星紀年法と名づける。ところが、十二支は一般に右廻り（時計廻り）に表示されているのに対し、歳星の運行は左廻り（反時計廻り）である。そこで、まず天球上、丑寅と申未を結ぶ線を引き、この線を軸として、歳星の位置と左右対称の像を想定し、……その像を追跡すると、十二支と同じ順序となる。この像を太陰といい、……（歳星が亥にあるとき、像は辰に求められる。）

このように歳星と太歳は、陽星と陰星の陰陽関係と見做されていました。（図参1-2）（表参1-3）
歳星は時計の針と逆方向に西から東へ動く星であったので、紀年には大変不便であった。そこで考え出されたのが太歳という架空の神星である。太歳は歳星と逆の方向、即ち時計の針と同じく東から西に動くもので、十二辰の順位と同じになる。これによって太歳紀年法が誕生することとなる。（114-270）

　歳星と太歳の関係を纏めると、表参1-3、図参1-2になります。
太歳が寅の位置にある寅年の時、歳星（木星）は丑の位置にあります。
壬申の乱の申年の時、歳星は未、太歳は申の位置にあり、歳星紀年法の禁忌、申年の禁忌を考察する上で重要でした。（105-253）

表参1-3：太歳紀年法と二十八宿

	1月	2月	3月	4月	5月	6月	7月	8月	9月	10月	11月	12月
太歳	寅	卯	辰	巳	午	未	申	酉	戌	亥	子	丑
歳星	丑	子	亥	戌	酉	申	未	午	巳	辰	卯	寅
宿	北方玄武宿			西方白虎宿			南方朱雀宿			東方青竜宿		
	斗	女	営室	奎	胃	觜	東井	柳	翼	角	氐	尾
	牽牛	虚	壁	婁	昴	参	與鬼	七星	軫	亢	房	箕
			危			畢		張				心

図参1-2：歳星と太歳の動き

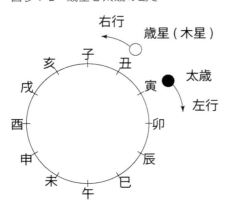

十干は五行に配当され兄弟（えと）に分類されますが、その根拠は陰陽五行思想にあり、大極から陰陽二気が派生し二気から五気を生じ五気がさらに兄弟に分かれる、と説きます。

表参1-4のように兄は強く大きく、弟は弱く小さなものが配当されます。(293-1-51)

原初唯一絶対の存在は、「混沌」。これを『易経』では「大極」とするが、この大極から派生するのが根源の陰陽二気である。この二気から、木・火・土・金・水の五気が生じるが、この五気は更に兄弟の陰陽に岐れる。五行配当表で述べたように、たとえば「木気」は「木の兄」、「木の弟」に、「火気」は「火の兄」、「火の弟」に分化するが、これが十干である。(563-38)

表参1-4：十干と兄弟

五気	兄弟	十干	具体例
木	木の兄	甲	大樹
	木の弟	乙	灌木
火	火の兄	丙	太陽の熱
	火の弟	丁	ろうそくの火
土	土の兄	戊	山
	土の弟	己	田畑の土
金	金の兄	庚	剛金
	金の弟	辛	柔金
水	水の兄	壬	海洋・大河の水
	水の弟	癸	水滴・雨露の水

　一年の構造を月と太陽の動きで決定する太陰太陽暦では、十二支は月の満ち欠けの周期を基準とし、十干は太陽の一年の運行を基準としています。（天文暦法導入以前は「おのずからなる暦」とよんだ自然暦法であった）(12-141)

世界古今の天文暦法を見てみると暦法には陰暦、陽暦、陰陽合暦の三種類が存在していることがわかる。陰暦は月の運動を天文のよりどころとし、月の満ち欠けの周期を基準とするもので、陽暦は太陽の一年の周期運動を基準とするものである。陰陽合暦とは太陽と月の運動を同時に考慮し、それを天文暦法のよりどころとしたものである。……十干は太陽の運行から導かれた陽暦であり、十二支は月の満ち欠けによって導かれた陰暦であるといえよう。(114-52)

十二支の象意

　十二支には、子・丑・寅・卯・辰・巳・午・未・申・酉・戌・亥の十二獣が宛てられ、その初見は後漢の王充（27-1世紀末）の『論衡』（物勢編）にあります。(233-1-222)(293-1-50)(563-46)(582)

本来、十二支の字が示す象意は十干とほぼ同じで、植物の発生と繁茂、結実と伏蔵の周期（芽吹きから種になるまでの変化）を示します。

子：増、新しい生命が種子の内部から萌し始める状態。

丑：紐、芽が種子の内部でまだ伸びていない状態。

寅：動、草木が発生する状態。

卯：茂、草木が地面を蔽う状態。

辰：振、陽木が動き、草木が伸長する状態。

巳：巳、万物が繁盛の極になった状態。

午：逆、万物に始めて衰微の傾向が起こり始めた状態。

未：味、万物が成熟して滋味を生じた状態。

申：呻、万物が成熟して固まってゆく状態。

酉：縮、万物が成熟に達して縮んでゆく状態。

戌：滅、万物が滅びゆく状態。

亥：閉、種子の内部にすでに生命が内蔵された状態。

　「土徳」持統天皇の場合には「土気三合＝午戌寅」や「土気＝辰未戌丑」を含む日付、たとえば崩御日の大宝二年十二月二十二日を干支表記すると壬寅歳丑月癸巳朔甲寅になり「土気」が意識されています。

　「金徳」文武天皇の場合は「金気三合＝巳酉丑」や「金気方局＝申酉戌」を含む日付、たとえば崩御日の慶雲四年六月十五日を干支表記すると丁未歳未月丁卯朔辛巳になり「金気」が意識されています。（三合の法則については後述）

天武天皇の「火徳」を示唆する午の日の撰用について、前作で詳細な分析をしました。（105-323）（268-187）

十干の象意

　十干は、甲（種子の状態）から乙（幼芽の状態）に始まり癸（再び種子に戻る）まで、十二支と同じように万物の栄枯盛衰（生まれて死を迎え再生する）の象を表しています。

甲：鎧、草木の種子がまだ厚皮を被っている状態。

乙：軋、草木の幼芽がまだ伸長しきれないで屈曲した状態。

丙：炳、草木が伸長して形態が著明になった状態。

丁：壮、草木の形態が充実した状態。

戊：茂、草木が繁茂して盛大になった状態。

己：紀、草木が繁茂して盛大となり形が整った状態。

庚：更、草木が成熟して枯死へ改まる状態。

辛：新、草木が枯死してまた新しくなろうとする状態。

壬：妊、草木の種子の内部に新しい生命が妊れたことを指す。

癸：揆、種子の内部に妊まれた生命体が見える程度になった状態。

　文武二年の干支・戊戌は戊（土の兄）と戌（土気三合／旺）の「土気」だけで構成され、この年には干支が暗示する「土気」の象意に適う事業、すなわち伊勢皇大神宮の創建とアマテラスの創造、そして五形図を描いたことについては既述した通りです。（293-1-170）

支合と合日

　「支合法則」とは、特定の十二支が結び付いて新たな五気が生みだされる法則です。（293-1-211）

特定の十二支が結びつくのは、図参1-3の組合せに限られ、たとえば「子丑支合」では新たな「土気」、「亥寅支合」では新たな「木気」が生れます。

　『続紀』（文武紀から元明紀）で用いられた「酉辰支合」は新たな「金気」を生み「金徳」文武天皇を扶翼する意図があり、「金気」銅鉱と「金気」神馬の献上で用いられています。（傍点部分が酉と辰）

つまり、新しく「金気」が生れる「金気」の日に「金徳」文武天皇を扶翼する「金気」の瑞が献上された、すべて「金気」で充たされた記録です。

　　文武二年(698)戊戌三月辛酉朔乙丑(5)　因幡国、銅鉱を献ず。

　　慶雲元年(704)甲辰五月乙酉朔甲午(10)　備前国、神馬を献ず。

図参 I-3：「支合法則」の組合せ (293-1-215)

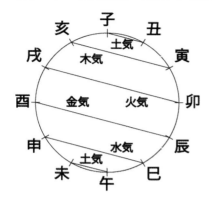

　合日と呼ばれる法則について『淮南子』の記述も難解で根拠を見出すことができません。(210-1-191)
ただ「五月の壬子」の合日が、「運命の年」の干支・壬午の前にあることが前作では重要でした。(105-98)
それは「運命の年」とする天武十一年壬午五月の合日が壬子であり、その年の干支の前にあることになり、大害が予想されました。
この合日からも壬午の年、「水剋火の法則」によって壬（天の水）が午「火徳」天武天皇を破滅させる、着想が得られました。
「天文訓」には次の記述があります。(210-1-191)
子（支・辰）と母（干）とが求めあって会合するところを合という。十日（干）と十二辰と、六十日で一めぐりし、その間に八たび、すなわち十一月の丙午、二月の乙酉、三月の甲戌、四月の癸亥、五月の壬子、八月の辛卯、九月の庚辰、十月の丁巳の日に会合する。以上の合日が、その年の干支の前にあるときは、死亡のごとき大害に至り、合日がその年の干支の後にあるときは、無事息災である。(傍点著者)

「干合法則」
　「干合法則」とは、特定の十干が結び付いて新たな五気が生みだされる法則です。(293-1-211)
表参 I-5 のように、結びつきは甲と己、乙と庚、丙と辛、などが決められています。

表参 I-5：干合法則

結びつき	新たな五気
甲・己	土気
乙・庚	金気
丙・辛	水気
丁・壬	木気
戊・癸	火気

　文武四年に献上された白亀（白が強調された瑞祥）は「金徳」文武天皇を扶翼する「金気」の瑞祥で、その日付（傍点部分）には「乙庚干合」が成立し新たな「金気」が生れることから十分に検討された日付です。
つまり、「乙庚干合」で新たな「金気」が生れる庚（金の兄）の年の「金気方局」仲でかつ「金気三合」旺の八月に、「金気」西に位置する長門の国から、「金気」白亀を献上した、すべて「金気」で充たされた記録です。単純な記録ではなく、天干地支の法則で組み立てられていて、十干十二支の知識がなければ読み解くことができません。
文武四年庚子八月酉月丙午朔乙卯　長門国、白亀を献ず。(傍点部分が乙庚干合)

第 2 章　五形図が描かれた時期の 3 候補　193

「三合法則」

季節には始めと終りがあって、それを陰陽五行思想では「生・旺・墓」すなわち「生まれる」「旺になる」「終（墓）わる」と表現します。（563-49）

「生・旺・墓」は理解しにくいことから「はしり」「さかり」「なごり」とすると、日本人の季節感に色濃く残されているのが判ります。（理解しやすいため、本来は旬を指す言葉を用いた）

この関係を吉野裕子氏が初めて「三合法則」と呼び、あらゆる物に共通して含まれる法則として重要です。（114-56）

『淮南子』天文訓には五気の「生・旺・墓」について下記の記述があります。（210-182）（293-1-152）

水は申に生じ、子に壮んに、辰に死す。三辰は皆水なり。
火は寅に生じ、午に壮んに、戌に死す。三辰は皆火なり。
木は亥に生じ、卯に壮んに、未に死す。三辰は皆木なり。
金は巳に生じ、酉に壮んに、丑に死す。三辰は皆金なり。
土は午に生じ、戌に壮んに、寅に死す。三辰は皆土なり。

「木気三合」の「生・旺・墓」は亥、卯、未で、「木気」は亥で生れ、卯で旺になり、未で終わり（墓）ます。（図参1-4）

これを季節でみると、春は旧暦十月亥月（神無月・亥月）に気配（萌し）が生れ、二月卯月に壮り（旺）を迎え、六月未月に消えて終わる（墓）といえます。

旧暦と新暦で季節感にずれが生じていても、旧暦十月亥月の異称を「小春」と呼ぶように春の萌しを感じ、二月卯月には「卯の花の匂う垣根に……」の歌の通り春の壮りを迎え、六月未月の異称「水無月」には梅雨を迎え春が終わりを告げます。（みなつきのナはノの意味で水の月になる／オオナムチのナに同じ）

「木気三合＝亥卯未」は、伊勢皇大神宮（内宮）と豊受大神宮（外宮）の位置を決定するのに用いられています。（第5章／外宮と内宮の設計思想）

図参1-4：「木気三合＝亥卯未」

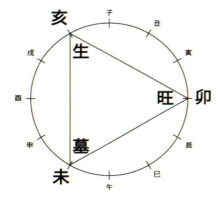

「木気三合＝亥卯未」：木は亥に生じ、卯に壮んに、未に死す。三辰は皆木なり。（210-1-182）

次に「金気三合」の「生・旺・墓」は巳、酉、丑で、「金気」は巳で生れ酉で旺になり丑で終わる、になります。

これを季節に譬えるなら、秋は旧暦四月巳月に気配（萌し）が生れ、八月酉月に壮りを迎え、十二月丑月に秋の気配は消えて終わる、といえます。

旧暦と新暦で季節感にずれが生じていても、旧暦四月巳月の夏の初めのころ、時折吹く涼しい風や秋草が芽生えてくることに、秋を感じることは確かにあります。

八月酉月の異称「葉月」の通り黄葉で秋の壮りを迎え、十二月丑月（師走）、枯葉もすっかり散って木枯らしが吹き始めると秋の終わりを実感します。

財布に蛇の脱殻（ぬけがら）を入れておくとお金が貯まる、と考えるお呪（まじな）いは「金気三合」からの発想で、「金気」お金が生れるのは巳すなわち蛇だからです。（557-152）

図参I-5：「金気三合＝巳酉丑」

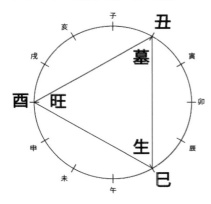

「金気三合＝巳酉丑」：金は巳に生じ、酉に壮んに、丑に死す、三辰は皆金なり。（210-1-182）

「水気三合」の「生・旺・墓」は申、子、辰になります

季節でいえば冬になり、秋の始め七月申月（文月）ころ（生）に冬の厳しさを報せる鳥（モズ）や虫（カメムシ）が現れ、十一月子月（霜月）には寒気が極まり（旺）、三月辰月（弥生）には桜が咲いて冬が去って行く（墓）のを実感します。

本書では、洪水が予想された和銅五年壬子秋七月戊辰朔壬午の構成が「水気三合」を意識した記録と考えました。

傍点部分で「水気三合」が成立し、壬は「水気方局」正位で、この日付は「水気」で溢れていることになります。

図参I-6：「水気三合＝申子辰」

「水気三合＝申子辰」：水は申に生じ、子に壮んに、辰に死す、三辰は皆水なり。（210-1-182）

最後に残った「火気三合」と「土気三合」は、構成する十二支が同じで「生・旺・墓」が異なる特殊な関係にあります。（図参 1-7、1-8）

前作では、「土徳」氷上夫人を人身御供にする時、「火徳」天武天皇は蘇る呪術が成立し、重要な法則でした。（5-223）（105-520）

この呪術は、「土気」が寅で死ぬ時、「火気」が生れることを根拠にしています。（図参 1-7、1-8）

　「火気三合」と「土気三合」の関係は、北斗図の目的を考える上で重要な示唆を与えました。

また、天武天皇の「火徳」を証明する解析でも重要でした。（105-319）

強力な「火気」和銅が献上された和銅元年戊申春正月寅月乙未朔乙巳と、大宰府から「火気」銅銭が献上された和銅三年庚戌正月寅月壬子朔丙寅、同じ月に播磨国から「火気」銅銭が献上された戊寅(つちのえとら)の日付には、「火気三合」生（「火気」が生まれるとき）の寅が意識して記録されていました。

つまり、「火気」の生れる日付の寅に「火気」和銅と銅銭が献上された、すべて「火気」で充たされた記録です。

図参 1-7：「火気三合＝寅午戌」　　図参 1-8：「土気三合＝午戌寅」

 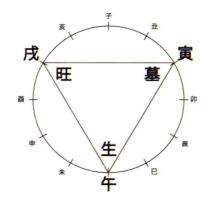

「火気三合＝寅午戌」：火は寅に生じ、午に壮んに、戌に死す、三辰は皆火なり。（210-1-182）

「土気三合＝午戌寅」：土は午に生じ、戌に壮んに、寅に死す、三辰は皆土なり。（210-1-182）

　「火気三合」は、和銅五年が「火気三合」旺（「火気」が壮んなとき）になるように改元して和銅元年を決定する判断に応用されています。（和銅五年を「火気三合」旺とするための改元）

さらに、播磨国から銅銭を献上する日（寅「火気三合」生）、富本銭の発行の日、などの決定にも用いられました。

　「火気三合」を季節で表せば、一月寅月（睦月）旧暦では初春、萌える草木の中に夏の予感（生）があり、五月午月（皐月）には連日真夏日（旺）を記録し、九月戌月（長月）に残暑（墓）を感じながら季節が移って行きます。

「土気三合」は観念的に造られた季節で、具体的に示すことができません。

土用（辰・未・戌・丑）として各季節の境界に配当されることは、次に述べます。

方局と土用

　各季節に配当した十二支を方局(ほうきょく)と呼び、たとえば春の季節の「木気方局」は寅、卯、辰で構成され、夏は「火気方局＝巳午未」、秋は「金気方局＝申酉戌」、冬は「水気方局＝亥子丑」があります。

各方局には孟・仲・季があり、孟とは「はじめ／はしり」、仲とは「正中／真ん中／さかり」、季とは「おわり／なごり」、を意味します。（はしり、さかり、なごりは本来、旬に用いる言葉）

例えば「火気方局」の孟は巳（旧暦四月）、仲は午（旧暦五月）、季は未（旧暦六月）になります。

しかし、「土気方局」の言葉はなく、「土気」の本体は「含散(がんさん)」すなわち散らばることから、「土気」は四時に配されて「土用」になり、これが方局に相当します。

四立（立春・立夏・立秋・立冬）の前18日間を「土用」と呼び、季節を転換させるのが「土用」の働きです。この働きで一年は順当に推移すると考え、「土用」の持つ転換作用こそ中国思想の真髄を具体的に示すものといえます。（土用は時間を進む加速装置といえる）(563-43)

立春、立夏、立秋、立冬の前18日間は「時間の境界」の季節であり、空間や方位の境界と同じく「変化宮」として恐れられて多くの禁忌を生み、また神が現れて豊穣を齎す方位としても信仰されました。(5-62)(268-28)(562-45)(584-53)

土気は木気が春、火気が夏、金気が秋、水気が冬というように、いわゆる四季には配当されていないが、「土用」として冬季の終わり十八日間におり、四季の変化の中央にいて、四季を行き巡らせ四季の王となる。土気は微なるもの、力が衰えたものを常に扶助し、そのものの道を達成させる。五行循環は土徳の力に負うのである。(558-127)

　　土用の18日間の18は、以下の計算によって得られる値です。
360÷5÷4＝18
360は、一年を暦数ではなく度数で表した場合の日数（度数年）
5は「土用」も含めた五季の5で、4は四方に配当される「土用」の数

図参 I-9：方局　　　　　　　　　　　図参 I-10：「土用」と四分四立

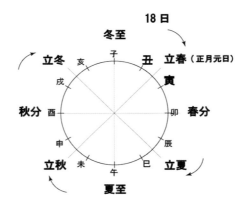

　　実のところ、五行思想の中で最も重要で難解なのが「土気」です。
誰でも四季（四気）は実感として知っていても、五季（五気）は実感できません。
「土気」が理解しにくいのは、観念的に造られた季節（時間／空間／方位）だからです。
では、なぜ「土気（土季）」を造る必要があったのか、素朴な疑問です。(7-188 注10)
『五行大義』には「土は他の四行を総括して四時の季（四季の末の十八日、すなわち土用のこと）に位置し、四時を成り立たせているのである」とあります。(293-1-88)
『五行伝』『白虎通』では土徳賛歌と呼ばれるものがあり、「土気」が不可欠と説きます。
木は土がなければ生ずることはなく、（土を得てはじめて）根が張り実が成るのである）。
火は土がなければ燃え盛ることはなく、土を得て初めてその形を現し、盛んに燃えるのである。
金は土がなければ成ることはなく、（土を得てはじめて）型に入って金と呼ばれるのである。
水は土がなければ止まらず、（土を得てはじめて）堤防によって水が溢れるのを止めることができるのである。
土は微かなものを助け、衰えたものを助けて木・火・金・水の四行の道に応じ、これを成就させる。

　　いずれも判りにくい説明ですが、その原因は「季節の末におく」とする言葉にあります。
季節の末ではなく、図参 I-11のように四季を時計とすれば、その中心にあって時計の針を動かすゼンマイ、時計（時間）を車とすれば、車を動かすエンジンと考えれば、より判りやすいかと思います。

この働きは北極星を中心に回転する「天空の大時計」すなわち北斗七星と同じで、北斗七星が「土気」の徳をもつと考えられるようになったことも容易に理解できます。(斗はもと容量のハカリの意味で、時間、方位、空間にも用いられた)

北斗七星は1時間に15°ずつ動いて(実際には地球が回転して)、その針先の位置(時計の短針に相当)で時刻を報せ、1ヵ月に30°ずつ動いて月を報せます。(午後7時から8時頃の見える位置)

図参 I-11：「土気」は時計(時間／空間／方位)を動かす原動力

a：「土気」は中心にあって四気を廻(行る)らせる(矢印は回転方向)。
b：時計の針を動かすのが「土気」という原動力(ゼンマイ／電池)。　c：北斗七星は北極星を中心として時計と反対方向に回転し天の大時計の役目を果たし、四季を告げ農耕の基準となる(矢印は回転方向／春秋を反転している)。(105-30)　d：北極星を中心に回転する星群の軌跡から連想された「土気」は宇宙の中心にあって星群を回転(行る)させる。(42-1-45)

「土気」は、季節の廻りの不調「天候異常」に対しては「季節を動かす原動力」として、「気」の廻りの不調「病気」に対しては代謝を促して病を治す「薬」として、その本性(働き)が期待されます。
「土気」の生薬で代表例にニンジン(オタネニンジン)があります。(28-133)(105-306)

河図と八卦

河図とは、古代中国の伝説上の聖王・伏羲が黄河から出現した竜馬の背中の紋様で、八卦(はっけ、はっか)の元とされます。
さらに、周の文王が大成卦(六十四卦)を考案し、『周易』として纏めたとされます。(571-47)
『易』は、陰__と陽__の算木の組合せで「象(形)」を表します。(図参 1-12)
つまり、『易経』とは陰陽思想を説いた書に外なりません。
2本の算木を組み合せて四象とし、その四象にもう1本の算木を加えて八つの小成卦が造られ、これを八卦と呼びます。
小成卦を2つ組み合せて64の大成卦を造り、大成卦で宇宙の万象(全ての現象)について説明します。(437-1-243)
「繋辞伝」第十一章　易に大極あり。これ両儀を生ず。両儀は四象を生じ、四象は八卦を生ず。八卦は吉凶を定め、吉凶は大業を生ず。

八卦では「乾・兌・離・震・巽・坎・艮・坤」が本体を表し、それに対応して「天・沢・火・雷・風・水・山・地」が本性を表しています。

本性とは、自然現象の中で本体を端的に表している働きを指し、たとえば本体の「乾」の働きを最も表しているのが「天」、「坤」の働きを最も表しているのが「地」とします。

雷は以此これを動かし、風は以てこれを散らし、雨は以てこれを潤し、日は以てこれを乾かし、艮は以てこれを止め、兌は以てこれを説ばし、乾は以てこれに君たり、坤は以てこれを蔵む。(437-1-291)

図参 I-12：太極から両儀、四象、八卦への展開

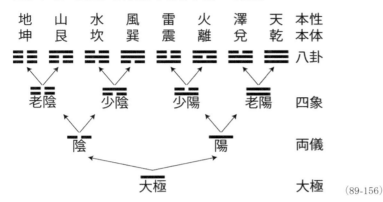

(89-156)

図参 I-13：先天易と後天易の配置(573)

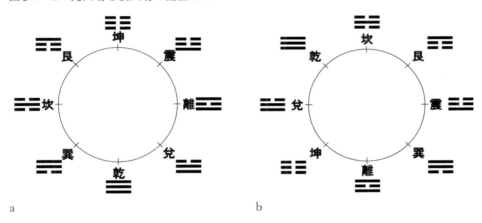

a　　　　　　　　　　　　b

　先天易は『易経』の本体（形／象）を、後天易は『易経』の本性（働き）を表しています。

万象の働き（本性）を考える場合、後天易を用いることから図参 I-13b の関係と配置を覚えておけば十分です。

本性を考える場合にも、それを示す言葉は「乾」「震」など本体を示す言葉が用いられることから、少々混乱します。

これは、『易経』「説卦伝」の記述に従って覚えるしかありません。(6) (573) (437)

　図参 I-13b の後天易で「巽」（地門）と「乾」（天門）を結ぶ巽乾軸（天地を結ぶ軸）は、北斗図の謎を解析する上で北斗信仰とともに重要な問題でした。(105-55)

北斗図を描いた動機の一つに、道教の根本教義すなわち不老不死に忠実であろうとしたこと、を挙げました。
その実現のためには、不老不死を保証する巽乾軸上の設計がぜひ必要であったと考えられます。(105-55)

五形図では、巽乾軸よりも「聖なる軸」と考えられた立岩稲荷奥宮と泉香寺山を結ぶ 321°の方位線が用いられました。(第1章)

　「離」を２つ重ねた「離為火」を具象化した呪術については、第２章前半で述べました。(第2章／「金徳」を扶

翼する政策）

「兌」の象意に含まれる「口」が、富本銭の造形に活かされている可能性について、第3章で述べます。「オカメ」が「兌」の造形であること、宇佐八幡宮は「兌」の象意・神託を告げる場所であること、おためし神事の行われる高倉山の盤座が「兌」（沢）の象意・山上の水溜りを表していることも重要です。（東西軸上と垂直軸上の兌が存在する）

おためし神事とは、盤座の窪み（「兌」山上の水溜り）に溜る水の量によって当年の豊凶を占う儀式で、神託を告げる「兌」の象意にしたがった典型的な神事といえます。（図1-59d）

後述するように、「兌」は巫祝（ふしゅく）の意味が基本で神気が乗り移った状態を「脱（だつ）（肉＋兌）」とする、と『字統』にあります。（第3章／八卦「兌」と方孔について）（412-560）

この神気が乗り移った状態に関連して、恐山（おそれざん）のイタコ（斎つ子／委託／板子）があります。

イタコは口寄せを行う弱視あるいは盲目の巫女で、初潮前（「兌」の象意・少女）に師匠の内弟子として修行し、神気が乗り移る状態（神憑き／脱）になって祖霊（死者／神）と生者の仲介を務めます。（沖縄、奄美地方ではユタ）（図参1-14）（595）

恐山の山上でイタコが口ヨセする組合せは『易経』の大成の卦で表せば「沢山咸」（たくさんかん）≣≣になり、それは「沢」は「兌」≣でイタコの口（ヨセ）を表し「山」は「艮」≣で恐山を表すからです。（第4章／艮兌軸と山沢通気）（572-144）

「沢山咸」の「咸」には神意に感応する（神気が乗り移る）という意味があり、イタコに神気が乗り移った状態を指します。

このように具体的な形は異なっても神話や神事、造形の背景には同じ「理」が存在し、逆に、その「理」を理解すれば表面の形が異なっても神話や神事、造形の意味を知ることができます。

「沢山咸」の象意を具象化した例
アメノウズメ≣とサルタヒコ≣の神話（第4章）
オカメ≣とヒョットコ≣の造形（第5章／艮兌軸と山沢通気）
高倉山≣とおためし神事の盤座の窪み≣（第1章／高倉荒神（竈神）と巽乾軸の設計）
恐山山上≣でのイタコの口ヨセ≣

図参1-14

a：筆塚の横にひっそりとたつ可憐な顔の子供地蔵の姿に、母親たちは亡き子を念い涙を流す。恐山秋詣祭1985年（595）　加賀の潜戸と同じ賽の河原。（図参2-11）
b：クチヨセをする浜道サツ女。恐山秋詣祭1990年（595）

a　　　　　　　b

『易経』の六義

「易に六義あり」といわれ、六義とは「変（へん）・不変（ふへん）・簡（かん）・象（しょう）・数（すう）・理（り）」を意味します。

この中で「変・不変・簡」とは宇宙の法則を意味し、たとえば「変」とは月の満ち欠けといった変化を意味し、「不変」とは満ち欠けを繰り返しても変わることなく月が存在することを意味し、「簡」とは自然の中に見られる「変」「不変」の原理が簡単であることを意味します。

「象・数・理」とは、その法則を認識するための方法で、万象を数に還元して（世にあるすべての物を数に置き換えて）宇宙の理を究める学問であり、中でも「数」が最も重要です。(293-1-72)(563-60)

つまり、六義とは宇宙の法則の説明とそれを認識するための方法、といえます。

古代は科学的な世界でした。

『書紀』と『続紀』の紀年構成の背景に存在する聖数の思想も数の重要性を示唆しています。(37-10)(293-1-72)

紀年構成とは歴史を紀すなわち暦で組み立てる方法を意味し、単に史実を並べた記述ではなく江口洌氏の説く聖数関係で組み立てられています。

聖数関係、「威霊再生」関係などについては、第2章冒頭で述べた通りです。

『易経』の自然現象に対する基本的な考えを纏めると、下記になります。(563-57)

1. 宇宙の自然現象は相対的原理が内在している——すべてに陰陽がふくまれる。

2. 相対的でありながら互いに結合して、新たなモノを生じる——陰陽の結合からすべてが生れる。

3. 象を数に還元して思考し、宇宙における統一的の理を求める——すべては数字で表すことができる。

『易経』、五行における「数」の理解なしに古代の祭り、諸行事、文化現象の解明は不可能といわれ、古代中国の陰陽五行思想の影響を強く受けた古代日本も事情は同じでした。

「天の数（奇数）」を合計すると25（1＋3＋5＋7＋9）、「地の数（偶数）」を合計すると30（2＋4＋6＋8＋10）、そして「天地の数」の合計は55になり、この数の変化が宇宙の理解に必要不可欠であると『易経』では説きます。(437-234)

数には奇数、偶数の別があり、奇数は天、陽に属し偶数は地、陰に属するから、基数の一から十まで言えば、天一地二、天三地四、天五地六、天七地八、天九地十となり……天の数の小計は二十五、地の数の小計は三十、従って天地の総数は五十五で、この五十五の数こそが天地間のあらゆる変化を形成し、鬼神陰陽の作用を遂行するものなのである。(563-56)

干支や易卦で暗示、象徴される事績の解析には主観が入り易いと考えられます。(105-116)

それは、様々な思想が習合して陰陽五行思想が成立している結果であって、それ自体に矛盾を含んでいるからです。

例えば、7は序数の7以外に、九星「七赤金気」の7、五行「火気」成数の7、十二支七月申の7、『易経』離卦の7、時刻に用いる別数の7、など色々な7があります。（既述した銅銭も五行か九星かによって判断が異なる）

解析する段階でどの7を用いるかの点に主観が入り易く、客観性に欠ける面があります。

現代人の合理的な考えでは、客観性に欠ける解析法を拒否してしまうでしょう。

しかし、記録されている事柄を全体の流れとして捉える場合には、かなり理路整然とした応用がなされているのが理解できます。

江口洌氏は『書紀』の紀年構成について、数字で示された整然とした思考の過程を明らかにしています。(37)

小金丸研一氏は、神代紀も陰陽消息の理を象数で表した記述である、と指摘しています。(151-306)

『古事記』『書紀』をはじめ正史を編纂したのは当時の最高水準にあった知識人たちで、古代人が無茶苦茶なことをいっている訳では決してありません。

神聖視された数字による紀年構成の仕組みについて江口洌氏は指摘しています。(37-序)

これらの数字はいい加減に書き込まれたものではありません。自分たちの国の祭政に関わる重要な年数は、しっかりとした理念と理想によって書き込まれているものでしょう。……そこには天皇の歴史、「紀」への信仰、暦に対しての信仰があるのです。

『易経』では、その基本にある陰陽（乾坤）の働きを戸の開け閉めで喩えていて、閉じて動かない状態を陰、

開け閉めで動く状態を陽、としています。
たとえ話をしなければならないほど、昔から判りにくい思想でした。
さて易の基本は陰陽、乾坤であるが、たとえて言えば、戸を閉ざしたように静かで動かない状態はこれを坤（陰）と言い、戸を開いたように外へ向かって動く状態は、これを乾（陽）と言い、閉じたり開いたり、すなわちあるいは陰となりあるいは陽となることはこれを変と言い、変化往来して窮まりないことを通と言い、変通の結果がはきり卦爻の形で具現されればこれを象と言い、象に基づいて形作られる物はこれを器と言い、その器を製作して実用に供するのは、これを法と言い、人々がその法を利用して進退出入ことごとくこれによる働きはこれを神と云うのである。（傍点著者）
(437-2-245)

「繋辞伝」上には『易経』の霊妙さを讃えるとして、以下の記述があります。(7-553)
易には聖人の道四つあり。以って言う者はその辞を尚び、以って動く者は、その変を尚び、以って器を制する者は、その象を尚び、以ってト筮する者は、その占を尚ぶ。」と言って居る。

つまり、史料に記録された変化を考える場合にも、出来上がった器物の中にも、瑞祥や災異で示される暗示の中にも、『易経』の原理が活かされていると考えてよいことになります。
現代では、残念ながら 4. の運勢占いだけに矮小化されてしまいました。（＊著者補足）(7-552)
1. 卦や爻にかけられている辞を玩味すること。（＊彖伝：卦辞の注釈、象伝：卦の形の注釈）
2. ものごとの変化を考えること。（＊遷都／禅譲／天文／祭祀など）
3. 器物製作の暗示を得ること。（＊地上絵／土牛／銅銭／神刀／陶磁器など）
4. 当面の運命に対する予示を得ること。（＊易占）

十二消息卦

一年の各月に大成卦を配当したのが十二消息卦です。(図参 1-15)
十月亥月の全陰の「坤為地」から十一月子月で陽が一ずつ増え、四月巳月の全陽の「乾為天」に至り、「天風姤」の五月午月から陰が一ずつ増え（陽が一ずつ消え）、また十月に戻る一年の循環を表しています。
消息の消とは陽気が減ること（おおよそ秋から冬）を意味し、息とは陽気が増えること（おおよそ春から夏）を意味します。
つまり、十二消息卦とは陰陽の増減で表した季節の推移を示す暦になります。
陰の気が増し、陽の気が減ずるのが消、陽気が伸長してゆくのが長あるいは息である。冬至から夏至の方向は、陰から陽、夏至から冬至の方向は、陽から陰。(563-60)

図参 1-15：十二消息卦

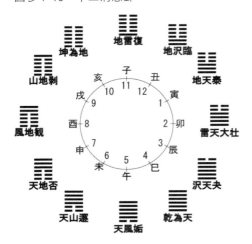

和銅五年を午すなわち「火気」が旺になるように和銅元年を決定した可能性については、第 2 章元明紀の解析で述べた通りです。
旧正月の寅は十二消息卦では「地天泰」になり、卦辞に「君子の道長じる」すなわち和銅五年に向かって滞りなく物事が進むことを暗示しています。（第 2 章／元明紀の解析）（573-104）

洛書と九星
　洛書とは、夏・禹王のとき洛水から出現した神亀の背中に描かれていた神紋で、一から九までの数のことです。

図参 1-16：「洛書」と「河図」

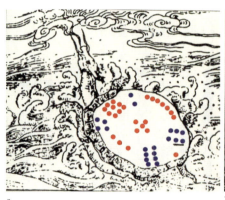 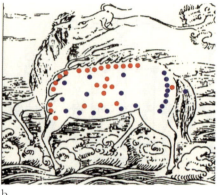

a：伝説の聖王である禹王が洪水を治めたとき、洛水から現れた神亀の背中に描かれていたという神秘図形の「洛書」が九宮図のもとになった。（赤点が奇数で天数、青点が偶数で地数）（46-94 より引用改変）　b：黄河から出現した龍馬の旋毛に描かれていた神秘図形を「河図」と呼び、これを基に伏義が易の八卦を造った。（46-93 より引用改変）

a　b

　九星の数は、北極星あるいは大極の神格化・太一が、一年に一方ずつ（図参 1-17 では 1 枡ずつ）九年間に九方位を巡行すると想定した配置で、四正には奇数、四隅には偶数を配置しています。（559-230）
各方位には色彩と五行が配置されて九星となり、後天易八卦と結合して九星はそれぞれの象意、理論を持つことになり複雑で難解です。
いずれの縦、横、斜の和が 15 になる魔法陣で、15 は五行生数の和で宇宙の本体を表しています。

図参 1-17：九星

六白金気 西北	一白水気 北	八白土気 東北
七赤金気 西	五黄土気 中央	三碧木気 東
二黒土気 西南	九紫火気 南	四緑木気 東南

＊色彩と方位と五気の配置。太一の運行順序は、一白水気から始まって序数の順に進み九紫火星で終り、また一白水気へ戻る。（図 1-56）

　図 1-56 のように陽は南の九に極まり、この九に萌した陰気は西南隅の陰の始めの二を生じ、陽は左回り、陰は右回りで決定されています。（563-52）（564）
九星は『河図』『洛書』から出たという伝説がある。それは太古伏義氏のとき黄河から竜馬が出、その背に一から十までの紋があり、天の星を象るようにみえたのでこれを図にとったのが『河図』であり、夏の禹王のとき洛水から神亀が現れ、その背に一から九までの数が神紋をなしていたのが『洛書』であるといわれている。（571-47）

九星では、北極星の神霊化・太一は一年毎に各星を「一白水気」から廻り「九紫火気」で終わって「一白水気」に戻る動きを繰り返すとされ、その運行順序を示したのが名前にある数字です。（図参1-17）

この順序で唯一、枠を横切らずに進むのが「四緑木気」「五黄土気」「六白金気」で構成される巽乾軸（図1-56赤矢印）です。

巽乾軸が重要視された理由には、巽乾軸を進むことだけが宇宙の本体を表す数字15（生数の和）を得ることができたから、と考えられます。

東南の「巽」すなわち「四緑木気」から西北の「乾」すなわち六白金気へ進むことは、宇宙の真理「道」と一体となり永生を得ることに繋がり、道教の根本教義・不老不死を実現する軸として重要です。（244-199）

　思想・信仰に忠実であろうとしたことが北斗図を描く動機の一つにあり、それを具象化した一つが巽乾軸上の設計でした。（105-30）

飛鳥と周芳に存在する巽乾軸の設計の意義を考える上で、九星図から重要な示唆が得られました。

この九星図で、東北の「八白土気」から西南の「二黒土気」へ繋がる「土気」の軸が、山口盆地を東北から西南へ流れる椹野川と一致し、椹野川は「土気」を象徴する川と考える根拠になりました。（105-104）（548-562）

さらに「土気」の本性「稼穡」が示す「生と死」からも、椹野川を「不死の川」とする着想を得ました。

　長岡京から平安京への遷都も「土気」の軸を進むためであったことは、後述します。（第4章）

九星象意

　九星には『易経』、五行の象意が含まれ、煩雑で難解です。

暦学の視点からは根拠が薄弱であっても当時の人々の行動を制した、とする指摘があります。

一から九までの数を中心とし、東西南北及び東北・東南・西北・西南の八方に配し、その数に色の名を白・黒・黄・碧・緑の五色に配当し、五行説を配合して判断したもので、これによって人間の運命を方位的に示していったものである。……まことに根拠の薄弱なものである。（426-672）

表参1-6：九星象意

後後天方位	北	東北	東	東南	南	西南	西	西北	中央
後天易	坎	艮	震	巽	離	坤	兌	乾	
後天地気	一白水気	八白土気	三碧木気	四緑木気	九紫火気	二黒土気	七赤金気	六白金気	五黄土気
方位十支	子	丑寅	卯	辰巳	午	未申	酉	戌亥	辰未戌丑
四門		鬼門		地門		人門		天門	
数	一	八	三	四	九	二	七	六	五
色	白（色始）	白	碧	緑	紫	黒	赤	白	黄
季節	冬至	立春	春分	立夏	夏至	立秋	秋分	立冬	土用
性状	陥	止	動	入	麗	柔	説	剛	凶暴
身体	耳	手	足	股	目	腹	口	首	脾胃
八音	竹	土	革	匏	絲	石	金	木	
楽器	管	塤	鼓	笙	絃	磬	鐘	柷敔	
象意	流水	変化	顕現	到進	火災	坤道	金属	乾道	腐敗
	万物始	改革	創始	飛翔	尖鋭	地所	流通貨幣	健　機械	老・古
	寒冷	相続	進出	往来	争闘	国土	財宝	統率	墓地
	睡眠	家	発育	通	名誉	無	食	公	死屍
	無言	親戚	青年	入	頭脳	私	引退	車　円	枯木
	貧	打開	世継	蛇	教育	止	静寂	君	原野

＊紙面の都合上、象意は重要と思われるものだけを記載した。

本文中では「七赤金気」は富本銭の7つの刻印に、大和から見て「七赤金気」の方位にある長登銅山の銅鉱の問題、「七赤金気」（静寂／隠退）の文武天皇と「二黒土気」（母「坤」「土気」）の持統天皇の位置関係、などについて述べました。

　以上、陰陽五行思想の概略について、できるだけ簡易に地上絵の謎を解析する過程で用いた種々の法則、五行思想の本質、『易経』の原理、九星に含まれる象意、などを述べました。

現代人には不合理に感じる思想で、忌避される読者も多いかも知れません。

しかし古代は、そのように自然界を理解して動き、あるいは動かされていた、と捉えることが肝要かと思います。

伊吹山

　ここで少し休憩をして、伊吹山の花々を見てみましょう。

伊吹山（標高 1377m ／滋賀県米原市）は石灰岩の塊で、古代から薬草の豊富な山として著明でした。

『古事記』では、伊吹山の神（白猪／「金生水の法則」で氷雨を降らせる）に敗れたヤマトタケルは居醒泉（米原市醒ヶ井）で目覚め、能煩野（三重県亀山市付近）で没したとあります。(図 4-46b)

兄を素手でつまみ殺し、熊襲征伐に単身で臨んでこれを平らげ、東征を成功させた剛腕の持ち主で「火徳」ヤマトタケル（武／建が「火徳」を表す）が、こともあろうに伊吹山の神が降らせた弱々しい氷雨で体を傷めたのは、「水気」氷雨と「火気」タケルの間に「水剋火の法則」が成立しているから、と考えられます。(105-347)

『古事記』の一場面を再現しているかのように、伊吹山山頂の日本武尊像は霧雨に濡れて無気力でした。(図 m)

206

j   k   l

m

a：イブキトリカブト　b：コイブキアザミ　c：ミヤマトウキ　d：オトギリソウ　e：ゴマナ　f：テンナンショウの種　g：蠅が群がるハナウド　h：タムラソウ　i：リンドウ　j：ワレモコウ／アカソ／キオン／オカトラノオ／テンニンソウ　k：イブキヤマホタルブクロ　l：シオガマギク　（594）

第2章　五形図が描かれた時期の3候補　207

第 3 章

時代を動かした災異思想

はじめに

地上絵の謎を解く鍵は宗廟祭祀と洪水の恐怖

北斗図は、天武十一年(682)壬午の年に予想された洪水を防ぐための呪術的対策の一つでした。

天武天皇は、即位後十年間も宗廟祭祀を怠ってきたため、洪水が起きる可能性が高まっていたからです。（105-119）

宗廟祭祀は天子が即位して直ちに行う、と『漢書』「五行志」にあります。（554-80）

『五行大義』では、宗廟祭祀を行わないと「水気」が本性を失って（正しい働きができなくなって）洪水が起こり城邑（都）を破壊する、と宗廟祭祀の重要性を強調しています。（293-1-70）

「水気」の本性（働き）の潤下とは、水が流れ下って潤すこと、と『書経』洪範にあります。（7-183）

つまり「水に潤下せず」とは、水が溢れて漂うこと、すなわち洪水を意味します。

北斗図を描いた天武十年(681)辛巳の前年、天武九年庚辰は天武紀の中で災異が最も多発し全32例中12例・37.5％を数えました。（図2-1）

秋七月には飛鳥寺の西の槻の枝が自然に折れて不穏な空気が朝廷を覆い、十一月には日食と月食があり天武天皇と皇后（持統天皇）が共に病に倒れています。（105-184）

これは、日食と月食で示された天の怒りへの畏怖と2年後に迫った洪水への恐怖、さらに当時はいまだ実態が明らかでなかった大友皇子の怨霊への漠然とした不安からでした。

しかし、なぜ、体を蝕むほどに恐れたのでしょうか。

北斗図と五形図が描かれた謎を明らかにするためには、天皇に不安と恐怖を与えて時代を動かした災異思想の視点が不可欠です。

『緯書と中国の神秘思想』の中で、安居香山氏は「瑞祥と災異の思想は、日本人の物の見方や考え方にも大きな影響を与え、現代にまで及んでいる思想である」と述べています。（551-24）

災異とは天災地変のことで、『春秋』隠公三年二月条「公羊伝」には「異を記するなり」すなわち「自然の異変であったので、記録に留めた」と単なる自然現象だと記述しているに過ぎません。（299-90）（551-29）

しかし、春秋戦国時代(BC770〜BC221)以後、天人相感（または天人合一、天人感応）により災異は天子の統治や国家の出来事と関係して起る、と考える思想がでてきました。（551-32）

災異は単なる自然現象ではなくて、天帝の意志によって出て来たもので、その起源に何らかの人事現象がからむと理解された。……春秋戦国時代以後、秦漢の時代を通じて、特色のある思想として、古代中国の思想界を風靡した。（ルビ著者）

このように災異は、単なる自然現象ではなく天の譴責すなわち怒りであって、天子の政治に失敗があると、先ず「災」を示して忠告、反省しない場合には「異」を示して戒め、それでも反省しない場合には「国を亡ぼしてしまう」とあります。（551-196）

『老子』第七十三章「天網は恢恢、疎にして失わず」の通り、天は地上の事態を常に見ていて、天子の過ちを異変で警告し、時期を失えば乱が起きると戒め、悟らなければ滅亡すると説いています。（55-172）

災は善政を行わない天子に対する忠告として天帝より発せられる「天の声」、異は災に対して自覚しない場合に発せられる「天の声」といえます。（551-195）

『漢書』董仲舒伝　天子の政治に失敗があると、天は先ず災を出して忠告する。しかしそれでも反省しない場合は、次に異を出して戒めおどかす。それでもなお自分の失敗にも気付かず、反省もしない時には、その国を亡ぼしてしまうというのである。天命を取り上げ、天子として天下に君臨することを許さないというのであるから為政者に対する最後の断罪をくだすこととなるわけである。（傍点著者）

董仲舒の災異思想

災異思想を体系的に確立したのは前漢（BC206〜AD8）の董仲舒（BC179〜BC122）でした。

董仲舒は、武帝（BC156〜BC87）の策問（官吏採用試験の問題）に応じて賢良対策（学問と才覚のある者を採用する）を奉答（解答）し、儒教を国教（国民が信奉すべき宗教）とするように勧めました。（551-192、551-195）

董仲舒は、こうした『春秋』の災異記録に対する考え方を一歩前進させ、これを天人相感の思想と結びつけた。即ち、災とか異という現象は、『春秋』が区別する通りであるとして、それらの現象は単なる自然現象ではなく、天が人間の行動に対して示した反応と見るのである。特に天帝に替わって天命を受け、天下の統治を委ねられている天子に対して、天の意志をこの災とか異によって表したものと受け止めたわけである。

災異思想を基盤として「一統を大ぶ（天下を治めることが最重要）」と説いて君主権を強化し、専制国家の確立を主張したとされます。

一面、強大化する君主権を抑制するためにも災異を説き、よい政治を行わないと災異によって天が国を亡ぼすこともある、と主張しました。（551-33）

上記のように天の譴責は災害、怪異、異変、破滅の順に降され、このことを為政者は熟知していたはずですから、頻出する災異に怯えていたに違いありません。

漢代のこうした災異の考え方の流行は、そのまま政治に強く反映した。天子たちはこうした災異の出現を、自分の政治を天が認めていないとして、悪い政治を改める努力をした。災異思想はその意味で、大きな政治的効果をもたらしたことになる。（551-34）

董仲舒が天人相感の原理、災異発生の原理に据えたのは五行と陰陽で、人君の政事が悪ければ五行循環に異常を来し、天地の陰陽の調和が乱れる、とする思想です。（317-8）（554-12）

陰陽の調和の乱れは、慶雲二年乙巳夏四月庚戌朔壬子に下された文武天皇の詔の中にもあり、この思想が浸透していたことを知り得ます。（第2章／文武元年）（98-47）

『尚書』洪範九疇に、天子が行うべき政策で第一は「五行であること」とあるのは、宇宙の運行すなわち日月星辰の運行を乱さないこと（時計の針を止めてはいけない）が最大の徳とされたからです。（7-183）（561-26）

陰陽五行思想では、五行の規則正しい循環と陰陽の調和を計ることが根本原理であり、この思想を背景に地上絵が企画された経緯があります。

天人感応の原理、災異発生の原理にすえたのは五行であった。……また一つは陰陽であった。天に陰陽あり、人にも亦た陰陽あり。天地の陰気起こりて人の陰気これに応じて起こる。人の陰気起こりて天地の陰気も亦た宜しくこれに応じて起こるべし。その道は一なり。（554-12）

五行を乱す行為の中でも、人の道に悖る政治や武力によって政権を簒奪（君主の位を奪い取る）することが最悪で、結果その影響は自然界にも及ぶとあります。（552-52）

天武天皇は武力で政権を簒奪した結果、五行循環を乱してしまい、壬申の乱による政権発足の経緯そのものが天心（天帝の御心）に逆らう行動であったといえます。（五徳終始説）（105-263）

天人相感思想では、人の行為が自然界すなわち陰陽の調和、五行循環に影響すると考えます。

自然と共に人間にも陰陽の二気があり、これが媒体となって天人相応がなされる。従って人間の陰陽が宜しければ、天地自然も宜しく運行し五穀成熟して万物も育成する。逆に人間の道にもとり政治が良く行われないときは、自然界もまた調和を失い、陰陽が誤ると災いが生じ、災異が起こる。（552-52）

天心に逆らってまでも乱に踏み切った背景には、武帝への憧景と史実があったと福永光司氏は指摘しています。

その根拠の一つとして、武帝が朝鮮を攻撃した元封二年壬申と同じ干支を天武天皇が選んだ可能性をあげています。

『漢書』「武帝本紀」「元封二年（前109年）（東のかた）朝鮮を撃つ。また、巴蜀の兵を発して西南夷の未だ服せざる者平ぐ」とあり、この元封二年が同じく壬申の年です。大海人皇子が壬申の年にまず東海に軍を進めて、それから反転して西南の近江を討ったというのは、偶然の一致という見方もできますけれども、私はそうではなくて、天武がわざわざ東へ軍を進めて、それから今度は反転して西南の近江を襲撃したというのは、漢の武帝にならったのではないかと思います。（50-166）

日本人の価値観を支配し行動を強く規制した災異思想

　災異思想は古代日本へ伝来し、日本人の価値観を支配し、行動を強く規制しました。
古代人といっても本書で問題にしているのは支配層の貴族以上のことで、中でも朝廷の閉ざされた空間で孤立した天皇は、陰陽師（陰陽寮に属し陰陽道に関する事を掌る職員）が報告する災異に敏感に反応し不安を膨らませたはずです。（1-86）（171-100）（292-1-序）（293-1-26）（383-71）

　陰陽師は日常生活を送る上で不可欠な存在で、平安京では日常的に卜占や禊祓などをおこなっていた、と繁田信一氏は指摘しています。（45-5）（369-4）
停滞した律令制下では貴族の相互不審も募り、疑心暗鬼が幾多の政争を起こして、怨霊や呪詛の絶え間ない脅威にさらされたようです。（370-140）（371-14）

図 3-1：百鬼夜行絵巻（室町時代）

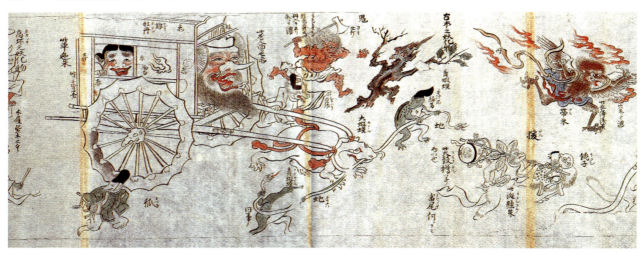

＊絵巻には物語性がなく付喪神（器物が百年を経過すると宿り、人に危害を加えるとされた神）をはじめ、カエル、サル、キツネ、などのわけの分からない妖怪が闇の市中に現れ行列をなす。（467-26）　＊原典は平安時代の「百鬼夜行」に遡る。

　このような環境の中に紫式部（978年頃まで／生没年不詳）も清少納言（966年頃〜1025年頃）も和泉式部（978頃〜没年不詳）もあって、『源氏物語』には「物怪」が多く描かれています。（本書では資料にしたがって、もののけ、物怪、物恠を用いている）
物怪になるのは魑魅魍魎を始め、竃神や土公神などの身近な神ばかりでなく、稲荷、日吉、春日、貴布祢などの神々までが、平安貴族を苦しめた、とあります。（図3-1）（91-33）（368-131）
あろうことか、「御体御卜」では伊勢大神も祟る神として列挙され、「触らぬ神に祟りなし」の言葉とおり神とは祟る「モノ」でした。（第2章／和銅四年）（536-1-118）
　しかし、社会のすべてが一つの思想に染まっていた訳ではなく、紫式部は現代にも通じる合理的な精神の持ち主で（心の鬼の問題）、和泉式部も与謝野晶子に通じる魂の持ち主（あくがれいづる魂）であったようです。（45-

7)（374-115）（472-234）

後漢の王充も『論衡』を著し、空理空論をもてはやす時代の風潮を批判しました。（582-9）

陰陽師は六壬を用いて依頼主から質問を占った。その上で出てくる解釈は、貴族の主要関心事である四方面、すなわち「失せ物、火事、口舌（争論・政争・兵革）、病事」に、ほぼ限られた（三和礼子「物忌考」叢書Ⅰ）というから、これらが平安時代における物忌を必要とするおもな用件だったわけである。……怪異・凶夢などに対する強迫観念じみた不安や恐れの感情が、貴族たちに根づくにあたり、大きな役割を果たしたのも、陰陽道であった。（46-299）

　陰陽師が所属したのは中務省の陰陽寮で、その中には4つの部門がありました。

陰陽師として著明な安倍晴明（あべのせいめい／はるあき 921〜1005）も天文博士正五位下安倍朝臣晴明と『本朝世紀』に記録されていて、立派な官僚でした。

この官職に与えられていた職掌は、天災・兵乱・政変などの国家的な災異に関する卜占、国家が土木工事を行う土地に関する卜占で、陰陽師は国家のために卜占を行う律令官職の名称でした。（369-11）

1．卜占を行う陰陽部門。

2．暦を造る暦部門。

3．天体や気象を観測する天文部。

4．時刻を計測する漏剋部門。

　陰陽師の仕事には、上記の他に怪異を読むこと、禁忌を告げること、災厄を除くこと、呪詛のもとを探ること、など日常のすべてに及び、官僚陰陽師だけでは需要に答えることができず、法師陰陽師とでも呼ぶ私度僧的な者も多かったとあります。（369-20）

日常を拘束した一例として、平安時代中期には貴族層の男性は毎朝、朝食の前に下記の行事をしなければなりませんでした。（369-67）

これは後述する天皇の「毎朝御拝」と似ています。（＊著者補足）（第5章／石灰壇と北斗七星の祀りにみる設計思想）

1．属星（自分の運命を支配する星）の名を唱える。（＊桓武天皇は丑歳で巨門星、天武天皇は午歳で破軍星であった）

2．鏡を見て顔の点検をする。

3．暦を見て日の吉凶を確認する。

4．楊枝を使って口をきれいにする。

5．西に向かって手を洗う。

6．守護仏の名を唱える。

7．尊崇する神社に祈念する。

8．前日の出来事を日記に記す。（＊結果、日記文学が残った）

　日の吉凶によっては物忌をする、天一神や王相神、大将軍、太白神など方角の禁忌（方忌／方塞）によっては方違をし、場合によっては6年間も同じ方角が方忌とされました。

物忌とは、凶事に遭うことを避けるために屋内に籠って行動を慎むこと、です。（第5章）（369-27）

陰陽師が提供する実態の明らかでない不吉な情報ほど不安を煽り、予想される凶事を避けるために貴族たちは忠実にしたがったようです。

それでも不安が昂じると様々な体の異常を起こし、現代医学でいうパニック障害（従来の不安神経症の一部）になります。（104-14）（361-4）

天武九年庚辰十一月、天武天皇と皇后（持統天皇）の病が該当すると考えられます。

平安京の一面は、流血を忌む平安貴族たち、あるいは陰陽師によって陰湿な呪詛が行われ、怨霊の祟りに怯え、日夜、妖怪が蠢く呪いの都だったのです。（371-2）

第3章　時代を動かした災異思想　　213

五形図の動機と災異思想

　さて、五形図を描いたのは北斗図から20～30年後で、その時期については3つの候補がありました。

第1候補の文武二年戊戌には、伊勢皇大神宮を創建して宗廟祭祀を行い、陰陽・東西の調和として五形図が描かれました。

動機は、文武二年が天武十三回忌にあたり追善供養の意味があります。

しかし、動機の根底には『五行大義』と「五行志」で語られた宗廟祭祀の考えが存在したはずで、それは宗廟祭祀を行わなければ洪水が起きる、とする災異思想です。(7-541)(293-1-69)(554-80)(570-111)

第2候補の和銅三年庚戌は、平城京遷都と対をなす国家的事業として五形図が描かれたと考えられます。

第3候補の大宝二年壬寅は、「土徳」持統天皇の崩御で失われた「土気」を補充するために五形図が描かれたと推測しています。

「土気」の喪失が問題視された理由には、やはり和銅五年に予想された洪水があったはずです。

洪水を防ぐ呪術として「土気」は不可欠で、それは「土剋水の法則」の応用だったからです。

このように、北斗図と五形図のいずれにも描かれた動機の背景には災異思想が存在し、呪術的対策の目的はすべて洪水を防ぐことに帰結します。

予想された洪水を防ぐために宗廟祭祀を行い、東西・陰陽の調和として地上絵を描き、その他多くの対策を実施しました。

　文武紀に多く記録されている飢饉は悪政あるいは徳の不足による五穀不登の結果で、飢饉は「土気」がその本性を失った（正しい働きができなくなった）ことを暗示しています。(図2-16、2-17)(98)

文武紀で飢饉が発生した頂点は慶雲二年から三年で、『続紀』は飢饉の記録を通して文武天皇の政治を批判していることになり、同時に「土徳」持統天皇の崩御によって「土気」が失われたことをも暗示しているようです。

つまり、五形図が企画された目的の中には、文武天皇の悪政あるいは徳の不足によって失われた「土気」の本性を回復すること、も含まれていた可能性があります。

洪水の恐怖

　天武十一年壬午の場合、「水剋火の法則」から干支の壬（天の水）が午（地の火）を消し去る、すなわち「水気」洪水が「火徳」天武天皇を消し去る暗示があり、洪水の被害を受けるのは天皇一人でした。

和銅五年壬子の場合、壬（天の水）と子（地の水）で天地に水が溢れる、すなわち洪水が国土を破壊する暗示があり、洪水の被害を受けるのは国土全体でした。

これが、天武十一年壬午と和銅五年壬子に予想された洪水による被害の違いです。

　国土が狭く山が急峻で雨量の多い日本では、河川の流れが速く毎年どこかで洪水が発生し、その恐ろしさは日本に暮らす誰もが知っています。(163-2)(204-3)

　「何もかも失ってしまった」という被災者の叫びの通り、一瞬にして全てを失うことは古代と何ら変わることがありません。(285-65)

2004年の新潟の大水害や2011年の三陸の大津波の恐ろしさは、記憶に新しいところです。(図3-2)

　現代では洪水は雨量と治水の処理能力の関係で説明されますが、災異思想が隆盛した古代では天子の徳の不足、天子の資質の問題とされました。

干支が暗示する洪水、宗廟祭祀を怠ったために起きる洪水への恐怖、あるいは漠然とした怨霊への不安、この恐怖と不安によって災異思想は時代を動かしたのです。

予想される天罰を防ぐ手段には、敬虔な祈りを奉げること、五行循環を促す（洪範九疇に従い政事を良くする）こと、そして呪術がありました。

　天子に必要な最大の徳とされた日月星辰の運行を乱さないこと、四季（時間）の廻りを乱さないこと、この

ためには既述したように「土気」すなわち時計（時間）を動かすゼンマイは不可欠でした。（第2章末／陰陽五行思想概略）(7-183)

「土気」は「土剋水の法則」を応用した制水呪術にも、「気」の廻りの不調で起きる病の治療にも、旱魃や洪水による五穀不登の対策にも、皇帝を「土徳」とする思想（皇帝は国土の中央にいて黄服を着用し時の巡りを促し国家を統治する）にも応用されました。(358-13)

本章の最後には、予想される洪水に対して女性の持つ「土徳」が「土剋水の法則」を応用した呪術として用いられたこと、富本銭と和同開珎の発行にも制水呪術の側面が存在したこと、などについて考察します。

図 3-2：三陸大津波と新潟水害

a：押し寄せる大津波。(434-表紙)　b：水没した農地。(285-21)

a　　　　　　　　b

災異思想からみた時代の序破急

まず、災異思想が隆盛した時代の概略を、前作で取り上げた天武紀の序破急と、文武紀から元明紀を一時代として分けた序破急とを比較して示します。(105-248)

次に、洪水が予想された翌年、天武十二年に告げられた詔の内容と、哀帝と文武天皇、元明天皇の詔を比較して災異思想のもとで為政者の置かれた状況を明らかにできればと思います。

元明天皇が、なぜ文武天皇の譲位を固辞したのか、なぜ疲れ切って退位したのか、和銅年間とはどのような時代であったのか、などを考えることで五形図の意義がより明らかになると期待します。

天武紀の序破急

天武紀に記録された災異61例のうち32例・53%が「木気」に配当される災異であったことから、「木徳」大友皇子の怨霊による祟りの可能性を考えました。(図2-1)(105-13)(170-36)(341-255)(438-10)(518-38)(519-10)

しかし、災異は怨霊による祟りだけで考えられても、瑞祥は祟りではあり得ないため、やはり天意が存在することも考えないわけには行きません。（編者が怨霊の存在と天意に配慮して記述した）

上の数字から約47%は天の譴告による災異、約53%は「木徳」大友皇子の怨霊による祟りで生じた災異、と考えました。

「天文訓」には、人主の態度は天に通ずる、として以下の記述があります。(210-1-135)

人主の態度は、上は天に通ずる。そこで民に対する誅求（ちゅうきゅう）が暴戻（ぼうれい）であると暴風が多く、法令をまげると［苗の芯をくう］螟虫（めいちゅう）が多く、無実の人を殺すと［旱天（かんてん）で］で国土は枯野となり、時令（じれい）に従って収穫しないと、淫雨（いんう）（長雨）がつづく。四時は天の官吏、日月は天の使者、星辰（の運行）は天の時をさだめるもの、虹や彗星は天忌のあらわれである。

天武二年以後を天の譴告による災異と怨霊による祟りに怯え続けた天皇と皇后の物語として以下の序破急にわけ、分析結果をまとめました。（表3-1）(105-248)

二年から八年が「序」にあたり、七年は十市皇女の急逝をうけて大友皇子の怨霊の存在に気付きはじめた年です。

　九年から十四年が「破」にあたり、九年には天文異変が集中して天皇、皇后ともに精神的に疲弊し病に倒れました。

宗廟祭祀の必要性に気付きながらも具体的には実行できず、天に向かって実態のないまま「皇祖の御魂を祭る」と宣言しています。（105-213）

しかし、この大芝居が天に通じるわけもなく翌十年には天忌（天の不満を表す兆候）である彗星が現れて、いよいよ天の譴責は厳しさを増したことから、漸く多気大神宮を整備（諸説あり実態は不明）し北斗図を描くことで宗廟祭祀を実行しました。（第5章／北斗七星と織女星の祭祀にアマテラスが習合された）（36-103）（98-1-7 注三〇）（105-190）

この時の祭祀は、北斗図で象徴される道教の星神信仰を実現した北斗七星と織女星の祀りで、皇祖神アマテラスはいまだ創造されていません。（54-257）（105-32）（110-209）（127-241）

アマテラスが創造されるには、文武二年（698）まで17年が必要でした。（273-176）（454-14）

17は陰陽の和（8＋9）17を意味し、北斗図と五形図（第1候補の文武二年）が聖数関係で結ばれた国家的事業であったことを示唆し、2つの地上絵が描かれた傍証にもなります。（37-38）

翌十一年八月、天の譴責は収まる気配がなく虹が2例記録され、十三年には再び彗星が2例記録され天の怒りは頂点に達しました。（105-198）（391-2-45）

　「急」にあたる最晩年、天武十五年を朱鳥元年と改元したのは、天命を失った天武天皇の「火徳」を扶翼する目的でした。（「火気」朱鳥は鳳凰と同じ再生の象徴）

しかし、時すでに遅く「病は草薙剣の祟り」と卜占（御体御卜）され熱田神宮へ奉還したにもかかわらず、ついに天武天皇は崩御しました。（105-242）（149-1-231、-233）（391-2-480）（422-26）（536-1-119）（572-28）

　ちなみに、御体御卜とは祟りの処理システムの頂点に位置し、祟りに対して国家機構を動員して迅速かつ制度的に対処するためのマニュアルができあがっていた、と佐藤弘夫氏は述べています。（422-26）

要するに、天皇の身体に祟りがあるかどうかを判断する「天皇の定期検診」といえます。

草薙剣の祟りと卜占された日付が六月十日であったことから、天武朝でこの制度がすでに出来上がっていた可能性があります。（105-308）（536-119）

その理由は、御体御卜が向こう半年間に起こり得る祟りを予見する神祇官の年中行事であり、宮主が毎年六月と十二月の朔日から卜を始め十日に奏上する、と決められていたからです。（167-67）（422-26）（536-1-119）

御体御卜が既に制度として存在したとすれば、正史に記録がなくても祟りに気付いていたはずです。

文武紀から元明紀の序破急

　天智紀から天武紀、持統紀の瑞祥と災異を示した図2-1から明らかなように、天武紀の災異の出現には顕著な頂点がありました。

ところが、図2-2のように文武紀、元明紀、元正紀を通じて、天武紀でみられた出現の頂点はなく全体に散発しています。

敢えていくつかの頂点を挙げると、出現の頂点は大宝元年の5例、慶雲三年の7例、養老五年の8例です。

瑞祥の頂点は、文武二年の10例、慶雲元年の6例、和銅六年の8例が挙げられます。

　文武紀と元明紀をそれぞれ単独で分析しても、天武紀のように序破急に分けることができません。

そこで、文武紀と元明紀を合せ一時代として序破急を分析すると、ちょうど五形図が描かれた3候補の年が序破急の区分に一致しています。（表3-2）

文武元年から大宝元年が「序」、大宝二年から慶雲四年が「破」、和銅元年から和銅八年までが「急」になります。

すべては、和銅五年に予想される洪水を回避することに向かって動いていたのです。

各時代の詳細については第2章を参照して下さい。（元正紀は五形図の候補になる年がないため省略した）

　「序」にあたる文武元年丁酉、文武天皇は即位し持統天皇は史上はじめて太上天皇として文武天皇を補佐しました。

文武二年、『漢書』「五行志」の文言の通り即位後ただちに、東の伊勢国に宗廟・伊勢皇大神宮を創建し、西の周芳国には五形図を描いて社稷の祀りを行い、宗廟祭祀を実行しています。（554-80）

当然、和銅五年壬子の年に予想された洪水も念頭にあったと考えられます。

宗廟祭祀を嘉祥するように瑞祥は最多の10例・16％が記録されています。

　「破」にあたる大宝二年壬寅の寅（「土気」の終わるとき）が暗示するように持統天皇が崩御し「土徳」が失われた結果、「金徳」文武天皇と「土徳」持統天皇で保ってきた調和が乱れ、不安は一気に高まりました。

持統上皇の火葬は、「火生土の法則」から「火気」が「土気」を生む、すなわち「火気」火葬が「土気」灰を生むことから、失われた「土気」を補う呪術であった可能性があります。（調和が乱れたことについて、元明天皇の詔がある）（第2章末／陰陽五行思想概略）

　「坤」「大地の母」として女帝は「土徳」であり、「土剋水の法則」を応用した制水呪術として女帝が切望された側面を考えてみたいと思います。（人柱にも母と童児の組合せが用いられた）（125-103）

慶雲四年丁未、文武天皇が崩御し、翌慶雲五年戊申、元明天皇が即位しました。

五徳終始説から「金徳」文武天皇のあとを継ぐ元明天皇は「水徳」のはずでしたが、「土徳」とされた痕跡をいくつも見ることができます。

「土徳」とされたのは「土剋水の法則」の応用で「土気」が「水気」を打ち消す、すなわち壬子の年に予想された洪水を防ぐための対策の一つでした。

　「急」に相応しく和銅元年戊申、和銅が献上されて慶雲五年を和銅元年と改元し、壬子の年に予想された洪水を防ぐためのあらゆる政策が実行され始めます。

和同開珎鋳造、平城京遷都、丹波出雲大神宮創建、大崎玉祖神社勧請、『古事記』撰上、伏見稲荷大社創建、など夥しい壮大な呪術が実行されました。

和銅五年壬子秋七月 戊 辰朔 壬 午、玄 狐（黒い狐）が献上され洪水を消し去る呪術として止めを刺した形です。（98-1-100）

翌、和銅六年には和銅五年までの成果を嘉祥するかのように瑞祥が8例・13％が記録され、文武二年の10例に次ぎます。

霊亀元年乙卯九月己卯朔庚辰、激動の和銅年間を振り返り、疲労困憊した様子で元明天皇は氷高内親王（元正天皇）に譲位しました。

大事業を短期間のうちに成し遂げたことから、疲れ果てたのも頷けます。

表 3-1：天武紀の序破急

展開	天武紀	災異 例数 / % 61/100	瑞祥 例数 / % 23/100	重要記事	記録にない事績
序		14/23	11/48		
	二年(673)			戦後処理	「木徳」大友皇子怨霊
	五年(676)			彗星	
	七年(678)			十市皇女急逝	七年頃、不吉な予感
	八年(679)			功臣死亡	
				雷電　彗星　霹靂	天の怒り
破		41/67	11/48		
	九年(680)			施策急ぐ	
				天文異変集中	祟りを確信
				皇后不豫　天皇病	
				雷電×2	
				日食・月食	
				祭皇祖御魂	多気大神宮整備
	十年(681)			彗星	北斗図
	十一年(682)			虹2	天の怒りは頂点に達した　洪水予想
	十二年(683)			詔	
	十三年(684)			彗星2	
急		6/10	1/4		
	朱鳥元年(686)			改元	病は草薙剣に憑依した大友皇子の怨霊の祟り
				火災（本性失う）	
				雷電	
				崩御	

＊天武紀で彗星は五年、十年に各1例、十三年に2例、虹は十一年に2例記録されている。　＊十年は北斗図が描かれた年、十一年は洪水が予想された年。

表 3-2：文武紀と元明紀を一時代とした序破急

展開	文武紀 元明紀	災異 例数 / % 56/100	瑞祥 例数 / % 61/100	重要記事	記録にない事績
序		16/29	21/34		
	文武元年(697)			文武即位	
				持統太上天皇	
	文武二年(698)		(10/16)	伊勢皇大神宮創建	宗廟祭祀を行い穏やかな治世
					天武十三回忌／アマテラス創造
					五形図第1候補／北斗図17年
	大宝元年(701)			黄金献上／改元	
破		17/30	17/28		
	大宝二年(702)			金星　日食	**五形図第3候補**
				持統崩御・火葬	予想外の持統天皇崩御／「土気」喪失
	慶雲元年(704)			慶雲改元	
	慶雲二年(705)			飢饉国数20	「金気」忌避
	慶雲三年(706)			国忌	草壁皇子薨去18年
	慶雲四年(707)			文武崩御・火葬	
急		23/41	23/38		
	和銅元年(708)			元明即位	和銅五年に向けて夥しい呪術を実行
				和銅献上	
				和同開珎	
	和銅二年(709)			銅銭専用	出雲大神宮創建
	和銅三年(710)			平城遷都	杵築神社へ遷座／大崎玉祖神社勧請
				銅銭献上	**五形図第2候補**『古事記』撰上
	和銅四年(711)				伏見稲荷創建
	和銅五年(712)			玄狐献上	洪水予想
	和銅六年(713)		(8/13)	『風土記』	
	霊亀元年(714)			譲位	元明／疲労

＊（　）内の数字は出現の頂点を表すもの。

詔から探る天皇の置かれた状況

　次に、前漢（BC202〜AD8）の第12代皇・帝の哀帝（BC7〜BC1在位）の詔と、天武天皇、文武天皇、元明天皇の下した詔について比較します。

4人の天皇（皇帝）が発した詔を比較して、その背景にある災異思想を明らかにし、地上絵が描かれた経緯をより明らかにできる可能性があります。

まず、天武十二年と和銅五年の詔を比較し、背景に存在する災異思想の影響を解析します。

　洪水が予想された天武十一年壬午五月癸巳朔丙午の6ヵ月後、天武十二年癸未春正月己丑朔に「奇妙な詔」が発せられました。（105-323）

「奇妙な」とした理由は、天武十二年までに現れた瑞祥だけを述べて、より多発した災異について全く触れていないからです。

詔とは、そのようにめでたく楽観的に告げるものかも知れません。

しかし、哀帝の詔や文武天皇の慶雲二年夏四月 庚戌朔 壬子の詔を見ると悲観的な内容で溢れています。

楽観的であるか悲観的であるかは、各帝の性格に由来する可能性もあります。

　つきつめると、大きな相違点は詔を発した背景にあり、そこから各帝が置かれていた状況を読み取れるのではないか、と考えられます。

なぜそのように考えるのかについて、上記の天武天皇の詔と和銅五年壬子九月丁卯朔己巳に発せられた元明天皇の詔の背景には共通点が見られるからです。

その共通点とは、両者ともに予想された洪水が発生しなかった後に告げられた詔であった点です。

洪水が発生するかどうか、天武天皇も元明天皇も固唾を呑んで見守っていたはずで、天武九年庚辰十一月に皇后と天皇が相次いで病に倒れたことから、その間の事情を知ることができます。

元明天皇が病に倒れた記録はなくても、元正天皇に譲位する詔では疲れ切った様子を見せています。

天武十二年(683)癸未春正月己丑朔(18)の詔

　天武十二年の詔は、楽観的で自信に溢れた内容です。（105-249）

天武十年、北斗図を描き多気大神宮を整備して宗廟祭祀を実行し、天の譴責を逃れ不安から解放された心理を語っているようで「政道が天道にかなっている」と自信満々です。（491-2-278）

　詔の要点は、下記の通りです。（詔は第1章／321°の方位線「聖なる軸」に既出）

1. 即位(673)後10年で宗廟祭祀。
2. 政道が天道にかなっている。
3. 懼れあるいは喜んでいる。
4. 明神、現人神。
5. 天瑞が数多く現れた。
6. 共に喜んでもらいたい。
7. 大赦、賜禄、赦免、の課役免除。

　後述する哀帝の詔と比較すると天武天皇の詔の「奇妙さ」がよく理解できます。（図2-1、2-2）（表3-1、3-5）

天武天皇の詔では、天瑞が多く現れたことは天道に適った政事を行ってきたからだ、と述べています。

しかし、実際には彗星や虹、日食・月蝕の出現、頻発する地震、大水、火山噴火などの災異（災害）が多発し五行は乱れて、天武十三年の言葉を借りれば「天文 悉 に乱れて（天文で示される天の怒りが頂点に達して）」、哀帝と同じく半ば天から見はなされたと受け止めて恐れおののく日々を送っていたはずです。（391-2-466）

特に彗星と虹は天忌（天の不満を表す兆候）とされ、彗星は五年、十年に各1例、十三年に2例、虹は十一年に

2例記録され、天武天皇の治世に対して天は明らかな怒りを示しています。(210-1-135)
哀帝は即位年に宗廟祭祀を行ったにも拘わらず天心（天帝の御心）を失うことを懼れているのに対して、天武天皇は即位後10年で行った宗廟祭祀の後の詔にも拘わらず妙に自信に満ちた内容です。
『漢書』は読んでいたと想像されることから、哀帝の詔の内容、特に出水（洪水）については関心が高かったはずです。
それを恐れていたために、詔では敢えて述べなかった可能性もあります。(74-231)
　現実には、天武紀を通じて賜禄、賜姓、大赦など毎年、大盤振舞いで、天の譴責を十分に認識し、それに対して反省を表していたのは図3-3と表3-3から明らかです。
しかし、天瑞と述べながら自身を明神、現人神と表現していることも、（天帝として）自らを罰し自らを嘉祥する矛盾に気付いていません。（天皇でもあり天子でもある）
そのように判断する理由は、天皇とは神であり、同時に神に仕える最高司祭者の立場でもあるからです。
これは、かなり精神的に疲労して錯乱した状態といわざるを得ません。

図 3-3：天武紀の災異に対する施策の実行と死亡例

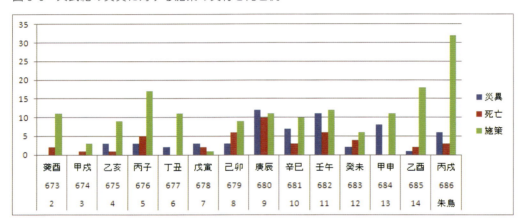

表 3-3：天武紀の災異に対する施策の実行と死亡例

天武紀	2	3	4	5	6	7	8	9	10	11	12	13	14	朱鳥	合計
西暦	673	674	675	676	677	678	679	680	681	682	683	684	685	686	
干支	癸酉	甲戌	乙亥	丙子	丁丑	戊寅	己卯	庚辰	辛巳	壬午	癸未	甲申	乙酉	丙戌	
事績						十市皇女		皇祖御魂	転機の年	運命の年				天皇崩御	
災異	0	0	3	3	2	3	3	12	7	11	2	8	1	6	61
施策	11	3	9	17	11	1	9	11	10	12	6	11	18	32	161
死亡	2	1	1	5	0	2	6	10	3	6	4	0	2	3	45

＊災異61例に対して施策は161例記録され天の譴責を十分に認識していた。　＊天武紀を通じて賜禄、賜姓、大赦（緑色）など毎年、大盤振舞で、天の譴責を十分に認識した。(105-196)　＊理解のために図と表を併記した。

　この詔から天武十二年までの天皇の状況を知ることができ、天武十一年壬午の年に予想された洪水をいかに恐れていたか、それに対して北斗図を初め数々の呪術を駆使したかを知ることができます。（図 3-3）（表 3-3）
それは切迫した状況から解放された心理を、詔の中に感じることができるからです。
天武天皇と同じ状況は元明天皇の詔にも見られ、哀帝と同じ状況は文武天皇の詔にみられます。
つまり、天武天皇と元明天皇の詔は、洪水を防ぐ呪術の一つとして北斗図と五形図が描かれた背景を語るもの、と捉えることができます。

哀帝の詔

哀帝が帝位を継いだ時の詔は第2章で既述したように、宗廟祭祀の重責に耐えられず天意を恐れている様子がわかります。(211-100)(551-198)

哀帝は武帝から約160年後の皇帝で、その詔には宗廟祭祀、日月星辰の運行、出水など董仲舒が体系化した災異思想が明らかに反映されています。

宗廟祭祀の重責、天心を失う、日月五星の運行の乱れ、出水(洪水)などの文言は、『五行大義』の記述をそのまま引用しているようにみえます。(前漢・哀帝と隋・蕭吉の五行大義は500年以上の開きがあるが原典は存在した)(293-70)

詔の要点は、下記の通りです。(詔は第2章/文武朝から文明朝までの疫と飢饉に既出)

1. 宗廟祭祀の重責。
2. 天心を失う。
3. 日月五星の運行の乱れ。
4. 出水
5. 人民が不幸。
6. 不徳
7. 懼れている。
8. 救援金、物資放出、税免除。

文武天皇の慶雲二年(705)乙巳の詔

慶雲二年夏四月 庚戌朔 壬子、文武天皇の詔の内容は哀帝の詔と同じく悲観的で自身の徳の薄さを嘆いています。(490-1-70)

詔の要点は、下記の通りです。(詔は第2章/慶雲二年に既出)

1. 不徳でありながら皇位についている。
2. 仁政もできない。
3. 陰陽の調和を乱した。
4. 五穀不登
5. 人民が飢に苦しんでいる。
6. 心が痛む。

不徳とした根拠は何か、仁政もできず、陰陽の調和を乱した原因は何だったのでしょうか。

文武二年に宗廟祭祀を行ってから詔を下した慶雲二年までに既に7年が経過し、翌慶雲三年には文武紀で最多の災異7例・13%が出現しています。

確かに天は文武天皇に警告を発していますが、その実態を記録から知ることはできません。(占文削除の問題)(384-6)

五穀不登は「土気」が本性を失った(正しく働くことができなくなった)結果で、「土徳」持統上皇の崩御による「土気」の喪失をも指しているようです。

あるいは「土気」の本性を傷つけた失政があったのでしょうか、記録にはありません。(293-1-66)

既述した文武天皇の謎の一つ皇后不在は豊穣な生産力をもたぬこと、すなわち詔にある五穀不登に繋がる可能性もあります。(378-159)

即位前紀にある、射芸を得意とし文武両道に優れていた姿はどこにも見られません。(293-1-67)

もし、人君が意を欲しいままにし、宮室や物見台を拡充し、五色をちりばめ、人力を使い尽くし、親疎の区別もなく、妻妾も度をすごしたならば、土はその性を失ってしまう。土がその性を失ってしまったならば、気が乱れ稼穡もうまく

ゆかない。そこで、五穀も実らず、風や霧が害を与える。そこで土に稼穡せず、と言うのである。

元明天皇の和銅五年(712)壬子九月丁卯朔己巳(3)の詔

壮大で夥しい数の呪術が実行された結果、和銅五年壬子に予想された洪水は発生せず、無事に切り抜けることができました。

洪水が予想されたのは和銅五年壬子秋七月申月戊辰朔壬午と推測され、その2ヵ月後の九月丁卯朔己巳に下された詔は天武天皇の詔に似て自信に満ちた楽観的な内容で、中でも玄狐を善政の象徴と認めているところが重要です。

なぜなら、玄狐は洪水が予想された日に献上されていることから、これは洪水に止めを刺す呪術であったと推測されるからです。

詔の内容から、元明天皇も玄狐の献上を呪術（制水）として認めていたはずです。(490-1-133)

朕は聞いているのだが、故老が伝えて言うのに、子の年（和銅五年は子の年）は穀物の稔りがよくないと。それなのに天地が助けてくれて、今年は大いに稔った。古の賢王が言われた言葉がある。「祥瑞がいくら良いといっても、豊年に勝るものはない」と。その上にまた、伊賀国国司の阿直敬らが献じた黒狐は、祥瑞を説いた書物でも上瑞とされている。その文に言うには、「王者の政治が世の中をよく治めて、平和な時にあらわれる」とある。万民とこの喜びをともにしたいと思う。そのため天下に大赦を行う。(ルビ著者)

詔の要点は、下記の通りです。
1. 子の年は不稔という伝承。
2. 天地の恵みで大いに稔った。
3. 賢王は豊年に勝るものはないといった。
4. 黒（玄）狐の瑞は、太平の世に現れる。
5. 万民とともに喜びたい。
6. 大赦を行う。

「子の年は不稔」とする伝承を述べていることから、元明天皇が和銅五年壬子に予想される不作について前もって細心の注意を払っていたことが判ります。

不作は「土気」が本性を失った（正しい働きができなくなった）結果ですから、不作でなかったのは逆に元明天皇の「土徳」を、また政事を天が認めたといえます。

それを「天地の恵み」と表現しています。

詔の中に洪水の言葉がなくても、帝位を継いでから和銅五年までに数々の呪術的施策（制水呪術）を成し遂げてきた実感が伝わってくるようです。

自身を古の賢王に比肩していることも自信の現れで、玄狐（上瑞）の出現は太平で平和な証拠、と胸を張っています。(187-2-528)

天武天皇の詔と同じく、切迫した状況から解放された心理を読み取ることができます。

哀帝と文武の詔の比較

哀帝（即位年）と文武天皇の詔（慶雲二年夏四月）を比較すると、表3-4になります。

日月星辰の運行が異常をきたしたのは、文武天皇の不徳が原因で陰陽の調和が乱れた結果であり、同時に持統崩御による「土気」の喪失も原因であった、と思われます。

「金徳」文武天皇は、自身の「金徳」から生じる危険を打ち消していた「土徳」持統天皇を失って絶望しているようにも見えます。

表 3-4：哀帝と文武天皇の詔の比較

	哀帝	文武
詔の年	即位年	慶雲二年(705)(即位後 8 年)
政事	宗廟祭祀の重責	仁政もできない
天心への態度	天心を失うのではないかと懼れている	
地位	皇帝	徳が薄い身でありながら皇位についている
主な瑞祥	記載なし	牛黄、銅鉱 2、多胎 3、白燕 2、杠谷樹 2、神馬 2、木連理 1
主な災異	日月五星は光りを失い五星は運行を止めている 地震が頻発 出水が人民を溺死させ蘆舎を損壊した	日食 6、旱 4、大風 7、蝗 3、地震 1 疫と飢饉は慶雲二年に頂点 五穀不登
災異の原因	不徳	不徳 陰陽の調和を乱した
反省・感想	朕ははなはだこれを懼れている 人民が不幸	人民が飢に苦しんでいる 心が痛む
対策	災害地に救援金、物資放出、税免除	金光明経読経、調庸半分免除、叙位、大赦
備考	災異の頻発は天から見はなされたと受け止めた	

＊（　）内は『書紀』に記事があって詔にはない災異、または私見による予想される事態など。　＊瑞祥と災異の数字は例数。

天武天皇と元明天皇の詔の比較

　天武天皇と元明天皇の詔を比較すると、楽観的で自信に溢れた内容です。(表3-5)

天武天皇は、政道が天道に適い、明神であると胸を張り天瑞が多く現れた、と主張しています。

元明天皇は、天地の助けがあり、自身を古の賢王に喩え玄狐（上瑞）の瑞があった、とやはり胸を張って主張しています。

いずれも緊張から解放された心理状態と考えられ、災異について全く触れていない点も共通しています。

表 3-5：天武天皇と元明天皇の詔の比較

	天武	元明
詔の年	天武十二年(683)癸未 即位(673)後 10 年	和銅五年(712)壬子 即位(707)後 5 年
詔の時期	洪水予想から 7 ヵ月後	洪水予想から 2 ヵ月後
洪水予想	壬午の年 天武十一年(682)壬午 五月午月 癸巳 丙午(14)	壬子の年 和銅五年(712)壬子 秋七月申月 戊辰 壬午(15)
政事	政道が天道にかなっている	太平であった
天心への態度	懼れあるいは喜んでいる	天地の助けがあった
地位	明神、現人神	賢王に比肩
主な瑞祥	天瑞が数多く現れた（この年瑞祥はない）	上瑞の玄狐（和銅六年は最多 8）
主な災異	地震 15、大風 4、旱魃 3、大水 1、彗星 2 月食 1、日食 2、雷電 2、虹 2	日食 8、大風 1、霖雨 3、地震 1、旱 1
災異の原因	天譴、怨霊	徳の不足
反省・感想	共に喜んでもらいたい	万民と共に喜びたい
対策	大赦、賜禄、死罪以下の者は皆赦免 百姓の課役免除	大赦、賜禄叙位、調免除
備考	災異について述べていない	災異について述べていない

＊天武紀で彗星は五年、十年に各 1 例、十三年に 2 例、虹は十一年に 2 例記録されている。　＊瑞祥と災異の数字は例数。

元明天皇が禅譲を固辞した理由は陽徳の不足

元明天皇の即位の詔

　元明天皇の即位の詔で「その任に堪えられない」と固辞した理由に関連して、女帝の陰徳の問題があります。
即位の詔は、以下の通りです。(490-1-93)

慶雲四年(707)七月壬子（丙申朔十七）。天皇は極殿で即位し、次のような詔を下した。……持統天皇は、丁酉（文武元年八月）に、此の天下を治めていく業を……天皇（文武）にお授けになり、二人ならんでこの天下を治め、調和させてこられた。……天智天皇が……改わることのない常の典（不改常典）として……天皇（文武は元明の子）が……「自分は病んでいるので、暇を得て治療したい。……母上が天皇としておつきになり、お治めになるべきである」と……「私はその任に堪えられません」と辞退しているうちに……今年の六月十五日、御命令をお受けしますと申し上げ……このことを天地の神々は心を労し、重大に考えられるであろうと、畏れ多く思っている……そこで即位にあたり、先ず天下の公民の上に慈しみを与えるべく、全国に大赦を行う。(傍点著者)

　詔の要点は、下記の通りです。(490-1-93)
1. 持統太上天皇と文武天皇が天下を治め、調和させてこられた。
2. 天智天皇の定めた不改常典（改わることのない常の典）を統治の法とした。
3. 文武天皇からの禅譲を固辞した。
4. 慶雲三年(706)丙午六月未月癸酉朔丁亥(15)、承諾した。
5. 天地の神々は心を労し、重大に考えている。

　女帝の陽徳の不足を具体的に示した資料として、『聖徳太子伝略』に載る「地震論」があります。(565-132)
その中で、推古七年(599)に発生した大地震の原因を「推古天皇に陽徳がないために大地震が起きた。これは天譴である」とし、陽徳の不足を問題にしています。

『聖徳太子伝略』上　七年春三月、聖徳太子が天気を観測されると、地震が予知されたので、天下に令して家屋を強固にさせた。夏四月、大地震が来て、多くの家屋が倒壊した。そこで太子は密かに奏上された。「天は男で陽、地は女で陰。陰の本性は不足。この不足を象る陰卦は中断していて（坤卦）不通の象。従ってもし盛んに活動する陽気の本性を考慮にいれない場合には、この陽気は陰気にはばまれて、行き場がなく、このような陽気のエネルギーは地震となって現れます。陛下は女主であって、本来、男であるべき「陽」の位についておられ、打つ手もなく只徒に「陰」の本性に居座っておられ、陽徳、即ち天下の富を動かす施しをなさいません。そこでこの天譴が降ったのです。この上はひとえに仁徳を以って大いに民生を潤して下されますよう伏してお願い申し上げます」と。

　『聖徳太子伝略』の要点は、下記の通りです。
1. 地震の原因は、陰気にはばまれて行き場のない陽気のエネルギーである。
2. 女主は陰徳である。
3. 陽徳、天下の富を動かす施しをしていない。
4. 地震は天譴である。
5. 仁徳をもって民生を潤す必要がある。

　『聖徳太子伝略』の中で示された思想は陰陽五行思想の根本原理で、互に必要不可欠な陰陽の存在と五行の滑らかな循環を最高の価値観とします。(114-17)(423-213)(562-19)
陰徳の女帝は陽徳が不足することから人民に対して無限の施しを与えることができず、陽徳で「乾の君」の存

在があって初めて本性の不足が補われ陰陽の調和が得られる、と考えます。(565-134)

この根本原理と左祖右社の原則にしたがって宗廟祭祀と地上絵が企画されたことは、既述した通りです。

この思想を具体化したように、女帝の推古天皇(陰徳)の場合には聖徳太子(陽徳)が存在し摂政として活躍しました。(574-45)

同じく女帝の持統天皇の場合は文武天皇の存在があり、元明天皇の場合には首皇子(後の聖武天皇)の存在がありました。(天皇と呪術的な問題を検討しているため藤原不比等については触れていない)

持統即位(称制)年(686)には文武天皇(683〜707)は3歳、元明即位当時(707)には首皇子(707〜756)は6歳、共に童男といえる歳でした。

実は、この童男が呪術的には最大で最強の「土気」(八白土気)でもありました。(第2章/鬼門がないことにした呪術)

3歳と6歳の童男が呪術的には女帝の徳の不足を補う立場にあり、後述する人柱の問題(母と童男)と関連して考えることができます。(第3章/茨田堤と人柱、第4章/長岡京遷都は壮大な方違)

「土気」を用いた呪術の視点から、女帝を単なる中継ぎとする説に対して、女帝と幼い皇子が呪術的には互いに支え合う存在であった可能性を考えます。(116-126)

高崎正秀氏も「妹の力」として「女同胞の呪力によって政治力を完全にすることができる」と述べています。(143-23)(196-121)(197-70)(355-11-9)(537-1-35)

古代酋渠が"妹の力"——女同胞の呪力——により、時には娘、もしくは妻の力によって……その覇者としての政治力を完全にすることができる、と信ぜられた、いま一つ前代に遡れば、そこに当然、女酋時代の先行が考へられるであろう。神武紀に見える名草戸畔・丹敷戸畔や土蜘蛛新城戸畔、これらのとべはすべて姥と同語であり、女酋をさすものであった。(452-2-25)

「火徳」天武天皇の後を継いだ持統天皇は「土徳」と認められ、五徳終始説から問題はなかったはずです。

「土徳」持統天皇の後を継ぐ文武天皇は「金徳」であり、すでに和銅五年壬子の洪水は予想されていたはずですから、「水気」を生む「金気」すなわち「金徳」文武天皇の立場は危うい状態でした。(「土徳」から「金徳」への変化)

その危うい立場を補ったのが持統天皇の強力な「土気」でした。(女帝は「土徳」であっても陽徳の不足が問題)

たとえ文武天皇が「金徳」であったとしても、強力な「土気」が存在することで予想される洪水は乗り切れる、と考えていたに違いありません。(童男の年代では「土気」)

それは「土剋水の法則」の応用で「土気」が「水気」を打ち負かす、すなわち「土徳」持統天皇が「水気」洪水を防ぐことができる、と考える呪術です。

単に幼帝のための中継ぎではなかったのではないか、とする疑問も提示した通りです。(116-126)

ところが「金徳」文武天皇の後を継ぐ元明天皇は「水徳」であり、予想される洪水をますます激しくする可能性がありました。

そこで元明天皇は「土徳」とされ、自身の徳の不足を補うように夥しい呪術的施策を実行しました。

このように元明天皇は自身の徳の不足を認めていたために、文武天皇からの禅譲を固辞したのではないか、と推測されます。(呪術的な問題を考察しているのであって現実的な問題を否定するものではない)(105-269)

元明天皇の譲位の詔

元明天皇が病に倒れた記録はありません。

しかし、元正天皇に譲位する詔では疲れ切った様子を見せています。

和銅元年から五年までに実行された夥しい施策(呪術)を振り返ると、疲労困憊した様子は十分に想像できます。

霊亀元年九月二日、天皇は位を氷高内親王（元明天皇の娘で文武天皇の姉）に譲られた。……天の道が天を統べており、明らかな徳があってはじめて天下を治めることができる。……国内は穏やかで、天下は安らかにおさまった。しかしその間も恐れつつしむ心は、朝から夜まで怠ることはなかった。……諸政に心を労すること九年にわたった。今、いきいきとした若さも次第に衰え、年老いて政事にも倦み、静かでのどかな境地を求めて、風や雲のようなとらわれない世界に、身をまかせたいと思う。……履物を脱ぎ捨てるように俗をはなれたい。そこで皇位の神器を皇太子に譲りたく思うが、まだ年幼くて（十五歳）奥深い宮殿をはなれることができない。……一品の氷高内親王は、若いうちからめでたいめぐり合せにあり、早くから良い評判が世に知られている。心ひろくあわれみ深い性質を天から授かっており、物静かで若く美しい。（傍点著者）（490-1-165）

　　詔の要点は、下記の通りです。
1. 九月二日、天皇は位を氷高内親王に譲られた。
2. 明らかな徳があってはじめて天下を治める。
3. 心を労すること九年にわたった。
4. 年老いて政事にも飽きた。
5. 尸解仙のように俗を離れたい。
6. 皇太子は幼い（15歳）。
7. 氷高内親王は若く心ひろくあわれみ深い性質を天から授かっている。

　　この詔の「脱屣に同じからむとす」の文言はすさまじい、とする指摘があります。
これは前天皇元明の詔である。元明は自分が皇位について九年間がんばってきたが、もはや年令には勝てず、閑寂とした境遇に休み、俗世のことから逃れたい心情を吐露している。「脱屣に同じからむとす」という表現はすさまじい。天下を治めるなどという煩雑な天皇位など、履を脱ぎ捨てるように捨て去りたいというのである。（290-143）

　　しかし、脱屣はすさまじい表現ではなく単に「退位すること」を意味し、『愚管抄』には「黄帝は仙道を求めて昇天を願い、位を退くに際して履（わらじ）をぬぎ捨てるようであった」とあります。（326-11）
これは神仙思想に基づく言葉で、この言葉をもって元明天皇が天皇位を「捨て去った」とはいえません。
「心を労すること九年、徳の薄い身にもかかわらず先祖代々の遺された徳のお蔭で治めることができたが、今は年老いて政事にも疲れた」の文言の中に、疲労困憊した様子が十分表されています。
壬子の年に予想された洪水を回避するために夥しい呪術が実施され、和銅年間がいかに緊迫した時代であったのか、を想像させます。
その背景に存在したのが、災異思想でした。
　　脱屣に関連して、宇倍神社（因幡国一宮／鳥取市国府町）の境内にある龜金岡には、武内宿禰が姿を消したあとに残した草履と伝えられる草履石があります。（実際には円墳の一部とされる）（105-477）（192-479）
草履を残して姿が見えなくなるのは尸解の一形で『神仙伝』には「但だ一隻履を遺すのみ」とあります。（48-202）
尸解とは、蝉や蛇が脱皮して脱殻を残すように「屍を解く」の意味で、死体が消えると同時に仙人として昇天することを道教では尸解といいます。
図3-4bのように藤の木古墳の副葬品にも一隻の金銅製靴があり、被葬者が仙人として昇天できるように尸解仙を模した可能性があります。（第2章／和銅二年）（227-36）

図 3-4：尸解仙の象徴・草履（靴）

a：宇倍神社の境内にある武内宿禰の残した草履石（実際には円墳の一部とされる）。 b：藤ノ木古墳の石棺内の青銅製の靴。履（沓）の中には足部の人骨が残っていた。（306-66）（404-110）

a　　　　　　　　　　b

　『仙人の研究』には大江匡房が著した『本朝神仙伝』に載る三十七仙を挙げ、その中にヤマトタケル、聖徳太子、武内宿禰、浦嶋太郎（瑞江浦嶋子）、役行者、久米仙人などが見られます。（26-289）（391-1-497）
推古廿一年十二月庚午朔、聖徳太子と尸解「片岡遊行の真人」の話も既述した通りです。（第2章／文武四年）（391-2-198）

女性の有する「土徳」と制水呪術
はじめに

　陰陽五行思想の根本原理は、対立しながらも互いに必要不可欠な陰陽の存在と五行の滑らかな循環です。（114-17）（423-213）（562-19）
陰陽の関係の中で、たとえば男性は陽で天（乾）、女性は陰で地（坤）になり、陰陽・男女の間に対立はあっても共に必要で不可欠な存在です。（第2章末／陰陽五行思想概略）（110-28）（423-210）
これを国家の統治に当てはめると、陽徳の男性すなわち皇帝（天子／天皇）が国家を統治し、陰徳の女性すなわち皇后が統治を補佐することになります。
　古代の祭政一致（政事と祭祀は同じ）の思想のもとで最も重要な国事は、最高司祭者の皇帝だけが行える宗廟祭祀でした。（176-8）（554-3€）
宗廟祭祀を簡単にいえば、死によって肉体から分離した魂（陽）と魄（陰）を招きよせ祖霊として一つにする祭祀です。（293-1-102）
中でも「天子親耕皇后親桑」の言葉の通り、天子が自から田を耕して穫った五穀を祖霊に供えることと、皇后が自から育てた蚕の糸で衣料を織り祖霊に供えること、が祭祀の中心でした。（厳密には時代によって祭祀の在り方は変化している）（116-160）（176-8）（565-307）
この祭祀を行う権限は陽徳の皇帝だけに限られていたため、中国では唐の則天武后の例外を除いて女性が皇帝になることはなかったのです。（176-126 注7）
　日本の場合、推古天皇を始め元正天皇まで7代（皇極と斉明を各1代として）の女帝が現れました。（116-126）
地上絵に関連して、女帝で陰徳の持統天皇と元明天皇が、陽徳の不足にもかかわらず即位できたのは、その「土徳」が期待された結果でした。（例えば宇宙の中心・皇極の名にある土徳）（176-18）
すなわち、陰陽を考慮した即位ではなく、五行の「土気」の徳が期待された結果でした。
あるいは、祭祀の主導権が伝統的に巫女の女性にあったこと、が関係した可能性が考えられます。（巫女の開祖）（131-27）（197-233）（295-4）（355-11-9、-17-394）（373-111）（537-1-40）
女性は人・五虫「裸虫」として「土気」であるばかりでなく、母（坤／地）としても「土気」になります。
図3-5のように沖縄では古い信仰形態を残し現在でも祭祀の主導権は女性にあり、これは伊勢皇大神宮の祭祀の中にも垣間見ることができます。（464-2-88）

図 3-5：女性による祭祀

a b c

a：久高島のフバワク（厄払い・健康祈願／ 1975 年撮影）。(73-46)　b：沖縄、扇を手に持ったノロ（祝女）。(8-80)　＊ノロは沖縄本島およびその周辺離島で神祭を司る高位の神職者であり、敬称辞を付してノロクモイともいう。鳥居龍蔵撮影、撮影年不明（19 世紀半ばから 20 世紀初頭）。　c：新嘗祭、内宮大御饌の修祓。奥から緋袴の神宮祭主、大宮司、少宮司、禰宜の順に並ぶ。(138-38) (220-22)　＊装束が基本的には同じであることが注目される。

　ちなみに、推古天皇の和風諡号・豊御饌炊屋姫（とよみけかしぎやひめ）は、「神饌を炊ぐ殿舎の女神官」すなわち巫女の意味で、祭祀の主導権が古くは女性にあったことを示唆しています。(197-233) (295-4) (391-2-172)
祖霊へ神饌を供進するのは、本来は最高位の巫女が行う最も重要な神事であったことから、女性が最高司祭者すなわち天皇になることに違和感がなかったこと、も可能性の中にあります。(464-2-88) (565-131)
あるいは、宇宙の絶対者・天皇と名のって性別がなくなったこと、つまり陰陽の関係を超越してしまったこと、も関係したかも知れません。(自然神や人工神の問題を議論しているわけではない) (116-247)
宇宙の絶対者とは、陰陽が派生する元の太極（北極星の神霊化／太一）の意味です。(第 2 章末／陰陽五行思想概略)
井上亘氏は、『老子』十一章を引用して「無」である天皇が神々の頂きにあること、を指摘しています。(無の有用性) (55-1-98) (116-247)
陰陽が派生する前の太極で「無」であれば性別がなくなるのは当然です。
　持統天皇が上皇としても存在し得たのは、幼い文武天皇を補佐する中継ぎであったとする説があります。
しかし、呪術的に期待されたのは「土徳」すなわち「土気」の力でした。(116-126) (568-103)
洪水を引き起こしかねない「金徳」文武天皇の立場が危うい状態であった、ことは既述した通りです。
元明天皇の場合も幼い首皇子の存在がありました。
やはり「土徳」が期待されたのは、和銅五年(712)壬子の年に予想される洪水を防ぐために「土剋水の法則」を応用した呪術が必要だったからです。
その洪水を防ぐ対策の中に、第 2 候補の五形図（和銅三年）も含まれていた可能性があります。
第 1 候補の五形図は、宗廟に対する社稷、すなわち土地の神と五穀の神の祀として企画され「土気」の祀ともいえます。
第 3 候補の五形図は、持統天皇（上皇）の崩御によって失われた「土気」を補う意味がありました。
　北斗図は、衰弱した天武天皇の「火徳」を扶翼し、強力な「土気」による「土悔木の法則」を応用した呪術（木徳・大友皇子の怨霊対策）でした。
左祖右社の原則から、宗廟と考えられる多気大神宮に対して北斗図は社稷の意味もあり、やはり「土気」の祀としても考えられていたはずです。
　このように地上絵の謎を呪術的に追及していくと、宗廟と社稷の調和、宗廟祭祀を怠ることで下される天罰の洪水、その洪水を防ぐための制水呪術、に帰結します。
基本的な制水呪術は「土剋水の法則」を応用した呪術です。

228

ここに「土気」の重要性があります。(土徳賛歌)(第2章／方局と土用)

　この節では、「土剋水の法則」を応用した制水呪術の例をいくつか取り上げ、最後に女帝の統治形態と人柱の背景に存在する災異思想と「土気」の呪術について述べています。

『続紀』に載る「土気」を必要とした呪術的施策

　『続紀』には「土気」を用いた呪術的施策を示唆する記録が多く残されていて、文武元年から和銅五年までに記録された主な施策を取り上げると表3-6になります。(98)

「土気」を必要とした理旦は、制水呪術では「土剋水の法則」を応用した呪術が基本であったからです。

和銅五年(712)壬午に予想される洪水を防ぐために、夥しい呪術的施策が実行されました。

表3-6：『続紀』に載る「土気」を用いた呪術的施策

年		干支	施策	意味	五行の法則など
文武元年		丁酉	太上天皇	「土気」	「土剋水の法則」
	二年	戊戌	【五形図1】	「土気」陰陽の調和	左祖右社の原則
大宝元年		辛丑	黄金献上	「土気」	「土生金の法則」
	二年	壬寅	【五形図3】	「土気」喪失を補充	「土徳」持統天皇崩御
	三年	癸卯	火葬	「土気」灰	「火生土の法則」
慶雲元年		甲辰	慶雲改元	「土気」五色の雲	「土剋水の法則」
	三年	丙午	土牛	「土気」	「土悔木の法則」
	四年	丁未	国忌	「土用」	草壁皇子薨去から18年
和銅元年		戊申	元明即位	「土気」	「土剋水の法則」
			和同開珎	「土気」	「土剋水の法則」
	三年	庚戌	平城京遷都	「土気」大地を築く	「土剋水の法則」
			【五形図2】	「土気」陰陽の調和	「土剋水の法則」
	五年	壬子	木連理献上	「土気」和合	「土剋水の法則」
			玄狐献上	「土気」狐と「水気」玄	「土剋水の法則」

＊ [ ] 内は私見。　＊18は「土用」を表す数。

治水と「土気」

　洪水について、災異思想が隆盛した古代では天子の悪政と徳の不足が引き起こした災異、と考えられました。

古代の為政者にとって蔵風得水、すなわち「風をおさめ良い水を得ること」は切実な現実的問題で、経済的な基盤である稲作に必要な治水能力は為政者に求められる徳の一つでした。(40-66)(163-2)(204-3)

しかし、現実的な土木工事を行うこと以上に「神に祈ること」が為政者の重要な勤めだったのです。(293-70)

縄文晩期から古墳時代にかけての纏向遺跡には、当時の運河と考えられる溝の遺跡があり、設計・施行が優れ矢板を使用した護岸工事も驚くべき精巧さです。(532)

古代は科学的世界であると同時に祀りと呪術の世界であり、高度な数学的知識で土木工事を行い、同時に呪術をもって完成させた、と想像できます。(40-66)

古代の河内と治水

　治水の例として古代の河内(平野)の問題を取り上げます。

図3-6のように、古代の河内には草香江①(河内湖)と呼ばれる広大な湖・湿地帯がありました。

草香江には、北東から淀川の分流⑩と古川⑪が流入し、南から平野川③(現・大和川)が流入していました。

上町台地④の北方には砂州⑤(現在の新大阪周辺)が伸び、この砂州が草香江の排水を妨げていたため、難波の堀江⑥(現・天満川／大川)が開削された経緯があります。(204-127)(206-129)

淀川や平野川からの流入量が増えると容易に水害が発生し、同時に肥沃な氾濫原を作り農耕（氾濫農耕）が行われていたようです。(204-127)(249-1)

古墳群は、草香江からは遠く離れた南方の丘陵地帯に築造されているのが判ります。

たびたび氾濫を繰り返した淀川流域の長柄⑩と古川流域に築かれた茨田堤⑪には、現実的な土木事業と同時に「土気」の呪術が実施された伝承があります。(茨田堤と人柱)(204-127)(391-393)

仁徳天皇十一年に淀川分流の流路安定を目的として茨田堤が築かれ、同時に、難波の堀江が開削され草香江の排水を促したようです。(現・東大阪市日下に名を残す／白肩津／草香津)(図 3-10b ／茨田堤)(82-16)(391-2-240)(491-1-216)

延暦四年(785)乙丑には淀川と神崎川を水路で結ぶ工事が行われ、延暦七年(788)戊辰三月には和気清麻呂が平野川の付け替えを行おうとして完成しなかった記録があります。(98-39-151)

図 3-6：古代の河内湖（206- 扉より引用加工）

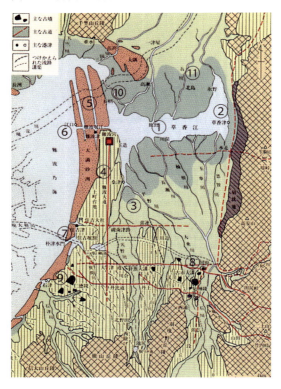

①草香江　②草香津　③平野川（現・大和川）　④上町台地　⑤砂州　⑥難波の堀江　⑦住吉大社　⑧古市古墳群と大津道　⑨仁徳天皇陵と丹比道（593-286）　⑩長柄　⑪古川と茨田堤（82-23）

制水呪術と聖牛

既述した土牛に関連して、富士川（静岡県）流域で古くから用いられてきた治水工法の一つに聖牛（せいぎゅう／ひじりうし）があります。(第 2 章／慶雲三年)

聖牛は、図 3-7 のように丸太を組んで蛇籠で浅瀬に固定します。(501-359)

蛇籠とは、籠に石を入れて構造物が水に流されないようにするための工法の一つです。(105-564)

聖牛は富士川流域に残されている甲州流河除法といわれる伝統治水工法のひとつです。富士川で発祥し、その効果が顕著であるため全国の主な急流河川で古くから採用されてきました。三角錐というシンプルな構造ではあるもの堤防を守る「水制工」として施工すると『堤防の根元には土砂を堆積』させて補強し、『川の流れる側の砂は下流へ』流し河積を確保するものです。(甲府河川国道事務所 WS ／伝統的治水施設の保全と整備)

図3-7：聖牛

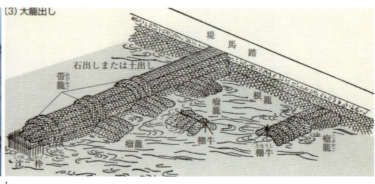

a：富士川の聖牛　（甲府河川国道事務所WS／伝統的治水施設の保全と整備）　b：淀川の治水（棚牛＝聖牛）。(249-20)　＊図中、棚牛が聖牛のことを指し瘤籠が蛇籠になる。

　聖牛とは、おそらく飛び出した2本の丸太が牛の角に似ていることから命名されたと推測されます。
あるいは、潜牛（せんぎゅう／かわうし）と呼ぶ水神が乗って現れる牛の話もあり、「聖」が用いられたのかも知れません。(4-139)(108-121)
あるいはまた、牛に制水呪術を期待した名称ではなかったか、とも考えられます。
なぜなら牛（丑／土用）は「土気」に配当され川水との間に「土剋水の法則」が成立し、「土気」が「水気」を打ち負かす、すなわち「土気」聖牛が「水気」川水を制することになるからです。(478-37-23)
これは土牛、殉死と埴輪、人柱と同じ「土剋水の法則」を応用した呪術で、聖牛はその意味を込めた名称と考えられます。(人身御供と松王健児と大日如来)(図2-19a)
土牛の場合は、「土剋水の法則」を応用し「土気」牛が「水気」冬を追い払う季節を転換させる呪術でした。
聖牛の場合は、「土気」牛が「水気」水を制す、すなわち川水の方向や流量を調節する呪術になります。
聖牛の「聖」は治水に「すぐれた」の意味と、一瞬にして全てを失う洪水を防いでくれる神聖な存在、あるいは水流の犠牲になる尊い存在（人柱的な存在）、すなわち「神」として祈りを奉げた古代人の命名ではなかったか、と考えてみたくなります。

「土気」を介した殉死と埴輪の等価交換
　垂仁紀に野見宿禰（のみのすくね）（以後、ノミノスクネ）と土部連（どべのむらじ）の由来譚（ゆらいたん）があります。(391-1-46)
ノミノスクネを出雲から大和へ呼び出した目的は捔力（すもう）を取らせるためであって、土器製作や喪葬（もそう）のためではなかったはずです。
記録に残る矛盾が、土師氏についての理解を難しくしています。
その矛盾を解き明かす方法の一つが、土師氏は呪術的に「土徳」を付与されて創造された氏族、とする前作で提起した仮説でした。(105-354)
西郷信綱氏も土師氏（葬儀に与る）は「出雲（日の没する西方の死者の国に近い）から出てくるものである」と指摘していることから、土師氏に関する伝承は観念的に創造された可能性があります。(観念的な出雲)
宮廷の葬儀にあずから土師氏の祖ノミノスクネとハジ部百人は、この出雲から呼び寄せられたのである。逆に彼らが伊勢国から出てきたりするのに、そもそもありえぬ沙汰であった。(379-14)

　そのノミノスクネが、なぜ殉死（じゅんし）を禁止し埴輪（はにわ）を立てる建議をしたのか、疑問です。
ノミノスクネは殉死と埴輪とは同じ「土気」で等価交換（とうかこうかん）できることを理解し、建議を認めた垂仁天皇も同じ思想を持っていたことになります。(40-97)(105-377)(375-3-209)(379-27)

第3章　時代を動かした災異思想　　231

図 3-8：後円部に置かれた埴輪（茶臼山古墳／山口県柳井市向山）

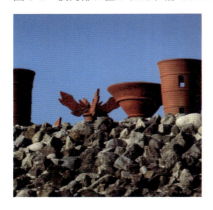

表 3-7：殉死の記事（傍点部分は土気）

天皇	年	干支	月	朔	日	記事	備考
垂仁	廿八		冬十月	丙寅	庚午	生けながらにして陵の域に埋み立つ	殉死
	卅二		秋七月	甲戌	己卯	土物を以て生人に更易へて、陵墓に樹て	埴輪
安康	元		春二月	戊辰		殉ひまつらずは、是臣にもあらずといふ	殉死を美徳
孝徳	二	丙午	三月	癸亥	甲申	此の如き旧俗、一に皆悉に断めよ	殉死の禁止
孝徳	五	己酉	三月		己巳	妻子の死ぬるに殉ふ者	殉死

＊傍点とルビは著者。(236)(247)(391)

　『書紀』には、「殉」を含む記事が 6 例あります。(持統紀の皇女山邊の死は厳密な意味での殉死ではなく省略した)
伝承と異なり、安康紀では殉死は美徳とされましたが、はたして美徳だけで行われたのでしょうか。
つまり、殉死がなぜ必要とされ、埴輪がなぜ殉死に取って代わる価値があったのか、同じ価値があると評価した背景にあった思想は何か、それらを明らかにする必要があります。(40-95)
　「土気」人を「土気」古墳（実態は土の塊）に埋めることは、明らかに「土気」を強化する呪術です。
雨の多い日本では、土で造った古墳は常に雨の被害から守る必要があったはずです。
呪術的には「土気」古墳と「水気」雨の間には「土剋水の法則」が成り立ち、「土気」が「水気」を打ち負かす、すなわち「土気」古墳は「水気」雨に打ち勝って破壊されることはありません。
にもかかわらず「土気」を強化する必要があったのは、板築法と葺石による現実的方法には限界があり、より強力な呪術的対策として殉死が考え出されたと推測されます。(40-95)(49-85)(105-377)(168-28)(175-54)(242-5-235、-354)(250-21)(560-172)
私見では「土気」人（殉死）と「土気」埴輪（土で造った物）は同じ「土気」として等価交換できる、これがノミノスクネが建議した根拠でした。

　昭和 49 年に復元された五色塚古墳（神戸市垂水区）は、200 万個の葺石で覆われています。(図3-9)
約 400 年間（古墳時代／3 世紀後半から 7 世紀）に数万の古墳や横穴が造られ、祖先の墓に対するエネルギーがいかにものすごいものであったかがわかる、と佐藤宗太郎氏は述べています。(420-182)

図 3-9：葺石で覆われた前方後円墳

a　　　　　　　　　　　　　　　　b

a：200万個の葺石で覆われた五色塚古墳（神戸市垂水区）。(420-8)　葺石は和泉砂岩が用いられた可能性がある。(238-60)　b：朝日を受けて輝く前方部から見た茶臼山古墳。

茨田堤と人柱

　仁徳十一年、茨田堤（地元ではマッタあるいはマンダ）を築く時に人柱を立てた記事があります。(391-1-393)
文中、「武藏人強頸・河内人茨田連衫子の二人を、河伯（川の神）に祭る」の部分が人柱に相当します。
人柱を立てて堤防を守り洪水を防ごうとするのは、「土剋水の法則」の応用で「土気」が「水気」を打ち消す、すなわち「土気」人で「水気」洪水を防ぐ呪術になります。
茨田堤跡（伝茨田堤）は、堤根神社（大阪府門真市宮野町）の北側に残されています。(図 3-10b)
冬十月に、宮の北部の野を掘って、南の水を導いて、西の海（大阪湾）に入れた。その水を名づけて堀江といった。また北の河の塵を防ぐために、茨田の堤を築いた。この時二ヶ所、築いてもまた壊れて防ぎにくい所があった。天皇が夢をみられ、神が現れて教えていわれるのに、「武藏人強頸・河内人茨田連衫子の二人を、河伯（川の神）に祭ればきっと防ぐことができるだろう」といわれた。(ルビ著者)(391-2-240)(491-1-216)

図 3-10：堤根神社（a）と伝茨田堤跡（b）

a　　　　　　　　　　　　　　　　b

　古代中国には、人を黄河に沈めて河伯（黄河の水神）を祭った伝承があります。(38-75)
これは、黄河が多量の黄土を含み急速に河床が上昇して容易に氾濫を繰り返すため、現実的な治水と同時に呪術的に水神を宥めた祀です。
この河伯が、実は地上絵を描いたと推測される土師氏の遠祖とする記録が『続紀』にあります。
延暦八年(789)己巳十二月戊辰朔壬子(15)皇太后、姓は和氏。諱は新笠、贈一位乙継の女なり。母は贈正一位大枝朝臣真妹なり。……其の百済の遠祖都慕王は河伯の女の日精に感じて生める所なり。皇太后は即ち其の後なり。
(98-40-179)

第3章　時代を動かした災異思想　　233

桓武天皇の生母・高野新笠の母は大枝朝臣真妹で土師氏です。（真妹とする説もある）

なぜ、伝説に過ぎない河伯と土師氏の遠祖を結びつけて語る必要があったのでしょうか、明らかなことは判りません。（卑母とされた高野新笠の格上げのためか）

土師氏が保有していた土木技術と河伯の伝承が結び付いたのかも知れません。（239-112）（240-175）

『新撰姓氏録』弘仁六年(815)は、その出自により氏族を皇別、神別、諸蕃に分類して祖先を明らかにした書物です。（381）

この分類から土師氏は神別氏族で天神になり、土師氏の祖は諸蕃のうちの蕃賓（渡来してのち和俗の女性と結婚して日本国の天皇から姓氏を賜った氏族）と福永光司氏は指摘しています。（54-264）

垂仁紀に殉死は禁止されたはずですが、現実には江戸時代を過ぎて近代まで殉死や人柱、人身御供は続けられ、偶然発掘された例がいくつもあります。（240-209）

『日本伝説集』と『生贄と人柱の民俗学』では8例の人柱伝説と皇居二重櫓（江戸城伏見櫓）の敷地から人柱と見られる人骨が発見されたことを紹介しています。（5-228）（29）（125-160）（441-206）

図 3-11：長柄人柱巌氏碑と長柄橋

a   b

a：長柄人柱巌氏碑（大阪市東三国）。　b：終戦直後の長柄橋（昭和11年竣工）の親柱。右↓の植栽のあたりが人柱の供養碑か。（265-51）　遠く勝尾寺（左↓）が望める。（勝尾寺境内牓示石八天石蔵について）国指定文化財等DB 文化庁HP　＊現在の位置が歌にも歌われる長柄橋であったかは不明。

推古天皇の時代（建設された時代には諸説）、「物いわじいわば長柄の人柱」で有名な長柄（大阪市北区と東淀川区を結ぶ）に橋を繋けるとき垂水の長者・巌氏が人柱にされた伝承（巌氏の提案が原因）があります。（350-151）
その巌氏を顕彰する碑が、いまも大願寺（大阪市淀川区東三国）の境内（飛び地）に残されています。（図 3-11a）
建築土工を固めるため人柱を立てる事は今も或る蛮族に行なはれその伝説や古跡は文明諸国に少なからぬ。……日本で最も名高いのは例の「物をいふまい物ゆたゆるに、父は長柄の人柱」で姑く和漢三才図会に従ふと、初めて此橋を掛けた時水神のために人柱を入ねば成らぬとて関を垂氷村に構へて人を捕へんとす。（214-156）（234）（265-42）

人身御供と松王健児と大日如来

柳田国男氏が「松王健児の物語」の中で人身御供について述べている要点を纏めると、下記になります。(241-11-140)

1. 人柱に立った少年の名が松王（丸）であった。
2. 母と子が人柱に供されることが多かった。（241-11-151）
3. 人柱を呪法としまたは水の神に供えた儀牲。

4. 松王健児が大日王（大日如来）の化身であった。（築島寺縁起）

　吉野裕子氏は童男の松王が選ばれた理由として、松の古字を解字すると八白と読めることから九星「八白土気」の本性を持つこと、また「八白土気」は艮卦で童男の象であることを挙げ、松王とは最大・最強の「土気」である、と指摘しています。（公の異体字に八＋白がある／『集韻』に記載）（560-170）（583-45）
あどけない童男が呪術的には、最大・最強の「土気」山と同じことになり、制水呪術として松王は最も相応しく、「土気」をさらに強化する目的で母が共に人柱にされたようです。（童男の呪術／御霊会）
要するに人間は「土気」。従って築城とか架橋など、土気を強固にしたい時には、人間を生き埋めにしたわけである。しかし前述のように架橋の場合には築城よりも更に土気の強化が求められた結果、八白土気の童男、二黒土気のその母、という組合せによる人柱が、一層の呪術効果を挙げるものとして立てられたのであった。（560-172）

　「八白土気」の本性をもつ松王が大日王すなわち大日如来の化身とされることは、本書にとって重要です。
五形図が大日如来を象徴していることから、「八白土気」松王と五形図の対応が考えられます。（470-127）
表3-9のように五智如来の中で大日如来は「土気」に配当され、五形図と大日如来と松王は「土気」で結ばれることになります。（図3-12）（表3-8、3-9）

図3-12：五智如来（東寺講堂／立体曼荼羅／足立堂）（494-10）

表3-8：制水呪術としての松王と五形図の比較

	松王	五形図	備考
九星あるいは五行	「八白土気」	「土気」	社稷
大日如来との関係	化身	象徴	胎蔵界の五輪塔

表3-9：五智如来の配当（494-10）

五行	木	火	土	金	水
五大	空	火	地	水	風
五形	宝珠形	三角形	方形	円形	半月形
五智如来	阿閦如来	宝生如来	大日如来	阿弥陀如来	不空成就如来

　五形図の描かれた時期（文武朝から元明朝）と松王の伝承（平安時代〜）が生れた時期が異なること、大日如来が浸透した時期（平安時代〜）が異なるため簡単に比較はできません。（281-2）（305-36）（431-167）（480-67）
しかし、松王と五形図、大日如来の三者が共に「土気」の本性を有していたことが重要です。
この対応から、五形図を描いた目的に「土剋水の法則」を応用した制水呪術の一面があったことを、より固めることができそうです。

第3章　時代を動かした災異思想　235

オトタチバナヒメの入水

　『書紀』には、オトタチバナヒメが馳水（現・浦賀水道）の海でヤマトタケルに代わって入水し、海神の怒りを鎮めた記事があり、これも「土剋水の法則」を応用した制水呪術と考えられます。

人は五虫「裸虫」（皮膚になにもない動物）で「土気」に配当され、「土気」人と「水気」海の間に「土剋水の法則」が成立し「土気」が「水気」を打ち負かす、すなわち「土気」オトタチバナヒメが「水気」海流を鎮めることになります。

オトタチバナヒメは女性（坤／地）としても「土気」であり、さらに名前の「タチバナ」は私見では「處霊の華」に由来し強力な「土気」であったといえます。（105-511）

景行天皇四十年

日本武尊は……相模においでになって、上総に渡ろうとされた。……海中に至って暴風が起り、御船は漂流して進まなかった。その時皇子につき従ってきた女があり、弟橘媛という。……皇子に申されるのに、「今風吹き浪速くて御船は沈みそうです。これは海神のしわざです。賤しい私めが皇子の命の代わりに、海に入りましょう」と。言い終わるとすぐ波をおしわけおはいりになった。暴風はすぐに止んだ。船は無事岸に付けられた。時の人はその海を名づけて馳水という。（375-315）（491-1-158）

氷上夫人の死と制水呪術

　天武十一年壬午春正月乙未朔壬子(18)、氷上夫人は宮中で薨じたとあります。

『書紀』に載る天皇の夫人で没した年月日が分かる稀な例で、夫人の死亡年月日が記録されたのは、前年の天武十年二月庚子朔戊辰に薨去した天智天皇の嬪・阿倍夫人の2例だけです。

一国の正史に例外的に記録しなければならなかった理由は何だったのでしょうか。

記録された日付を分析すると、死亡した寅月は「土気三合」墓（「土気」が終わるとき）で「土気」の死を意味し、日付の干支・壬子は「水気」だけで構成され「土気」氷上夫人との間に「土剋水の法則」が成立し「土気」が「水気」を打ち消す、すなわち「土気」氷上夫人が「水気」洪水を打ち消すことになります。（105-520）

　壬午の年、壬（天の水）によって午（地の火）すなわち「火徳」天武天皇は破滅させられることが予測され、壬（天の水）に打ち勝つために「土気」氷上夫人を人身御供にする呪術が考えられたと推測されます。

氷上夫人は人として「土気」で、さらに女性は後天易「坤」（地）、九星「二黒土気」で母を象徴し「土気」を代表する資格が十分にありました。

すでに、但馬皇女を産んでいた氷上夫人は、母としても一層強い「土気」が期待されたはずです。

注意すると、年の壬午と朔日の乙未で「未午支合」が成立し新たな「土気」が生れる日付が選ばれていることも、氷上夫人の死が「土気」の呪術であったことを入念に記録する意図が感じられます。（第2章／陰陽五行思想概略）

薨去した壬子(18)は「水気」（水の兄／水の弟）で充たされ18は四季に配当される土用（辰・未・戌・丑）の日数でもあり、さらに「水気」と「土気」を強く暗示しています。

つまり、「未午支合」で新たな「土気」が生れ「水気」で充たされた日付に「土気」を代表する女性が「土剋水の法則」を応用した呪術のために亡くなった、とする「土気」と「水気」を入念に駆使した呪術の記録です。

　このように唐突に挿入された記録は斎藤国治氏が述べているように、天子個人の生命または国家の危殆（危険）に関連ある極秘事項であったから前後との脈絡がないまま挿入された、と考えて良さそうです。（占文削除の問題）（384-6）

女帝と九星「土気」の制水呪術

　五行の「土剋水の法則」を応用した制水呪術の例を述べてきました。

最後に、女帝の統治の在り方には九星「土気」を応用した制水呪術の一面が存在した可能性について考えます。持統天皇が上皇としても存在し得たのは、幼い文武天皇を補佐する中継ぎであった、とする説もあります。（116-126）

しかし、呪術的に期待されたのは「土徳」すなわち「土気」の力でした。

　人柱は流水で橋脚が流されるのを防ぐための制水呪術で、九星では「八白土気」童男と「二黒土気」母の組合せによって一層の呪術効果を高めました。

この組合せを文武天皇（持統天皇の孫）と持統天皇に当てはめてみると、九星では「七赤金気」の「金徳」文武天皇と「二黒土気」の「土徳」持統天皇になります。（図3-13）

元明天皇と首皇子（元明天皇の孫）の関係を九星に当てはめると、「二黒土気」の「土徳」元明天皇と「八白土気」の首皇子で人柱の組合せに近くなります。（図3-13）

文武紀から元明紀まで、和銅五年壬子の年に予想される洪水に対して、夥しい数の呪術を行ったことから、文武天皇と持統天皇、元明天皇と首皇子の組合せによる統治の在り方（二重統治）にも制水呪術が意図されていたのではないかと想像されます。（195-64）

図3-13：「土気」の軸

六白金気	一白水気	**八白土気**
七赤金気	**五黄土気**	三碧木気
二黒土気	九紫火気	四緑木気

「土気」軸上での呪術

「二黒土気」と「八白土気」　：母と子の人柱　　女帝と皇子

「五黄土気」　　　　　　　　：大日如来の化身（五智如来の配当／九星では「八白土気」）　五形図

「二黒土気」から「八白土気」：天武天皇の進軍　　長岡京から平安京へ　　猿ヶ辻　　楳野川

橋の擬宝珠が制水呪術である可能性について

　余談ですが、橋の欄干にある親柱に取り付けられる擬宝珠が制水呪術である可能性について考えます。（図3-14）

擬宝珠の一般的な目的は、木材の腐敗を防ぐためとされます。（428-71）

元は寺社建築の祭壇や縁、階段の端に設けられ組高欄を範とした、と松村博氏は指摘しています。（264）

寺社の祭壇に用いられていたことから、なんらかの呪術であった可能性を考えさせます。

　その名前の由来についてネギの花すなわちネギ坊主に似ているからとされ、葱台とも呼ばれています。（229-738）

葱に似ているところから、その臭気で邪鬼を追い払う、説もあります。

この説は、その悪臭で鳥や獣を追い払った案山子の語源（嗅がし・カガシ）や、その臭気で邪鬼を払う節分の鰯柊の呪いと似ています。

しかし、どうやって鳥や獣や邪鬼が臭気を嫌うことを確かめたのか、はなはだ疑問です。（111-4）（120-122、120-311）

やはり、擬宝珠すなわち「宝珠に擬えた」と表記されるように、ギボシは宝珠を模した装飾、と考えるのが自然です。
事実、図 3-14b のように奈良薬師寺（680 年創建）の薬師三尊像が載る須弥壇の欄干には、擬宝珠ではなく宝珠が取り付けてあり、本来、擬宝珠は宝珠であったことを示唆します。（121-40）
18 世紀に描かれた称徳天皇像では、御殿に上がる階段の欄干に擬宝珠が取り付けてあります。

図 3-14：擬宝珠の例

a：擬宝珠（葛飾北斎画／日本橋部分）（78-34）　b：薬師三尊像（奈良薬師寺）の須弥壇の宝珠（↓）。（274-140）　c：称徳天皇像（在位 764-770）の御殿に上がる階段の欄干に取り付けてある擬宝珠（↓）。（261-27）

　では、なぜ宝珠を寺社の祭壇に用いたのか、宝珠に擬えた擬宝珠を橋の親柱にも取り付けるようになったのか、などの疑問が浮びます。
江戸時代には、幕府に関係の深い橋（日本橋、京橋、新橋）にしか擬宝珠は許可されなかったとする説もあり、腐敗を防ぐためあるいは装飾のためであれば金属製の兜巾板が用いられたようです。（264）
擬宝珠がよほど重要であったのか、浅草橋の擬宝珠を赤坂弁慶橋に移して再利用した例もあります。（428-161）
図 3-15 のように比較すると擬宝珠が宝珠であることは、疑いようがありません。
宝珠が五形（宝珠形／三角形／方形／円形／半月形）の一部であることから、擬宝珠は五形の宝珠を擬えた呪具で、五形図を描いたのと同じ呪術ではなかったのか、などの疑問が浮かびます。（第 5 章／胎内木札、卒塔婆）

図 3-15：さまざまな五輪の造形と擬宝珠

a：古い形態を保つ新薬師寺の五輪塔。　b：五輪塔形の町石（丹生都比売神社近くの 180 町石）。　＊町石は高野山の参詣道に 1 町ごとに立てられた道標で全 180 基ある。（11-110）　c：松江城の内堀にかかる橋の擬宝珠。

　ところで、橋と川（池）を一体として垂直面から観察すると、図 3-16 のように五輪塔の構造と同じになり

ます。
大日如来と五輪塔を重ねて描いているのは、五輪塔が大日如来を象徴しているからです。(63-72)(75-111)(281-34)(305-12)(446-29)

図 3-16：五輪塔と大日如来と橋の関係

a：大日如来と五輪塔を重ね合せた図。(75-111 より引用改変) b：神泉苑の法成橋。

　五輪（空・風・火・水・地）の順に、図 3-16 の上から「空」は大気そのもの、「風」は空気の流れ、「火」は光、「水」は川の流れ、「地」は川底になります。(428-152)
五輪の造形を想像させる橋と川（池）を一体とした垂直面から、そこに架かる橋の親柱に五輪の一部と考えられる擬宝珠（宝珠）を取り付けるのは必然かも知れません。
現実的には木柱の腐食を予防するためであっても、呪術的な問題も考えてみたいと思います。
　橋の欄干に取り付けた擬宝珠について考えると、「水気」水と「土気」大日如来の間には「土剋水の法則」が成立し「土気」が「水気」を打ち負かす、すなわち「土気」大日如来が「水気」水を制する呪術になります。
したがって、橋に「土気」大日如来の頭部を象徴する宝珠（擬宝珠／全体として五輪塔）を取り付けることで水害から橋を守ることが呪術的に可能になります。
この呪術は、橋を建設するときに立てられた人柱、古墳に設置された埴輪、などと同じ制水呪術です。
すなわち「土気」人柱あるいは「土気」埴輪と「水気」水の間には「土剋水の法則」が成立し、「土気」が「水気」を打ち負かし橋や古墳を「水気」洪水（雨）から守る呪術です。(第 3 章／茨田堤と人柱)(105-430)(125-156)
大日如来は五智如来「土気」に配当され、人柱にされる童男「松王」も「土気」で大日如来の化身でした。
つまり「土気」を介して殉死を埴輪に代えることができたように、「土気」を介して人柱を擬宝珠（大日如来）に代えた可能性が考えられます。(築島寺縁起)(241-11-140)
「技術的な力を尽くしてのち呪(いの)る」呪術の痕跡を、擬宝珠の造形にも見出すことができそうです。
　橋について『日本民俗語大辞典』には興味ある問題が多く記述されていることから、冒頭の部分を長く引用します。(5-40)(120-1038)
橋は、村落の端、すなわち、境を意味したところであり、古くは、倒れた木（橋ゲタや丸木橋などの源となった）や藤の蔓などを用いて（吊り橋・籠の渡しの基となる）、川向うに渡ったのだ。したがって、むかしの人は、境である地域ゆえ、聖なる土地とそこを感じ、裁断橋・精進橋などと呼ぶのも、それを表す名になっている。この地域は、はじめは神を請じ、その意志をきく場所であったのが、後世には神に代る者が、遥ばるとどこかからきてそこに立ち、行き戻する者のために、謎のような予祝・予兆の文句を投げかける地域であった。ために、むかしは、子を十二人持った者は、父母が子の後先につきそい立って、橋の渡り初めをさせられた。すると親子十四人のうち、誰か一人はかならず死ぬとされた。それがその「橋のたましい」となり、橋が丈夫になると伝え……。十二人の子は、持ちたくないと誰もがいう。……母や子が人柱になる場合が多い。よって、橋上で旅の女・子供に邂逅する人物が、人柱になっている―女・子供で

あるのも、人柱伝承の印象の断片とする。それで、思案橋・細語橋・面影橋・姿不見橋など、行末の幸・不運を占った印象を保って命名されている。

　上記の橋にまつわる民俗の要点を纏めると、下記になります。
1. 橋は境界を意味する（端）：この世とあの世の境界。
2. 橋は聖なるところ：行き違う神々の神意を確かめる場所（天浮橋／天梯立）。
3. 異郷・他界から威霊・神々を待ち受ける祭壇であった。
4. 「もとおり（廻・回）──行ったり来たりする」そして神意を問う古法であった：戻橋は「もとおり」から「戻り」へ変化。
5. 橋姫語り（橋守明神）：宇治橋の瀬織津姫。
6. 橋占：(257-7)
7. 桂女：歌占・辻占
8. 橋の下には妖怪「アズキトギ」や、水の精霊の零落したモノが棲む：十二神将の化身（安倍晴明／式神）。
9. 渡り初めには十二人の子持ちが選ばれ、必ず誰かが死に「橋のたましい」となった：人柱

図 3-17：晴明神社周辺

a

b

c

a：五芒星を刻む晴明神社の扁額。　b：「泣不動縁起」に見る祭文を唱える安倍晴明と背後の式神、調伏される疫病神。(347-11)　c：一条戻橋の下には、安倍晴明が使役した式神を隠したという伝承があり、その西北に晴明神社が位置する。清明は鳥獣の話す言葉を理解できた（仙人は鳥獣を使役する）。(26-13)(367-6)

　このように橋は異界との境（端／この世とあの世）と考えられ、擬宝珠を取り付けることで（大日如来の加護を得て）異界への通路である橋を邪鬼から護る意味を込めた可能性もあります。(5-40)(120-1038)(355-10-2)(447)事実、境界である橋の上、あるいは橋の袂ではさまざまな占いが行われ、中でも一条戻橋（京都市上京区堀川）の橋占は有名です。(図 3-17d)(139-54)(447-46)
辻占、夕占（夕暮チマタに立ち道行く人の言葉によって吉凶を占う方法）と呼ぶ占いもあり、いずれも境界（空間／時間）で行われたことが重要です。(502-39)

冬とも春ともいえない季節の境界（土用）、昼とも夜ともいえない夕刻は時間の境界、こちらともあちらともいえない橋やチマタは空間の境界であり、両義性を有する土用すなわち「土気」の領域に属します。

陰陽五行思想では、同じ五気から生まれる物質と時間と空間と方位（例えば「木気」春と「木気」東、「木気」蛇）は分けることができないことから、「土気」の空間には「土気」の物質が含まれるのが自然で、「土気」の領域である橋（空間の境界）に設けられた擬宝珠（親柱も含めた物質）が「土気」大日如来を象徴していると考えることに無理はありません。（第2章／五行配当表）

境界は、異質なるものが交流・交感あるいは交換をおこなう場であり、さらには闘争する場なのであり、境界の風景は、市の光景であり、戦場の光景があり、託宣や魔除けの光景であり、葬送や供儀の光景などとして思い描かれる。そしてそこに、内部／外部、生／死、現世／他界、人間／神、男／女、等々をめぐる境界の物語群が紡ぎ出され、反復され続けるのである。（5-318）

富本銭と和同開珎の呪術

はじめに

　富本銭と和同開珎の問題が地上絵の話とどう関係するのか、怪しげに思われる読者も多いかと思います。

古代の一面は呪術世界でした。（400-2）

飛鳥時代から奈良時代にかけて隆盛した災異思想は、貨幣の発行さえも呪術として利用した可能性があります。

少し離れた問題を考えることから、地上絵が描かれた動機をより明らかにしておきたいと思います。

　北斗図が描かれた2年後の天武十二年(683)には富本銭が発行され、五形図（第2候補）が描かれる2年前の和銅元年(708)には和同開珎が発行されていました。

いずれも地上絵が描かれた時期に近いことから、次の疑問が浮びます。

1. 貨幣の発行は地上絵が描かれたことと関係しているのではないか。
2. 天武天皇を苦しめた大友皇子の怨霊と関係しているのではないか。
3. 予想された洪水を回避する呪術の一つではなかったのか。

　富本銭は、従来から流通貨幣と厭勝銭の側面から議論され、定説を見ないようです。（109-11、109-49）（304-31）

厭勝銭とはお呪いに使われた銭で、厭勝とは災いをもたらす邪鬼を追い払う意味です。

和同開珎は皇朝十二銭（和銅元年から応和三年に発行された銅銭の総称）の筆頭で、明らかに流通貨幣として認められています。（109-117）

上記の疑問から、富本銭と和同開珎には厭勝銭の一面があった可能性について話を進めます。

もちろん、現実の流通貨幣としての側面を否定する意図はなく、呪術的に厭勝銭としても利用された可能性を問題にしています。

　得られた結論は、まず富本銭は強力な「土気」を象徴し大友皇子の怨霊を鎮める呪術として鋳造されたと考えられます。

その理由は、強力な「土気」富本銭と「木徳」大友皇子の怨霊との間に「土悔木の法則」が成立して「土気」が「木気」を打ち負かす、すなわち「土気」富本銭が「木徳」大友皇子の怨霊を打ち負かす呪術であった可能性があるからです。

大友皇子の怨霊がいまだ終息していなかったと考える理由は、最晩年の朱鳥元年に「天皇の病は草薙剣の祟り」と卜占（御体御卜）されたことです。（御体御卜については後述）

草薙剣の祟りとは、大友皇子の怨霊が剣に憑依して現れた祟りでした。（105-232）

つまり、北斗図を描き多気大神宮（瀧原宮）を整備して宗廟祭祀を実行し、天の怒りである洪水を防ぐことができたとしても、祟りはいまだに終息していなかったと考えられます。

洪水が予想された翌年、天武十二年癸未夏四月に富本銭が発行されたことも、その可能性を示唆しています。

　次に、和同開珎は「土気」を象徴し「水気」洪水との間に「土剋水の法則」が成立して「土気」が「水気」を打ち負かす、すなわち「土気」和同開珎が「水気」洪水を消し去る呪術であったと考えられます。
和同開珎が発行されたのは、和銅元年(708)戊申五月壬辰朔壬寅(11)です。
和銅五年に予想された洪水に対して、文武二年戊戌に五形図（第1候補）を描き伊勢皇大神宮を創建して宗廟祭祀を実行した後も夥しい呪術が実行され、そのうちの一つが和同開珎の発行であった可能性があります。
　では、まず富本銭の厭勝銭としての側面を解析し、その後に和同開珎の解析に移ります。

富本銭の発行

　洪水が予想された翌年の天武十二年春正月己丑朔庚寅に三足雀（みつのあしあるすずめ）が献上され、丙午には洪水を防ぐことができた安堵感を示唆する詔が出されました。（傍点部分は「火気」）
丙午は丙（火の兄すなわち強い火）と午「火気三合」旺（「火気」が壮んなとき）あるいは「火気方局」仲（「火気」正位）で、すべてが「火気」で構成された最強の「火気」になります。
自らの「火徳」を扶翼する最強の「火気」丙午の日、「火徳」天武天皇は明神御大八洲倭根子天皇（あかつみかみとおほやしましらすやまとねこのすめらみこと）と名のり堂々と胸を張っている姿が想像されます。(391-2-458)
ちなみに、丙午の日付は『書紀』全体で50例、天武紀には最多の15例・30%が記録され、干支で最強の「火気」を象徴する丙午は「火徳」天武天皇にとって特別な日付であったことが考えられます。(105-323)(268-187)

天武十二年
春正月己丑朔庚寅(2)　　筑紫大宰丹比眞人嶋等、三足ある雀を貢れり。
　　　　　　丙午(18)　　詔して曰はく、明神御大八洲倭根子天皇の勅命をば……。
夏四月戊午朔壬申(15)　　詔して曰はく、今より以後、必ず銅銭を用ゐよ。銀銭を用ゐること莫れ。
　　　　　　乙亥(18)　　詔して曰はく、銀用ゐること止むること莫れ。（傍点著者）

　続く夏四月壬申と乙亥に、奇妙な詔が発せられました。
「奇妙な」とする理由は、銅銭の使用を命じ銀銭の使用を禁じた3日後乙亥、銀（銭あるいは銀塊？）を用いても良いとする朝令暮改の「ちぐはぐな詔」だったからです。
この銅銭が富本銭とされ、流通貨幣であったのか、厭勝銭であったのか、古くから議論があります。(109-11)(304-31)

図3-18：富本銭 (17-12)

　「ちぐはぐ」は「金気」に配当される咎徴（天からの咎めの現象）で、天罰として旱魃（日照りつづき）が起きると『漢書』「五行志」にあります。(105-280)(554-7)

事実、この年の7月から8月にかけて旱魃があり、百済僧道蔵に祈雨祈願をさせて雨を得たとする記録がありました。(391-2-458)

表3-10：五事一覧表（554-2⁴）

五事	貌（容貌）	視（目）	思（思慮）	言（言葉）	聴（耳）
咎徴	狂（物狂い）	舒（だらけ）	霿（暗愚）	僭（ちぐはぐ）	急（せっかち）
罰	恒雨（雨つづき）	恒奥（暑さつづき）	恒風（風つづき）	恒陽（日照りつづき）	恒寒（寒さつづき）

　現実的な問題として、全国的な寺社と藤原京の建設資金を必要とした背景があり、銀の回収が急務でした。(391-2-457注二四、391-2-458注一)

そのために私鋳銭を禁じて銀を回収しようと試みた3日後には使用を認めている訳ですから、その効力はなく実態は不明です。

それにしても、3日で中止を決定するほど流通の状況を把握できたのでしょうか、疑問です。

しかし、この詔から銅銭より以前に銀銭が流通していた事実が判ります。

それではなぜ、混乱した詔が出され、記録される必要があったのでしょうか、さらに疑問です。

「ちぐはぐな詔」で一時的であったとしても、なぜ富本銭の使用を命じ銀銭の使用を禁じたのか、呪術的な側面から厭勝銭の可能性について検討します。

　富本銭の原料になる銅（あかがね）は赤の名称から「火気」に配当され、銀銭の原料である銀（しろがね）は白の名称から「金気」に配当されることから、呪術が成立する可能性があります。（材料による五行の分類で、後述する九星の分類とは異なる）

「火気」と「金気」の間には「火剋金の法則」が成立し「火気」が「金気」を打ち負かす、すなわち「火気」銅が「金気」銀を打ち負かし、呪術的にも銀銭の使用を禁じることになります。

これは壬申の乱で「火気」吉野軍に対して近江軍が「金」を合言葉にしたのと同じ呪術、すなわち「火気」吉野軍が「金気」近江軍を打ち負かす呪術と同じ発想です。（近江軍を「金気」とするのは『書紀』の記述にしたがった判断で、私見では天智天皇を「水徳」とした）(105-267)

上記の詔が出された日付の春正月寅月、夏四月巳月と朔日の午はいずれも「火気」に配当され、さらに壬申(15)の「金気」申が選ばれていることも同じ意図（「火剋金の法則」を暗示）を感じます。（傍点部分は「火気」）

なお、寅は「火気三合」生（「火気」が生まれるとき）、巳は「火気方局」孟（「火気」のはじめ）、午は「火気三合」旺（「火気」が壮んなとき）あるいは「火気方局」仲（「火気」正位）、戌は「火気三合」墓（「火気」が終わるとき）になり、全体として「火気」が意識されているのが判ります。

富本銭の造型に見られる呪術的要素

　さて、富本銭の造形は、以下の4点に絞られます。（図3-18）

1. 円形
2. 富本の文字。
3. 中央の方孔。
4. 左右対照に打たれた7つの点。

　これらの点から呪術的な可能性を纏めると下記になり、以下この順序で話を進めます。

1. 円形と中央の方孔は天円地方の造型ではないか。
2. 「富本」の出典。
3. 「富本」とは呪術的に何を意味するのか。
4. 7つの点について考えられること。

日月星辰の七曜星の7。

陰陽二気と五気（木・火・土・金・水）の合計の7。

北斗七星の7。

「火気」成数の7。

九星「七赤金気」の7で、兌、赤、口、貨幣、財宝などの象意を含む。

5. 一対の7で雌雄の北斗七星を象徴しているのではないか。

円形と方孔は天円地方の象徴

　富本銭の造型に見られる円と方孔が象徴しているのは、何でしょうか。

貨幣を円形にして方孔（方孔円銭）を穿つように統一したのは、秦始皇帝（BC259～BC210）でした。(161-34)(517-34)

始皇帝より少し時代の下った前漢（BC202～AD8）の第7代皇帝・武帝（BC156～BC87）の時代に活躍した淮南王劉安（～BC122）が著した『淮南子』天文訓には「天道を円と曰ひ、地道を方と曰ふ」とあり、貨幣の形が天円地方を象徴している可能性があります。(54-141)(105-30)(161-35)(210-1-133)(279-1-245)(352-216)(492-43)(552-93)

貨幣以外で天円地方を象徴している例として、甲羅が丸（円）く腹板が方形である亀や帝車としての北斗七星、北斗七星の造形とも考えられる前方後円墳（車塚は通称名）、などがありました。(図2-23c)(図5-31)

富本銭の円形方孔が天円地方の造形とすると、古代人がそこに何らかの霊力を与えていた、あるいは銭にも霊力があると信じていた可能性があります。

　霊力があると信じられた例として、殷代（BC16c～BC1023）から貨幣（貝貨）として使われていた子安貝があり、女陰に似た形（性器崇拝／Phallicism）から子孫繁栄の象徴と見做されたようです。(図2-36a)(295-236)(517-18、517-25)

ちなみに、貨幣の「貨」は原初から貝が貨幣として用いられたことを示し、「幣」は神に供える布が原義であることから、貨幣そのものに霊力を認めていたことが判ります。(412-764)(517-12、29)

　霊力が期待された例として、地鎮具の可能性のある富本銭があり、大野城跡大宰府口城門（福岡県大宰府）から鍬先や鏡と一緒に発掘されています。(109-43)(159-17)(205-70)

地震は「木気」に配当され「金気」貨幣（「七赤金気」の象意）との間に「金剋木の法則」が成立し「金気」が「木気」を消し去る、すなわち「金気」貨幣（銅銭）が「木気」地震を鎮める呪術になります。（銅銭を「金気」としたのは「七赤金気」の象意・貨幣による判断／地鎮具として貨幣の形で用いていることが重要／和銅三年の銅銭は五行により「火気」と判断した）

これは、鹿島神宮や香取神宮の境内にある地震を防ぐとされる要石と同じ発想で、「金気」要石が地中にいる「木気」鯰の動きを抑えて「木気」地震を鎮める呪術です。(105-200)

地震を始め「震えること」は「木気」の本性（働き）で、地震は「地の震え」、雷は「天の震え」、風は「大気の震え」になり、地震も雷も風も「震えること」を共通項にして同じ「木気」に配当されます。(105-101)

鯰を含む魚は五虫「鱗虫」（鱗のある動物）で「木気」に、石は「金気」に配当されます。（鯰は鱗を欠く）

　以上のように、富本銭には厭勝銭の側面を見出すことができます。

しかし、富本銭が厭勝銭である根拠を失いつつあるとして、黒崎直氏は以下のように述べています。

「特別な厭勝銭は用いられていない」とする指摘が重要で、逆に流通貨幣としての富本銭が厭勝銭としても用いられた可能性を示唆します。

地鎮や鎮段、墓の副葬や祭祀遺跡への供献などに用いられた銭貨は、いずれも一般通貨であって、特別な厭勝銭は用いられていない。(193-8)

「富本」の出典

「富本」の由来について、黒崎直氏は『続日本紀』に載る「富民の本」に求めています。(98-1-130)(193-16)

『続紀』霊亀元年(715)十月七日　国家の隆泰は要は民を富ますにあり。民を富ます本は、務めて貨食に従う。

松村恵司氏は、『晋書』食貨志に載る建武十六年(AD40)の馬援の上奏文「富国の本は食貨に在り、宜しく旧のごとく五銖銭を鋳るべし」の「富国の本」に求めていて、おそらく、これが典拠と考えられます。(食貨とは食物と貨幣の意味)(503-1-374)

しかし、この時期に『晋書』の伝来は困難であった、とする説もあります。(517-297)

「富本」とは呪術的に何を意味するのか

それでは「富本」とは呪術的に何を意味しているのでしょうか、五行の視点から富本について解析すると以下になります。

富　：「金気」

本　：祖、元。

富本：「金気」の祖は「土生金の法則」で「土気」。

「金気」富の本は「土生金の法則」から「土気」が「金気」を生みだす、すなわち「金気」富の本は「土気」になります。(第2章末/陰陽五行思想概略)

これは、周芳国一宮・大崎玉祖神社の「玉祖」と柿本人麻呂の「柿本」、すなわち「金気」玉と柿を生む祖は「土気」と考える同じ発想です。(105-48)

柿や桃、栗など結実するものは「金気」に配当されます。

玉祖

　玉　：「金気」

　祖　：元、本

　玉祖：「土生金の法則」で「土気」

柿本人麻呂

　柿　：「金気」

　本　：祖、元

　柿本：「土生金の法則」で「土気」

富本銭は厭勝銭として「土気」を強化する目的を持っていたのではないか、と考えられます。

上記の「富民の本」を典拠とする場合でも、民(人)は五虫「裸虫」(皮膚になにもない動物)で「土気」に配当されることから、「土気」富本と「土気」人は呪術的に同気になります。

「木徳」大友皇子の怨霊による祟りを鎮めるためには、「土悔木の法則」から強力な「土気」が必要で、同時に「金剋木の法則」から「金気」も必要でした。

7つの刻点の意味するところ

次に、左右対称に配置された7つの点について、七曜星と考える説も含めて既述した5点を上げました。

富本銭を実用貨幣と考える今村啓爾氏も、実用貨幣で銭表面に文字以外の図柄を入れた貨幣は富本銭以外に知られていないと指摘していることから、やはり厭勝銭の可能性を否定できません。(65-83)(109-27)

およそ中国、日本をはじめとする東洋の近代以前の円形方孔の実用貨幣で、銭表面に文字以外の図柄をいれたものは、富本銭以外まったく知られていない。……一方、吉祥語句や絵柄を鋳出した貨幣形のものが、お守りや祝賀、記念のた

めに江戸時代元禄頃から盛んに造られ、「絵銭」と呼ばれている。

図3-19：「視ざる聴かざる言わざる」を表した絵銭（65-83）

　上記の事実から左右対称に配置された7つの点は厭勝銭としての一面を示唆し、特に注目されるのは九星「七赤金気」の7との関連です。

九星「七赤金気」と7つの刻点
　九星には方位、後天易、干支、五気、人の身体の部位などさまざまな要素が組み合わされ複雑で難解です。九星については、陰陽五行思想の概略を参照して下さい。（第2章末／陰陽五行思想）
ここでは、富本銭の左右対称に配置された7つの点が「七赤金気」の7を象徴している可能性について述べます。（292-1-1、292-1-81より引用改変）（300-1-258）（470より引用改変）
九星「七赤金気」に含まれるもの
方位　：西
後天易：兌
色　　：赤
五気　：金気
身体　：口
家族　：少女
象意　：金属、貨幣、財宝

　上記で「七赤金気」に含まれる「七、兌、赤、金属、口、貨幣」の全てが富本銭の造型に含まれていることに気付きます。
7は北斗七星の7の可能性と、北斗七星の異称に北斗九星（北斗七星と輔星、弼）があることからも同時に九星「七赤金気」の7と考えることが可能です。
6つの点が打たれた富本銭も発掘されていて、その場合は「六白金気」を意味するのかも知れません。（109-26）
赤と金属は富本銭の原料である銅（あかがね）のこと、貨幣も富本銭そのものを指し、口は中央の方孔の意味になります。
　次に、八卦「兌」と富本銭について考えます。

八卦「兌」と方孔について
　八卦「兌（だ）」は、2本の陽の算木（陽爻）━━━━━の上に1本の陰の算木（陰爻）━━ ━━が乗る構造で、この形（象／しょう）を「上方に口が開いた象」と捉えます。（図3-20）
そこで「兌」の本体（象／かたち）は口で示される神意を告げる「巫（みこ）」の意味になり、本性（働き／象を最もよく

表すもの）は「澤／沢」すなわち「山の上にある水溜り」とします。(573-199)

図 3-20：「兌」（澤）の構造（573 より引用改変）

「兌」について『字統』には、以下の説明があります。
巫祝の意味が基本で、神気が乗り移った状態を「脱」とし、忘我の境地を「悦」、言葉でしこりを解き放すことを「説」と捉えます。(412-560)

八と兄とに従う。兄は祝。祝祷して神に祈るうちに、神気が髣髴としてあらわれてくる状態を示す。巫祝はそのとき我を失った状態となり、神気が乗り移ったりするのである。その状態を脱といい、その忘我の境を悦という。……のち兌換の意に用いるのは、唐代に兌便、すなわち切手の意に用いた語のなごりである。

図 3-21 のように、「兌」は先天易（本体）でも後天易（本性）でも常に「乾」の傍にあって扶翼する立場にあり、「乾」である天子に神託を告げる巫女（少女）、と「説卦伝」にあります。(437-305)
『易経』では兌の象意について、以下のように述べています。
判りにくい説明ですが、「兌」は口、その口で神託を告げる巫であることが重要です。
兌は沢であり少女（末の娘）であり、兌は口であることにちなんで、神託を告げる巫であり、物をしゃべる口舌あり、植物の現象としては毀折（茎などがぽっきり折れること）……動物では従順で人になつく羊である。

図 3-21：先天易（a）と後天易（b）

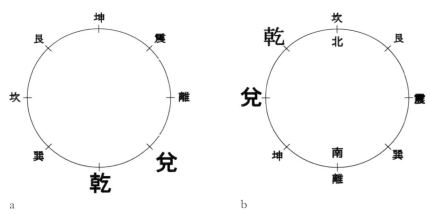

富本銭の中央にある方孔、口すなわち「兌」の意味する可能性は、以下の2点になります。
1. 神意を告げる巫祝の象徴。
2. 兌と乾の関係から、天帝の輔弼（扶ける立場）で相即不離の関係にある北斗七星を暗示。

方孔は材料の節約あるいは紐を通すなどの実用的な面があり、すべての貨幣の方孔について「兌」を象徴しているとはいえません。(161-44)
厭勝銭の側面からは、「兌」の象徴である可能性も考えてみたいのです。
「兌」を含む悦や説などの言葉の意味から、富本銭が瑞祥として用いられた可能性もあります。
それは、和銅が献上されて和銅と改元され叙位が行われたこと、和同開珎の鋳造が行われたこと、などからも想像できます。
話は飛びますが、後述する宇佐八幡宮神託事件で和気清麻呂が皇祖神アマテラスの坐ます伊勢皇大神宮へ行

かずになぜ宇佐八幡宮へ向かったのかは謎とされています。(105-83)

その理由として、宇佐八幡宮は大和から見て「兌」の方位すなわち西に位置することが考えられ、「兌」の象意である「神意を告げること」にあったと考えられます。(神護景雲三年七月十一日)(376-72)

この「兌」の方位すなわち西の位置は、北斗図と五形図がなぜ周芳国に描かれたのかについて、富本銭と和同開珎の原料がなぜ長登銅山の銅でなければならなかったのかについて、最も核心的な答えになります。

注意すると、神託を告げる巫女を表す「兌」の造形や「場」を到る所でみることができます。

「兌」の造形、あるいは「場」

1. おためし神事の盤座の窪み（兌／山上の水溜り）。(図 1-59d)
2. 恐山のイタコ（口寄せ）。(図参 1-14)
3. オカメの造形。(図 4-22)
4. 宇佐八幡宮は「神託を告げる」場所。
5. 山口の地名に含まれる可能性。(後述)
6. 荒神社（山口市中尾）の井戸。(図参 2-4c)

「兌」と「艮」の造形（陰陽相／和陰陽合一の造形）

1. オカメ・ヒョットコ
2. アメノウズメ・サルタヒコ

天孫ニニギノミコトとアマテラスの仲立ちをした巫女的存在で女陰が強調されるアメノウズメは「兌」の造化。(土気／火気)(491-1-34)
天八達之衢（境界／土気）でアメノウズメを先導（土気本性）した鼻（土気）の長いサルタヒコは「艮」(山／土気)の造化。(491-1-57)
一説に、アメノウズメとサルタヒコが夫婦になったのは「兌」と「艮」の造化であるから。

3. 耳土器・箸
4. 求肥・牛旁（お菱葩）
5. 和紙・干し鮑（熨斗）

富本銭と北斗図の呪術的な共通項

「兌」が「乾」を扶翼する立場にあることは、北極星を中心に回転する北斗七星の立場に似ています。
すなわち、北極星の神格化である天帝を「乾」とすれば、その乗車とされる北斗七星は天子を輔弼（たすける）する立場にあり「兌」に相当するからです。(図参 1-11)

『史記』天官書には「天帝が宇宙に臨んで天業を果たせるのは偏に北斗の働きであり北斗は国政の基本、陰陽二大元気の作用の象徴であり不可欠の存在である」とあります。(42-2-28)(279-1-245)

富本銭が「七赤金気」の象意を充たしていること、「兌」と「乾」が北斗七星と天帝の関係に類似していること、などから富本銭と北斗七星（北斗図）の共通点を纏めると表 3-11 になります。

表 3-11：富本銭と北斗七星（北斗図）の共通点

共通点	富本銭	北斗図（北斗七星）	備考
西	長登銅山	周芳国	
金属	銅（あかがね）	璇璣玉衡の璣と玉、星	「火気」「金気」
流通	貨幣	回転	周芳
口	方孔	山口の口	鎌倉時代以後の名称？
七	7 つの点	北斗七星の 7	
赤	あかがね	「火気」正色	
説	神意	天帝の輔弼	
兌（乾との関係）	方孔と円形	北斗七星と天帝	天円地方『淮南子』

富本銭と長登銅山と周芳

富本銭の原料の大部分は、周芳に隣接する長登銅山（山口県美祢市）の銅であることが明らかになっています。

周芳には、銅銭を鋳造した鋳銭司（律令制下の官職名／山口市鋳銭司）がありました。(1-314)(417-9)

図 3-22：広大な周防鋳銭司跡

長登銅山も大和から見て西、九星「七赤金気」で示される「兌」の方位にあります。

その方位にある長登銅山から採掘される銅（鉱石）は、「七赤金気」の象意から最強の銅と考えられたに違いありません。（銅鉱石は「金気」／和銅は「火気」）

したがって、現実的に長登銅山が当時の最大の銅鉱山であったとしても、呪術的に富本銭の原料は長登銅山で生産された銅でなければならなかった、といえます。

北斗図は、左祖右社の原則にしたがって大和から見て西方に描く必要があり、北斗図を周芳に描かなければならなかった理由と富本銭の原料が長登銅山の銅でなければならなかった理由は、大和との位置関係にあります。

地理的な関係を替えることはできず、東方で「震」の方位にある伊勢国と西方で「兌」の方位にある周芳国は、呪術的に密接な関係にありました。（図参 1-13, 1-16）

後代、東大寺大仏に用いられた銅がやはり長登銅山の銅であったことも同じ発想と考えられます。

永正十七年(1520)に大内義興が伊勢皇大神宮の分霊（皇祖アマテラス）を国内で唯一勧請して現在の山口大神宮を創建することができたのは、当時の大内氏の権勢と財力によるものだけでは考えられません。

なぜなら、財力だけでは神聖で侵すべからざる朝廷の祖霊を勧請することはできなかったのではないか、と考えられるからです。（勧請費用約 230 貫文）(41-134)

社稷としての周芳国と宗廟としての伊勢国の関係、すなわち両国が宗廟祭祀の一翼を担ってきたことが伝えられていた可能性があります。（第 1 章）(381)(521-459)

さらに、土師氏（大内氏の祖）の遠祖・天穂日命がアマテラスの直系と記録されたこと、桓武天皇の外戚（生母・高野新笠の母土師宿禰真妹が土師氏であった）とされたこと、も勧請を可能にした理由の一つと考えられます。

『大内氏實録』には、山口へ伊勢神宮（内宮と外宮）の分霊を勧請するまでの記録があります。(147-79)

永正十五年(1518)己寅冬十一月、神明を山口に勧請の宿念ありて宮地を高嶺山の麓に相す。

　十六年(1519)己卯冬十一月三日、高嶺外宮落成す。

　十七年(1520)庚辰夏四月八日、高嶺内宮落成す。

図 3-23：山口大神宮周辺

a：豊受大神を祭祀する外宮と「籾置石」と呼ばれる盤座（341103, 1312805）。籾置石で豊作が祈願された。　＊この籾置石が高嶺太神宮と大内氏館の位置を決定する基点（榜示石）であった可能性がある。　b：天照大神を祭祀する内宮。　c：盤座（341100, 1312803／標高86m）。　d：奥宮の鳥居と石垣の位置から勾配が判る。　e：鴻ノ峰で行われた原初的な祭祀の場所と考えられる奥宮（341059, 1312753／標高247m）の石窟。何かのお導きか、晩秋には珍しくツワブキが咲いていた。

「兌」と山口の地名

　話が少し飛躍しますが、山口の地名は「兌」の象意・口に由来する可能性があります。
すなわち、大和から見て山口は西、「兌」すなわち口であり、山口とは「山処の口」（入口）の意味になります。
南西諸島には九州への入口になる口永良部島があることから、山口を「山処の入口」と考えることは可能です。
瀬戸内海に入る船は関門海峡を通過しなければならず、その狭い海峡のある長門の旧名・穴門から「穴のように狭い門」が連想されます。(186-145)(548-555)
あるいは、太陽の沈む「穴の口」とする説もあります。(105-492)(572-132)
したがって、周芳を「山処の入口」と呼ぶことは、大和への入口に相応しい地名と思われます。

250

一方、陰陽の調和として大和の東方「三碧木気」「震」の方位にある伊勢は「イ・セ」すなわち「蛇のいる所」の意味になります。（蛇の古語イ）（105-209）（573 より引用改変）

伊勢の大神は蛇神とされ（扶桑略記／坂十仏参詣記／荒木田神主家の伝承）、蛇と「震」は「木気」に配当されることからも、この説にも無理はありません。（第2章末／陰陽五行思想概略）（310-50）

したがって、「七赤金気」「兌」の位置にある周芳山口すなわち「山処の入口」と、「三碧木気」「震」の位置にある伊勢すなわち「蛇のいる所」の結びつきは強く、北斗図と五形図が周芳山口でなければならなかった理由、富本銭の原料が長登銅山の銅でなければならなかった理由、などの説明がつきます。（105-83）

上述したように、周芳国と伊勢国が宗廟祭祀の一翼を担ってきたことからも、地名にも陰陽東西の調和が図られた可能性があり、「山処の入口」と考えて見たいと思います。

　北斗図が描かれたと推測される天武十年の国名は周芳で、山口の地名は鎌倉期から見える地名とする説があり、上記は憶測の域をでません。（458-855）

『続・地名語源辞典』には、山口を「山への入り口」とする説もあります。（533-2-192）

もと山口氏という土豪が南北朝のころまでここにいたからの名という。山口の字義は「山への入り口」で、山本、山下などと似た意であるが、ここの山口は、そのような地形ではない。

厭勝銭を否定する説

　最後に、富本銭を厭勝銭ではないとする説を挙げておきます。（109-50）（517-298）

本書では、流通貨幣の側面を否定する意図はなく、富本銭が厭勝銭としても利用された可能性を述べています。

1. 富本銭を厭勝銭とすると厭勝銭の製作が一時期に限られ、祭祀が盛行する奈良時代や平安時代に厭勝銭の製作が継承されていないのはおかしい。

2. 奈良時代には地鎮・鎮壇・墓への副葬などに盛んに銭が用いられたが、それは一般通用銭が向けられたのであって、特別に造られた厭勝銭が使用されたことはない。

3. 富本銭を厭勝銭とすると、通用銭のない時代に銭の形をした厭勝銭が製作されたことになる。

4. 唐の開元通寶と重量、直径が一致することは、中国の貨幣制度の模倣であり、祭祀用品にそれほど規格の遵守が必要であったとは考えられない。

富本銭の文字の画数からみた解析の試み

　富本銭に刻印された文字の画数を解析し、そこから厭勝銭の可能性を探ってみる試みです。

富本銭の富本の字画を解析すると以下になります。（図3-24）

下記で盈数とは中国古代数学（九章算術／第七章）の用語で、二桁以上の数を指します。（512-33）

富本銭の字画を解析すると、「火気」2と「土気」5で構成され、「火生土の法則」が成立し「火気」2が「土気」5を生む、すなわち富本は「土気」を補強する呪術として命名された可能性があります。

富本銭の字画の解析

　富 12 画　　2：「火気」生数 2（12 から盈数 10 を除く）

　本 5 画　　　5：「土気」生数

　　（刻点の 7：「火気」成数あるいは「火気」生数 2 と「土気」生数 5 の和）

図 3-24：富本銭の字画の解析

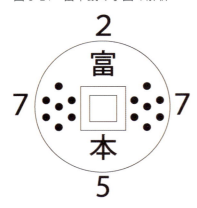

和銅と和同開珎

和同開珎は「ワドウカイチン」あるいは「ワドウカイホウ」と読み、前者が通用しています。(図 3-25)

図 3-25：和同開珎と無文銀銭

a：和同開珎（銀銭）(65-2)　b：無文銀銭
(109-68)

a　　　　　　　　　　　　　b

　和同開珎は、日本最古の流通貨幣で皇朝十二銭の筆頭とされてきました。(17-27) (109-11, 109-43) (159-8) (193-8) (304-23)
しかし、1999 年 1 月、奈良県の飛鳥池遺跡で富本銭が発掘され貨幣史が大きく塗り替えられたようです。
　天武十二年夏四月、無文銀銭の使用が禁止され、富本銭の使用が義務付けられました。
すなわち、わが国の貨幣は、無文銀銭、富本銭（銅銭）、和同開珎（銀銭／銅銭）の順で発行され、原料を辿ると、銀、銅、銀、銅の順です。
無文銀銭の発行年は不明ですが、富本銭(683)から和同開珎(708)が発行されるまでに 25 年が経っています。

和銅献上と改元

　和銅元年戊申春正月乙未朔乙巳、武蔵国秩父郡から和銅（自然銅）が献上されて慶雲五年が和銅元年と改元されました。
瑞祥献上に伴う改元を祥瑞改元と呼び、『尚書』洪範九疇には天子が即位して直ちに行うべき政策として、改正朔（暦を改める）を始め、遷都計画、奉幣（神への祭祀）、易服色（服色を易える）などが記述されています。(7-169) (450-89) (552-157)
王者命を受くれば、昭然として天地の理を明らかにす。故に必ず居所を移し、称号を更へ、正朔を改め、服色を易へ、

252

以て天命を明らかにす。

　　所功氏は、桓武天皇が即位の翌年(782)に定めた延暦の改元詔書を引用し、年号は天皇の治世と不離一体のものとみなしていた、と指摘しています。(450-93)(468-1)
下記の文中で祚とは践祚儀礼、践祚大嘗祭の祚で天子の位を指します。
継体の君、受禅の主、祚（皇位）に登りて元を開き、瑞（祥瑞）を錫へば号を改めずといふことなし。……皇位継承者は、即位したら必ず改元し、祥瑞があれば必ず年号を改めるというのである。このような慣例は、奈良時代にほぼ確立したものといってよい。

　　元明天皇の改元の詔は下記の通りで、「和銅を御世の年号と定める」とは前述の年号を、やはり天皇の治世と不離一体のものとみなしていたことを意味します。(10-1-127)(490-1-97)
和銅元年(708)春正月十一日、武蔵国の秩父郡が和銅を献じた。これに関し天皇は次のような詔を下した。……いま自分が治世に当っているので、天地の心を衷心からかしこんで、恐れ多く思っていたところ、治めているこの国の東方にある武蔵国に、自然に生じた熟銅が出たと奏上して献上してきた。この物は天におられる神と地におられる神とが、ともに政治をめでられ祝福されたことによって、現れ出でた宝であるらしい……そこで天地の神が現わされた瑞宝により……そのため慶雲五年を改めて和銅元年として、和銅を御世の年号と定める。

　　詔の要点は、下記の通りです。
1.　和銅元年(708)春正月十一日、武蔵国秩父郡が和銅を献上した。
2.　和銅は天地の神が現わされた瑞宝。
3.　慶雲五年を改めて和銅元年とする。
4.　和銅を御世の年号と定める。

　　改元の詔には「治世を天神地祇が祝福された（福はへ奉る）しるしの宝」と述べられています。
しかし、元明天皇の治世は始まったばかりですから、天神地祇はなぜ、なにを祝福したのか疑問です。
和銅元年(708)戊申
正月寅月乙未朔乙巳(11)武蔵国秩父郡から和銅が献上された。……慶雲五年を改めて和銅元年とする。
二月卯月甲子朔甲戌(11)始めて催鋳銭司を置く。
五月午月壬辰朔壬寅(11)始めて銀銭を行う。
八月酉月庚申朔己巳(10)始めて銅銭を行う。

　　今村啓彌氏は、和銅献上から改元に至るまでに多くの疑問を挙げています。(109-22)
和銅が献上されて和同開珎を発行したというのに、最初に発行されたのはなぜか銀銭なのである。また現在の秩父の地に銅山はないし、歴史的にも銅山があったことはない。現在秩父市黒谷に埼玉県指定旧跡「和銅採掘遺跡」とされるものがあり、和銅を露天掘りしたといわれる二条の溝があるが、これは江戸末の『新編武蔵野風土記稿』より前の文献にはみられないものであって、ここから実際に銅が出たという鉱物学的証拠もない。そして和同開珎の実物を化学的に分析してみると、あとで述べるように、実際には山口県長登銅山の産銅が用いられている。

さらに、今村啓彌氏の疑問は続きます。(109-23)
もうひとつ奇妙なのは、十年前の文武天皇二年(698)三月に因幡国から、同年九月に周防国から銅鉱が献上されている。けっして秩父の銅がわが国最初の銅鉱の発見ではない。それなのに三度目の秩父での発見が、年号を改めるほどの一大慶事とされたのである。

銅鉱は銅を含む鉱石で精錬を必要とし、和銅は純銅で精錬を必要とせず、両者は厳密に区別されます。
(173-7)
この点を誤解して最初の銅ではないと指摘していますが、自然銅の献上としては最初の記録でした。
銅鉱ではなく和銅を必要とした、そのことに意味があります。

図3-26：銅の種類

a：和銅（自然銅／カナダ産）　b：銅鉱石（斑銅鉱／兵庫県多田鉱山産）

　和銅元年の干支は戊申で、戊（土の兄）が暗示する「土気」の象意に適う事業が企画され、あるいは意識して記録されたはずですから、その視点で和同開珎の厭勝銭としての側面を探ります。（地鎮あるいは買地券と同じ発想で埋納された例がある）（第2章末／陰陽五行思想概略）(443-191)

　『国語』（中国の春秋時代の歴史書）には、和銅元年と同じ戊申の干支に「土が広がる、土地を広める」という暗示が存在することを記述しています。（紛争多発の年とする説もある）(89-21)(179-175)
この土くれを手に入れたのは、（前六四四年正月の）戊申であった。つまり十干の「戊」は、「つちのえ」つまり土の兄であり、五行の土を象徴する。十二支の「申」は、伸びる、信じるに通じる。子犯によれば、この事件が起こった戊申の日は、土が広がる、土地を広めるという意味に解釈されたわけである。

　和銅献上と和銅改元に伴う疑問を纏めると下記になり、以後、この順序で話を進めます。
1. 和銅そのものを元号に用いたのは、なぜか。
2. 和銅献上が改元するほどの慶事とされたのは、なぜか。
3. 始まったばかりの元明天皇の治世を天神地祇が祝福したのは、なぜか。
4. 銅鉱石ではなく和銅を必要としたのは、なぜか。
5. 和銅が献上されたにもかかわらず最初に銀銭が発行されたのは、なぜか。
6. 長登銅山の産銅を秩父産と偽ったのは、なぜか。
7. 貨幣の名が和銅ではなく和同としたのは、なぜか。

和銅そのものを元号に用いたのは、なぜか

　和銅は金属の名が元号に用いられた唯一の例ですから、よほどの理由がなければなりません。
『続紀』では、和銅改元の詔を下記のように述べています。(98-4-69)
1. 歴代天皇の国家統治に思いをいたすこと。
2. 自分の治世に当り、武蔵国から和銅が献上されたが、これは天神地祇が祝福されたしるしの宝とおもうので、その瑞宝にちなんで改元すること。
3. 慶雲五年を和銅元年と改め、よろこびを共にするため叙位・大赦等を行うこと。

献上された日付を解析すると、元号を含め日付のすべてに「火気」が含まれているのが判ります。

すなわち、和銅献上と和銅改元は強力な「火気」を必要とした記録であった、と考えられます。

和銅元年(708)戊申春正月寅月乙未朔乙巳(11)（傍点部分は火気）

銅：アカガネは「火気」（和銅は精錬を必要としない自然銅で強力な火気）。

寅：「火気三合＝寅午戌」生（「火気」が生れるとき）

未：「火気方局＝巳午未」季（「火気」が消えるとき）

巳：「火気方局＝巳午未」孟（「火気」のはじめ）

　予想された洪水を防ぐためには「土剋水の法則」から「土気」が必要であるにもかかわらず、なぜ「火気」が必要とされたのでしょうか。

それは、強力な「火気」和銅で「水気」洪水を防ぐ、すなわち「火侮水の法則」を応用した呪術を意図した可能性があるからです。

強力な「火気」と元明天皇の「土徳」、予想された「水気」洪水の間で成立する呪術的な関係を纏めると、下記になります。

「火剋金の法則」　：「水気」を生む「金気」を消し去る。

　　　　　　　　　：「金気」銀銭の禁止。

「火侮水の法則」　：強力な「火気」で「水気」を打ち負かす。

　　　　　　　　　：「火気」和銅で「水気」洪水を消し去る。

「火生土の法則」　：「火気」から「土気」が生れる。

　　　　　　　　　：「火気」和銅で「土徳」元明天皇を扶翼する。

「土剋水の法則」　：「土気」で「水気」を消し去る。

　　　　　　　　　：「土徳」元明天皇で「水気」洪水を防ぐ。

　慶雲五年を和銅元年と改元した事情には、天武天皇の最晩年を朱鳥と改元した事情と共通した問題があります。

陰陽五行思想では時間（改元）と空間（都）と物質（銭）は相即不離の関係（同じ干支と五気で分類される）にあり、「火気」朱鳥と「火気」和銅の改元にもその思想が活かされています。(105-314)

表 3-12：朱鳥改元(686)と和銅改元(708)にみる呪術的側面

時間 年号	干支	干支の五気	空間 都	物質 銭	五気
朱鳥元年	丙戌	丙：「火気」 戌：「土気三合」旺 　　「金気方局」季	飛鳥浄御原宮 飛、鳥：「火気」	銅：「火気」 富本：「土気」	「火気」と「土気」 「火生土の法則」
和銅元年	戊申	戊：「土気」 申：「金気方局」孟 　　「水気三合」生	平城京 平城：「土気」	銅：「火気」 和同：「土気」	「火気」と「土気」 「火生土の法則」

＊相剋関係にある「気」（表中、「金気」「水気」）は除外される。　＊天干地支では天干（十干）の「気」が優位にある。　＊平城には「大地を踏平す」説がある。（第4章／平安京と平野神社に共通する平）(146-153)

　表 3-12 から和銅元年の改元は「火気」と「土気」で構成され、予想される洪水に対して「火生土の法則」と「土剋水の法則」を応用した呪術であった、と考えられます。

同じように朱鳥元年の改元も「火気」と「土気」で構成され、衰弱した天武天皇の「火徳」を扶翼する「火生土の法則」を応用した呪術でした。（「土気」は「気」の廻りの不調「病気」を治す）(105-314)

つまり、朱鳥と和銅の改元は五行の法則で構成された呪術的な改元であった、といえます。(450-89)

第3章　時代を動かした災異思想　　*255*

和銅献上が改元するほどの慶事とされたのは、なぜか

　和銅元年は、和銅五年壬子に予想された洪水を防ぐための呪術的対策が数多く実施された和銅年間の幕開けの年で、和銅献上で幕を開けたことになります。

なぜ、この年に和銅献上が必要とされたのか、壬子の年が和銅五年になるように和銅元年を決定したのではないか、などの疑問があります。

なぜなら、献上された日付は「火気」で充たされ、和銅献上と和銅改元は強力な「火気」の記録であった、と考えられるからです。

つまり、壬子の年が「和銅五年」（五は「土気」生数）となるように慶雲五年を和銅と改元した、和銅献上を改元するほどの慶事とした、これが実態と考えられます。（第2章／和銅元年）（図2-22）（表2-19）

和銅献上とは、「火気」和銅と「水気」洪水の間に「火侮水の法則」が成立し、「火気」が「水気」を打ち消す、すなわち「火気」和銅が「水気」洪水を防ぐことができる呪術でした。

　第2章で既述したように、干支を人為的に変更することは出来ません。

しかし仮に、和銅元年戊申を寅の位置に設定すると、和銅五年壬子は午の位置になります。

寅は「火気三合」生（「火気」が生まれるとき）、午は「火気三合」旺（「火気」が壮になるとき）です。

すなわち、壬子の年に予想される洪水に備えるために、和銅五年を「火気」が最も壮んになる午に合せるように和銅元年を決定したのではないか、このような疑問が浮びます。

つまり、和銅献上が改元するほどの慶事であった、とするのは後付けの評価であって、改元するために和銅献上を仕組んだのが実態、と考えられます。（瑞祥献上には政治的な意味がある）（第2章／祥瑞改元）

始まったばかりの元明天皇の治世を天神地祇が祝福したのは、なぜか

　「金徳」文武天皇の立場は危うい状態でした。

なぜなら、「金生水の法則」から「金気」が「水気」を生む、すなわち「金徳」文武天皇が「水気」洪水を引き起こす可能性があったからです。

その可能性は、文武天皇の崩御（隠棲？）によって消し去られたといえます。（第2章／慶雲四年）

そして「土徳」元明天皇が即位し、「土剋水の法則」から「土気」が「水気」を消し去る、すなわち「土徳」元明天皇が「水気」洪水を消し去る、期待された制水呪術が動き出していました。

つまり、大宝二年、持統上皇の予想外の崩御で失われた「土徳」が「土徳」元明天皇の即位で補われ、洪水を引き起こしかねない「金徳」が消え「土徳」が補われたことを天神地祇は祝福した、と考えられます。

「天神地祇は祝福した」と表現したのは不安が除かれて朝廷が安堵した表れであり、「金徳」文武天皇の崩御と「土徳」元明天皇の即位によって、すべてが壬子の年に向かって動き出していたのです。

銅鉱石ではなく和銅を必要としたのは、なぜか

　精錬を必要としない自然銅（純銅）である和銅は強力な「火気」で、和銅の献上は「火気」の強化が目的でした。（図3-26a）

一方、銅鉱石（石として）の場合は「金気」に配当され、「金生水の法則」から「金気」が「水気」を生む、すなわち「金気」銅鉱石では「水気」洪水を引き起こす危険があり、銅鉱石を献上することはできなかった、と考えられます。（図3-26b）

和銅が献上されたから和銅と改元した訳ではなく、「火気」を強化する目的で和銅が必要とされ、迫りくる壬子の年に予想される洪水に対して「火侮水の法則」を期待したのが実態でした。

慶雲五年に献上する瑞祥は和銅でなければならず、和銅と改元しなければならなかった、といえます。

和銅が献上されたにもかかわらず最初に銀銭が発行されたのは、なぜか

　銀は「金気」に配当され「金生水の法則」から「金気」が「水気」を生む、すなわち「金気」銀が「水気」洪水を引き起こす可能性がありました。(「金気」銀、「火気」銅は五行による判断)

一方、「金気」銀と「火気」銅の間には「火剋金の法則」が成立し、「火気」が「金気」を打ち消す、すなわち「火気」銅が「金気」銀を消し去る、呪術が成立します。

「火侮水の法則」を応用して「水気」洪水を回避するために強力な「火気」和銅を献上させ、洪水を引き起こしかねない「金気」を忌避する呪術を成立させるために「金気」銀を登場させた、これが実態と考えられます。

つまり、最初に銀銭を発行したのは、この呪術を成立させるためと考えられ、和銅を際立たせる演出であった可能性があります。

このような「水気」洪水を引き起こす可能性のある「金気」が忌避された例には、「金徳」文武天皇、「金気」銀、「金気」出雲神宮などがありました。(第2章／和銅元年)

長登銅山の産銅を秩父産と偽ったのは、なぜか

　武蔵国秩父郡から和銅が献上されたのは、五行の法則を応用した呪術でした。

武蔵国は大和から見て東方で「木気」の位置になり、「木気」武蔵国と「火気」和銅の間に「木生火の法則」が成立し「木気」が「火気」を生む、すなわち「木気」武蔵国が「火気」和銅を産む（献上する）ことになります。

つまり「火気」和銅は「木気」武蔵（少なくとも東国）から献上されるべき瑞祥だったのです。

現実には長門国長登銅山で採掘された銅でしたが、西方の「金気」の位置では、この関係が成立しません。

「火気」和銅と「金気」長門（西国）の間に「火剋金の法則」が成立し「火気」が「金気」を消し去る、すなわち「火気」和銅が「金気」長門（西国）を消し去り、呪術が破綻してしまいます。

そもそも、和銅が長門から献上されることなど、呪術的にはありえないことだったのです。

　「火気」で充たされた日付に東方の武蔵国から和銅が献上されて和銅と改元した、と記録したことに呪術的に強力な「火気」を必要とした苦心の跡が窺えます。

現代風にいえば、国をあげて「産地偽装」をしたことになります。

しかし、実際に使った和同開珎の銅は、呪術的に大和から見て西方「金気」の位置にある長登銅山の銅鉱石でなければなりませんでした。(図3-27)

なぜなら、大和から見て西方「金気」の位置から生まれた「金気」銅鉱石は最強の銅鉱石であると考えられるからです。

　既述したように、歴史的に秩父に銅山が存在したことはなく、「和銅採掘遺跡」にも鉱物学的証拠は発見されていません。(109-22)(314)

　呪術を繰り返していると必ず矛盾に突き当たります。

しかし、呪術とは自ら含まれる矛盾に目をつぶってでも、とりあえず現在の立場を安堵すれば良い、と考える技術でした。(266-232)(481-460)

所詮はお呪いであっても、時には蠱術や人形や土器を用いて人の命を奪うほど呪詛（呪殺）することもありました。(呪詛をする丑の刻参りで鉄輪・五徳を頭上に載せる妖怪)(図3-17)(図3-28)(588-2)

一例として井上廃后が光仁天皇を呪詛したのも巫蠱による呪術で、宝亀三年(772)三月「巫蠱に坐し廃さる」と『続紀』にあります。

翌年四月、他戸廃太子と同じ日に不審死したときの記事には、「初め巫蠱に坐し、後に難波内親王（光仁天皇の姉）を厭魅した」とあり、人形を用いた呪詛であった可能性があります。(443-182)

図 3-27：長登銅山

a：緑青が美しい長登銅山の坑道（榧ヶ葉山山頂直下にある1号露天掘り跡）。　b：人が這って入れる程度の坑口の一つ（間歩／狸堀）。

図 3-28：呪符木簡と呪符土器

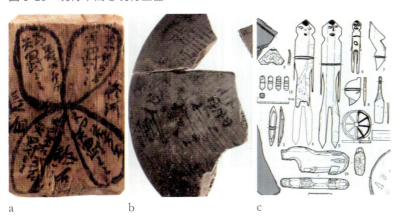

a：北斗七星の呪符木簡（平城宮佐紀池南出土）病気平癒か疫病除け祈願のまじない札とみられる木簡。表には四つ葉のクローバー状に人名「丈部若万呂」と呪句「天剛（罡）（北斗七星の柄に当たる部分）を両側面には速やかな効果を願う呪句「急々如律令」を記す。(31-52)　b：呪符墨書土器文（字は読めない／平城京八条一坊十一坪井戸出土）　＊いずれも、星や星官を示す字句や記号が記され、北斗七星に関する呪術で道教的な星呪術の古い事例といえる。(16-7)　c：夥しい数の人形や鳥形の木簡。祓物、呪詛にも用いられた。(308-123)

貨幣の名が和銅ではなく和同としたのは、なぜか

　和銅が献上されて和銅と改元されたにもかかわらず、発行された銅銭の名称は和銅開珎ではなく和同開珎でした。

今村啓爾氏は、入田整三氏の論文（日本最初の銭貨と皇朝十二銭）『中央史壇』一一巻一二号）を引用して、「和同開珎」の「和同」は吉祥語であって和銅年間の和銅とは関係がない、と述べています。(109-67)

吉祥語であることは間違いないとしても、和同の出典はおそらく『礼記』「月令」と考えられ「和同とはやわらぎ睦ぶこと、和合すること」とあります。

この月や天気下降し、地気上騰し、天地和同し、酥木萌動す。王命じて農事を布く。田に命じて東郊に舎り、……五穀の殖するところを相て、以て民を教道す、かならずこれを躬親らす。田事すでに飭ひ、まづ準直を定む、農すなわち惑わず。(419-106)

「やわらぎ睦ぶ」「和合」とは陰陽合一を意味し、五行では「土気」に配当されます。（第2章／大宝三年）（218-1-81）

陰陽五行思想の根本原理は天地同根、天地往来、天地交合であり、陰陽二気が交感、交合した結果、二気から派生した五元素は循環し万物の永生が保証されると考えます。（563-26）

1. 天地陰陽は互いに相反する性質をもつが元来同根であるため互いに引き合い交感交合する。
2. 陰陽二気、天地の二元は根本的二大元気。
3. 二元二気が交合して天上では太陽と太陰（月）、木星、火星、土星、金星、水星の五惑星と星が誕生した。
4. 太陽は陽の気の集積で東を正位とし、太陰（月）は陰の気の集積が西を正位とし、星は中央を占める。
5. 地上には陰陽の二大元気の交合の結果、木火土金水の五元素、五気が生じた。

　陰陽二気の交合とは和合「やわらぎ睦ぶ」こと、すなわち和同になります。

つまり和同とは、元明紀に記録された甘露、多胎、木連理、慶雲などと同じく「土気」を扶翼する瑞祥で単なる吉祥語ではありません。（第2章／慶雲元年）

「火気」和銅を献上して和銅と改元し、「火気」銅銭を発行して「土気」和同（開珎）と命名することで「火生土の法則」「土剋水の法則」を応用した一連の呪術が成立しています。（銅銭を「火気」としたのは五行による判断）

和同開珎の文字の画数からみた解析の試み

　和同開珎に刻印された文字の画数を解析し、そこから厭勝銭の可能性を探ってみる試みです。

和同開珎の場合は、九星に対応した問題と五行に対応した問題の2通りが考えられます。

まず、九星に対応した問題です。

和同開珎の字画の解析　―　九星との対応

　和8画　8　：「八白土気」
　同6画　6　：「六白金気」
　開12画　2　：「二黒土気」（12の盈数10を除くと2）。
　珎9画　9　：「四緑木気」4と「五黄土気」5。

九星に配当された数字を残し、「五黄土気」の5を方孔に納めることで図3-29ができる。

字画を縦と横で繋ぐと、九星の配列で構成されているのが判る。（図3-29b）

4－5－6　：「四緑木気」「五黄土気」「六白金気」の巽乾軸の配列。

8－5－2　：「八白土気」「五黄土気」「二黒土気」の「土気」の方位線すなわち坤艮軸の配列。

　図3-29をみると和同開珎の文字の配列は、九星の東南から西北へ向かう巽乾軸（天地を結ぶ軸）で示される「道」と西南から東北へ向かう坤艮軸で示される「土気」を表現しています。（244-17，199）

同時に、西北の「乾」と西南の「坤」で表す「乾坤」は天地、陰陽を表します。

したがって、和同開珎に刻まれた文字の配列は「道」と「乾坤」で表す宇宙の本体、すなわち小さな和同開珎が大きな宇宙を表していることになります。

つまり、和同開珎の一面は宇宙を造形した貨幣、といえそうです。

天円地方を象徴する「方孔円銭の形は世界を表している」とする説もあります。（161-35）

図3-29：和同開珎の字画の解析結果

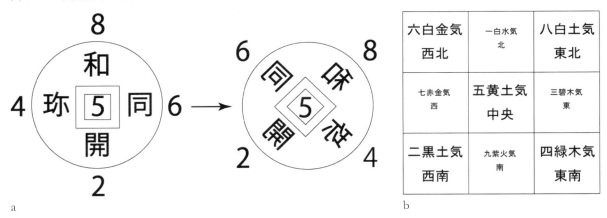

a：和同開珎の字画の解析と九星との対応を判り易くするために、和同開珎を水平反転して時計方向に45°回転した。　b：九星の対応。

次に、和同開珎と五行の対応について考えます。

図3-30：和同開珎と五行「相剋の法則」

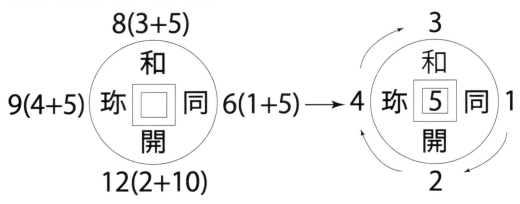

和同開珎の字画の解析　―　五行・生数との対応

和8画	8：「木気」成数（「木気」生数3と「土気」生数5の和／5は方孔の位置へ）。
同6画	6：「水気」成数（「水気」生数1と「土気」生数5の和／5は方孔の位置へ）。
開12画	12：「火気」生数（「火気」生数2と「土気」生数5の2倍の和／5は方孔の位置へ）。
珎9画	9：「金気」成数（「金気」生数4と「土気」生数5の和／5は方孔の位置へ）。

各気の生数を残し、「土気」生数5を方孔の中へ納めることで図3-30ができる。

このように和同開珎の字画は五行の全てを含み、しかも図3-30のように1「水気」、2「火気」、4「金気」、3「木気」、5「土気」、1「水気」の相剋順（水・火・金・木・土）に読むことも可能です。
つまり、和同開珎の字画にも「土剋水の法則」を応用した制水呪術が込められていた可能性があります。

怨霊と祟りの時代

ここで災異思想に関連して、怨霊と祟りの記録を天武紀と桓武紀を比較して纏めておきます。（表3-13）
大友皇子が怨霊になった記録は正史にはありませんが、私見では天武紀（673～686）は大友皇子の怨霊に怯え続けた記録であった、と判断しました。（105-112）
桓武天皇が即位（781）したのは、北斗図が竣工したと推測される天武十年（681）からちょうど100年後になり、

怨霊の存在が正史に記録されるようになりました。

正史に記録されるようになった背景は何だったのでしょうか、下記の山田雄司氏の指摘では正史に記録された理由が説明できなくなります。

天武紀では直接には記録されず（大友皇子の怨霊の存在）、桓武紀で記録されるようになった理由は何だったのか、明らかなことはわかりません。（表3-13）

怨霊という考え方がいつごろから起こってきたのだろうか。それを明確に提示することはできない。『古事記』『日本書紀』に「怨霊」という語を見い出すことはできないが、だからといって、怨霊という考え方が存在しなかったと結論づけることはできない。……（怨霊）を国家による編纂物に収録することは不適当であると考えられたのではないだろうか。……怨霊を語ることは人々を動揺させ、国家に対する批判を巻き起こすことにつながることになるからであろう。（519-10）

　　桓武紀(781～806)の一面は、井上廃后と他戸廃太子、早良親王などの怨霊に怯え続けた記録であることは、一般的に認められています。（第5章）（97-219）

怨霊を調伏する目的でさまざまな施策が実行され、その施策の一つとして平城京から長岡京、長岡京から平安京への遷都があり、同時に平野神社の創建があった可能性について考えています。

既述した五形図の描点に用いられた毛割若宮跡の「若宮」には怨霊を祀った社を意味する場合があり、地上絵を描くにあたって何らかの影響があった可能性があります。（83-245）（241-11-149）

表3-13：怨霊と祟りの記録（天武紀／桓武紀）

	天武紀（持統紀も含む）	桓武紀（即位前も含む）
怨霊になった人物の死	大友皇子＋自縊（首級を検分） 　天武元年(672)壬申七月庚寅朔壬子(23)	井上廃后と他戸廃太子死去 　宝亀六年(775)乙卯四月己丑(27) 早良親王憤死 　延暦四年(785)乙丑九月頃
発端となった事件	壬申の乱 　天武元年(672)壬申六月	井上皇后呪詛事件 　宝亀三年(771)壬子三月壬午朔癸未(2) 藤原種継暗殺（長岡遷都の支柱人物） 　延暦四年(785)乙丑九月乙卯(23)
怨霊に刧殺された可能性のある例	壬申の功臣21例＋　天武二年(673)～ 十市皇女＋　　　　天武七年(678)戊寅四月癸巳(7) 氷上夫人＋　　　　天武十一年(682)壬午正月乙未朔壬子(18) 草壁皇子＋　　　　持統三年(689)己丑夏四月癸未朔乙未(13)	藤原氏蔵下麻呂、良継、百川など 　宝亀七年(776)丙辰九月以降 夫人旅子(30)　延暦七年(788)戊辰五月辛亥(4) 皇太后　延暦八年(789)己巳十二月乙未(28) 皇后乙牟婁(31)　延暦九年(790)庚午閏三月丙子(10) 皇太子妃帯子　延暦十一年(792)壬申
災異	天武九年(680)と天武十一年(682)頂点に達す	宝亀五年(774)甲寅以後毎年発生、天応元年に頂点 宝亀七年(776)丙辰七月毎夜、瓦・石・土塊が降る 延暦十六年(797)丁丑宮中で怪異
天忌	虹 　天武十一年(682)八月 彗星 　天武五年(676)、八年(679)、九年(680)、十二年(683) 太白昼見 　天武十一年(682)壬午八月壬戌朔甲子(3) 日食2例 　天武九年(680)庚辰十一月壬申朔壬申(1) 　十年(681)辛巳冬十月丙寅朔丙寅(1)	虹 　宝亀三年(772)壬子、六年(775)乙卯 　延暦元年(782)壬戌三月癸未朔辛卯(9) 　延暦元年(782)壬戌十一月己卯朔辛卯(13) 彗星 　宝亀三年(772)壬子 太白昼見 　宝亀七年(776)丙辰 　延暦三年(784)甲子九月乙未(27) 　延暦六年(787)丁卯七月壬子朔己未(7) 　延暦廿四年(805)己酉八月癸亥(27)太白與鎭星見東方 日食11例 　延暦二年(783)十一月甲戌朔甲戌(1)：最初 　延暦二十一年(802)十一月甲寅朔甲寅(1)：最後

不豫	天皇と皇后（持統天皇）倒れる（推定 精神障害） 九年(680) 庚辰十一月壬申朔癸未(12)皇后 　　　　　丁酉(26)天皇 薬師寺建立の誓願と僧百人の得度により回復	光仁天皇不豫 　宝亀八年(777)丁巳十一月己酉朔 皇太子不豫（山部親王） 　宝亀八年(777)丁巳十二月壬寅(25) 皇太子（山部親王）枕席不安（精神障害） 　宝亀九年(778)戊午正月戊申朔 　伊勢皇大神宮への参拝
		皇太子（安殿親王）枕席不安 　延暦十年(791)辛未十月甲寅(27) 　伊勢皇大神宮への参拝でも回復せず
祭祀	皇祖の御魂を祭る 　天武十年(681)辛巳五月己巳朔己卯(11) 多気大神宮と北斗図(681)＋ 宗廟祭祀：「左祖右社」原則に従う＋	天神を交野で祀る（光仁天皇を含む）奉幣と読経 　延暦四年(785)乙丑十一月壬寅(10) 　延暦六年(787)丁卯十一月庚戌朔甲寅(5) 郊祀壇：「冬至南郊、夏至北郊に天神地祇を祀る」原則に従う 平野神社創建　延暦十三年(794)甲戌 「竈神は西北に祀る」原則に従う＋
卜占と対策	草薙剣の祟り（御体御卜＋） 　即日熱田神宮へ奉還 　朱鳥元年(686)　丙戌六月己巳朔戊寅(10) 大友皇子の怨霊が草薙剣に憑依した＋	井上廃后に皇后追称と山陵 早良親王に崇道天皇の追称 　延暦十九年(800)庚辰七月丁酉朔己未 金剛般若経読経
		早良親王の霊に改葬、追贈、御霊社（小倉） 　延暦廿四年(805)乙酉四月甲辰条（崇道天皇） 　怨霊（日本後紀／正史における怨霊の初出）
寺社創建	弘文天皇陵－金峯山寺蔵王堂（王を蔵す）＋ 園城寺建立（天子の墓を城く）＋　朱鳥元年	井上母子を弔う霊安寺建立　延暦元年(782)壬戌 平野神社＋（宮中外の宮中神／本朝の宗廟） 『史記』「封禅書」「竈神を祀れば……不死身」 皇太子守護（怨霊から皇太子を守る＋）
崩御	朱鳥元年(686)九月戊戌朔丙午(9) （傍点部分は「火気」）「火徳」 怨霊により剋殺された可能性＋	延暦二五年(806)丙戌三月乙丑朔辛巳(17) （傍点部分は「土気」「火気」）「土徳」「火徳」＋ 怨霊により剋殺された可能性＋

＊＋印は私見。(105-119)　＊桓武天皇の欄で上段は原則として井上内親王、下段は早良親王の怨霊に関すること。　＊「かまどをまつれば……」『史記』「封禅書」(7-541)(10)(217-50)(279-1-284)(293-1-70)(391-2-382)(457-193)(498)(570-111)　＊藤原種継は別倭 種（入唐学生と彼地の女との間に生れた子）であるが、桓武天皇の信頼篤く長岡遷都の支柱人物であった。(107-129)　＊桓武朝における百済系帰化人の重用。(107-126)　＊虹と彗星は天忌（天の怒りを示す）、太白は兵乱の予兆（第2章／大宝二年金星の異変）。(476-1-55)「太白見昼」の記述は『晋書（一）』「天文志」(503-1-164)　＊小倉とは、早良親王の忌日を国忌とする費用にあてるための正税を納めるための倉庫。　＊郊祀（郊祭）は天子の特権祭祀。(299-118)（傍点著者）

　表3-13の比較から、天武紀と桓武紀の内容が驚くほど似ているのに気付きます。
相違点は、桓武紀では怨霊の存在を明らかに認めている点で、天武紀では「草薙剣の祟り」としか記録していません。
在位期間が異なるため単純には比較できませんが、天忌（天の怒りを示す）とされる虹、彗星も多く記録され、太白は4例、日食は11例記録され、明らかに桓武天皇の治世を批判していることになります。

怨霊になる条件

　『怨霊になった天皇』を参考にして怨霊になる条件を纏めると、下記になります。(361-4)(438-83)
1. 権力者に罪の意識があること。
2. 無実の罪を着せられた、あるいは権力闘争に敗れた者が失意の中で怨恨を抱いて死亡したこと。
3. 発端となる事件後に災異が頻発すること。
　　疫癘、地震、大風、霖雨大水、旱天、天文異変（日食／虹／彗星／太白など）、関係者の死。
4. 災異を怨霊と結びつける意識が醸成されること、あるいは災異と怨霊を結び付けて煽動する勢力が存在すること。

　『日本文学の民俗学的研究』で三谷栄一氏は、非業の死を遂げた人の魂魄が特に荒ぶると述べています。
特に生前その権勢並ぶもののない者とか、勇猛の聞こえ高かった人々の霊魂や、非業の死をとげた人々の魂魄は特にそ

の荒びが甚だしい。それだけにそれを祀り、その忿怒と呪詛とを避けなければならない。それを祭祀する氏族が離散し、子孫が絶えるなり、改氏姓して頼るべき家筋や支持する族長や邑長が不明となれば、正体が判明しない。「神」の属性不明の恐ろしい祟をする霊威となりかねない。この遊離した霊威を古くからモノといっている。(268-6)

　桓武天皇の治世の一面は、井上廃后、他戸廃太子、早良親王の3者の怨霊に怯え続けた25年間であり、長岡京遷都と平安京遷都も怨霊との関係で考える必要があります。(第4章／長岡京と平安京)(96-214)(97-220)
この事情は、打ち続く災異と大友皇子の怨霊による祟りが一因で、藤原京遷都を(天命思想を背景に)発案した天武天皇の十四年間の治世と似ています。
竹田恒泰氏は、天皇と怨霊は表裏一体の関係で天皇と怨霊の力関係は拮抗する、すなわち、天皇が強くなればなるほど怨霊も強くなる、と述べています。(438-11)
天武天皇も桓武天皇も、その「武」が示すように強力な専制政治を布き、晩年になって非業の死を遂げた政治的敗者の復権を謀っていることも共通しています。(『詩経』／桓桓たり武王、厥の土を保有せり)(97-37)
　私見では「タタリ」が「タツハラ(龍腹)」に由来すること、そして「木気」(鱗虫)に配当されること、九星「三碧木気」の象意・示現にも適うこと、などを既述しました。(第4章／「タタラ」の語源)(105-406)
その結果、祟りがなぜ疫病や大風、雷雨、地震や虹として現れる(示現する)のか、を説明できます。
つまり、祟りとして恐れられた自然現象の多く(疫病／風／雷／震／虹など)が「木気」祟りと同気だからです。
さらに、上記の怨霊になる最も基本的な条件、すなわち怒、恨、怨などの感情も「木気」に配当されることが重要です。
非業の上に怒と怨をもって死んだ者の怨霊が疫病(疫癘)、風、雷、震、虹や蛇になって示顕するのは、これらが「木気」として同気だからです。(同気は扶けあい異気は反発する法則)(第2章末／陰陽五行思想概略)(御体御卜)(155)(412-299)(560-162)(572)
神も鬼(鬼神)も「木気」に配当され皇祖アマテラスでさえも、あるいは子孫の祭祀を受けなかった祖神が祟りを起こすことも説明がつきます。(御体御卜)(279-1-360)(391-1-241)
　祟りを起こす最大のものは蛇、なかでも「真蟲(マムシ)」であることも重要で、原始蛇信仰(祖神を蛇とする信仰)を残す土師氏の血統が怨霊になり祟りを齎す、すなわち「祟る族」と認識されていた可能性も既刊で述べた通りです。(105-133)
「タタリ」に関して蛇を意味する「蟲」について白川静氏は、次のように述べています。
蟲による呪詛を「祟」といい、「タタリ(止＋它)」は虫の形に従う点が重要で、蟲とは蛇すなわち龍(最大の蟲)を意味します。
　法華経の功徳を語る唱導の中には、女が大蛇となって下向の若僧を追い、愛欲と瞋恚(善根を害する三毒の一つ)の炎で焼き殺してしまう『道成寺縁起絵巻』の例もあり、怖いですね。(三毒とは三種の煩悩で貪欲・瞋恚・愚痴を指す)(祟りは蛇となって示顕する／菅原道真の怨霊の例)(68-197)(181-385)
蝮は蛇など、爬虫類の形。……虫は古く呪霊を持つものがあるとされて蟲術に用い、蟲による呪詛を「祟」という。「タタリ(止＋它)」は虫の形に従う字である。「コン(虫＋虫)」は虫類の総名、蟲は小さな虫の集まる形。いま虫を蟲の意に用いる。(傍点著者)(412-230)

本章のまとめ

災異思想と制水呪術

1. 北斗図と五形図のいずれにも描かれた動機の背景には災異思想が存在した。
2. 干支が暗示する洪水、宗廟祭祀を怠ったために下される天の譴責である洪水への恐怖、あるいは漠然とした怨霊への不安、この恐怖と不安によって災異思想は時代を動かした。
3. 災異思想が隆盛した古代では、洪水は天子の徳の不足、天子の資質の問題とされた。
4. 文武紀に多く記録されている飢饉は悪政による五穀不登の結果で、飢饉は「土気」がその本性を失ったことを暗示する。
5. 五形図の目的には、文武天皇の徳の不足によって失われた「土気」の本性を回復することも含まれていた可能性がある。
6. 予想された洪水を防ぐために宗廟祭祀を行い、東西・陰陽の調和として地上絵を描き、その他の多くの対策を実施した。
7. 「土徳」の女帝の登場も、制水呪術としての側面が考えられる。
8. 制水呪術には「土剋水の法則」が応用され「土気」が渇望された。（土地を限る川の周囲・境界は「土気」の領分）
9. 災異思想は、怨霊と祟りへの恐怖を助長した。

災異思想と貨幣発行の呪術

　富本銭には２つの呪術が期待されたようです。
すなわち、「土気」を強化して「土悔木の法則」を応用した呪術と、長登銅山で産出された最強の銅の「金気」を用いて「金剋木の法則」を応用した呪術の可能性があり、厭勝銭としても用いられた一面を否定できません。
「金剋木の法則」を応用した呪術の目的は、いまだ終息していなかった可能性のある「木徳」大友皇子の怨霊による祟りを鎮めることでした。
　富本銭の厭勝銭としての側面を纏めると、以下になります。

1. 富本は「土気」で「土悔木の法則」を応用して「木徳」大友皇子の怨霊を鎮めるための呪術であった。
2. 円と方孔の造型は天円地方の象徴で、貨幣そのものに霊力を付加した。
3. 左右一対の７は「七赤金気」の７あるいは雌雄の北斗七星を象徴する。
4. 富本銭と北斗七星（北斗図）には多くの共通点があり、「火気」扶翼の呪術であった可能性がある。
5. 方孔は「兌」の象意・口を象徴し、神意を伝える巫祝の象徴となる。
6. 銀銭を禁じたのは「火剋金の法則」の応用で、富本銭の使用を強調する演出であった可能性がある。
7. 強力な「金気」銅を用いて「金剋木の法則」を応用した呪術の可能性もある。
8. 長登銅山の銅が用いられた理由は、大和の西方に位置する「七赤金気」の象意にある。
9. 富本銭の字画の解析からも、富本銭は「土気」を補強する呪術であった。

　和同開珎の厭勝銭としての側面を纏めると、以下になります。

1. 和銅献上と和銅改元は強力な「火気」を必要とした記録であった。
2. 和同は「土気」に配当され、「土気」和同で「水気」洪水を打ち負かす呪術であった。
3. 和同開珎の字画の解析からも、和同開珎は「土気」を補強する呪術であった。
4. 和同開珎は、宇宙の造形でもあった。

第4章

地上絵から空間設計の問題へ

はじめに

山口盆地に描かれた象限と西北隅（粒象限）の問題

　なぜ、土師八幡を初め古四宮、故五宮、朝田神社（旧・住吉神社）など、五形図の重要な描点が山口盆地に描かれた第Ⅱ象限（第Ⅲ象限の一部含む）、すなわち泉香寺山（象限の交点）の西から北に偏在しているのか、大きな疑問でした。（図 4-1）
逆に、五形図は山口盆地の全体に散らばって描かれても良かったのではないか、とも考えていました。
事実、北斗図は山口盆地の全域を含む南北約 25 km、東西約 28 kmにおよぶ広大な地上絵でした。
　地上絵を発見する端緒は、泉香寺山を交点とする象限に気付いたことでしたが、しかし、象限そのものの意味については余り考慮していませんでした。（105-45）
改めて象限（第Ⅱ象限）を観察してまず気付いたことは、泉香寺山と朝田神社の位置関係でした。（図 4-1）
朝田神社は五形図の中でも宝珠形の設計にはなくてはならない存在で、その位置は三保里神社から泉香寺山を通る東西軸に対して引いた 240°の方位線と土師八幡から引いた南北軸の交点に決定されています。（図 1-41）
その朝田神社と泉香寺山を結ぶ方位角は 314°になり、ほぼ巽乾軸になります。（表 4-1）
このことから第Ⅱ象限の西北（戌亥）に設計された朝田神社は、重要なお社であったと考えられます。（第 1 章／朝田神社の位置決定／参道は設計線の痕跡）
　既述したように、土師八幡と朝田神社が「聖なる神の坐ます山」東鳳翻山を通る南北軸上に設計されていることから、氏祖を祀る社は東鳳翻山の真南でなければならない、とする設計者の強い意志が感じられます。（第 1 章／土師八幡）
この時点で第Ⅱ象限、すなわち西北の重要性が決定されたと考えられます。

表 4-1：泉香寺山を基点とする距離と方位角

名称	緯度	経度	距離（m）	方位角
泉香寺山	340816	1312723	0	0
朝田神社	340854	**1312635**	1698	**3133558**
土師八幡	341018	**1312635**	3955	3415330

図 4-1：象限と東鳳翻山を基点とする南北軸

a

b

a：象限軸（緑）、方位線（赤）とし、煩雑さを避けるため既出の地点名はできるだけ省略した。　b：堂山付近から見た東鳳翻山を基点とする南北軸上に土師八幡、朝田神社、堂山が存在する。

　図 4-1 で第Ⅱ象限の領域、すなわち泉香寺山から見て西から北の方角には土師八幡、古四宮、朝田神社（玉祖五宮）など五形図の構成要素や赤田神社があり、いずれも土師氏あるいは同族・出雲氏が奉斉した社です。

266

第Ⅱ象限のさらに「西北の隅」には、北辰妙見社と同一緯線上に設計された吉敷佐畑天神（仮称／山口市吉敷佐畑）が存在していることから、その位置の重要性と「祖霊あるいは竈神は西北に祀る」「戌亥の信仰」などを背景にした空間設計が示唆されます。（第5章）(268-1)

『吉敷村史』には、吉敷の地勢について他の地域と比較して特に変わった点はなく、毛利時代には吉敷毛利氏の城下になり、吉敷の中心であったことが述べられています。(256-1)

残念ながら、地上絵を示唆する記述は認められません。

「平野殿」と呼ばれた五輪塔

　土師八幡（第Ⅱ象限）が「聖なる神の坐ます山」東鳳翩山の真南（南北軸）に設計され、なぜ、平野（第Ⅲ象限）に向けて設計されているのか、疑問でした。

地上絵が描かれてから約900年後、藩政時代の第Ⅱ象限には吉敷毛利氏の領分があり、南に隣接する第Ⅲ象限には佐々木氏の領分・平野がありました。

伽藍山は平野の西方を塞ぎ、その麓の寺山溜池堤には五形図を発見する道標になった平野殿と呼ばれた五輪塔があります。

平野殿と呼ばれたのは、平野村の産土神・日吉神社（大同元年806年創立）の棟札（『平川文化散歩』弘安十年1287年創建とある）に大願主・多々良成保（大内弘成の孫）の名があり、その成保の通称名が平野太郎（生没年不詳1200年代）であったことに由来すると『平川文化散歩』にあります。（大内氏實録／成保は十二世弘成の孫。弘成の子弘貞は寛元元年1243年没。大内氏系図には諸説あり本書では『大内氏實録』に従った）(122-45)(123-513)(147-353)

平野太郎も多々良と名のっていたことから、土師氏（毛受腹）の出自であることを自認していたと考えられます。

平野太郎とは、いかにも「平野を代表する丈夫」の印象があり、その名の由来はどうも地名にあるようです（平川文化散歩／地名に因んで平野氏と称したとある）。(122-47)(259-519)

　しかし、この「平野」が単なる地名ではなく、大内氏の氏祖と考えられる土師氏と密接な関係がありそうに思えてなりません。(105-407)

土師氏の氏神と考えられる土師八幡が平野（伽藍山東嶺／仮称）を向いて設計されている理由を、平野殿と呼ばれる五輪塔との関係で考えてみようとしています。

平野太郎と名のったのは多々良と名のったのと同じ理由で、毛受腹すなわち龍腹（桓武天皇の生母・高野新笠）に出自を持つ氏祖・土師氏（地上絵を描いた）の徳を継承することに誇りを持っていたからではないか、と考えて見たいのです。（大内氏と土師氏を結ぶ鍵はタタラ）(105-405)

それは、たとえば出雲直系を誇る武蔵国造家が、後代に物部を名のるようになったのと同じ理由ではないか。(107-112)(452-1-13)

　ところで平野といえば、京都には竈神（かまどの神）として有名な平野神社があり、地上絵を描いたと推測される土師氏と関係があります。（平野社とする史料もあるが本書では平野神社で統一した）

京都の平野神社の「平野」が土師氏の徳を象徴しているのではないか、山口の「平野」の地名の由来ではないのか、土師八幡が「平野」を向いていることと五形図の描点が西北に偏在していることに重要な意味が含まれているのではないか、つまるところ「平野」とは何を意味しているのか、などについて空間設計の視点を中心にして探ってみたいと思います。

しかし、平野太郎以外に平野と名のった人物がなく、この推論は空振りに終わるかも知れません。

ちなみに、日吉神社は古来、山王権現と称したのを維新後に改め、祭神オオヤマクイノカミからオオナムチに変えられた出雲系のお社で、土師氏とも親密な関係にあります。（第2章／鬼門がないことにした呪術）（山王権現は最大の「土気」）

　問題が少々複雑になったところで、明らかにしたい疑問点を纏めると以下になります。

1. 土師八幡（第Ⅱ象限）は、なぜ平野（第Ⅲ象限）を向いて設計されているのか。
2. 五形図の描点は、なぜ西北（第Ⅱ象限）に偏在しているのか。
3. 「平野」には何か特別な意味が含まれているのか。

　上記の疑問に対して得られた結論は、以下になります。
第Ⅱ象限の西北は後天易「乾」「祖霊の降臨するところ」、第Ⅲ象限の西南は「坤」「大地の母」とする思想を
背景にした空間設計であったと考えられます。（空間設計の定義については第1章／五形図の設計線）（268-28）（437-2-302）
1. 土師八幡が平野を向いていることについて、土師八幡の西南に位置する平野の地は土師氏にとって観念的に「坤」
　「大地の母」すなわち「ふるさと」として意識された可能性がある。（狐、死則丘首）（565-167）
2. 西北に位置する第Ⅱ象限は「祖霊の降臨するところ」（戌亥の信仰）とされ、土師氏の氏神・土師八幡（祖霊）が設
　計され五形図の基点として多用されたことから、五形図の描点が西北（第Ⅱ象限）に偏在することになった。
3. 「平野」は『易経』後天易の「坤」の象意・たいらに由来し、「土気」の領分である四隅（土用／境界）を意味する可
　能性がある。
4. これらは「場」に意味を与えた空間設計の痕跡と考えられる。（方忌に繋がる）

平野という地名

　まず、地名辞典に載る平野を調べることから始めます。
『角川日本地名大辞典』『地名語源辞典』などには、以下の説明があります。（145）
平野：鎌倉期～戦国期に見える保名。周防国吉敷郡のうち。（458-715）
平野：各地にある地名。平は当て字で平坦の意味ではなく、比良すなわちガケ、傾斜地を意味する古語。ヒラノとは
　　　「傾斜した野」の意であろう。（533-1-307）
平野：ヒラは東アジア共通祖語、原始縄文語にまで遡れる語で、ヨモツヒラサカの名にある「（あの世からこの世に昇
　　　る）急坂」と解すべきであろう。崖、坂、岡、土が崩れて地肌の現れている崖などの用例がある。（204-174）

　平野は珍しい地名ではなく、『角川日本地名大辞典』には山口県内に5ヵ所記載されています。
保は古代から中世にかけて存在した地域行政の単位で五戸を1単位として保と呼び、その一例として山口市内
には仁保の地名が残ります。（仁保を丹生とする説もある）（100-91）（591-10）（596-185）
「平は平地の意味ではない」とする文言は、少々期待はずれでした。（204-173）
なぜなら、平地とすると大地であり土師氏の「土徳」を象徴する可能性を考えていたからです。
しかし、「平」の文字を使っていることから、平城京（第2章／元明紀の解析）でも取り上げたように、やはり
天に対する地、大地の意味も残しておきたいと思います。（344-1140）
平野の「野」について、「野は山に接した傾斜地をいう」あるいは沖縄語「ヒラ」を引用して水平と垂直の両
方にはたらいた語ではなかろうか、と西郷信綱氏は述べています。（378-124）（379-19）
　「平」が大地を表しているもう一つの可能性として、道教の神学教理で三官大神と称して重視する「天と地
と水」の概念があります。（56-266）（217-70）
試しに「天と地と水」の「天」を天皇に当てはめると、「水」は臣籍降下した源氏（源は文字通り水の原）にな
り、残る「地」は平氏で「平」には大地の意味が含まれることになります。
主流の平氏は「土徳」桓武天皇から出た桓武平氏であり、「土徳」すなわち「大地の徳」を引き継いでいると
推測できます。（源氏を北魏の制度に求める説がある）（桓武天皇の徳については後述）（54-16）
富倉徳次郎氏は『平家物語』「殿上闇討」の段で「伊勢瓶子にかこつけて伊勢平氏とはやされた」を捉えて
「平氏と瓶子は通じ土師氏と関係がある」と指摘していることから、やはり「平」と「土」が関係している可
能性があります。（379-36註）（459-1-52）

平野は平川一帯の傾斜地（九田川に向う）の一部でしかなく、逆に、この地域だけを特に平野とした理由が気になります。（後述／大崎玉祖神社との位置関係）

日吉神社は、確かに低いガケの上に鎮座していて、平野の地名が生れた由来かも知れません。（図4-2）

しかし、平安京の平野神社は平旦な土地に鎮座し、周辺にはガケも（急な）傾斜地も見当たりません。

したがって、平野が必ずしも「傾斜地、ガケ」とはいえないようです。

『平川文化散歩』には、陶岳の麓と吉野嶽の山すそに開けた扇状地で古くから人が住み、鎌倉時代には平野氏（多々良朝臣大内成保／平野太郎）が占拠して一村落をなしていたとあります。（122-45）

　以上の点をおさえて、次に平安京の平野神社の平野が地名によるものか、土師氏との関係で付けられた社名であるのか、などの点から探ってみたいと思います。

少し遠回りをして、平安京の周辺を調べてから周芳へ戻る予定です。

図4-2：平野村と日吉神社（山王権現）

a：平野村は「ガケ」に作られた村落ではない。（地下上申図会を引用加工／山口県文書館蔵）　b：一と二の鳥居の位置から傾斜を知ることができる。このような位置に存在するのは珍しい例とはいえない。

a　　　　　　　　b

平安京の平野神社について

　京都御所の西北方に鎮座する平野神社（京都市北区平野宮本町）は、平安遷都（延暦十三年十月二十二日）に伴い、平城京の田村後宮（旧・藤原仲麻呂の田村第／平城京左京四条付近）に祀られていた今木大神を遷座し、久度神と古開神（奈良県葛城郡王寺町）をも勧請し今木大神を主神として祀祭した、と『平野神社史』にあります。（187-183）（485-18）

　『貞観式』には「平野・久度・古開三神」とし、当初の祭神が三座であったこと、今木大神を平野神と称し平野を神名としています。（465-5-94）

しかし、今木大神の今木（今来）は雄略紀七年「百済の貢れる今来の才伎」とあるように「新来の神」を意味し、百済系の渡来人が奉斎した神で平野と直接に結びつく要素はありません。（107-135）（391-1-475）（465-5-95）

桓武天皇の生母である皇太后・高野新笠（和新笠）が田村後宮で奉斎していた神で、山部親王（後の桓武天皇）も共に暮らしていました。（465-5-95）（485-30）

今木大神とは、今木で祀られていた神の意ではなく、あくまでも「新来の大神」だったのである。……今木大神はやはり蕃神であることが明らかになった。和氏が百済系の渡来民であること、「今木より仕え奉りたる皇大御神」（＝今木大神）という神名からいって、通説の如く、和氏の祖先が渡来以来奉じてきた神を和新笠が田村後宮に奉斎していたものとみてよいであろう。それがそもそも和氏の祖神であったのか否かは不明とするほかないが、「宮にして」祀られていた久度・古開両神と異なり、渡来以来の奉斎の歴史のみをもって神名の由来が語られている点が注目される。（549-193）

『一代要記』に「延暦十三年甲戌、今年始めて平野社を造る」とあることから、当初から平野と呼ばれていたことが判ります。（延暦二十年五月十四日の太政官符や貞観十四年十二月十五日の官符）（485-18）

この平野が地名に由来するものか、あるいは神名に由来するのかは不明です。

例えば、『愚管抄』（承久二年［1220年］成稿）には「仁徳は平野大明神也」と記載があり、平野とは仁徳天皇を指す可能性がないわけではありません。（326-52）（485-31）

平野神社は、式内社（延喜式に記載）で二十二社（国家の重大事に朝廷から特別の奉幣を受けた社）の一つでした。二十二社には、伊勢・石清水・賀茂・松尾・平野・稲荷・春日・大神・石上などがあります。

神紋の桜は、花山天皇が寛和元年に山桜を手植えされたことに由来します。（402-34）

旧社格は官幣大社で、平安時代には例祭・平野祭（祭祀の開始には諸説）で皇太子の奉幣を受ける皇太子守護の性格を持った特別なお社であり、神階は貞観五年(864)に今木大神が正一位まで昇りました。（485-34）

皇大御神あるいは皇御神とされ、皇室の守護神として仁寿元年(851)には「平野神宮」とも呼ばれていました。「神宮」の表記は古代では伊勢と石上に限られ、伊勢皇大神宮に準じるとされた平野神社の格式を知ることができます。（図4-3c）（263-365）（485-27）

平安時代後期の文人である大江匡房（高野新笠と同族の大枝氏／後に大江）は、『江都督納言願文集』で平野神社のことを「本朝の宗廟」と呼び、朝廷の信仰は「他神に異なる」とも述べているようです。（485-24）

「平野神社由緒書」には、「皇大御神」「皇大神」「神宮」「神院」の尊称から「宮中外の宮中神」であったとあり、本来、宮中に祀るべき神を宮中の外に出して祀っている、という印象を与えます。（祟る竈神／犯土と土公神）（368-30）

これは、崇神六年、天皇が大殿のうちに祭っていたアマテラスとヤマトノオオクニタマの二神を宮中外に出して祀ろうとした話に似ています。（391-1-238）（536-1-98、536-1-105、536-1-111）

『延喜式』によれば全国唯一の「皇太子御親祭」が定められた神社です。同式の「神祇官式・祝詞」には「皇大御神・皇大神」と称され、また「東宮坊式」には「神院」と言う宮中神と同等の扱いを受けております。『文徳天皇実録』には勅使を「平野神宮」に遣わすとあります。全国でも数社に限られる「皇大御神・皇大神」「神宮」、宮中神である「神院」これらの尊称から宮中外の宮中神であったことが窺えます。このようなことから当社は皇城鎮護の神を定めた「二十二社」の五位に列せられました。（87）

平野神社は今木大神・久度神・古開神・相殿比売神の四神を祀り、この四神を総称して「平野神」と呼ぶ一方、平野神は今木大神とする史料もあり、伴信友の『蕃神考』以来、多くの議論が重ねられてきました。

比売神合祀の時代（創建から約50年後）には、和氏ゆかりの外戚神ではなく皇室の守護神としての性格が強まり、天皇はじめ皇族・貴族の信仰が篤く、熊野詣でと同じように天皇の行幸に貴族たちも同行したようです。（485-22）

不明な点も多い平野神社と四神の神格について義江明子氏の指摘があり、本書に必要な要点のみを引用します。（549-206）（550）

新笠の母・大枝朝臣真姝が土師氏であったこと以外に、平野神社と土師氏を直接結び付ける史実はないようです。

下記で、カマド神、桓武天皇の母の縁、和氏の氏神ではない、点が重要です。（『史記』／竈神を祀れば……不死身）

1. 平野神社の主神・今木大神は祖先が渡来して以来、和氏の奉斉した神であった。

2. 久度・古開の両神は、和氏を含む渡来民の信仰する朝鮮系のカマド神であった。（延喜式／神名帳　久度神一座）

3. 平野神社は平安遷都に伴って延暦年中に創建され、桓武天皇の母との縁で平野神社に久度・古開両神を移祀した。（貞観式）

4. 平野神社に勧請された久度・古開両神が平野御竈神として大炊寮に加えられた。（延喜式／陰陽寮式　平野竈神）

5. 相殿比売神は独自の神格を有さず、他の三神より50年余り遅れて承和年間(834〜848)に合祀された。

6. 平野祭祝詞の内容から、平野神社は皇太子親幣を定めとし朝廷の繁栄を祈願する皇室守護神として成立した。
7. 『延喜式』(927)で大江（土師氏）と和両氏人の見参規定が後次的につけ加えられた。
8. 平野神社は、和氏の氏神ではなかった。
9. 新笠の諡号（天高知日之子姫尊）、「平野神宮」の表現から、伊勢神宮に準ずる意図がうかがえる。

図 4-3：平野神社

a　　　　　　　　　　　　　　　　　　　　　　　　b　　　c

a：向かって右の第一殿から今木大神、第二殿に久度神、第三殿に古開神、第四殿に比売神が一柱ずつ祀られている。　＊第一殿と第二殿、第三殿と第四殿とは連結されていて、平野造あるいは比翼春日造と呼ばれ他に例を見ないことから平野造ともいう（陰陽相和を象徴する比翼は「土気」）。(485-131)　＊紫宸殿と同じように「左近の桜、右近の橘」が植えられている（図右に桜）。　＊四は「金気」生数で「金剋木の法則」から「金気」が「木気」祟りを調伏する、あるいは比翼は「土気」象徴で「土悔木の法則」から「土気」が「木気」祟りを調伏する呪術が成立する可能性がある。　b：竈神と書かれたお札。　c：平野皇大神と刻された扁額。

　平野神社の四神の神格について纏めると、下記の通りです。
今木大神：神格は不明。
　　　　　今来漢人が奉斉していた祖神で皇大御神（アマテラスと同等の尊称）と尊称された。
　　　　　新笠の外祖父系の祖神とする説もある。(95-118)(465-5-96)
久度神：　桓武天皇の生母・新笠の母・大枝朝臣真姝（土師氏）が久度の地に生育したことから勧請された竈神。
　　　　　朝鮮系のカマド神で皇御神（皇大御神より一段格下）と尊称された。
古開神：　神格は不明。
　　　　　用済みの竈とする説がある。(263-358)
比売神：　神格は不明。
　　　　　新笠の外祖母系（土師氏＝大枝氏）の祖神とする説もある。(465-5-96)

　我国で竈神の初見は『古事記』にあり、竈神信仰は早くから伝来し重要な祭祀になっていたことが分ります。(192-111)
一口に竈神といっても、その神格には宮廷祭祀の対象になる竈神、渡来人の奉斉した竈神、民間信仰の対象の竈神があります。
さらに、竈の意味には土で造られたカマド、金属で造られた釜（鼎）、カマドで焚く火、などがあり複雑です。
福永光司氏は、錬金術の守護神が竈神である、と指摘しています。
不老不死を実現する道教の錬金術に由来し、高熱で鉱物を処理するという火の技術、その守護神が竈の神。(54-135)

　宮中祭祀で対称になるのは、その名称から「火」と考えられ、移動の便から釜を神座（かみくら）としていたようです。
(263-362)

この事実から、「平野」も「火」を意味している可能性があります。

本書で問題にしているのは、宮廷と平野神社で奉斉された竈神で、特に平野の神名（あるいは社名）が何に由来するかについてです。

宮廷祭祀の対象になる竈神	：忌火、庭火、平野（和氏が奉斉していた久度・古開両神）。
渡来人が奉斉した竈神	：久度神（朝鮮系の竈神）。
平野神社で奉斉する竈神	：久度神・古開神（和氏が奉斉していた竈神）。
民間信仰の対象にもなる竈神	：竈王神（道教の神）。

　『平野神社史』には、平野神は祭神の総称あるいは今木大神のみを表す場合もある、と述べています。(485-22)

「竈神は西北に祀る」とあるように平野神社は京都御所の西北方（京都市北区平野宮本町）に鎮座していることからも、平野神社は全体として竈神の性格を帯びているはずであり、お札には「平野竈神」と明らかに記されています。(図4-3b)

「竈神は西北に祀る」の根拠は後述します。(567-95)

　ちなみに、平野神社の本殿の千木の先端はすべて水平（内削ぎ）に切られ、これは祭神（今木／久度／古開／比売）のすべてが女神であることを暗示します。（久度神社の垂直に切られた千木と異なり神格が変化した可能性がある）(図4-3)

2本の鰹木は「火気」生数で、これも女神を暗示します。

その理由は、「火気」火処（女性）が「土気」人を産む、すなわち「火生土の法則」の応用から女性は「火気」ともされたからです。（第2章／和銅五年）(105-303)

女神である竈神について吉野裕子氏は、その本体は「土気」で本性は「火気」と指摘します。(567-95)

本体が「土気」であるのは「竈中の黄土」で、本性が「火気」であるのは「竈中の火」に由来します。

　久度神について『倭名抄』（平安時代中期に源順により編纂された辞書／『和名類聚抄』）には「クドはカマドの後ろの煙穴」とあり、この部分を神格化したのが久度神とされます。

義江明子氏が指摘するように朝鮮系のカマド神で、具体的にはオンドルの煙出し口です。(図4-4a)(549-196)

久度神と古開神は常に併記され、「開」を用いていることから古開神も煙出し口の神格化、と考えるのが自然です。

そのように考える理由は、部屋が3室以上になるともう一つ別のオンドルが必要になり、2室までのオンドルの煙出し口を「古開」とすれば、新しい煙出口を「久度」とした可能性があるからです。(162-64)

あるいは、オンドルの構造から煙出し口を久度、焚口を古開とした可能性もありますが、憶測でしかありません。

　久度神社（奈良県葛城郡王寺町）の案内板では久度は「窖」の意味とあり、「窖」は「アナグラ」と読み「クド」の読みがないことから、私見では、クド（久度）はクロ（黒）に由来する可能性を考えています。（竈の和訓にクド）

久度神が「クドはカマドの後ろの煙穴」であることから、煤でまっ黒になった状態を「クロ」と呼び、「オクロサン」から「オクドサン」に変化した可能性があります。（久度は窖を意味し御厨神の総称で竈神とする説／伴信友説がある）

　『古代伝承と宮廷祭祀』には「古空」すなわち用済みの竈ではないか、とする近藤芳樹氏の説を引用しています。

しかし、祭祀に用いた道具は終了後、直ちに壊却されるのが常（『老子』第五章）であることから、この説には疑問があります。(55-1-67)(105-426)

用済みのものを神格化するとは考えにくく、現に使用しているものが重要と考えるからです。(569-157)

クドは関西では「オクドサン」と呼ばれる竈を意味し、久度神すなわち竈神は火の神で土師氏の職掌と関係すると黒沢幸三氏は述べています。(194)

持統天皇の葬儀に際して土師宿禰馬手を造御竈副に任命した記録が残されていることから、天皇の竈（竈神）を築いたのも土師氏であったと想像できます。(98-1-41)(515-122)

久度神は、職掌上も土師氏と密接に関係していたようです。

図 4-4：オンドルとオクドサン

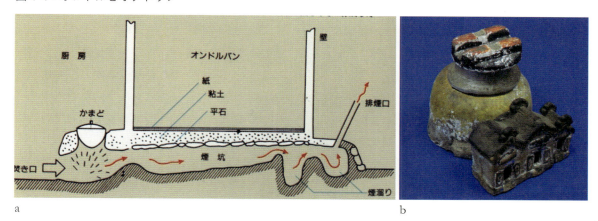

a：オンドルの構造。(162-64)　b：「オクドサン」（伏見人形）の３つの焚口（１つは小さく）は、まるで平野神社の本殿（平野造り）を思わせる構造をしている。　＊窯器「かまど」の発掘例は『史記』封禅書に詳しい。(279-1-283)

　黒沢幸三氏は『神道史研究二』を引用して、大枝朝臣真妹（桓武天皇の生母・高野新笠の母・真妹とする説あり）が久度の地に生育したことから、久度神が土師氏の氏神として平野神社に祀られたと述べています。(194)

しかし、久度神が土師氏の氏神ではなく朝鮮系のカマド神であることは、義江明子氏によって指摘されています。

久度・古開両神も今木大神と同様に和新笠との縁によって平野神社に祀られたのである。ただし、前者は和氏という集団に即しての奉斉の由来を持つ神であり、後者は一定の民間信仰に基づく神であった。……久度神が朝鮮系のカマド神であることは逆に前節で述べた今木大神＝蕃神説を裏付けるものといえよう。(549-196)

図 4-5：久度神社

＊本殿の千木は垂直（外削ぎ）に切られ鰹木は五本（五行「土気」生数）であることから、男神で「土徳」であることが判る。

　さらに、大枝氏と久度・古開両神の関係は『延喜式』の規定に由来し、両神が大枝氏（土師氏）の祖神であった証拠はない、と義江明子氏は指摘しています。(549-195)

久度・古開両神と桓武天皇とはいかなる関係にあるのか。『蕃神考』は、この両神を高野新笠の母である大江朝臣真妹に関わる大枝（大江）氏の祖神とする。しかしそれは、「今木大神に和氏の預かる例に准らへおもうふに……」とあるごとく、『延喜式』太政官の大江・和両氏見参規定をもとに、今木大神を除いた他の神を大江氏に配したものであって、

第 4 章　地上絵から空間設計の問題へ　　273

それ以上の積極的論拠はない。

　久度の地名が久度神に由来することから、平野が平野神に由来する可能性を考えさせます。
さらに、その祭神の一つが竈神・久度神であることから、平野とは「傾斜した野」の意味ではなく竈神と関係した言葉ではないか、とも考えさせます。
現に「延暦年中、件の社を立つるの日、四至を点定す」と社地の境界が決定された時（貞観十四年太政官符に記録）、その場所は「山城国葛野郡上林郷九条荒見西河里廿四坪」と『類聚三代格』（平安時代の法令集）に記録され、平野の地名はありません。（ルビ著者）(485-35)
　では「平野」とは、何に由来する言葉だったのでしょうか、それが問題です。
北野天満宮社報三四号には、『続紀』承和三年(835)二月庚午一日条の記事を引用して、遣唐使のために天神地祇を北野に祀る、とあり摂社・地主神の由来を述べています。(15-18)
時代がやや下るものの、平野神社の東南に隣接する地主神（後の北野天満宮）の場所を「北野」と呼んでいることから、「平野」の由来を地名に求めることはできない、と考えて良さそうです。

図 4-6：北野天満宮境内摂社の地主神と文子

a：北野天満宮第一の境内摂社で天満宮鎮座以前の社である地主社。(15-18)　b：多治比文子（おそらく土師氏と同族／伝・道真の乳母）に神託があり、北野に天満宮を創建する契機となった。創建当初から北野と呼ばれていた。(15-52)

a　　　　　　　　　b

　平野祭は主神・今木大神に対する祭であり、平野祭当日には女王座と皇太子座が設定され、女王座が設けられることについて義江明子氏は、ヒメ制の根強い伝統が想定できる、としています。(143-23)(195-65)(549-202)
　ヒメ制の伝統に関連して、ヤマトタケルの物語が想い出されます。(105-347)(195-64)
ヤマトタケルは３人のヒメ（ヤマトヒメ／ミヤズヒメ／オトタチバナヒメ）の守護を受けていました。
ヤマトヒメから受けた女装の衣裳、草薙剣と燧の入った袋などが、その霊力を象徴していました。(375-306)
女性は兄弟（男性）に対して最強の守護神（オナリ神）になることから、平野祭で女王座が設けられたのは皇太子守護の目的が考えられます。(99-5-5)(143-33)(197-61)(571-89)
あるいは、竈神が「火気」と「土気」の神であることから女王座が設けられた可能性もあります。
皇太子座が設けられたことについても、早良親王の怨霊を調伏する目的があったかも知れません。

平野神社の創建時期と位置の決定

　平安京遷都は延暦十三年(794)甲戌十二月庚子朔辛酉(22)とされ、平野神社の創建も同じ時期とされている問題です。（一代要記／延暦十三年甲戌、今年始めて平野神社を造る）(485-18)
すなわち、平野神社を創建することは、遷都の計画に当初から組み込まれていたと考えられます。
しかし、図 4-7a を見ると平野神社は京域外にあり、皇室の守護神として「平野神宮」（仁寿元年 851 年）とも呼ばれていたことからは意外に感じられ、当初からなぜ京域外に設計されたのか、京域内には東寺、西寺以外寺社の建立を認めなかった事情があるにしても、大きな疑問です。(77)(96-212)(237-16)

その答えの一つとして、神泉苑と大極殿、平野神社の位置関係があります。
図4-7aのように大内裏は京域の北端（一条大路）に接して設計され、神泉苑は大極殿の東南（巽）に位置し、平野神社は大極殿の西北（乾）に位置しています。
したがって、神泉苑－大極殿－平野神社の位置関係が重要であることが示唆され、この関係を保とうとすれば平野神社は京域の外に設計しなければならなかった、すなわち、神泉苑－大極殿－平野神社を東南と西北（祖霊の降臨するところ）を結ぶ軸上に設計する必要があった、といえます。(266-28)
東南と西北と聞くと、すぐに思い起こされるのが本書でたびたび登場した巽乾軸であり、「竈神は西北に祀る」あるいは「戌亥の信仰」の存在をも考えさせます。(268-1)
　ちなみに、神泉苑の北端に建てられた楼閣は乾臨閣（または龍池閣）と名付けられ、この楼閣から「乾」（西北）に位置する大極殿と平野神社を「臨」む意味を込めた命名と考えられます。(『易経』／地沢臨・乾為天に由来か)
苑内にある楼閣の名称からも、神泉苑－大極殿－平野神社の位置関係を意識した設計であったことが窺い知れます。
この関係から、神泉苑とは何か、平野神社とは何か、「平野」とは何か、などの答えが期待できそうです。
平野神社の問題を神泉苑、大極殿との関係で考察した研究は、検索した範囲内では見当たりません。

図4-7：神泉苑－太極殿－平野神社を結ぶ巽乾軸

a

b

c

a：縦矢印は左から平野神社、大極殿、神泉苑。(77)　b：横矢印は神泉苑の乾臨閣。　c：左から平野神社、大極殿跡、神泉苑が西北から東南に並ぶ。

　桓武天皇の生母・高野新笠が今木大神を信奉していたことから、平安京遷都と共に平野神社を創建したと『平野神社史』にありました。(485-18)
しかし、本当にそれだけの理由だったのか、疑問があります。
平安京に遷座するまで平城京に留まっていたのはなぜか、長岡京にはなぜ遷座しなかったのか、などの疑問も

浮びます。

桓武天皇は即位するや、まず生母高野新笠が平城左京でまつったその祖神今木神に神階を奉り、翌年、今度は外祖父和史乙継の故地である久度にまつられている祖神久度神に神階をささげたが、その後、都を山背に遷すや、これら二神を山背に遷座して、ともに平野社に合祀したものとみることができる。(95-112)

　上記の疑問が起きる理由の一つは、皇太子の奉幣を受ける皇太子守護の目的が例祭・平野祭にあることです。(485-34)

この場合の皇太子とは安殿親王（桓武天皇の第一皇子）であるのか、その後の皇太子一般を指すのか、明らかではありません。（延暦十八年二月十五日皇太子安泰を祈るため東宮坊の次官を僧侶とともに淡路に遣わした）(97-212)(190)

安殿親王は、早良親王（延暦四年薨去）の怨霊に悩まされ「枕席不安」（精神障害による不眠）に陥ったことが正史に記録されています。(490-2-463)

これは、桓武天皇が山部親王時代に井上廃后と他戸廃太子の怨霊の祟りで重病に陥ったのと同じです。（宝亀八年十一月一日光仁天皇重病、十二月廿五日山部親王重病）(490-2-178)

早良親王の怨霊の祟りによるものであったのか、延暦八年に皇太后（高野新笠）が崩御し、延暦十年安殿親王が枕席不安に陥って伊勢皇大神宮に参拝したにも拘わらず回復せず、延暦十三年平安遷都と共に平野神社を創建しています。（安殿親王がなぜ伊勢皇大神宮へ参拝したのかは不明であるが、11 代垂仁天皇の第 1 皇子ホムツワケノミコトが出雲大神の祟りを鎮めるため出雲大社へ参拝した故事を連想させ、安殿親王の枕席不安の原因が伊勢大神の祟りであった可能性も考えさせる）（室生寺の創建は山部親王の病気平癒を願った光仁天皇の発案であった／室生の位置を決定した判断は何か）(469-98)

この流れを見ると、平野神社の創建が怨霊対策の一つであった可能性を考えさせます。（表3-13／怨霊と祟りの記録）

その理由は平野神社の社殿が本長谷寺と同じく東面して設計されている問題にあり、これは「木気」東と同気の「木気」怨霊を調伏する呪術であった可能性があるからです。（北斗図で北斗七星も南中し魁は東面している）（第2章／文武二年）

　境内図では、平野神社は平安京（大極殿）の戌亥隅に建立され、さらに境内の戌亥隅に本殿が配置されています。(図 4-8a)

「西北は祖霊の降臨するところ」から、平野神社は皇室の祖霊として祭祀されていたことが判ります。（宮中外宮中神）(268-28)

『平野神社史』にも、平安の都の「乾」の鎮護として桓武天皇の勅命により鎮祭されたとあり、当初から戌亥の隅に創建されたようです。(268-28)(485-i)

これは「皇大御神や平野神宮などの表現から、伊勢神宮に準ずる意図がうかがえる」とした義江明子氏の指摘を具体的に示したことになり、後述する外宮と内宮の設計と同じ思想が背景に存在します。(105-244)

　試算すると、表4-2のように線分（平安京大極殿−平野神社）の方位角が3295140（亥の方位）であることから、大極殿が内宮の位置に平野神社が外宮の位置に相当します。（第5章／外宮と内宮の設計思想）(図4-35)(図5-39)(表4-7)(表5-22、23)

つまり、平野神社は外宮と同じ西北（祖霊の降臨するところ）に祀られた「北斗七星の宮」であり、大極殿は設計の中心に位置する「北極星の宮」になります。(268-28)

外宮と内宮の設計思想が平野神社と大極殿を結ぶ設計にも反映されていて、「宮中外の宮中神」とされた理由、伊勢神宮に準ずる意図がうかがえるとした理由、の説明が可能になります。

背景には道教の星信仰が存在するとしても、想像を逞しくすれば、北斗図の設計が伊勢神宮（内宮と外宮／「一九年七閏法」の聖数関係）の設計に、さらに平安京大極殿と平野神社を結ぶ設計に影響を与えた可能性があります。（瀧原宮、朝熊神社などの横並びの配置おそらく陰陽の配置は、より古い形態であった可能性がある）(表4-3)(図2-12c)(図5-38d)

図 4-8：平野神社本殿の位置

a：境内の西北（戌亥）隅に社殿が配置されている。本殿は東面し、これは宮中神であることを示す（伊勢皇大神宮土宮、北辰妙見社上宮も東面）。（WSより引用）　b：紫宸殿と同じように本殿前に「左近の桜、右近の橘」が植えられている（広瀬大忌神も同様）。

表 4-2：平安京大極殿を基点とする距離と方位角

地点	緯度	経度	距離（m）	方位角
平安京大極殿跡	350107	1354432	0	0
平野神社	350158	1354356	1818	3295140

＊神泉苑の位置（築造当初の乾臨閣あるいは閼伽井か）を特定することは困難なため計算には取り上げていない。

表 4-3：設計の比較

設計	年代（西暦）	北極星（の宮）	北斗七星の宮	方位角（°）	方位
北斗図	天武十年(681)辛巳	多々良山	北辰妙見社	324	亥に近似
伊勢神宮	文武二年(698)戊戌	内宮	外宮	330	亥
平安京	延暦十三年(794)甲戌	大極殿	平野神社	330	亥

＊北斗図は北斗七星と多々良山を意味する。北斗図が描かれた当時の北辰妙見社の実態は不明。　＊伊勢神宮は内宮と外宮を含む。（表4-7）（表5-22、5-23）　＊北斗図と伊勢神宮の創建には「一九年七閏法」の聖数関係が成立している。＊36（361-324）は道教の聖数。

平野と平群と和氏

平野と平群（奈良県生駒郡平群町）が文字の上からも似ていることから、平野が平群に由来する可能性が考えられます。
平群（谷）は西に生駒山、信貴山、東は矢田丘陵に囲まれた平野で、在原業平の和歌で有名な竜田川（生駒郡斑鳩町竜田）が南流して大和川に合流します。(76-1)
武内宿禰を氏祖とする平群氏が支配した土地であり、土師氏が居住した土地でもありました。
久度は大きく蛇行した大和川を挟んで平群谷の入口に位置し、平群、久度、平野のいずれにも、その背景に土師氏（大枝氏）の存在があります。（図 4-10a）(148-78)
『平群町史』には、平郡（平群）とは辺鄙（隅）の意味で大和の西北隅にあたることに由来した地名、とあり平野の地名について示唆に富む記述があります。
「平群」（へぐり）、という地名は、もと、「平郡」（へぐに）、であった可能性が強い。山城の乙訓（おとくに）郡の「訓」は、もと、「国」くに の意と考えられ、その「国」はまた、語源的には、「郡」とも通じているものであろう。伊勢国員弁郡に、平群神社があるが、この社の事について、『古事記伝』が、或人の説として、これを「平郡神社」とあらわしているのも、全くの誤写とのみ言えないものがある。つまり、「平群」と「平郡」とは、文字の上ばかりでもなく、日本語としても、まぎれ易く、また意味の上でも、相通う性質があるのである。そして、「平郡」とは、「辺鄙」の意で、大和の西北隅に当たることから来た名ではあるまいか。(76-4)

平野神社も平安京の西北隅（戌亥）に位置し、本殿はさらに境内の西北隅に位置しています。（図4-8a）
平群の地名が大和の西北隅に位置することに由来するという説から、平野神社の平野も平群と同じく平安京の西北隅に位置することに由来する可能性が考えられます。

大炊寮にあった大八嶋竈神が後になって平野神と置き換えることができたのも、平野が平群や平郡と同じく国土（大八嶋）の一部を表す言葉であったから、といえるかも知れません。

平安京の西北隅に位置し、さらにその境内の西北隅に本殿が位置する平野神社、その元を辿れば久度と平群の地は大和の国の西北隅に位置していました。

大和から平安京へ遷座しても、やはり西北隅に祀られたことに意味があり、平野神社の平野は傾斜地の意味ではなく、竈神は西北に祀る「戌亥の信仰」に基づく名称であった可能性があります。（567-95）

創建された社地には平野の地名はなかったにもかかわらず、『一代要記』（後宇多天皇の御代に成立した年代記）では当初から平野と呼ばれていたことから、平安京の「戌亥の隅を平野」（平群／辺鄙の意味で）と名付けた可能性があります。（485-18, -35）

　桓武天皇の生母・高野新笠の出自・和氏は、今来漢人と総称される渡来系氏族で、大和国今来郡（奈良県高鳥町）、平群郡（北葛城郡王寺町）などに居住していました。（94-50）

その平群郡には、一般的に椹（あてぎ／きぬた／さわら）と読むところを椹原と読む珍しい地名があり、これは山口盆地を流れる椹野川と同じで、地上絵を描いたと推測される土師氏が平群郡の出身であった可能性を考えさせます。（図4-9）（105-528）（155）

椹野川を「不死の川」とする根拠

1. 地上絵が描かれた当時、不老不死を説く神仙思想が隆盛した。
2. 神仙思想から富士川（不尽河）と呼んだ例があり、不尽は不死に通じる。（カグヤヒメ）（105-503）（389-67）（391-2-258）
3. 周芳山口は土師氏が居住した所であり、不老不死の象徴・蛇を祖霊とした。（原始蛇信仰）
4. 河内丹比郡は土師氏の本貫地で、タジヒは不老不死の象徴・マムシの古語であった。（タジヒは「處霊」でハジと通用）
5. 毛利邸（大枝／大江氏）のナギカワ（不老不死コブラの神霊化）は不死の川と同じ。（元就はマムシドノと呼ばれていた）
6. 土師氏が居住した河内餌香市の聖樹・橘は、不老不死の神仙秘薬・トキジクノカグノコノミと呼ばれた。
7. 蘇りの象徴・鳳凰が羽を翻す周芳国は常世国に相応しい。（鳳凰図／鳳翻山）
8. 北斗七星は無窮（永遠／トキジク）を示すことから、北斗図が描かれた周芳国は不死の常世国と見做された可能性がある。
9. 不老不死の象徴・竈神と土師氏は「土徳」で繋がる。（李少君の故事／竈神と土公神）
10. 土師氏には不老不死を象徴する伝承、逸話が多く認められる。
11. 周芳国は不老不死の常世と見做された形跡があり、不死の川は常世に相応しい。（伊勢との対比）（105-492）
12. 東北から西南に至る九星「八白土気」「五黄土気」「二黒土気」の軸は不老不死の「土気」の軸で、椹野川の流路に一致する。（第4章／不老不死を目指した桓武天皇）

図 4-9：椹野川周辺

a：遠く高倉山（中央奥）と泉香寺山（右）を望む椹野川の河川敷公園。　b：椹野川（不死の川）は、その名の通り再生を象徴して夕焼けに真赤に染まる。いつの世も不老長生、再生を願う人の心は変わらない。　c：フシノキ、カチノキ、とも呼ばれるヌルデ（白膠木）の紅葉。　＊カチノキの名称は、物部守屋との戦で聖徳太子が戦勝を祈願して白膠木で仏像を造ったことに由来する。　＊椹野川の「フシ」は五倍子に由来する可能性もあるが、本書では地上絵との関係から「不死の川（フシノカワ）」としている。　d：五倍子（ふしのき）の名称はヌルデシロアブラムシが寄生してできる虫こぶ（虫癭）を生薬（歯痛／腹通）あるいは染料（鉄漿）として五倍子（付子）と呼ぶことに由来する。トリカブトの根の「附子」と混同しやすい。（229-292）（231-1-194）（538）

　椹原には式内社の御櫛神社（みくし）（平群郡椹原金垣内）があり、春日造りの本殿の棟には千木と鰹木がおかれ格式の高さが判ります。（図4-10）
その神具庫には、湯釜が俣管され竈神と関係しそうです。（竈を移すことは困難なため、移動の便から釜を神座（かみくら）としていた）（76-666）（263-362）
また、石上神宮にも湯立神事（盟神探湯（くがたち））を行う際に用いる鋳鉄製の羽釜（はがま）があることから、御櫛神社の湯釜も類似の祭祀に用いられた可能性があります。（126-55）
盟神探湯とは神意を問うための占卜の一つで、巫女が笹や幣串（へいくし）を沸かした湯に浸して神憑りの状態になり託宣を行う神道の儀式です。（400-3）

第4章　地上絵から空間設計の問題へ　　279

図 4-10：椣原周辺

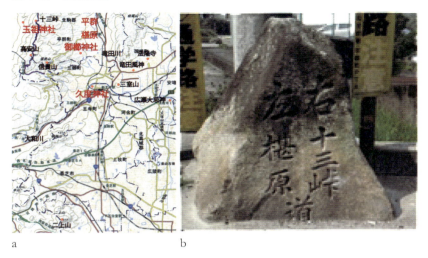

a b

c c

a：地形図上での再現（描点、設計線は必ずしも正確ではない）。　b：椣原への標柱（左椣原、右十三峠）。　十三峠を越えると周芳一宮大崎玉祖神社から玉祖命を勧請した高安玉祖神社がある。久度神社も高安玉祖神社も交通の要衝としても戦略的にも重要な位置にある。　c：御櫛神社拝殿（本殿は隠れてみえない）。　d：保存されている湯釜には「和 珎 平群郡椣原明神御湯釜……」と刻字があり竈神の祭祀が行われたことを連想させ、久度神社と関係するか。盟神探湯が行われた可能性もある。(76-666)（400-2）

平野とは竈神の名か？

　吉野裕子氏は、平野を竈神の神名としています（根拠が不明）。(263-365)(567-94)
しかし、これは平野神社の竈神（久度・古開両神）を宮中の大炊寮に移祀した後の名称と推測され、平野を竈神の代名詞として使っている可能性が高く、平野が久度神や古開神と同じように竈神の名前であるとは断定できません。
「平野」が何に由来するのか、もう少し詳細に検討する必要があります。
内裏の内膳司には平野・庭火・忌火三神の三所のカマドがあった。天皇が退位されて院に移られると、内膳司からその天皇の在位中の竈神（つまりカマド）は院の方に渡御され、新しい天皇のために新しく竈神がまつられることになっていた。……庭火と宮比とは音が極めて近く、宮比神は庭火神と推測される。(567-94)

　竈神が重視された理由の一つは、天皇（神態）の食事は忌火と呼ばれる神聖な浄火で作る特別な食事だったからです。（官職名の読みは日本古代官職辞典によった）
忌火とは「神態」の御飯を炊くために鑽りだした神聖な浄火であり、庭火とは「尋常御飯」を炊く火をいう。ともに内膳司にあり、大炊寮の大八嶋竈神（後に平野神）と三位一体の関係にある。(105-407)(116-128)(127-606)

この中で大炊寮の大八嶋竈神が後に平野神となっている点が重要です。

大八嶋竈神が平野となっていることから、平野とは大八嶋を指す言葉ではないか、平野とは日本の国土を指す言葉ではないか、などの疑問が浮びます。

大炊寮が神事・仏会、宴会などの際の調理、諸司の食料、また諸国から収納される米に関することを担当することからも、平野が日本の国土を指し大八嶋の名称に取って代わった可能性が考えられます。

　一方、天皇の聖化に直接かかわる忌火と庭火の竈神はいわば「天つ竈神」、諸国から収納される米に関することを担当する平野は「国つ竈神」といえるかも知れません。

平野神社の平野は宮中の大炊寮の大八嶋竈神の名称から取って代わった平野に由来する可能性がありますが、しかし、既述した『一代要記』に「延暦十三年甲戌、今年始めて平野社を造る」の記事の内容とは異なることになります。(485-18)

とすると、もともと平野とは「広い平野（へいや）」（国土）の意味で使われ、それが大炊寮の大八嶋竈神の「大八嶋」に取って代わったことになるかも知れません。

このように平野を考えると、宮中の竈神が三位一体とされているにも関わらず所属する役所が異なることも説明がつきます。

　竈神の属する官司は、以下の通りです。

宮内省　内膳司（ないぜんし）：供御（くご）（＝天皇の食事）の調理を担当。忌火、庭火の二竈神。(1-173)

　　　　大炊寮：神事・仏会、宴会などの際の調理、諸司の食料、また諸国から収納される米に関することを担当。

　　　　　　　大八嶋竈神（後に平野神『延喜式』以後？ 927年）。(1-167)

　　　　主殿寮（とのもりょう）：御湯舎（おゆどの）（湯を沸かす釜殿あるいはかなえ殿）。(1-169)

　竈（釜／竈神／釜で沸かした湯）は天皇の聖化の根元で即位のたびに内裏の内膳司に忌火神、庭火神、平野神の竈が築かれ、天皇はこの釜（竈）で沸かした湯しか召されなかったため退位すると竈は内膳司から院に移された、と『古代伝承と宮廷祭祀』にあります。(黄泉戸喫（よもつへぐい）／黄泉の国で煮炊きしたものを食べると再び現世には戻れない／135-803)

下記の文中、大刀契（だいとけい）とは南北朝時代に失われた三種の神器につぐ宝器で、大刀二口と数種の割符（わりふ）を指します。

　（天皇の聖化の根元とも考えられていた釜は）天皇の長期の行幸にも動座にも、ちょうど三種神器や大刀契などのようなレガリヤに準じたもののような形で、伴われたことがわかる。天皇はこの釜の湯のみしか召されなかったからである。

(傍点著者)(263-363)

　竈（釜／竈神）は王権を象徴する「三種の神器」よりも、より根源的であった可能性があります。(図4-11)

その著名な例に、竈神の象徴として古代中国の夏（か）(BC1900〜BC1600)の禹王（うおう）が用いた九鼎（きゅうてい）があげられる、と松前健氏は述べています。(263-362)

前作では、天智朝で八つの鼎（かなえ）が自然に鳴った記事を取り上げました。(105-128)(491-2-226)

鼎が鳴ることについて「王行志」には、周威烈王（いれつ）二十三年(BC403年)九鼎が震動した話があります。(554-161)

また「人々が不安にかられれば金属が勝手に鳴る」と警告する記述もあり、八鼎が自然に鳴った天智十年の世情を暗示するようです。(554-202)

鼎は宗廟の宝器である。宗廟が廃されようとし、宝器の鼎が遷されようとしている。だから震動したのである。……その後、秦は周を滅ぼして九鼎を奪い取った。九鼎が震動したのは、……民心を失うこと甚だしかったからである。

図 4-11：鼎

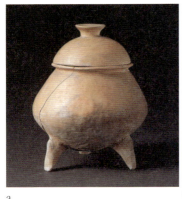

a　　　　　　　　　　b

a：大汶口文化前期(6100～4600年前)の最も原初的な紅陶罐形鼎。(526-32)　b：春秋あるいは戦国期(BC770～BC221)の蟠螭文鼎。(160-10)

　釜は天皇命を継承するのになくてはならない存在で、天皇の聖化の根元と考えられていました。
「火」が聖化の根元であることについて、古代人は、火の浄・不浄を特に注意し、清浄な火、即ち神聖な火鑽具で鑽り出した新しい火で神饌を炊き、これが常設化してカマドの神となったものであろう、と松前健氏は述べています。(不滅の法灯)(66-222)(263-365)
同じように「湯浴(ゆあみ／入浴)」も天子が神格化される重要な行事で、御湯殿での儀式(邪を祓う鳴弦)は特に盛大であった、と小金丸研一氏は指摘しています。(150-255)
このような「火」と「水」による聖化は東大寺二月堂のお水取りに顕著に認められます。(366-79)

　出雲国造家(出雲大社／島根県出雲市)では、国造の職を継承するために火継、あるいは神火相続と呼ばれる厳重な儀式が行われています。(図4-12)(32-203)(263-364)
それは、意宇郡(松江市八束郡)の熊野大神・櫛御気野尊から授けられた火鑽臼・火鑽杵(火神の象徴物)で鑽りだした火で潔斎し、清浄な躰で大国主神に奉仕しなければならないからです。(150-147)(263-364)
クシミケノミコトとは御食、すなわち食事を司る神(穀霊神)で竈神とは当然に密接な関係にあります。(335-129)
国造が死去(神去りという)するや、その嗣子は一昼夜をおかずただちに、国造家に古代から伝わる火鑽臼・火鑽杵をもって国造館を出発し、昔の意宇郡、今の八束郡の熊野大社に参向する。そして熊野大社の火燧殿で、この臼と杵とにより神火を鑽り出し、その火で調理した斎食を新国造が食べることによって、始めて出雲国造となるのである。(32-204)

図 4-12：熊野大社と神魂神社

a　　　　　　　　　　b

a：日本火出初之社と呼ばれる熊野大社（松江市八雲町）。祭神・クシミケノミコトは食物神で豊受大神、北斗七星と同じ神格。　b：熊野大社鑽火殿には出雲国造の火継式に使われる燧杵と燧臼が保管されている。(392-9)　c：熊野大社のさざれ石（石灰質角礫岩／小石の隙間を炭酸カルシウムや水酸化鉄が埋めて岩塊になった）で、悠久の時を象徴する。　d：神魂神社（松江市大庭町）で明治初年まで火継式（神火相続式）が行われた。明治初年まで火継式（神火相続式）が行われた。

　竈を解字すると「穴＋ 一 ＋黽（細長いヘビ）」であり、土で築いて細長い煙穴を通すことを指し、この煙穴の神格化が久度神であることは既述した通りです。(105-407)(155)

『字統』には、火正祝融を竈に祀る、すなわち竈は火神を祀る場所で、大いに畏敬され年末には鄭重に祀った、とあります。(412-550)

竈神が畏れられた一つの理由は、人間の運命を左右する神であると考えられていたからです。(553-60)

句茫は戸に祀り、祝融は竈に祀り……それぞれの神の祀所をいう。祝融は火神であるから、これを竈に祀る。……竈神は老婦とよばれる婦人の神で、竈王に配祀される。年末には上天して、家族の年間の功過の成績を上帝に報告するというので、大いに畏敬され、年末には鄭重にこれを祀ったものである。

文中、「竈神は老婦」の老は「土気」、婦人は「坤」として「土気」あるいは火処として「火気」で、「土気」の強化あるいは「火生土の法則」が成立します。（老は「五黄土気」の象意）

したがって、竈神は「土気」竈中の黄土（おうど／こうど）と「火気」女神でもあり、『西陽雑爼』にも「竈神は美女」として以下の説明があります。

竈神は名を隗と言う。姿は美女のようである。……竈神は晦日に天に帰り、人の素行の善悪、罪状などを天帝に告げて、再び天上より地上に帰来する。その日、祭祀をすれば、福を得る。(108-3-14)

　竈神は土公神（陰陽道）とも呼ばれる土を司る神（土徳）で、季節ごとに春は竈、夏は門、秋は井戸、冬は庭へ移動すると考えられていました。（後述する宅神では竈神と土公神を区別している）（図4-13）(142-108)

『論語』には『礼記』「月令」を引いて、竈神は五祀の中で孟夏に祀る火神とあります。(546-71)

季節ごとに移動する考えは、四時（春夏秋冬）に配当される土用（辰・未・戌・丑）に由来すると推測され、「土徳」土師氏と竈神（土公神）は「土気」を介して直接に結び付く可能性があります。(368-56)

つまり、竈神は土師氏の奉斉した神で、桓武天皇（生母・高野新笠の母が土師氏）が平安遷都と同時に平野神社を創建したことを説明できそうです。（桓武天皇については後述）

「四時」とは時間と空間の「境界」「隅」を意味し、「戌亥の隅」への信仰と竈神は「土用」、すなわち時間と空間の境界（変化宮／隅）を恐れる思想信仰に由来する可能性があります。

これは「土用」の一つ丑寅（冬と春の境界／夜と昼の境界）である鬼門を恐れるのと同じ思想信仰ではないか、などの疑問が起こります。（四立の前18日間を土用とする）

　古代日本では戌亥（方角と場所）に対する恐れが強く大陸から伝来した鬼門の思想以上に恐れ慎み、なぜか

第4章　地上絵から空間設計の問題へ　　283

戌亥に訪れてくる神々を祭祀するために隅に甕を掘り据えている、と三谷栄一氏は疑問を呈しています。(268-1、-85)(369-78)

「戌亥の信仰」とは、戌亥すなわち西北隅は「福・徳・幸」をもたらす祖霊が降臨する場所と考える信仰で、祖霊神であり田の神である倉や福徳を司る神の信仰の上に、方位説と習合して祖霊の去来する方角、鎮まる方角とする信仰が生れたようです。(268-28)

「戌亥の隅」の唱え詞章(戌亥の隅に瓶七つ……稲辺の隅の甕ならべ……わく泉となる)には、神の霊が籠ったり降臨すると考えた壺や甕、境界における予祝儀礼に使用された甕などが歌われています。(祖神を「にその神」とし十一月二十三日の神つまり屋敷神は祖霊を祀った)(5-175)(268-73、268-83)

その詞章のはるかな淵源を窺わせるものに中国の西晋時代(265〜316)の穀倉と呼ばれる瓷器があり、その四隅(土用)に壺(甕)が置かれていることに注目する必要があります。(図4-13)
三谷栄一氏が疑問を呈した「戌亥の隅に掘り据えた甕」の由来かも知れません。
穀倉は五穀豊穣を願う造形である、と宗竹仙氏は指摘していますので、「戌亥の信仰」と結びつきます。
西晋朝の明器として代表的な磁器の穀倉で、大壺に小壺4個を載せ、楼閣を取り巻く奏楽隊やハトの乱舞、家畜の貼花と、誠に賑やかな永世の五穀豊穣を願う大作である。(362-14)

図4-13:穀倉(西晋時代の古越磁器)と田の神

a:灰釉堆塑貼花穀倉(高44cm)四隅(矢印)に甕が置かれている。(362-14) ＊灰釉は木の灰を釉薬に用いた、黒釉は鉄分を多く含む釉薬、堆塑とは粘土を盛り上げて形作る技法、貼花とは粘土で作った模様を張りつける技法。(286-62)(362) b:畑の西北隅に立てられた田の神への御幣。

a　b

大殿祭(天子の平常の殿舎の四隅を祀る)でも、宮殿の四隅の精霊に供物する儀式を取り上げ神が降臨することを述べています。(268-217)

亥の神は田の神であるばかりでなく、倉や福徳を司る神という信仰が強かったのである。……しかも共に一方は祖霊神と考えられるものであり、また他方は祖霊神の神使とみられ、霊界と深い関係のあるものであった。その祖霊神の坐す彼方が漠然とした西方を考えていたところに、大陸からの方位説が輸入されて、ヰの方角とかイの方角と説かれるや、亥の神や犬の神の信仰とも一緒になって、戌亥の方角が一層祖霊の去来する方角、鎮まります彼方と、考えられてきたのではなかったかと思われるのである。(268-159)

『日向風土記』にも「隅」の重視が語られ『万葉集』にも八隅知之和期大王(国の隅々まで支配した大王)とあって隅に対する信仰が想像以上に強い、と指摘しています。(268-219)(331-6-39)
三谷栄一氏の指摘は「平野」の由来を考える上で示唆に富み、家から国土まで隅が重視され「天日隅宮(出雲大社)のように隅に神が坐ます」とされたことは、平安京の西北すなわち戌亥の隅に神(祖神)の降臨する宮を創建し平野と名付けたことの根拠になり得ます。(山口盆地に描かれた象限と西北隅の問題)
つまり八隅知之和期大王の言葉の通り、平野とは国土、地域の「隅」(土用)を表す言葉であった可能性があり、五形図の描点が西北(土用の領分の一つ/土徳・土師氏の領分)に偏在している理由を、「西北の隅」「戌亥の信仰」から説明できそうな期待があります。(大崎玉祖神社と平野日吉神社の位置関係)(図4-14)

図 4-14：十二支と後天易の凹隅

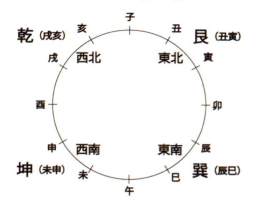

　問題が大きくなりましたので、ここで整理しておきます。
1. 平野を竈神の名前とする根拠は見出せない。
2. 平野は国土、地域の「隅」（土用）を表す言葉であった可能性がある。
3. 「四隅」すなわち「乾」「艮」「巽」「坤」は「土気」（土用）の領分で、「土徳」土師氏の領分といえる。
4. 五形図の描点が西北に偏在している理由を、「隅」の信仰から説明できる可能性がある。
5. 土師氏と竈神（土公神）は「土気」を介して結び付く可能性がある。（368-56）
6. 桓武天皇の「土徳」から平野神社（竈神）の創建を説明できる可能性がある。
7. 土師氏と「隅」への信仰と竈神は土用、すなわち時間と空間の境界を恐れる信仰に由来するのではないか。

くり返される巽乾軸——戌亥（乾／西北）と辰巳（巽／東南）

　竈神以外にも北斗七星を始め石灰壇、巽乾軸の設計、など西北に祀るもの、あるいは西北を目指すものが史料に多く認められます。（道教の星神信仰／竈神／戌亥の信仰）（105-70）
これは『易経』「説卦伝」の「乾」と九星「六白金気」の象意を根拠にしていると考えられます。
あるいは『淮南子』「天文訓」には、世界は西北に高くなった、とする記述があり西北を重視する思想が生れたのかも知れません。
あるいはまた、大陸から陰陽五行思想が伝来する以前から我国に存在したとされる「戌亥の信仰」を根拠として考えることもできます。（268-219）
むかしのこと、共工は顓頊（五帝の一）と帝位を争い、激怒のあげくに（西北にある）不周山にぶつかった。ために天柱（天を支える柱）は折れ、地維（地をつなぐ綱）は絶ちきれた。そこで天は西北に傾き、日月星辰もその方向に移った。また、地は東南がおちこみ、雨水や塵埃はこの方向に帰することとなった。（210-1-131）

　後述する紫宸殿（古くは太極殿）の西北に築かれた清涼殿の石灰壇も竈神の性格を有する可能性があります。清涼殿の東南隅（辰巳）に築かれた石灰壇のさらに東南隅に築かれた地炉（塵壺）は「建物の中の地面」と喩えられていることからも、地炉とは後述するミヤヒ神すなわち庭火神を象徴する呪具ではないか、地炉の地とは地門「巽」の意味ではないか、などの疑問があります。（第5章／石灰壇と北斗七星の祀りに見る設計思想）
炉と竈は同じ意味であることから、石灰壇の地炉とは竈神を象徴する可能性もあります。
石灰壇での遥拝は「たつみにむかひて」とあり、東南（辰巳）に向かって行うものと規定されていたのは、東南のハハキ神（アマテラスの宮地の守護神）に相対している証拠ではないか、と疑問になります。（567-95）
　さらに、宮中で西北の方位を重視する例には、襲芳舎があります。
宮中でも清涼殿の襲芳舎を「雷鳴壺」といっている。雷鳴の時、天皇此処に渡御し、滝口などを召して鳴弦させたので此の名があると伝える。それにしても、なぜ雷鳴のときわざわざ西北隅の御殿に移動されたのか。古い忘却された信

仰があったと見なくてはなるまい。(263-17)

　雷鳴の時、戌亥（西北）にある襲芳舎に移動することで雷を避けることができる、これが襲芳舎へ移動する理由になります。(557-136)

その根拠は、西北（戌亥）は東南（辰巳）の対中になり、対中し相対するものは激しく対立する五行の法則です。(第2章末／陰陽五行思想概略)（図4-14）

すなわち、辰巳（四緑木気）とは龍蛇の座で雷や虹と同じ「木気」に配当され、「金気」（六白金気）に配当される戌亥との間に「金剋木の法則」が成立し「金気」戌亥が「木気」辰巳を打ち負かす、すなわち西北にある「金気」襲芳舎が東南の「木気」雷を打ち負かすことになります。(5-70)(105-131)

上記の「古い忘却された信仰」ではなく、五行の法則による行動です。

　さらに、大内裏の宮内省の西北には、遷都以前の神社で神託により宮内省内にそのまま鎮祭した園韓神社（そのからかみ）の伝承があり、やはり西北が重視されていることが判ります。(33-583)

　伊勢皇大神宮の西北にミヤヒ神（庭火神（にわひ））が鎮座し東南のハハキ神と相対していることを根拠に、西北はカマドの座、とする説もあります。(567-95)

ハハキ神とは矢乃波波木神（屋乃波比伎神）（やのははき）でアマテラスの宮地の守護神（伊勢大神は蛇神）とされます。(576-167)

蛇の古語「ハハ」を含むハハキとは蛇樹で、同じ言葉には波波迦（ははか）（ウワミズサクラ）、羽曳野（はびきの）（ハハキからハヒキ／大阪府）や伯耆（ハハキからハフキ／鳥取県）、箒（ほうき）（ハフキからホウキ）、朴（ホオノキ）などがあります。（これらが「ハハ」から派生しているとは俄には信じがたい）（図4-15）(105-545)

図4-15：蛇の古語「ハハ」の変化

a

b

c

d

a：天岩戸神社（奈良県橿原市）境内の天の波波迦（ハハカ）の木。　b：雄大な伯耆（ホウキ）大山（標高1729m／鳥取県大山町）。c：朴の木（ホオノキ）／岡山県立森林公園（岡山県苫田郡鏡野町／鏡は蛇身／南都鏡神社／鏡宮神社）。　d：ハハキからハフキ、ホウキへの変化。　＊『古語拾遺』に「大蛇の古語を羽羽という」とある。(105-538、105-571)(567-84)

平安京の神泉苑について

　平野神社－大極殿の延長線上に存在した神泉苑についての資料は乏しく、実態はよく判りません。神泉苑は東西二町（約220m）、南北四町（約440m）におよぶ広大な苑池で、封境広大にして天子遊覧の地なり、と『都名所図会』にあります。(図4-7b) (237-148) (443-162) (447-104)

『平安京図会』「復元模型の巻」で確認すると、神泉苑と東寺は南北軸上に設計され、同じ広さ（東寺の2倍とする説もある）であったことが判ります。（平安京創建当時から洛中で現存するのは神泉苑と東寺しかない／西寺と南北軸上に設計された苑池が存在した記録はなく平野神社－大極殿－神泉苑の設計が特殊であることを示唆する）(71-146) (77)

神泉苑は、東西二町、南北四町で、計八町の広さをもつ広大な苑池であった。……神泉苑には樹木が繁茂し、鳥が群生し、鹿なども放たれていて、渤海使者が持ってきた犬でこれを追わせたこともあった。池には水鳥が遊び、底の浅い高瀬舟を三艘浮かべたこともある。建物としては竜池閣（乾臨閣とも）があり、その名の通り唐風の楼閣であったのだろう。(237-147)

　正史での初出は『日本紀略』に載る延暦十九年(800)庚辰七月丁酉朔乙卯(19)の行幸記事で、おそらく竣工の記録と推測されます。(318-157)
前年の記事には「豊楽院が未だ完成しない」とあり、遷都以来、建設工事が進んでいたと考えられています。（造宮職は延暦十二年三月十二日から大同元年二月三日まで設置）

図4-16：神泉苑と船岡山

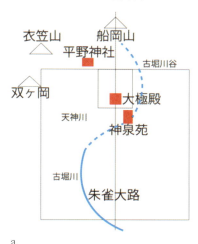

a

b

c

a：神泉苑－大極殿－平野神社を結ぶ設計線と古堀川。　b：船岡山から望む双ヶ岡（左↓）と衣笠山（右↓）。　c：船岡山磐座（チャート）。　チャート（角岩）は、海底で動物の殻や骨片が堆積してできた岩石で、非常に硬く層状をなすことが多い。(173-208)　いずれも平安京を設計する上で、船岡山は朱雀大路（南北軸）、衣笠山は右京の南北軸（西京極大路）、双ヶ岡は一条の東西軸（一条大路）の基点となった。南北軸上に存在したとされる朝堂院の位置が不正確であるため、大極殿の位置を基点とした。大内政弘が応仁の乱で布陣した伝承があり、西陣の由来になった。

神泉苑の池は、古堀川谷を堰き止めて造られた人口池とする説、あるいは古京都湖の一部が残された池とする説があります。（図 4-16a）（237-148）（516-213）

古京都湖とは、50万年以前に存在した湖で、京都盆地の特徴を語るときにしばしば引用される問題です。

しかし、平安京遷都直前の盆地は「湖底の風土」ではなく都を造るのに適した土地（8000年前には形成されていた）であり、当時の風水にも適う四神相応の土地であった、と地層の分析結果をもとに横山卓雄氏は指摘しています。（33-5）（516-83）

その指摘の通り船岡山の盤座（チャート）に触れるだけで、京都盆地が硬い岩盤の上に形成されたことを実感します。（図 4-16c）

『日本紀略』に「山河襟帯自然に城を作す」とされ、京都盆地が理想的な土地であることを記録しています。（189-2-268）（531-32）

地勢をみると、北および東西が山で南が開け、北部の山間を縫って流れくだる大小の水流が中央の盆地をうるおしている。つまりは「四神相応の地」であって、「山河襟帯自然（作）城」（延暦十三年十一月丁丑詔）の形容は誇張ではない。くわしくいえば、東に流水があるから青龍、南に沢畔があるから朱雀、北に山があるから玄武の諸徳を備え、北高南低の地勢はこれすなわち黒龍水性の地である。（245-208）

　本書では人工池とする説に従いますが、その根拠は京域の中心線は船岡山を基点として決定され、その線上に大極殿が設計されたと認められているからです。（図 4-16a）（245-203）

偶然残っていた古京都湖の一部を基点として、その西北に大極殿を設計したと考えるのは主客転倒した話になり、大極殿の位置が決定された後に、その東南に神泉苑を造るように古堀川谷を堰き止めた、とするのが当時の思想信仰から考えても合理的です。（大極殿は延暦十五年に完成）（189-2-269）

そのように考えることで、大極殿を挟んで東南に神泉苑を西北に平野神社を設計する、神泉苑は大極殿の東南に平野神社は大極殿の西北でなければならない、設計者の強い意志が感じられます。

　後述するように、遷都を決定した背景には当時の天命思想、神仙思想があり、その思想は京域の設計にも貫かれているはずです。

平野神社－大極殿－神泉苑を結ぶ設計は、神仙思想を背景に考案された平安京にとっては不可欠な設計であった、といえそうです。（51-114）

周の文王の霊囿に譬える説もありますが、桓武天皇が傾倒した漢武帝の甘泉宮に擬えて造営したとする説が有力です。（443-145）（485-18）

　以上の事柄は、平野神社の社伝に載る遷都と同時期に創建された記録を逆に支持することになります。

神泉苑の乾臨閣は道観か

　道観とは老子（太上老君）を祀った道教寺院を指し、桓武天皇より約200年前に用明天皇（在位585〜587）が磐余（桜井市西南方）に池辺双槻宮を、約130年前には斉明天皇（在位654〜661）が多武峰（桜井市南部）に両槻宮（天宮）を建てた例があり、これらは道観であったと福永光司氏は指摘しています。

斉明天皇（皇極重祚655〜661）も武帝をそっくり真似て吉野から来る神仙を待ちうけて、多武峰に「天宮」と呼ぶ道教の寺院の観（道観）を造って、不死の薬を貰おうとした。（54-132）

この「天宮」とは、中国六朝時代に成立した『老子中経』などに登場する用語である。神仙になったものしか行けない、天上世界の宮殿のことである。飛鳥人たちは、天皇や皇子は神界と人界の間を行き来できる神、つまり神仙と考えていたようだ。『万葉集』に登場する「大君は神にしませば」の表現も、それを意味すると思われる。（53-89）

　道教が伝来したのは古く、その影響を強く受けた陰陽道の歴史の中で第一期は大和朝廷統一国家以前で、桓武朝から始まる第三期は日本的な陰陽道が形成されていく時期である、と村山修一氏は指摘しています。（292-

1-17）（378-52）

桓武天皇は、帰化系の生母（高野新笠／土師氏）の影響もあって中国の陰陽道・儒教等に関心が深く、光仁天皇の即位を中国の革命思想をもって意義づけされた、とも述べています。（292-1-27）

福永光司氏は、生母の諡号にも道教の影響が強いと指摘しています。（53-229）

『続日本紀』によれば、天高知日之子姫尊と諡されたとあり、この諡は姫の遠祖である百済の都慕王が河伯の女の、日の精に感じて生んだ子供であるために、それにちなんで付けられた名前であると附け加えられています（河伯とか「日の精に感ずる」とかいうのも中国の宗教思想－道教的な発想です）。（ルビ著者）

　神泉苑の北端には、両翼（釣殿／滝殿）を構えて南面した乾臨閣（竜池閣）と呼ばれる楼閣があり、上記の史実から道観であった可能性があります。（図4-7b）（77）

『書紀』では観を「たかどの」と読ませ、閣にもやはり「たかどの」の読みがあること、道観の観が時に「宮」「閣」「廟」などと呼ばれること、などから乾臨閣も道観であった可能性を否定できません。（仙人は高楼を好む。『史記』孝武本紀）（279-1-176）

「閣」を用いた道観の例に、中国四大名楼の一つ蓬莱閣（山東省蓬莱市）があります。（56-5）

蓬莱とは中国古代の想像上の神山（五神山または三神山）の一つで、山東地方の東海（渤海）中にあり仙人が住み不死の薬を造っていると信じられた蓬来仙宮（白楽天／長恨歌）を指します。（文中、真っ白は後述する瑞祥に関係する）（38-234）（218-1-81）

（五神山）その山の上にある宮殿はいずれも黄金や宝石で造られ、そこに棲む鳥や獣はみな真っ白で、また美しい珠玉の樹が生い茂っていて、その樹の花や果実はいずれもきわめて美味で、その果実を食べると、だれでも年をとらず死ぬこともない。

　私見では、乾臨閣に附随した両翼は「両槻」「双槻」を模して木連理と同じ陰陽相和の象徴とした可能性があり、『海内十洲記』には「東王父がいる扶桑の木は両根を同じくして偶生し、相ひ依倚す」とあります。（56-15）

「両根を同じくして偶生」の部分が木連理に相当し、陰陽相和（和合）した一組を主題にするのは道教の大きな特徴でした。（図2-15）（56-21）

　『仙人の研究』には、山の神格に従って壮麗な観（寺）を建てた、とあり道観と考えられる乾臨閣が築かれた平安京は後述するように長岡京から見て九星「八白土気」の都、すなわち「艮」で象徴される五神山にも匹敵する神聖な「山」として意識された可能性を考えます。（26-57）

高橋徹氏も『性霊集』に載る空海の七言詩「高台の神構は人力に非ず」を引いて、乾臨閣、釣殿、瀧殿は高い建物で、高殿建築は神仙との出会いの場であった、と指摘しています（道観とはしていない）。（443-163）

神泉苑と不老不死

　桓武天皇の神泉苑行幸の目的を考える場合、参考になるのが持統天皇の吉野行幸です。

持統天皇の吉野行幸と桓武天皇の交野行幸（百済王神社あるいは天神社）には同じ目的があった、とする説もあります。（56-156）

持統天皇（在位686〜697）は11年間に31回（禅譲後を含めると32回）吉野へ行幸し、偶然、桓武天皇が神泉苑へ行幸した回数と一致しています。（表4-5）

吉野裕子氏は、この行幸に関して広瀬・竜田大社と明日香、吉野宮（宮瀧遺跡）を結ぶ軸の重要性について、次のように述べています。

持統天皇の度々の行幸のあった吉野宮は「宮瀧遺跡」……宮瀧は首都明日香からは東南の「辰巳」に当たるが、この宮瀧と明日香を結ぶ線を延ばすと、大体、等距離の西北に広瀬・竜田の二大社がある。（568-213）

東南に位置する宮瀧と西北に位置する明日香、広瀬・竜田を強調していることから、巽乾軸を意識した指摘と考えられ、この関係が平野神社−大極殿−神泉苑にも当てはまります。
両者を比較すると、広瀬・竜田大社−明日香−吉野宮（宮瀧）と平野神社−平安京（大極殿）−神泉苑が明らかに対応し、両者ともに巽乾軸（先天易の配列では艮兌軸）を意識していることが判ります。（図 4-17）（表 4-4）

図 4-17：先天易（a）と後天易（b）の配置による西北と東南を結ぶ軸

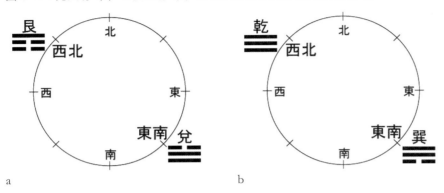

＊先天易と後天易の配置による表示で、用いられている言葉（艮、兌、乾、巽）は先天易のもの。（第2章末／陰陽五行思想概略）

表 4-4：西北と東南を結ぶ軸上の設計

天皇	西北	中央	東南	先天易	後天易
持統天皇	広瀬・竜田大社	明日香	吉野宮（宮瀧）	艮兌軸	巽乾軸
桓武天皇	平野神社	平安京（大極殿）	神泉苑	艮兌軸	巽乾軸

＊広瀬大忌神と平野神社には、共に「左近の桜、右近の橘」がある。線分（大極殿−平野神社）の方位角は330°で亥（乾・成亥）の方位になる。

　巽乾軸は先天易の配列でいえば図 4-17a のように「艮」（山）と「兌」（沢）を結ぶ艮兌軸になります。
『易経』「説卦伝」では「艮」（山）と「兌」（沢）は気脈を通じ合う、すなわち山沢通気と呼び「力をあわせてひとつのはたらきをなしとげる」とあり、「兌」（沢）に位置する神泉苑と「艮」（山）に位置する平野神社は「力をあわせてはたらく」ように設計されたと想像できます。（山、沢は後天易の用語）
大極殿を挟んで平野神社と神泉苑は気脈を通じる結果、観念的に平野神社を源とする「水」は神泉苑の「神泉（閼伽井）」から湧き出ることになります。（図 4-7c）
天地位を定め、山沢気を通じ、雷風相い薄り、水火相い射わずして、八卦相い錯わる。往を数うるは順にして、来を知るは逆なり。この故に易は逆数なり。……八卦を自然現象にひきあてて考えて見ると、天（乾）と地（坤）は上下に位置を定めながら互い牽きあい、山（艮）と沢（兌）は平地から見て凹凸相反する立場にありながらその気を通じあい、雷（震）と風（巽）とはたがいに迫りあってその威をはげしくし、水（坎）と火（離）とは全く相反する性質でありながらたがいに厭うことなく力をあわせてひとつのはたらきをなしとげる。このように八卦はその作用を公錯させることによって、つまりは八八、六十四卦を形成することによって、天下のあらゆる物事を包含しつくづのである。（傍点著者）（437-290）

　私見では、この思想は乾臨閣の両翼の名称すなわち釣殿（つりどの）と滝殿（たきどの）にも活かされていて、釣は「水を汲み上げること」に、滝は「水が流れ落ちること」に通じ、両者をあわせて「水の流れ」を表現しています。
この水は竜池を廻り、あたかも崑崙山の疏圃（そほ）にある池に灌ぐ黄水が三周してまた水源に戻る水の流れを模倣しているようです。（後述）（210-1-208）
「水が通じている」とする考えは、すでに東大寺二月堂（にがつどう）の修二会（しゅにえ）で行われるお水取りにも活かされ、若狭（わかさ）の音無川（おとなしかわ）（遠敷川（おにゅう）／鵜の瀬（うのせ））を水源とする閼伽（あか）（功徳水（くどくすい））を二月堂の閼伽井屋（あかいや）で汲み取る行事に認められます。

図4-18：閼伽井屋

a：若狭の音無川（遠敷川）を水源とする閼伽（功徳水／香水／甘泉）を汲み取る閼伽井屋。　b：閼伽井屋の下（若狭井）から飛び出したとされる白黒の2羽の鵜を模した瓦。（366-79、366-135）　鵜は神送り神事に関係した霊鳥。（571-218）　c：神泉苑閼伽井。神泉苑の御水取りは東寺から御修法の供僧が徒歩で参詣し、池中の善女龍王社の閼伽井（左↓／神泉の水源？）の水を柄杓で七杯半汲み上げ、これを東寺へ持ち帰って御香水として加持する（右↓は平安時代に貴族が乗ったとされる龍頭鷁首の船）。東寺真言宗神泉苑編『神泉苑のしおり』

この思想は、また、後述するように平城京から長岡京へ遷都する方位にも活かされています。
ちなみに、鵜の瀬（遠敷川／352651, 1354730）と二月堂閼伽井屋（344121, 1355038）の距離は84881m、方位角は1764605で南北軸が意識され、「水が通じている」という考えは、かなり正確な測量に基づいて創られた伝承と考えられます。（鵜の瀬の経度は実際には平城宮大極殿付近と一致することから、本来は大内裏での祭祀であった可能性がある）

　　持統天皇が吉野へ行幸した目的について、吉野裕子氏は月の不老不死の水「変若水（越水）」を得ることであったとし、その傍証として行幸と月齢の関係を指摘しています。（資料によって水の訓が異なる）（331-13-67）（568-219）
ちなみに、31回の行幸で16回は満月、十三夜、十八夜など月明のころでした。
道教の錬金術理論書『周易参同契』には方諸と呼ばれる器で月の水を取った話があり、中国古代の神話と地理を集めた『山海経』「海外南経」には不死民と赤泉の話があります。（38-595）（51-40）（427-138）
日本では『万葉集』に載る一首から、変若水の言葉が知識人に拡がっていたことが判ります。（神仙思想）
「変若水」は「復ち」つまり「若返り」を意味し、いつの世も若返りを願う素朴でせつない人の心は変わらないものですね。
天橋も　長くもがも　高山も　高くもがも
月よみの　持てるをち水　い取り来て　君に奉りて　をち得てしかも
天に通う天橋も長くあってほしいよ。高山も天に至る程高くあってほしいよ。そうしたら月の神の持っている若がえりの水を取って来て、君にさしあげて、若がえる事が出来たらな。（331-13-67）

福永光司氏は、吉野に住む神僊を飛鳥の道観に招きよせて不死の薬を貰おうとした、と指摘しています。（56-25）

漢の武帝の甘泉離宮（かんせんりきゅう）の延壽観（えんじゅかん）・益壽観（えきじゅかん）の両観をモデルにして、吉野の山中に住むという神僊を祭りによって招き寄せ、不死の薬を貰うことによって、天皇としての不老長生を計ったのが、『日本書紀』斉明天皇紀、二年九月条に「田身嶺に冠らしむるに周れる垣を以てし、復た嶺の上の両つの槻の樹の辺に観を起つ、号けて両槻宮とす。亦た天宮と曰ふ」とある両槻宮であろうと推定されます。（ルビ著者）（54-168）

　上記の甘泉離宮は秦の始皇帝が咸陽（かんよう）の西北・甘泉山に造営した宮殿で、後代、漢の武帝が拡張しました。

そこには延壽観・益壽観と呼ぶ道観があり、「延壽」「益壽」は桓武朝の年号「延暦」と同じ意味です。

甘泉の「甘」は五味「土気」に配当され、後述する不死を得る黄水（こうすい）（黄は「土気」）と同じで、甘泉も黄水も丹砂の溶けた不老不死の水になります。

『神農本草経』には、丹砂について「味は甘、永く服用すると老化しない」とあり、甘泉が丹砂の溶けた不老不死の水であることが判ります。（不老不死を得る仙薬の中で丹砂が第一とされた）（244-172）（253-23）

　道観である甘泉離宮を都の西北に造営する設計思想は、大極殿の西北に平野神社を設計することに活かされた可能性を考えます。

つまり、平野神社は道観ではないにしても、「延壽」「益壽」を期待した設計ではなかったのか、と考えて見たいのです。

また、神泉苑と名付けた背景に不老不死の甘泉の影響を考えることができます。（第2章末／陰陽五行思想概略）（443-144）

　表4-5の対応から、持統天皇は宮瀧で道教的祭天（昊天上帝を祀る）（こうてんじょうてい）を行って変若水を求め、桓武天皇は神泉苑の乾臨閣で祭天の儀式を行って不老不死の水（神泉）を閼伽井で求めた、そのように想像します。（閼伽井が当時から存在したかは不明）（図4-18c）

ちなみに、桓武天皇が神泉苑へ行幸した日の月齢をみると、31回の中で朔（新月）は8回、望が2回、十三夜が3回、十八夜が5回など上・下弦も含めて計21回が月明のころでした。（98-36-33）

表4-5：行幸と月明

天皇	行幸	方位	先天易	月明	求めた物
持統天皇	吉野	東南＝辰巳	兌（沢）	16回	変若水
桓武天皇	神泉苑	東南＝辰巳	兌（沢）	21回	神泉（黄水）

＊方位は、持統天皇の場合は藤原京、桓武天皇の場合は平安京大極殿を中心とする。

　平野神社の東南に隣接する北野天満宮境内には創建以前（835年か）から鎮座する地主社（じぬししゃ）（地祇を祀る）があり、天皇は大極殿から西北に位置する地主社を望拝した、とあります。（図4-6）（212-18）

この伝承と四方拝の礼法からも、乾臨閣から西北に位置する平野神社を望拝した可能性が考えられます。

四方拝は「北斗の呪（じゅ）」を唱えた後、天皇は北向されて天を拝し、ついで西北向されて地を再拝する、と福永光司氏は述べています。（四方拝については第5章／石灰壇と北斗七星の祀りにみる設計思想）（53-17）

竈神と地主社はともに道教が崇拝する神々（元始天尊／太上老君／北斗星など）であり、その位置から西北（戌亥／乾）方が重視されたことが判ります。（53-17）（142-108）

　『淮南子』「墜形訓」には崑崙山（こんろんさん）にある神泉の話があり、その東南から出る赤泉を含め「天帝の神泉」である、と記述され、西王母（せいおうぼ）の棲む崑崙山、東南、不老不死の黄水、天帝の神泉、など神泉苑を設計する手本にしたと思われる記述があります。（38-370）（210-1-208）

崑崙山のなかほどには九層の城楼があり……疏圃にある池には黄水がそそいでいる。黄水は三周してまた水源にもどる。これが丹水といわれるものであって、この水を飲めば不死を得る。……赤水は崑崙山の東南のすみに源を発して……四つの河川は、天帝の神泉であり、この水は百薬を調和し、万物を潤している。（ルビと傍点著者）

　権力者の最後の願望は不老不死ですから、持統天皇も桓武天皇も不老不死の変若水あるいは神泉（甘泉／黄水）を求めて、行幸を繰り返した可能性があります。（54-126）

つまり、桓武天皇が平野神社を創建したのは単に生母が信奉していたからではなく、道教の教義と李少君の故事に倣って「神仙に会って不死を得るために竈神を祀った」可能性があります。（426-269）

竈神を祀る平野神社は不老不死の「神泉の源」として大極殿の西北に創建され、その東南に平野神社から流れ出る神泉（神水／不老不死の水）を受ける神泉苑を造営した、と考えられます。（図4-18c）（586-149）

　平安時代以後の年中行事を記した『年中行事秘抄』には、立春の早朝に、天皇が若水を飲むとき「万歳不変水、急々如律令」と呪文を唱えるしきたりがあった、ことが載っています。（第3章／呪符木簡）（31-52）（56-126）

「急々如律令」とは、元は「急々に律令の如くに行え」とした法律用語で、いつしか道教の悪魔祓いの呪文の終りに添える常套句になった言葉です。（元は命令書の末尾の常套句）（51-191）

不変水とは変若水（赤泉／閼伽井）と考えられ、すでに不老不死を求めることが行事化されていたことが判ります

　道教の神学教理では「天と地と水」を三官大神と称して重要視し、この神に対して罪過を自首（懺悔）し精神の安らぎを得る方法を述べています。（56-266）（217-70）

道教の神学教理では、人間に天と地と水に対して罪を重ねることなしには、この世にいきられないとします。……その犯罪行為は絶えず天地水の三官（三官大神）によって取り調べを受け裁かれている。だから人間はその三官大神におのれの罪過を自首し、罪の許しを請うことによって初めて精神の安らぎを得、身体の健康を得て天授の寿命を全うすることができる。

　延暦十九年、遊猟が激減し竣工したばかりの神泉苑への行幸が始まったのは、すでに体力の衰えを感じていた桓武天皇（満64歳）が、自己の人生に関係して非業の死をとげた荒ぶる魂魄を鎮めるためではなかったのか、とも想像できます。（64は大成の卦が一巡した数）（表4-14）

怨霊（井上廃后／他戸廃太子／早良親王）への恐怖と刻殺されるかも知れない死への不安から解放され、精神の安らぎを得るためには、鷹狩のような激しい運動ではなく、静かに罪過を自首して天に許しを請うこと、不老不死の水を得ること、それが神泉苑行幸の目的であった、と想像します。（道教と仏教）（図2-31a）

あるいは、晩年になって仏教の殺生戒（生き物を殺してはいけないとした戒律）を実践した可能性も考えさせます。（313-23）

持統天皇の吉野行幸は11年間に31回（2.8回／年）の頻度で、桓武天皇の神泉苑行幸は吉野よりはるかに近いとしても5年間で31回（6.2回／年）の高頻度であることも、何か切羽詰った背景を感じさせます。

ちなみに、持統天皇が広瀬・竜田両大社へ、桓武天皇が平野神社へ行幸した記録はありません。（『日本紀略』天元四年二月以降の行幸記録）（485-24）

　さて、平野神社－大極殿－神泉苑を結ぶ軸は3つの施設で構成されていることから、崑崙山を模して仙境を現出させようとした設計ではなかったのか、という疑問が浮びます。（後述／凌雲寺跡）

その理由は、崑崙山は三級（三段）である、とする記述が宗教地理書『水経注』河水篇にあるからです。（51-20）

下記の文中、山形石（須弥山石）とは石神遺跡から出土した三段で構成された石造物のことです。（図4-19）

六世紀の宗教地理書『水経注』河水篇によると「崑崙の山は三級からなる。下を樊桐といひ、一名を板桐、次を玄圃と

いひ、一名を閬風(ろうふう)、上を層城(そうじょう)といひ、一名を天庭(てんてい)といふ。この天庭が太帝の居である」と書き、崑崙は三層からできているといっており、なぜ山形石が三つ重ねだったか、これでわかる。(56-20)

図 4-19：須弥山石と石人像

a：須弥山石は三段で構成され、崑崙の山は三級からなる、と一致する。　b：石人像は東王父(とうおうふ)と西王母の可能性がある（道祖神の説あり）。西王母は女仙の頂点に立つ。(9-197)(56-18)(140-100)(309-8)

a　　b

　桓武朝（延暦改元以後）に出現した瑞祥の多くが「白」（22 例）であったことは、五神山（渤海(ぼっかい)の東方にあった岱輿(たいよ)、員嶠(いんきょう)、方丈(ほうじょう)、瀛州(えいしゅう)、蓬莱(ほうらい)の山）の鳥や獣が「真っ白」であったことに倣った記述ではないか、と考えられます。(表 4-15)(38-234)

ずばり、平安京の皇居は神仙世界を象って作られた、と福永光司氏は指摘しています。(51-233)

桓武天皇に始まる京都の平安京の皇居は、要するに道教の神である天皇もしくは上皇の住む天上の神仙世界を象って作られたものであり、日本国の天皇もしくは上皇が現人神である、すなわち道教的な神仙であるとする思想を根底に踏まえたもの……。

　高橋徹氏も天界に近い聖なる山と理想の都の関係について、以下のように述べています。
聖なる山は、道教思想によると天界にもっとも近い場所だからである。……理想の都としてモデルにしたのは、当然のことながら中国古代の帝王たちが考えたように、天帝の住むのと同じ構造をもつ都であった。その天帝は、星を神格化した道教系の最高神であり、天帝の都は神仙世界であった。(443-56)

図 4-20：仙洞御所

a　　b

a：ひっそりとした仙洞御所。　b：醒花亭(せいかてい)　醒花亭の名は李白の詩「夜来月下臥醒　花影」に由来し、書院の北の入側に額をかけて、その出典を示してある。(47-16)(80-96)　＊仙洞御所の建物は醒花亭を始め、大内裏の華やかさはなく、いかにも仙人、隠者が棲んでいそうな枯れた風情があり、錬金術と神仙秘薬に溺れその副作用（発動）に苦しみながら「酒中の仙（発動を防ぐ特効薬は酒であった）」といわれ詩作に励んだ李白を彷彿とさせる。飲酒は、神仙秘薬の発動を予防する。(232-19-117)

　平安京が神仙世界として設計されたとすると、大極殿を挟んで西北に位置する平野神社と東南に位置する神

294

泉苑の意味がより明らかになります。

大内裏の東南に設置された仙洞御所は退位した天皇の住まいで、仙洞とは「仙人の住む所」つまり「退位した天皇は神仙」であることを意味した言葉です。(図4-20)(47-72)(53-89)

仙洞と神泉苑は共に大内裏(大極殿)の東南に設置されていることから、神泉苑(神泉は神仙に通じる)は仙洞(仙境)と同じ神仙の住む仙境として造られた、と考えられます。

既述した通り、大極殿の西北に位置する平野神社が咸陽の西北に位置する甘泉離宮に倣って設計された可能性があり、甘泉が不老不死の水を意味することから平野神社にも不老不死の神格(竈神)を与えたであろうことが容易に想像できます。(李少君の故事／かまどをまつれば不死)(426-269)

大内裏と仙洞御所を結ぶ設計は、大極殿を挟んで平野神社と神泉苑を結ぶ設計と同じ思想によるもので、西北と東南を結ぶ軸(後天易で巽乾軸／先天易で艮兌軸)がまるで入れ子のように繰り返されているのが判ります。

神泉苑と祈雨祈願と龍について

旱魃に際して、空海が神泉苑で降雨の修法を行ったところ、天竺から飛来した善女龍王が雨を降らせた伝説があります。(図4-21)(416-130)(441-115)(494-112)

善女竜王社とも呼ばれる室生龍穴神社の善女龍王も、元は興福寺の猿沢の池から飛来したとされ、善女竜王は池に住む龍すなわち蛇でした。

平安時代のはじめ、空海がインドから善女竜王とよばれる龍王を勧請して雨乞いをしたといわれる池のあるところである。……善女竜王というのは蛇である。角も足も認められない、ごくふつうの蛇である。……善女竜王は蛇であるというのが多くの人の認識であったようだ。(13-7)

龍は梵語のナーガ(コブラの神霊化)の漢訳で、天子を象徴する霊獣です。(蛇の異称はナガムシ)

天文訓では雷雨を支配する霊獣とされ、古代から龍を招いて雨を降らせる祈雨の呪法が行われました。

ナーガの訳。八部衆の一。蛇を神格化したもので水中に住し、雷雨を支配すると考えられている。これらの王を竜王、龍神と称し、経典中には竜・竜王教化の説話が多く見えている。……竜王帰仏の説話は当時の那伽(ナーガ Naga)族の帰仏を反映したものとする説もある。(20-1457)

図4-21：善女龍王の例

a

b

a：神泉苑の善女龍王の碑。
b：室生龍穴神社拝殿の扁額「善女龍王社」。 ＊神泉苑と東寺の強い結びつきは既述した。

『淮南子』「墜形訓」には青龍、赤龍、黄龍など龍を五行に配した分類があり、前漢時代(BC202〜AD8)には龍に対してさまざまな性格が与えられていました。(210-1-237)

古代日本では龍と蛇信仰が習合し、室生龍穴神社の祭神がクラオカミノカミとあるように龍蛇を「オカミ」と呼んでいました。(105-66)(416-76)(534-18)

つまり、「神」とは蛇（龍）でした。（古社の祭神の多くは蛇神）

古代日本にもインドと同じく蛇を崇拝する風習があったが、これは蛇全般ではなく、特定の蛇、特定の地域に住む蛇に対してであり、これらがオカミと呼ばれたのであろう。闇オカミとは暗い谷間に住むオカミであり、これに対して高い峰に住むオカミを高オカミともいっている。

『図説　龍の大辞典』には、人間に不可欠な水を操る龍（蛇）を水神とした、という記述があります。（416-10）（580-59）

釈迦以前のインド宗教にはしばしば蛇が神として出てくるが、これは豊饒に必要な河川の神が蛇であるからである。水を自由にあやつるのは蛇であり、その威力を発揮するときは龍となる。太古より太陽と水は人間にとって不可欠のものであるから、最初の神は太陽神と龍神である。だからこそ龍思想は、古代から世界中に根をおろしていたといえる。日本もその例外ではなく、現代でも水神を祀る祠が無数にあり、水神は蛇であり龍である。

『和漢三才図会』には『説文解字』『本草綱目』『広博物志』を引用して、龍についての記述があり、人の果てしない想像力に驚きます。（38-695）（120）（476-45-6）（552-179）

1. 龍に九似あり（三停九似／後漢の王符）。
   頭は駱駝に、角は鹿に、目は鬼（一説に兎）に、耳は牛に、項は蛇に、腹は蜃（おおはまぐり／しん）に、鱗は魚に、掌は虎に、爪は鷲に、それぞれ似ている。（416-11）
2. 龍は、五虫「鱗虫」（体に鱗のある動物）で陽獣の長であり、陽数の九で表され、81の鱗があって99の陽数を具える。
3. 声は銅盤を打つのに似る。
4. 口の傍に鬚髯があり、頷の下に明珠があり、喉の下に逆鱗があり、頭の上に山の形をした博山（尺木）があり、尺木がないと天に昇ることができない。
5. 気を吹いて雲となし、よく水に変え、またよく火に変える。
6. 交むときは二匹の小蛇に変化し卵生して思抱し九子を産み、雄は上風に鳴き、雌は下風に鳴き、風によって孵化する。
7. 性格は粗猛で、美玉・群青を愛し、喜んで燕の肉を嗜む。
8. 春分に天に登り、秋分に下って淵に入る。
9. 神人の乗り物。『史記』封禅書「龍駕登仙」　崑崙山へ行くには龍に載る。崑崙山に至るには龍に載らなければならない。
10. 神使で天地を繋ぎ、龍は天帝の化身である。
11. 龍脈（良い気の通り道）と龍穴（良い気が集まるところ）。

艮兌軸と山沢通気

余談ですが、山沢通気（説卦伝／気が通じる）を具象化したと考えられる平野神社と神泉苑を結ぶ設計に関連した造形として、「オカメ・ヒョットコ」の組合せを考えています。

既述した通り、平野神社から流れ出る神泉（神水／不老不死の水）は神泉苑の閼伽井に通じ、これは山沢通気を具象化した設計と考えました。（図4-18c 神泉苑閼伽井）（586-149）

少し戸惑いますが、西北と東南を結ぶ軸は後天易の配置では巽乾軸になり、先天易の配置では艮兌軸になり山沢通気は艮兌軸（大成の卦で山沢損の象意）を説明した言葉です。（第2章／図参1-13）

つまり、平野神社とヒョットコが「山」（艮／後天易では乾）に相当し、神泉苑とオカメが「沢」（兌／後天易では巽）に相当すると考えて見たいのです。（表面の形が異なっても『易経』の原理が活かされている）

「易に六義（変・不変・簡・象・数・理）あり」の中で「象」は形を表し、卦の構造を問題にします。

例えば、「兌」は2本の陽爻━━━━の上に1本の陰爻━ ━が乗った形で、これは凹（中央がへこんでいる）で「山の上にある水溜り」の象（形を表した）とします。

「艮」は2本の陰爻━ ━の上に1本の陽爻━━━━が乗った形で、これは凸（中央が突きでている）で「山」の象（形を表した）とします。

このように「オカメ・ヒョットコ」の面は、「繋辞伝」上に載る『易経』の活用法の一つで、器物製作の暗示を得ること、のお手本といえる例です。（第2章末／陰陽五行思想概略『易経』の六義）（7-553）

図4-22：「兌」と「艮」の具象化

＝凹（へこんでいる）＝☱兌（後天易／沢）

＝凸（突きでている）＝☶艮（後天易／山）

　図4-22のように、オカメは口も鼻もへこんで凹すなわち「兌」（沢）を表し、ヒョットコの顔は口や鼻が突き出して凸すなわち「艮」（山）を表しています。

「兌」と「艮」を組み合せて大成の卦を造ると、2通りの卦が生れ「山沢損（さんたくそん）」と「沢山咸（たくさんかん）」になります。

「沢山咸」は下経（三十四卦）の最初に置かれた卦で、「山沢損」は11番目に置かれた卦です。（山沢損と沢山咸の関係は綜卦（そうけ）と呼ばれ、互いを上下ひっくり返した卦を意味する）（573-65）

通常、オカメ・ヒョットコと呼ぶことから「沢山咸」になり、象伝（しょうでん）（形の注釈）では天下太平を示します。（陰陽合－すなわち夫婦和合は天下太平の基本）

この「沢山咸」について、吉野裕子氏は次のように述べています。

「咸」の卦は、感応の理を示すものであるが、これを人生にとれば若い男女間の感応、天下国家にとれば君臣間の感応で、天下和楽泰平を意味し、天地間の感応ととれば万物化生を意味するわけである。……農業、取分け、稲作において、最初の田植には何を措いても豊かな水が必要とされる。この水がつきることのない様相を示す「咸」の卦は、この意味からも、もっとも幸慶を示すものとされたのである。(52-268)

　一方、ヒョットコ・オカメの順で大成の卦を表せば「山沢損」になり、象伝では「欲望を抑えること」とあります。(7-483)

平野神社－大極殿－神泉苑の軸も大成の卦で現わせば「山沢損」（先天易の配置）になり、怨霊に悩まされた長

第4章　地上絵から空間設計の問題へ　　297

岡京、平安京であっても、欲望を抑え貞しくしていれば咎はない、と諫める意味が含まれていた可能性があります。

　現代社会の中にも卦を現わした例があり、手相見の行燈に書かれた「地天泰」、咸臨丸に用いられた「沢山咸」、仲間（同人）を表す「天火同人」など、彖伝や象伝などに用いられた言葉など、いくらでも探すことができます。（彖伝：卦辞の注釈、象伝：卦の形の注釈）

　「沢」が自然界で現れた例、すなわち「山上の池」には中禅寺湖、芦ノ湖、後述する高倉山のおためし神事が行われる盤座などがあります。（図1-59d）（図3-20）

大山（鳥取県）の九合目にあった中池（五つ池）では、霊水を山伏が汲んで治療をした伝承があります。（66-186）

「沢」（山の上にある水）を人工的に現わした身近な例に荒神社（標高130m／山口市中尾）の井戸があり、何等かの水の祭祀が行われたと考えられます。（図参2-4c）

　「兌」と「艮」は呪術的に多用されることから、史料を読み解く上で重要です。（第3章／「兌」の造形、あるいは「場」／「兌」と「艮」の造形）

長岡京と平安京遷都について

長岡京遷都と平安京遷都は当初から計画されていたのではないか

　表4-6を見ると、長岡京と平安京の遷都は即位当初から計画されていたのではないか、という疑問が湧きます。

その理由は、長岡京遷都は桓武天皇が即位した天応元年辛酉から4年後の甲子の年で、これは三革（甲子革令／戊午革運／辛酉革命）の中で革令の年、すなわち天命が革まる遷都に相応しい年になります。（245-93）（323-190）（554-159）

しかも、この年は二十年に一度、十一月朔日が冬至になる朔旦冬至と呼ばれる縁起のよい日次で、これ以上の吉辰（おひがら）はなかった、と村井康彦氏は述べています。（237-17）（279-1-172）

さらに、甲子と朔旦冬至の組合せは4617年（19×35）に一回しか巡ってこない天意の示される時でした。（19は一九年七閏法）（56-156）

　このように長岡京への遷都は、革令の思想にしたがい朔旦冬至を選んで計画的に実施されたことが判ります。

突然、遷都を思いついたわけではなく、遷都計画は暦に添って早くから延暦三年十一月と予定されていたに相違ない、と村尾次郎氏も述べています。（245-92）

すなわち、天応（天命に応じる）の年号からも、即位の時、遷都はすでに決まっていたと考えるのが自然です。（受図受命説／天命を受けた証拠）（551-224）

表4-6：桓武天皇即位と改元、遷都の日付の分析（傍点部分は「土気」「火気」）

即位と遷都	年（西暦）	干支	月	朔	日	備考
改元	天応元年(781)	辛酉	正月寅月	辛酉	辛酉(1)	史上唯一の正月朔の改元 辛酉は革命の年
即位	天応元年(781)	辛酉	四月巳月	己丑	辛卯(3)	3日は、月が西の空に再生する日
改元	延暦元年(782)	壬戌	八月酉月	辛亥	己巳(19)	戊「土気三合」旺の年
長岡京	延暦三年(784)	甲子	十一月子月	戊戌	戊申(11)	甲子は革令の年 戊「土気三合」旺の年
平安京	延暦十三年(794)	甲戌	十二月丑月	庚子	辛酉(22)	甲は物事の創始 戊「土気三合」旺の年

＊天命思想を背景とした辛酉、甲子が選ばれ計画的に実施された。　　＊長岡京遷都の年、朔旦冬至を祝う唐風の儀式が行われた。　　＊

「土気」の干支が選ばれている。 ＊延暦（寿命を延ばす）改元を満月の日に行ったのは、月の再生する力すなわち変若水（不老不死の水）を期待した結果（後述）。 ＊平安京遷都の辛酉(22)は革命であると同時に下弦の月で鳴弦（邪を追い払う）を暗示する。甲子朔旦冬至は四千六百十七年（19×35）に一回しか巡ってこない天意の示される年月（19は一九年七閏法）。中国古代の伝説上の皇帝である黄帝（軒轅）が神聖な鼎と筮（占いの道具）を得たのが己酉朔旦冬至の年で、朔旦冬至は自然の運行が一の区切りに至り、新しい時代の始まりに当たる。（97-47）（2<6-1-298）（442-466） ＊19年後の延暦二十二年(803)十一月戊寅朔も朔旦冬至であった。

　『緯書』には天命を受ければ必ず居所を移すとあり、『史記』「暦書」では王者が革命を起こして天命を受けた時の心構えについて説きます。（279-239）（552-157）
王者が革命を起こし天命をうけ（て、新しい王朝を立て）た時には、まず最初を慎重にしなければならぬ。暦を改正し、服色を改めるばあいには、天体運行の法則の基を考え、天の意をうけてそれに従うのである。

　天体運行の法則を基に造られた暦は古代の科学の結実であり、同時に天の意志の反映であって、甲子や辛酉の干支に従うことは天意に適います。（114-序）
表4-6の遷都の日付を詳細にみると、長岡京遷都の場合、甲子の年、十一月朔日の戊は「土気」、戌は「土気」と「火気」で桓武天皇の「土徳」と「火徳」が反映されているようです。（桓武天皇の土徳、火徳については後述）
一方、平安京遷都は長岡京遷都から10年後に実施され、10は「土気」成数で「土気」を意識した年が選ばれ、干支の戌と十二月の丑が桓武天皇の「土徳」を反映し、辛酉が遷都を強く意識しています。（114-269）
甲戌の甲は物事の始まりを、戌は「土気三合」旺（「土気」が壮んなとき）を表し、新しく大地（土気）を切り拓き新都を建設するには最も適した年と意識したはずです。（延暦十一年の洪水が切っ掛けになったとしても）
平安京遷都の場合も革命の思想に従って計画的に実施され、桓武天皇の徳にも配慮したことが判ります。（97-46）

　遷都は天命思想によって実行されたとする考えを支持する説があり、新王朝の創設と新都の造営は慣例であり、この思想は帰化氏族の母の影響を強く受けた、と福永光司氏は指摘しています。（白壁王の立太子）（53-228）（449-114）
桓武天皇が平城京を廃せられたのは、天皇が天武系の皇族に対して反感を持たれたからであるが、そのような感情の問題から遷都といったような大事を決せられたとは考えられない。天皇が遷都のことを定められたのは、革命には遷都を伴うという中国の政治思想に準拠せられたものと拝察せられる。天皇は称徳天皇の御代に天武系の皇族が略族滅せられ、天智系の光仁天皇が天位を継がれたのは、天命の降下によるものと確く信じておられたのであって、天皇は光仁天皇の即位を以て新王朝の創始とする考えを持たれた。新王朝の創設があれば、新都の造営があるのが中国歴代の慣例である。故に桓武天皇は、この慣例に倣って前朝の旧都を廃し、新王朝の新都を造営すべきであると考えられたものと思われる。天皇がこのような思想を持たれたことについては、天皇が帰化族百済 王 氏の女高野新笠を御母に持たれたことも、無関係ではないと思う。（ルビ著者）（442-470）

　「暦に記された天命」は動かすことのできない現実で、人為的に変更することができない絶対でした。（実態は異なり、宝亀十一年十二月は大の月で朔は辛卯、結果十二月三一日は辛酉になる。天応元年正月朔を辛酉にするために繰り上げ操作が行われた。干支の順序は変更されていない。）（418-1-101）
甲子の年に長岡京へ遷都し、辛酉の日に平安京へ遷都を実行したことから、桓武天皇が遷都を決定したのは天命思想にしたがった行動といえます。（三革のうち戊午は既に宝亀九年に過ぎていて、辛酉は天応元年改元、甲子は長岡京遷都に使い、それぞれ60年後にしか巡ってこないことから、平安京遷都は辛酉の日を選ぶことで天命に従ったことを示した）
黄帝が宝鼎（天命を受けた聖徳の君主の出現に応じて人の世にあらわれる鼎）を得たのが朔旦冬至であった、と『史記』「孝武本紀」にあり、桓武天皇自身も黄帝と同じく天命を受けた聖王と自覚していた可能性があります。（279-1-170）（336-111）

第4章　地上絵から空間設計の問題へ　　*299*

桓武天皇以前に天命思想にしたがって遷都を決定した例に天武天皇の藤原京遷都の計画があり、それは武力で政権を簒奪した壬申の乱が革命だったからです。(105-213)

その傍証として宗廟祭祀が即位後10年間も行われなかったことが挙げられ、天智天皇を含めて皇祖とすることができず、それがアマテラスの創造に繋がった、と推測しました。(105-109)(460-311)

天武天皇が敬虔な神仙道教の信奉者であり、漢武帝の熱烈な礼賛者であったことは、その和風諡号・天淳中原瀛真人天皇や遁甲に「式」を用いたり赤色を好んだ逸話から窺うことができます。(54-253)(105-322)

桓武天皇もやはり熱烈な道教の信奉者で、その傍証は後述する史料の中にいくつも見出すことができます。(50-196)(51-35)(54-166)

長岡京遷都は壮大な方違

　平城京廃都の理由には、仏教弊害打破説、交通便利説、新旧氏族対立、天命思想に基づく王朝交替説、など諸説があります。(146-211)(237-45)

長岡京廃都の理由にも、地理的便利性、反種継派の権力掌握説、秦氏招致説、仏教弊害打破説、怨霊回避説、洪水災害説、都市的機能説、など諸説あって定説をみません。(33-571)(97-183,-187)

　ではなぜ、平城京から平安京へ直接遷都しなかったのか、長岡京へ遷都する段階で桂川を挟んで東北方に隣接する葛野郡宇太村（長岡京太極殿と平安京太極殿の経線上の距離は約4kmしかない）を知らなかった、とは考えられません。（船岡山からは目と鼻の先である）(図1-69)

なぜ、莫大な費用を浪費してまで、長岡京を経由して平安京へ遷ったのか。

莫大な浪費に対する批判は、後述する奇形の牛が生れた記事に反映され、奇形の牛が生れるのは国家の土木工事が度を越しているから、と『捜神記』にあります。(181-117)

　以後、平城京から長岡京、長岡京から平安京への遷都は壮大な方違（方忌）であった、と仮説を立てて推論を進めます。

現代人には信じられないことですが、古代人の日常を最も拘束したのは方違でした。(369-81)

方違とは、作事（土木工事）などが禁忌（作事犯土）に当たる場合にその忌を他所に移す行為である、と『陰陽道叢書1』にあります。（方違すなわち方角禁忌事の初出は醍醐天皇記／延喜三年六月十日条とする説がある）(292-1-281,-284、-312)(481-201)

方違について『日本民俗語大辞典』には、以下の説明があります。(120-350)

凶方にあたるとする場所・方角を避けて、幸運を招く呪法。陰陽道の方位の吉凶として、平安朝初期中国から伝来普及した。凶方へ向う際には、直接その目的地に行かず、他に一泊したり、寄り道によって、そこへの方角を変え、身に及ぶ災厄を、避ける呪法であり、現在でも、婚礼・葬礼など何かと保たれている。

　長岡京を経由して平安京へ遷都した理由について、「土気」の軸、すなわち九星「二黒土気」「五黄土気」「八白土気」の軸を進むためではなかったか、と考えます。（山王権現／慶雲三年／鬼門がないことにした呪術）(図4-23)

その根拠は、「土気」の軸を進んで「八白土気」に至ると、「八白土気」は後天易では「艮」（山）であり最大の「土気」になるからです。（事実、平安京の艮の方角には比叡山があり、いかにも「土気」の王に相応しい山王権現を祭神とした）

平安京を「八白土気」の都とすると、「土悔木の法則」から「土気」が「木気」を打ち負かす、すなわち最大の「土気」平安京が「木気」祟りを調伏する呪術が成立します。

さらに「土気」の軸を進むと、その数の合計（2＋5＋8）は五行生数の和15で天命にも適う遷都になります。（桓武天皇が天命思想を統治の根本に据えていたことは後述）（生数の和15／表2-26）（太一の運行順序とは異なる／図1-56）

つまり、「土気」の軸を移動できるように長岡京を経由した（方違をした）、という仮説を立てることができます。（第3章／女帝と「土気」の制水呪術）

図4-23:「土気」の軸を進むための遷都

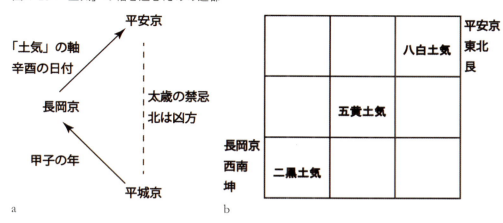

a：平城京から長岡京への遷都は、長岡京から平安京へ向かう「土気」の軸を進むための壮大な方違であった。 b：長岡京から平安京へ繋がる「二黒土気」「五黄土気」「八白土気」の「土気」の軸。 ＊長岡京から「土気」の軸を進むことで、「土気」の都・平安京への遷都が実現する。

　九星「土気」の軸は「不老不死の軸」（地霊の象徴）でもあり、その例として山口盆地を東北から西南へ流れる椹野川を「不死の川」とした根拠は既述した通りです。（図4-9）（105-492）
カグヤヒメが遺した不死の霊薬を焼き捨てた山を「不死の山」すなわち富士山（不二山／不尽山）と呼び、富士山の西側を南流する川を富士川（おそらく不死川／不尽河）と呼んだ例があり、椹野川を「不死の川」としても無理はありません。（『書紀』皇極天皇三年七月条常世の神に富士川を不尽河とし、不尽は不死に通じる／毛利邸のナギ川）（389-67）（391-2-258）
「土気」丑年生れの「土徳」桓武天皇は不老不死の「土気」の軸を移動して、「八白土気」の位置に不老不死の「土気」の都・平安京を造ったといえそうです。（平安京が「土気」の都であることは後述）
ここにも「土気」を用いた呪術の繰り返しが認められます。
　長岡京を経由したのは「土気」の軸を進むためとした仮説は、なぜ凶方の鬼門（丑寅）へ移動したのか、という疑問にも答えることができます。
長岡京から敢えて東北の鬼門へ移動したのは、「土気」の軸を進む遷都自体が怨霊を調伏する呪術であったからです。（鬼門を鬼の出入り口とするのは『論衡』丁鬼にある／後漢の王充が著した諸思想を批判した書）（38-111）（53-233）（397）
これは天武天皇が壬申の乱で吉野から鬼門へ進軍した理由、すなわち「太歳の禁忌」が強く働いたのと似ています。（乱が入念に計画されていたことは前作で述べた）（105-253）（114-269）（210-2-840）（380-92）
すなわち敢えて鬼門へ進んだのは、桓武天皇の場合は「土剋水の法則」を用いて怨霊の祟りを調伏するためであり、天武天皇の場合は「太歳の禁忌」から申（壬申の年）の対中・寅（丑寅／鬼門）へ進むためであった、と考えられます。
丑寅には「土気」と「火気」が含まれ「土徳」と「火徳」の桓武天皇にとっては、かえって吉方になりました。（丑寅は土用「土気三合」「火気三合」の「土気」と「火気」が含まれる）（第2章末／陰陽五行思想概略）
　ちなみに、藤原京から平城京への遷都は、和銅三年(710)庚戌三月(辰月)壬子朔辛酉(10)に行われ、「金気」と「水気」の日付から「金生水の法則」が成立し、「水気」北への遷都は可と判断した可能性が考えられます。同じ「金気」と「水気」の日付であっても、庚申を選ばずに辛酉（三革／辛酉革命）の日を選んでいることにも熟慮のあとが窺えます。（傍点部分は「水気」「金気」）
太歳も戌の位置にあり、子すなわち北への遷都は禁忌ではありません。（図参1-2：歳星と太歳の動き）
　方違の仮説は、なぜ10年間も長岡京に留まったのか、という疑問にも答えることができます。
古代人を最も拘束したのは方違で、それは方角の禁忌を犯さないために住所以外の家宅（旅所）に仮宿する習俗でした。（369-81）
たとえば藤原実資の『小右記』（982～1032年の日記）には、「方を清水寺より違はしむる為」とする実資の娘が方違をした記録があります。（平安時代中期、貴族層の男性は毎朝、朝食の前に前日の日記を付けなければならなかった）

第4章　地上絵から空間設計の問題へ　　301

左京二条三坊の実資邸は、東山の清水寺から見ると、乾（北西）の方角に位置した。……その日、乾の方角は「方塞」となっていた。「方塞」という言葉は、その方角に禁忌があることを意味する。実資の娘の方違がこの方塞を避けるためのものであったことはいうまでもない。……平安貴族は方角の禁忌のことを「方忌」と呼んでいた。そして、頻りに方違を行っていたという事実からすれば、平安貴族が忌方や方忌を強く意識していたことは間違いなかろう。〔369-79〕

方塞（禁忌の方位）の方角には、60日間（干支が一巡）を1周期として移動する天一神と呼ばれる神格がいて、その方角を忌方と呼びました。
さらに、大将軍と呼ばれる方忌（大将軍が塞ぐ方角）では同じ方角が3年間も方塞になり、亥・子・丑（北／水気方局）の3ヵ年は酉（西）、寅・卯・辰（東／木気方局）には子（北）、巳・午・未（南／火気方局）には卯（東）、申・酉・戌（西／金気方局）には午（南）の方角でした。
つまり、図4-24のように春夏秋冬の季節（時間）に逆行すること（→）が禁忌になり、これは『尚書』洪範九疇にあった「五行の運行を乱さないこと」から考え出されたと想像します。〔7-183〕

図4-24：大将軍の禁忌

＊矢印の方向が方忌で方塞になり大将軍の居場所を示す。

左京に邸宅を構える平安貴族は、左京にあたる亥から辰までの6年間は大将軍の方忌の対応に苦慮した、と繁田信一氏は述べています。〔369-85〕
この方忌の例から、長岡京での10年間は現代人が考えるほどには異常ではなかったのではないか、と思えます。
ちなみに、長岡京へ遷都した年（甲子）は酉（西）、平安京へ遷都した年（甲戌）は午（南）が方塞でした。
つまり、長岡京と平安京への遷都では、大将軍の禁忌は存在していなかったのです。
長岡京が方違の仮宿（旅所）にしかなりえなかったと考える根拠には、風水の問題もあります。
平城京から長岡京への遷都は、艮兌軸（先天易／後天易で巽乾軸）を進むことになり、「山沢通気」すなわち気脈が通じた最良の土地と考えられたはずです。〔64-181〕
この軸は、平野神社－大極殿－神泉苑の設計にも応用されていました。（第4章／平安京の神泉苑について）
しかし、平城京と気が通じていた長岡京であっても、地勢の視点（風水）からは大和や平安と肩を並べる四神相応の地とはいえず、恒久的な都にはなり得なかった、印象があります。（図4-33）（図5-9）（第5章／四神相応の地）
最後に、長岡京に留まった10年を考える上で、参考になるのが継体天皇の伝承です。
継体天皇（在位507～531）は樟葉宮で即位し（継体元年丁亥）、19年後（継体二十年丙午秋九月丁酉朔己酉／526年）に大和（磐余の玉穂）に遷りました。（図4-37a）
私見では、この19年は「一九年七閏法」に由来し、太陽と月が同時に再生する、すなわち新しい時間が始まる新王朝の門出に相応しい期間で、ただ漫然と樟葉宮で19年を過ごしたわけではありません。（第2章／「金気」忌避）〔391-2-34〕
長岡京の南（方位角189°）に位置する天神社（樟葉宮）を強く意識していた桓武天皇は、継体天皇の故事に倣って10年間（10は「土気」成数）、長岡京へ留まり満を持して一躍「土気」の軸を進んだのではないか、と考え

られます。(第 4 章／桓武天皇の行動を支配した道教の思想信仰を示唆する史実)(図 4-33 ／長岡京と平安京の空間設計)(表 4-7)(442-470)

「土気」本性（滑らかな五行の活動）を示す 10（年）を意識したことも、長岡京を経由したのは方違で「土気」の軸を進むためであったとする仮説を支持することになります。

仮に、長岡京遷都から 5 年（5 は「土気」生数）の延暦八年(789)己巳に遷都を考えたとしても、巳の年は長岡京から東（卯）が方塞になって平安京への遷都はできなかったはずです。

つまり、方違として 10 年間（10 は「土気」成数）を過ごしたと考える仮説を支持することになります。(図 4-24)

この時代、呪術的に「土気」を渇望した証の一つとして、後代、神泉苑で始められた御霊会（後の祇園祭）で、その祭りを先導する稚児が実は上記の平安京と同じ「八白土気」で、幼い子供（童児／童子）が観念的には最大の「土気」でした。(平安京の東北「八白土気」に住んだ八瀬童子、酒呑童子の例)(第 2 章末／陰陽五行思想概略)(図 4-25)(361-44)

最大の「土気」稚児は「土剋木の法則」から「土気」が「木気」を打ち負かす、すなわち「土気」稚児が「木気」怨霊を調伏する呪術が成立します。(「土気」には五行を滑らかに巡らす働きも期待された)

長刀鉾を付けた山鉾（山車の名には山か鉾がつく）も同じ呪術で、山鉾の「土気」山と「金気」鉾（長刀／薙刀）で「金剋木の法則」「土剋木の法則」が成立していて、五行の法則が巧みに利用されています。

山鉾を出来るだけ大きく（最大で重量 12t ／高 25m）しているのも、その現れです。

呪術は繰り返される特徴があり、巨大な「土気」平安京から巨大な「土気」稚児（童児）、長刀鉾、山鉾などが「木気」怨霊（祟り）を鎮める、まるで「入れ子」あるいは自己相似形を思わせる構造です。(320-95)

稚児が最強の呪力を持つこと、山車に長刀を付けること、など現代人の発想にはあり得ないことであり、成り立ちが忘れられた祭（呪術）は一見わけの分らないものです。

図 4-25：祇園祭

a：長刀鉾（110-29）　b：忌竹に張られた注連縄を太刀で切る、つまり疫を「断ち切る」願いがある。(395-61) ＊稚児は、五位少将の位で十万石大名の格式を持つ。5 は「土気」生数、10 は「土気」成数で、稚児が「土気」の徳を持ち、御霊会に始まる祇園祭が「土気」の祭りであることを暗示する（「土剋木の法則」を応用した「木気」怨霊の調伏の呪術）。(560-65)

a　b

犯土と土公神の祟り

平安京の貴族の邸の中には、宅神（門神／戸神／井神／竈神／堂神／庭神／厠神）と呼ばれるさまざまな神が棲みついていました。

この中で最も恐れられたのは竈神と土公神で、その理由は二神の祟りが強力で危険（風病）だったからです。(368-30)

神とは祟る「モノ」でした。（オオモノヌシ／御体御卜）(167-67)(422-26)(536-1-43、536-1-90、536-1-119)

竈神は竈の神、土公神の土は「処霊」で地霊を意味します。(竈神と土公神を同一視する説もある)(図 4-13)(142-108)(410-511)

土公神は、季節に応じて竈・門・井・庭のいずれかに宿る神でもあり、これは四時に配当される土用（辰・未・戌・丑）に由来すると考えられます。

土公神の祟りが危惧される場合には、祟りから身を遠ざけるために、自宅を離れて他の邸に一時的に移る「土忌」が行われました。

一時的に移る邸を旅所と呼び、方違の場合にも同じ行動をとりました。（長岡京は旅所）

　新造した邸に移る新宅移徒の場合には、宅神の祟りを避けるために陰陽師が移徒作法勘文にしたがって厳重な祭祀を行いました。(368-17)

新宅へ入る序列には水火童女二名、黄牛一頭、金宝器、釜、家長などの作法があり、この中でも水火童女と黄牛が特に重要でした。（水火童女は「水気」「土気」「火気」の軸、あるいは大成の掛・水火既済に由来）（図参1-11a）

一例として源経頼の日記『左経記』には、移徒（引越）に際して土公神を鎮める作法（厭ずる）が記録され、中でも黄牛を牽く点が注目されます。(368-58)

犯土（ぼんど／つち）とは三尺（約91cm）より深く地面を掘り返す行為を指し、土公神がたいへんに嫌ったとされます。

犯土のたびに土公神の祟り（土の気／病気）があり、土公神の祟りは最も身近で頻出する危険な存在だったのです。

旧宅と雖も犯土の造作有らば、何ぞ其の礼無からんや。就中、黄牛を牽く、是は土公を厭ずるの意なり。尤も備ふべき礼儀なりと云々。

　黄牛とは飴色をした牛のことで、「黄」も「牛」も「土気」に配当されることから、同気の土公神を鎮める（宥める／同気は気が合う）呪術と考えられ、黄牛は土公神の乗り物でもありました。(368-69)

黄牛の初出は『日本三代実録』の元慶元年(877)丁酉で、追儺で土牛が初めて記録された慶雲三年(706)丙午から約170年後のことになります。（土牛を牽くのも童児で、ともに「土気」）（図2-19a）

桓武朝は日本的な陰陽道が形成される時期（第三期）とする村山修一氏の指摘があることから、より古い時代（第一期は大和朝廷統一国家以前）から土牛あるいは黄牛を用いた呪術が行われていた可能性があります。(292-1-17)(378-52)

　水火童女の着衣も黄色と定められ、土公神の「土徳」を象徴していると考えられます。

同時に、童女は小成の卦「兌」で神託を告げる巫女の性質を帯び、竈神の「火気」を象徴している可能性もあります。(437-305)

その理由は、竈神の本体（竈中の黄土）は「土気」で、本性（竈中の火）は「火気」とされるからです。(559-100)

『荘子』にも「竈には赤い着物の美女がいる」とあり、竈神の「火気」を示唆しています。(182-3-52)

つまり、新宅移徒の作法で先導する水火童女は神託を告げる巫女で竈神と土公神を、黄牛は土公神を象徴した可能性があります。（「水剋火の法則」「火生土の法則」「土剋水の法則」から五行「水気」「土気」「火気」の軸で残るのは「土気」）

　新宅移徒に際して、土公神を祓い鎮める呪術儀礼を反閇と呼びました。

反閇に際しては四縦五横の印（九字）を地に向かって切り、「説卦伝」の文言を引用した呪文を唱えました。

天を我が父と為し、地を我が母と為す、六合中に南斗・北斗・三台・玉女在り、左には青龍、右には白虎、前には朱雀、後ろには玄武、前後扶翼す、急々如律令。(46-303)(437)

図 4-26：移祀の呪法。

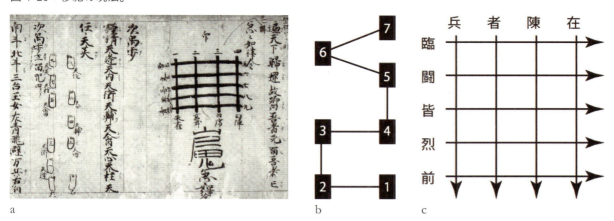

a：「小反閇作法并護身法」の呪符。「小反閇作法并護身法」は、図右の手で行う「九字」の呪法と図左「禹歩」の呪法があった。（46-290）（368-86）　b：反閇の作法。　＊禹歩とは北斗七星をなぞるように歩く呪術。　c：四縦五横の印は九字護身法の呪文「臨 兵 闘 者 皆 陳 烈 在 前」。九字（護身法）とは臨兵闘者皆陳烈在前（抱朴子／臨兵闘者皆陳烈在前行）の九文字を唱えながら縦横に一線を描く呪術で「九字を切る」という（抱朴子／登渉篇）。同時に米や豆をまき散らす散供も行われた。（244-160）　散供は大豆・胡麻・米・粟・麦を5升、酒5升で、すべて「土気」生数が用いられた。（46-297）

　反閇以外にも陰陽道の呪法には、地鎮、鎮宅、物忌や身固、穢れ祓い、などがありました。
物忌とは、予想される凶事を避けるために一定期間、屋内に籠って行動を慎む呪法です。（369-27）（554-80）
『貞丈雑記』（伊勢貞丈が著した故実書）には、物忌の間（家に籠っている間）、シノブクサ（異名／コトナシクサ）を用いる呪術があります。（43-4-210）（46-300）
その異名のコトナシクサとは「事無草」で、何事もなく無事に過ぎるように祈ったことに由来します。
柳の木を三分ばかりの長さに削り、そこに物忌と書きつけて、（端）に糸をつけて"しのぶ草"の茎に結いつけ、冠にも挿し、御簾にも挿しておくのである。白い紙を小さく切って、その紙に物忌と書くこともある。しのぶ草には、別に"ことなし草"の異名もある。それゆえ、この草を用いるのである。

図 4-27：シノブ（コトナシクサ）

a：高倉山に自生するシノブ。シノブ科。深い山の岩や樹幹に着生し、秋には葉柄基部の関節からポロリと落葉する。（106-46）　b：ノキノシノブ。ウラボシ科。この科の中でもっとも知られているシダ。岩や樹幹に着生して垂れさがる。（106-133）　＊資料に載るシノブがいずれであるのか明らかでない。

　この「しのぶ草」がシノブであるのかノキノシノブであるのか、資料からは明らかではありません。（図4-27）
『和漢三才図会』には瓦松（古い瓦に生えるから）と書いてシノブと読ませています。（134）（476-17-317）
シノブ、ノキノシノブともに短歌に詠まれていることから、どちらともいえません。
シノブ：
しのぶれど　色に出にけり　わが恋は　ものや思ふと　人の問ふまで　平兼盛　『拾遺集』

第4章　地上絵から空間設計の問題へ　　305

ノキノシノブ：

百敷や　古き軒端の　しのぶにも　なほあまりある　昔なりけり　順徳院　『続後撰集』

　　下記文中の身固とは、陰陽師が奉仕した身体（依頼主の体）を堅固安穏にするための呪法です。(46-301)
単独でも、あるいは種々の祭祀の前段階としても、あらかじめ護身法として行われました。(46-304)
陰陽師の呪法のうち、地鎮では土地が、鎮宅では邸宅が、物忌では依頼主の生活領域全体が、穢れ祓いでは依頼主の身に付着した穢れが、呪法の対象になった。それに対して、身固は依頼主の身体（ないしその分身としての衣服）が呪法の対象となる。呪法によって、その人の身体そのものを守るのである。

　　穢れ祓いに関して、「御体御卜（おおみまのみうら）」と呼ばれる穢れの有無を卜占する儀式があり、正史での初見は天武天皇崩御から約90年後の宝亀三年(772)です。
しかし、宮主（みやじ）が毎年六月と十二月の朔日から卜を始め十日に奏上すると決められていたことから、天武朝でこの儀式がすでに出来上がっていた可能性もあります。
なぜなら天武天皇の場合、奏上された日付が朱鳥元年丙戌の六月己巳朔戊寅（十）、と記録されているからです。
むしろ、天武天皇の事績を前例として制度化されたのかも知れません。
「御体御卜」について『日本の神』の中で、斎藤英喜氏は亀卜として以下のように述べています。(537-1-119)
宮主という職能者が、神祇官の正庁の一室にこもり、これをおこなう。亀の甲羅を灼き、そのひび割れの形から吉凶をみるのだ。

　　『宮主秘事口伝』（南北朝成立）の記述から、「御体御卜」の一端を知ることができます。
それによると、全く手掛かりのない祟りを探すのではなく、可能性がある祟りがあらかじめ決められていて（一覧表があって）、その中に土公神と竈神があり、さらに北辰（ほくしん）（北極星／北斗七星）や神（諸社）の祟りもあります。
問うふ。時推（ときわか）の内。土公神の祟り有るべしや　水神の祟り有るべしや　行幸の祟り有るべしや　膳の過ちの祟り有るべしや　竈神の祟り有るべしや　北辰の祟り有るべしや　鬼気の祟り有るべしや　御身の過ちの祟り有るべしや　神の祟り有るべしや　霊気の祟り有るべしや。(537-1-120)

　　俄には信じられないことですが「神の祟り」の筆頭に「伊勢国に坐す太神宮」、すなわちアマテラスが祟ることを挙げていることから、神とは祟るものだったことが判ります。(さわらぬ神に祟りなし)（崇神紀の疫病とアマテラス）(536-1-115)
「神の祟り有るべしや」の中の「神」の中に分け入って行く。時推の内。神の祟り合へるを問ふ。伊勢国に坐す太神宮の祟り給ふや　豊受の宮の祟り給ふや　宮中に坐す神の祟り給ふや　京中に坐す神の祟り給ふ　や　五畿内に坐す神の祟り給ふや　七道に坐す神の祟り給ふや。(537-1-122)

　　これらの視点から遷都の問題を考えると、長岡京を経由したのは壮大な方違であった、とする仮説をよりよく説明できそうです。
つまり、長岡京への遷都は土忌に当たり、長岡京は旅所であったと考えられます。
遷都に際しても竈神を祀り（平野神社創建）、土公神の祟りに対してあらかじめ十分な配慮をしたであろうことが推測されます。(李少君／かまどをまつれば……不死)(217-50)(279-1-284)(426-269)(553-53)
そのように推測する理由は、呪術は拡大縮小して繰り返される性質があり、遷都という国家的事業から貴族個人の移祀に至るまで、同じ思想で行われたと考えられるからです。

現在でも行われている地鎮祭（相地を含む）は、移祀の前に土公神をあらかじめ鎮める祭祀でした。
藤原京から平安京に至る遷都に際して行われた地鎮祭と思われる記事は、以下の通りです。
地鎮祭では埋鎮（土器に神名その他の呪文を書いて霊力を封じ込め土中に埋める呪法）も行われ、東寺付近で発掘された例があります。(46-276)

藤原京遷都　：持統四年(690)庚寅十月甲辰朔壬申(29)、高市皇子、藤原の宮地を観す。(391-2-506)
平城京　　　：慶雲四年(707)丁未二月庚午九日遷都の議。
遷都詔　　　：和銅元年(708)戊申二月甲子朔戊寅(15)平城の地。四禽図に叶ひ。三山鎮を作し。亀筮並に従ふ。
　　　　　　　(10-131)
長岡京　　　：延暦三年(784)甲子五月辛未朔丙戌(16)中納言藤原朝臣小黒麻呂、……らを山背国に遣わして乙訓郡長岡村の地を視察させた。都を遷すためである。(490-2-332)
平安京　　　：延暦十二年(793)癸酉春正月庚辰朔甲午(15)大納言藤原小黒麻呂と左大弁紀古佐美らを派遣して、山背国葛野郡宇太村の土地のようすを視察させた。都を遷すためである。(246-1-44)

遷都に際して働いた吉凶の判断

　遷都に際して行われた卜占の詳細な記録はありません。
私見では、平城京から長岡京、長岡京から平安京への遷都は、下記の吉凶の判断で行われたと考えます。（天一神、大将軍の方塞は既述）

1. 平城京から北（子、後の平安京）への遷都は不可。
　太歳の禁忌：甲子の年に子の方位は凶方になり、太歳が位置する方へ木を伐ってはならないとする禁忌。
2. 平城京から長岡京への遷都は可。
　艮兌軸（先天易）上の移動：先天易で「艮」（山）と「兌」（澤）を結ぶ軸は山沢通気（説卦伝）すなわち気が通じていた。
3. 長岡京から平安京への遷都は可。
　九星「土気」の軸を移動：「丑寅」への遷都は桓武天皇にとっては吉。

　まず「太歳の禁忌」とは、太歳（歳星の対称点）の方位へ向かうのを忌むべきものとして禁じることです。
図4-28のように、長岡京へ遷都した甲子の年に太歳は北・子の位置にあって、平城京から見て後の平安京の位置は北・子で太歳に向かうことになって凶方になります。（歳星紀年法による禁忌）（第2章末／陰陽五行思想概略）(105-253)
『淮南子』「天文訓」と「兵略訓」にも太歳の方角へ向かってはならない、と説きます。(210-1-154,-3-840)

図4-28：甲子の年の太歳の位置

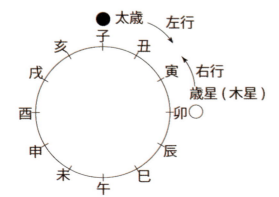

＊甲子の年、太歳は子にあり、午の位置にある平城京から子の方位（北）へ向かうのは凶。　＊辛酉の年、太歳は酉にあり、未申の位置にある長岡京から丑寅の位置にある宇太村への移動は凶ではない（太歳を背にするものは強くなる）。

　また、太歳は「木気」（「木気」歳星の神格化）であるため、太歳が位置する方（太歳方）へ木を伐ってはなら

ない、とする禁忌があります。(583-25)

造都に伴って大量の樹木を伐採することは避けて通れず、甲子（太歳が子の位置）の年に子の方位（山背国）へ遷都することは凶、と考えられたに違いありません。（藤原京と平城京遷都に際して田上山の木を大規模に伐採した結果、現在も植生が戻らない例がある。田上山は滋賀県大津市にあり玉を産出した）

　この年に北へ向かうのは凶であることを暗示したのが、摂津職（長官・和気清麻呂）から報告された延暦三年(784)甲子五月癸未(13)に蝦蟇が南へ移動した示恠（もののけの出現）の記事です。

検索可能であった資料には、「遷都アルベキ相ナリト申合」（水鏡）を引用して、長岡京への遷都を勧めた話としています。(364-205)(498-97)

しかし私見では、北（葛野郡宇太村）へ向かうのは凶である暗示、と考えます。

この報告が引き金になったのか、3日後の16日には長岡の地の視察を中納言・藤原小黒麻呂に命じています。それまでに、北へ遷都すべきか議論が重ねられたと想像され、6月13日には賀茂大神へ長岡京遷都の理由を告げています。

事後承諾を受けに行った印象があります。

延暦三年(784)甲子五月辛未朔癸未(13)　今月七日（丁丑）の卯の時（午前六時ごろ）に、長さ四分ばかりで色が黒く斑の蝦蟇二万匹ばかりが、難波の市の南道の南にあるたまり水から、三町程連なって道にしたがって南行し、四天王寺の境内にはいり、午の刻（午前十二時前後）になって皆のこらず散り散りに去っていきました。(490-1-331)

　報告に用いられた言葉を取り上げて分析すると、下記になります。

1．数字　：七「火気」成数、四「金気」生数、二「火気」生数、三「木気」生数。
2．方位　：南道、南、南行。（太歳を背にするものは強くなる）
3．干支　：辛「金気」、未「火気」または「木気」、癸「水気」、丁「火気」、丑「土気」または「水気」。
4．時間　：卯「木気」、午「火気」または「土気」。
5．蝦蟇　：五虫「裸虫」（皮膚になにもない動物）で「土気」。（人も「土気」）
6．南にあるたまり水　　　：巨椋池を暗示。（あるいは四天王寺の北に位置した毘沙門池か）(599-111)
7．道にしたがって　　　　：陰陽道の道理にしたがう。
8．四天王寺の境内に入り　：四天王寺は長岡京を加護。（後述）

　これらを分析すると、まず数字の中には「水気」（方位では北）の「一、六」がなく、方位はすべて南、干支では「火気」未、丁があり、時刻も午の刻で「火気」になります。

「南にあるたまり水」とは巨椋池（昭和16年まで京都府南部に実在した池）を暗示しているようです。(図4-32)

「道にしたがって」とは、南へ移動する蝦蟇は北行を凶とする前兆（陰陽道の道理にしたがって）と捉えるべきこと、を示唆しているようです。

仮に長岡京への遷都を勧める報告であれば、西北へ移動する話になったはずです。

『続紀』の記事を要約すれば、下記になります。（著者）

南に向かった蝦蟇（人と同気「土気」）が、午の刻（「火気」南）に散り去った（散るのは「土気」本性）。

　動物が遷都の方位へ移動する例として、孝徳紀元年乙巳の春から夏にかけて鼠が難波へ移動した話（同年十二月難波長柄豊碕宮へ遷都）、天智紀五年丙寅（近江遷都の前年）に都（平城京）の鼠が近江へ移動した話、が『書紀』にあります。(391-2-364)(491-2-155,-214)

北から南へ移動した蝦蟇の話と異なり、いずれも遷都の方位へ移動しています。

つまり、南へ蝦蟇が移動したのは「太歳の禁忌」にしたがった行動で、この年に北の方位にある葛野郡宇太村へ遷都するのは凶であることを暗示した話、と考えられます。

「四天王寺の境内に入り」は、後述するように四天王寺（住吉大社と百済王神社もともに）が長岡京への遷都（桓武天皇の判断を）を加護していたことを暗示します。（四天王寺と百済王神社の瓦は同笵）（図4-36）（346-12）

上記の文中「四分で黒い蝦蟇」は小黒麻呂の隠喩（いんゆ）です。

四分は約12mmで小黒麻呂の「小」に対応し、蝦蟇は五虫「裸虫」（皮膚に何もない動物）で「人（麻呂）」と同気で置き換えることができ、結果、「小さく黒い蝦蟇」とは小黒麻呂を指していることになります。

示性を報告したのが宇佐八幡宮神託事件で朝廷を救った他ならぬ和気清麻呂ですから、上記の禁忌を念頭に置いて北への遷都を断念するように働きかけたはずです。

『仙人の研究』には「仙人は鳥獣を使役する」とあり、和気清麻呂も仙人で蝦蟇を使役して葛野郡、愛宕郡への遷都を凶とする世論を作った、と空想します。（26-13）

上薬は人をして身安く命延び、昇りて天神と為らしむ。上下にごう遊し、万霊を使役し、体に毛羽を生じ、行厨（天然の携帯食料）立ちに至る。（51-80）

消息卦の象意に従った遷都

長岡京への遷都は十一月、平安京への遷都は十二月に記録されていることから、一年十二ヵ月を大成の卦で表した十二消息卦（じゅうにしょうそくか）の象意に従って実施されたのではないか、と考えられます。（図参1-15）

十一月の遷都は「地雷復」（ちらいふく）（一陽来復）（いちようらいふく）の「復」、十二月の遷都は「地沢臨」（ちたくりん）の「臨」の卦辞（卦が意味すること）の文言に従った可能性があり、この問題を追及することで平城京から長岡京、平安京への遷都の謎の一端が解ける期待があります。

消息卦は、陰陽の気が消息する様子を下から上へ変化する爻を用いて現わした暦で、「陰」の気（陰爻＿＿で表す）が増し「陽」の気（陽爻＿＿で表す）が減るのを「消」（日脚が短くなる）、「陽」の気が増し「陰」の気が減るのを「息」（日脚が伸びる）と呼びます。（563-60）

例えば、図4-29のように10月は全陰（すべて陰爻）の「坤為地」（こんいち）で表され、次の11月は「坤為地」の初爻（しょこう）（一番下の爻／陽爻の場合は初九と呼び陰爻の場合は初六とする）に一陽が現れて「地雷復」になります。（図参1-15）

古代中国では冬至（地雷復）から冬至を一太陽年としましたが、制度上の正月は夏王朝（か）（BC21〜BC16世紀頃）の制度を踏襲して「木気」の始（はじめ）（孟）である寅月（地天泰）（ちてんたい）としました。（323-112）

図4-29：「坤為地」と「地雷復」の構成

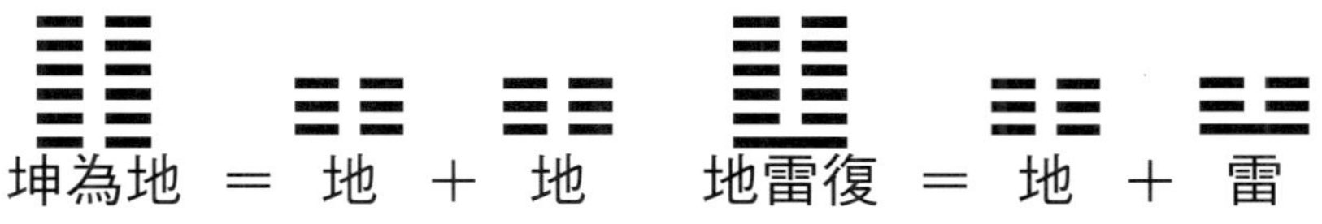

坤為地 ＝ 地 ＋ 地　　地雷復 ＝ 地 ＋ 雷

まず、長岡京への遷都に延暦三年甲子十一月子月戊戌朔戊申に実施され、十一月を消息卦で表すと「地雷復」になります。

卦辞は「陰暦十一月、冬至の卦……陽気が次第に成長……進んで事をなすによろしい」と説き、この「十一月、冬至の卦」「進んで事をなすによろしい」に従って甲子の年、しかも朔旦冬至を選んで計画的に実行されたと考えられます。（図4-29）（437-1-226）（573-131）

甲子朔旦冬至は、4617年に一回しか巡ってこない天意の示される極めて稀な年月でした。（56-156）

「宇太村への遷都が凶（方忌）であれば、まずは長岡へ」桓武天皇の声が聞こえるようです。

一方、平安京への遷都は延暦十三年甲戌十二月丑月庚子朔辛酉に実施され、十二月を消息卦で表すと「地沢臨」になり、卦辞は次のように説きます。（図4-30）

臨は人に臨むの道、地（坤）が沢（兌）上にあり、河岸が水沢に臨む卦象に取る。……卦を月に配して言えば、臨は陽気ようやく長ずる十二月の卦であり、次卦の観は陰気長じて陽気窮迫に向かう八月の卦であるから、現在は陽気長じて

吉ではあるが、八月になれば凶となる。（437-1-199）（573-121）

図4-30：「地沢臨」の構成

地沢臨 ＝ 地 ＋ 沢 ＊「地雷復」の初爻にさらに一陽が現れてになる。

　「河岸が水沢に臨む」の文言が巨椋池（水沢）に臨む平安京の位置を暗示し、「十二月の卦」の部分が遷都の日付に相当します。（489）
この卦辞の「十二月の卦」に従って遷都され、しかも辛酉（革命）の日が選ばれ計画的に実行されたことが判ります。
十二月丑月は桓武天皇の生れ年（天平九年丁丑）の干支で「八白土気」の位置でもあり、すべてが吉と考えられたに違いありません。
この「地沢臨」の「臨」はおそらく後述する神泉苑の乾臨閣の「臨」に、さらに時代が下って幕末に幕府海軍が保有した軍艦・咸臨丸（かんりんまる）の名称にも用いられています。
「咸臨」とは「地沢臨」の爻辞（構成する各爻の意味を説明する）に用いられた言葉で、「初九。咸臨。貞吉（初九。咸（かん）じて臨む。貞（てい）にして吉なり）」すなわち「君臣が互いに親しみ合うこと」に由来します。（437-1-199）
　このように平城京から長岡京、長岡京から平安京への遷都の月は、消息卦の卦辞に従って決定されたと考えられます。
さらに「地沢臨」の互卦は「地雷復」になり、平安京遷都が長岡京遷都の実績を踏襲していることになります。
互卦とは、一卦の中で二、三、四爻を下卦とし、三、四、五爻を上卦とし、ある一つの卦に含まれるさらなる暗示を意味します。（図4-29、4-30）（573-70）
ちなみに「地雷復」の互卦は全て陰爻で構成された「坤為地（こんいち）」すなわち「大地」になり、長岡京遷都には万物を生みだす強力な「土気」「地勢」が期待された可能性があります。（573-88）
　ここで一つ気になることがあります。
それは「地沢臨」の卦辞で「八月になれば凶となる」の文言です。
図4-31のように八月を消息卦で表すと「風地観（ふうちかん）」になり、これは「大地の上を風が吹きわたる」象になります。
風（巽）が地（坤）の上を行くのが観である。風が地上を周行し、その恵みが万物におよぶこの卦の象にのっとって、古代の聖王はあまねく四方を巡行し、民の風俗を観察し政教を設けたのである。（437-1-205）

　卦辞では「恵みが万物におよぶ」象であっても、「木気」風が「木気」風病、疫あるいは怨霊を暗示する可能性があり、山部親王時代に怨霊に苦しめられた経験のある桓武天皇は報告された卦辞に含まれる暗示に一抹の不安を感じたのではないか、と想像します。
「風地観」の「観」は道観の意味も含まれ、神泉苑の乾臨閣建設と行幸（初めての行幸は延暦十九年庚辰七月丁酉朔乙卯）に影響した可能性があります。
「あまねく四方を巡行」の文言は、延暦十一年以後に急増する鷹狩（鷹狩を名目とする視察）に活かされている可能性もあります。
「風地観」の互卦は「山地剝（さんちはく）」になり、平安京への遷都には脆弱（ぜいじゃく）な一面があることを暗示しています。（573-129）
陰が上昇して、僅に上の一陽がふみ止まっている象、剝落の機である。……転覆崩落の危を示すものであるから……地

盤が大切である、依って立つ処を注意せねばならない。

図 4-31：「風地観」と「山地剥」の構成

風地観 ＝ 風 ＋ 地　　山地剥 ＝ 山 ＋ 地

＊互卦とは、元の卦の 2-3-4 爻と 3-4-5 爻を組み合せて出来る卦で、元の卦に含まれるさらなる暗示を意味する。(573-70)

平安京への遷都を決定させたとされる水害について

　延暦十一年に発生した水害が、長岡京から平安京への遷都を決定させた事件として取り上げる説があります。(97-210)
延暦十一年(792)壬申、六月と八月に洪水が発生し、長岡京の東南方が被害を受けています。
干支は壬（水の兄）と申「水気三合」生（「水気」が生れるとき）あるいは「金気方局」孟（「金気」のはじめ）で、水の溢れる年の暗示があり、以前から水害を予想していた可能性があります。
和銅五年壬子の年に予想される水害に対して五形図が企画されたことは、本書の主張の一つでした。

延暦十一年(792)壬申六月甲申乙巳(22)　　雷雨があり、大雨で水が溢れだして式部省の南門が倒れてしまった。
　　　　　　八月癸未辛卯(9)　　大雨が降り、洪水となった。
　　　　　　　　　癸巳(11)　　天皇が赤目埼（伏見区羽束師古川町赤井前）に行幸して排水を視察した。
　　　　　　　　　　　　　　　　(246-1-33)

　『五行大義』では、宗廟祭祀を行わないと「水気」が本性を失って（正しく働くことができなくなって）水害が起きるとして、その重要性を強調しています。(293-1-70)
桓武天皇は、延暦十一年まで宗廟祭祀を行っていなかったのでしょうか、延暦四年と六年、交野で昊天上帝〔こうてんじょうてい〕の祭祀（桓武天皇の場合、父君・光仁天皇を祀った）は宗廟祭祀に相当し、以後、祭祀を中断していたのでしょうか。（恒例のことは記録しない結果か／宗廟祭祀と水害）(293-1-70)
　予想された洪水が現実に起きたことで「天の時」を知り、遷都と宗廟祭祀の問題とが結びついて平野神社（大江匡房／本朝の宗廟）の創建に繋がった可能性があります。
大きな水害が予想される干支（壬を含む水気だけで構成された干支）は壬子、壬辰、壬申の年で、桓武紀では十一年(792)壬申だけになることから、この水害の記録には作為を感じます。(第 2 章末／陰陽五行思想概略)
しかし、『日本紀略』に載る被害にあったとする地域は、もともと低湿地帯で被害は少なく、巨椋池の存在が氾濫を防いだ（淀川水系の遊水地的機能を果たした）、とする説もあります。(97-210)(204-120)(489-4)
　この年は壬申の乱から 130 年で、天武系皇統を消し去ろうとする桓武天皇にとっては因縁の年ともいえ、遷都を決断させる動機の一つになった可能性もあります。(97-45)

図 4-32：巨椋池

a：巨椋池と三川（宇治川／桂川／木津川）の合流。(489-79)　b：蓮採りに興じる婦女子。(489-表紙)　c：蓮が一面に繁茂し鳥魚類も多く繁殖した豊かな巨椋池は、観蓮会や舟遊びなど市民の遊幸の場であった（須磨対水画）。(489-8)　＊巨椋池の豊かさが画面に溢れていて、稲作の増産を目指したにもかかわらず、却って多くを失ったといえるかも知れない。

a　　b

c

計算値から得られる長岡京周辺の事実

　経・緯度を用いた距離と方位角の計算値から、長岡京周辺の重要な問題が明らかになりました。

表 4-7：長岡京大極殿を基点とする距離と方位角

地点	緯度	経度	距離（m）	方位角
平安京大極殿跡	350107	1354432	9283	220826
大枝山陵	345845	1353934	5857	**3160817**
長岡京大極殿跡	345628	1354214	0	0
楠葉天神社	345204	1354124	8234	1885220
交野山	344712	1354234	17141	**1781801**
百済王神社	344856	1353937	14488	1955909

表 4-8：平安京大極殿を基点とする距離と方位角

地点	緯度	経度	距離（m）	方位角
平安京大極殿跡	350107	1354432	0	0
甘奈備山	344832	1354440	23267	**1792958**

＊甘奈備山（標高 221m／大阪府枚方市と京都府京田辺市にまたがる）

表 4-9：大枝山陵を基点とする距離と方位角

地点	緯度	経度	距離（m）	方位角
大枝山陵	345845	1353934	0	0
百済王神社	344856	1353937	18151	**1794534**

＊大枝山陵の経・緯度は鳥居前で測定した。平安京大極殿跡は大極殿遺跡の石碑前（京都市上京区千本通丸太町）。大枝山陵（京都市西京区大枝沓掛町）楠葉天神社（大阪府枚方市楠葉丘 2-19）長岡京大極殿（京都府向日市鶏冠井町祓所）　百済王神社（枚方市中宮西之町 1）。

　表 4-7、-8、-9 の計算値から得られた事実は、以下の通りです。
1. 長岡京太極殿を基点とする 196°の方位線（未丑軸）上に百済王神社（百済寺）は存在する。
2. 長岡京大極殿と交野山は南北軸上に存在する。
3. 大枝山陵は長岡京大極殿を基点とする 316°の方位線（巽乾軸）上に存在する。
4. 大枝山陵を基点とする南北軸上に百済王神社は存在する。
5. 平安京大極殿跡は長岡京大極殿を基点とする 22°の方位線（未丑軸を意識したか）上に存在する。
6. 平安京大極殿跡と甘奈備山は南北軸上に存在する。

　表 4-7、-8、-9 の距離を無視して方位角だけで図示すると図 4-33a になり、図 4-33b は長岡京と平安京の設計に用いられた南北軸の設計です。

図 4-33：長岡京と平安京の空間設計と南北軸の設計

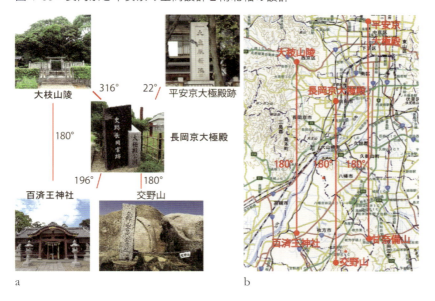

a：長岡京大極殿を中心に距離を無視して方位角だけで図示した位置関係。(213)(329)
b：地形図上での再現（描点、設計線は必ずしも正確ではない）。　＊大枝山陵、長岡京大極殿、平安京大極殿の真南には、それぞれ百済王神社、交野山、甘奈備山が位置する。

図 4-34：大枝山陵と交野の周辺

a：現地での実測では、大枝山陵の位置は標高約150m、ほぼ南面（176°）して百済王神社を臨む。
b：百済王神社と百済国王と刻字された扁額。　c：天神社の夏越大祓茅輪（六月晦日に行われる神事で、健康を祈願して茅の輪を潜る）。(51-191)　d：郊祀が行われたと伝えられる交野天神社拝殿。

　上記の事実から考えられる事柄は、下記の通りです。
1. 百済王族（義慈王の末裔）が河内交野へ移住したのは天平勝宝二年(750)庚寅五月ころとされることから、長岡京の建設(784)は百済王神社を基点とする 196°の方位線（未丑軸「土気」）上に設計された。(485-11)
2. 長岡京大極殿は百済王神社を基点とする 196°の方位線と交野山を基点とする南北軸の交点に設計された。
3. 桓武天皇御母大枝山陵は長岡京大極殿を基点とする巽乾軸と百済王神社（百済寺）を基点とする南北軸の交点に造営された。
　この設計は平安京の神泉苑－大極殿－平野神社の設計にも反映され、平野神社の神格（今木大神あるいは古開神の可

能性）には桓武天皇御母高野新笠が含まれている可能性がある。

4. 百済王神社を基点として設計された長岡京太極殿と大枝山陵の位置関係から、生母高野新笠を介した桓武天皇と百済王族の親密な関係がより明らかになった。
   大枝山陵は南面(176°)し、まるで故郷を偲ぶかのように百済王神社（百済王寺）を臨んで築造された。（表4-7）
5. 交野山－長岡京大極殿は南北軸を形成し、桓武天皇が郊祀を行ったとする伝承と一致する。
   ＊郊祀壇は京域の巳の方位に築くことが古代からの習いとされる点が異なるが、該当する位置に伝承に適う社は存在しない（杉ヶ本神社を郊祀壇とする説は上記の計算からは否定的）。(97-69)
   ＊天壇は宮城の中心から巳位（南南東の方位角157.5°）に当たる場所に築くことが、漢唐以来の古制である。(442)
6. 平安京大極殿は長岡京大極殿を基点とする22°の方位線（ほぼ未丑軸）上に存在することから、桓武天皇の生年・丁丑の丑が反映された可能性がある。
7. 百済王神社－長岡京大極殿－平安京大極殿を結ぶ方位線はほぼ未丑軸（16°あるいは196°）を形成し、長岡京から平安京への遷都は九星「土気」の軸を移動するように計画された、とする仮説を支持する。
8. 長岡京への遷都は平安京への遷都を前提にした可能性が高い。
   ＊船岡山から長岡京が間近に見えることから、平安京の位置を知らなかったとは考えられない。(図1-69)
9. 遷都は百済王神社（百済王寺）の加護を得て、九星「土気」の軸を移動した可能性が高い。
   ＊これは摂津の住吉神あるいは四天王寺の神仏の加護を受けて遷都を断行したとする説と同じ意味をもつ（四天王寺と百済寺の創建は深い関係にあった）。(245-100)(535-12)
10. 平野神社は外宮（北斗の宮）に平安京大極殿は内宮（北極星の宮／天帝の居所）に相当し、外宮と内宮の設計と同じ設計思想に基づいて創建された可能性が考えられる。(第5章／外宮と内宮)
11. 内宮の石垣内の構造からは、平野神社はミヤヒ神（庭火神）に相当し、竈神であり蛇神の神格を有すると考えられる。(図5-39)

図4-35：大枝山陵－長岡京大極殿と平野神社－平安京大極殿の対応

＊距離を無視して方位角だけで表した。(表4-2、4-7)　＊線分（平安京大極殿－平野神社）と線分（内宮－外宮）の方位角は共に330°（第5章／外宮と内宮の設計思想）(図5-39)　＊平野神社は外宮（北斗の宮）に平安京大極殿は内宮（北極星の宮／天帝の居所）に相当し、外宮と内宮の設計と同じ設計思想に基づいて創建された可能性が考えられる。(第5章／外宮と内宮)　＊内宮の石垣内の構造からは、平野神社はミヤヒ神（庭火神）に相当し、竈神であり蛇神の神格を有すると考えられる。(図5-39)

　高野新笠の山陵が大枝沓掛に存在することから大枝に居住していたとする説と、何ら関係がなかったとする説があります。
当時の改賜姓はもっぱら「居所に因」んで行われたから、この場合もその原則に従って与えられたものとみるのは自然であるが、決定的に違うのは、大枝は新笠が長岡京に移り住んで五年目、延暦八年十二月に没したあと葬られた土地という以上になんの関係もなかったことである（のちに皇后乙牟漏も近辺に葬られた）。(ルビ著者)(237-20)

　関係がないとする説を裏付けるように、大枝山陵は百済王神社を基点とする南北軸と長岡京太極殿を基点とする巽乾軸の交点に築造され、大枝に居住していたからではなく長岡京と百済王神社との位置関係で決定されたことが明らかです。(図4-34、4-35)

次に、長岡京設計の基点になった百済王神社と結びつきのある住吉大社と四天王寺の関係について分析します。

試算すると、線分（長岡京大極殿跡－四天王寺）と線分（長岡京大極殿跡－住吉大社）の中心角のおおよその誤差は0.5％で条里制より少なく、3者は一直線上に存在すると判断できます。

百済王神社が線上から外れているのは、地勢上の制約（同一線上であれば淀川の北岸の氾濫域になる）が原因と推測されます。（洪水の恐れがない南岸の丘陵地を選んだ／四天王寺と百済王神社の瓦は同笵）（図4-36）（表4-10）（346-12）

この事実は、長岡京と四天王寺、住吉大社の深い結びつきを示唆し、住吉神あるいは四天王寺の神仏の加護を受けて遷都を断行した、とする説の裏付けになります。（245-100）

住吉大社（創建年不詳）、四天王寺（創建年伝593年）、百済王神社（749年以後）、長岡京（784年）へと続く、おおよそ西南から東北への移動（九星「土気」の軸）を暗示していて、まるで「住吉から吹く潮風に乗って移動した」印象を持ちます。

私見では、この設計線から語源不明とされる住吉は水辺（みずのへ）（住ノ江／墨江）、比叡（山）は日辺（ひのへ）（日枝／日吉）、である可能性を考えさせます。（枝と江は「え／へ」として通用する／大枝は後に大江／墨の黒は「水気」）（453）（533）

表4-10：百済王神社を基点とする距離と方位角

地点	緯度	経度	距離（m）	方位角
長岡京大極殿跡	345328	1354214	0	0
百済王神社	344356	1353937	14488	**1955909**
四天王寺	343914	1353059	36190	**2082122**
住吉大社	343645	1352938	41212	**2075144**

図4-36：住吉大社から長岡京

a b c

a：住吉大社と四天王寺、長岡京大極殿を結ぶ軸（地形図上の位置と線分は必ずしも正確ではない）。　b：住吉大社拝殿。（328-28）　c：四天王寺金堂と五重塔（消失前）。（353-24-17）

三川（さんせん）（木津川／宇治川／桂川）が合流する交通の要衝であるだけでなく、交野は豊かな自然に恵まれた地域です。

継体天皇が宮を置き、百済王（くだらこにきしうじ）氏が難波から移り住み、桓武天皇が昊天上帝の祀を行いたびたび遊猟に訪れた理由も理解でき、歴史的にも文化的にも優れた地域です。（図4-37）

図 4-37：交野の周辺

a：交野天神社境内にある桓武天皇先帝御追尊之地碑（先帝・光仁天皇を昊天上帝として祀った）と昊天上帝と継体天皇樟葉宮跡碑。 b：大日如来を表す梵字が彫られた観音岩は大仙人の住む宿所とされ、この岩を通る南北軸に長岡京太極殿が設計された。(329-105) c：私部（きさいべ）の大池に影をおとす交野の山なみ。(213-扉) 私部（キサイチベ、キサイベ）とは后妃のためにおかれた部で、『書紀』敏達天皇六年二月朔甲辰条が初出（キサキツベが訛った言葉）。(391-2-140)

毛受腹・土師氏を外戚とした桓武天皇について

土師氏四腹と毛受腹の意味

　土師氏には4支族が存在したらしく、これを土師氏四腹（よんばら）と呼んでいます。（四は四時に配当される「土気」を反映）この四腹の内、毛受腹（もづばら）とは百舌鳥古墳群のある一帯に居住した土師氏を指す言葉ですから、単純に考えれば「毛受」とはその地名に由来するはずです。（続紀に従ってモヅとした）

桓武天皇の生母・中宮高野新笠を生んだ中宮母家の土師氏は、毛受腹でした。

この毛受腹の土師氏が大枝朝臣となり、他の3支族が秋篠朝臣と菅原朝臣になったと記録にあります。

毛受腹の正史での初見は、『続日本紀』延暦九年(790)庚午十二月條です。

この中で土師氏四腹としながら、なぜ大枝、秋篠、菅原の3支族しか記録にないのか不可解です。

また、毛受系だけが毛受腹と記録され、他の支族を「〇〇腹」と記録しなかったのは、なぜでしょうか。

地名に由来する支族名であれば、その居住地の名を冠して「〇〇腹」とするのが自然です。

『書紀』には「腹」の用例が19例ありますが、毛受腹と同じ用例はなく、よほど特殊な用い方であることが判ります。

延暦(790)庚午九年十二月壬辰朔

己未(28)。　是の日、中宮の周忌に当れり。大安寺に於て斎を設く。

辛酉(30)。下従五位下菅原宿禰道長・秋篠宿禰安人らに勅して、並びに姓を朝臣と賜ふ。また正六位上土師宿禰諸士らに姓を大枝朝臣と賜ふ。其の土師氏に惣て四腹あり。中宮の母家は是れ毛受腹なり。故に毛受腹には大枝朝臣を賜ふ。自余の三腹は或は秋篠朝臣に従ひ、或は菅原朝臣に属せり。(98-40-196)

百舌鳥の初見は仁徳六十七年冬十月の条で、百舌鳥の用例は『書紀』全体で７例あります。
仁徳六十七年冬十月、突然飛び出してきた鹿の耳から百舌鳥が飛び立ったことから、その地を百舌鳥耳原と名づけたとする地名由来譚です。（「火剋金の法則」で構成した話で、「火気」百舌鳥が「金気」鹿を剋す）
この話の構造は、道真の怨霊が青龍（蛇）となって左大臣藤原時平の両耳から出現したのと同じです。（「木剋土の法則」で構成した話で「木気」蛇が「土気」人を剋す）（527-19）

　（仁徳）六十七年の冬十月の庚辰の朔……丁酉に、始めて陵を築く。是の日に、鹿有りて、忽に野中より起りて、走りて役民の中に入りて仆れ死ぬ。時に其の忽に死ぬることを異びて、其の痍を探む。即ち百舌鳥、耳より出でて飛び去りぬ。因りて耳の中を視るに、悉に咋ひ割き剥げり。故、其の處を號けて、百舌鳥耳原と曰ふは、其れ是の縁なり。（ルビ著者）（391-1-414）

　この百舌鳥を冠した土師氏の名が孝徳紀に唯一あり、毛受を冠した土師の名は『書紀』にも『続紀』にもありません。
百舌鳥の地名に由来するとすれば百舌鳥土師となるのが自然で、むしろ毛受土師となるのは不自然です。
孝徳白雉五年冬十月壬子　天皇正寝に崩りましぬ。仍りて殯を南庭に起こす。小山上百舌鳥土師連土徳を以て殯宮の事を主らしむ。
註三一　釈紀秘訓には別倭種と続け、コトヤマトウヂと訓む。しかしこれは誤りであろう。倭種とは日本人との混血児。（391-2-323）

　ここで疑問点を纏めると、以下になります。
1. 土師氏四腹とされながら、なぜ三腹しか記録がないのか。
2. 百舌鳥の地名を冠した用列は百舌鳥土師連土徳の１例しかなく、毛受土師の名がないのはなぜか。
3. 毛受土師の名がないにもかかわらず、毛受腹とするのはなぜか。
4. 慣用として毛受を「モヅ」と訓ませているのは、正しいのか。

　問題点が明らかになったところで、延暦(790)庚午九年十二月壬辰朔の記録に戻って、毛受腹を考えます。
当初、毛受腹は「モヅハラ」ではなく「モウケノハラ」と訓ませたのではないか、と考えられます。
なぜなら、高野新笠は桓武天皇の生母であり、「儲けの君を産んだ腹」だったからです。（腹には母胎の意味がある）
「儲けの君」とは、天皇位を継ぐ皇太子（天津日嗣／東宮）を意味します。
つまり、「儲け」の部分が「毛受」になり、「モウケ」と訓んでも何ら不自然ではありません。
　ここで視点を変えて、古代では毛を含む表皮一般を「毛」と呼び、脱皮（蛻）することを「毛脱け（毛奴介）」と呼びました。（570-64）
「毛脱け（モヌケ）」の反対語は検索した範囲では不明ですが、私見では「毛受（モウケ）」と考えます。
『字統』には蛻について、以下の説明があります。
蛻ゼイ、ぬけがら・もぬけ　声符は兌（だつ）。兌に税・帨の声がある。［説文］一三上に「蛇・蝉の解く所の皮なり」とあって、脱皮したものの皮をいう。（412-504）

　「兌」には「脱」の意味があり、蛻は「虫＋兌」で「虫が脱ぐ」すなわち脱皮になります。
そして、「脱ぐ」の反対語は「着る」「履く」「被る」で、脱皮した後に新生した皮膚は「着」「履」「被」の言葉に相応しいといえます。
また、新生した皮膚を「着る」「履く」「被る」などの自動的な言葉とは異なり、受動的な言葉として「受ける」と置き換えても成り立ちます。

したがって、「毛脱」の反対語を「毛受」と考えることに無理はありません。（図4-38）（表4-11）

表4-11：蛇の脱皮（蛻）と新生（毛受）

後に残すもの	新しく生れるもの
蛻（ヌケガラ、モヌケ）	新生した皮膚、個体
毛奴介（モヌケ）	毛受（モウケ）

　このように「毛脱」の反対語として「毛受」を字の通り「モウケ」と訓むと、新たな視点が生まれます。「モウケ」について『時代別国語大辞典』には、以下の説明があり、毛受は2. が該当します。（332-664）

1. まうく（動詞下二）設ける　　：あらかじめ用意し整えておく。
2. まうけのきみ（東宮）　　　　：皇太子天皇として予定された君の意味。
3. まく（設）（動詞下二）　　　　：あらかじめ用意する。待ちうける。心まちにする。

　「毛受」を新生した皮膚あるいは個体と考えると、次の天皇になる予定の「儲けの君」の意味がより明らかになります。
すなわち「儲けの君」とは、脱皮を繰り返して生命を更新する蛇のように、皇統を更新する世継ぎの意味です。
『書紀』には世継としての「モウケ」の用例が18例、その内「儲君」が5例あり、また「嗣」が39例で「日嗣」とするもの2例あります。（蛇の毛受から儲けの君の言葉が派生した可能性がある）（391）
毛受腹すなわち「毛受の腹／モウケノハラ」とは、「儲けの君」を産んだ皇后（あるいは出自）を意味することから、桓武天皇の中宮母家・高野新笠の周忌の記事（己未）の2日後の辛酉の日を選んで「中宮の母家は是れ毛受腹なり」として用いられた理由が納得できます。
同日、中宮母家に与えられた大枝朝臣の「大枝」は金枝玉葉、つまり皇帝（天皇）から分かれた皇族を意味する可能性があることも、毛受腹を「モウケノハラ」と訓む私見を支持しています。（154）
　『続紀』の記事を現代風に表現すれば、以下になります。（著者訳）
皇太子・山部親王（後の桓武天皇）の御母・高野新笠の実家は「儲けの君の腹（毛受の腹）」である。したがって「儲けの腹」の家には大枝朝臣の氏姓を与えよう。大枝とは大樹が繁るように家の繁栄を願った氏名である。

　さらに、「毛受の腹」を「儲けの腹」と捉えることで、後代、大内氏が名のった「多々良」すなわち「龍腹」の意味も明らかになります。
龍は天子（天皇）を象徴する霊獣ですから、「天子を産む腹」すなわち「龍腹」も「設けの腹」になります。
皇族の雅称を竹園（たけのその／ちくえん）と呼び、『事物異名類編』で竹の異名は「蛇祖」、筍の異名は「稚竜」あるいは「龍孫」と呼ぶことからも、竹に擬えられる龍（蛇）は天皇を象徴し「毛受の腹」を「儲けの腹」とし「龍腹」と解釈することに無理はありません。（易経／龍は天帝の化身）（6-19）（20-1457）（134）
つまるところ、「タタラ」は「龍腹」すなわち「設けの腹」の意味を含む言葉で、初代神武天皇の后妃で御祖母の諡号・媛踏鞴五十鈴媛命（ヒメタタライスズヒメノミコト）に「タタラ」が含まれるのは当然といえます。
『書紀（日本紀）』が撰上されたのは桓武朝（781〜806）の約60年前になることから、「タタラ」が古く「毛受腹」がより新しい言葉と考えられます。
しかし、流布している『書紀』は『日本紀』の約100年後の写本とされ、初代后妃の名に含まれる「タタラ」の言葉に生母・高野新笠の出自が土師氏（毛受腹／儲けの腹／龍腹／タタラ）であった桓武朝の意向が反映された可能性も否定できません。（毛受腹の初出は『続紀』）（221-124）

318

最後に、ではなぜ「儲けの腹」とせず「毛受腹」としたのか、疑問が残ります。
おそらく井上廃后の怨霊に配慮して、桓武天皇の即位(天応元年［781年］)とともに高野新笠の称号を光仁天皇の皇后とせずに皇太夫人（後に中宮、皇太后、五大皇太后など）と称したのと同じ理由ではなかったかと推測します。(456-6-1795)
それは、延暦元年(782)壬戌には井上母子を弔う霊安寺建立し、延暦十九年(800)庚辰七月には井上廃后に皇后を追称していることからも考え得ることです。(毛受腹の記事は延暦九年［790］庚午）（表3-13)
ちなみに、大宝律令での女性皇族の称号と数は、皇后一人、妃二人（四品以上の内親王）、夫人三人、嬪四人と決められていました。
高野新笠は卑母とされ皇后「儲けの腹」と呼べる立場ではなかったことから、「毛受腹」の記述が採用されたと考えられます。(土師氏四腹とされるのは土師氏の「土徳」すなわち四時に配当される「土気」に由来することを前作で述べた)（105-315)

　以上、毛受腹について明らかになった事柄を纏めると、以下になります。
1. 毛受腹の毛受は「モウケ」と読み、蛻（モヌケ）の反対語である。
2. 毛受とは脱皮をして新しく得られた皮膚あるいは個体を意味し、皇統の世継「儲けの君」に反映されている。
3. 毛受腹だけが強調されるのは「儲けの君（桓武天皇）」を産んだ夫人（高野新笠）の出自を意味する可能性がある。
4. 毛受腹すなわち「儲けの腹」は「龍腹」と同じ意味で、「タタラ」を導き出す発想に影響した可能性がある。

図4-38：モヌケ（蛻）とモウケ（毛受）

a：アオダイショウの脱殻（モヌケ）は、まるで靴下を脱ぐように頭（目も含む）の先から尻尾まで一本の筒状になる。　b：新生した皮膚（モウケ）は、分泌される極薄の脂質で覆われ虹色に輝く。(578-131)　c：稚龍あるいは龍孫と呼ばれる筍。(435-64)　d：蛇の脱皮に似た筍の脱皮は、筍を稚龍と呼ぶのに相応しい。(134)　e：竹の節は蛇の腹板に似て、竹を蛇祖と呼ぶ理由が判る。(134)

「タタラ」の語源は「龍腹（儲けの腹／毛受腹）」

　前述の通り、毛受腹とは「儲けの腹」（儲けの君を産んだ腹）すなわち龍で象徴される「天子を産む腹」で「龍腹」でした。
　私見では、この毛受腹と同じ意味の「タツハラ」（龍腹／儲けの腹）が「タタラ」の語源になり、以下の変化をしたと考えられます。(タタラについて諸説あり)（58-9)（105-403)

「タタラ」が「タツハラ」に由来すると考えることで、「ツヅラ」「タタリ」「タタミ」などの言葉の意味も無理なく説明することが可能です。

なぜ、くねくね曲がった山道を九十九折と書いて「ツヅラ」と読ませるのか、なぜ、蛇の呪詛を「タタリ」とするのか、なぜ、初代后妃の名に「タタラ」が含まれるのか、などの疑問に答えることができます。

タツハラの変化

1. 「タツハラ」→「タツラ」→「タタラ」　　　　　　　　　　　：多々良朝臣、ヒメタタライスズヒメ、蹈鞴
　　　tatuhara　→　tatura（ha の脱落）→ tatara（母音交替）

2. 「タツハラ」→「タツラ」→「ツヅラ」　　　　　　　　　　　：九十九折（九は龍を象徴する数字）、ツヅラフジ
　　　tatuhara　→　tatura（ha の脱落）→ tutura（母音交替）

3. 「タツハラ」→「タタラ」→「タタリ」　　　　　　　　　　　：祟り（示現する＝「木気」「三碧木気」象意）
　　　tatuhara　→　tatara（母音交替）→ tatari（母音交替）

4. 「タツハラ」→「タタラ」→「タタム」「タタミ」　　　　　　：畳む（蛇の鱗と腹板は折り畳まれている）

蠱（龍蛇）による呪詛を祟りという。（412-230）　＊祟りは示現（龍蛇が配当される「木気」の象意）。祟り神の原像。（537-1-17）
音韻について（169-155）　＊鱗は折り畳まれ薄い皮膚によって連結されている。（435-64）

「タツハラ」から「タタラ」へ転訛する中間の段階（タツラ／上記 2.）をよく示している例に、陶春日神社の「国司総社参拝及鋳銭司古図」と題された絵馬があり、現代の多々良山（防府市多々良）と考えられる達良山（タツラヤマ）が描かれています。

図 4-39：春日神社の絵馬

達良山（中央奥←）（105-402）

ところで、「タタラ」の語源を龍腹に求めた瑞緒は、以下の考察の結果でした。

その名前にあるように踏鞴製鉄で最も重要な装置は、炉を高温に保つために強力な風を送るフイゴで、それを「タタラ」と呼びました。（117-242）（539）

フイゴと龍腹を結びつけたのは『老子』第五章にある、フイゴを意味する橐籥からの連想でした。

「橐籥が動けば動くほど万物が生れてくる」という文言は、踏鞴製鉄での「タタラ」の働き（タタラが動けば動くほど鉄が湧く）を的確に表わしています。（同じ発想に打ち出の小槌がある）（349-58）（398-26）

天と地との間は、橐籥のようなものであろうか。なかはからっぽで無尽蔵の力を秘め、動けば動くほど万物が限りなく現象してくる。（55-68）

『周易参同契』では「鍛冶は、牝牡四卦（小成の卦の乾坤坎離／乾離が陽で牡、坤坎が陰で牝）の理に随って行われるものである」といっています。（橐籥の陽箱を乾、陰箱を坤とする考えも成立する）（427-22）

つまり、「乾離」は橐（ふいごの箱）に当たり、「坤坎」は籥（風を出入させるふいごの管）に当たる、として両者が動いて万物が生れて来るのは乾坤陰陽の交合の結果に似ていると説きます。

これは陰陽五行思想で最も重要な根本原理で、天地同根（相反する性質をもつが元来同根である）、天地往来（互いに引き合う）、天地交合（交感し互に交わる）の表現に他なりません。(563-25)

既述したように「天文訓」には「円は明を主り、明は気を吐く」と記述があります。(210-1-133)
古代中国の世界観では「明で気を吐く」最大のものは龍（陽獣で最強）とされ、ここで「強力な風を生みだす橐籥」と「腹から気を吐く龍」とが結び付きました。(龍の腹は気を吐く蜃オオハマグリに似る／蜃気楼)(166-10-403)(476-1-5、476-1-11)(477-136)

「強力な風」と「気を吐く」ことを仲立ちにして橐籥と龍腹とを置き換えることが可能になり、上記のように踏鞴（タタラ）とは龍腹（タツハラ）から派生した言葉であると結論しました。（図4-40）

図4-40：龍とタタラ製鉄

a　　　　　　　　　　　　　　　　　　　b

a：建仁寺法堂の天井画（小泉淳作画）。龍（小栗絵巻）(62-2-16)　＊龍は宝珠を持ち気を吐いて火炎を上げ雲を呼び雨を降らせる。
b：タタラの製鉄作業。　＊中央の製鉄炉に種鋤で砂鉄を入れる村下、木炭を入れようとする炭焚、その両側に天秤鞴を踏む番子が描かれる。(398-16)　＊踏み鞴を踏んで強力な風を起こし、炉から勢いよく炎が上がる様子は龍図を思わせる。　＊番子は「替わり番子」の語源。

桓武天皇の行動を支配した道教の思想信仰を示唆する史実

　桓武天皇の多くを語ろうとすると本書の主題を逸脱することから、ここでは既に見てきた長岡京や平安京、平野神社や神泉苑などの設計の背景に存在し、桓武天皇の行動を支配した思想、おもに神仙道教を示唆するおおよそ年代毎の史実について文献を引用し、併せて多少の私見（＊）を加え「平野」とは何かを考える一助にしたいと思います。
　桓武天皇の行動を支配した思想には天命思想や讖緯思想（天文が未来に起こる予兆・予告とする思想）があり、村尾次郎氏は「おそれ――その土師的・百済的なるもの」として次のように述べています。
母系土師氏と百済帰化族との密接な関係が、長岡京の建設にも反映されていることは既述した通りです。
桓武天皇が諸王の時代から身辺に経験した幾度かの不幸な事件を、天皇はどういう感情でうけとめ、また、それによってどのような心理的影響を受けたであろうか。古代の人は自分をこの世に送りだした氏の特殊な意識の伝統を強くうけており、その目で物事を見また、その精神的風習にもとづいて行動した。天皇もその例外ではない。皇族であることの特殊性は神事についてきわめて厳格な態度となってあらわれ、母系の土師氏から精霊への恐怖心をうけ、百済帰化族から異邦的思惟形式（儒教や陰陽道そのほかの外来風俗に由来するもの）を濃厚に継受した。天皇の心理なり情緒なりを条件づけているものは、そういう諸要素であると思われる。これらの点は、奈良時代人一般に共通性であるともいえるが、それにしても、土師氏の風習などは、当時としてもなお特殊性のあるものだった。(245-168)

第4章　地上絵から空間設計の問題へ　　321

1. 年号「延暦」に込めた「延命」。(延寿や益壽)

出典:『後漢書』巻四十二崔駰列伝「夫熊経鳥伸　雖延暦之術　非傷寒之理」(555-538)

熊のように木にぶら下がり、鳥のように首を伸ばす体操術は、延暦（延命）の術であるけれども、傷寒（急性熱性疾患）を治す方法ではない。熊と鳥の動きは、五禽（虎、鹿、熊、猿、鳥の身のこなしをまねた運動）の法と呼ばれる道教の導引（運動）。(26-27)

『傷寒論解説』では、傷寒とは悪性のインフルエンザや腸チブスのようなもの、としている。(201-214)(351-141)

「延暦改元詔」は中国古代の正史『史記』や『漢書』に載せる中国皇帝の改元詔を換骨奪胎して殆ど同文である。(ルビ著者)(54-270)

2. 延暦元年(782)壬戌七月、陰陽寮が桓武天皇に対し神祇の祭祀を重視、解除（儒教では祓除）を進言。

解除は道教の神学用語で、神に祈って災い・穢れを祓い除くこと。(50-177)

＊天武十年(681)辛巳秋七月戊辰朔丁酉に悉く天下に大解除させた例がある。

3. 延暦元年(782)壬戌八月、桓武天皇の父君・光仁天皇を改葬のため陰陽を解する者を大和の国に派遣。

神官の儀式儀礼の多くは道教ないし中国古代の宗教思想信仰と密接な関連性を持ち、例えば祭祀に用いる「幣帛」や「五穀」「人形」「五色の薄絁」「明衣」「袴」「袴」「巫女の服装」なども道教に倣う。(51-16)

＊陰陽を解するものとは道教教義を理解している者の意味。

4. 延暦二年(783)癸亥十月戊午(14)交野への行幸と遊猟。(後述)

5. 延暦三年(784)甲子五月辛未朔癸未(13)蝦蟇の行進。(先述)

6. 延暦三年(784)甲子朔旦冬至を選んで長岡京へ移幸。(先述)

7. 延暦四年(785)乙丑五月(19)中宮に赤雀の瑞祥。

赤雀は朱雀（朱鳥）と同じで『周易参同契』にある人間の生命力を充実させる、もしくは衰え病んでいるものを蘇らせるという道教の呪術宗教的意味。(51-79)　＊朱火宮は天武天皇の大内山陵に例がある。(105-42)

8. 延暦六年(787)丁卯十一月庚戌朔(5)天神を交野で祀るときの「祭文」。

天子を嗣ぐの臣……敢て明らかに昊天上帝に告げしむ。臣、恭しく……鴻基を嗣ぎ守り……潔き誠を薦む。尚わくば饗けよ。交野で天神を祀る時の祭文は儒教の古典『周礼』などに載せるそれと全く類を同じくする。(54-270)

延暦四年(785)乙丑十一月(10)天神を交野柏原に祀る。

9. 延暦七年(788)戊辰夏四月、旱に黒馬を丹生川の川上の神に奉納。

＊大旱に対して黒馬を奉納するのは、「水気」黒と「金気」馬の間に「金生水の法則」が成立し、「金気」が「水気」を生じる、すなわち「金気」馬が「水気」黒を生み、雨を降らせる呪術になる。馬は五虫「毛虫」（体に毛のある動物）で「金気」。

10. 延暦十年(791)辛巳九月甲戌(16)漢神の祭で殺牛を禁止。

丑年生れを意識したのか。　＊漢神は牛を殺して神に捧げる道教に基づく祀で、絵馬は馬を牲とする代わりに考案した、という説がある。(443-184)　＊これは殉死の代わりに埴輪を考案した話と似ている。(埴輪／絵馬)　＊移祀に黄牛を用いるように「土気」牛を重視した。(犯土と土公神)　＊人柱の代わりに擬宝珠（「土気」大日如来の化身）を取り付けた。(第3章／治水と土気)

図4-41：長屋王邸跡から出土した最古の絵馬 (308-25)

11. 延暦十一年(792)壬申から急増する鷹狩。(後述)

12. 延暦十三年(794)甲戌、道教を忠実に受け継いだ平安京の理念と構造。(前述)

主殿とする紫宸殿、南面の陽明門（承明門）、西の月華門、東の日華門などの建築構成。御所の東北方の鬼門に比叡の四明岳、西北方の乾位に愛宕神社が皇城鎮護の役割を担う。(53-132)　比叡山の四明岳の四明とは道教の四明君（死者の世界を管理する最高の神様）を指し、最澄が浙江省（霊岳・天台山）の四明君の信仰を請来した。(54-134)　京都は『漢書』「外戚伝」に載る言葉。(53-223)

13. 延暦十三年(794)甲戌、平野神社（竈神）の創建。(前述)

不老不死を実現する道教の錬金術に由来し、高熱で鉱物を処理するという火の技術、その守護神が竈の神。(54-135)

14. 延暦十六年(797)丁丑四月丙辰朔(21)皇太子像を秋篠寺に安置。（前述）

＊神像は道教的なもの。　神社の社務所で行う護符の授与交付は、道教の宗教儀礼、護身符、辟火符、安宅符など用途毎に分類。(51-139)「雲笈七箋」巻五十七「符水論」「符を服む」治療のために符、お札を体内に呑みこむのは、道教の呪術。(51-68)

15. 延暦十八年(799)己卯九月北辰祭祀を禁止。

民間にも道教の北辰信仰が普及していた証拠（北辰を祀るのは天皇の特権）。(66-126)

庶民がみだりに北辰（太一）を祀ると斎王の行為を汚すものと思われたのかもしれない。(56-223)

16. 延暦十九年(800)庚辰、神泉苑竣工。（前述）

17. 延暦十九年(800)庚辰七月丁酉朔己未、早良親王へ崇道天皇の諡号を追贈。（前述）

18. 延暦廿一年(802)辛巳七月乙卯朔、大和國に二頭六足の犢が産まれた。（後述）

19. 延暦廿二年(803)癸未十一月戊寅朔、老人星（南極老人星、寿星）の出現。（後述）

20. 延暦廿三年(804)甲申成立『皇大神宮儀式帳』。（後述）

『皇大神宮儀式帳』は伊勢神宮の儀式や祭祀を解説（道教の神学用語が用いられている）。　伊勢神宮も道教の神学と密接な関係を持つ。(51-271)

「大神」「神宮」も道教神学用語。(51-133)

21. 延暦廿三年(804)甲申八月壬子(10)圧死した牛「朕によくないことがおこるのだろうか」。（後述）

22. 延暦廿三年(804)甲申十二月壬戌(21)子牛の殺生を禁止。桓武天皇が讖緯思想に傾倒していたことを示す逸話。

桓武天皇の「火徳」「土徳」を示唆する記録

1. 桓武天皇の生年と没年

　　生年：天平九年(737)丁丑　丁（火の弟）と丑「土用」。

　　没年：延暦二五年(806)丙戌三月辰月乙丑朔辛巳(17)　丙（火の兄）、戌「火気三合」墓あるいは「土気三合」旺

　　辰、丑（土用）巳「火気方局」孟。

2. 山部：山は最大の「土気」。「たんなる土」(246-404)

3. 桓武の桓：たけだけしい「火気」、桓には無患子の意味があり「ムクロ」は「土気」。

4. 老人星の出現：延暦二十二年(803)十一月戊寅朔。「老」「人」は「土気」。

5. 平安京（たいらのみやこ）：「たいら」「土気」

6. 丑年生れを意識した逸話。

7. 踏歌：地霊（土徳の神）を呼び起こすもの。(237-59)

8. 神泉苑行幸の記録。（後述）

9. 天下徳政論

　　さて、崩御する３ヵ月前、軍事と造作をめぐる天下徳政論と呼ばれる議論が宮廷で行われました。

桓武天皇の晩年を画する重要な議論であり、かつまた桓武天皇の人生のしめくくりにふさわしい出来事でもあった、と井上満郎氏は指摘しています。(115-194)

延暦廿四年(805)十二月壬寅(7)勅により参議右衞士督従四位下藤原朝臣緒嗣と参議左大辨正四位下菅野朝臣眞道とに天下の人民に恩徳を施す政治について議論させた。緒嗣議は「現在天下の人民が苦しんでいる軍事（蝦夷征討）と造作（平安京造営）ですので両者を停止すれば、百姓を安楽にすることができるでしょう」という案を述べたが、真道は異論を立てて譲らず、緒嗣の提案に同意しなかった。天皇は緒嗣の提案を善しとし、軍事と造作を停止することにした。有職者は桓武天皇の判断を聞いて、みな感歎した。（ルビ著者）(246-1-379)

　　この話は、天武天皇の最晩年に記録された無端事に似ています。(105-467)

無端事はナゾナゾとする説がありますが、最晩年にナゾナゾをして遊んだとは考えられません。(391-2-474)

死期を覚った天武天皇は、無端事（端が無いこと）すなわち「連環に従って窮る所がない」思想と原理につい

て皇子達に問題を出し正解した者に褒美を賜ったと想像します。（105-467）

「連環に従って窮る所がない」は、また「天壌無窮」と同じ意味です。（357-47）（427-161）

以下、『書紀』の該当箇所を私見にしたがって再現してみました。（著者）

天武天皇は道教の天文遁甲をよく学ばれ、その思想的背景にある『易経』の原理を能く理解されていた。そして「連環に従って窮る所がない」を政治原理として採用し、皇子達が永遠にこの国を治められるように、この思想と原理を理解しているかどうかを問うて見た。

　　「軍事と造作」は桓武天皇の晩年（延暦廿四年十二月）を語る時によく引用される言葉ですが、桓武天皇の生年の干支・丁丑から「軍事と造作」をみると丁「火気」は軍事を丑「土気」は造作を象徴し、また違った側面が明らかになります。（軍事的氏族である山部連との関連）（115-194）（303-85）

岡田芳朗氏は、犯土（造作禁忌）を以下のように述べています。

下記のように桓武天皇は間日の干支（丁丑）に生れたことから、造作（造都）が禁忌にならないことを知っていた可能性があり、二度の遷都を決断させた背景には、間日の問題があった可能性も考えられます。

7日庚午から13日丙子を大犯土とし、15日戊寅から21日甲申を小犯土とする。

丁丑を間日（犯土間日、中犯土）とし犯土に含まれない。（傍点著者）（323-186）

不老不死の仙人を目指した桓武天皇

　　『史記』封禅書には、漢武帝元光二年（BC133）に方士の李少君が祠竈、穀道、却老方をもって武帝にまみえた話があり、竈（鼎）が王権の象徴とされ竈神が重視された理由の一つに不老不死を説く神仙思想が強く影響しています。（217-50）（279-1-284）（553-53）

桓武天皇だけではなく、奈良、平安時代の貴族たちはみな仙人にあこがれていた、と窪徳忠氏は述べています。（426-269）（585-200）

かまどをまつれば、鬼神が呼び寄せられます。鬼神を呼び寄せれば、丹砂を黄金に変えることができます。黄金ができて、それで飲食のうつわをおつくりになれば、ますますいのちがのびましょう。ますますおいのちがのびれば、海中の蓬来山にいる仙人にもはじめておあいになれましょう。仙人におあいになって、そして封禅のまつりをなされば不死身におなりです。黄帝がそうなのです。

　　この記述にしたがって、桓武天皇が不老不死を目指した、あるいは仙人・黄帝になろうとしたことを暗示する事績や言葉を拾うと下記になり史実とよく一致して、李白（701～763）が詠んだ遊仙詩に載る黄帝の羽化昇天にも通じるところがあります。（80-96）（124-43）（217-243）

謎とされる平野神社の創建理由と神格もよく理解できます。

1. かまどをまつる：竈神平野神社の創建。（平野神社を創建した動機の第一と推測される）
2. 鬼神を呼び寄せ：皇大御神あるいは皇御神とされ伊勢皇大神宮に準じる祖霊。（大江匡房は本朝の宗廟としている）
　　（263-365）（485-27）
3. いのちがのびる：延暦の年号。（寿命を延ばす）
4. 海中の蓬来山：神仙境を目指した平安京、長岡京からは「八白土気」の位置で「艮」（山）。（不老不死の「土気」の軸を進んだ）
5. 仙人に会う：神泉苑への行幸と老人星の出現。（寿星＝人の寿命を支配する星、寿命星）（神仙に会うためには高殿である乾臨閣を造った）
6. 封禅のまつり：神泉苑から西北に位置する平野神社を望拝する。（交野で天神を祀る）
7. 不死身：不老不死を齎す神泉。（閼伽井／黄水／丹水／赤泉）
8. 黄帝がそうなのです：「土徳」（桓武天皇が有する「土徳」「火徳」）

桓武朝の分析

　神泉苑が平安京遷都の設計に当初から組み込まれていたことは既述した通りです。

正史では延暦十九年秋七月丁酉朔乙卯に、神泉苑行幸の記録があり、延暦二三年(804)十二月を最後に計31回の行幸が記録されています。(神泉苑の記録は32例で、うち1例は行幸の記録ではない)(98-36-32)

神泉苑では曲水宴、舟遊びなどが行われたとありますが、単に物見遊山だけだったのでしょうか。

　この問題は、神泉苑行幸と遊猟の回数、災異の発現頻度、などを個別ではなく一括して考える必要があります。その理由は、平野神社－大極殿－神泉苑を結ぶ設計が神仙境を実現しようとした平安京にとっては不可欠な設計であり、行幸と遊猟、災異の発生が密接に関連していると考えるからです。(図4-7a)

延暦十九年庚辰七月丁酉朔乙卯、初めて神泉苑に行幸した4日後の己未、故皇太子・早良親王を崇道天皇と称し、故廃后・井上内親王（早良親王の母）を皇后に戻し、二人の墓を共に山陵と改称せよ、と命じていて神泉苑への行幸が始まったことと関連が考えられます。(246-1-249)

神泉苑への行幸が始まったことと怨霊への配慮から、延暦十九年が桓武紀の転機の年といえるかも知れません。

　まず、神泉苑行幸の分析から始め、最後に一括した分析を行います。

神泉苑行幸の分析

　31回の行幸の記録を纏めると表4-12になります。(第4章／神泉苑と不老不死)

表4-12：神泉苑行幸の記事

番号	西暦	延暦	干支	月	朔	日	月齢	記事	「土気」「火気」を含む
1	800	十九	庚辰	七	丁酉	乙卯(19)	十八	幸神泉苑	○
2			庚辰	八	丁卯	己卯(13)	十三	幸神泉苑	○
3	801	廿	辛巳	四	壬辰	癸巳(2)	朔	幸神泉	○
4			辛巳	六	辛卯	甲午(4)		幸神泉	○「未午支合」
5			辛巳	九	庚申	丁卯(8)	上弦	幸神泉苑	○
6	802	廿一	壬午	二	戊子	戊子(1)	朔	幸神泉	○
7			壬午	二	戊子	癸巳(6)	上弦	幸神泉泛舟曲宴	○
8			壬午	二	戊子	己亥(12)	十三	幸神泉	○
9			壬午	二	戊子	癸卯(16)	望	幸神泉	○
10			壬午	三	丁巳	丁卯(11)	上弦	幸神泉	○「丁壬干合」
11			壬午	五	丙辰	壬申(17)	十八	幸神泉	○
12			壬午	六	丙戌	壬寅(17)	十八	幸神泉	○
13			壬午	七	乙卯	丙辰(2)	朔	幸神泉	○
14			壬午	八	乙酉	乙酉(1)	朔	幸神泉	○
15	803	廿二	癸未	三	壬子	丙子(25)	下弦	幸神泉	○
16			癸未	四	辛巳	甲申(4)		幸神泉	○
17			癸未	四	辛巳	戊戌(18)	十八	幸神泉	○
18			癸未	六	庚辰	庚辰(1)	朔	幸神泉	○
19			癸未	七	己酉	己酉(1)	朔	幸神泉	○
20			癸未	九	己酉	癸丑(5)	上弦	幸神泉	○
21			癸未	十	戊寅	戊寅(1)	朔	幸神泉	○
22	804	廿三	甲申	正	丁丑	辛丑(25)	下弦	幸神泉苑	○
23			甲申	七	癸酉	癸酉(1)	朔	幸神泉苑	×
24			甲申	九	壬申	己卯(8)	上弦	幸神泉苑	○「甲己干合」
25			甲申	十	壬寅	壬戌(21)	下弦	幸神泉苑	○

第4章　地上絵から空間設計の問題へ　　*325*

26	甲申	十	壬寅	甲申(13)	十三	幸神泉苑	○
27	甲申	十	壬寅	丁亥(16)	望	幸神泉苑	○「丁壬干合」
28	甲申	十	壬寅	己丑(18)	十八	幸神泉苑	○「甲己干合」
29	甲申	十	壬寅	戊戌(27)	下弦	幸神泉苑	○
30	甲申	十二	壬寅	壬寅(1)	朔	幸神泉苑	○
31	甲申	十二	壬寅	丁未(6)	上弦	幸神泉苑	○「丁壬干合」

＊傍点部分は「土気」か「火気」　＊明らかに神泉苑への行幸と判断できる記録を採用した（延暦十九年から廿三年までに 31 回の行幸の記録がある）。(98-36-32)　＊延暦二十三年甲申　八癸卯　壬子(10)はの記事は、暴風で倒れた中院西樓で圧死した牛を丑年生れの我が身に置き換えて悲嘆した記録で、神泉苑行幸の記録ではない。

図 4-42：年月毎の行幸回数

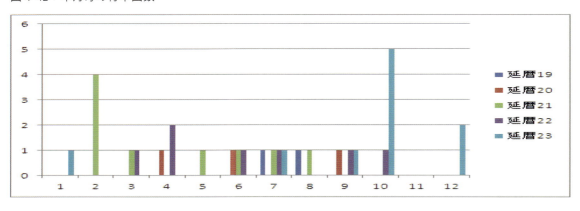

＊横軸は月、縦軸は行幸回数。

図 4-42、表 4-12 から読み取れる事実は、以下の通りです。
1. 延暦十九年庚辰七月丁酉朔乙卯(19)、神泉苑に行幸した最初の記録。
2. 延暦廿三年に行幸回数が 10 回と頂点に達して終わっている。
3. 行幸の記録を五行の視点から分析すると、「水気」100％、「土気」97％「火気」94％が含まれる。
4. 記事 25、29 は「甲己干合」で、記事 4 の記録は「未午支合」で新たな「土気」が生れる。
5. 記事 23 は、唯一、「土気」を含まない記録。（延暦廿三年甲申十二月壬寅朔丙寅　聖体不豫）(246-340)
6. 月齢との関係では、朔が 8 回、望が 2 回、十三夜が 3 回、十八夜が 5 回。
7. 年月毎の回数では延暦 21 年 2 月 4 回、延暦 23 年 10 月 5 回が多く、11 月はいずれの年にも行幸はなかった。
8. 各年の行幸は、延暦 19 年 2 回、延暦 20 年 3 回、延暦 21 年 9 回、延暦 22 年 7 回、延暦 23 年 10 回で、年を経るごとに増加した。

上記の事実から考えられる事柄は、以下の通りです。
遊猟が急減する延暦十九年になって始めて神泉苑行幸が記録されたのは、三官大神に懺悔して精神の安らぎを得ようとしたから、と想像します。
その傍証は、既述したように早良親王、井上内親王の復権を命じる詔を出していることです。(246-1-249)
この詔は、懺悔の表現の一つではないか。（早良親王へ崇道天皇の諡号を追贈）
その根拠として、記録された干支（延暦十九年庚辰七月丁酉朔己未）を五行の視点で分析すると「水気」「土気」「火気」（「水気」辰申、「土気」己辰未、「火気」丁未）で占められ、「水気」＝水、「土気」＝地、「火気」＝天に対応する、すなわち三官（天・地・水）に対応していることが上げられます。（「土気」は土用を含む）（表 3-13）(190-1-249)
肉体の老化に起因する気力の衰退から過去を振り返ることが多くなり、過去の罪の許しを請うことによって初めて精神の安らぎを得ようとした行動ではなかったのか。
『墨子』天志篇には「天子・疾病禍祟有れば必ず斎戒沐浴し、潔かに酒醴粢盛を為えて、以て天鬼を祭祀す

れば則ち天能く之を除去す」とあり、病や祟りに犯されれば潔斎して祖神を祀る必要を説きます。（50-180）

晩年の桓武天皇は神泉苑にたびたび行幸（延暦二十三年にはほぼ毎月）し、道観と推測される乾臨閣に登って鎮魂の祭祀を繰り返したのではないか、と想像します。

　あるいは、西王母が漢武帝を誡めた伝承から、遊猟をやめて長生を願ったのかも知れません。

晩年になって懺悔した例として、天武天皇が大友皇子の遺子・与太王の嘆願を承けて園城寺金堂の建立を許可した逸話があります。（105-131）

武帝が叩頭しながら長生の道を尋ねると……お前は品性下劣で美食、淫欲をほしいままにし、殺を好み奢侈にふけっているから、長生きはできない。それらの所行を一切やめて身を堅く守ってから薬をのみ、服気をしなければならないと、こんこんと誡めた……。（ルビ著者）（142-148）

　月齢と行幸の関係をみると、21回・68％は月明かりの日で、月の変若水を期待した可能性があります。（表4-12）

改めてみると、桓武天皇の神泉苑行幸6.2回／年は持統天皇の吉野行幸2.8回／年よりも高い頻度で、神泉苑が吉野よりはるかに近いとしても、この頻度は何か切羽詰った心理的な背景を感じさせます。（神泉苑に閼伽井が現存する）（表4-12）（54-132）

斉明天皇が両槻宮で不死の薬を神仙から貰おうとしたように、神泉苑で不死の薬（変若水）を貰おうとしたのではないか。

　いずれの年も11月に行幸した記録がなく、その理由として『礼記』「月令」に載る「仲冬（十一月）の礼」にしたがった行幸ではなかったのか、と推測されます。（図4-22）

その根拠は「仲冬には君子は潔斎して身を慎み……なるべく身を室中に潜めて人の前に出ず、ひたすら安静に過ごすのが宜しい」とあり、神泉苑行幸が始まった十九年から十一月の遊猟記録は廿三年の例外を除いて皆無であることも、仲冬の礼にしたがった可能性を考えさせます。（廿三年十一月の日野への遊猟が唯一の例外で最後の記録）（457-266）

しかし、十七年までには十一月にも遊猟の記録があり、十九年に神泉苑行幸が始まって以後、「月令」に従わせる何等かの心境の変化による行動ではなかったのか、とも想像させます。（十一月の遊猟記録／十一年5回／十二年5回／十三年2回／十四年1回／十五年3回／十六年2回／十七年3回／十八年0回）

　「月令」に従ったとする他の根拠は、延暦九年十二月朔の詔に、『春秋』「公羊伝」隠公元年「祖は子が貴くなることによって貴くなる」を引用して、これは礼法を記した古典に示された法則であって帝王が常に守るべき規範、としている点で古典を強く意識していたと考えられるからです。（『礼記』『春秋』も儒教の基本経典五経の一つ）（490-2-445）

「公羊伝」とは『春秋』の注釈書で、簡単にいえば帝王や政治の在り方について説明した内容です。（299-61）

　さらに、十一月に行幸がなかった理由として、冬至の祀である郊祀が行われたため、とも考えられます。

しかし、郊祀は延暦四年と六年の2回しか記録されていないため（常のことは省く）憶測でしかありません。（443-103）

遊猟の分析

　史料（続紀／日本後紀）の中で明らかに遊猟と判断できる記録のみを採用し、延暦元年（782）から廿三年（804）までに130回の記録があります。（猟とのみ記録されたのは6例）

　放鷹とも呼ばれる鷹狩は、飼いならした鷹を使って鳥類や小動物を捕える狩猟で、古代から天皇や一部貴族など権力者の特権とされました。（313-12）

鷹狩は、老荘思想の最高の戒めである自然に還ることでもありました。（26-106）

図 4-43：放鷹

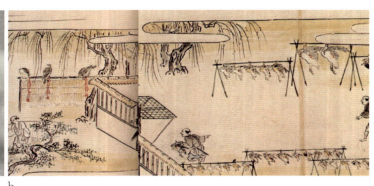

a：放鷹に用いられるオオタカ。(90-3)　b：獲物や使った鷹が描かれた狩猟後の風景（鷹狩絵巻）。(81-扉)

　桓武天皇は鷹狩をことのほか好み、鷹に餌をてずから与え、鷹の爪を切ったり、くちばしの手入れをされたと『寛平御遺誡』にあり、鷹師（鷹匠）の専門技術に属する鷹の手入れは、天皇の鷹についての執着のほどがよくわかる逸話である、と林陸朗氏は指摘しています。(97-37)
村尾次郎氏は、桓武天皇の鷹好きは外戚の百済王氏と土師氏の関係から生じた可能性を指摘しています。
王の武道は鷹狩である。犬を走らせ鷹を放って獲物を追う壮快な野遊びがいちばん好きであった。……この話で気のつくことは、鷹の法が百済王家からの伝承であることと鷹狩地が百舌鳥野であることだ。後に朝廷の指定鷹野となった河内交野では百済王家の本拠地であり、桓武天皇は百済王氏を外戚としてしばしば交野に行幸されたし、また、百舌鳥野は土師氏の居地で、天皇の外戚である土師氏はこのモズ系の土師であるから、どちらをみても鷹には縁が深いようである。山部王の鷹好きはこうした関係から生じたのではあるまいか。(245-14)

　25年間の治世で遊猟は130回の記録があり、平均すると年5回になります。
しかし、延暦十年辛未までは年1回で10年間に4回の記録しかありません。
ところが、十一年から急増して十六年丁丑には15回で頂点に達してのち、十九年庚辰に5回、廿一年壬午に4回へ急減し、廿三年甲申に再び増加して8回になり、延暦廿三年甲申十一月壬申朔己卯の記事を最後に遊猟の記録はなくなります。（延暦廿三年甲申十二月壬寅朔丙寅から聖体不豫の記録があり寅は「土気三合＝午戌寅」墓）（図4-44）(237-35)
このように「鷹への執着」「鷹好き」とする割には遊猟の記録は不均一な分布で、延暦十年辛未まで10年間に4回しか記録がないのはなぜか、延暦十一年壬申から急増したのはなぜか、十七年から十九年にかけて急減したのはなぜか、さらに本来の鷹狩以外の目的があったのではないか、などの疑問が湧きます。(81-16)(313-150)
　遊猟の名目で遷都の候補地を選定する目的もあった、とする説もあります。(97-231)
その根拠は、『日本後紀』延暦十八年(799)二月二十一日に載る和気清麻呂薨伝の記事で、「長岡遷都十載を経るも功いまだならず。費計ふるに勝ふべからず。清麻呂、潜かに奏す。上、遊猟に託し、葛野の地を相せしむ。さらに上、都を遷す。」とあることです。(246-1-198)(443-158)
　西郷信綱氏も、行幸は支配を確認させる行為であった、と指摘しています。
諸々の儀式とか巡狩とかは、みなこの王を＜作る＞ことに向けられた行為で、王は版図内を＜行幸＞し、おのが支配の祭式的な足跡をそこにしるしづけてゆく。(377-215)

　考えられる理由として私見では、長岡京の10年間は物忌であったこと、遊猟に運動療法の一面があること、が上げられます。（第3章／日本人の価値観を支配し行動を強く規制した災異思想）
既述したように、長岡京への遷都は平安京へ遷都する前の壮大な方違で物忌に当たり、長岡京は旅所であった可能性があるからです。
物忌の間、外出を控えて居所に閉じ籠るのが常でした。

延暦十一年から回数が増え始めるのは、和気清麻呂の薨伝にあったように遊猟の名目で相地（後の平安京）を始めたことの反映ではないか、とも考えられます。

次に、遊猟が枕席不安（強迫神経症やうつ状態）に対する運動療法（認知行動療法）として行われた可能性があり、ある程度の効果が認められています。(104-14) (260) (545)

強迫神経症になりやすい人の性格（気質）として、感受性が高い、完璧主義、執着気質、猜疑心が強い、心配性などが上げられます。

鷹の爪や嘴を研ぐなどの逸話、遊猟頻度の急増と急減、神泉苑行幸の急増、などから桓武天皇は執着気質で、物事に執着する性格は怨霊に対する恐怖心を増幅させた可能性があります。

現実の問題を忘れるために何かに集中する、桓武天皇の場合、実態の明らかでない怨霊への不安を和らげる働きが鷹狩にあったのではないか、と想像させます。（山部親王時代に井上廃后と他戸廃太子の怨霊に悩まされ重病）(45-7) (374-115)

　図4-44、4-45は鷹場別の年毎と月毎の遊猟回数を示し、図から読み取れる事実は以下の通りです。

1. 延暦十一年大原野への4回の遊猟から急増する。
2. 延暦十六年に北野での6回の遊猟が記録される。
3. 延暦十九年には、いずれの場所も2回以下に減少した。
4. 大原野は8月から11月にかけて多い傾向にあり、8月には最多の7回に達した。
5. 水生野は1月から3月、8月、11月に多い。
6. 栗前野は2月、8月、9月に多い。
7. 交野は10月に集中している。
8. 北野は、9月に突出して最多の6回が記録された。
9. いずれの場所でも4月、5月、6月には行われなかった。
10. 大原野（京都市西京区大原野）　：延暦十一年から廿三年まで24回（最多）
　　水生野（大阪府三島郡島本町）　：延暦十一年から廿三年まで15回
　　栗前野（京都府宇治）　　　　　：延暦十一年から廿三年まで14回
　　北野（京都市北野）　　　　　　：延暦十五年から廿三年まで14回
　　交野（大阪府枚方市）　　　　　：延暦二年から延暦十八年まで9回
　　登勒野（現在地未詳）　　　　　：延暦十一年から十六年まで8回

図4-44：鷹場別の年毎の遊猟回数の関係

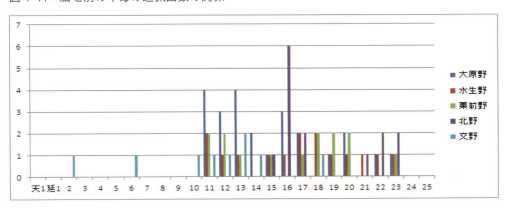

＊9回以上記録された鷹場に限ったため、史料に載る回数と図示した数字に不一致が生じている。　　＊縦軸は遊猟回数、横軸は年。

図 4-45：鷹場別の月毎の遊猟回数

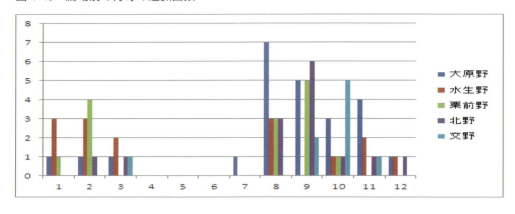

＊9回以上記録された鷹場に限った。　＊縦軸は遊猟回数、横軸は月。

　上記の事実から考えられる事柄は、以下の通りです。
夏期の4月から5月に遊猟が行われなかった理由には、猟期と獲物の飛来時期（9月〜3月）、鷹の繁殖期、農繁期などが考えられます。（81-200）（174-209）
薬猟（やくりょう）とは薬草を採ったり鹿の袋角（ふくろつの）（鹿茸（ろくじょう））を切り採ることで、陽数の重なる五月五日が陽の一番壮んな日すなわち薬効が一番旺盛な日と考えて実施され、たとえば、蠱法（こほう）（蠱毒／動物を用いた呪術）では五月五日（仲夏（ちゅうか））に最も呪能のある蠱を決定する、とあります。（81-208）（266-169）（411-478）（587-31）（588-14）
鷹狩に用いる鷹も、生薬に用いる薬草も、呪詛に用いる蠱も、力の溢れた状態でなければならなかったはずで、鷹狩（遊猟）と薬猟や呪詛に用いる蠱とが同じとはいえませんが、夏期には鷹が弱った可能性もあります。
蟲＋皿。[説文]に「腹中の蟲なり」とするが、蠱は人を惑わす呪儀であるから、「腹、蟲に中るなり」とよむべしという。……蠱法は、五月五日に、百虫を一器の中に入れて相食らわしめ、最後に残ったものにその呪能があるとされた。

　古代では方忌（かたいみ）、日忌（ひいみ）が最も重視されたことから、都から見て方忌にある鷹場は忌避する、あるいは方違をしたと想像され、方忌と日忌を考慮して分析した結果が表 4-13 です。（120-350）（292-1-281）（369-79）（478-190）
「製薬も服薬も、その年の干支を撰定して、方角を指示したりするのは、薬効や術の力を強めるためであった」と槇佐知子氏が指摘していることから、遊猟に際しても方忌と日忌の考えが働いたはずです。（230-180）
『神農本草経』薬理第六条には、生薬の採取時期、産地の違いなどについて細かく記述しています。
薬は採取の時期、陰乾にするのか、日光で乾燥させるのか、生がよいか、熟したものがよいか、産地の違い、偽物、本物の違い、古い者、新しい者の違いについて、それぞれの生薬について決まったものがある。（253-14）

表 4-13：遊猟の方忌と日忌の分析

	平城	長岡										平安										
年号	2	3	4	5	6	7	8	9	10	11	12	13	14	15	16	17	18	19	20	21	22	23
干支	癸亥	甲子	乙丑	丙寅	丁卯	戊辰	己巳	庚午	辛未	壬申	癸酉	甲戌	乙亥	丙子	丁丑	戊寅	己卯	庚辰	辛巳	壬午	癸未	甲申
西暦	783	784	785	786	787	788	789	790	791	792	793	794	795	796	797	798	799	800	801	802	803	804
方忌	西	西	西	北	北	北	東	東	東	南	南	南	西	西	西	北	北	北	東	東	東	南
大原野	−	−	−	−	−	−	−	−	−	○	○	○	×	×	926	○	−	928	○	−	○	○
水生野	−	−	−	−	−	−	−	−	−	○	○	○	−	−	−	−	−	−	−	−	−	−
栗前野	−	−	−	−	−	−	−	−	−	○	○	−	−	−	−	−	−	−	−	−	−	−
北野	−	−	−	−	−	−	−	−	−	−	−	−	−	−	−	×	−	−	−	−	926	○
交野	○	−	−	−	−	−	−	−	○	928	×	○	×	−	−	−	−	−	−	−	−	−

＊分析対象とした猟場は、遊猟回数が多く所在が明らかな5例に限った。　＊表中×は方忌に反するもの、数字は月日で日忌（入山）に反するもの、○は方忌に適うもの、-は記録がないもの。　＊記録がない天応元年、延暦元年、延暦二十四年は省略した。

表 4-13（主要な 5 つの鷹場への遊猟の方忌と日忌）から読み取れる事実は、以下の通りです。

1. 大原野へは方忌 6 例、日忌 1 例で、遊猟以外の目的であった可能性を否定できない、あるいは方違を行った可能性がある。

2. 水生野へは、方忌、日忌ともになく、すべて陰陽道の理に適っていた。

3. 栗前野へは、方忌、日忌ともになく、すべて陰陽道の理に適っていた。

4. 北野へは、方忌 2 例、日忌 1 例で、遊猟以外の目的であった可能性を否定できない、あるいは方違を行った可能性がある。

5. 交野へは、方忌 3 例、日忌 1 例で、遊猟以外の目的であった可能性を否定できない、あるいは方違を行った可能性がある。

6. 平安京遷都後に、大原野、北野、交野への遊猟では禁忌を犯す問題が生じている。

＊入山の忌日は、3 月（3、11、15、18、24、26、30）日、9 月（1、5、13、16、26、28）日とされた。　＊方忌の方位は大将軍の塞ぐ方角とされ、寅卯辰の年は北、巳午未の年は東、申酉戌の年は南、亥子丑の年は西とされた。(323-186)

　遊猟の最後の記録は、『日本後紀』に載る延暦廿三年甲申十一月壬申朔己卯の日野での遊猟です。

交野への鷹狩は一般的に指摘されるほどには多くなく、交野での遊猟は延暦十八年己卯十月辛未朔己卯の記録が最後になり、翌年から神泉苑の行幸が始まります。

延暦十八年に遊猟が急減して入れ替わるように十九年から神泉苑行幸が始まったことから、十八年と十九年の間に何が起きたのか、興味があります。

遊猟回数が頂点に達した延暦十六年丁丑、桓武天皇は還暦（数え年では前年に還暦）を迎え体力の衰えを感じ始めていて十七年以降の急減に繋がった可能性があります。（後述／為政者の厄と事績）

十九年から「仲冬（十一月）の礼」に忠実にしたがう何らかの心境の変化があったのではないか、と想像します。（道教から仏教への傾斜を指摘する説もある）(443-146)

　薬草には生育に適した限られた風土があり、特に道教の神仙秘薬に用いる生薬が生育する場所（例えば丹砂の溶けた水が湧く所）は天皇の独占するところとなり、標野あるいは禁野と呼ばれ、一般の立ち入りが禁止されました。

桓武天皇の遺命で平城天皇が編纂したと伝えられる日本最古の医学書『大同類聚方』（大同は平城天皇の年号）には、式内社の波多神社に喉の痛みに効果のある之良支薬と呼ぶ処方が伝えられ、「あか井」と呼ばれた良泉のあるこの地に多く自生していたとあります。（『大同類聚方』の編纂は桓武天皇が医薬、中でも神仙秘薬に興味を示していた可能性を示唆する）(56-12)(187-194)(231-3-44)(280-10)

「あか井」とは、おそらく二月堂のお水取りで用いる閼伽井（功徳水）と同じで、『山海経』「海外南経」に載る赤泉とも同じ意味になります。（神泉苑の閼伽井）

「海外南経」には貟丘山の赤泉の水を飲むと長命になるとあり、あか井、閼伽井、赤泉、変若水（越智水）、不変水、香水、などは同じ不老不死の霊泉と考えられます。(38-595)(108-247)

『抱朴子』では不老不死を得る仙薬の中で丹華（丹砂）を「第一の丹」とし、その丹砂の溶けた水で育った薬草が最良とされました。（実際には硫化水銀は水に難溶性で薬草に含まれることはない）（地霊への信仰）(21-25)(100-93)(232-19-v)(244-172)

伊吹山の神の怒りに触れて混濁したヤマトタケルの正気を取り戻させたのは、伊吹山の西を流れる醒井（居醒泉）の霊水でした。（図 2-25）（図 4-46b）(391-1-308)

『字統』では、丹井のある地に長寿の人が多いとして、以下の記述があります。（412-578）
「丹」音訓タン。和訓に・あか丹井に丹のある形。丹は朱砂など水銀を含む化合物をとるため、井戸状に掘り下げて採掘するので、丹井と言う。……丹の薬効について『抱朴子』「仙薬」に、丹井のある地に世々寿考の人が多く、或は百歳を超え、或は八九十に及ぶ例をしるしている。……丹朱は鉱物質のものであるから変色せず、その色は極めて神聖なものとされた。……すべて丹朱を加えることは、聖化の方法であった。（傍点著者）

薬猟と呼ばれ鹿の若角（鹿茸／『神農本草経』では下経に分類され勃起不全に用いる）を採る遊猟の場合にも、大和国宇陀野や河内国交野、近江国蒲生野などがあり、おそらく良泉で育った草木を食んだ鹿の鹿茸が最上とされたはずです。（231-5-556）（253-151）（280-10）
額田王の和歌で有名な紫野は、近江国蒲生郡にあった天智天皇の標野でした。（主に紫草を栽培）
桓武天皇の鷹場であった大原野、水生野、栗前野などの地勢の実態は不明ですが、やはり赤泉と同じ良泉が湧き、その水で生育した鳥獣が多く生息していた、と想像します。
大原野への遊猟が最多であるのは、百済王神社と生母・大枝山陵を結ぶ南北軸上に大原野が存在し、この地に対して特別な感情を抱いていたのかも知れません。（大枝の地名は大枝朝臣高野新笠を葬った山陵に由来する）（図4-33、4-34）

図4-46：霊水の例と丹生神社

a：青く透明な弁天池（山口県美祢市秋吉町）。　b：清流の証バイカモが可憐な花を咲かせる醒井（滋賀県米原市醒井）。　c：吉野山の西行、芭蕉ゆかりの苔清水（奈良県吉野郡吉野町／とくとくと落つる岩間の苔清水くみほすほどもなきすまひかな／つゆとくとくこころみにうきよすすがばや）。山口には、大内時代に名付けられた三名水の中で、高嶺太神宮の傍を流れる五十鈴川の上流にある柳の清水（山口市滝町）は600年間絶えることなく湧き続けている。　d：丹生神社は三重県多気郡多気町丹生にある式内社で、丹生は東大寺大仏の鍍金（金アマルガム）に必要な水銀を産出した。中央構造線上に存在する水銀鉱床群の一つで最古例で弥生時代から開発された。（100-91）（596-89）

災異と瑞祥の分析

　桓武紀の災異は、天応元年から突如として 19 例、延暦元年には 12 例が発生し、その後、七年、九年、十二年、十六年、十八年、廿四年に多く発生しています。（表 4-12）

「木気」地震で始まり地震で終わっていることは重要で、「木気」祟りとして記録された可能性があり、前作で指摘した天武紀の災異と同じ傾向を示しています。（天武紀の災異分析）（105-130）

「木気」を象徴する災異〈地震／風／虹／音〉は 48 例で、全 167 例の 28.7％になり、天武紀の災異 61 例のうち「木気」を象徴する災異 32 例・52.5％よりは少ない頻度です。（「木気」に属す災異の詳細については前作を参照）（105-130）

表 4-14：桓武紀の災異

年号	天	元	2	3	4	5	6	7	8	9	10	11	12	13	14	15	16	17	18	19	20	21	22	23	24	合計
干支	辛酉	壬戌	癸亥	甲子	乙丑	丙寅	丁卯	戊辰	己巳	庚午	辛未	壬申	癸酉	甲戌	乙亥	丙子	丁丑	戊寅	己卯	庚辰	辛巳	壬午	癸未	甲申	乙酉	合計
地震	**10**	**5**	**1**		**1**	**1**				**1**		**1**	**4**	**2**		**1**	**1**	**2**						**2**	**4**	**36**
音	**4**	**1**																								**5**
飢	1	2		3				6		7	3			1			3	1	10	3		1		3	4	48
疫	1	1												1												3
蝦蟇				1																						1
噴火								1											1	1						3
火災											2		1								1					4
妖	1												1		2											4
魚					1												1									2
獣																						2	1			3
鳥													2		1		3								1	7
虹		**2**																								**2**
大風															**1**		**1**	**1**	**1**					**1**		**5**
寒												3	2		2		1	1	1	1	1					12
雨		1		1	1			2				2		1	1	2			1			1	1			14
日食			1					1		1		1	2		1	1	1	1	1							11
太白	2			1			1								1										1	6
白気												1														1
合計	19	12	2	6	3	1	1	10		9	5	8	12	5	9	4	11	6	15	5	2	4	2	6	10	167

＊数字は例数で、災異合計は 167 例で飢（飢饉、旱魃）が最多の 48 例、次に地震 36 例であった。（299-168）ゴシック体は「木気」の災異。　＊天は天応、延は延暦、延暦 25 年は桓武天皇が崩御するまで災異の発生はなく省略した。　＊天応元年正月から四月即位までの災異と瑞祥も加えた。　＊「木気」地震で始まり地震で終わっていることは重要（天武紀の災異分析）。（105-138）　＊「木気」43／145×100＝29.7％　は怨霊による祟り。　＊飢饉は「土気」が本性を失ったことを示唆する。　＊煩雑を避けるため、類似の災異は下記の要領で纏めて表記した。延暦十九年（800）の噴火は富士山。

音：空中音声と自鳴　　飢：飢饉、旱魃　　妖：不審死、妖言　　魚：魚漂着と怪魚　　獣：奇形、狼、野狐鳴　　鳥：雉、啄木鳥、水鳥、野鳥、飛鳥　　寒：雹、寒、雪　　雨：大雨、雷雨、霖雨、洪水

　天文異変の中でも最も恐れられた日食が 11 例記録され、それは人君の非道に対する天の譴責（厳しい戒め）の現れ、あるいは非業の死を遂げた怨霊の祟りによるもの、と捉えられました。

太白が昼に現れた記録は 4 例で（延暦三、六、十四、二十四）、月日と時間から「出現すべき時でないのに現れた」と判断され、兵乱が起きる予兆、とします。（547-168）（554-275）

白気は延暦十一年に 1 例記録され、古代中国ではオーロラは天に棲む赤い龍と考えられ、政治の大変革や不吉なことの予兆で『宋史』「天文史」の中に「白気」と表現したオーロラの記録があります。（214-3）（589-26）（590-31）

『晋書』「天文志」には、白気は仙人の如く、ともあります。(503-1-151)
白気で示された政治の大変革とは、平安京への遷都を指す可能性があります。
虹（天の譴責）は延暦元年に2例出現し、始まったばかりの桓武天皇の治世に天が怒りを現わしたといえます。
　表4-15をみると「白」を意識した瑞祥が最も多く、これは五神山の鳥獣が「真っ白」であることに倣った記述で、平安京が神山にも並ぶ平和な仙境であると主張しているようです。(38-234)

表4-15：瑞祥

年号	天	元	2	3	4	5	6	7	8	9	10	11	12	13	14	15	16	17	18	19	20	21	22	23	24	合計
干支	辛酉	壬戌	癸亥	甲子	乙丑	丙寅	丁卯	戊辰	己巳	庚午	辛未	壬申	癸酉	甲戌	乙亥	丙子	丁丑	戊寅	己卯	庚辰	辛巳	壬午	癸未	甲申	乙酉	
獣		1							1		1											1	1			5
鳥			1	1	1					1		1	2		2		2					2	1	3		17
慶雲	1																	1								2
老人星																					1					1
木蓮理	1																						1			2
一産	1																				1					2
合計	3	1	1	1	1				1	1	2	2		2		2		2			2	3	3	4		29

＊数字は例数で、瑞祥合計は29例で鳥の瑞（赤雀／白雉／白雀／白鷺／白鳥）が最多の17例、次に獣の瑞（白狐／白鼠赤眼／白鹿／白燕）が5例であった。　＊天は天応、延は延暦、延暦25年は桓武天皇が崩御するまで災異の発生はなく省略した。　＊天応元年正月から四月即位までの災異と瑞祥も加えた。　＊煩雑を避けるため、類似の災異は下記の要領で纏めて表記した。
獣：白狐、白鼠赤眼、白鹿、白燕　　鳥：赤雀（朱雀）、白雉、白雀、白鷺、白鳥

神泉苑行幸と遊猟、災異、瑞祥の一括した分析

　以下、神泉苑行幸、遊猟、災異と瑞祥を一括して分析し、既述した事柄は省略します。

図4-47：災異（天文異変含む）と瑞祥、遊猟、神泉苑行幸の例数（天応元年辛酉〜延暦廿五年丙戌）

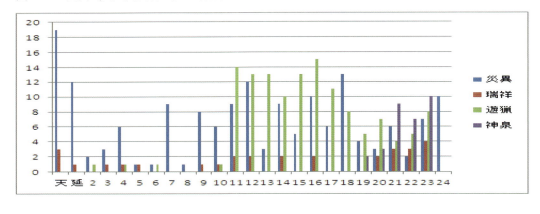

＊縦軸は回数、横軸は年で天は天応元年、延は延暦元年。(10)(246)(490)

　図4-47から読み取れる重要な事実は、以下の2点です。
1．6年から8年にかけて瑞祥の出現はなく、災異は11例、遊猟は1回、記録された。
2．17年から19年にかけて瑞祥の出現はなく、災異は23例、遊猟が急減し、神泉苑行幸が始まった。

　以上の事実から考えられる事柄は、以下の通りです。
1．延暦6年から8年にかけての記録は、夫人旅子薨去、皇太后崩御、と明らかに関係し、早良親王の怨霊による祟りに気付き始めたと考えられる。
2．17年から19年にかけて災異の増加したことと遊猟の急減と神泉苑行幸は関連した動きとして捉えられる。
3．この期間に共通した災異は、日食、飢饉、噴火である。
4．天文異変の中でも日食は最も恐れられた災異で、それは人君の非道に対する天の譴責の現れ、あるいは非業の死を遂げた怨霊の祟りによるものと捉えられた。(105-143)

5. 飢饉は、悪政により「土気」が本性を失い五穀不登が起きたことを暗示する。(105-363)

6. 噴火は大きな火災と捉えることが可能で、君主が聡明でなく火がその本性を失った結果であることを暗示する。

> もしも人君が聡明でなく、賢良の臣下を遠ざけ、讒佞の臣を用い、法律を無視し、肉親を疎んじ、忠義をもって諌める臣を殺し、……火は、その本性を失い、用いずして火は起り、風に従って斜めに行き、宗廟や宮殿を焼き、また、民の家を焼いてしまう。(293-1-65)
>
> 『漢書』「五行志」には、太子を殺せば火は本性を失う、とあり早良親王を無実の罪で死に追いやったことを暗示する。(554-36)

7. 『続紀』『日本後紀』の一面は、桓武天皇の治世を批判した記録といえる。

為政者の厄年と事績

地上絵を企画した動機の一つに、為政者の厄年の問題が存在した可能性について考えます。

厄年と事績について天武天皇と桓武天皇、大内義興を取り上げると、天武天皇は前厄の60歳で「皇祖の御魂を祭り」北斗図を描いて多気大神宮を整備し、桓武天皇は大厄の42歳、井上廃后と他戸廃太子の怨霊のため死の淵をさまよう重病に陥り、大内義興は大厄の42歳で伊勢皇大神宮を勧請する相地を実行しています。

つまり、これらの事績が厄払いとして行われた可能性を考えさせます。(大内義興は大永元年氷上山興隆寺本堂の上棟式も行っている)(表4-14)(41-135)(296)

表4-16：厄年と事績（数え歳）

人物	生〜没年（西暦）	年令	年号（西暦）	事績	備考
天武天皇	推古三十年(622)壬午〜	41	天智元年(662)壬戌	天智即位	満年齢不惑／槍事件
	朱鳥元年(686)丙戌	**42**	(663)癸亥		**白村江の戦いとの関係は不明**
		43	(664)甲子	冠位二十六階	26は「十九年七閏法」の和
		60	**天武十年(681)辛巳**	**祭皇祖御魂**	**北斗図／多気大神宮**
		61	**十一年(682)壬午**	**笠置寺創建**	**洪水予想／落馬事故**
		62	十二(683)癸未		奇妙な詔
桓武天皇	天平九年(737)丁丑〜	41	宝亀八年(777)	枕席不安	井上廃后、他戸廃太子の怨霊
	延暦二五年(806)丙戌	**42**	**宝亀九年(778)**	**枕席不安**	**死の淵をさまよう／伊勢皇大神宮へ参詣**
		43	宝亀十年(779)		記事なし
		60	**延暦十五年(796)**	**還暦**	**氷上川継の課役免ず**
		61	**延暦十六年(797)**	**皇太子図像安置**	**秋篠寺／崇道天皇霊に謝**
		62	延暦十七年(798)	遊猟急減	十九年から神泉苑行幸が始まる
大内義興	文明九年(1477)丁酉〜	41	永正十四年(1517)	出京	永正十一年伊勢皇大神宮参拝
	亨禄二年(1529)己丑	**42**	**永正十五年(1518)**	**大神宮地を相す**	**凌雲寺跡創建（1507年ころ？）**
		43	**永正十六年(1519)**	**外宮勧請**	**翌年、内宮勧請**
		45	大永元年(1521)	興隆寺本堂	

＊数え年で41歳、60歳を前厄、42歳、61歳を本厄、43歳、62歳を後厄とし、42歳を大厄とする。　＊厄年については諸説あり、『現代に息づく　陰陽五行』を参照した。(110-40)(476-1-376)　＊永正十一年(1514)に伊勢皇大神宮を参拝していることから、高嶺太神宮の宮地の撰定はすでに始まっていたと推測される（高嶺麓正法院敷地）。(296-22)　＊永正十五年十月二十六日社壇建立の候補地の見分、十一月三日地鎮祭、十一月十三日勧進聖への勧進の下命。(296)　＊『山口の文化財』では凌雲寺跡創建は永正4年(1507)ころとされ了庵桂悟が開山を勤めた。この年、大内義興は上洛し長子義隆が誕生している。(522-72)(529)(530-7)

平安京と平野神社に共通する「平」

「平安」の由来を、『韓非子』解老篇の文言に求める説があります。(54-261)
解老とは『老子』を読み解く意味で、桓武天皇が『老子』(老子を神格化した太上老君)に傾倒していた様子が想像できます。(51-238)
恬淡とは心がやすらかで無欲なこと、平安とは無事で穏やかなこと、つまり「平安京」とは「穏やかで安らかな都」の意味になります。(154)
下記の文中、前半は平安京を説明しているように見え、後半「愛好する物に心を奪われ、外界の事物に誘惑される」の部分は「遊猟に心を奪われ、また東北を平定しようとした」桓武天皇を揶揄しているようです。
『韓非子』解老篇第二十「恬淡平安にして禍福の由りて来る所を知らざること莫し」 こだわりなく平静であれば、だれにでも禍福の起こる原因はわかるものだ。……こだわりをなくしてこそ行うべきことと止めるべきこととの基準がはっきりし、平静であってこそ禍福の道すじがよくわかるのに、今や愛好する物に心を奪われ、外界の事物に誘惑される。(183-2-72)

平安京の「平安」を踏歌の歌詞に求める説があり、その歌詞は以下の通りです。(図4-48) (485-17)
山城国が安楽であるのは、昔から伝えられている。天皇の宮が新造され、この上なくめでたい。京の郊外には平坦な道が続き、千里のかなたまで望見することができる。山河はその美しさを思う存分に示して、周囲を取り巻いている。(新京は安楽で、平安京は楽土であり、いつも春の穏やかさを湛えている)。人の心はこだわりがなく和ぎあらゆる方角に恵みを与え、わずかな日時の間に一億年も伝えられるであろう宮が完成した。壮麗な宮は宮殿としての規模に適い、不朽のものとして伝えられ、平安を宮名として無窮のものであることを示している。(新年は安楽で、平安京は楽土であり、いつも春の穏やかさを湛えている) (246-1-74)

歌詞の「めでたい」「平坦」「道」「山」「穏やか」「和らぎ」「無窮」「平」「安」「楽」「土」のすべてが「土気」に配当される言葉で、宮名も「土気」を強く意識していたことが判ります。(第2章末/陰陽五行思想概略)
「安楽」は「幸福」と同じで道教教典の中にしばしば用いられている、と福永光司氏は指摘しています。(北斗図で第1星に相当する北辰妙見社の位置には安楽坊が存在した/道真を葬った大宰府天満宮の前進は安楽寺) (53-99) (105-17)
踏歌とは、大地を踏みしめて地霊すなわち「土気」を鎮める神事で、道教の后土神を鎮める神事に通じる可能性があります。(142-260)
「踏歌」とは、大地を踏みしめて地霊を鎮め、天下泰平、防災招福を祈願する神事である。もとをただせば中国伝来の儀礼が宮廷の年中行事として取り入れられたもので、別名「あらればしり」とも呼ぶのは、歌詞の最後に「万年あられ(永遠にそうあってほしい)」という囃詞をともなうところから名づけられたものである。(120-874) (237-59)

図4-48:住吉大社で行われる踏歌 (328-114)

『日本紀略』にも「子来の民・謳歌の輩、異口同辞して、号して平安京と曰ふ」すなわち国民が「平安の都」と異口同音に呼んでいることから「平安京」と名付けるとあります。(189-2-268) (485-17)

この国民（人）も「土気」に配当され、隅々まで「土気」が意識されています。

既述したように、平安遷都は「土気」の軸（二黒土気／五黄土気／八白土気）を移動するように考えられた事業で、宮名にも「土気」を強く意識し、いかに「土気」を渇望していたかが理解できます。

強い「土気」は「土侮木の法則」から「土気」が「木気」を打ち消す、すなわち「土気」平安京が「木気」祟りを打ち消す呪術として成り立つからです。

平城の名を「大地を踏平したこと」に求める説から踏平とは踏歌と同じ行為になり、平城の名にも地霊を鎮める意味があったことを考えさせます。

古代には地霊に対する呪儀が多い、と白川静氏は指摘していました。(410-511)

平城の名は古く史上に現はれて居る。崇神天皇の御代に武埴安彦反し、官軍之を追うて山城に入った。此の時軍士山を踏平したによって「平坂」の名が起ったと見えている。……此の平坦なる坂路が古く知られて、交通上重要な地であった事は疑を容れない。平城の名も平の都城の義である。(146-153)

ここまで、「平野」には何か特別な意味が含まれているのか、という疑問を明らかにするために随分と遠回りをしてしまいました。

その理由は、地上絵を描いたと推測される土師氏と密接な関係にある平安京の平野神社の存在でした。

結果、平野神社の「平野」と周芳の「平野」には直接の関係を認めることはできませんでした。

しかし、後述するように逆に周芳に描かれた地上絵が伊勢皇大神宮の設計に、平安京の平野神社と大極殿、神泉苑を結ぶ設計に影響を与えた可能性が明らかになり、地上絵の問題から空間設計（空間考古学）の問題へ発展する可能性が出て来ました。(442)

平安京の大内裏に「大内裏の野原」を意味する「内野」と呼ばれる場所があり、当初は大内裏の中の「宴の松原」のあたりだけを指していた、と村井康彦氏は指摘しています。

この「内野」すなわち「大内裏の野原」の類推から、「平野」とは「大内裏の外（平安京域外）の野原」といえるかも知れません。（内野公園として地名が現存／図4-7c 大極殿跡碑が存在）(237-203)

「平野神社由緒書」には「宮中外の宮中神」と語られていたことからも、「平野」には内外の「外」の意味が含まれていた可能性があります。

既述したように、陰陽相和（和合）した一組を主題にするのは道教の大きな特徴で、内外すなわち「内野と平野」の名称にも陰陽の調和が図られていたはずです。(56-21)

それは、平野神社の位置が「山城国葛野郡上林郷九条荒見西河里廿四坪」と『類聚三代格』に記録され、もともと平野の地名がないことからも説明できます。(485-35)

平野神社の南に隣接する北野天満宮の位置は、当初から「北野」と呼ばれていたことから、「平野」と名付けた相応の理由があるはずです。(15-18)

『日本後紀』には、大同元年(806)丙戌四月甲午朔、桓武天皇への「誄」（弔辞に同じ）の中で平安京（宮）を「たいらのみや」と読んだ記述があり、平野も「たいらのの」と読むこともできそうです。(246-1-403)

平安京大極殿と平野神社を結ぶ設計（方位角3295140）が後述する内宮と外宮を結ぶ設計（方位角3301622）と一致することから、大極殿は内宮（北極星）に相当し「宮中外の宮中神」とされた平野神社は外宮（北斗七星）に相当します。（第5章／外宮と内宮）（表4-2、4-7）（図4-35）（図5-39）

つまり、平野神社は西北に祀るべき「北斗七星の宮」であると同時に竈神であり「土徳」の宮であると考えられます。

以上から、平安京の平野神社と「平野」について纏めると以下になります。

1. 平安京遷都と同時に平野神社を創建したのは、李少君の故事「かまどをまつれば不死」に倣った可能性がある。

2. 平野神社の設計は伊勢神宮（外宮と内宮）の設計に倣い、平野神社は西北に祀るべき「北斗七星の宮」であり、大極殿は「北極星の宮」として設計された可能性がある。（天皇は北極星の神格化）

3. 西北は「祖霊の降臨するところ」から、平野神社は祖神「宮中外の宮中神」として祭祀された可能性がある。

4. 「竈神は西北に祀る」原則から平野に竈神の意味があり、平野が逆に宮廷の竈神の一つになった可能性がある。

5. 神泉苑－大極殿－平野神社を結ぶ領域は崑崙山にも並ぶ神仙境として設計された可能性がある。

6. 神泉苑－大極殿－平野神社は巽乾軸で山沢通気を意味し、平野神社は神泉苑に注ぎ込む神泉の源として設計された可能性がある。

7. この軸は大枝山陵－長岡京太極殿にも採用され、平野神社と大枝山陵は高野新笠を介した信仰対象であった。

8. 平野神社が創建された地域には平野の地名がなかったことから、平安京（大内裏）との関係で命名された可能性がある。

9. 平野は大内裏に存在した内野（大内裏の野原）と対応し「平安京域外にある野」を意味する可能性がある。

10. 平野神社に隣接する地主社（北野天満宮摂社）の位置は、もともと「北野」と呼ばれていた。

11. 平野は平群と同じく辺鄙（へぐに）すなわち平安京の戌亥の隅になり、境界の意味も含めて平野と名付けた可能性がある。

12. 宮廷で祭祀する竈神の忌火、庭火が「火」と記されることから、平野にも「火」が予想される。

13. 大炊寮には後に平野神とされた大八嶋竈神があることから、平野が大八嶋を意味する可能性がある。

14. 「平」「安」は「土気」に配当され、平安京とは「土気」の都であり、平野にも「土気」が含まれる可能性がある。

15. 平安京を「たいらのみやこ」と読んでいた事実があり、平野も「たいらのの」と読んだ可能性がある。

16. 道教に傾倒した桓武天皇は平安京を神仙境として設計し、延暦十九年に神泉苑から平野神社を望む祭祀が行われるようになった可能性がある。（西王母が漢武帝を諌めた逸話）

周芳の「平野」は何を意味するのか

　さて、平安京の「平野」に関連した分析がほぼ終わったところで周芳へ戻って、残された疑問、なぜ土師八幡は平野を向いているのか、なぜ五形図の描点は山口盆地に描かれた象限の西北に偏在しているのか、「平野」は何を意味するのか、に進みます。

　周芳の「平野」を考える上で、平安京の「平野」周辺の問題は以下の点で参考になりました。

1. 平野は平群と同じ隅（境界）を表し、四時（隅）に配当される「土気」に関係した言葉であった可能性がある。

2. 住吉大社（水辺）から始まる四天王寺、百済王神社、長岡京、平安京、比叡山（日辺）、日吉大社（日辺）を繋ぐ不老不死の「土気」の軸の存在から、「ヒラ」がヨモツヒラサカにある「あの世とこの世を繋ぐ急坂」（境界／土用）に由来し、「ヒラ」とは「土用」すなわち境界を意味する可能性がある。

3. 方違で見られた立ち位置による「場」の評価に関係している可能性がある。

4. 平安京は神仙境として設計され、その実現の一端として李少君の故事（竈神を祀れば不死）から平野神社が創建された可能性があり、平野自体にも竈神の意味が含まれている可能性がある。

5. 神仙思想と災異思想を背景に「土気」竈神と土公神を恐れ、同時に「土気」を渇望した時代であった。

6. 「祖霊の降臨するところ」「戌亥の信仰」「竈神は西北に祀る」などの西北に対する思想信仰を背景にした言葉の可能性がある。

7. 平野神社は西北に祀るべき「北斗七星の宮」で竈神であり、「平野」に「土徳」が含まれる可能性がある。

8. 平野神社の設計は伊勢神宮（外宮と内宮）の設計に倣い、平野神社は西北に祀るべき「北斗七星の宮」であり、大極殿は「北極星の宮」（北極星の神格化である天皇の居所）として設計された可能性がある。

まず、立ち位置による「場」の評価から見た平野について考えます。
土師八幡と大崎玉祖神社に関して、立ち位置による「場」の評価、すなわち方忌で見た重層的、多次元的な空間の設計を図示すると、図 4-49 になります。（120-350）（292-1-281）（478-190）

図 4-49：立位置による評価の相違

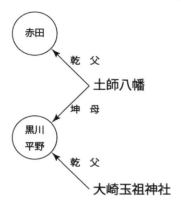

　立ち位置による場の評価の違いに関して、重要な言葉が多く含まれていることから『易経』の「乾」と「坤」について再度引用します。
乾は天であり、その属性からすれば円であり、人間として言えば君であり父であり、純剛の物という点では玉であり金であり、西北寒冷の方角に配される卦だから寒であり氷であり、純陽の色という点では大赤であり、馬のすぐれたものという点では、良馬であり老馬であり背骨が高くて良く走る瘠せ馬であり、鋸のような牙があって虎や豹をも食べるという駁馬であり、生気の充実した姿という点では木の果である。（傍点著者）（437-2-302）

坤は地であり、母であり、広くたいらで物を載せるという点では布であり、物を容れて成熟させるという点では釜であり、包蔵した物を外に出さないという点では吝嗇であり、わけへだてなく物を養うという点では均（平均・平等）であり、従順でよく子を生むという点では子母牛（子持ち牛）であり、あらゆる物を載せ得るという点では大きな輿であり、生みなす物の多彩多様という点では文（文章模様）であり衆（もろもろ）であり、ものの大本という点では柄であり、地の色としては最も純粋な黒である。（傍点著者）（437-2-303）

　平野を考える上で、「乾」と「坤」で表される重要な言葉を拾い上げると以下になります。（両者が必ずしも対応しているわけではない）
乾：天、父、円、馬、赤、氷
坤：地、母、平、牛、黒、釜

　図 4-49 のように『易経』「説卦伝」に載る「乾」「坤」の象意から、立ち位置による「場」の評価の違いが明らかになり、地域の名称に影響した可能性があります。
すなわち、土師八幡の西北に位置する赤田神社の「赤」は「乾」の象意・大赤に由来し、土師八幡の西南に位置する平野の「平」と黒川の「黒」は「坤」の象意・たいら／黒に由来する可能性があります。
一方、大崎玉祖神社の位置から見れば土師八幡の位置から見た「坤」が「乾」になります。
しかし、「坤」の象意に由来する「黒」と「平」を含む地名が存在することから、大崎玉祖神社の視点（乾）から命名された地名ではなく、やはり土師八幡の視点から命名されたと考えて良さそうです。

その上で、堂山を介して土師八幡と大崎玉祖神社が結ばれていることは重要です。

つまり、土師八幡から見た「坤」の位置と大崎玉祖神社から見た「乾」が重なる位置は「乾坤」（宇宙）を象徴し、土師氏の「土徳」の働きとして最も重要な四隅（土用）すなわち境界になります。（図4-51）

既述したように、「ヒラ」とは「あの世とこの世を繋ぐ急坂」すなわち境界／土用を意味している可能性があり、ここで土師氏の「土徳」と「ヒラ」に含まれる境界／土用が繋がる可能性があります。

結果、「平野」とは土師八幡から見た西南「坤」の位置にあり、「坤」の象意・たいらに由来する可能性と四隅（土用）に含まれる境界を意味する「ヒラ」に由来する可能性が考えられ、下記の2点に絞られます。（ヒラを境界とするのは私見）

1. 「坤」の象意・たいらに由来する可能性。
2. 四隅すなわち境界を意味する「ヒラ」に由来する可能性。（比良山の古称に平野山）（598-35）

　このように土師八幡の社殿を平野（伽藍山東嶺）へ向けた設計には、設計者（土師氏）の強い意志を感じさせます。

これは「坤」に位置する平野（伽藍山東嶺）を土師氏の「母なる大地」（母、大地ともに「土気」／観念的な故郷）と意識した設計で、『説文解字』に載る「決して故郷を忘れない」思想を具体的に表現した空間設計と考えて良さそうです。（平野は土師八幡の位置が決定されて後に命名されたと考えられる）（207-272）（437-2-303）（544-4）

既述した平安京の平野神社創建の経緯についても、『平野神社史』には『春秋』「公羊伝」を引用して「祖」の重視を指摘していました。（485-23）

さらに、平安京の平野神社でも見られたように「坤」の象意・釜すなわち竈神とも密接に関係している可能性があります。（竈神と土公神を同一視する説がある）

事実、東方に近隣する線分（高倉山盤座－高倉荒神）が巽乾軸を形成し、荒神（竈神）を奉斉しています。

以上から、平野の地名は「坤」の象意・たいら、四隅（境界）を意味する「ヒラ」に由来し、土師氏の観念的な故郷として命名された可能性が考えられます。（268-28）（567-95）

　次に、五形図の描点が象限の西北に偏在している問題についてです。

西南の「坤」と違って土師八幡から西北は「乾」になり、赤田は「乾」の象意・大赤に由来する可能性があります。

さらに大崎玉祖神社の立ち位置から土師八幡は「乾」になり、『日本文学の民俗学的研究』に載る「戌亥の信仰」から、西北「乾」は「福・徳・幸」をもたらす「祖霊の降臨するところ」として意識された可能性が考えられます。（268-28）（437-302）

つまり、土師八幡の位置は土師氏にとって「祖霊の降臨するところ」として意識され、五形図の基点として多用されたことから、結果的に五形図の描点が西北（第II象限）に偏在することになった、と考えられます。

土師八幡の位置は空間設計の基点としても多用された痕跡があり、重視されていたことが判ります。

　図4-51aのように土師八幡は線分（ショウゲン山－伽藍山東嶺）と東鳳翻山を通る南北軸の交点に設計されていました。

平野にある佐々木屋敷跡を通る線分（ショウゲン山－伽藍山東嶺）と線分（ショウゲン山－屋敷跡）のおおよその誤差は0.09％になり、条里制より高い精度で直線上に設計されたことが明らかです。（図4-50）

佐々木氏が屋敷を構えたのは五形図よりはるかに後代（約900年後の寛永二年までは吉野の間口に居住）のことですから、現在地に線分（ショウゲン山－土師八幡－伽藍山東嶺）上に位置することを示す何らかの標識（榜示石）が存在した可能性があります。

大胆な憶測が許されるなら、その榜示石が「平野殿」と呼ばれた五輪塔に置き替えられた、と想像してみたくなります。（122-47）

その理由は、もともと五輪塔は現在地にはなく寺山溜池の東側の山の手の「岩の上」（位置不明）に置いてあった、とする伝承があるからです。（古墳や墳墓を破壊して石材を再利用することはしばしば行われた）（122-47）（420-195）

　佐々木氏（尼子氏）が吉野から現在地に移動した理由は不明で、思想的背景があるわけではなく屋敷跡を利用しただけかも知れません。（122-90）

今後の発掘調査が期待されます。

　五形図から約600年後、平野太郎と名のった多々良朝臣成保は地上絵の存在を知っていたのか、平野が土師氏にとって観念的な「故郷」であることを知っていたのか、などの想像が膨らみます。

堂山には虚空蔵菩薩堂が存在した伝承があり、虚空とは五大「空」（宝珠）を意味し、堂山に残る「宝物」伝説からも五形図の存在を暗示している可能性があります。（105-55）（122-15）

土師八幡を平野（伽藍山東嶺）へ向けて設計した事実が、後代にも伝えられ利用された可能性があり、この問題は後述する凌雲寺跡との関係で明らかになります。

図4-50：屋敷跡を通る方位線と伽藍山東嶺

a

b

c

a：屋敷跡を通過する190°の方位線（ショウゲン山－伽藍山東嶺）と緯線（90°）の交点（340747,1312601）。b：伽藍山東嶺（↓）と寺山溜池。　c：崩れた築地塀だけが残る佐々木屋敷跡（aの交点は築地塀から約50m奥になる）。

本章のまとめ

　平安京の大極殿と平野神社を結ぶ線分と長岡京（大極殿）と大枝山陵を結ぶ線分は巽乾軸になり、対応する平野神社と大枝山陵は「竈神」あるいは「祖霊の降臨する所」（戌亥の信仰）として命名されたと考えられます。（図 4-33）

これと同じように大崎玉祖神社と平野日吉神社を結ぶ方位角は巽乾軸に近似していることから、この延長線上に位置する平野の地名は「祖霊の降臨する所」あるいは「竈神は西北に祀る」の原則にしたがって命名された可能性があります。（表 4-18）（207-272）（268-28）（567-95）

この場合の祖霊とは大崎玉祖神社の関係から土師氏（毛受腹／大枝氏）になり、平野の日吉神社（山王権現）は土師氏の祖神として祀られたと推測されます。（日吉神社の願主は平野太郎と名のった多々良朝臣成保）

桓武天皇が崩御した大同元年(806)丙戌と同年に創建された社伝があり、平安京の平野神社と日吉神社が存在する平野に何らかの繋がりを期待しましたが、明らかな根拠を見出せません。

　一方、日吉神社の東方に隣接する堂山（吉野／虚空蔵堂に由来）は、東鳳翻山と土師八幡を結ぶ延長線と大崎玉祖神社を基点とする巽乾軸の交点（誤差は 0.1％）という重要な位置になります。（図 4-51a）

その重要な位置にある堂山には宝物伝説があり、虚空蔵堂の虚空が五大「空」を意味することから、五形の「宝珠」と五形図の存在を暗示している可能性があります。（表 4-17、4-18）（122-15）

　これらの事実から、平安京と周芳国には「場」を決定する空間設計の思想が存在したと考えられます。

図 4-51：吉野堂山の位置の決定

a：地形図上での再現（描点、設計線は必ずしも正確ではない）。　b：堂山の虚空蔵堂跡（赤↓）と一本杉（右）（平川文化散歩／堂は北側にあった）。（122-15）　c：堂山遠景。赤↓の一本杉の辺りに堂跡。（虚空蔵堂の位置は堂山の北／昭和初年の調査時）　d：『平川文化散歩』に載る円墳（赤↓）の一つ（西側）と思われる。

c　　　　　　　　　　　　　　d

表 4-17：東鳳翻山を基点とする距離と方位角

名称	緯度	経度	距離（m）	方位角
東鳳翻山	341319	**1312634**	0	**0**
土師八幡	341018	**1312635**	5577	**1794413**
朝田神社	340854	**1312635**	8165	**1794913**
堂山	340801	**1312634**	9798	**1800000**

＊堂山は、図 4-51e の赤↓の位置で計測した値。

表 4-18：大崎玉祖神社を基点とする距離と方位角

名称	緯度	経度	距離（m）	方位角
大崎玉祖神社	340328	1313201	0	**0**
日吉神社（平野）	340747	1312628	11686	3130555
堂山	340801	1312634	11875	**3150735**

　地上絵を周芳のどこに描くかについては土師氏の裁量に委ねられたと推測され、土師氏も国家的事業に関わった氏族の活躍の痕跡を残して置きたかったはずです。

その痕跡が土師氏の氏神・土師八幡を筆頭として、五形図の描点に採用された土師氏と密接に関係するお社（当所の実態は不明）の存在です。

多々良朝臣成保は平野太郎と名のることで「平野」に込められた氏祖の思想（空間設計）を継承すること、周芳に北斗図と五形図を描いた祖先の業績を誇りに感じていたこと、地上絵から約 800 年後、平野太郎からは約 200 年後（永正十六［1519 年］）、朝廷の宗廟祭祀の一翼を担ってきた氏族の自負を背景に繁栄を極めた大内義興が伊勢皇大神宮の分霊を勧請し山口大神宮を創建したこと、などを想像してみました。（宝亀十年他戸皇子と自称した周芳国の賤男公の記事も桓武天皇と土師氏の関係を考えさせる）（98-35-170）

　改めて当初の疑問に対する結論を再掲します。
1．土師八幡が平野を向いていることについて、土師八幡の西南に位置する平野の地は土師氏にとって観念的に「坤」「大地の母」すなわち「ふるさと」として意識された可能性がある。（狐、死則丘首）（565-167）
2．西北に位置する第Ⅱ象限は「祖霊の降臨するところ」（戌亥の信仰）とされ、土師氏の氏神・土師八幡（祖霊）が設計され五形図の基点として多用されたことから、五形図の描点が西北（第Ⅱ象限）に偏在することになった。
3．「平野」は『易経』後天旻の「坤」の象意・たいらに由来し、「土気」の領分である四隅（土用／境界）を意味する可能性がある。
4．これらは「場」に意味を与えた空間設計の痕跡と考えられる。

　五形図を描いた土師氏〈毛受腹／大枝氏〉は、平野一帯を観念的に「祖霊の降臨するところ」「母なる大地」として重視していたと考えられます。

その空間設計の痕跡が泉香寺山を交点とする象限の存在と土師八幡の位置と社殿の方位、さらに赤田、黒川、平野などの地名に存在します。

これらの「場」に意味を与える空間設計の思想は、周芳に残された上記の設計と地上絵だけに留まるのではなく、次章で考察する伊勢神宮の外宮と内宮の設計にも、既述した平安京の大極殿と平野神社を繋ぐ設計にも反映されたのではないかと推測されます。

　偶然出会った平野殿と呼ばれた五輪塔から始まって、五輪塔が残された「平野」の地名から空間設計の問題が明らかになり空間考古学の可能性が示されたことに、深い縁を感じずにはいられません。

図 4-52：空間設計の痕跡

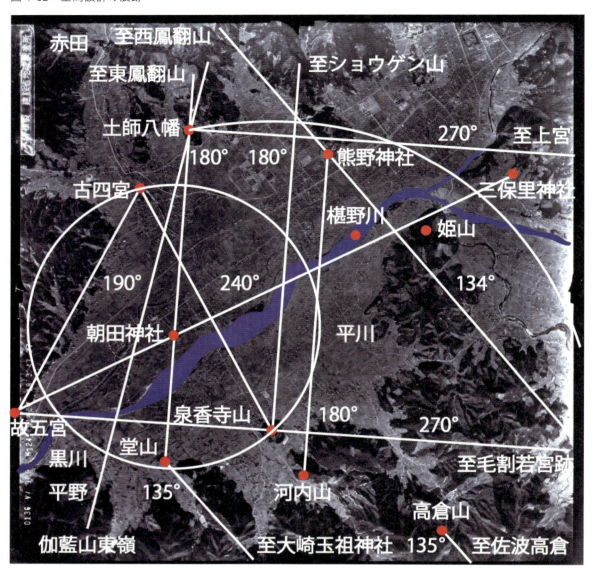

＊五形図までの空間設計を空中写真上に再現した。　＊いずれも土師氏と密接に結び付く地点が有機的に結び付く空間設計（相即不離の関係にある物質と時間と空間、方位を含む）であることがわかる。　＊大蛇のようにくねる青い筋は椹野川（不死の川）。　＊国土地理院地図・空中写真閲覧サービスより引用した昭和 22 年の空中写真を引用加工。

参考資料2——凌雲寺跡の重要性

はじめに

　東鳳翩山と土師八幡と伽藍山の周辺について考える過程で、凌雲寺跡（山口市中尾）の問題が浮上しました。
凌雲寺跡とは大内義興の菩提寺と伝えられる遺跡で、東鳳翩山の南麓に西ノ浴川、東ノ浴川に挟まれた舌状台地上にあります。(530-12)
残されているのは総門跡と考えられる約70mの石垣遺構で、寺院としては異例とされます。
実見すると、近づくことを拒否するかのように垂直の壁が威圧します。（図参2-1）
凌雲寺跡は、山口市街の北西、吉敷川上流の山間部にある。寺は義興（凌雲寺殿）の開基なるべく、開山は了庵桂悟である。舌状を成して南に延びる大地上に営まれたもので、注意すべきはその惣門跡と称される遺構である。地域の南端部において大地を東西に横切るその長い石垣は豪壮雄大であって寺院としては異例に属する。寺の位置、地形等から見て、蓋し有事に備えての一種の城塞をも兼ねたかと察せられ、大内氏時代の特異な遺構として併せ保存すべきものである。（山口県教委1972）(530-12)

　昭和34年(1959)に国の史跡に指定され寺域の発掘調査が進んでいますが、柱穴や礎石など建築物の遺構や凌雲寺創建以前の遺物は出土せず、多数の瓦片や陶磁片が出土するだけで謎は残されたままです。(530-63)
台地上を東西に横切る長大な石壁で、中央部と東部に開口部をもつほか、石垣の西端部が南方へと短く屈曲する。全長は66.6m、高さ約2.6mにもおよび、当時の威容を彷彿とさせる。周辺で産出する花崗閃緑岩の巨石を多く用いて壁体を入念に積み上げており、朝鮮半島の山城や琉球のグスクとの類似が指摘される。(530-巻頭)

図参2-1：凌雲寺跡総門

a

b

a：総門正面、中央奥に東鳳翩山が聳える。　b：総門の近景、加工した石（切石積み）、非加工の石（乱積み）と石組の様子が判る。(429-73)　＊東鳳翩山が総門の中央（中央開口部）に位置するように築造されている。

図参 2-2：石垣例

a：凌雲寺跡石垣の積み方と似ている沖縄座喜味城跡の二の郭門と一の郭門。(387-34) b：中国築城法の影響が認められる沖縄中城々跡二の丸外壁。(429-40) c：萩城下の藩士屋敷の石垣（乱層乱石積み）。(429) ＊基本的な積み方の違いが判る。 d：萩城の石垣（典型的な宮勾配）。(429)

c　　　　　　　　　　　d

中尾秋葉社と荒神社の存在

　南北長が約 1000m ある舌状台地の中で、寺域の規模や中心施設の位置などは明らかになっていません。既述したように土師八幡は線分（ショウゲン山－伽藍山東嶺）上に存在し、土師八幡は伽藍山東嶺（仮称）を向いて設計されていました。
　驚くことに、総門とされる石垣もまた故五宮から伽藍山東嶺を向いて設計されているのが明らかになり、五形図の謎を考える上で重要な知見を得ることができました。（図参2-3）
　凌雲寺跡総門の位置を決定する前段階の基点（測点）と推測されるのが、次に述べる中尾秋葉社と荒神社の存在で、当時の測量と設計方法を考える上で重要な示唆を与えます。
　奇しくも『大内氏實録』（1890 年初刊）が中尾秋葉社と荒神社（共に凌雲寺跡の鎮守とされる）の存在を示唆する記録を残していました。（天文十七年は1548年／大内氏滅亡は天文二十年1551年）(147-84)
　凌雲寺、創建及び廃頽の年紀知れず。土人の云ひ伝へには天文十七年焼失……旧址に壊れ残れる石垣二所あり、外の方なるは高九尺、幅六尺あり、山門の址なりと云ふ。南面なり。内の残垣よりややのぼりて石をくみあつめたるあり、御子様方の墓或は火屋の址なりと云ふ。このところより左に行きつまる所に五輪墓三あり、一は義興、一は北方、一は開山のものなりと云ふ。其下に谷川あり、鬼が原といへり。寺址より凡三町許東方の山腰に荒神社あり、本寺の鎮守社なりと云ふ。また西北の山麓に小堂あり、弥勒を安置す。この弥勒凌雲寺の本尊なりと云ふ。弥勒の側に開山の木像及び位牌あり、また鎮守の神名を彫りたる牌ありて、凌雲寺廃頽の後かりにここに移し置けりと云ふ。（傍点著者）

中尾秋葉社の位置の決定

　中尾秋葉社（341210, 1312616）の位置は舌状台地の最北端で、総門（標高130m）から約600m隔てた標高170mの地点にあり、狭小で傾斜も強く寺域を建設するには不適であることから、測点として採用されたと考えられます。
　その位置は線分（東鳳翻山－故五宮）と古四宮（340948, 1312618）を通る経線の西方2″の交点に設計されています。

図参 2-3b の左から 1″ごとに中尾秋葉社、参道口、古四宮、荒神社が位置するのが判ります。（表参 2-2）
古四宮は良城大神宮と呼ばれた近郷の大社であったと『山口県神社誌』にあることから、中尾秋葉社の位置を
決定する基点として古四宮（複数の施設）が採用された可能性が十分にあります。（521-572）

　中尾秋葉社は『大内氏實録』の記述と異なり西北ではなくほぼ真北に位置し、その鳥居越しに故五宮のある
朝田地区を望むことができ、明らかに故五宮と中尾秋葉社を結ぶ設計線を示しています。（図参 2-3e）
これは、大崎玉祖神社の鳥居が田島山へ向けられていたのと同じ設計思想の反映です。
線分（東鳳翻山−故五宮）上に存在することから、中尾秋葉社は測量基点（基準点測量と細部測量）として、この
位置に置かれたと考えられます。（凌雲寺跡を設計した時点で古四宮の遷座から 800 年が経過していて実態は不明）（表参 2-2）
（439-243）

図参 2-3：中尾秋葉社

a：中尾秋葉社と荒神社の位置の決定。　b：秋葉社の位置から 1″（31m）ごとに参道口（緑線）、古四宮、荒神社が並び、大社であっ
た古四宮を通る経線上に設計されたと推測される。地形図上での再現（描点、設計線は必ずしも正確ではない）。　c：草に覆われた中
尾秋葉社鳥居（20 年前の調査時には管理されていた）。　d：秋葉社境内には社殿はなく小さな石の祠だけが残されている。　e：鳥居
は故五宮のある朝田（↓）を向いて建てられている。　f：秋葉社から凌雲寺跡（↓）を見る。

348

荒神社の位置の決定とその重要性

次に、中尾荒神社の位置の決定と、その重要性について述べます。

表参2-1：大内氏館跡を基点とする距離と方位角

地点	緯度	経度	距離（m）	方位角
大内氏館	341103	1312848	0	**0**
不明山	341124	1312743	1786	**2911459**
荒神社	341151	1312619	4092	**2911205**
参道入り口	341152	1312617	4151	**2912034**

＊線分（築山－不明山）と線分（築山－荒神社）の誤差は0.04％、線分（築山－不明山）と線分（築山－参道入り口）の誤差は0.09％。
＊不明山とは、大内政弘(1446～1495／大内義興の父)の創建といわれる巨利・法泉寺跡の西に位置する山で、大内氏館跡とも密接な関係が推測される。法泉寺は政弘の菩提寺とされる以外、詳細は不明。『大内氏實録』に法泉寺を詠んだ義隆の短歌一首がある。(522-88)
(147-汲古集2)

図参2-4：荒神社

第4章　地上絵から空間設計の問題へ

a：荒神社参道口の石段は徐々に崩れている。　b：参道の鳥居もすべて倒れている。　c：今も水が湧く境内に残る井戸は、二月堂修二会のお水取りのように観念的に大内氏館へ通じていたのではないか、と想像させる。　d：竹の浸食で荒廃した荒神社跡と思われる2基の灯籠。　e：測量基点と推測される境内の岩屋、傍に水の祭祀場と思われる石垣遺構がある。　f：荒神社境内から凌雲寺跡方向（270°）を望む（樹木で遮られてみることができない）。参道に一致した291°の方位線は設計線の痕跡。　g：荒神社と東開口部の位置が一致しないのは緯線に含まれる幅（31m）によるもの。地形図上での再現（描点、設計線は必ずしも正確ではない）。（530-6図5を引用改変）　＊太子堂の右側に荒神社が祀られていたが、明治四十二年に赤田神社に合祀された。吉敷の三大祭りとして、広く近郷にも知られた。（案内板より引用改変）　＊50年前には、すでに荒廃していて神主も氏子もいなかった。（現地での聞き取り）　＊2基の灯籠の位置から荒神社は、設計線に対して直交し北面していたと推測される。仮にこの条件で計算すると方位角は21°（201°）になり線分（ショウゲン山－荒神社）の方位角203°と近似する。したがって、荒神社はショウゲン山を向いて建てられていた可能性がある。つまり、凌雲寺跡の設計にも東鳳翻山とショウゲン山を基点とする伝統が活かされていたことが判る。

　荒神社（341151, 1312619）は、東開口部の東方、東ノ浴川を挟んで約248m離れた標高130mの尾根に位置し、明治42年に赤田神社に合祀され、現在は拝殿跡（荒神社であるか太子堂であるかは不明）に2基の灯籠が残ります。（参道は崩れ早急な保全が必要）
　この位置に荒神社を創建した理由には、まず岩屋の存在が上げられ、次に凌雲寺跡を創建した東西に狭い舌状台地の地理的制約を補った、ことが考えられます。
東ノ浴川を谷底とすると、その両岸に凌雲寺跡総門と荒神社が位置していて、東西の狭さを補っています。
表参2-1の値から、荒神社（岩屋の位置で測定）は大内氏館を基点とし法泉寺奥の不明山（仮称／標高242m）を通る方位角291°の方位線と古四宮（340948, 1312618）を通る経線（正確には1″東方）の交点に設計されたことが判ります。（荒神社と荒神社参道口の中間点に古四宮を通る経線が位置する）
あるいは逆に、荒神社（岩屋／盤座）を基点として大内氏館の位置を決定した、とも考えられ、この場合は荒神社の位置は凌雲寺跡を建設する時期（推定1507）より150年近く遡ることになります。（図2-4）
なぜなら大内氏館は、正平十五年／延文五年（1360）に大内弘世（1325～1380）が築造したと伝えられているからです。（正平は南北朝時代の南朝、延文は北朝の年号）（147-25）

図参2-5：鴻ノ峰

a　　　　　　　　　　　　　　　　　　　　　　　　　b

a：鴻ノ峰（左↓）と凌雲寺跡の設計に用いられた測点の一つ、不明山（右↓）。　b：旧山口藩庁門と背後の鴻ノ峰。屋根の左手上辺りに山口大神宮奥宮がある。

なぜ、このような複雑な設計を行うのかについて、その位置を決定する根拠を与えるためと推測されます。つまり「聖なる神の坐ます山」と山、あるいは氏族に密接に関係した神社（神の依代）を結ぶことで、その位置を決定した方法に根拠を与えたと考えられます。（空間設計）（56-70）

「人智ではなく、神意にしたがって決定した」強い意志が感じられます。

　既述した『五行大義』では数字の重要性を説いていたように、古代人は科学的で「数字には神意が存在する」と考えていました。（293-1-37）

古代において数字の重要性を説く根拠は、多くが科学的な天文観測によって得られた星の規則的な動きを示す数値であったからです。（511-187）

数の神秘化は古代社会に共通な思想であり、数学を万物の理法とする思想が生れたこと、も既述しました。（294）（512-13）（556）

考えられる他の現実的な理由として、基点である東鳳翩山と大内氏館から引いた方位線を測量の度に確認する不便さを解消するために、現場での基点（測点）としたのではないか、とも考えられます。

　図参 2-4e のように測量基点と推測される岩屋が存在することから、大内義興は「聖なる神の坐ます山」と岩屋（あるいは龍穴）を結ぶ明らかな設計思想を有していたと考えられます。

『大内氏實録』に載る「本寺（凌雲寺跡）の鎮守社なり」の記事からも、荒神社の存在は重要で凌雲寺跡の設計の基点になったと、考えられます。

また、境内に井戸が掘られていることから（境内に井戸があるのは稀な例／大神神社拝殿横には井戸がある）、道教の三官大神（天・地・水）にも通じていたことが窺われます。（330-40）

つまり、荒神社は測量基点であると同時に、三官大神に懺悔する祭祀場であった、可能性も考えさせます。

既述したように、荒神（三宝荒神）とは陰陽道の竈神（カマド神）が仏教化した神で、大内氏（土師氏）の祭祀とも関係があります。（第 4 章／平野とは竈神の名か？）（347-110）

　中尾秋葉社と荒神社はともに『防長寺社由来山口宰判』に記載はありません。

凌雲寺跡の設計に不可欠であった中尾秋葉社と荒神社は荒廃が進んでいることから、早急な保全が望まれます。

中世の測量と設計の方法を具体的に示す重要な文化遺産です。

凌雲寺跡総門の設計

　土師氏の氏神・土師八幡と大内義興の菩提寺と考えられている凌雲寺跡総門が共に故五宮から伽藍山を向いて設計されていることは、何を意味するのでしょうか。（530-7）

東鳳翩山を基点とする距離と方位角を試算すると、表参 2-2、2-3 になります。

寺域が明らかでないため、経・緯度の計測は石垣の中央部（以後、中央開口部）と東端にある開口部（以後、東開口部）で行いました。

表参 2-2：東鳳翩山を基点とする距離と方位角（中尾秋葉社を通る線分）

地点	緯度	経度	距離（m）	方位角
東鳳翩山	341319	1312634	0	**0**
中尾秋葉社	341210	1312616	2175	**1921347**
中央開口部	341151	1312610	2780	1924607
東開口部	341151	1312611	2775	**1921510**
故五宮	340816	1312515	9553	**1921357**

＊中央開口部、東開口部は凌雲寺跡石垣遺構の名称。（530）

表参2-3：東鳳翻山を基点とする距離と方位角（荒神社を通る線分）

地点	緯度	経度	距離（m）	方位角
東鳳翻山	341319	1312634	0	**0**
荒神社	341151	1312619	2739	**1880341**
屋敷跡	340747	1312601	10265	**1844331**
伽藍山東嶺	340728	1312554	10864	**1852451**
伽藍山	340726	1312534	10985	**1880245**

＊伽藍山は登頂できないため、地形図上で経・緯度を計測した。　＊佐々木屋敷跡は線分（ショウゲン山－伽藍山東嶺）が通過するおおよその見当をつけて現地で測定した位置。

図参2-6：凌雲寺跡（東開口部）と平野の関係

　表参2-2、2-3から読み取れる事実は、以下の通りです。（荒神社と中尾秋葉社は既出）
1. 東鳳翻山と中尾秋葉社と故五宮を結ぶ方位角192°の線分を設計した。（古四宮を通る経線との交点）
2. 東鳳翻山と荒神社と伽藍山を結ぶ方位角188°の線分を設計した。（荒神社－大内氏館との交点）
3. 線分（東鳳翻山－故五宮）と荒神社を通る東西軸の交点に総門（東開口部）を置いた。

　以上の事実から考えられる事柄は、以下の通りです。
1. 東鳳翻山と故五宮を結ぶ線分のうち、線分（東鳳翻山－中尾秋葉社）と線分（東鳳翻山－東開口部）、線分（東鳳翻山－中尾秋葉社）と線分（東鳳翻山－故五宮）の方位角192°は近似し、その誤差はそれぞれ0.02％、0.002％で東鳳翻山、中尾秋葉社、東開口部、故五宮は同一線上に存在する。（図2参-3a）
　凌雲寺跡とは何かを考える上で、東鳳翻山と凌雲寺跡と故五宮が同一線上に設計されていることが重要です。
凌雲寺跡と故五宮のいずれにも大内義興が関係し、「聖なる神の坐ます山」東鳳翻山と結ばれる方位線は「聖なる軸」と意識されていた可能性があります。
凌雲寺跡は線分（東鳳翻山－故五宮）上に設計されていることから、その創建は五形図が描かれた時期にまで遡る可能性を考えさせますが、荒神社が大内氏館を結ぶ方位線で決定されていることから否定的です。
大内氏館は大内弘世(1325～1380／大内義興の6世祖)の時代に建築されたことから、荒神社と凌雲寺跡の設計も大内氏館建設以後になります。(513-137)
2. 凌雲寺跡総門石垣（東開口部）は、方位角192°の線分（東鳳翻山－中尾秋葉社－東開口部－故五宮）と荒神社を通る東西軸の交点に設計されている。（図参2-3a、b、図参2-5g、図参2-8）
　石垣の建設は東開口部（付近）を基点として始まり、東から西へ延長したと推測されます。
荒神社（341151, 1312619）は東開口部（341151, 1312611）と同一緯線上に存在し、経線上での距離（1″を31mとし

352

て計算）は 248m になり『大内氏實録』の記述「寺址より凡三町許東方の山腰に荒神社」と一致します。驚くことに、荒神社は緯度だけでなく標高まで東開口部と同じ130mに存在し、その位置（岩屋の位置）が慎重に検討された測点であったことを示唆します。（岩屋を基点として設計が始まったことを示唆／凌雲寺跡側を開削）

3．総門は東西軸に対して 5°振れ伽藍山東嶺を向いている。

　表参2-2の数値を試算すると総門は東西軸に設計されています。（経・緯度に含まれる幅に由来する）
しかし、図参2-4gでは東西軸に対して明らかに5°振れていて正面が伽藍山東嶺を向いています。
一方、線分（東鳳翻山－故五宮）の方位線で示された故五宮を向くためには東西軸に対して12°の傾きが必要で、試算通りに東西軸とすると東開口部は屋敷跡と寺山溜池を向くことになります。
したがって、地上絵の設計線に残る精度の高さから測量上の誤差とは考え難く、やはり伽藍山東嶺を向いて設計されたと考えられます。（伽藍山東嶺に祭祀施設が存在した可能性がある）

　北斗図が描かれた当時（天武天皇十年681年）、北極星は現在の位置になく歳差現象により東へ約4°振れていました。（第1章／周防国衙の指北の振れと地上絵の基本的設計線）（図1-61c）

図参2-7：永正四年(1507)のこぐま座α星（現在の北極星）の位置(479)

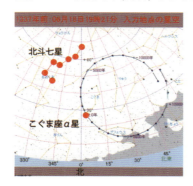

　試しに、大内義興が凌雲寺跡の創建を発意したとされる永正四年(1507)当時の北極星の位置を再現すると図参2-7になり、北極星は現在とほぼ同じ北極（1°東）に位置していました。（当時のこぐま座α星を北極星と認識したかは不明）
したがって、凌雲寺跡が東西軸に対して5°振れているのは、歳差現象による北極星の位置の影響とは考えにくく、やはり人為的に設計された結果と考えて良さそうです。

図参2-8：凌雲寺跡の伝総門石垣の東西軸上の傾き

a　　　　　　　　　　　　　b　　　　　　　　　　　　　　　　　　　　　c

a：石垣は東西軸に対して5°振れ、設計線（青）と東西軸（赤）、12°振れた場合の方位線（緑）を示し、石垣は原図を赤く強調した（向かう位置と数字は東開口部でのもの）。(530-22)　b：方位角185°の線分（東鳳翻山－伽藍山）と方位角192°の線分（東鳳翻山－故五宮。画面の左↓から伽藍山東嶺、故五宮のある朝田付近。　c：中央開口部の東側の石を手前に入れて、石垣が伽藍山東嶺（↓）を向いていることを示した。　＊凌雲寺跡の建築を発意したと推測される永正四年(1507)夏至の宵（20時）、山口の天空を再現し、こぐま座α星が1°東へ振れているのが判る。(479)　＊渦様曲線は歳差現象によって磁北が移動する軌跡を示した。

第4章　地上絵から空間設計の問題へ　　353

4. 線分（東鳳翻山－屋敷跡）と線分（東鳳翻山－伽藍山）の方位角の誤差は1.4％で、条里制の誤差0.7％に比較して精度が劣る。

屋敷跡は線分（東鳳翻山－伽藍山）上には存在せず、既述した線分（ショウゲン山－土師八幡－伽藍山）上に設計されていることから、土師八幡が設計された時期にまで遡る可能性があります。

次に「寺院としては異例」とする記述から、凌雲寺跡が道教寺院の道観（道教寺院）である可能性と大内義興が道教的思想を身に着けていた可能性について考えています。(53-89)(56-18)

凌雲寺の「凌雲」とは「雲をしのぐように高いこと、俗世を高く超越すること」と『広辞苑』にあり、凌雲寺の名称と位置（総門の位置で標高130m）から道観であった可能性が考えられます。(279-1-176)

『中国仏寺道観』では、道教宮観は神殿、膳堂、宿舎、園林からなり、陰陽五行思想及び八卦説等の思想を体現している、とあります。(図参2-9)(35-22)(474-367)

『今昔物語』にも「聖徳太子が青龍の車に乗って雲を凌いで去る」（雲は道教の神のシンボル）の話があり、「龍駕登仙」のように「雲を凌ぐ」のはいかにも道教的な臭いがします。(51-37)(56-254)(378-36)(440-3-56 註八五に凌雲/凌虚)

魏の文帝が洛陽に築かせた楼閣で凌雲寺跡とよく似た名称の凌雲台（凌雲観）があり、楼上に掲げる額には「凌雲観」と書かれていたことから、道教寺院の道観の性格を帯びていたと推測されます。(154)

京都天龍寺の僧侶・策彦周良が山口滞在中(1548年？)に残した『策彦和尚入明初渡集』には凌雲院の名が載り、「院」は道観の別称の一つでした。(天龍寺船による対明貿易の影響か)(530-8)

「神仙は楼居を好む」ことから高殿は望祭のための道教建築であった、と福永光司氏は指摘しています。(56-39)

「十二階」と呼ばれた浅草名物は凌雲閣で、道観でなくても「凌雲」の名に高さを現わしたと思われます。

望祭とは山川の神を祭れば神仙境に行けると信じた祭祀のことで、大内義興は道観・凌雲寺に登り道教的な祭祀・望祭を行った、と想像してみたくなります。(56-142)

図参2-9：楼閣山水之図 (308-128)

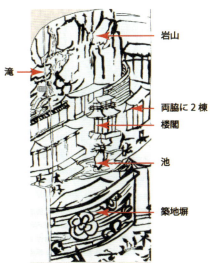

a：長屋王邸跡の出土木簡から復元した画像。　＊折敷の底板に描かれた楼閣の図で、仏教寺院であるか道教寺院であるか不明としながらも、（神仙思想を表す）最古の例とされている。写経所で校生を務めた阿刀酒主の名があり、楼閣山水図を描いた人物の可能性がある。　＊楼閣の両脇に2棟の建物があり、神泉苑の乾臨閣と釣殿、滝殿を思わせる。(308-30、308-128)
b：陽主祠の全景。陽主とは道教の八神の一つで、陰主と対をなす神。(35-22)

大内義興（幼名／亀童丸）が道教的思想の環境にあったことを示唆する事績を乏しい資料から纏めると、下記になります。

1. 亀童丸：亀（玄武）は北辰妙見（北極星と北斗七星を神格化した）の神使、童児は「艮」「八白土気」でやはり「神」である。
    南面する下宮（南宮朱雀）で蘇りをはかり、東面する上宮（東華宮）で祭祀を行った可能性がある。(56-75)
2. 北極星と北斗七星を祀る北辰妙見社の存在：＊下宮は北極星の宮、上宮は北斗の宮に相当する可能性がある。

3. 琳聖太子を祖とする伝承：「聖」は仙人の意（道教の神仙思想）。
4. 東鳳翻山と凌雲寺跡の存在：鳳凰は再生の象徴、雲は道教の神の象徴であり、凌雲寺は道観の可能性がある。(56-254)(53-15)
5. 伽藍山の石窟を意識した設計：洞窟に神仙が住む。
6. 伽藍山に自生する聖樹「ナギ」（蛇の古語）：玄武は北辰の神使。(102-134)
7. 氷上山での亀と蛇の捕獲を禁じた：亀と蛇の組合せは玄武で、道教の北辰（北極星／北斗七星）の神使。(130-54)(223)
8. 放鷹：大永元年（1521）吉敷郡中之壇（位置不詳）で放鷹（放鷹は土師宿禰真姝の祖・百済王族が伝えた）を行い、亀と蛇を鷹の餌にすることを禁じた。汲古集にも鷹狩の一首が載る。(41-135)(147-汲古集11)
9. 大内御膳で振るまった三十二膳。（第2章和銅四年）(46-314)

　中国の長安城の南郊に聳える終南山の北麓に建てられた道教寺院・宗聖観について、清浄な川の流れる聖なる山に祭祀の場を作るのは、中国の南北朝、隋唐時代の道教の特徴であった、と福永光司氏は述べています。(56-51)
唐の皇室、李氏の遠祖とされる老子（李伯陽＝玄元皇帝）をまつる宗聖観が建っていた。皇室の遠祖をまつる宮殿を「神宮」と呼ぶことは中国最古の歌謡集『詩経』の魯頌「閟宮」の神楽歌につけられた鄭玄（127-200）の注に「（周王朝の）遠祖たる姜嫄の神の（霊の）依る所、故に廟を神宮と曰ふ」とあるのにもとづく。終南山にある道教寺院・宗聖観とは神宮のことなのである。その神宮である宗聖観のそばを田峪川が流れている。この山と神宮と川の関係が伊勢にも当てはまる。田峪川に代わるものは、もちろん五十鈴川である。……聖なる山と、清浄な川を特別に意識して、宗聖観のような祭祀の場を作るのは、中国の南北朝、隋唐時代の道教の特徴であった。

　従三位中納言まで上りつめ公卿に列した大内義興（1477〜1529）は、鴻ノ峰（標高399m）の東麓に伊勢皇大神宮の分霊（1519年外宮／1520年内宮）を勧請し高嶺太神宮（現・山口大神宮）を造営し、その麓を流れる川に伊勢皇大神宮と同じ五十鈴川と名付けた可能性があります。(図参2-10)

図参2-10：清浄な川

a　　　　　　　　　　　　　　b　　　　　　　　　　　　　　c

a：伊勢皇大神宮の五十鈴川。　b：高嶺太神宮（山口市）の五十鈴川の源流。　c：紅葉に包まれる西ノ浴川。

　上記の文中「聖なる山、清浄な川、祭祀の場」を伊勢皇大神宮と高嶺太神宮に当てはめると終南山と朝熊山（伊勢）と鴻ノ峰、田峪川と五十鈴川、宗聖観と伊勢皇大神宮と高嶺太神宮、とが対応します。(表参2-4)
凌雲寺跡に同じ対応を求めると、東鳳翻山（鳳凰が羽を翻す）と清浄な川（西ノ浴川と東ノ浴川）があります。

田峪川の「峪」と浴川の「浴」とは単語家族で通用することから、大内義興が田峪川を参考にして東西の浴川を命名した、と想像してみたくなります。(155)

福永光司氏は伊勢皇大神宮にも道教的な構造を指摘しています。(56-51)

表参2-4：山川と祭祀場の対応

祭祀の場	山	川	時代	備考
宗聖観	終南山	田峪川	唐	道観
伊勢皇大神宮	朝熊山	五十鈴川	文武二年(698)	
高嶺太神宮	鴻ノ峰	五十鈴川	1519、1520年	
凌雲寺跡	東鳳翻山	西ノ浴川／東ノ浴川	1507年？	「峪」と「浴」は単語家族

＊朝熊山の「朝」「熊」、鴻ノ峰の「鴻」、いずれも「火気」。　＊高嶺太神宮は山口市滝町にあり、「滝」は多気(大神宮)あるいは伊勢皇大神宮(内宮)の境内摂社の瀧祭宮を意識した地名か。　＊単語家族：『漢字源』

　さらに、意外にも「神仙境は交通の要所」であったと福永光司氏が指摘しています。(56-36)

神仙境といえば、人跡まれな深山幽谷を考えがちで、そういう視点で考えると、条件の一つに「交通の要所」をもちだしたことにとまどうかもしれない。しかし、神仙境は、世をのがれた隠者の隠れ住むところではない。不老長生で楽しく生きられる場である。神仙境視した場所で天子が名山名川を祭るのは、自からとその一族、民たちに神の加護を得たいという政治的なものである。唐の王室が道教を国教としたように政治と一体のものである。名山と名川があれば、どこでも望祭の場になったのではない。その交通上の位置もまた、条件の一つであったと思われる。

　凌雲寺跡もこの条件に適う交通の要所で、西に肥中街道が北には地蔵峠がありました。

国道435線に沿うように肥中街道が走っていた。山口の道場門前を起点とし、響灘に面する豊北の肥中港を終点とする。吉敷大橋で吉敷川を渡り、赤田・吉敷畑を経由して美祢方面へ抜ける。肥中港は大内氏の対外貿易や日本海交通の重要拠点のひとつとして栄えた。また、長登銅山などの鉱物資源の搬入・搬出でも重要な役割を果たした街道と見られる。(530-4)

　東鳳翻山は、巽乾軸である線分(東鳳翻山－氷上山－国津姫神社)と凌雲寺跡総門を設計する線分(東鳳翻山－故五宮)の基点として、また鳳凰図の体軸の描点として最も重要で多用されいることから、「聖なる神の坐ます山」として意識されていたはずです。

したがって、東鳳翻山を主たる基点として設計された凌雲寺跡を取り巻く環境からも、凌雲の名が東鳳翻山と密接に関係して命名されたことを強く示唆します。

「雲の上は神仙世界」であることから「雲をしのぐように高く、俗世を高く超越する」という凌雲の名に込められた意味が、いかにも道観「仙人は高楼を好む」を表しているようです。(56-39)

東鳳翻山と凌雲寺を合せると「鳳凰が羽を翻し雲を凌ぐ」と読むことができ、まるで鳳凰が羽を翻し高く東鳳翻山を越えて山口盆地に現れた姿、すなわち2頭の鳳凰図を暗示しているようです。(鳳凰が翻る周芳国は安泰である)

　総門がおおよそ故五宮から伽藍山東嶺を向いている理由の一つとして、伽藍山には蔵王権現と役行者の石像が祀られている石窟(道教の神が洞にいる)があり、伝承では修験道の場として開かれ多くの塔頭があったようです。(伝承)(図参2-1、2-11)(56-77)

石室も『抱朴子』(金丹篇)に「能く名山の石室中に居る者は一年にして即ち軽挙す」などとある。同じく『抱朴子』(道意篇)に「(仙人の李阿は)穴居して食はず……号して八百歳と為す」とあり、『説文』には「穴は室なり」ともあるように、オオナムジの「穴」はやはり石室あるいは岩窟のイメージをよびおこす。

大内義興は「聖なる神の坐ます山」東鳳翻山を背にし伽藍山に向かって望祭を行った、と想像してみます。
（56-142）

「古代人のコスモロジー（宇宙観／世界観）においては洞窟（道教の神がいる）は、あの世への入り口であるとともに、この世への新たな誕生がなされる聖所でもあった」と西郷信綱氏は述べています。（378-155）（53-77）

林達夫氏は「洞窟は母性と死とのダブル・イメージとなるのである。死、つまりそれは母なる大地が支度してくれている、自然の墓所である」と述べていることから、石窟のある伽藍山（平野）は死して還るべき場所すなわち「墓所」であると同時に再生の場所「母なる胎（たい）」とも認識されていた可能性があります。（火屋すなわち火葬場が存在した伝承）（376-52）（378-109）

　図参2-11e、f、gのように、洞窟（穴）で著明な例は加賀の潜戸（くけど）（島根県松江市島根町）があり、佐太大神（さだおおかみ）が生れた場所とも「母儀の人基（ははきのひともと）」とされるイザナミノの陵墓とも伝えられ、「母胎」でもあり「墓所」でもあります。（事実、生者と死者の共存した洞穴遺跡も発見されている）（325-21）（420-176）（464-2-134）

さらに、地上絵の設計線の基点とされた立岩稲荷大明神の龍穴があり、小さくは女陰に至るまで「母なる胎」であり死して還るべき「墓所」でもあります。（図1-68b）（図2-36）（105-560）

黄泉比良坂（よもつひらさか）も死して「還るべき墓所」であると同時に、その名前（黄泉＝蘇り）から「再生の場」であることが判ります。

墓所であると同時に再生の場であることから、「サカ」（坂／境）だけでなく「ヒラ」にも境界の意味が含まれている可能性があり、近江と山背を隔てる山を比良山（ひらさん）（比良山系の古称に平野山）と呼ぶことからも、「ヒラ」に境界（隅）の意味を考えてみたいと思います。（第4章まとめ）（5-43）（598-35）

境界（隅）とすると「土気」の領分（土用）になり、既述した長岡京から平安京へ進む「土気」の軸の果てに比叡山があり、東麓に最大の「土気」山王権現を祀る日吉神社が創建されているのも納得でき、また「土徳」土師氏との関係も生れてきます。

あるいはまた、「土気」を渇望した「土徳」桓武天皇を庇護し扶翼する山として命名された可能性も考えられます。

ちなみに、比良山脈の南に連なるのが比叡山です。（比叡山の四明岳の四明は「土気」の領分・土用の可能性がある）（54-134）

図参2-11：石窟（岩屋）と洞窟

a：伽藍山の石窟（役行者と蔵王権現を祀る）。　b：秋穂岩屋山の岩屋。人面岩と呼ばれる巨大な岩（高10m、周囲40m）の片腹に開いた石窟（地蔵院／山口市名田島）。　c：中尾荒神社の岩屋（伽藍山に似る）。　d：高嶺太神宮奥宮の岩屋。　e：秋芳洞の入口。　f：加賀の潜戸（新潜戸）。　佐太大神の生れた所とされる。(325-20)　g：潜戸の賽の河原（旧潜戸）　＊洞窟信仰（66-245）　＊賽の河原（旧潜戸）は年端もゆかぬのに生命絶えた幼子の魂の集まる場所といわれ、苔むした小石積みし塔が無数に立ち並ぶ。……お地蔵様が現れて鬼どもを追い払い、幼い亡者を助けて下さるという（加賀の潜戸案内より引用改変）。＊洞窟（石窟）は得体の知れない恐怖と同時に中に入らずにはいられない不思議な感覚を呼び起こす。死と再生の場所として、イザナミに会うためであったとしても、イザナギが黄泉比良坂へ入って行ったのも判る気がする。

凌雲寺跡の石垣の構造について、沖縄のグスク（御嶽／城）あるいはイビ（墓所）、あるいは朝鮮半島の城に類似していると指摘する説があります。（図参2-2, 2-12）（288-61）（530-巻頭）
イビについて佐喜真興英氏は、次のように述べています。
墓の構造は全体として女子の陰部に象っている。庭を囲む石垣は両脚であり、墓は腹部で入口は陰門であると話された。それ故に人が死して墓に入るのはもとの所へ帰るもので、始に原るの意味があるのだと信じられた。（390-104）

図参2-12：イビと黄泉比良坂

a

b

a：黒島プーリイの祀。（73-24）イビは女陰を模した石積み。（86）（99-5-347）（288-61）（390-104）　b：松江市東出雲町揖屋にある黄泉比良坂の入口とされる石群。元はイビと同じように祭祀場ではなかったか、と想像する（一部は河床から運んで来た盃状石と考えられる）。

　凌雲寺跡がイビと同じ構造を持つとすると、そこは母性原理の働く山、洞窟、岩屋、石窟であり「死と再生」の場所になり、凌雲寺跡が石窟のある伽藍山（修験道の行場）を向いていること、高嶺太神宮が東鳳翻山と向島の立岩稲荷奥宮の龍穴を結ぶ線上に設計されていること、と関係する可能性があります。（378-110）
あるいは、女性原理（母性）を有する観音が石窟に示顕するのを期待したのかも知れません。
元はヒンズー教の神で、女性の神格を現わした葉衣観音（石窟に示顕）に祈祷する句があります。（129-144）
不死の霊薬甘露より生まれた女よ。元気づいた四肢をもつ女よ。死ぬなかれ。……病を鎮めよ。災をなくせ。一切の病をなくせ。

　あるいはまた、朝鮮半島の山城や一種の城塞を兼ねたとする説に対して、悪霊を防ぐ村境に立つ「塞の神」と同じ働きをする要塞ではなかったか、とも想像できます。（図参2-13）
山には「あの世」（他界）と「この世」（此界）との境界があった。実はこの境界に積石をして、穢れが他界（神域）へ入らないようにするのが、賽の河原の起源である。したがって私は賽の河原の賽は「塞」であったと考えている。穢れや悪霊を「さえぎる」ための塞であった。これは村境などに立って悪霊をさえぎる「塞の神」においてもおなじでことである。（ルビ・傍点著者）（67-73）

　道教的思想の環境にあったと推測される大内義興は、道観・凌雲寺跡で望祭を行い、鳳凰に乗って神仙世界へ飛昇し再生を夢見たのかも知れません。（蔡女仙は鳳凰に乗って昇天した）（335-254）
あるいは『荘子』逍遥遊編に載る「雲気に乗り、飛龍を御して四海の外に遊ぶ」神人になろうとしたのかも知れません。（182-3-33）
実際、凌雲寺跡に立つたびに、南に開けた斜面から吹き上がる風を受けると、気分は鳳凰になり、鳳翻山を越えて雲を高く凌ぐ感覚に襲われ、義興の夢を追体験しそうになります。
西郷信綱氏も指摘しているように「わが身を滑りこませ、生きた景観に立ちあい、そこでどういう声がきこえ、どういう音がするかを確かめる」視点から、素人の妄想も存外に当を得ているかも知れません。（377-226）
　「聖なる神の坐ます山」東鳳翻山を背にして立つ凌雲寺跡は、さまざまな想像をかきたたせます。
桓武天皇が平安京を神仙境として設計したように、大内義興は地上絵の伝統も意識して山口を神仙境にしよう

とした可能性も、凌雲寺跡は考えさせます。
大内義興の時代まで、北斗図と五形図の存在が伝えられていた可能性を想像してみたくなります。

図参 2-13：積石塚(つみいしづか)の例

a　　　　　　　　　　　　　　b

a：凌雲寺跡の積石塚。　＊3基の集積遺構について積石墓、あるいは火屋（火葬場）の可能性がある。(242-5-283)(530-8)　＊積石塚には桜樹が植えられ、梶井基次郎の「櫻の樹の下には」を思い出させる。(156-1-213)　b：北斗七星図第3星に位置する宮野石組。
＊祭場を磐境といい神社の原型に位置付けられていることから、宮野石組も祭場であった可能性がある。(105-18)(407-16)　＊宮野石組のある竜花地区には大内氏の氏寺・瑞陽寺があり琳聖太子の招来と伝えられる薬師如来を本尊とする。地上絵の伝承はない。(420-11)(592-382)

三段構造と崑崙山

　最後に、凌雲寺跡が三段構造になっていた可能性を考えています。
既述したように崑崙山は三段（三級）になっていたことから、仮に凌雲寺跡が三段の構造であれば神仙境・崑崙山を模して造られた道観であった可能性が高まります。(火屋があった伝承)(第4章／持統天皇の吉野行幸)(図参2-14)(図4-19)(56-18)
その視点に立てば、平安京の平野神社－大極殿－神泉苑も、三段構造といえるかも知れません。

図参 2-14：凌雲寺跡の三段構造

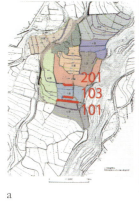 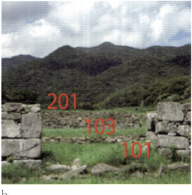

a：凌雲寺跡の構築期の石垣（原図の彩色を強調した）。
b：総門の南側から見た三段の石垣（中央奥が東鳳翩山）。

a　　　　　　　　　　　　　　b

　図参 2-14 の石垣 101、103、201（調査時に付された番号）を見ると、構築時期の石組が三段構造であった可能性を考えさせます。
他の石組には棚田期（廃寺後の水田への改変）のものが見られるとあり、今後の発掘が期待されます。(530-21)
「山の神格に従って壮麗な観（寺）を建てた」の言葉に沿えば、「聖なる神の坐ます山」東鳳翩山を背にする凌雲寺（跡）には壮麗な道観を建てた、と想像できます。(26-57)
それが「寺院としては異例」とする感想を人に与えるのかも知れません。

為政者の晩年の常として、自己の人生に関係して非業の死をとげた人々の荒ぶる魂魄を鎮めるため、大内義興は伊勢皇大神宮の分霊勧請から遠くない時期に凌雲寺跡を築いて足繁く通い（桓武天皇が神泉苑に行幸したように）、戦場に明け暮れた人生を振り返り三官に懺悔していたのではないか、凌雲寺跡から遠く伽藍山を望むとき、そのような空想がよぎります。（表4-16／厄年と事績）

　東西の鳳翻山（鳳凰）と凌雲寺跡（崑崙山を模した構造）は、「鳳凰は……崑崙を過ぎる」（説文解字）の文言を絵に描いたと思わせる取り合せです。（図参2-1）（38-614）（128-213）

犬塚勉の世界

最終章へ進む前に休憩をかねて、故・犬塚勉（1949〜1988）の世界を紹介したいと思います。

a

b

c

d

a：縦走路 P100号 1985年　b：林の方へ P30号 1985年　c：暗く深き渓谷の入口Ⅰ P60号 1988年絶筆　d：山の暮し P80号 1987年　e：ブナの森からⅡ S15号 1988年　＊いずれも『犬塚勉作品集』オフィスY1990より引用。

e

自然の霊気がねらいである。(1981.3.22)

　自身が言っていたように、岩や樹や水の中に、「霊気」を描こうとした画家です。
そこにあるのは人のためではない、そこに咲いているのは人のためではない、人の意識以前のもの、それを描こうとしたのか。(著者のいたらぬ言葉が犬塚勉とその作品の価値を貶めませんように)

　地上絵の基点となった山を多く見て来ました。
たどり着くまでに、大岩が道を塞ぎ、倒木が侵入を拒むこともありました。
時には、残された大樹に触れることで、母胎に守られている感覚になり、あるいは、わずかな石積みが何かの祀の息遣いを気づかせ、清らかな流れが、きっと人を誘ったであろうこと、を想像させることもありました。

俺は、一本のブナの木であり、一つの石である、(1988.4.17)

　山や岩、樹や水に、初めて出会った時の静かな感動、それを表現してあまりあるのが犬塚勉の世界です。
それらと同期する作者自身の鼓動が、あるいは、はるか昔に人が感じたであろう、静かな驚き、畏れ、憧れ、などがひしひしと伝わってきます。
しかも、その絵の背後に必ず人の気配がする、さっきまで人が歩いていた息遣いがする、あるいは後ろから人が歩いてくる、あるいは動物が息を潜めている気配がする、これは山を登るときに経験する感覚です。
登り口に立ったときの不安と期待、途中、花々が迎えてくれる喜び、あのあたりまでという憧れと疲労。
はるかな山の頂にも、稜線をよぎる風にも、足元の一輪のスミレにも、「霊気」を感じながら犬塚さんは歩いたのだろう、と絵を想い出しながら登ることが少なからずありました。

第4章　地上絵から空間設計の問題へ　　363

1982 年以降、犬塚は山にのめり込むようになり、1988 年悪天候の谷川連峰で力尽き永眠、と年譜にあります。

惜しい「詩人」を失いました。

自然は命がけの厳しさを要求する。並の生きる意志でたち向える相手ではない。自然の命、その厳格で絶対的な法則性が春の野の一輪のスミレの花にさえ充満している。本当にそれが見えるか真冬の北岳の稜線の風、ピッケルでかろうじて体を保持しながら、ピークをめざした。あれが風である。（1988.4.17）犬塚勉制作ノートより

第5章

地上絵の謎—残された素朴な疑問

はじめに

　さて、犬塚勉の素晴らしい絵を鑑賞したところで、最終章へ入ります。

前作『山口に残る古代地上絵　北斗図の謎』では北斗七星と南方朱雀宿さらに鳳凰を描いた地上絵が存在する事実を、本書では五大の表現形である五形を描いた地上絵が存在する事実を述べて来ました。(105-14)

地上絵が存在することは事実ですが、しかし、その謎については十分に解き明かされたとはいえません。

かなり確かそうな状況証拠を資料から見出すことはできても、断定することはもちろんできません。

本書は山口に残された地上絵の謎を解く試みであり出発点でしかなく、今後の研究が大いに期待されます。

　実のところ、謎を解明するのに必要な陰陽五行思想、災異思想、神仙思想、五行の法則、『易経』、九星、干支などの引用が多かったために、地上絵の謎そのものについて説明する部分が少なく、却って地上絵の理解を妨げたのではないか、と感じていました。

しかし、古代人（本書では天武天皇から元明天皇までの時代）のものの考え方（多岐に渡り単純にはいえない）に従わずに、現代人の合理的な解釈を用いても地上絵の謎を解くことはできないのです。(84-7)

「其原理を導き出すのには、今の方法では駄目で、今一度、昔に還って、省みなければならない」と折口信夫氏も指摘しています。(355-17-413)

試しに陰陽五行思想や『易経』、干支などに関係した項目を記述から消し去ると、残るのは『書紀』『続紀』の記事と地上絵が存在する事実だけになり、解明の糸口さえ見つけることができません。

やはり、今後の研究にも陰陽五行思想を中心とする視点と資料は不可欠です。

　このような問題を考えながら、地上絵の謎を明らかにしようとする試みも、そろそろ筆を納める時がきました。

ここまで読み進んで戴いた読者の皆様には、心より感謝申し上げます。

第5章では、地上絵について残されたもっとも素朴な疑問を取り上げて、できるだけ易しく地上絵の謎を纏めて置きたいと考えました。

前作と本書で重複する部分も多くなりますが、お許し下さい。

　内容は下記の通りです。

地上絵の謎―残された素朴な疑問

1. なぜ、地上絵は見えないように描かれたのか。
2. なぜ、地上絵は周芳に描かれたのか。
3. なぜ、北斗図（北斗七星／南方朱雀宿／鳳凰）を描いたのか。
4. なぜ、北斗七星を描いたのか。
5. なぜ、南方朱雀宿を描いたのか。
6. なぜ、鳳凰を描いたのか。
7. なぜ、五形図を描いたのか。
8. どのように測量し、設計・施行したのか。
9. 設計図は残されていないのか。
10. 地上絵を描いた人たちはどこから来たのか。
11. 北斗図と五形図以外の地上絵は存在しないのか。
12. 周芳に残る設計線の謎──800年に渉る空間設計の跡。

なぜ、地上絵は見えないように描かれたのか

　見えるものは理解し易く、見えないものは理解し難いのが常です。
上空から明らかに見えるように線描されたナスカの地上絵と違って、山や石組、神社などを描点とした周芳の地上絵は、なぜ見えないように描かれたのか、不思議でした。
平面的なナスカ高原と違って、周芳には起伏に富んだ山や蛇行した川、水田などがあり線引きすることは困難であったとしても、なぜ、明らかに見えるように、規模を小さくして、常に人の意識に上るように、描かれなかったのか、大きな疑問でした。(396-38)
この疑問に対して、北斗図と五形図に共通して得られた可能性の高い結論は、下記の通りです。

1. 九星「七赤金気」の象意・隠退（いんたい）にしたがった。
2. 「陰」の象意・かくすにしたがった。
3. 呪術性の強い（呪術は人に見せない）地上絵であった（規模を大きくすることで敢えて見えなくした）。

九星「七赤金気」の象意・隠退と陰の象意・かくす

　見えないように描かれた理由は、まず九星「七赤金気」の象意・隠退すなわち「退いて隠れること」にしたがった、可能性が考えられます。（象意とは意味を象（かたち）にすることで「七赤金気」に含まれる意味、性質を具体的に表した言葉を指す）（イザナギの右眼、方位では西、九星でいえば「七赤金気」から生まれたツキヨミが隠れたように）
これは、多気大神宮（瀧原宮）と伊勢皇大神宮（内宮）が「三碧木気」の象意・顕現（けんげん）すなわち「明らかに現れること」と対をなす事業であったからです。
つまり「退いて隠れること」は見えない地上絵を描くことであり、「明らかに現れること」は壮大な多気大神宮と伊勢皇大神宮を創建することでした。
大和の西方にある周芳国は「七赤金気」の象意・隠退を、大和の東方にある伊勢国は「三碧木気」の象意・顕現を呪術的に担わされた、と考えられます。（図5-1）（表5-1）
また、西方は陰陽の「陰」に位置していることから陰の「かくす」「ひそか」の意味にしたがい、その対として東方は「陽」の「みせる」「あきらか」の意味にしたがった、とも考えられます。
陰陽五行思想では陰陽・東西の調和を計ることが最も基本的な思考原理で、東で「陽」の伊勢国に神宮を創建すれば、西で「陰」の周芳国にそれに見合う国家的事業を実行する、それが地上絵でした。

図 5-1：九星と後天易の配置

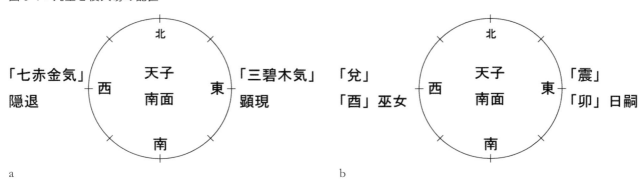

a：「七赤金気」と「三碧木気」の象意。　b：後天易の配置と方位。

表 5-1：「七赤金気」と「三碧木気」の比較

要素	「七赤金気」	「三碧木気」
方位	西	東
象意	隠退	顕現
陰陽	陰	陽
後天易	兌	震
十二支	酉	卯
色彩	赤	碧（青）
五気	金気	木気
身体	口	足
家族	少女	長男

＊象意が表中の要素すべてを意味する場合もある。（300-1-240）（470-79）　＊長男とは天皇位を継ぐ皇太子を指し、東宮（天っ日嗣／儲けの君）とも呼ばれる。　＊少女とは神託を告げる巫女を意味する。

呪術性の強い地上絵

次に考えられる理由は、地上絵が呪術性の強い事業であったことです。

錬金術（れんきんじゅつ）を説く『抱朴子』（ほうぼくし）（葛洪著／神泉術を集大成／ 317 年）には、秘法は師弟の間にも血盟して伝え至勤至精な人物でなければ伝授しない、人に見せてはならない、とあります。（244-145）

『周易参同契』（しゅうえきさんどうかい）（魏伯陽撰／周易の易理に適う練炭術の書／後漢末）にも「炉火の事」（ろか）すなわち錬金術の実験は、決して俗人に見せてはならない、呪術は人に見せると失敗し力を失くす、とあり呪術とは「見せないもの」だったのです。（427-163）

丹（たん）（硫化水銀）（りゅうかすいぎん）から金を造り出す方法を錬金術と呼び、古代中国の道教では神聖な宗教行事でもありました。（実際に金が出来るわけではない）（51-60）（244-126）（336-152）

北斗図と五形図は共に呪術性が強く、「七赤金気」の象意・隠退と併せて決して見えないように描かれた、と考えられます。（地上絵にはより強い呪術性が求められた結果、大きくして見えないようにした）

明らかに見ることができる壮大な神宮に比較して、見ることができない地上絵が理解しにくいのは仕方ありません。

しかし、地上絵が描かれた周芳国も多気大神宮と伊勢皇大神宮が創建された伊勢国も、ともに朝廷の宗廟祭祀の一翼を担ってきました。（図 5-3）

隻翼（せきよく）（片羽）の鳥が飛べないように、伊勢国と周芳国は共に欠かせない両翼として朝廷の宗廟祭祀を支えてきたのです。

特に、後述する左祖右社（さそうしゃ）の原則にしたがって、社稷として描かれた地上絵は国家と同じ意味を持つことから、周芳国が朝廷にとっていかに重要であったかが判ります。（210-3-1079）

宇佐八幡宮神託事件と「兌」

神護景雲三年（じんごけいうん）(769) 己酉（つちのととり）に起きた宇佐八幡宮神託事件（うさはちまんぐうしんたく）で、和気清麻呂（わけのきよまろ）が伊勢皇大神宮ではなく宇佐八幡宮へ向かったのは、謎とされています。

考えられる理由として、大和から見て西に位置する宇佐八幡宮は「七赤金気」と後天易に含まれる「兌」（だ）の象意・神託を告げる宮であったこと、があります。（表 5-1 の少女）

これを裏付けるように、和気清麻呂が宇佐八幡宮へ参宮したのも八月酉月（とり）（酉は西）、事件が起きた年の干支も己酉で酉が意識されています。

大和から見て西方にある宇佐八幡宮へ参宮するには「酉年の酉月」でなければならなかった、神託を受けるには「兌」（西）の象意に適う宇佐八幡宮へ参宮するのが当然であった、といえます。（図5-2）
神託を受けるのに東の伊勢皇大神宮へ行くことなど、全く考えられなかったのです。

　『易経』には、「兌」について「神託を告げる巫(みこ)」とあります。（437-2-305）
大和から見て「兌」の方位にある周芳に描かれた地上絵にも、「神託を告げる巫」の意味が含まれていた可能性があります。（第3章／八卦の「兌」と方孔について）

　柳田国男氏も比売神(ひめのかみ)を「巫女の開祖」として、御祖神(みおやのかみ)は母、比売神は乙女としての側面を現わした、と指摘しています。（241-11-70）（355-11-9）（376-68）
このヒメヒコ制が、宇佐社では奈良朝においても踏襲されていたらしいことは……この大神杜女(おおみわもりめ)こそは聖武天皇の大仏建立にさいし、八幡の託宣を奉じて東大寺に乗りこんでいった当の人物に他ならず……少なくとも宇佐社で神語をかたる巫女の力が伝統的に強かったのは確かで、託宣神としての性格が宇佐にいちじるしいのも、このことと包みあっているはずである。（376-72）

図 5-2：宇佐八幡宮

a　　　　　　　　　　　　　　　b

a：宇佐神宮南中楼門（勅使門）　b：宇佐神宮の末社護皇神社（和気清麻呂が御神教を受けた旧跡・大尾山の山腹に鎮座）。（495-14）

なぜ、地上絵は周芳に描かれたのか
北斗図と五形図の比較からみえること

　もっとも素朴な疑問として、なぜ、地上絵は周芳に描かれたのか、残念なことに明らかな答えは見つかりません。
北斗図と五形図（第1候補）について解析に用いた項目を比較すると、表5-2になります。
共通した項目を取り上げると、地上絵を描く動機には洪水が予想されたこと、目的は宗廟祭祀を実現すること、対策には五行の法則が用いられたこと、予想された年の干支は壬であったこと、左祖右社の思想にしたがって宗廟に対する社稷として描かれた可能性があること、洪水が予想された日時が満月の日（水が溢れる暗示）であること、瑞祥献上には伊勢国と連携した動きを見せていること、聖数関係が認められること、などがあります。

表5-2：北斗図と五形図（第1候補）の比較

項目		北斗図	五形図（第1候補）
地上絵			
	動機	洪水予想	洪水予想
		「木徳」大友皇子の怨霊	天武十三回忌　追善供養
		思想信仰に忠実	
	目的	宗廟祭祀	宗廟祭祀
		洪水回避	洪水回避
		不老不死の実現	
	竣工	天武十年(681)辛巳五月己巳丙戌(18)	文武二年(698)戊戌
五行の法則		「火侮水の法則」	「土剋水の法則」
洪水予想の日時			
	日時	天武十一年(682)壬午五月癸巳丙午(14)	和銅五年(712)壬子秋七月戊辰壬午(15)
	根拠	壬午	壬子
		壬（天の水）が午（地の火）を消す	壬（天の水）と子（地の水）で水が溢れる
		被害を受けるのは天皇個人	被害を受けるのは国土
宗廟祭祀			
	神宮	多気大神宮整備	伊勢皇大神宮創建
	日時	天武十年(681)辛巳五月己巳朔己卯(11)	文武二年(698)戊戌十二月丁亥朔乙卯(29)
	祭祀	織女星と北斗七星（北斗図）の祀り	皇祖神アマテラスと五形図（大日如来象徴）
	信仰	星信仰	太陽神と根本仏（大日如来）
		具象的	観念的
科学と信仰		天文学	神道と仏教
配置の原則			
	左祖	東方の伊勢国に宗廟（多気大神宮）	東方の伊勢国に宗廟（伊勢皇大神宮）
	右社	西方の周芳国に社稷（北斗図）	西方の周芳国に社稷（五形図）
「七赤金気」象意		隠退：退いて隠れ見えなくなること	隠退：退いて隠れ見えなくなること
瑞祥献上		伊勢国と周芳国の連携した動き	伊勢国と周芳国の連携した動き
聖数関係		壬申の乱(672)から9年	壬申の乱から26年
		大化改新(645)から36年	北斗図(681)から17年

＊左祖右社：左に祖廟、右に社稷を置く（後漢書）。　＊多気大神宮と伊勢皇大神宮は「三碧木気」の象意・顕現に従った。　＊9年は陽極数、36は道教の聖数、26は「一九年七閏法」の和、17は陰陽の和。

　表5-2の内容と前作で指摘した地上絵が周芳に描かれた理由を併せて纏めると、下記になります。

1．左祖右社の原則にしたがった。『周礼』

2．「七赤金気」の位置に存在し、その象意・隠退に従った。(470)

3．後天易の「兌」の位置に存在し、神託を得る方位であった。(437)

4．周防国衙が存在した。(国衙の成立時期を7世紀まで遡及できる可能性)(92-121)

5．直轄領（県）であった。(北斗図が描かれる前の県名は不明)(397)

6．列島の西端であった。(実質的な支配域の西端？)

7．来目皇子の殯と娑婆連の伝承があり、古来、皇室との縁が強かった。(391)

8．タジマモリの伝承を背景に常世国への入口（伊勢国と対をなす）の候補地として選ばれた可能性がある。(105-492)

9．「聖なる神の坐ます山」東鳳翻山と「龍神の棲む龍穴」の存在し、四神相応の地と評価された。

　この中で確かなことは、左祖右社の原則に従っていること、「七赤金気」と「兌」の位置にあること、本州の西端に存在すること、「聖なる神の坐ます山」東鳳翻山と「龍神の棲む龍穴」の存在したこと、の4点です。しかし、左祖右社の原則に従って「七赤金気」の位置とすると、大和から周芳までには河内から安芸の国まで

数ヵ国があり必ずしも周芳を決定できるわけではありません。

周防国衙が存在したこと、直轄領であったこと、の２点は説得力がありそうですが、なぜ国衙を置いたのか、直轄領になったのか、新たな疑問が生じます。（背後に日本一の産出量を誇る長登銅山が存在した／屯倉は有利な土地）

垂仁紀のタジマモリの伝承を背景に常世国への入口の候補地（伊勢国と対をなす）として選ばれた可能性は、北斗図の謎を追及する中で浮上した推論でしかありません。（萩市笠山はコウライタチバナの北限）（105-494）（255-255）

しかも、北斗図が描かれた時点で記紀はいまだ撰上されていません。

　向島の龍穴と泉香寺山を結ぶ321°の方位線は、北斗図の中では鳳凰図の体軸に、五形図の中では方形の２辺に用いられ、この軸上には大崎玉祖神社と大内畑伊勢社が置かれていることから、「聖なる軸」と考えられます。

地中を流れる龍脈の気が噴き出す龍穴は、龍の出入り口にも譬えられ、土地の吉凶を占う風水では隆盛する土地とされます。（64-232）（225-13）

その龍穴の存在する周芳は、初代・神武天皇の后妃をヒメタタライスズヒメ（ヒメタタライスケヨリヒメ）と称した朝廷にとっても、多々良（タタラ）と名のった大内氏（土師氏）にとっても、重要な聖地であったと思われます。（105-395）

　私見では「タタラ」は龍腹から派生した言葉で、初代天皇の后妃の名にある「タタラ」は皇孫の母すなわち御祖母の諡号として最も相応しい言葉です。（タタラには諸説あって定説をみない）（444-52）（458-526）（533-1-220）

なぜなら、天皇位を継ぐ「儲けの君」すなわち「毛受の君」「天津日嗣（皇太子／東宮）」は「木気」に配当され龍腹の「木気」龍と同気になり、「儲けの君」を産む后妃は龍腹（毛受腹／儲けの腹）すなわち「タタラ」になるからです。（表5-1 長男）

后妃は天皇つまり現人神の神妻であると同時に、儲けの君の母神である、と山折哲雄氏は指摘しています。（537-35）

　一方、多々良と名のった大内氏の祖と考えられる土師氏は毛受腹に出自を持つ氏族で、毛受は本来「モウケ」すなわち儲けの君の「モウケ」と同じ読みになり、儲けの君（天津日嗣／皇太子）を産んだ后妃（夫人、嬪を含む）の出自であった可能性があるからです。（第２章末／陰陽五行思想概略）（105-395）

事実、ヒメタタライスズヒメは出雲氏が奉斉する三輪山に鎮まる大物主神の娘で、土師氏（出雲氏と同族）と「タタラ」の結びつきは強いものがあります。（255-189）

征服者が被征服民の娘を妻に娶るのは常であったことから、神武東征で征服した大和の前支配者（オオモノヌシ）の娘（ヒメタタライスズヒメ）を初代后妃にすることは当然であったと考えられます。

「タタラ」は、毛受腹の土師氏とは何か、初代后妃の名に「タタラ」が含まれているのはなぜか、土師氏と同族とされる出雲氏と結びつくのはなぜか、出雲の国譲りとは何か、土師氏と大内氏の関係、などを解明する手掛かりになる重要な言葉と考えられます。（第４章／土師氏四腹と毛受腹の意味）

　戦闘によって被征服民の女性を娶ることはもちろん、新来の民が平和裏に同化する場合についても梅原猛氏の指摘があります。

日本の最初の天皇カムヤマトイワレビコ即ち神武帝には渡来の農耕民の血は八分の一しか入らず、残りは土着の山人あるいは海人の血なのである。……一つの民族が新しい土地へきてそこに土着する場合、極めて普通のことである。土着民はこの新来の民が土着民の娘を娶ことによって、初めて彼らの仲間と認めるのである。（493-1-280）

　桓武天皇の生母・新笠の母・大江朝臣真妹は毛受腹の土師氏から改氏姓した末裔で、新笠は山部親王（後の桓武天皇）を生んだ「儲けの君の母」すなわち「毛受腹（儲けの腹）／龍腹（タタラ）」になります。（平野と竈神）（245-5）

後代、土師氏から派生したと推測される大内氏が「多々良」と名のったのは、桓武天皇以来皇室と外戚関係であったことも影響したと考えられます。（土師八幡と昭和天皇行幸）

　周芳に決定した根拠は上記の全てを含め、「聖なる神の坐ます山」東鳳翻山と「龍神の棲む龍穴」が存在し

第５章　地上絵の謎——残された素朴な疑問　　371

四神相応の地と評価されたことも、あながち否定できないのではないか、と考えられます。
つまるところ、なぜ、地上絵は周芳に描かれたのか、について明らかな答えを見出すことはできません。

左祖右社による配置

　地上絵が周芳に描かれた理由の中で、左祖右社の原則について再考します。
左祖右社は『周礼』に載る言葉で、天子が玉座に座って南面した場合、宮殿の左に祖廟（宗廟）を造り、右には社稷（土地の神と五穀の神）を造る、とする思想です。（図5-3）（209-1-388）（372-35）（405-10）
天子南面を残した身近な例として、京都の左京（東）と右京（西）の地名があります。
天皇が平安京大極殿に坐して南面する場合、天皇の左側（東）が左京、右側（西）が右京になるからです。
左大臣と右大臣、左近衛と右近衛などの例もあり、天子が南面した場合の左右一対の原則にしたがっています。

図5-3：天子南面と左祖右社

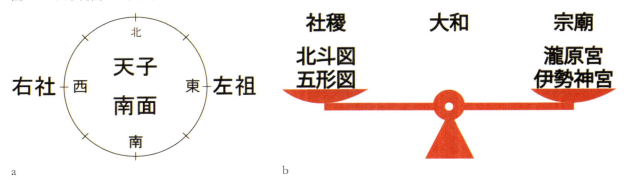

a　　　　　　　　　　　　　　　b

a：天子は南面して天下の政治を聴き、南面した場合の左手側に宗廟（祖廟）を右手側に社稷をおく。（437-293）　b：九星の「理」にしたがって、明らかに見える宗廟（瀧原宮と伊勢神宮）と明らかには見えない社稷（北斗図と五形図）は、同じ比重をもって宗廟祭祀を支えてきた。（道教の根本原理は陰陽の調和で、それは大和の国名にも憲法十七条の理念と名称にも採用された。17は陰数8と陽数9の和）

表5-3：左祖右社による配置

	右社	左祖
祭祀	社稷	祖廟（宗廟）
国	周芳国	伊勢国
事業	北斗図	多気大神宮
	五形図	伊勢皇大神宮
方位	西	東
五行	「金気」	「木気」
陰陽	陰	陽
後天易	兌	震
九星	「七赤金気」 隠退	「三碧木気」 顕現

　宗廟とは、祖先の霊を祀る祭壇のことです。（本書では宗廟と祖廟とを同じ意味で用い宗廟で統一した）（176-13）
社稷の社とは土地神を祀る祭壇のことで、稷とは五穀の神すなわち穀物の神を祀る祭壇のことを指します。
社稷は国の守り神として必ず祀るべきものとされ、古代中国の国家祭祀で最も重要な祭祀の一つでした。（176-8）
後代には、社稷は国家そのものを意味するようになります。
　『老子』七十八条には「国（社稷）の汚辱を引き受けるものを主という」とあり、社稷が国家と同じ意味で使われています。（55-2-189）
　『淮南子』人間訓には「社稷墟となる」の文言があり「社稷の祭が絶えて空しい墟となる、すなわち国家が

滅びる」を意味し、社稷は国家の意味で使われています。（210-3-1079）

「天子南面」の言葉は『易経』にあり、「説卦伝」離卦の文言にしたがって天子は南面すなわち南に向かって天下の政治を聴くとあります。（437-293）

離は明らか、万物がたがいに成長してその姿を示しあうというのは、離が南方の卦だからである。聖人が南面して天下の政治を聴き、明るい方向に向かって治めるというのも、つまりはこの卦の意義にのっとってのことである。

　西に位置する周芳国には表5-3のように「社稷」「兌」「金気」「陰」「七赤金気」の全ての象意が含まれ、東に位置する伊勢国には「宗廟」「震」「木気」「陽」「三碧木気」の全ての象意が含まれていました。

図5-3bのように、天秤に掛けられた伊勢国と周芳国は、呪術的には同じ比重で調和し共に宗廟祭祀を支えてきました。（五行の規則正しい循環と陰陽の調和を計ることが根本原理）（554-12）

たとえ明らかには見えない地上絵であっても、社稷が国家と同じ意味で用いられていることから、周芳国の重要性を推し測ることができます。

周芳に描かれた地上絵は社稷すなわち国家の守り神として1300年間、国家と国民の安泰を祈りつつ沈黙を守り続けてきたことになります。（平成30年戊戌は、五形図第1候補の文武二年戊戌からちょうど1320年になる）

左近の桜と右近の橘

　左祖右社の原則を端的に表した例として、京都御所の紫宸殿（ししんでん）の左右に「左近（さこん）の桜、右近（うこん）の橘（たちばな）」があります。

紫宸殿を建てた位置は秦造（はたのみやつこ）河勝（かわかつ）の邸宅があった場所で、そこにあった橘を移植した伝承があります。（図5-4）（47-28）（105-458）（272-63）（321-30）（485-17）

この伝承は、秦造河勝が橘を聖樹としていた、あるいは河勝と常世の虫の話、また秦氏が右社・土地神を代表する立場にあった、などを示唆している可能性があります。（餌香市の聖樹が橘であった）（105-494）（491-2-141）

この「左近の桜、右近の橘」は左祖右社の原則にしたがって設けられた植栽で、両者を陰陽五行思想の視点から比較すると表5-4になります。（105-458）

表5-4：左近の桜と右近の橘の比較

	左右	方位	季節	五気	陰陽
左近の桜	左祖	東	春	木気	陽
右近の橘	右社	西	秋	金気	陰

＊季節を春と秋にしたのは五行による配当で、花の季節を示しているわけではなく、他の項目も同じ。

　上記の左祖右社にしたがって、左近に置かれた桜は宗廟（天皇家の祖先）にあたり、右近に置かれた橘は社稷（土地神と五穀の神）にあたります。

降臨したニニギノミコトと結ばれたコノハナサクヤヒメは、地上での天皇家の祖、すなわちホデリ（海幸彦）、ホスセリ、ホオリ（山幸彦）を産んだことから、コノハナサクヤヒメは皇祖母（すめみおや）（儲けの君／毛受の君の母）になります。（105-213）

「花の中の花、至高の清明美である桜は至高の美姫コノハナサクヤヒメの化身」とする指摘があることからも、桜は宗廟を象徴する樹といえます。（105-458）（321-16）（561-104）

梅では、この関係を語ることができません。

　一方、右近に置かれた橘は社稷を象徴する樹になります。

土地神を象徴する樹であることから橘の語源を考えると、「土の華」すなわち「トチハナ」から「タチバナ」に変化した可能性があります。（105-511）

前作では、地霊が吐出した不老不死の仙薬で「第一の丹」とされた「丹華（たんか）」を「處霊の華（とちのはな）」と呼び「タチバナ」へ変化した、と私見を述べました。（105-511）（244-116）（427）

図5-4：左近の桜と右近の橘

a：向かって右に桜、左に橘がある（江戸時代の即位図）。(272-143)　b：広瀬大忌神の左近の桜と右近の橘（桜の花と橘の実が同時に見られる）。　c：田道間守が持ち帰った橘（トキジクノカグノコノミ）を植えたと伝えられる橘寺（高市郡明日香村）の橘。(430-8)　d：大極殿の左近の桜は吉野山のニオイサクラが選ばれた伝承がある。(321-30)

白川静氏の指摘では、本来、土は處霊（地霊）を意味します。（第1章／五形図には含まれない基点と設計線）(410-511)

左近の桜が「陽」、右近の橘が「陰」であることに関連して、陰陽の二気は大極すなわち宇宙の根源から分れたと『易経』にあります。

「繋辞伝」上には「一陰一陽、これを道という」とあります。(423-220)(437-220)

易には陰陽未生以前の根源として大極があり、大極から陰陽の両儀を生じ、両儀はさらに分かれて四象を生じ、四象は八卦を生ずる。この八卦の組合せにより万事の吉凶が定まり、その定められた吉凶によってもろもろの大いなる事業も成就される。

『老子』では太極を「道」と呼、その第四十二章には「道は一を生じ、一は二を生じ、二は三を生じ、三は万物を生ず。万物は陰を負うて陽を抱き、沖気、以て和することを為す」と万物が生じる過程を説いています。(55-2-38)

『易経』と『老子』の文言から、紫宸殿（大極殿）の玉座に坐して南面する天子は大極であり、桜と橘は大極から派生する陰陽二気を象徴し、単なる飾りではないことが判ります。

つまり、宗廟の置かれた伊勢国は「左近の桜」に相当し、社稷の置かれた周芳国は「右近の橘」に相当します。

左祖右社の原則が、紫宸殿の「左近の桜、右近の橘」から、天子が南面した場合の東に位置する伊勢国の宗廟と西に位置する周芳国の社稷にまで拡大されているのが判ります。

古代人は、拡大縮小して同じことを執拗に繰り返すのを好み、これは呪術や信仰の形でもありました。(131-27)(320-7)(355-17-394)(420-183)

これを裏付けるように、伊勢の朝熊神社（三重県伊勢市朝熊町）は桜宮とも呼ばれ、神霊はコノハナサクヤヒメで桜樹を御神木としています。（外宮の真東に位置する）（図5-38）

大内畑伊勢社跡（五形図の円形の描点）にも大内桜と呼ばれる名木がありました。（図1-35）(105-50)(223-646)(311-61)

374

一方、萩市の笠山にはコウライタチバナの自生地（北限）があり、この位置は南方朱雀宿の地上絵で分野「楚」の翼宿（広度19°）を延長した狭い範囲に納まります。（図1-21）（図5-5）（105-492）
古代人の心を常世国へと導いた植物が橘であった、と益田勝美氏は述べています。（255-255）（338-17）
周芳国が常世国の候補になった可能性について、橘の北限であったことも考えられます。
日本的な夢見る愛の源泉が、遥かかなたの国常世への思慕から流れ出ており、それをつなぐものが橘という植物である、という心の営みの歴史が、われわれの国の古代から中世へかけてありました。（255-251）

コウライタチバナの自生地は済州島（韓国）と笠山だけに限られていることから、地上絵（南方朱雀宿図）の存在を暗示するために土師氏がそっと植えておいたのではないか、と想像してみたくなります。
そのように考える理由は、楚国(～BC223)は古代中国の長江中流域の江南にあり、この国で行われていた自然神の祭祀が「社稷の祀り」であったこと、楚国の特産品が橘であったこと、などから橘が土地神を象徴する樹とされた可能性があるからです。（ジャポニカ米は長江流域に由来する／楚と土師氏の結びつき）（88-190）（102-25）（228-348）
その1例として、土師氏が居住した河内の餌香市（藤井寺市国府）の標徴の木（植栽された市にたつ聖樹）が橘（雄略紀十三年三月条）であったことから、土師氏と橘に「トチ（處霊）」が共通することからも、土師氏が橘を神聖な樹と考えていたことを想像させます。（5-76）（105-516）（549-144）
江南（楚国）で開発された種々の技術（土木／測量／冶金／煉丹術／掘削／陶磁など）が土師氏（古墳造営／埴輪製造）と密接に関係することは、福永光司氏の指摘にあります。（51-170）
赤坂憲雄氏は市には聖なる樹木が植えられたとして、海石榴市の椿（奈良県桜井市）、軽の市の斎槻（橿原市大軽町）、餌香市の橘、阿斗の桑市の桑（大阪府八尾市渋川周辺）などを上げています。（5-76）（502-36,38）

図5-5：笠山（萩市）のコウライタチバナ

a：笠山のコウライタチバナ自生地。　b：コウライタチバナの実。　＊自生地は周芳に描かれた南方朱雀宿の軫宿の狭い範囲に収まる。

四神相応の地と評価された可能性について

　地上絵を描く場所として周芳が採用された理由に、左祖右社の原則、「七赤金気」の象意、後天易「兌」の問題、直轄領（県）であったこと、などを述べてきました。
最後に、四神相応の地あるいは常世国と評価された可能性について、検討します。

　左祖右社の原則にしたがった場合でも、陰陽五行思想の原理すなわち陰陽の調和から考えると、多気大神宮（瀧原宮）と伊勢皇大神宮が創建された伊勢国と見合うだけの土地が選ばれたはずで、どこでも良かったとは考えられません。
伊勢国について、アマテラスは『書紀』の中で次のように語っていて、常世、傍国（辺縁にある国）、可怜し國（美しい国）、の３点が重要です。（現代語訳と原文を併記）
垂仁天皇廿五年三月丁亥朔丙申、天照大神を豐耜入姫命から離して、倭姫命に托された。倭姫命は大神を鎮座申し上げるところを探して、菟田の筱幡に行った。更に引返して近江國に入り、美濃をめぐって伊勢國に至った。その時、天照大神は倭姫命に教えていわれるのに、「伊勢國はしきりに浪の打ち寄せる、傍国（中心ではないが）の美しい国である。この国に居りたいと思う」と。そこで大神のことばのままに、その祠を伊勢國に立てられた。そして齋宮を五十鈴川のほとりに立てた。これを磯宮という。天照大神が始めて天より降られたところである。（ルビの一部は著者による付記）(491-1-135)
「是の神風の伊勢国は、常世の浪の重浪の歸する國なり。傍國の可怜し國なり。是の國に居らむと欲ふ」(391-1-270)

　持統天皇の御製と考えられている天武天皇を夢見て詠んだ歌には、伊勢を「潮気のみかおれる国」としています。
この表現に対して高橋徹氏は、天武天皇が伊勢の国にいるのはうらやましい、なぜなら伊勢の国は神仙の住む常世への入口だから、と解釈しています。(331-2-260)(443-137)
　倭建命が能煩野（推定／三重県亀山市田村町）で大和を偲んだ歌が『古事記』にあり、青垣、隠れる、うるはし、と表現し大和が四神相応の地であることを示しています。(192-221)
『古事記』景行天皇　（倭建命）能煩野に到りましし時、国を思ひて歌曰ひたまひしく
倭は　国のまほろば　たたなづく　青垣　山隠れる　倭しうるはし

　舒明天皇が香具山で詠んだ国見の歌には、群山、うまし国、とあります。(331-1-38)(335-133)
大和には　群山あれど　とりよろふ　天の香具山　登り立ち　国見をすれば　国原は　煙立ち立つ　海原は　かまめ立ち立つ　うまし国ぞ　あきづ島　大和の国は

図5-6：香具山の周辺

a：花に囲まれる香具山。　b：香具山山頂から見た耳成山。

a　　　　　　　　　　　　　　　b

　古代、宮都の位置を決定するには必ず相地が行われ亀筮に適う土地が選ばれました。
たとえば、和銅元年(708)戊申二月甲子朔戊寅、平城遷都の詔には「平城の地。四禽図に叶ひ。三山鎮を作し。亀筮並に従ふ」とあります。(10-131)

平安京遷都では、葛野郡宇太村の地は「山河襟帯自然に城を作す」とされ、理想的な土地と評価しています。
(189-2-268)（245-208）（531-32)

　このように伊勢国は常世、傍国（辺縁にある国）、可怜し國（美しい国）とされ、大和は青垣、隠れる、うるはし、群山、うまし国と愛でられ、平城京と平安京についても山河襟帯自然に城を作し、四禽図に叶う四神相応の地であることを語っています。（常世はイツモの意味かも知れないが、トコヨの意味を含んでいるとした）
辺縁にある国であっても常世と思える美しい国（あるいは常世国への入口）と愛でられ、青々とした山に囲まれた土地は四神に守られた二地である、と評価したことになります。
　この視点で地上絵が描かれた周芳の山口盆地を見直すと下記の点が評価でき、四神相応の地と認めていた、あるいは常世国への入口の候補地とも認められていた可能性があります。

1. 青垣、隠れる、群山　　：四方を山に囲まれた盆地である。
2. 傍国（辺縁にある国）　：列島の西端であった。
3. うまし国　　　　　　　：温暖な気候で災害も少ない。
4. 北高南低の地勢　　　　：東北から西南へ傾斜した地勢。
5. 名山名川　　　　　　　：「聖なる神の坐ます山」鳳翻山が聳え椹野川が流れる。(56-36)（443-54)

　　＊椹野川が不死（不尽）の川に通じることは既述した。　　＊前後を失うかも知れないが、鳳凰は蘇り、すなわち不死の象徴であることから、2頭の鳳凰が羽を翻す地上絵が描かれたことも常世の評価に値する。古代中国では天子は山川の神を祭ることで神仙境に行けると信じられ、秦の始皇帝や漢の武帝も盛んに祭った。そのような祭祀を「望祭」といい、そこから後に「円丘」「方沢」の天地の祭が行われるようになり、山と水をワンセットにして場所が決められた。名山と名川が必要なのである。(56-35)

6. 龍穴や岩屋（石窟）　　：立岩稲荷龍穴、伽藍山石窟、秋穂岩屋山岩屋、高嶺太神宮奥宮岩戸社（石窟）
7. 常世　　　　　　　　　：タジマモリの伝承とトキジクノカグノコノミ（コウライタチバナ）の自生。（地上絵が描かれた時点で記紀は未だ撰上されていない）(105-492)

　四神相応の地と評価された可能性のある山口盆地の中でも、土師山（土師八幡のある小丘／仮称）と熊野神社のある権現山の周辺は注目すべき場所です。(図5-7,-8)
土師山については既述しましたので、ここでは権現山の地勢について述べます。（第1章土師八幡の重要性／第4章周芳国の「平野」は何を意味するのか）
　権現山（山口市熊野町）にある熊野神社（熊野権現）の社伝では、後圓融天皇の代（1359〜1393）に大内氏が紀州熊野神社を勧請したとあります。
『防長寺社由来』には、宇野令村の熊野社（神社）は永正十七年(1520)に紀州より大内義興公が高嶺の麓へ勧請した、とあります。(525-3-512)
永正十七年といえば、大内義興が高嶺太神宮（内宮）を勧請した年でした。
大内義興の時代、権現山には足を傷めた白狐が温泉で治した伝説があり、湯田温泉発祥の地の一つともされています。（「金気」白狐が「水気」温泉を見つける／「金生水の法則」の応用で造られた伝説）(514-414)
また、詩人・中原中也が学校をさぼって遊び、息子文也と散歩した縁の山でもあります。（山上のひととき／337-1-373)

図 5-7：熊野神社周辺の設計線

a：熊野神社と土師八幡の設計線。　b：熊野神社、土師八幡、泉香寺山の3者が密接に関係していることを示す設計線。　c：熊野神社を通る方位線。　＊線分（西鳳翻山－多々良山）と参道が重ならないのは方位線に潜在的に含まれる幅（1″で31m）に原因する。
＊地形図上での再現（描点、設計線は必ずしも正確ではない）。　d：高倉山から望む河内山（中央／標高126m）、この山の北側に泉香寺山がある。

表 5-5：多々良山を基点とする距離と方位角

地点	緯度	経度	距離（m）	方位角
多々良山	340419	1313502	0	**0**
姫山	340936	1312827	14067	**3140026**
参道 1	341008	1312749	15452	**3140808**
参道 2	341012	1312743	15648	**3140406**
熊野神社	341013	1312741	15706	**3140110**
西鳳翻山	341239	1312434	22276	**3134824**

＊参道1とは拝殿から県道204号に接する位置を、参道2とは拝殿から二の鳥居までを指す。

表 5-6：河内山を基点とする距離と方位角

地点	緯度	経度	距離（m）	方位角
河内山	340803	1312741	0	**0**
熊野神社	341013	1312741	4006	**0**

＊河内山（仮称／標高126m／山口市黒川河内）

表 5-5、5-6 から読み取れる事実は、以下の通りです。

1. 線分（多々良山－姫山）と線分（多々良山－参道1）のおおよその誤差は0.1％、線分（多々良山－姫山）と線分（多々良山－参道2）は0.07％、線分（多々良山－姫山）と線分（多々良山－熊野神社）は0.01％、線分（多々良山－姫山）と線分（多々良山－西鳳翻山）は0.1％、線分（多々良山－熊野神社）と線分（多々良山－西鳳翻山）は0.2％、いずれも条里制（誤差0.7％）より精度が高く6者は一直線上に存在する。

2. 線分（河内山－熊野神社）は南北軸をなす。

　上記の事実から考えられる事柄は、以下の通りです。
1. 熊野神社の位置は線分（多々良山－西鳳翻山／方位角314°）と河内山を通る南北軸の交点に設計された。
2. 線分（多々良山－西鳳翻山）は314°の方位線で、線分（東鳳翻山－氷上山）の巽乾軸に近似している。
3. 三保里神社（341013、1312915）は熊野神社を通る東西軸と多々良山を基点とする321°の「聖なる軸」に平行した線分の交点に決定され、熊野神社の位置（通称・熊野山）を動かすことはできないことから、熊野神社の位置が基点になったと考えられる。（牓示石が存在した可能性）
4. 土師八幡の一の鳥居は熊野神社を通る東西軸と東鳳翻山を基点とする南北軸の交点に決定され、熊野神社の位置が基点になったと考えられる。
5. 熊野神社の拝殿で計測した方位角は134°で計算値とも近似し、多々良山を向いて設計されたと考えられ、参道（拝殿から参道1まで）は設計線の痕跡と考えられる。
6. 三保里神社の位置を決定する基点になっていることから、熊野神社の位置を決定した時期は、北斗図を描いた時期（681年）にまで遡る可能性がある。
7. 北斗図の中心である多々良山を基点とする巽乾軸に決定されていることも、熊野神社の位置は北斗図を描いた時期に決定された可能性が高い。

図5-8：熊野神社の周辺

a：熊野神社拝殿。　b：熊野神社の森（写真左）から見た障子岳（写真右奥、右手前は山水園）。　c：参道から多々良山方面を望む（姫山山頂、鉄塔の辺りを西鳳翻山を基点とする方位線が通る）。　＊熊野社の神紋は八咫烏。八は「木気」成数、烏は五虫「羽虫」（羽のある動物）で「火気」、「木生火の法則」が成立し、「木気」が「火気」を生む、すなわち「木気」八が「火気」烏を生むことになる。　d：境内には、この付近では珍しい赤土があり「火気」象徴か。　＊「熊」は「火の精」。『漢字源』（375-3-32）（410-305）（412-839）

権現山の周辺は他とは異なる環境が考えられる、と述べました。
その理由は権現山、障子岳、向山で囲まれる場所が、風水で四神相応の地と呼ぶに相応しい条件を備えているからです。(図5-9a、b)
古代（弥生時代）から居住した遺跡が存在し、周辺から弥生式土器が多数出土しています。(山水園遺跡)
山口盆地へ進出した土師氏が、この位置を眼に止めなかったはずがない、と思われる地勢です。(図5-9)

　四神相応の地について、『完全定本地理風水大全』には以下の説明があり、図5-9aから権現山、障子岳、向山で囲まれた場所が典型的な四神相応の地であることが判ります。(64-181)

「四神」というのは、古代中国で東西南北の四方に棲むとされた霊獣である。東方には青龍、南方には朱雀、西方には白虎、北方には玄武を配する。……龍が来る場所は、高さがあり、龍が向く方向の前方は開け、左右に小高い丘や山が中央の平地を囲んでいる。これを有情の場所と呼び、環(わ)のように守られた構造を包起来(ぱおちらい)といい、穴(けつ)を守られた構造があるといい、風水巒頭(ふうすいらんとう)の基本概念となる。

図5-9：風水に適う四神相応の地

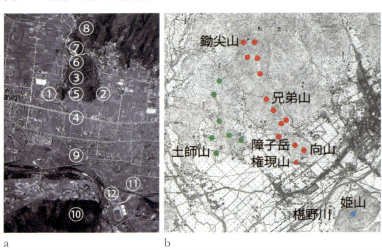

a：昭和22年撮影の空中写真でみる熊野山周辺で画面上が北。丸ツキ数字は下記の風水の言葉に対応する。国土地理院地図・空中写真閲覧サービスより引用加工。　b：赤点で示した13の頂が、中国建築にみる走獣(そうじゅう)のように権現山へ向かい、緑点は土師山へ向かう頂。(453-76)　＊地形図上での再現（描点、設計線は必ずしも正確ではない）。昭和2年発行の国土地理院五万分一地形図初版を引用加工した。　c：鋤尖山(すきとがりやま)から権現山へ向かって龍脈が勢いよく走り、まるで地中を龍が蠢いているようで龍穴の存在を確信させる。(朝田墳墓群からの遠望)(64-181)

c

　龍穴を形成する概念には以下の言葉があり、四神相応の地とはこれらの条件を満たす環境を意味します。(64-188)

1. 龍：山を意味する。山龍、山脈、気脈、龍脈ともいう。龍は人間の繁栄と盛衰をつかさどるとされる。
2. 穴：霊気が結集する地を意味する。子孫を立身出世させるような富貴に恵まれた素晴らしい風水の場とされる。
3. 形：山の形状を意味する。また形勢とは龍の状態を意味する。
4. 勢：山の形が雄壮で、気勢が非凡なことをいう。つまり、形勢とは雄大な山があることで、風水でいう気があることへの条件となり、山龍と水を合せて山川形勢(さんせんけいせい)ともいう。
5. 気：山の形状と起伏に気がある。山の形が直線的で、植林されすぎたせいで大地の気が奪われてしまった場所は死

気あるいは殺気という。また、風水とは気の概念のため、「風水詳解」の項で説明したように、どのように気を認識するかという問題が風水の判断を左右する。

6. 脈：山と山が連なり、起伏や高低差があり、形は脈絡（血の流れる脈管）のように連なった山群をいう。

7. 砂：龍穴を取り囲み、包み込むように龍穴を抱いている山をいう。龍穴の左側の砂を青龍砂、右側を白虎砂という。

8. 水：龍の血脈に該当し、主に財をつかさどる。

9. 龍、穴、砂、水、向（方位）を地理五訣（ちりごけつ）という。

図5-9aの数字に該当する場所を権現山周辺から取り上げると下記になり、龍脈が連なって大地の霊気が吹き上がる龍穴の存在を示唆します。

①白虎砂：権現山（ごんげん）　②青龍砂：向山（むかいやま）　③龍穴：障子岳麓

④朱雀：姫山までの平地。　⑤明堂：山水園の辺り。　⑥玄武：障子岳

⑦過峡（かきょう）：障子岳と兄弟山の鞍部。　⑧祖山（そざん）：兄弟山、東鳳翻山（おとどい）など。　⑨有情水（うじょう）：椹野川（ふしのかわ）

⑩案山（あんざん）：姫山　⑪金帯水：椹野川の上流。　⑫水口：椹野川と仁保川の合流地点。

次に、土師山、権現山、泉香寺山について、風水の視点から纏めると表5-7になります。

権現山（障子岳と向山を含む）の位置は、山口盆地のほぼ中央で要（かなめ）になり、風水にも適う四神相応の地として重視されたと推測されます。

表5-7：土師山、権現山、泉香寺山の地勢

	ショウゲン山	東鳳翻山	西鳳翻山	多々良山	河内山	標高(m)	玄武	白虎砂	青龍砂	有情水	龍脈
土師山	○	○真南	−	−	−	40	△	○	△	△	△
権現山	−	−	○	○	○真北	40	○	○	○	○	○
泉香寺山	○真南	−	−	−	−	63	−	−	−	−	−

＊○は関係が認められるもの、△は地勢が弱いもの、−は該当しないもの。

土師山は東鳳翻山の真南に位置し、多くの設計の基点になっていました。

泉香寺山は、象限の交点として、五形図の中心として重要な位置を占めていました。

権現山の熊野神社も多々良山を基点とする314°の方位線（巽乾軸に近似）と、河内山を基点とする360°の方位線の交点に設計されていました。

権現山、土師山、泉香寺山の3者に共通した点は、下記になります。

1. いずれも小丘（巒頭）（らんとう）である。

2. 権現山、土師山、泉香寺山は、山口盆地に地上絵を描くに当たって、最も初期に位置が決定された拠点であった可能性がある。

『易経』では、龍は春分に天に昇り雲を起こし風を吹かせ雨を降らせる、とあります。

龍は、中国古代神話上の聖獣である。全智全能で、淵に潜んでいるが、春分に天に昇って雲を捲き起こし、風を吹かせ、雨を降らせ、また悪逆者に天罰を下すが、秋分にはまた降って淵に潜むとされた。つまり龍は天帝の化身にほかならないのであろう。そこで、乾卦の健やかな働きを龍の比喩で象徴的に表している。……龍は地上では盛徳の天子、また盛徳で天子たるべき資質を備えた君子に喩えられる。（傍点著者）（6-19）

龍が風を吹かせるのは風も龍も「木気」に配当されるからで、風水は龍水と置き換えることができます。

つまり、風水（龍水）とは「龍（山）と水の良し悪し」を見ることになります。

勢いのある稜線が連なった龍脈（良い気が流れる所）と龍穴（良い気の集まる所）も、本来、その土地の環境（地

勢）の良し悪しを示す言葉に他なりません。

生者の陽宅（住居）もこの風水の理に適う処が吉地と相される。人は天地間に生きるが、その影響をより多く受けるのは大地からで、地は母の徳を持つ。人はこの母なる地の生気を受けて吉。地勢の起伏、すなわち山は竜に見立てられ、その竜から流れ出る水（血液）は生命の源であるから、この地の生気、水を得るのが吉である、という。（568-216）

　周芳が地上絵を描く場所として選ばれた可能性のある理由を纏めると、以下になります。

1. 左祖右社（宗廟・伊勢皇大神宮と社稷・地上絵）の原則にしたがった。
2. 九星「七赤金気」、後天易「兌」の位置に存在した。
3. 東方の伊勢国と西方の周芳国として、陰陽相和の原則にしたがった。
4. 朝廷の直轄領（県）であった。
5. 山沢通気を示唆する龍穴が存在した。
6. 伊勢国と並ぶ四神相応の地と評価された。
7. 常世への入口として評価された。

なぜ、北斗図（北斗七星／南方朱雀宿／鳳凰）を描いたのか
動機と目的を明らかにするための推論の流れ

　なぜ、北斗図を描いたのか、動機と目的は何か、最も難しい問題でした。

北斗図を描いた動機と目的を明らかにするために辿った推論の概略を、再度述べておきます。（105-109）

専門外の資料は手に余るものばかりで、地上絵の謎解きは深い霧の中を彷徨う連続でした。

1. 北斗図と五行「火気」

　北斗図では、北斗七星第7星が南中した姿、つまり「北斗の針」が真南（「火気」方位）を指していたことが重要でした。（105-14）

「北斗の針」が真南を向き、南方朱雀宿の南と朱雀（鳳凰）が「火気」に配当されることから、北斗図は「火気」を意識した呪術ではないか、と考えたのが推論の始まりでした。

2. 北斗七星と天皇

　『史記』「天官書」から、北斗七星と天皇が相即不離の関係であることが判り、北斗図の発案者として天皇を考えました。（279-1-245）

古代、北斗七星を祀るのは天皇の特権で、北斗七星の私祭をたびたび禁止しました。（66-126）

3. 北斗図と宗廟祭祀

　宗廟祭祀の中心は北斗七星と織女星の祀りであることを知り、祭祀として北斗七星が描かれたと考えるようになりました。（570-156）

『五行大義』では、宗廟祭祀を怠ると「水気」が本性を失って（正しい働きができなくなって）洪水が起こり城邑（都）を破壊する、と祭祀の重要性を強調しています。（293-1-70）

祭祀を怠ることで生じる洪水と壬午の年に予想される洪水から、北斗図と宗廟祭祀、「火気」午と洪水の問題を意識するようになりました。

天武十年(681)辛巳五月「皇祖の御魂を祭る」の記事が宗廟祭祀にあたります。（皇祖の呼び名の分析）（105-221）（391-2-446）

4. 周芳国名と南方朱雀宿の分野「周」

　周芳国の国名が南方朱雀宿の分野「周」に由来する可能性があり、周芳国の初出が天武紀であることから、北斗図は天武朝に描かれた可能性を考えました。（故五宮、朝田神社、土師八幡、泉香寺山など分野「周」に入る）（105-39、-109）

5. 鳳凰と聖天子

『緯書』に「孝弟の至、神明に通ずれば、すなわち鳳凰巣くはん」とあり、鳳凰が聖天子の出現を予祝することから、自らを聖天子と見なし得たのは天武天皇ではないかと考えました。(551-27)

占星台を創設したのは聖天子として「天命を保持しようとした証拠」とする指摘があります。(151-282)

6. 飛鳥時代の指北の振れ

飛鳥時代の寺院建築と周防国衙の指北の振れが近似していることから、北斗図は飛鳥時代に描かれた、と推測しました。(118-44)

7. 道教と北斗七星

北斗七星と織女星を祀る星信仰は、道教の信仰です。

道教に傾倒した天皇を示唆する記事として、天武即位前紀の「天文遁甲を能す」があります。(283)(383-67)(391-2-382)

天武天皇は神僊道教の思想・信仰に極めて積極的な関心を持っていた、とする指摘があります。(50-174)

北斗図は、道教に強く傾倒し自からを「火徳」の聖天子と見做した天武天皇の発意による「火気」を意識した呪術ではないか、と考えるようになりました。

8. 時代を動かした災異思想

災異記事は、天智紀、持統紀に比較して天武紀に突出していました。(図2-1)

災異は単なる自然現象ではなく天子の失政に対する天帝の怒りであって、災異の出現に為政者は戦々恐々としたようです。(551-33)

古代日本の思想・信仰に大きな影響を与えた災異思想や讖緯思想、占星術などの背景を意識するようになり、『書紀』に載る災異を分析することで動機と目的を解明しようと考えました。(511-26)

『五行大義』は、五行に依らなければ（五行の考えを分析に用いなければ）災異や瑞祥の原因がわからない、と説きます。(293-1-40)

9. 占星台設置に伴う天文観測の飛躍的増大と天文異変に対する恐怖

天武天皇は初めて占星台を設置し、天文観測は飛躍的に増大しました。(105-111)(424-18)

天文観測は、天文占を通じて天の意志を推し計り、吉凶禍福を占う手段でした。（天文とは恒星や惑星で造られる天の紋様の意味）(89-4)(551-19_)

天文異変に対する恐怖が、北斗図を描く動機の一つであった可能性を考えました。(551-88)

10. 干支に含まれる呪術的問題――壬午の年に予想される洪水

天武天皇の生年を推古三十年(622)壬午とすると、天武十年(681)辛巳に数え年で還暦を、翌年、天武十一年(682)壬午には61歳（数え年）の本厄を迎えます。（第4章／為政者の厄年と事績）(105-112)

壬午の本厄の年、壬（天の水）と午（地の火）の間には「水剋火の法則」が成立して「水気」が「火気」を消し去る、すなわち「水気」洪水が「火徳」天武天皇を消し去る、天皇にとって最大の危機でした。(105-112)(110-40)

11. 不豫と草薙剣の祟り

十一年壬午に向かって災異が増加し、その不安から九年(680)庚辰十一月に、天皇と皇后が病（不豫）に倒れたことが重要でした。(149-1-233)

不豫は祟りによる天皇や貴人の病を意味し、天武天皇には祟られる事績があったのかが問題でした。(149-1-231)

最晩年に「天皇の病は草薙剣の祟り」とあることから祟りの存在に気付き、大友皇子の怨霊を考えました。(105-112)(149-1-233)

しかし、草薙剣と大友皇子を、どのように結び付ければ良いのか判りませんでした。

『史記』魯周公世家第三「子孫が先祖の霊を祭り続けねばならない、子孫の祭祀を受けなければ先祖の霊が祟る」とする思想は、『書紀』崇神紀の大物主神を大田田根子に祀らせた記事にも反映されています。(279-1-360)(391-1-241)

ここで再び、宗廟祭祀と北斗図が結びつく可能性が浮びました。

12. 原始蛇信仰と蛇の古語の存在

「草薙剣の祟り」とは、壬申の乱で無念の死を遂げた「木徳」大友皇子の怨霊による祟りであると考え、天武紀の一面はこの祟りの存在に怯え続けた記録でもあると考えました。(105-113)

草薙剣の「ナギ」は蛇の古語で、草薙とは霊蛇（神聖な蛇）を意味し「木気」に配当されます。(452-1-44)

「木徳」大友皇子の怨霊が「木気」草薙剣に憑依して出現したのが「草薙剣の祟り」と考えました。(105-232)(569-89)

道教の神怪説話集『異苑』に「剣が祟る」とする記載があります。(第2章／和同三年)(50-180)

このように蛇の古語の問題（原始蛇信仰を含む）は、北斗図の謎を解く上で不可欠でした。(105-538)

13.「威霊再生」関係で結ばれる北斗図と五形図

「威霊再生」に関係した聖数には、天地の数（9と8）の和17、「一九年七閏法」（19年間に7回の閏月を入れる）の19と26（19＋7）、天・地・人（三才）の和23、などがあります。(37)

北斗図は壬申の乱(672)から9年で9は陽数の極数、大化改新(645)から36年で36は道教の聖数です。

五形図（第1候補）は壬申の乱から26年で26は「一九年七閏法」の和、北斗図から17年で17は天地の数の和です。

北斗図と五形図（第1候補）が共に壬申の乱と聖数関係で結ばれ、北斗図と五形図が天地の数の関係で結ばれていることから、両者が熟慮を経た国家的事業として描かれたことを確信しました。

以上の推論から北斗図を描いた動機は、以下の3点に絞られます。

1. 打ち続く災異が天の譴告によるものと認識したこと。
2. また、災異は「木徳」大友皇子の怨霊の祟りによるものとも認識したこと。
3. 思想・信仰に忠実であろうとしたこと。

目的は、それぞれの動機に対応した以下の3点です。

1. 宗廟祭祀を怠った天罰として下される壬午の年に予測される大水を回避すること。
2. 大友皇子の怨霊による祟りで衰弱した天武天皇の「火徳」を扶翼すること。
3. 不老不死を実現すること。

動機と目的をさらに追及すると、北斗図の謎は宗廟祭祀と天武天皇の「火徳」に帰結します。

以下、北斗図の北斗七星、南方朱雀宿、鳳凰の地上絵をなぜ描いたのか、についていくつかの考え得る問題点を纏めます。

なぜ、北斗七星を描いたのか
宗廟祭祀

宗廟とは祖先の霊を祀る祭壇のことで、宗廟祭祀とはその祀を意味します。

『五行大義』では宗廟祭祀を怠ると「水気」が本性（働き）を失って洪水が起こり城邑（都）を破壊する、と宗廟祭祀の重要性を強調していました。(293-1-70)

「水気」の本性は流れ下って潤すことで、これを『書経』洪範では潤下とあります。(7-183)

そこで「潤下せず」とは、水が溢れて漂うこと、すなわち洪水を意味します。

『五行大義』の文言から宗廟祭祀の重要性は理解できましたが、北斗七星がなぜ宗廟祭祀に結びつくのか、すぐには判りませんでした。

古代中国の宗廟祭祀の中でも、天子親耕による五穀の供饌と皇后親桑（献蚕）による衣料の奉献が重要視されたことを知りました。(565-307)

祖霊への孝養の証は、陽祀としての天子親耕による五穀の供饌と陰祀としての皇后献蚕による衣料の奉献である。この呪術の一方を担うのが玉箒で、これは養蚕の象徴。

この天子親耕による五穀の供饌が北斗七星の働きに、皇后親桑による衣料の奉献が織女星に関係し、結果、北斗七星と織女星を祀ることが宗廟祭祀に繋がることを知りました。(105-213)

北斗七星と織女星について、吉野裕子氏は下記のように述べています。(傍点著者)(570-156)

北斗七星と織女星の身分は非常に高く、身分の高さは古代にあっては最高の司祭者を意味する。……この二星が主管する「耕」と「織」も二つながら古代中国においては皇帝と皇后による祖廟祭祀の中心をなし、伊勢神宮の祭祀もそれを忠実に踏襲している。

天子親耕と皇后親桑

　天子親耕について『漢書』「文帝伝」には、孟春（春のはじめ）に天子が自づから田を耕し宗廟に供える米を作る、記述があります。

籍田とは、天子が祖廟の祭りに用いる米を作る田のことで、籍田の古字は耤で民力を籍りて天子が親耕する意とあります。(211-1-37、211-486 注1)

粢盛とは、供物として器に盛る黍（黍稷／稷はねばり気のないもの）のこと、とあります。

文帝三年（BC178）春正月丁亥、詔して言った。「そもそも農は天下の大本である。それ籍田を開け。朕親から率先して耕し、宗廟の粢盛に給えよう。

文帝四年（BC177）二月甲寅、詔して「朕は自ら天下の農耕を率い、供え物の穀物を提供し、皇后は自ら桑を摘み、祭服を提供して、国の儀礼に具えよう」と言われた。

　『礼記』「月令」には、籍田の儀礼が細かく規定されています。(457-106)

この月には、天子は吉日たる上辛の日に天帝を祭り、穀物のみのりが豊かであるように祈る。この後また吉日をえらんで、天子みずから車にのり……三公・九卿・諸侯・大夫などの重臣をひきつれて、籍田にやって来て、みずからこれをたがやす祭りをする。この場合、天子はすきを三度打ち込み、三公は五度、卿と諸侯とは九度それぞれすきをふるう。

　一方、皇后親桑とは、皇后が祭壇（先蚕壇）で先蚕氏を祀った後、自ら桑を摘み、その葉を宮中の蚕室で飼われている蚕に与える儀礼です。(405-7)

先蚕壇とは先蚕氏を祀る祭壇で、『大唐開元礼』（典礼書／732年奏上）には三月の儀礼とあります。(176-9)(405-8)

先蚕氏とは、中国古代の伝説上の帝王である黄帝の妃で、養蚕を始めた西陵氏のことです。

『周礼』（周公旦？／周王朝の制度／戦国時代以後）には、天子親耕と皇后親桑の儀礼の在り方として、以下の説明があります。(176-30)(405-10)

二月、詔して、后は女官と諸侯の夫人を率いて北郊で養蚕を孟、祭服を作る。

三月、后妃は斎戒して東に向かい、自ら桑を摘む。

天子は南郊で自づから耕して供え物の穀物を提供し、夫人は北郊で養蚕をし、祭服を提供する。

　『書紀』にもアマテラスが服殿で神衣を織る織女（おおひるめ）の描写があり、衣料の奉献が行われていたことが判ります。(391-1-112)(422-26)(454-14)

伊勢神宮の祭祀も『書紀』の記述を忠実に踏襲しているとする指摘の通り、天皇家では現在も天子親耕と皇后親桑の祭祀を守り続けています。(宮内庁HP)(御告げ文)(298-32)(536-1-93)

天皇は、新嘗祭に用いる糯米マンゲツモチと粳米ニホンマサリを神田に手播きして育てられています。

皇后は、皇居内の紅葉山御養蚕所で純国産種の小石丸、日本原産の野生種・天蚕などを育てられ、その生糸で織られた絹製品は宮中儀式に用いられます。

図 5-10：抜穂祭と神衣奉織

a：神嘗祭に向け、神田に実った御料米の御稲穂を抜き取る祭り。(138-111)　b：神衣奉職、天地の縦糸と横糸をあわせ、神様のお衣装を織る。(138-100)

a　　　　　　　　　　　　　　b

北斗七星の徳

　『史記』（司馬遷／歴史書／漢武帝朝）には、北斗七星は天帝の乗車で天の中央を廻る、とあります。(279-1-245) 前漢時代、すでに北斗七星にはさまざまな徳（性格／働き／品性）が設けられていました。(105-166)(279-1-245)(381)

北斗の七星は、いわゆる『旋璣玉衡の運行を観測して日月五星の運動を正す』と言われている星である。……斗は天帝の乗車で、天の中央をめぐり、四方を統一し、陰陽の区別を立て、四季を分け、五行の活動をなめらかにし、二十四節気を動かす。

　天帝は天上の最高神で動かない北極星の神霊化、あるいは道教の最高神・天帝太一、あるいは『易経』の大極の神霊化です。

図 5-11 のように、乗車・北斗七星の働きがあって初めて、天帝は天業を果すことができました。(105-166)(381)

図 5-11：北斗七星に乗って四方に臨制する天帝 (42-2-28)

　『尚書』洪範九疇（孔子？／古聖王の記録『書経』の別称／戦国時代？）に、天子が行うべき政策で第一は「五行であること」とあるように、五行の運行を乱さないこと、すなわち時計の針を順調に回転させること、それが天子の最大の徳とされました。（第2章末／陰陽五行思想概略／方局と土用）

その徳を保証するのが、天帝の乗車・北斗七星の規則的な動きです。（1時間に15°回転する天の大時計）(7-183)(105-109)(347-74)(561-26)

災異思想が隆盛した古代、天子の政事が悪ければ五行の運行が乱れる、つまり北斗七星の規則的な動きが乱れると信じていました。

五行を乱さないために政治を行う上で不可欠な九つの道徳のことを九疇と呼び、中国古代の聖王で夏の始祖・禹が定めた規範です。(7-183)

北極星を中心に一時間に一五度ずつ動き、一昼夜でその周りを一回転し、一年でその柄杓は十二方位を指す。したがって北斗七星は絶対に止まらない天の大時計として、天官書には、陰陽、つまり夏冬を分け、四季の推移と二十四節気を調整し、五行の円滑な輪廻を促すものとしている。……この北斗の人類に対する最大の貢献は、農耕の基準を示し、民生の安保を保証することにあるとされたから、農事を基本とする生活歴は北斗運行を基につくられていたのである。

　「天官書」に載る北斗七星の働きを箇条書きにすると、以下になります。（＊著者による補足）（279-1-245）
7つの働きは「土気」の本性であり、北斗七星は「土徳」を有すると考えられます。（天の大時計としての働き）
農耕の基準を示す北斗七星は穀神ともされ「北斗明らかなれば五穀種多し」とあり、第6星開陽星の徳は「木気」（農耕に関係）で「開陽明らかなれば、米、大豆、五穀多し」ともあります。（570-44）
豊受大神が北斗七星と習合できたのは、共に五穀の神で「土徳」であったから、といえます。（「火徳」アマテラスが切望した「土徳」豊受大神／「土徳」土師氏の始祖アメノホヒノミコトは「火徳」アマテラスの直系／いずれも「火生土の法則」で成立）

1.　北斗七星は天帝の乗車。（＊トヨウケノオオカミとアマテラスの関係／図5-11）

2.　天の中央を廻る。（＊北極星を中心に回転する）

3.　四方を統一する。（＊東西南北の方位を示す）

4.　陰陽の区別を立てる。（＊剣先が夏至の夜に南中し冬至の夜に北中する）

5.　四季を分ける。（＊春夏秋冬を報せる）

6.　五行の活動を滑らかにする。（＊五気を動かすエンジンとして働く）

7.　二十四節気を動かす。（＊1ヶ月に30°ずつ位置を変えて節季を報せる）

　『和漢三才図会』には、北斗七星の徳について以下の説明があり、常に輝く北斗七星の地上絵を描いて国の繁栄を願った可能性があります。（476-1-84）
北斗の七星がどれも明るければ国は昌んである。明るくなければ国に災いあり。斗の旁に星が多くあつまるようならば国は安泰。……輔星がもし明るく大きくて斗と合うときは、国に兵乱が暴発する。

織女星の徳

　織女星にも、さまざまな徳が設けられていました。
天帝の娘・織女星も尊貴の星とされ、機織りをはじめ婦人の手技を掌る天女、と『星経』（石申著／天文学書／BC4頃）にあります。（503-1-125、-133）（561-168）
織女星（と牽牛星の二星）を祀る七夕は、女性が裁縫や書道などの上達を祈願した中国の乞巧奠（技が巧みになることを乞い奠る）に由来し、在来の棚機の伝説（万葉集）とむすびついた祭祀でした。（110-27）
　織女星の徳を纏めると、以下になります。

1.　織女三星は天妃の東端にあって天女である。（図5-12）

2.　尊貴の星。

3.　瓜果、糸錦を主掌し、女功、すなわち機織りをはじめ夫人の手業を掌る。

　『和漢三才図会』には、織女星が明るければ天下泰平である、とあります。（476-1-161）
天文観測では、星が明るく輝くこと、を重視しました。
織女三星は天の河の北、天紀の東端にある。天女である。果・蓏・糸錦、宝玉を主る。王者が孝行をつくし、神祇がみな喜ぶとき、織女星はどれも明るくて天下泰平である。大星に光芒があれば布帛の価が貴くなる。また、三星ともに明るければ女の仕事は順調に行く。

図 5-12：北斗七星と織女星の祀り

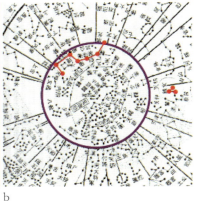

a：冷泉家の乞巧奠（七夕）(110-27)
b：紫微垣（紫円）の内側に北斗七星（赤点7星）が存在し、紫微垣の外側、東方に織女星（赤点3星）が存在する。

a
b

宗廟祭祀の中心は北斗七星と織女星の祀り

　北斗七星と織女星を祀ることは、古代中国の宗廟祭祀の中心でした。（第1章）(561-169)
左祖右社の原則にしたがって、西方の周芳には北斗七星を含む北斗図を描き、東方の伊勢には多気大神宮で織女星の化身・棚機つ女（たなばたつめ／おおひるめ）を祀り、東西の調和を図ったと考えられます。(454-14)

表 5-8：北斗七星と織女星の祭祀

	北斗七星	織女星
宗廟祭祀	天子親耕	皇后親桑　神衣奉織
天文	帝車	天帝の娘
祖霊への孝養	五穀の供饌	衣料の奉献
徳	天帝の輔弼	尊貴の星
	四郷を治める	瓜果　糸綿の類
	農耕の基準	機織

アマテラスの変遷

　北斗七星と織女星を祀ることが古代中国の宗廟祭祀であったとして、皇祖神・アマテラスの立場はどうなっていたのか、どこにいたのか、疑問でした。(105-209)
アマテラスが「誕生」したのは、『続紀』に載る文武二年(698)十二月丁亥朔乙卯(29)、多気大神宮が伊勢に遷された時と一般的に考えられています。
アマテラスが天皇家の祖先神として完成するまでの変遷について、いくつかの重要な指摘があります。（私見では、書紀撰上720年の時点でもアマテラスは明確でなく、文武二年698年では創造されていなかった可能性がある）(273-176)(422-26)
はじめ"太陽そのもの"であり、つぎに"太陽神をまつる女"となり、それから"天皇家の祖先神"にと転々として完成しているのです。……日神→大日霊女貴→アマテラスとよばれている三つのカミの名がそれなのです。日の神とは太陽の霊魂そのもので、一種の自然神です。おおひるめとは太陽神をまつる女、つまり棚機つ女です。……そしてアマテラスおおかみになってはじめて、天皇家の祖先神としての人格が完成します。（ルビ著者）(454-14)

　北斗図を描いた時点でアマテラスは存在せず、神を祀るのは棚機つ女（織女星）であったことが判ります。
この場合の神とは、北極星を神霊化した天帝と考えられます。(105-213)(273)(454)
アマテラスが存在しなかったことが結果として、北斗図の存在をよりいっそう確かにしました。
なぜなら、古代中国の宗廟祭祀は星信仰（北斗七星と織女星）であったことから、太陽神アマテラスでは祭祀自体が破綻してしまうからです。

388

天武二年(673)、大來皇女を伊勢の斎宮（正確には初瀬の斎宮）に送り、同じ年、周芳には国津姫神社が創建されています。(521-503)

北斗図と多気大神宮の調和を考慮すると、国津姫神社は斎宮と同じ意味を持つのではないか、地上絵を描くよりも早い時期から周芳国の位置が重視されていたのではないか、などの疑問が浮びます。

「くにつひめ」は「大地の姫」といえることから、社稷の社すなわち土地の神にあたる可能性があります。(355-11-9)

資料がなく実態は不明ですが、国津姫神社と氷上山、東鳳翻山を結ぶ巽乾軸の設計からその重要性が窺われ、このように想像することが可能です。

　北斗図と多気大神宮の陰陽の調和として、考えられる要素を纏めると表5-9になります。

表5-9：北斗図と多気大神宮の陰陽の調和

	北斗図	多気大神宮
国	周芳	伊勢
方位	西	東
陰陽	陰	陽
九星象意	「七赤金気」	「三碧木気」
	隠退：退いて隠れ見えなくなること	顕現：はっきりと見えるように現わすこと
左祖右社	社稷（土地の神と五穀の神）	祖廟（宗廟）
星信仰	北斗七星（「七赤金気」の七星）	織女星（棚機つ女）（「三碧木気」の三星）
実施（推定）	五月己巳朔丙戌(18)	五月
呪術	「火気」扶翼	「火気」扶翼
同年創祀	国津姫神社(673)	大來皇女斎宮(673)

＊国津姫は「大地の姫」であり社稷の社と考えられる。　＊斎宮は宗廟祭祀。　＊多気大神宮については諸説ある。(98-1-注（三）-三〇)

天武天皇の「火徳」について

　北斗図の謎は、宗廟祭祀と天武天皇の「火徳」に帰結すると指摘しました。

その「火気」について『五行大義』には以下の説明があります。(293-1-61)

火は、太陽の位におり、盛んに燃えて、非常に明るい。そこで、火は、明るく熱いことを体とし、燃え上がることを性とする。……火は、陽物といっても、陰がその中にある。だから、火の体は、内が暗い。

　中村璋八氏は、「火」の本体は蝋燭のように燃え上がる、その形を象った文字と説きます。(293-1-45)

『白虎通』五行篇では、「火の言は化のことで、陽気が働きはじめると、万物が変化する」、と説いている。また許慎の『説文解字』は、「火は燃え上がることであり、その字は炎えて上がるその形を象ったものである」と言う。

　「火気」とは太陽であり、火で熱気であり、燃え上がること、明るいこと、といえます。

『老子』に載る「無為自然を体得した人が発する不思議な力を徳と呼ぶ」を引用して、「火徳」とは「火気」の性質を体得あるいは自然に身につけた人が体の内部から発する不思議な力、人格である、と前作で定義しました。(55-1-97)(105-267)(243-119)

天武天皇の人物像について「生れまししより岐嶷なる姿有り。壮に及りて雄抜しく神武し。天文・遁甲に能し」と『書紀』は記録しています。(391-2-382)

岐嶷（しっかりして立派）、壮（成人）、雄抜（雄々しい）、神武（武芸）などが「火気」に配当される言葉で、天武天皇の「火徳」をよく表しています。

より判り易く表現すると、陽気溌剌として炎が燃え上がるように明るく生命力に溢れた雄々しい人格、になります。

しかし、この人物像とは裏腹に、意外と物事に拘る暗い一面があった可能性があります。
それが離卦（火）で表される性質で、外爻（外に置かれた算木）は「陽▅▅▅」で明るく見えても内爻（内に置かれた算木）は「陰▅ ▅」で暗い、という一面があります。（既述した嘉瓜を含め鐘、鼓など中が空虚な構造は離卦の造型とする）

図5-13の蝋燭の炎をよく見ると『五行大義』に載るように、確かに炎の内側は暗く外側は明るい離卦の構造が判ります。（293-1-183）

図5-13：離卦とロウソク

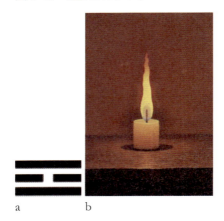

a：離卦（内が陰爻で暗く、外が陽爻で明るい）（573-142）　b：ロウソク（内が暗く、外が明るい）（252-137）

　北斗図の一面は、「木徳」大友皇子の怨霊による祟りで衰えた天武天皇の「火徳」を補う目的があり、それは「火気」扶翼の呪術でした。
なぜ、祟りで「火徳」が衰えたのか、その理由の一つは「火徳」に含まれる内心の暗さにあったと推測されます。
　第2章で既述したように、天武紀には災異が突出して出現していました。（図2-1）
大友皇子を死に追いやって政権を簒奪した天武天皇が、14年間の治世の間、ひたすら怨霊による祟りに怯え続けた様子は数々の災異の出現から容易に想像することができます。（105-248）（551-33）
「天文訓」には、無実の人を殺すと国土は枯野になり、天の怒り（天忌）として虹と彗星が出現する、とありました。（210-1-1135）
この記述の通り、十一年(682)壬午には2例の虹が記録され、明らかに天譴（天のとがめ／天罰）が下されたと考えられます。（5-70）（105-168）（210-1-135）
　なぜ、天武天皇は即位後10年も経ってから宗廟祭祀を行ったのか、なぜ、それまで実施できなかったのか、重要な問題でした。
宗廟祭祀は天子が即位して直ちに行うものと『漢書』「五行志」にあります。（554-80）
遅れた理由は、壬申の乱で武力によって政権を簒奪したのが原因であることは明らかで、天智天皇と死に追いやった大友皇子とを含めて、祖霊として祀ることはできるはずもありません。
田村圓澄氏は「本貫をもたず、またみずからの祖神をもたぬ倭王は……大和・河内に固定した祭祀の場を保持していなかった」と述べています。（460-311）
つまり、倭王は大和、河内の外からやって来た人、と指摘していることになります。（294）（511）
　祭祀の必要性に気付きながらも具体的に実行できず、天武九年(680)、実態のないまま天に向かって「皇祖の御魂を祭る」と宣言しています。（天武紀でアマテラスの記述は2例しかない）（105-209）
実態がないとする理由の第一は、皇祖神アマテラスの誕生は文武二年(698)と認められていることです。
さらに『書紀』に載る40例の「皇祖」の読みを分析した結果から、天武紀の時点では「皇祖」について明確な認識が確定していない、と判断したからです。（40例中22例がスメミオヤ）（105-213）

この大芝居が天に通じるわけもなく、翌十年(681)には天忌（天の不満を表す兆候）である彗星が現れて、いよいよ天の譴責は厳しさを増したことから、急遽、多気大神宮の整備と北斗図を描くことで祭祀を実行しました。

『五行大義』には、君主が祭祀を行わないと大水が発生する、と宗廟祭祀の重要性を強調しています。(293-1-70)

この文言を畏れたのは、洪水が予想された天武十一年(682)壬午の年、壬（天の水）と午（地の火）の間には「水剋火の法則」が成立して「水気」が「火気」を消し去る、すなわち「水気」洪水が「火徳」天武天皇を消し去る、天皇にとって最大の危機だったからです。(105-112)

　この時の祭祀は、北斗図で象徴される道教の星信仰を実現した北斗七星と織女星の祀りでした。

太陽神で皇祖神であるアマテラスはいまだ存在せず、創造されるには文武二年まで17年が必要でした。

文武二年は五形図の第1候補の年で、北斗図を描いた天武十年と17年の聖数関係で結ばれていることは既述した通りで、北斗図と五形図が聖数関係で結ばれた重要な国家的事業であったことを暗示しています。

『五行大義』に火は太陽とあり、太陽は陽の気の集積すなわち太陽神・アマテラスは「火徳」天武天皇が何よりも切望した皇祖神であったはずです。(293-1-70)(563-25)

　前作では、天武天皇の生年を『一代要記』（作者不詳／年代記／後宇多天皇朝）と『皇年代略記』（作者不詳／年代記／後宇多天皇朝）にある推古三十年(622)壬午としました。(105-112)

午は「火気三合」旺（「火気」が壮んなとき）、「火気方局」仲（「火気」正位）で「火気」を代表する十二支で、天武天皇は生れながらにして「火徳」でした。

『星経』には午歳生れの人の属星を破軍星とし、それを象徴するかのように北斗図（北斗七星）は破軍星（第7星）が南中する姿で描かれています。(105-14)(381)

古代中国の政治・軍事の書『六韜三略』（太公望呂尚著？／兵法書／戦国時代までに成立？）には、破軍星の方向に向かって戦いを挑めば必ず負け、破軍星を背にして戦えば必ず勝つ、とされる秘法がありました。(251-160)(369-117)

つまり、破軍星を属星とする天武天皇は向かうところ敵なしと考えられ、その様子を『書紀』では「神武（武芸）し」と記録しています。(391-2-382)

　さらに、記紀の記述から天武天皇の「火徳」を証明する根拠の一部を以下に再掲します。

詳細は、前作をご覧ください。(105-350)

1. 「虎に翼を着けて放す」に暗示される「火徳」──壬申の乱の予兆と仙薬の常用。
2. 「火徳」の皇祖を必要とした天武天皇──聖なる「火徳」の継受。
3. 「諸氏貢女人」の詔──「火気」扶翼の呪術。
4. 北斗図の竣工と天の譴責が下る日──「火気」扶翼の呪術。
5. 大鐘献上──鐘は離（火）卦の具象化。
6. 婦女乗馬──大成の卦「離為火」（離卦を重ねる）の具象化。
7. 重陽の宴──「火気」扶翼の呪術。
8. 草薙剣の熱田神宮奉還──「火気」扶翼の呪術。
9. 朱鳥改元と飛鳥浄御原宮──時間と空間を「火気」で充たす呪術。
10. 天武天皇の崩御日9月9日──蘇りを期待する呪術。
11. 赤布と絳旗は「火気」の正色──漢武帝への傾倒。
12. 「南」の意識と「火気」──生命の燃える方位。
13. 午の撰用と「火気」──重要事績と午の日。
14. 白朮処方──衰弱した「火気」蘇生の呪術。
15. ミヤズヒメの月経とヤマトタケルの犯した禁忌──「火気」衰弱の暗示。

　このように天武天皇は、まるで「火徳」を絵に描いたような陽気溌剌として炎が燃え上がるように明るく生

命力に溢れた雄々しい人物であり、壬申の乱で政権を簒奪し14年間の治世を駆け抜けた権力者でした。

しかし、この人物像とは裏腹に、離卦が暗示する意外と物事に拘る暗い一面が、大友皇子の怨霊に怯え続けた原因の一つでした。（105-194）（551-33）

天武天皇は闘将であった、と谷沢栄一氏は述べています。（574-38）

天武天皇は唐太宗と同じく、長兄を戴かねばならぬ身の不運をじっと噛みしめ、隠忍自重の雌伏に堪えぬき、かねて周到な策謀をめぐらし、必要な手順を着々と積み重ね、時至るや蹶然と身を大博打に投じ、世の掟を踏みにじる勢いに乗って、とうとう皇位に達した。親の譲りを受けて位についた並の君主とは異なる。彼は精力と油気と野心の凝り固まった闘将であり猛獣であった。権力のためにはいかなる手段も辞さない政治的人間の典型である。

　洪範九疇の記述から、天武天皇は武力で政権を簒奪して五行循環を乱してしまい、政権発足の経緯そのものが天心に逆らう行動であった、といえます。（第4章）（7-183）

したがって、天武天皇には簒奪を合理化する大義名分が必要で、それが厩戸王すなわち聖徳太子を偶像化した聖徳神話で「聖なる火徳」の継受を示すことであった、と考えられます。（第3章）（574-40）

厩戸王を「聖」にするため、それにふさわしい装いを付加しなければならなかったが、それが皇太子であり、「摂政」である、と田村圓澄氏は指摘しています。（私見では、天武天皇は聖徳太子の生まれ変わりとして描かれている）（461-146）

漢武帝に傾倒して赤色を好んだとする単純なことではなく、「聖なる火徳」こそが天武天皇の依って立つ根拠であり、「火徳」こそが天武天皇の生涯を決定したといえます。（105-263）

　仮に天武天皇が「火徳」でなければ、僧形のまま吉野山に隠忍自重し壬申の乱そのものも計画せず、大友皇子の怨霊にも、壬午の年に予想される洪水と宗廟祭祀を怠ることで生じる洪水にも怯えることもなく、「火徳」の皇祖神アマテラスを熱望することもなく、生涯を終えたのではないか、と想像します。

天武天皇が吉野へ遁れるときに「虎に翼をつけて放す」と評価された猛々しい姿（火徳／神仙秘薬の常用を暗示）より、吉野への道中を回想して詠ったとされる歌の内容が僧形をよく表しているように感じます。（105-290）

最晩年、朱鳥元年に卜占された「天皇の病は草薙剣の祟り」の文言が重く響きます。（391-2-472）

　以上、北斗図の謎が宗廟祭祀と天武天皇の「火徳」に帰結する、とした根拠です。

み吉野の　耳我の峰に　時なくそ　雪は降りける　間なくそ　雨は零りける　その雪の　時なきが如　その雨の　間なきが如　隈もおちず　思ひつつぞ来し　その山道を（ルビ著者）（331-1-235）

なぜ、南方朱雀宿を描いたのか
天武天皇の「火徳」を扶翼する呪術

　二十八宿の一つ南方朱雀宿の地上絵を描いたのは、北斗七星の地上絵と同じく天武天皇の「火徳」を扶翼する目的でした。

その根拠は『淮南子』「天文訓」にあり、天武天皇の「火徳」を説明するのに十分な内容を持っています。（210-1-139）

南、火、炎帝、朱明、衡、夏、熒惑、朱鳥、微、丙丁などの全てが「火気」に配当されます。

南方は火である。その帝は炎帝、その補佐は朱明、衡をとって夏を治める。その神は熒惑、その獣は朱鳥、その音は微、その日は丙丁である。

二十八宿とは古代の中国天文学の用語で、月の天球上の通り道・白道を 28 に分割して、月の運行を記録するために考案された概念で、月は 1 日ごとに 1 宿を移動します。(第 2 章末／陰陽五行思想概略)(59-41)(279-1-246)(357-31)

28 に分けた理由は、約 28 日かけて月が天球を回り、満ち欠けを繰り返すからです。
宿とは字の通り月が泊る「やど」の意味で、各宿には例えば張、翼、軫などの星座の名前が付けられています。
二十八宿は東西南北の七宿ごとにまとめられ、七宿を繋げた形は 4 つの聖獣の姿で、東方青龍、北方玄武、西方白虎、南方朱雀の四神です。

図 5-14：二十八宿と月と聖獣

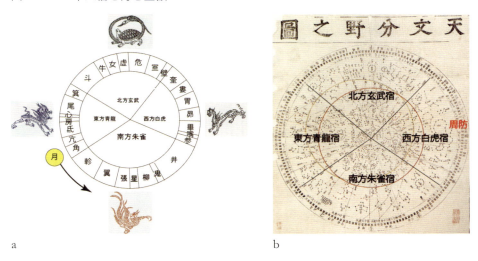

a　　　　　　　　　　　　　　　b

a：二十八宿に月の運行と四神を配した。　b：天文分野之図／江戸期の分野には日本の地名が書かれ、列島の西に位置する周防は西方白虎宿に配置されている（1677 年）。(215-PL8 より引用加工)　＊キトラ古墳星宿図は第 2 章／図 2-23。

　古代日本で最古の天文図は、7 世紀から 8 世紀頃に造られた高松塚古墳やキトラ古墳の壁画があり、中国の天文学体系がこの頃までには伝来していたことが判ります。(22-84)(43-3-88)(105-33)(215)
そこで、北斗図も 7 世紀以後に描かれたのではないか、と予想しました。
　さらに天人相感思想を反映して、月の運行だけではなく二十八宿を移動する惑星を観測して、天文と地理の変化を結び付ける方法が考案されました。
これが分野説と呼ばれる占星術で、中国全土を上記の二十八宿に配当して、配当された星の位置によってそれぞれの国の吉凶を占う技術です。(89-63)
　日本でも分野説が用いられ図 5-14b の江戸期の天文分野之図では、周防（列島の西に位置する／周防は江戸期の表記）が本来の西方白虎宿に配置されています。
この配置は、北斗図の謎を解析する上で非常に重要でした。
つまり北斗図では、周芳に本来の分野とは異なる南方朱雀宿が描かれていることから、北斗図が「火気」南方朱雀宿を意識した呪術性の強い企画であったことを示唆したからです。
『和漢三才図会』の記述を参考にして分野説から考えると、南方朱雀宿の範囲で常に輝く北斗七星の地上絵を描けば国が栄え安泰である、と期待した可能性もあります。(59-45)
天体の運行により、吉凶禍福を占うことである。二十八宿を東西南北に分け、五行を配当し、また、中国の各地域を割り当てて、天上を見ていれば中国全土のことがわかるというはなはだ便利な方法、分野説を編み出した。そして主に惑星がその間を移動することを観測して占いを行う。……天文により、上は国の興廃から下は個人の運命まで諸事を占う術が全盛を極めた。

蘇州天文図と北斗七星

　蘇州天文図は、図5-15a、bのように天球を円であらわし、中央の円（紫）が内規と呼ばれ、その内側が紫微垣で北斗七星もこの中に描かれています。(279-1-246)

図5-15：蘇州天文図と北斗図

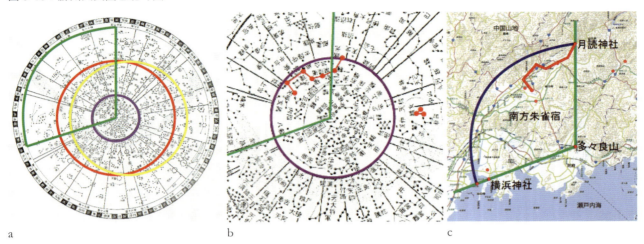

a　　　　　　　　　　　　　　　b　　　　　　　　　　　　　　　c

a：緑色で囲まれた範囲が南方朱雀宿、赤円が赤道、黄円が黄道、紫円が内規で内側を紫微垣と呼ぶ。(279-246)を引用加工した。　b：紫円が内規で内側を紫微垣と呼び、緑線で限られた範囲が南方朱雀宿、北斗七星は内規に沿って左旋し、緑と紫で囲まれた範囲が「大内」と呼ばれる。東方に織女星（赤3点）　c：北斗七星（赤）と南方朱雀宿（緑と紫で囲まれた範囲）、紫円弧が紫微垣に相当する。

　内規（紫）の同心円（赤）が天の赤道、その中心から外れた円（黄）が黄道で太陽の見かけ上の通り道になり、最外側の円が外規と呼ばれ、ここに二十八宿が配分されています。
南方朱雀宿は、緑と紫色の線で囲まれた範囲になります。
北斗七星は北極星に近い位置でほぼ南方朱雀宿の範囲に含まれていて、天帝の住居・紫微垣の周囲を廻る乗車として描かれ、その重要性が強調されています。
北斗図（北斗七星／南方朱雀宿）は、この天文図をそのまま地上に下ろして描いたのではないか、と思えるほどです。

周芳国名の由来は、南方朱雀宿にある分野「周」

　周芳国の周が南方朱雀宿の分野「周」に由来する可能性があります。
その根拠の一つに、南方朱雀宿に含まれる分野「秦」「周」「楚」の各王朝の姓があります。(105-37)
　周の姓は「姫」で、平安時代に行われた『書紀』の講義では、当時は天皇家にも姓があって周王朝と同じ「姫」としていました。(呉国の姓も姫)（易姓革命との関係は前作参照）(186-186)(242-1-339)(279-1-36)(342-27)
分野「秦」「周」「楚」の中から特に周が選ばれた理由には、姓が同じであったことが影響した可能性があり、山口の姫山伝説、国津姫神社などの「姫」との関係も考えられます。
あるいは、分野「周」には星座を代表する広度7°で7つの星で構成された星宿があり、北斗七星の7、九星「七赤金気」の7との関係も考えられ、「火気」成数7が重なることから「火徳」を扶翼する目的があったかも知れません。(朝田神社、泉香寺山は分野「周」の星宿に入いる)（蘇州天文図／279-246）
　秦の姓は「瀛」で、天武天皇の和風諡号・天淳中原瀛真人天皇に含まれる瀛です。(279-1-56)
古代中国で仮想された神仙の住む三神山の一つ瀛州の瀛で、そのあとに続く真人と併せて天武天皇は神僊と考えられていました。
　楚の姓は「熊」で、熊野大社の「熊」との関係が考えられます。(279-1-437)

熊を解字すると「能＋火」になり、「能く燃える脂」を意味する熊は「火の精」でした。（熊は隈の説もある）
（155）（375-3-32）（410-305）（412-839）
このように、分野「秦」「周」「楚」の王朝名とその姓が全て天武天皇（神僊／火徳／姫）との関係を暗示しています。（秦、周、楚の王朝の徳については諸説）

　周芳国の芳は香と同義で「土気」に配当され、「土徳」土師氏の関与を暗示する可能性もあります。
周芳は「芳をめぐらす」とも読め、香りが四方に拡がることを意味し、北斗七星の徳の一つ「四時を治めること」に由来する可能性もあります。
あるいは、北斗七星が南方朱雀宿の周りを回転する設計、すなわち周（めぐり／まわる）が周芳国の由来になった可能性も考えられます。（「めぐる」の意味から周の文字自体も「土気」の可能性が考えられる）

回転する北斗七星と大内の地名

　古代の山口盆地には大内県と呼ばれた朝廷の直轄領があり、大内氏はこの地に居住して、その名を得たとされます。（大内の地名と大内氏は全国に多数存在し、本書で扱っているのは周芳国山口の大内氏に限っている）（145-197）（258-4）（259-480）
大内の意味について「比較的大きい盆地」を指すとする説もあります。（445-131）
本来は天帝が居住する場所の意味で、図 5-15a、b のように『史記』「天官書」に載る蘇州天文図で北斗七星が北極星を中心に回転する紫色の円の内側、すなわち天帝が居住する場所を紫微垣また大内と呼びました。（279-1-246）
紫微垣に倣って地上に都を建設し、天皇の住居を紫宸殿と呼び、大極殿も含めた区域を大内裏と呼びます。
つまり大内裏とは、天帝が居住する紫微垣を地上に再現した区画です。（大内県を紫微垣に擬した可能性もある）

図 5-16：回転する北斗七星と大内

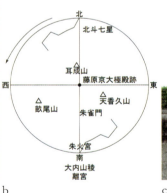

a：回転する北斗七星と大内県の範囲。　＊矢印は北斗七星の回転する方向を示す。
＊緑線で囲まれた範囲が、従来指摘されていた大内県の範囲。　＊赤線で囲まれた範囲が南方朱雀宿で、大内県の範囲である可能性がある。（105-42）　b：回転する北斗七星と大内山陵の位置。　c：天武天皇と持統天皇の陵墓・大内山陵。

a　　　　　　　　　　b　　　　　c

　図 5-15b のように大内裏は北斗七星が北極星を中心に回転する内側を意味することから、大内県の意味と範囲が明らかになりました。
それは北斗七星と南方朱雀宿の地上絵が一体として描かれていた事実から、大内県とは図 5-16a のように北斗七星が南方朱雀宿の範囲で回転する内側の地域を指した、と考えられます。（105-42）
従来、指摘されていた大内県は、椹野川、仁保川、問田川流域の青線で囲んだおおよそ現在の吉敷、矢田、大内、宮野の範囲です。（548-554）（592-62）
しかし、本来の大内県はもっと広い範囲であったと推測されます。（258-4）（259-480）

大内県に関連して、図 5-16b、c のように大内山陵（野口王墓／阿不畿之山陵）と呼ばれる天武天皇の陵墓は、藤原京の大極殿を中心に回転する北斗七星の内側にある山陵として名づけられた可能性があります。（藤原京大極殿真南ではない）（105-316）

天武天皇と持統天皇が大内山陵に合葬されたのは『淮南子』の記述（北斗に雌雄あり）に基づき、子月（北）で左右に分かれた雌雄の北斗七星（天武天皇と持統天皇）が午月（南／大内山陵の位置）で会合（合葬）することに由来すると考えられます。（図 5-36）（105-44、105-296）（210-1-191）（427-50）

このような大内山陵の位置と合葬の問題は、天武天皇が北斗図を発意したと考える根拠の一つになりました。

大内県の地名が残されていた事実も、北斗七星と南方朱雀宿が一体として設計されたことを支持する傍証になります。

あるいは、北斗図（北斗七星と南方朱雀宿）の存在を暗示するために大内の地名を残しておいたのはではないか、と想像してみたくなります。

北斗の神には雌と雄とがある。雌雄とも十一月始めに子におり、月に一辰ずつ移動する。雄神は左行し、雌神は右行して、五月には午に会して刑を謀り、十一月には子に会して徳を謀るのである。（210-1-191）

なぜ、鳳凰を描いたのか
聖天子の出現を予祝し「火徳」天武天皇を扶翼する呪術

　鳳凰は五虫「羽虫」（羽のある動物）で「火気」に配当され、鳳凰図は聖天子の出現を予祝（前祝い）し、「火徳」天武天皇を扶翼する呪術でした。

鳳凰図の体軸に用いられている多々良山－桜木神社－三保里神社－谷山付近の方位線は、泉香寺山と向島龍穴を結ぶ「聖なる軸」に平行した線分（方位角 321°）でした。（105-23）

結果、鳳凰図が描かれた時期を特定するのに問題が生じたことは、既述した通りです。

　鳳凰の出現は聖天子の予兆とされ、『緯書』の多くに鳳凰と聖天子の関係が記述されています。（第 1 章／北斗図と五形図で共通して用いられた「聖なる軸」）（551-26、551-28）

自らを聖天子として意識した可能性のある天皇は、道教を背景とした神僊思想が頂点に達した時代の斉明、天智、天武、持統あたりではないかと考えました。（51-250）（57-136）

天武十二年(683)癸未春正月己丑朔丙午(18)の詔の内容からも、自らを聖天子と見做し得たのは天武天皇を措いて他にないのではないか、と考え北斗図の謎に一歩近づいた感じがしました。

天武天皇の最晩年、朱鳥と改元したことも鳳凰図が描かれた時期を天武朝とするのに役立ちました。

すなわち、鳳凰は朱鳥（赤雀／朱鳥）と同じ再生の象徴で同体とされるからです。（51-79）（53-15）（56-254）

　ちなみに、西北へ向かって飛翔する鳥について、『書紀』には北斗図が描かれたと推測される前年（680）の記事があります。（391-2-444）

『緯書』には「飛ばば則ち群鳥これと征く」と表現しています。（第 1 章／ 321°の方位線「聖なる軸」と鳳凰図の描かれた時期）（552-93）

『書紀』の記録では、臘子鳥が天を蔽う 4 日前に天武天皇が病になり、その 10 日前の月蝕と 14 日前の皇后不豫、など不吉な事件が続きました。（391-2-443）

『緯書』の内容と『書紀』の連続する記事から、天を蔽った臘子鳥が鳳凰とともに東南から西北へ飛び去り、聖天子の出現あるいは再生を予祝した、と読むことができそうです。（アトリは実在するスズメ科の鳥）（105-42）

「飛ばば則ち群鳥これと征く」とあることから、記録にはなくても鳳凰が臘子鳥を随えて飛翔していたと想像できます。

道教の宗教哲学では、鳳凰は万物の生命の充実と蘇りを意味する言葉（鳥）で、天皇と皇后が完全に回復したことを（鳳凰に随って）臘子鳥が天を覆ったことで示した記事、と考えられます。（51-215）

月食（満月）から 14 日後に記録されていて、月が西の空に再生する新月すなわち天皇と皇后の回復を暗示し

ていることにも意味があります。

　山口盆地の西方に並ぶ「聖なる神の坐ます山」東鳳翻山（ほうべんさん）（標高734m）と西鳳翻山（標高742m）の二峰は、いつの時代に命名されたのかは不明ですが、その名の通り「鳳凰が羽を翻（ひるがえ）す」ような山容です。
つまり、鳳翻山の山名を残しておいたのは鳳凰図の存在を暗示するためではなかったのか、と想像してみたくなります。（後述／第2の鳳凰図か）
それは、既述した北斗図（北斗七星／南方朱雀宿）の存在を暗示するために大内の地名を残しておいた、南方朱雀図の存在を暗示するために分野「楚」の軫宿にコウライタチバナを植えておいた、と想像してみたくなるのと同じです。

図5-17：東西の鳳翻山と雌雄の鳳凰図（伊藤若冲画）

a　　　　　　　　　　　　　　　　　　　　　　　b

a：鳳翻山（西左↓、東中↓）とショウゲン山（右↓）。　b：左が雌の凰、右が雄の鳳（伊藤若冲画）。（62-2-93）（386-164、-174）
＊東鳳翻山が雄、西鳳翻山が雌に相当する。

　鳳凰について少し述べておく必要があります。
鳳凰は創造上の神鳥で、『山海経』（せんがいきょう）には以下の記述があります。（128-213）
丹穴の山。……鳥がいる。形が鶏のようで、五色の紋様がある羽をもつ。頭の紋様は徳を表し、翼の紋様は義を表し、背の紋様は礼を表し、胸の紋様は仁を表し、腹の紋様は信を表す。この鳥は飲食のためにあくせくしないし、自分から歌を歌い、自分で舞う。

　『説文解字』には、以下の説明があります。（38-614）
東方君子の国に産し、四海の外を高く飛びまわり、崑崙を過ぎ、砥柱（とちゅう）で水を飲み、羽を弱水（じゃくすい）で濯（すす）ぎ、暮れれば風穴（ふうけつ）に宿る。現れれば天下は安泰である。

　『本草綱目』（禽部／山禽類／鳳凰）では「鳳は南方の朱鳥」とし、『和漢三才図会』では「天にあっては朱雀となる」としていることから、鳳凰と朱鳥、朱雀は同じ鳥と考えられます。（38-615）（166-11-367）（476-41-315）
『荘子』逍遥遊篇には、九万里も舞い上がる、なんとも壮大な鳳凰の姿が描かれています。
北極不毛の地のさらに北に大きな海があるのは、天の池である。……そこにまた鳥がいて、その名は鳳という。背中はまるで泰山のようであり、翼はまるで大空いっぱいに広がった雲のようである。はげしいつむじ風に羽ばたきすると、くるくる螺旋を描いて九万里もの上空に舞い上がり、雲気の層を越え出て青い大空を背負うと、そこで始めて南方を目ざして南の海へと天翔（てんかけ）ろうとするのである。（ルビ著者）（182-1-25）

第5章　地上絵の謎——残された素朴な疑問　397

鳳凰について

1. 霊鳥（四霊／神鳥）で瑞鳥。
2. 出現すれば天下安泰。
3. 聖人の世に出現する。(551-26)
4. 火の精。
5. 蘇りの象徴。(51-215)(391-2-406)

雌雄の鳳凰図

「平野」とは何かを追及する過程で、第2の鳳凰図と推測される図形を偶然に発見しました。（図5-18a、b）陰陽五行思想では陰陽・東西の調和を計ることが最も基本的な思考原理であることから、実のところ1頭だけではなく2頭の鳳凰（図）が描かれているはずだと探していたのです。（図5-18）(56-21)
線分（東鳳翻－山氷上山－国津姫神社）で造られた体軸と線分（日吉神社－船山八幡宮）で造られた翼軸が直交し、既に発見していた鳳凰（図）と併せて比翼鳥が飛翔しているように見えることから、第2の鳳凰図と考えました。

図5-18：2頭（雌雄）

a：地形図上での再現（描点、設計線は必ずしも正確ではない）。　b：比翼鳥と見た場合の2頭の鳳凰図。比翼鳥とすると陰陽相和は「土気」に配当されることから、より強力な「土気」が期待されたと推測される。（鳳凰は土気）　c：大成の卦「地天泰」の造形と見た場合の2頭の鳳凰図。この場合も、やはり陰陽相和して安泰の意になる。(437-156)　＊伊藤若冲の鳳凰図に倣って雄を青、雌を赤とした。（図5-20）　＊判り易くする目的で設計線と離れた形で表現した。　＊鳳凰図はデザイン事務所ガレージによる。図1-21とは鳳凰の向きが異なる。

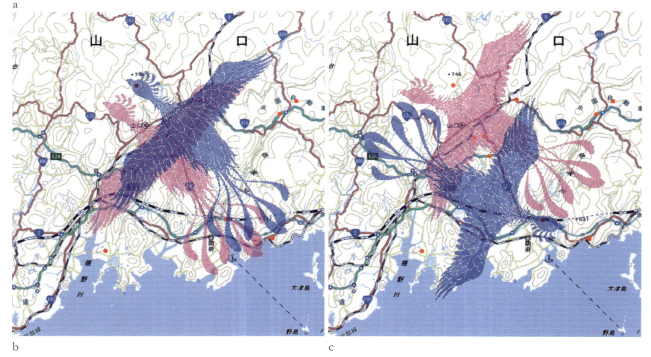

b　　　　　　　　　　　　　　　　　c

398

図5-18bが比翼鳥を表現しているとすると、陰陽相和（和合）は「土気」に配当され「土悔木の法則」を応用した制水呪術にもなり得ます。(218-1-81)

東鳳翻山を背にして南面すると、左側（東方）が雄（鳳）になり右側（西方）が雌（凰）になります。（図5-18c）この形は「軽く澄んだ気は天になり、重く濁った気は大地になった」とする記述を図象化した太極図にも適い、陽である雄（鳳）が上昇し、陰である雌（凰）が下降するように見えます。（鳳を雄、凰を雌と分けるのは俗説とする説もある）（第2章／陰陽五行思想）（図5-18c）(347-69)

大成の卦「地天泰」とすると、鳳凰図が描かれた大内県が永遠に安泰であることを暗示した造形といえるかも知れません。

図5-19：日吉神社（a）と船山八幡宮（b）

a

b

表5-10：日吉神社（平野）を基点とする距離と方位角

地点	緯度	経度	距離（m）	方位角
日吉神社（平野）	340747	1312628	0	0
船山八幡（仁保）	341259	1313247	13661	451444
船山八幡遥拝所	341250	1313242	13376	454216

＊線分（東鳳翻山－氷上山－国津姫神社）の数値は表1：43を参照。　＊線分（東鳳翻山－氷上山）と線分（東鳳翻山－国津姫神社）のおおよその誤差は0.04%で3者は同一線上に存在する。　＊線分（日吉神社－船山八幡）と線分（日吉神社－船山八幡遥拝所）のおおよその誤差は0.4%で3者は同一線上に存在する。　＊線分（東鳳翻山－氷上山－国津姫神社）と線分（平野日吉神社－船山八幡）は直交すると考えてよい。方位角差：1350932 － 451444 ＝ 895448

山口盆地の西に聳える東西の鳳翻山は「鳳凰が羽を翻す」と読むことができることから、2頭の鳳凰図に因んで命名された可能性を考えさせ、地上絵が存在することを暗示しているようです。

鳳凰図以外にも、大日古墳の大日が大日如来を象徴する五形図の存在を暗示していたように、北斗七星の化身・琳聖太子（琳は澄みきった玉を表し北斗七星の玉衡と対応）の伝承、北斗図（北斗七星と南方朱雀宿）で決定された大内の地名、南方朱雀図の分野「楚」の軫宿に自生するコウライタチバナの存在、など地上絵の存在を暗示する痕跡をいくつか認めることができます。

国家的事業に関わった氏族の活躍の痕跡を土師氏も残して置きたかった、と想像します。

表 5-11：多々良山を基点とする距離と方位角

地点	緯度	経度	距離（m）	方位角
多々良山	340419	1313502	0	**0**
桜木神社	340855	1313031	10980	**3204655**
三保里神社	341013	1312915	14073	**3205021**
谷山付近	341220	1312713	19080	**3210010**

＊線分（多々良山－三保里神社）と線分（多々良山－谷山付近）のおおよその誤差は 0.2％、線分（多々良山－三保里神社）と線分（多々良山－桜木神社）のおおよその誤差は 0.06％であり、4 者は同一線上に存在する。

表 5-12：焼火神社を基点とする距離と方位角

地点	緯度	経度	距離（m）	方位角
焼火神社	340205	1312449	0	**0**
関天満宮	341156	1313928	28966	**505848**
深谷平岡神社	341253	1314052	31743	**505653**

＊線分（焼火神社－関天満宮）と線分（焼火神社－深谷平岡神社）のおおよその誤差は 0.03％で 3 者は同一線上に存在する。　＊線分（多々良山－谷山付近）と線分（焼火神社－深谷平岡神社）の方位角の差は 2700317 で、両者は直交する。

鳳凰図の構成要素のまとめ

第 1 の鳳凰図

体軸：多々良山－桜木神社－三保里神社－谷山付近

翼軸：焼火神社－関天満宮－深谷平岡神社

第 2 の鳳凰図

体軸：東鳳翻山－氷上山－国津姫神社（表 1-42）

翼軸：日吉神社－船山八幡（表 5-10）

鳳凰図でなければならなかった理由

　北斗図（北斗七星／南方朱雀宿／鳳凰）が天武天皇の「火徳」を扶翼する呪術として描かれた結果、北斗図のすべてに「火気」が含まれています。

つまり、五気の調和を重視する五行思想では、「火気」南方朱雀宿の中に「金気」白虎や「木気」青龍や「水気」玄武などが描かれることはありえず、南方朱雀宿には南方の守護神・鳳凰（朱雀）を描くことが必然だったのです。（朱雀と鳳凰は同一とする／鳳凰は鳥として「火気」、四神として「土気」に配当される）（道教の宗教哲学では、鳳凰は万物の生命の充実と蘇りを意味する言葉）（図 5-20）（51-215）（386-174）

　北斗図から約 300 年下った平等院鳳凰堂（阿弥陀堂）では、棟に置いた 2 頭の鳳凰（比翼鳥）と両翼廊で陰陽相和を表現した可能性があります。（鳳凰堂を上空から観察すると鳳凰が翼を広げて飛翔する姿になっている／165-132）

鳳凰図でなければならなかった理由

1. 北斗図は天武天皇の「火徳」を扶翼する呪術であった。（衰弱した天皇を蘇らせる／鳳凰は蘇りの象徴）

2. 「火気」南方朱雀宿の中には南方の守護神・鳳凰（朱雀）を描かなければならなかった。

3. 天武天皇の「火徳」を扶翼した呪術として、最晩年に「火気」朱鳥と改元し宮名を「火気」飛鳥とした例があり、北斗図にも「火気」鳳凰（朱雀）が求められた。

図 5-20：平等院

a　　　　　　　　　　　　　　　　b

a：鳳凰堂の屋根の両隅の鳳凰。木型は定朝作と伝えられる。『平等院鳳翔館』より引用合成。(164-2)（165-29）　b：平等院鳳凰堂、両翼が比翼鳥を表現し陰陽相和の造形。(165-18)

なぜ、五形図を描いたのか
大日如来を象徴する五輪塔

　なぜ、五形図を描いたのか、これもまた難しい問題でした。
五形図が何を象徴しているのか、当初は見当すら付きませんでした。
北斗図がすでに描かれていたと推測されることから、五形図を描く場所として周芳国が選ばれることに問題はなかったはずです。(第5章末／北斗図と五形図の総まとめ)
つまり、北斗図と同じように左祖右社の原則に従って、五形図も描かれたと考えました。
　五形図（第1候補）と伊勢皇大神宮の陰陽の調和として考えられる要素を纏めると、表5-13になります。

表5-13：五形図（第1候補）と伊勢皇大神宮の陰陽の調和（一部表5-2と重複）

宗廟祭祀	五形図（第1候補）	伊勢皇大神宮
国	周芳	伊勢
方位	西	東
陰陽	陰	陽
九星象意	「七赤金気」	「三碧木気」
	隠退：静かに退いて隠れること	顕現：はっきりと見えるように現わすこと
左祖右社	社稷（土地の神と五穀の神）	祖廟（宗廟）
信仰	仏教（雑密）	神道
	大日如来（アマテラスと同一視）	アマテラス
実施	文武二年戊戌（推測）	文武二年戊戌十二月丑月丁亥朔乙卯(29)
呪術	「土気」補充	「土気」補充
	「土気三合＝午戌寅」旺（壮んなとき）	「土気三合＝午戌寅」旺（壮んなとき）

＊文武二年は天武十三回忌で追善供養になる。　＊「天照大神」像と高天原の成立について、仏教思想の影響を指摘。(460-122)

　北斗図が主に天文観測をもとに描かれた具象的な地上絵であるのに対して、五形図は五大の表現形である五形を描いた観念的な地上絵です。(177-21)(180-49)
北斗図は、北斗七星と織女星の星信仰による呪術、あるいは「火気」を扶翼する呪術でした。
一方、五形図は、皇祖アマテラスを創造し伊勢皇大神宮を創建した神道と国家鎮護を目的とする仏教の調和を目指した企画、あるいは「土気」を補充する呪術でした。
この場合の仏教とは奈良時代に請求されたと推測される初期密教のことで、後に山岳信仰と習合し修験道として独自の発展を遂げました。(69-15)(340-17)(347-60)(365-1367)

密教の最高仏は大日如来で、代表作の一つが真如苑真澄寺（東京都立川市）に伝わる大日如来坐像です。
図5-21のレントゲン像を見ると、胎内には心月輪（仏の悟の心を満月にたとえた）と水晶製の五輪塔が納められ、さらに胎内の木札が五輪塔を象っていることから、五輪塔は大日如来を象徴していることが判ります。
（63-72）（119-236）（281-34）（305-12）（20-778）（446-29）

大日如来の胎内に納められた小さな五輪塔を初めて見た瞬間、五形図の謎が一気に解けた気がしました。
すなわち、五形図は大日如来を象徴した地上絵である、と直感したのです。（図3-16：五輪塔と大日如来と橋の関係）

図5-21：大日如来のCT画像（446-29）

a　　　　　　　　　　　　　　　b　　　　　　　　　　　　　c

a：大日如来CT像（真如苑真澄寺）。（446-246）　b：大日如来胎蔵五輪塔と心月輪三次元画像（真如苑真澄寺）。　c：大日如来胎蔵五輪塔形木札（真如苑真澄寺）。　＊大日如来の胎内（a）の中心にある木札も五輪塔を象り、五輪塔は大日如来の象徴であることが判る（446-111）　＊密教では五輪塔の形を胎蔵界の大日如来の三昧耶形とする。（139-43）

　五形図がアマテラスと同一視される大日如来を象徴していた事実から、五形図の描かれた時期をアマテラスが誕生した文武二年以降と判断する根拠の一つになりました。
密教では、大日如来の両部マンダラ世界を伊勢神宮にあてはめ、伊勢神宮の外宮を「金剛界」、内宮を「胎蔵界」とした上で、次の記述があります。（119-242）（340-170）
外宮の祭神であるトヨウケ大神を金剛界の大日如来とし、内宮の祭神であるアマテラス大神を胎蔵界の大日如来として、……大日如来に帰一するという理論を推し進めた。

　神仏習合（両部神道）で、大日如来が大日孁貴とも呼ばれたアマテラスと同一視される点が重要です。（両部神道とは外宮を金剛界、内宮を胎蔵界とする）（340-170）（422-150）
なぜなら、大日如来の「大日」とはサンスクリット語で「遍く光を照らす者」の意味をもち、これは太陽神アマテラスと同じ意味になるからです。（180-166）（270-120）（281-13）（340-32）
　東方の伊勢国に伊勢皇大神宮を創建してアマテラスを祭祀し、西方の周芳国に五形図を描いたと推測されます。
北斗図が北斗七星と織女星の星信仰で調和を保っていたように、五形図では太陽神アマテラスと密教の根本仏で遍く光を照らす大日如来で調和を保っています。

北斗七星と北極星、大日如来とアマテラスの調和に関連して、豊受大神宮（外宮）と伊勢皇大神宮（内宮）を対比すると表5-14になります。

その対比は、西の周芳国に描かれた地上絵と東の伊勢国に創建された神宮の関係と相似していて、執拗に同じ原理で繰り返されていることが判ります。

外宮の別名・止由気宮の止由は豊で豊受大神、気は璣璇璣玉衡と呼ばれた北斗七星を表しています。(570-39)

つまり、外宮は北斗七星を神格化したトヨウケノオオカミを祀る宮で、内宮は北極星を神格化した太一を祀る宮になります。(347-75)(536-2-10)

表5-14：外宮と内宮の対比

外宮	内宮
トヨウケ	アマテラス
大日如来（金剛界）	大日如来（胎蔵界）
北斗七星	北極星
車	天帝
動（本性）	静（本体）
西北（亥）	中央

＊金剛界とは表現の世界で五行で説く本性（働き）を意味し、胎蔵界とは内在の世界で五行で説く本体（象）を意味する。(119-242)(第5章／外宮と内宮の設計思想)

　前作では、金成山－面貌山－大日古墳を結ぶ方位線は、土師氏の宗廟を望拝する方位線と指摘しました。(105-52)

この大日古墳の「大日」は大日如来に由来する可能性があり、五形図を描いたと推測される土師氏と大日如来の関係が示唆され、今後の研究課題の一つになりそうです。(第3章／治水と「土気」)

　後代、大内義興が伊勢皇大神宮の分霊を勧請できたのは、周芳国が朝廷の宗廟祭祀の一翼を担ってきたこと、アマテラスと同一視される大日如来を象徴する五形図が描かれていたこと、などの伝承が存在し朝廷の宗廟祭祀にとっても歓迎すべき勧請であったかも知れません。(当時の伊勢皇大神宮の経済的事情は別としても)

　既述した「聖なる軸」が方形図の2辺に用いられた理由として、「土気」方形で「土気」大日如来を象徴した可能性も考えられます。(五形図は全体として大日如来を象徴)

三昧耶形と五輪塔

　五輪塔（五形）が大日如来を象徴していることに関して、密教には三昧耶形と呼ぶ言葉があります。

仏を象徴する物を三昧耶形と呼び、不動明王であれば倶利伽羅剣、聖観音は蓮華、虚空蔵菩薩は如意宝珠になり、特別な持ち物をもたない如来たとえば大日如来の場合は宝塔が三昧耶形になります。

ここでも宝塔すなわち五輪塔は大日如来を象徴しています。(20-506)

仏・菩薩・諸天などの本誓（因位の誓願）を象徴した器杖や印契などを三昧耶形、三摩耶形、略して三形、また波羅密形という。三昧耶形のみを描いて尊形（諸尊のすがた）を代表させた曼荼羅を三昧耶曼荼羅といって四種曼荼羅の一とする。例えば大日如来の宝塔、観音菩薩の蓮華、不動明王の剣などが三昧耶形である。

　密教でいう三昧耶形の三昧耶とは仏と衆生の平等を意味し、仏教辞典には次の説明があります。(20-505)

密教で三昧耶とは、平等、本誓、除障、驚覚などの意とする。即ち、仏と衆生とはその本質からいえば全く等しくて差別がない（平等）、故に仏はすべての衆生をさとらせて仏にしようと誓い（本誓）、衆生は仏の加持力によって煩悩のさわりを除き（除障）、仏は衆生の迷心を驚かし目ざめさせてさとらせる（驚覚）ことをいう。

どのように測量し、設計・施行したのか
方格法の伝来

『方格法の渡来と複合形古墳の出現』は方格法に関する詳細な研究で、方格法が伝来して巨大古墳の設計が可能になったと椚國男氏は指摘しています。(175-3)

複合型古墳は、方格（方眼）を媒体として設計と拡大が必要であった。結果、地上に巨大な複合形相似物をつくることが可能になった。2世紀後半に測地術と共に伝来したと考えられ、この技法と技術が急速に日本に拡がり、古墳時代が成立した。

この方格法が古墳時代初期に日本に伝来した可能性は高く、箸墓古墳（纒向型前方後円墳／奈良県桜井市）の出現と前方後円墳の急速な普及には方格法が不可欠であった、と椚國男氏は述べています。(175-221)

方格法が発明されたのは古く、漢代望都の墓から出土した明器（墳墓の中に埋納するための器物）の石製棋盤や馬王堆三号墓から出土した地図から、前漢時代(BC206～AD8)以前に遡る可能性があります。(175-155)(512-45)

複合形古墳は方格盤か方格布に設計し、それを元に基準単位の長さを100倍、数100倍して地上に拡大相似形化しなければならないからである。……そのむずかしい纒向型前方後円墳が古墳時代の開幕期につくられ全国的に拡がったのであるから奇異な現象であり、方格法の渡来を考えないではいられないのである。

椚国男氏が指摘するように、方格法の渡来が2世紀後半まで遡れば、巨大古墳の設計も可能になります。(175-235)

方格とは方眼の意味で地上に拡大・縮小・相似形化できる利点があります。(175-46)(320-95)

方格法が渡来した記録は残されていませんが、この方法以外に広大な地域を測量し設計することは確かに不可能ではなかったかと考えられます。(238-42)

『巨大古墳－前方後円墳の謎を解く』の中で、図5-22のように森浩一氏も方格法を採用しています。(238)

図5-22：方格法

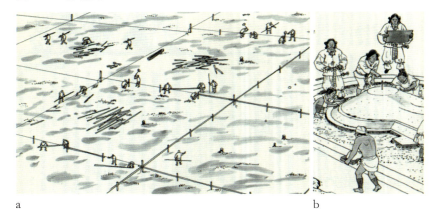

a：方格法による地割測量。(238-45) b：設計図と模型の作成。(238-37) ＊腕組みをした監督（奥左）が土師氏の技官かも知れない。

a b

織田武雄氏も大化改新当時、方格法にしたがって麻布に描かれた条里制の地図が存在し、かなり精度が高かったことを指摘しています。

文中「これらの地図」とは墾田図あるいは開田図と呼ばれる地図です。

大日古墳と地上絵の設計図も麻布であった可能性があります。（茶臼山古墳の案内板には方格法による設計図が描かれている）

これらの地図は麻布に描かれたものが多く、当時施行された条里制の碁盤目の地割にしたがっているので、その描法は方格図法の形態をとり、またその内容は簡略であるが、一定の縮尺をもち、現在の地形図と比較しても、地図の精度はかなり高いことがうかがわれる。(356-214)

中国最古の数学書『黄帝九章算術』

西暦前500年頃に造られた中国最古の数学書『黄帝九章算術』には、一章から九章まで算術の方法が記述されています。(211-1-452)(439-157)(512-23)

古墳時代の到来はこれらの計算技術が無ければ在り得なかったと考えられ、時代が下って北斗図の測量にも用いられた可能性があります。(伝来していたかは不明)(175-221)

「九章算術」

第一章：方円（面積計算と分数）　　　　　第二章：粟米（歩合または比例計算）

第三章：衰分（差分＝比例配分）　　　　　第四章：少広（開平／開立）

第五章：商切（築城、河渠、治水などの土木工事）　第六章：均輸（租税の徴収）

第七章：盈不足（複仮定法）　　　　　　　第八章：方程式（一次連立方程式）

第九章：勾股（直角三角形等）

今勾三尺、股四尺有り、問う弦幾何と為す。答えに曰く五尺なり。勾と股を自乗して併せ、之を方除して開けば即ち弦。

武田通治氏は、第九章で直角三角形（勾股3：4：5）を取り扱っていることから、目盛を刻んだ尺の使用を前提としなければならない、と指摘しています。(439-85)

円と内接、外接する四角形の作図や、直角三角形の作図（上記第九章／ピタゴラスの定理）は、縄と固定する杭があれば簡単に描けたはずです。

方格（板、布、紙などに描かれた）、ものさし、角度定規などは発見されていません。(294)(556)

平城京からは、目盛間隔が3cmの矩が発掘されています。(372-257)

用いられた測量技術

用いられた測量技術について、具体的なことは何もわかりません。

日本古代の測量技術は、600年前後に中国から伝えられたとする説があります。(439-68)

しかし、この説に従うと3世紀半ばの大古墳の建設方法が理解できなくなることから、より早い時期に伝わったはずです。

既述した凌雲寺跡で認められた中尾秋葉社と荒神社の存在は、細部の測量に新たな測点を設定した可能性について考えさせます。

『九章算術』均輸章第25題には、古墳の築造に応用されたのではないか、と推測される出題があります。

いま農耕をわりあてれば、一人で一日に七畝を拓き、一人で一日に三畝を耕し、一人で一日に五畝に種まき土かぶせる。問う、一人に一日拓き、耕し、種まかせると、田をどれだけ治めることができるか。(359-40)

この問題を参考にしたのかは不明ですが、梅原末治氏による仁徳陵築造の見積もりがあります。(238-53)

土地の適否（相地）を行わず、測量も設計も見積もりもなく、いきなり地面に線を引いて造り始めたとは考えられず、当然、綿密な計算のもとに実行されたはずです。(238-37)

盛土の量は、一人が一日に一立方メートルずつ運ぶとすれば百四十万六千人、従って一日に千人使っても四年に近い年月が土の運搬だけにかかる。それをきちっとした形に整え、されに二万六千立方メートルの葺石を運びこみ、二万個を越す円筒埴輪が立てめぐらされる。(379-18)(492)

古代の方位測定法と地上絵

北斗図では、月読神社（北斗七星第7星）と多々良山々頂（北極星）が同一経線上に設計されていました。この経線に相当する南北線をどのように計測したのか、疑問です。

北の方位を知るためには北極星を観測しなければなりませんが、北斗図が描かれたと推測される7世紀末には、現在の北極星はなかったことが明らかになっています。（105-63）

既述したようにこれは歳差現象（地軸の首振り現象）のためで、現在の北極星である小熊座アルファ星は北極から約4°東へ振れています。（図1-61）（511-51）

簡略で正確な南北の方位を決定する方法に、「インディアンサークル」と呼ばれる方法があり、中国でも周代に使用が始まったようです。（511-54）

地上絵でもこの方法が採用された可能性があり、五形図の中心である泉香寺山の頂上に「髀（ひ）」を立てて、南北線を測量している姿が目に見えるようです。（図1-24）

図5-23：インディアンサークル

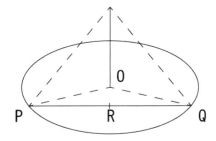

「髀」（長さ8尺約2.5m）を立てて真南北線を引く方法

1. 水平面に垂直棒（髀）を立て、それを中心Oとして任意の円を描く。
2. 日出時と日没時の棒の影と円周との交点をそれぞれP、Qとする。
3. 線分PQの中点RとOを結ぶとORはPQに垂直でしかも正確な南北を指す。

　本法は山が多くて地平線を完全に望みにくい日本の土地においても容易に行える方法である。

北斗図と条里制の精度比較

表1-51で示したように北斗図の測量精度は、条里制（方格地割（ちわり））の誤差が参考になります。（105-62）

北斗図が描かれたのは天武十年辛巳夏五月と推測され、条里制の施行より約20年前になります。

条里制の誤差0.7％と比較しても北斗図の誤差0.1〜0.3％は少なく、精密な測量が行われたと考えられます。

須股孝信氏も条里制に関して、驚嘆する技術、と指摘しています。（表1-51）（208-38）（399-330）

北斗図と飛鳥時代の寺院建築の比較

（第1章／毛利邸祖霊社と立岩稲荷本宮を結ぶ設計線）（399-321）（409-194）

伊能忠敬の測量

測量法で参考になるのは、『大日本沿海輿地全図（だいにほんえんかいよちぜんず）』を完成（文政四年［1821年］）させた伊能忠敬の測量法です。

精確な地図を作製したことから、さぞ特別な測量法を駆使したと考えがちですが、実際は平凡な方法で「忠敬は特別なことはしていない」という証言（徳島藩測量家・岡崎三蔵）があります。（504-136）

「二歩で一間」とした自己の物差しを愚直に守り続けて、4000万歩（35000km）を実測したようです。（113-14）
藩命で伊能測量を観察した徳島藩の岡崎三蔵は、後年「伊能測量は特別なことはしていない」と藩主に報告している。
忠敬はシステム的に誤差を減らす工夫をしながら、単純な測量方法を丁寧に行ったのである。（505）（507-26）

　使われた器材と測量法は下記の通りで、象限儀、渾天儀、方位盤、間縄などは地上絵が描かれた時代にも用いられた可能性があります。（507-26）
観星鏡と呼ばれた望遠鏡は、慶長十八年(1613)に東インド会社から徳川家康に献上されたのが日本で最初とされることから、地上絵を描いた時代に望遠鏡は存在せず何を使ったのか不明です。（目視管の存在）
地図の作成を目的としない地上絵は、基本的には直線の測量だけで描点を求めることができ、方位盤と象限儀とインディアンサークルで用いる牌（伊能測量の場合は梵天）があれば可能であった、と想像します。
1. 距離：間縄と鉄鎖を用いて直接に測る導線法が採用された。

図 5-24：距離の測量

（112-55）

a　　　　　　　　　　b　　　　　　　　　c

a：鉄鎖は、1尺の鏈を60本つなぎ10間とした。　b：間縄は距離を測る60尺の縄で、普通は苧麻（カラムシ）で作り、鯨のヒレで作った縄が最良とされた。　c：量程車は距離測量用の器具で、牽いて歩けば、車輪に連動する歯車で距離を回転数に換算して表示する（未舗装の道路では実用的ではなかった）。

図 5-25：地方測量之図（葛飾北斎画）（112-69）

＊左端に梵天を持って間縄で距離を計測し、右端には大小の象限儀を用いて角度を計測している。

2. 勾配：携帯用の小象限儀で測定した。
割円八線対数表と呼ぶ三角関数のような数表の対数表を用いて平面距離に変換し、川幅、高山の高さを知ることができる。
3. 方角：杖先羅針（彎窠羅鍼）で計測し、本羅針と添え羅針の正副2本の測定結果の平均を使った。
誤差を減らすためには、交会法や横切り測量法が採用された。中国地方では、特に内陸部を縦横に測線が走っている。全国図をまとめるにあたり、中国地方を基準にしたと言われている。富士山などの高山を目標にする方法（山立て）は、地上絵の時代と変わらない。

第5章　地上絵の謎——残された素朴な疑問　　407

図 5-26：方位角の測量

a   b

a：彎窠羅鍼は一脚の先端に設置して計測した。　b：半円方位盤は三脚台に設置し山や島の正確な方位を測定した。（112-56）

4. 経度：垂揺球儀（精度の良い振り子時計／図 5-26a）を用いて、2 地点間の予想された食の時間と観測された時間の差から経度を求めた。

月食・日食や木星の衛星の凌犯（食）現象も執拗に観測したが、不正確であった。クロノメーター（ハリソン 1735 年）の発明で精確な経度が計測できるようになった。

5. 緯度：大象限儀（四分儀／図 5-27b）を用いて太陽や北極星の高度を計測し緯度を求めた。
6. 渾天儀：前漢（BC202〜AD8）より天体の位置を測定するための器具として使用され、江戸時代後期には天体の動きを示す模型として利用された。（図 5-26c）

図 5-27：天体観測

（112-57）

図 5-28：西国海路図（伊能図）（112-32）

＊吉敷郡（左↓）、東鳳翻山か（中↓）、佐波郡（右↓）の名がみえる。　伊能大図第 176 号を引用加工（山口県文書館蔵）（507-126）

第八次測量で伊能測量隊は、文化十年(1813)甲戌十月二十日に萩明木から山口へ移動し、26日まで山口町（宿泊／安部四郎右衛門宅）、小鯖（乗円寺）、宮市、奈美上村、西大津町、伏見村、串鯖河内村、などに宿泊し測量したことが『伊能忠敬測量日記』にあります。（伊能忠敬 e 史料館 WS より引用）（506-203）（507-85）
忠敬も湯田温泉に浸かって旅の疲れをとったはずですが、記録にはありません。

　伊能忠敬の誤差は条里制と変わりなく、改めて地上絵の測量精度に驚きます。

表 5-15：現代の測量精度と伊能忠敬の測量精度の比較

	1″の長さ（m）	1°の長さ（km）	誤差（％）
現代の測量	30.829188	110.96	0
伊能忠敬の測量		111.75	0.71

＊現代の測量は日本経・緯度原点（緯度 353929 ／東京都港区）を基点とする値。　＊伊能忠敬の誤差は日本経・緯度原点での測量値に対するもの。

設計図は残されていないのか

　地上絵の設計図が残されていたのかについては、全くわかりません。
前漢初期の馬王堆三号墓から発見された帛布には方格法による地図が描かれていることから、地上絵の設計図も帛布、棋盤などに描かれた可能性があります。（24-10）（393）
中国の中山王国（戦国時代）の王墓から銅板に刻んだ墓の設計図が出土し、二枚同じものをつくっていた、と指摘する説もあります。（238-37）
中国の西安の碑林には、晋代の裴秀(224〜271)が方格法で作成した中国全図「禹貢地域図」を模してグラファイト（石墨）に刻まれた禹跡図(1137)や唐の興慶宮図（配置図）などが残されています。（30-87）（511-45）
軍事上および行政上の必要から、中国では早くから地図が作られていたが、ほぼ精確なものが作られたのは、劉徽とほぼ時代を同じくする晋の裴秀による。彼の地図は百里を一寸に縮尺し、百里ごとに縦横の線を引いて分割した方眼図であった。『海島算経』の第一問によるとわずか千歩を基線として百里以上の距離にある地点を測量することができた。裴秀のつくった地図は残っていないが、その伝統を受け、一一三七年に刻まれた『禹跡図』と呼ばれる地図が、現在も西安の碑林に保存されている。これをみると中国の地形もよほど正確なものであり、中国の測量技術が早くから高次な発達を遂げていたことを知ることができる。（512-44）

　椚国男氏は、棋盤の祖形は建築・土木用の設計盤ではなかったかと指摘しています。（175-46）
試みに、棋盤の大きさを縦横 1 尺五寸（45.5㎝）の正方形として最大限に使用すると、北斗図の設計は約 5 万分の 1 以下の縮尺（禹跡図は 1/1800000）で行ったと推測されます。（105-68）
纏向型前方後円墳の場合に、タテ・ヨコ設計基準線や方格線の交点をきちんと設計・作図しないかぎり、正確な拡大相似形化がむずかしい。（175-221）

大日古墳の存在意義

地上絵の設計図が存在した可能性に関連して、周芳に大日古墳が存在する意義は重要です。

大日古墳は飛鳥の岩屋山古墳（奈良県高市郡明日香村）と同じ設計図を用いたと推測され、両古墳の規格を比較すると、私見では大日古墳は岩屋山古墳の約76％の縮尺になります。（表5-16）（105-53）（352-71）

大日古墳は7世紀末から8世紀初に造られた終末期古墳の一つで、地上絵を描いたと推測される年代と一致します。（私見では大日古墳の築造年代は673年以降、711年まで）（352-326）

この地域で石棺をそなえた前方後円墳としては稀な例で、その石棺は兵庫県高砂市に産する龍山石で造られています。（93-40）（242-5-6）

大日古墳と岩屋山古墳の関係について、大林達夫氏の重要な指摘があります。

大日古墳の石室は畿内奈良県高市郡明日香村にある岩屋山古墳、同桜井市ムネサカ1号墳の石室を縮小したもので、その規格性は造成した工人が両古墳の設計図でも持っていなければ、不可能なほどである。当時の畿内中心部の古墳が防府平野に出現することは……また設計図の移入なしには不可能であったろうと考えられる。（93-40）

表5-16：玄室の比較（352-71）

	長さ（m）	幅（m）	高さ（m）	平均
大日古墳	3.6	2.2	2.2	−
岩屋山古墳	4.9	2.7	3.0	−
大日／岩屋山×100（％）	74	82	73	76

図5-29：大日古墳と岩屋山古墳

a：大日古墳石室　b：大日古墳羨道　c：岩屋山古墳石室　d：岩屋山古墳羨道　＊岩屋山古墳の石室は非常に緻密に加工された石が内側に傾斜して積み上げられ、岩屋山式と呼ばれる特徴を示す。　＊図5-29aの白線で示したように大日古墳の石室も内側に傾斜している。＊両古墳ともに羨道入口には楣石（羨道の天井を支える石）を載せている。（420-185）

既述したように、面貌山は「貌（宗廟）へ面する（望む）」と読むことが可能で、毛利時代の石祠（秋葉様）が大日古墳を向いていることから、毛利氏（毛受腹・土師氏が改氏姓した大江氏）は大日古墳を土師氏の宗廟と考えていた傍証になります。（おそらく土師娑婆連猪手の墳墓）（105-65）

宗廟とは神主と呼ばれる位牌を安置して祖先を祭る「おたまや（みたまや）」のこと、と金子修一氏は指摘しています。（大日古墳の石棺の奥に安置してある石像が何を表しているかは不明）（176-41）

線分（金成山－面貌山）と線分（金成山－大日古墳）のおおよその誤差は 0.1％で条里制の誤差より精度が高く、同一線上に存在すると判断できます。（大日古墳は金成山と面貌山を結ぶ延長線と天御中主神社と古四宮を結ぶ巽乾軸の交点に設計された）

巽乾軸の思想と設計

　地上絵と同時代の大和、伊勢、周芳に残された巽乾軸の設計を示して、地上絵の設計図が存在した可能性をさらに補強しておきたいと考えます。

そのように考える理由は、調査地点の経・緯度から算出された値から精確な測量が行われたことが明らかになり、その前提として設計図が作成されたと推測されるからです。

経・緯度から算出された数値にこだわる理由は、伝来した数学書『黄帝九章算術』がすでに応用されていたと想像されるからです。（五行大義／物事は数によって成りたつ）（293-1-37）（439-157）（511-187）（512-33）

古代は呪術的な世界であると同時に数学的、科学的な世界でもありました。（天文観測、地割、巨大古墳、都市設計、実生活で必要不可欠）（40-66）（201）（210）（211）（279）（293-1-37）（294）（551-149）（556）

　「地」を象徴する方位・東南とは後天易で「巽」（地門）のことをいい、九星では「四緑木気」になります。対して、「天」を象徴する方位は西北で「乾」（天門）になり九星では「六白金気」になります。（図 1-56）

この「巽」と「乾」を結ぶ方位線（315°）を巽乾軸と呼びます。

「六白金気」と「四緑木気」の方位、象意などを纏めると表 5-17 になります。

表 5-17：「六白金気」と「四緑木気」（470）（300）

要素	「六白金気」	「四緑木気」
方位	西北	東南
象意	車　大始	到達
陰陽	陰	陽
後天易	乾	巽
十二支	戌亥	辰巳
色彩	白	緑
五気	金気	木気
身体	心臓	股
家族	父	長女

＊象意が表中の要素すべてを意味する場合もある。

　『易経』「説卦伝」には、巽乾軸の「巽」について次の説明があり、「巽」とは「躁」で示される不安定な状態で、乾（天門）」は活動的で充実した状態です。（第 1 章／東鳳翻山と氷上山）（437-2-304、437-2-320）

巽乾軸が重要視された理由は、この「地門」から「天門」へ移動することが宇宙の真理「道」と一体となり永生を得ることに繋がる、と考えられたからです。（89-18）

巽は木であり、風であり、長女であり、木の曲がりを正すという意味では縄直（墨縄と正しくあてること）、……窮極的にはすべて躁を意味する卦である。（傍点著者）

図 5-30：巽乾軸と主な設計例

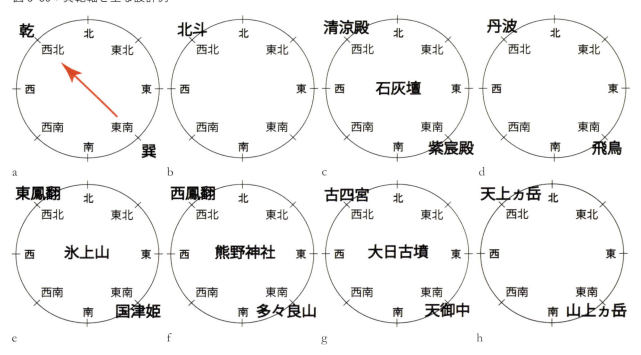

a：巽乾軸。　b：北斗七星の祀り（北斗七星は西北に祀る）。　c：石灰壇にみる巽乾軸の設計。　d：飛鳥と丹波を結ぶ巽乾軸。　e：国津姫神社と東鳳翻山を結ぶ巽乾軸。　f：多々良山と西鳳翻山。　g：天御中主神社と古四宮を結ぶ巽乾軸。　h：山上ヶ岳と天上ヶ岳を結ぶ巽乾軸（観念的）。

　太一（北極星の神霊化）は、天帝の車（帝車＝北斗七星）に乗って宇宙を一巡し、五行を循環させて統治すると考えられていました。（第1章／方位角135°の巽乾軸の意味）（第2章末／陰陽五行思想概略）（347-75）（564-39）
この循環を九星図に当てはめると、太一は「一白水気（いっぱくすいき）」を出発して年ごとに数字の順に「二黒土気（じこくどき）」「三碧木気（さんぺきもっき）」「四緑木気（しろくもっき）」と廻り「九紫火気（きゅうしかき）」で終わって「一白水気」に戻ることになります。（図1-56）（300-1-308）（559-230）
その運行順序を示した序数が九星に配当された数字です。
この順序で唯一、枠を横切らずに進むのが「四緑木気」「五黄土気」「六白金気」で構成される巽乾軸（赤矢印）で、この進路だけが宇宙の本体を表す数字15（4＋5＋6）を得ることができます。（第2章末／陰陽五行思想概略）
「巽」の不安定な状態から「乾」の充実した状態へ進むことも、重要視された理由かも知れません。（437-2-302）
　前作では、図5-30dで示した周芳と大和に残された巽乾軸の設計を明らかにしました。
飛鳥と周芳には巽乾軸の設計が共に存在することから、同じ設計思想が存在したことや設計図が残されていたことなどが示唆されます。（105-55）
明らかになった巽乾軸の設計には現実的な設計6例と観念的な設計1例がありました。（105-55）
　図5-30dの巽乾軸（飛鳥浄御原宮跡－丹波氷上・内尾神社）は、周芳の氷上山と氷上夫人の「氷上」を考える上で役立ち、三者に共通する「氷上」、これは巽乾軸上の乾の象意「冰」に由来すると考えられます。
氷上の氷が「冰」に由来するように、丹波の丹と後述する塵壺が赤く塗られているのは「説卦伝」に載る「乾」の象意・大赤に由来する可能性があります。（丹波は丹生地名と鉱床のあわない不思議な地域／慶雲四年）（100-93）（105-39,-494）
なぜなら、古代で「大赤」すなわち「真っ赤（まっか）」といえば、それは「丹」を指したからです。

412

『易経』下「説卦伝」 乾に天であり、その属性からすれば円であり、人間として言えば君であり父であり、純剛の物と言う点では玉であり金であり、西北寒冷の方角に配される卦だから寒であり氷であり、純陽の色と言う点では大赤（まっか）であり、……生気の充実した姿という点では木の果である。（傍点著者）

　図5-30hは、役行者に関係した巽乾軸です。(437-2-302)

この軸上に重要な施設を設計すること、軸上を役行者が天上ヶ岳へ移動し入寂した伝承が存在すること、など巽乾軸が重要視されていたことが判ります。(39-145)

これらの経・緯度から求められた方位角（2点間を結ぶ）はいずれも315°（135°）になり、精確な測量に基づいて設計されたと考えられます。(表5-18、5-19、5-20)

表5-18：伝・飛鳥浄御原宮跡－内尾神社を結ぶ巽乾軸

名称	緯度	経度	距離（m）	方位角
飛鳥浄御原宮跡	342823	1354915	0	**0**
氷上・内尾神社	351006	1345812	109582	**3145850**

表5-19：興法寺（生駒山）－天上ヶ岳（箕面山）を結ぶ巽乾軸

名称	緯度	経度	距離（m）	方位角
興法寺（生駒岳）	344108	1354014	0	**0**
天上ヶ岳（箕面山）	345147	1352806	27026	**3164938**

＊伝承に基づいて算出した値。

表5-20：天御中主神社を基点とする距離と方位角

地点	緯度	経度	距離（m）	方位角
古四宮	340948	1312618	0	**0**
大日古墳	340421	1313252	14264	**1345431**
天御中主神社	340307	1313425	17563	**1344016**

　飛鳥と周芳で最初に発見した巽乾軸の設計は、線分（飛鳥浄御原宮－丹波国氷上郡－内尾神社）と線分（東鳳翻山－氷上山－国津姫神社）でした。(図5-31、-32、-33)

表5-19のように線分（飛鳥浄御原宮－丹波国氷上郡－内尾神社）の方位角は3145850、表1-42のように線分（東鳳翻山－氷上山－国津姫神社）の方位角は1350714で、両者共に明らかに巽乾軸（315°あるいは135°）の設計です。

　龍穴を基点とする設計線と巽乾軸の設計が飛鳥と周芳に共通して存在する事実から、これらを土師氏が設計した可能性があります。

その可能性を示唆する他の遺構として、既述した飛鳥の岩屋山古墳と周芳の大日古墳があります。

大日古墳は岩屋山古墳と同じ設計図がなければ築造できなかったと考えられています。

岩屋山古墳を造営した土師氏が設計図を持って周芳へ派遣され大日古墳を築造し、龍穴を基点とする「聖なる軸」を描いた、と想像できます。(表5-16)(93-40)(105-53)

図 5-31：周芳と飛鳥の巽乾軸の設計

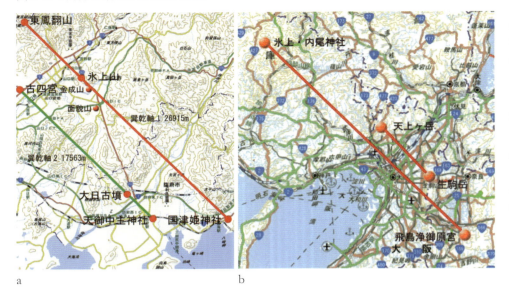

a：周芳国の巽乾軸（国津姫神社－氷上山－東鳳翻山、天御中主神社－大日古墳－古四宮）と「宗廟への方位線（金成山－面貌山－大日古墳）」。＊煩雑さを防ぐため、多々良山－熊野神社－西鳳翻山を結ぶ巽乾軸は後述。(105-58)　b：飛鳥の2本の巽乾軸（飛鳥浄御原宮－内尾神社、興法寺－天上ヶ岳）。＊地形図上での再現（描点、設計線は必ずしも正確ではない）。(105-234)

図 5-32：内尾神社へ向かう巽乾軸の基点

a：伝・飛鳥浄御原宮跡と終点　b：内尾神社拝殿

　上記以外にも、巽乾軸上の設計が周芳に存在します。

佐波荒神－高倉山盤座　　　：図 1-59　表 1-45
泉香寺山－朝田神社　　　　：図 1-41　表 1-29
土師八幡－赤田神社　　　　：図 1-47　表 1-33
大崎玉祖神社－堂山　　　　：図 4-51　表 4-18

図 5-33：東鳳翻山を起点とする巽乾軸

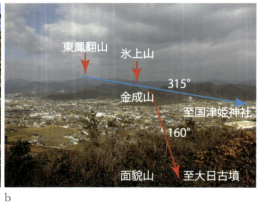

a：国津姫神社　b：東鳳翻山から国津姫神社へ祠から巽乾軸

414

北極星と北斗七星の関係を具象化した設計

　天皇（天帝は北極星の神格化）と北斗七星（帝車）の関係を示す例として、袞衣の文様（袞冕十二章）があります。（図5-35）（127-261）（419-1-380）

図5-34：馬王堆の帛画（329版七二）（393）

a　　　　　　　　　　　　　　　　b

a：向かって右画面（帛画の左）に太陽と太陽の精・踆（踆烏、三足烏）と北斗七星、左画面に月と月の精・蟾蜍（三足蛙）が描かれる。　b：原画をもとに線描した画像で判りやすい。（416-5）

図5-35：孝明天皇の袞衣（561-162）

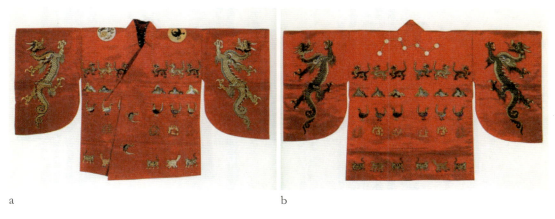

a　　　　　　　　　　　　　　　　b

a：前面の左肩に三足烏、右肩に蟾蜍を刺繡する。　b：背面に北斗七星を描く。

　袞冕は中国の天子の礼服の意味で、袞は赤色地の太袖の衣と裳、冕は冠、十二章とは十二の文様（書経／益稷篇）の意味です。（7-62）（358-14）
　『続紀』天平四年正月乙巳朔の条に「大極殿ニ御シテ朝ヲ受ク。天皇始メテ冕服ヲ服ス」とあるのが、日本での初見です。（98-14-80）
孝明天皇の袞衣では前面（図5-35a）左肩に日と踆（踆烏、三足烏）、右肩に月と蟾蜍（三足蛙）が描かれ、これは前漢の馬王堆の帛画と同じ構図で、背面（図5-35b）上方中央に北斗七星、身の前後に竜、山、雉子（華蟲子）、火炎、虎狼、袖に巻竜などの吉祥文様からなります。（105-33）（358-105）（393）（561-162）
2000年以上隔てているにもかかわらず、同じ思想を背景として造られたことに驚きます。（図5-34、5-35）
北斗七星を背面中央（図5-35b）に負う天皇の袞衣から、北斗七星は天皇の政治を扶ける立場にあることが判ります。（561-169）

あるいは、破軍星を背にして戦えば必ず勝つ、とされる秘法を具象化した文様かも知れません。(251-160)
石野浩司氏も、みずから天皇大帝（太一）に登極する天皇礼服が、その背に北斗七星を負っているのは教学的に興味深い、としています。(127-264)

　北極星を中心に回転する北斗七星の動きを具象化した設計と観念的な事績を纏めておきます。
1. 周芳国「大内」の地名：回転する北斗七星の内側の領域で南方朱雀宿の範囲を指す。(図5-15c)(105-42)
2. 大内山陵での合葬：天武天皇を北斗七星の陽神・イザナギ、持統天皇を陰神・イザナミに擬えて、雌雄の北斗七星が午月で会合することを具象化した。(図5-36)(105-44)

図5-36：雌雄の北斗七星の動き

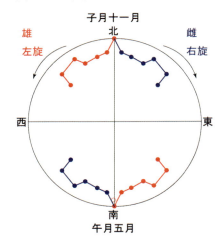

雄は左旋し雌は右旋して午月五月に会合する。(210-1-191)

3. 吉野の盟約：午月で会合して「刑をはかる」雌雄の北斗七星の動きを具象化した儀式で、五月午月の吉野で叛意のないことを確認した。(105-296)(210-1-191)(427-50)
4. 紫宸殿と清涼殿の位置：紫宸殿の玉座を北極星と見做して構造化し、清涼殿の位置は乾卦を具象化した。(105-411)
5. 無端事：無端事とは「端が無いこと」で無窮を指さす北斗七星の動きを意味し、六皇子の去就と吉野の盟約を再確認した。(105-467)
6. 北極星を象徴する内宮と北斗七星を象徴する外宮の位置。(第4章／外宮と内宮の設計思想)(105-244)

石灰壇と北斗七星の祀りにみる設計思想

　京都御所の紫宸殿の西北には、清涼殿があります。（清涼殿から見ると紫宸殿は東南に位置する）清涼殿は天皇の御殿で、そこには石灰壇と呼ばれる場所があり、毎朝ここで天皇は伊勢神宮、賢処などを遥拝する、と『京都御所』にあります。(47-36)(127-7)(272-31)(298-59)

図 5-37：清涼殿と石灰壇、紫宸殿

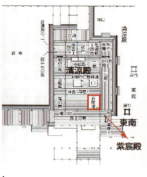

a：清涼殿の東南隅に漆喰で固めたところが石灰壇、赤く塗られた所が塵壺で石灰壇の東南隅に設置されている。　b：清涼殿の東南隅に石灰壇（赤線で囲まれた部分）、その東南隅に塵壺、その東南に紫宸殿が配置されている。

a　　　　b

　石灰壇での天皇祭祀「毎朝御拝」は、『宇多天皇御記』仁和四年(888)十月十九日条をもって創祀記事とする、とあって平安時代にはすでに始まっていたことが判ります。(127-2)

　また、石灰壇での遥拝は「たつみにむかひて」とあり、東南に向かって（巽／辰巳／紫宸殿に向かって）行うものと規定されていたようです。（日中行事）(127-7)

　石灰壇は、床と同じ高さに土を築き上げ漆喰で塗り固めた「建物の中の地面」とされ、清涼殿の「地」を象徴する方位の東南すなわち「巽」に築かれています。（天照大神の宝鏡と床を同じくする）(272-71)(536-1-114)

　石灰壇の東南隅には塵壺あるいは地炉と呼ばれる丸い穴が設けてあり、冬には火を入れて炉としても使ったとされ、暖房用の施設であったそうです。(272-31)

本当に、暖房用の施設だったのでしょうか、疑問があります。（暖房用であれば御座の近くに設置するはず）

炉と竈は同じ意味であることから、地炉とは竈神を象徴する可能性もあります。

清涼殿の東南隅に石灰壇を築いて、その東南隅に塵壺を築き、その東南隅には紫宸殿が存在する、天皇は巽すなわち東南に向かって遥拝する、このように東南の方位が執拗に繰り返され強い呪術性が示唆されます。

古代人は、同じことを拡大縮小して繰り返すのを好み、これは呪術や信仰の形でもありました。(131-27)(320-7)(355-17-94)(420-183)

　北斗七星と北極星、清涼殿と紫宸殿、石灰壇と塵壺がそれぞれ西北と中央（東南）の関係で対応し、東南と西北を結ぶ巽乾軸上の設計が繰り返されています。（図参1-17）（図5-37）

　北斗七星を西北に置く根拠は、巽乾軸の「乾」を九星に当てはめると「六白金気」（西北）になり、その象意に「車」すなわち天帝の車・北斗七星が含まれることにあります。（図参1-17）(570-43)

この原則を反映した例として、京都の西北には車折神社（京都市右京区嵯峨）、別称「車の前の宮」と呼ばれる北斗七星を祀る社があり、「前」とは祭神・清原頼業（天武天皇の皇子舎人親王の後裔で明経博士）の墳墓の前で車が止まったことに由来します。(1-100)(564-248)

北斗七星を祀る社が都の西北にあり、その名に「車」が付くのは、明らかに東南と西北を結ぶ思想を反映した設計です。

　天帝は天車・北斗七星に乗って四方に臨制するように、天皇の場合は石灰壇に上がって「毎朝御拝」を行うことから、石灰壇の設計思想には北斗七星の働きと巽乾軸の思想が含まれていると考えられます。

石野浩司氏は、石灰壇の上で行われる「毎朝御拝」に「北斗」拝礼が残留している、と指摘しています。

宇多天皇の創められた「毎朝御拝」は、嵯峨天皇朝の弘仁年間に成立したとみられる「元旦四方拝」の一種の翻案であ

り、影響力を遡及すれば桓武天皇朝の「郊祀」も視野に入る。そうした先行する唐風祭祀を改編して、神宮・内侍所など本朝神祇に軸足を移す企図こそが「毎朝御拝」であった……ところが、その石灰壇「毎朝御拝」において、例外的に「北斗」拝礼の残留されている点が疑問であった。

　上記の文中、郊祀（壇）とは天子が都の郊外で天地を祀った祭壇のことを指し、わが国の正史での初出は桓武延暦六年（787）丁卯になります。（既述／桓武天皇について）（127-239）（211-1-264）（279-1-277）
「四方拝」は雨乞いの儀式で、福永光司氏は以下のように述べています。（内裏儀式／建武年中行事）（50-55）（141-69）（268-227）（298-65）
「四方拝」が文献で初見されるのは五、六世紀、中国江南で編集された道教神学教典の『真誥』が最古です。……わが国で「四方拝」を最初に行ったのは皇極天皇です。皇極天皇が即位元年八月一日に「南淵の江上に幸して、跪きて、四方を拝し、天を仰いで雨を祈い……」『日本書紀』皇極紀とあります。つまり大和の飛鳥川上流に行って、四方拝をして雨乞いの儀式を行ったことが書かれています。

　もともと星信仰であった「四方拝」が水と関係するようになった経緯について、福永光司氏は以下のように指摘しています。
この記述から、北辰（北極星）への礼拝を石灰壇上の礼拝に当てはめると、「巽」の方位にある紫宸殿と伊勢皇大神宮は地上の北極星に相当し、石灰壇上の天皇は帝車・北斗七星に乗った天帝の立場になります。（図5-11）（50-56）
「四方拝」はまず北辰の星（北極星）を拝み、次いで東西南北の四方の星を拝む星信仰です。星信仰はもともと、中国北方の「天」の思想だったのですが、いつの間にか、この世の水を管理しているのは星ということになり、星祭りが雨乞いの儀式となっていきました。

　星が水を生むとする考えは、星は「金気」に配当されることから「金気」星と「水気」水の間に「金生水の法則」が成立し「金気」が「水気」を生む、すなわち「金気」星が「水気」水を生むことに基づきます。
このことから星信仰と水田稲作とが一つに結合していきます。こうなったのは中国で讖緯思想文献が多く造られた１世紀のころからと考えられ、この列島に伝わった「四方拝」には、最初から雨が降って稲が良く育ち、人々が幸せになれるようにとの祈願が込められています。（50-56）

　上記の文中、讖緯思想とは前漢（BC206～AD8）末ごろから出現した思想で、天文が未来に起こる予兆・予告であると考える思想です。（第2章／大宝元年）（551-35）
　星信仰（北斗信仰）と水田稲作が結合した思想が「四方拝」として日本に伝来した結果、「四方拝」は稲作に不可欠な雨乞いの儀式となり、朝廷では「毎朝御拝」に変化したと考えられています。（141-69）
つまり、「毎朝御拝」には北斗拝礼（農耕神／穀物神）が残されていて、石灰壇での祭祀は北斗七星の祭祀とも考えられます。
紫宸殿の西北に築いた石灰壇で北斗七星の祭祀を行う、明らかに巽乾軸を重視する設計です。（北斗七星は西北に祀る）

　五行の視点から石灰壇と塵壺を解析すると「石灰」「塵」ともに「土気」になり、「建物の中の地面」と喩えられている点も「土気」であることを示唆し、石灰壇とは「土気」を意識した呪術あるいは信仰上の構造と考えられます。（272-71）（558-147）
つまり、塵壺も暖房用の設備ではなく「土気」である「塵」と名付けることに意味を与えたのでしょう。
「塵」が「土気」であることについて、『五行大義』には次の説明があります。（293-1-60）（558-128）
土は微粒子の集合体、「塵」である。微粒子の「塵」はよく散じ、その間には隙間がある。隙間はよく万物を容れ、こ

れを保つことが可能なので、土は「含散持実」をその本体とし、稼穡をその本性とする。（傍点著者）

　星信仰が早い時期に伝来していたことは、7世紀から8世紀頃に築かれたキトラ古墳や高松塚古墳の壁画の天文図（蘇州天文図と同程度）から明らかです。（19-9）（43-3-88）（127-240）

北斗図（北斗七星／南方朱雀宿）は蘇州天文図をそのまま地上に下ろして描いた印象があり、北斗図が描かれたのはキトラ古墳や高松塚古墳などの終末期古墳が築かれたのと同じ時期と推測しました。（図5-15）（279-1-246）

キトラ古墳には、天井画に三重の同心円（内規／赤道／外規）と黄道（天球での太陽の見かけ上の通り道）、その内側には北斗七星などの星座が描かれ、この天文図（壁画）は東アジア最古のものとされています。（215-PL8）

石野浩司氏は天文図を描いた終末期古墳の壁画は、星信仰すなわち北斗信仰を示唆する遺物と指摘しています。（127-242）

　「毎朝御拝」に関連して『江家次第』（大江匡房が著した朝廷の公事・儀式などを記した書）には元旦の朝、天皇が北斗七星の属星を七遍となえた後、下記の呪文を行うとあります。（443-189）

過度我身とは「我が身を救う」意味で、除災招福を求める道教の呪文です。

表5-22のように、『星経』では北斗七星の各星は五行に配当されていました。（381）（42-1-31）

属星とは、生れ年の干支に配当された北斗七星を構成する星を意味し、例えば午歳の天武天皇の場合には破軍星、丑歳の桓武天皇の場合には巨門星（または、きょもん）が配当され、その人の一生を左右し生れながらにして北斗七星の支配を受けていることになります。（105-108）（369-117）

賊之中、過度我身、毒魔之中　過度我身、毒気之中、過度我身、危厄之中、過度我身、五鬼六害之中、過度我身、五兵口舌之中、過度我身、厭魅呪詛之中、過度我身、万病除癒、所欲随心急々如律令

賊の中にあっても我が身を救い給え、毒魔の中にあっても我が身を救い給え、毒気の中にあっても我が身を救い給え、危厄の中にあっても我が身を救い給え、五鬼六害の中にあっても我が身を救い給え、五兵口舌の中にあっても我が身を救い給え、厭魅呪詛の中にあっても我が身を救い給え、万病を除き癒す、心の欲する所に随いて律令の如く急々に行いたまえ。（著者訳）

表5-21：北斗七星の各星の別名と五行、属星 （42-2-31）（127-244）（381）

北斗七星	第1星	第2星	第3星	第4星	第5星	第6星	第7星
中国名	天枢	天璇	天璣	天権	玉衡	開陽	揺光
属星	貪狼	**巨門**	禄存	文曲	廉貞	武曲	**破軍**
五気	土	金	木	火	水	木	金
十二支	子	亥、**丑**	戌、寅	酉、卯	申、辰	未、巳	**午**

＊北斗図で第1星に相当する北辰妙見社も「土気」の社と考えられる。

外宮と内宮の設計思想

地上絵の設計を考える上で、五形図が描かれたのと同じ時期（文武二年／五形図第 1 候補）に創建されたと推測される豊受大神宮（外宮）と伊勢皇大神宮（内宮）の設計は重要です。

そのように考える理由は、神宮を設計するにあたって背景には思想信仰上の大転換が存在したのではないか、と考えられるからです。（7、8 世紀におきた伊勢神宮祭祀の改革と日本神話の再構成／ 558-232）

図 5-39：外宮と内宮の設計

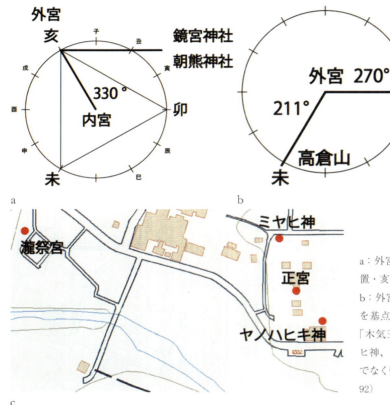

a：外宮と内宮と鏡宮神社、朝熊神社の設計。　＊外宮の位置・亥は、伊勢大神が「木気」蛇神であることを暗示する。
b：外宮は鏡宮神社、朝熊神社を基点とする東西軸と高倉山を基点とする方位角 211°の方位線の交点に決定された。　＊「木気三合の法則」が繰り返されている。　c：瀧祭宮とミヤヒ神、ヤノハヒキ神の位置関係。ヤノハヒキ神の位置は明らかでなく資料に基づく推測。（国土地理院地図を引用加工）（567-92）

表 5-22：内宮を基点とする距離と方位角

名称	緯度	経度	距離（m）	方位角
内宮	342719	1364331	0	0
ミヤヒ神	342720	1364330	40	3202149
ヤノハヒキ神	342717	1364332	67	1573007
瀧祭宮	342720	1364319	308	2754445
外宮	342914	1364211	4090	3300332
朝熊神社	342915	1364511	4392	353102

＊外宮、内宮の正殿とミヤヒ神、鏡宮神社、高倉山の経・緯度は国土地理院地形上で確認した値。ヤノハヒキ神の位置は推測。朝熊神社、瀧祭宮は実測値。西面する岩であるオキタマノカミ（興玉神）は北面するミヤヒ神とおそらく同緯線上に存在する。ヤノハヒキ神は南面する。

表 5-23：外宮を基点とする距離と方位角

名称	緯度	経度	（m）	方位角
外宮	342914	1364211	0	0
朝熊神社	342915	1364511	4593	893605
鏡宮神社	342914	1364508	4516	895910
高倉山	342856	1364158	646	2105255

＊高倉山（標高 117m）は外宮からみた未に位置し、もと高坐山と表記され古墳群が存在する。

計算値から得られた外宮と内宮の位置について纏めると、以下になります。（図 5-39）（表 5-22、5-23）

1. 外宮は、鏡宮神社（朝熊神社）を通る東西軸と高倉山を基点とする線分（方位角 211°）の交点に位置する。

2. 内宮（ミヤヒ神）は、外宮を基点とする線分（方位角 150°）と瀧祭宮を通る東西軸の交点に位置する。

　上記から考えられる事柄は、下記の通りです。

1. 外宮先祀の根拠

既に存在していた 鏡 宮 神社（あるいは朝熊神社）を基点として外宮が創建され、次に外宮を基点として内宮が創建された。

　線分（外宮－鏡宮神社あるいは朝熊神社）の東西軸に対するおおよその誤差は、鏡宮神社の場合 0.01％、朝熊神社の場合 0.4％で、外宮は両社と同一緯線上に設計されたと考えられます。

朝熊神社が内宮の第一の境外摂社とされる割には内宮と設計上の関係は認められず、あくまで外宮との関係しか認められません。（朝熊神社と鏡宮神社は五十鈴川の河口を守る位置に存在する）

鏡宮神社（朝熊神社）が外宮から見て卯すなわち「木気方局」仲（「木気」正位）で「木気三合」旺（「木気」が壮んなところ）の位置に存在することは、鏡宮神社が伊勢大神の創祀の社であることを暗示します。（一般的に指摘される内宮と朝熊岳との関係も認められない）

　内宮は外宮を基点とする方位角 150°（330°）の線分と摂社・瀧 祭 宮を通る東西軸の交点（ミヤヒ神／オキタマ神）に決定された、と推測されます。

つまり、アマテラスの神託にあるように内宮が創建された後にトヨウケを勧請して外宮を創建したのではなく、当初から外宮は「北斗七星の宮」として創建され、その後に「北極星の宮」として内宮が創建された、と考えて良さそうです。（アマテラスの神託の通り内宮を先とするのが定説）（止由気宮儀式帳）（図 2-12c）（図 5-38）（597-144）

この設計の順序は、外宮先祀すなわち祀は外宮から行う慣例を説明する根拠になる可能性があります。

2. 伊勢大神は「木気」蛇神を具象化した設計

内宮から見て外宮は亥の位置に、外宮から見て朝熊神社（鏡宮神社）は卯、高倉山は未の位置にあり、3 者で「木気三合＝亥卯未」が成立し、この設計は伊勢大神が「木気」蛇神であることに由来する。（図 4-15）（576-167）

西北の丹波国から勧請した豊受大神（北斗七星）は内宮の西北（戌亥）に祀るべきであるが、伊勢大神が蛇神すなわち「木気」鱗虫であることを反映して亥「木気三合」生（「木気」が生れるとき）に配置されている。（図 5-39）（105-244）（570-39）

　内宮の摂社・瀧祭宮の祭神は、天照大神の前身とされる神（伊勢大神は蛇身）を示唆するように、トグロを巻いた蛇のような姿をした縦長の石です。

内宮（ミヤヒ神／オキタマ神）の位置を決定する榜示石であったと考えられ、平井日吉神社の伝承にある白石と同じような原初的な姿をしています。（瀧祭宮を設計の基点とする説は検索した範囲では認められない）（図 1-50 右）（597-108）

鎌倉時代まで瀧祭宮は五十鈴川の対岸に存在した伝承があり、本来は正殿と同じ緯線上に置かれていたのではないか、と想像します。（竈神と蛇神が結びつく）（第 4 章／くり返される巽乾軸）

滝祭宮は……石だけが祀られている神社であるが、古来、重要な祭りに先だって祀られる社で、鎌倉時代は、場所も対岸にあって、この神こそ天照大神の前身とされている。……鎌倉期の「扶桑略記」には伊勢斎宮の寿詞の蛇神との同床が伝えられ、荒木田神主家の伝承にも日神天照大神は蛇で斎宮はその后である。そのために斎宮の御衾の下に、朝毎に蛇の鱗が落ちている。とみえている。（310）（572-163）

　「カガ」「コ」は蛇の古語「ハハ」「カカ」から派生した言葉と考えられ、鏡宮神社の「カガミ」、瀧原宮、瀧祭神社の「瀧」と元伊勢と呼ばれる丹後一宮・籠神社の「籠」には「龍」が含まれ、いずれも伊勢大神が蛇神であることを暗示しています。（105-545）（576-84、-167）

3. 思想信仰上の大転換

外宮（北斗七星を象徴）が内宮（北極星を象徴）を中心に回転する構造が考えられ、外宮の「外」の意味（内宮の外側）を説明する根拠になる。（図5-15、-39）（279-1-246）

多気大神宮（瀧原宮）と朝熊神社の神殿は横並びに位置し、これはおそらく陰陽を反映した設計と考えられます。

ところが、外宮と内宮は北斗七星と北極星を反映した設計に変化しています。（図5-39）

「外宮と内宮に分けるのは道教の影響である」と福永光司氏は指摘していることから、多気大神宮を伊勢の度会郡に遷した時点で、多気大神宮で行われていた北斗七星と織女星の祭祀（陰陽を考慮した）に、トヨウケ（北斗七星）とアマテラス（北極星）が習合されたのが実態ではないかと考えられます。（第2章／文武二年）

つまり、設計の変更が行われたのは、陰陽を重視する祭祀から道教の北辰の祭祀へ思想信仰上の転換が起こされた結果ではないか、と考えられます。（51-17）（第2章／文武二年）（図2-12c）（図5-38）

より詳しくいえば、北極星の神格化とされる天皇の位置を明確にした表現、といえるかも知れません。

つまり、天皇の称号は天武天皇からとするのが定説ですが、伊勢神宮を創建しアマテラスを創造した文武天皇になって確立し神宮の設計に反映された、可能性が考えられます。（神武と文武／37-136）

それは、古代では祭祀と政治の形態が一致（祭政一致）するはずだからです。

4. 内宮を決定する榜示石

瀧祭宮を通る東西軸と外宮を基点とする線分（方位角150°）の交点にミヤヒ神／オキタマ神が存在する。

瀧祭宮とオキタマ神はともに岩で、内宮の位置を決定する榜示石であった可能性があります。

内宮所管社で第一位は瀧祭神で、興玉神、宮比神が続くことも、内宮の位置に根拠を与えた「岩」（榜示石）の重要性が示唆されます。（別宮に準じた祭祀が行われる／両者とも実見できない）（図5-39）（表5-22、5-23）（570-39）

ヤノハヒキ神とミヤヒ神も石畳の上に置かれた石の可能性がありますが、実態は不明です。

ミヤヒ神とヤノハヒキ神（ハハキ神）について吉野裕子氏は、次のように述べています。

ヤノハヒキ神の「ハヒキ」は蛇の古語「ハハ」を含む蛇樹で蛇神と考えられ、竈神と推測されるミヤヒ神（庭火神に通じる）は内宮の西北に位置し瀧祭宮と同一緯線上に存在することから正殿の最も原初の位置であった可能性もあります。（図4-15）

ハハキ神はミヤヒ神オキタマノ神と並んで、皇大神宮の大宮地の守護神と考えられている。……これらの地主神の座地が『建久年中行事』に「宮比神御在所、興玉後、御前乾玉垣角地、矢乃波波木神御在所、御前巽方荒垣角也」とあるが如く、今も御敷地の乾（西北隅）と巽（東南隅）とにある……。（560-94）

5. 周芳の北斗図が影響した可能性

外宮（北斗の宮）と内宮（北極星の宮）を結ぶ設計は、北斗図（北辰妙見社と多々良山）の設計に倣った可能性がある。

想像を逞しくすれば、周芳の北斗図の設計（天武十年／北極星を中心に北斗七星が回転する構造）が伊勢神宮の設計（文武二年698年）に影響した可能性があり、時代が下って平野神社と平安京大極殿を結ぶ設計にも影響した可能性も既述した通りです。

天武十年(681)と文武二年(698)は17年（陰陽の和）の聖数関係にありました。

高嶺太神宮の籾置石は伊勢皇大神宮のオキタマノカミ（興玉神）に倣った可能性もありました。

以上、空間設計を解析することで従来、謎とされてきた問題、なぜ外宮先祀とされるのか、なぜ外宮と内宮の配置になったのか、なぜ朝熊神社が第一の境外摂社とされるのか、伊勢大神を蛇神とする伝承は正しいのか、なぜ瀧祭宮が重要視されるのか、などの説明が可能になりそうです。（597-112）

残念ながら設計図は未発見ですが、瀧祭宮やオキタマ神以外にも境内には「石神」が多く存在し、これらが地

上に描かれた設計図の痕跡（測点／榜示石）そのものである可能性があり、各地点の経・緯度を測定すればより明らかになると期待されます。

図 5-38：伊勢皇大神宮の周辺

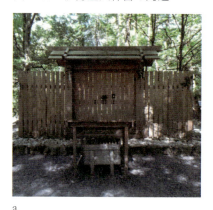

a：瀧祭宮　b：朝熊神社（左／桜宮）と朝熊御前神社（右）。　c：鏡宮神社（220-75）　＊伊勢皇大神宮周辺の詳細については下記文献参照。(178)(220)(273)(310)(406-36)(422)(454)(460)(488)　＊神木の桜に由来する朝熊神社の別称・桜宮は、左祖右社の原則すなわち左近の桜に由来する可能性がある。(220-75)

b

c

豊受大神と北斗七星

　豊受大神宮（外宮）は北斗七星を象徴する宮で、北斗七星を神格化したトヨウケビメが祀られる宮です。豊受大神の「ウケ」は食物のことで、トヨウケすなわち北斗七星とは穀物神・農耕神でもあります。
外宮の別名・止由気宮の止由は豊、気は磯で豊受大神と璇璣玉衡と呼ばれた北斗七星を表しています。
その根拠の一つに、式年遷宮時に使用する内宮と外宮の祭神を覆う御被があります。（図5-40）
　内宮は「屋形紋錦の御被」、外宮は「刺車紋錦の御被」とされ、屋形はアマテラスと習合した太一（北極星／天帝）を、刺車は豊受大神・北斗七星（帝車）を表している、と吉野裕子氏は指摘しています。(570-39)
豊受大神が北斗七星と習合し、アマテラスが北極星と習合するのは理に適っていて、それは陰陽五行思想では陰陽・東西の調和を計ることが最も基本的な思考原理だからです。（図5-40）

図 5-40：式年遷宮で祭神を覆う御被

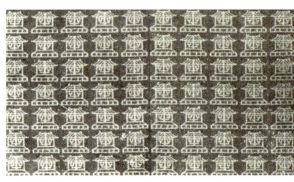
a

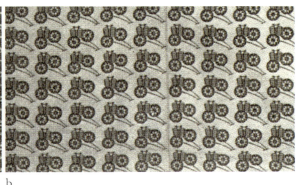
b

a：屋形文錦（北極星を神格化した太一を象徴）。(570-39)　b：刺車文錦（北斗七星を象徴）。

豊受大神が西北（戌亥）の比治から勧請されたことに関連して、『日本文学の民俗学的研究』の中で三谷栄一氏は、「戌亥の信仰」について詳細な考察を残しています。
全国に残る「戌亥の信仰」の痕跡を数多く採取して、戌亥の方角が信仰の対象になった理由を、西北隅に降臨した祖霊が「福・徳・幸」をもたらす、からと述べています。(268-28)
さらに、家の四隅が重視されたことから国土の四隅まで考察を展開して、国境なり村境なり屋敷の一隅なりに訪れてくる神々を祭祀するために壺や甕を掘り据えている理由に、壺や甕などに神の霊が籠ったり降臨すると考えたことをあげています。(268-83)
この祝詞の場合非常に「隅」ということが重視されている。わが国では隅を極めて重んじたのは前記したことでも確かだが、『万葉集』に「八隅知之和期大王」（九二三）と表記されていたり、田植えの折、田の四隅に忌竹を立てて祭ることなど、「隅」に対する信仰は我々の想像以上に強い。家の中の四隅が重視されるということは、国内の四隅が重視されることでもある。特に天日隅宮のように、隅に神が坐すと考えたのである。しかもこの祝詞で注目すべきことは、祝詞が忌部によって「巽に向かって微声で」唱えられることである。……祖霊が降臨して呪言される形である。それが巽に向かって唱えるというのは乾の方向から臨んでいるに相違ない。(268-219)

　　五節舞の五節とは、五節気のことで春夏秋冬に土用を足した言葉です。
五節舞は、季節の順調な移り変わり、五行の調和を願い、年穀の豊穣を祈る舞いで、いずれも穀神・北斗の神が司る働きです。(570-49)
つまり、五節舞とは北斗七星の徳を讃え、その加護を祈る舞いになります。
北斗を称える五節舞が外宮にのみ伝承されている事実は、外宮が北斗の宮であることを暗示しています。(570-50)
　「飛鳥浄御原に大八州知ろしめしし聖の天皇命（天武天皇）此の舞をはじめて賜ひ造り賜ひき」と『続紀』にあるように、五節舞を始めたのは天武天皇でした。(98-15-169)(468-2-228)
吉野の勝手神社で天武天皇が勝利を祈願して琴を奏でたところ、背後にある袖振山に天女が舞い降りて袖を振ったことから、五節の舞が考案された伝承があります。(図2-9)(105-221)(363-469)
この伝承からも、北斗七星の徳を讃える五節舞を考案した天武天皇は、その属星（破軍星）からも北斗七星への信仰が篤く守護されていると意識していたはずです。(127-244)(369-117)
つまり、北斗図を描いた動機の一つに、北斗七星への篤い信仰があります。
　外宮に豊受大神が鎮座した経緯については、「止由気宮儀式帳」（804年）に記録があります。
天照大神が雄略天皇の夢枕に立って教えられた。それは自分は高天原に在ったときに求めていた宮処に鎮まることができた。『然れども吾一所耳坐波甚苦その上に大御食も安らかに食べられないから丹波の国比治の真奈井に鎮座の穀神、豊受大神を迎えてほしい』というお告げであった。そこで天皇は夢からさめ、さっそく豊受大神を丹波の国から迎え、度会の山田原に立派な宮をつくって祭らせた。(ルビ著者)(378-99)(570-42)

「自分ひとりでは食事もできないので丹波の国の比治の真奈井に御饌の神、トヨウケを迎えて欲しい」と訴えるアマテラスのお告げは「天官書」の記述（斗は天帝の乗車）に基づいて、アマテラスに食事を届ける御饌津神を要求する訴えでした。(279-1-245)(570-44)
「一所にいるのは苦しい」とは、帝車・北斗七星がなければ天帝は宇宙に乗り出すことができないからです。
この文言からも、アマテラスと北極星の神霊化・天帝（太一）が習合しているのが判ります。
　伊勢からほぼ西北に当たる丹波国、さらにその西北の比治山から豊受大神が勧請され、内宮の西北（正確には亥の方位）に祀られ、この神話の中にも西北が繰り返されています。
　比治とは「土」の意味で、豊受大神すなわち北斗七星が「土徳」であることを示唆しています。

表 5-24：外宮と内宮の対比

宮	祭神	「天官書」	習合	動静	位置
外宮	トヨウケ	車	北斗七星	動	西北
内宮	アマテラス	天帝	北極星	静	中央

　以上、北辰（北極星と北斗七星）の信仰、巽乾軸の思想あるいは「戌亥の信仰」を背景にした設計、北斗図の設計が伊勢神宮の設計に影響した可能性など、大和、伊勢、周芳に共通した設計思想の痕跡が残されている事実から、地上絵の設計図が作成された可能性は大いにあります。(268-219)
グラファイトに刻まれた設計図であれば残っている可能性があります。(30-87)(358-105)

地上絵を描いた人たちはどこから来たのか

　地上絵を描いた人たちがどこから来たのか、明らかなことは判りません。
地上絵は高度な測量技術を基礎に描かれていることから、当時（飛鳥〜平安初期）、高度な技術を持っていたのは土師氏であろうと仮定して地上絵の謎を解析する試みを続けてきました。
そのように考える根拠は、3世紀後半から7世紀にかけて約400年間続いた古墳時代に、古墳の築造を担ったのは土師氏である、とする伝承があるからです。(144)(103)(247)(277)(532)(543)
森浩一氏も、百舌鳥古墳群に土師ニサンザイ古墳があること、土師寺や堺市土師町の存在から、土師氏が頭脳集団として古墳の造営に参画していたと考えてよい、と指摘しています。(242-5-38)
久世仁士氏は、5世紀中ごろに出現し百舌鳥古墳群での大古墳築造が終わる6世紀の中頃に消滅した土師遺跡（堺市中区土師町）の存在を指摘していることから、ここに居住した土師氏の行方が気になります。(203-150)
畿内での古墳築造を終えた土師氏が周芳へやってきた、と想像が膨らみます。
幸いにも周芳には土師氏の伝承がいくつか残されていて、それらを繋ぎ合せることでおぼろげな形をみることができます。

　以下の順で話を進め、詳細は前作に譲ります。(105-354)
土師氏と大内氏を個別の視点から纏めた結果、重複する部分が多くあります。
1. 『書紀』にのる土師氏の事績。
2. 土師氏の事績のまとめ。
3. 土師氏と大内氏を結ぶもの。
4. 琳聖太子と土師氏（大内氏）の関係を示唆する伝承。
5. 菅原道真の伝承と土師氏。
6. 周芳は纏向型前方後円墳の空白地帯。
7. 土師氏の関与を示唆する設計の痕跡。
8. 土師氏が大和からきたことを示唆する事績のまとめ。

『書紀』に載る土師氏の記事

　日本神話では、土師氏はニニギノミコトの天孫降臨に付き随った神々の子孫で「天神」になり、遠祖・アマノホヒノミコトは、アマテラスとスサノオの誓約によりアマテラスの八坂瓊の五百箇の御統から生まれた五柱の神の一柱で、アマテラスの直系といえます。（335-36）（381）（521-459）

神話を創造する時代、土師氏は朝廷から非常に近い距離にあったことが判ります。

誓約とは神意として示された兆候から、事の成否・吉凶・真偽・善悪・正邪などを判断する古代の卜占の一種です。（335-61）（400-3）

御統とは、玉（勾玉／菅玉）を緒に貫いて統べくくり（一つにまとめて）、環状にした飾りです。（332-702）

　古墳造営や葬送儀礼に関わった氏族として知られた土師氏も、その記録は意外に少なく不明な点が多い古代豪族です。（私見では、土師氏は土徳を付与されて創造された氏族で、その伝承も土徳に由来する）（105-354）（542）

　周芳の土師氏は、推古十一年（603）、来目皇子の殯を娑婆県（現・防府市）で行うために大和から派遣された土師娑婆連猪手の子孫とされ、周防国衙の国司であったこと以外、明らかではありません。（表5-26）（105-354）

大内氏は周芳国府の在丁官人であったこと以外、出自は不明です。（周芳国以外に20以上の大内氏が存在する）

この伝承から、土師氏と大内氏が周芳で同時代を生きていたことは想像がつきます。

『書紀』には、垂仁七年（BC23）秋七月己巳朔乙亥(7)の記事を始め、23条の土師氏に関する事績を載せています。（表5-25）（542）

表5-25：土師氏の記事（傍点部分は「土気」）

天皇・年	干支	月	朔	日	人物	内容	備考
垂仁七		秋七月	己巳	乙亥	野見宿禰	捔力	氏祖伝承
垂仁三二		秋七月	甲戌	己卯	土部連	喪葬	殉死と埴輪「甲己干合」
仁徳六十	（壬申）	冬十月			土師連	陵守	土師の初見
雄略九		夏五月			土師連小鳥	喪葬	唯一の陵墓造営
雄略十七		春三月	丁丑	戊寅	土師連	清器	［吉凶相半の根拠？］
用明二	丁未	夏四月	乙巳	丙午	土師八島連。	伝令	熒惑と歌合せ「未午支合」
崇峻即位前	丁未	六月	甲辰	庚戌	土師連磐村	誅殺	穴穂部皇子
推古十一	癸亥	春二月	癸酉	丙子	土師連猪手	殯事	来目皇子の殯
推古十八	庚午	冬十月	乙丑	丁酉	土部連菟	導者	
皇極二	癸卯	九月	丁丑	癸巳	土師娑婆連猪手	喪葬	視皇祖母命喪
		十一月	丙子	丙子	土師娑婆連猪手	死亡	［大日古墳の被葬者か？］
大化五	己酉	三月	乙巳	己巳	土師連身	伝令	
白雉五	甲寅	冬十月	癸卯	壬子	土師連土徳	殯宮	土徳（つちとこ）の名
天武元	壬申	六月	辛酉	甲申	土師連馬手	食事	屯田司舎人
				丙戌	土師連馬手	指揮	
		秋七月	辛寅	壬寅	土師連千島	捕虜	近江軍
天武十一	壬午	三月	甲午	是月	土師連真敷	死亡	［天の譴責が下る年］
天武十三	甲申	十二月	戊寅	己卯	土師連	賜姓	賜姓曰宿禰
				癸未	土師宿禰甥	捕虜	土師宿禰の初見
持統三	己丑	二月	甲申	己酉	土師宿禰根麻呂	判事	「甲己干合」
		五月	癸丑	甲戌	土師宿禰根麻呂	勅使	
持統四	庚寅	冬十月	甲辰	戊午	土師宿禰甥	饗宴	
				乙丑	土師連富杼	奏上	

＊傍点部分を「土気」としたのは、「土気三合＝午戌寅」と土用（辰未戌丑）、戊と己。　＊［　］内は私見による推測。

土師氏の事績のまとめ

　土師氏は、方格法による精密な測地技術と高度な設計法を持って渡来した氏族ではなかったか、と想像しています。

福永光司氏は、土師氏の祖は「蕃賓（ばんひん）」と指摘しています。(54)

『新撰姓氏録』に記載する「橘守」……この「橘守」の氏族もまた本来は諸蕃の一つである新羅国からの渡来者であり、渡来してのち和俗の女性と結婚して日本国の天皇から姓氏を賜ったいわゆる「蕃賓」である。……同様の事例は、上述した但馬の国から、平安京に至る山陰街道の亀岡の町を過ぎ、「老いの坂」を越えた旧大枝の関所跡の近くに築かれた高野新笠大枝陵の陵主、桓武天皇の御生母である高野新笠皇太后の一族に関しても指摘される。

　土師氏に関する研究論文は少なく、検索した範囲では約 30 編の論文しかありません。(2016 年末当時)
その論文を中心に土師氏の事績を以下に纏めました。

1.　改氏姓に関するもの

　土師氏が改姓を請願した理由は、氏姓制度から律令官司制度への移行に伴う古代氏族の在り方の変化によるもの、と考えるのが定説になっています。(153)(277)(301)(302)(543)

北斗図を描いたと推測される天武十年(681)辛巳から 100 年後、光仁天応元年(781)辛酉六月辛酉朔壬子(25)、土師宿禰古人らが朝廷へ請願しています。(98)

桓武天皇の生母・高野新笠の母が土師宿禰真妹であったことから、桓武天皇は土師氏を外戚として優遇し、土師氏の改氏姓も桓武朝で行われました。

古代氏族の在り方の変化ではなく、桓武天皇の母・高野新笠の出自に格付けをするための改氏姓ではなかったのか、現在でも役所に「願」を提出するように土師氏から誓願した形にしたのではないか、とも考えてみたくなります。(和氏譜／和気清麻呂)

土師氏の改氏姓に関する記事

天応元年(781)辛酉六月辛酉朔壬子(25)土師宿禰古人らが朝廷へ請願（家業が一方に偏り不満）。

延暦元年(782)壬戌五月乙酉朔癸卯　小内記正八位上土師宿禰安人等言す。望み請ふらくは、土師の字を改めて秋篠となさん。

延暦四年(785)甲子八月癸亥朔癸亥　本姓を改めて秋篠宿禰を賜ふ。

延暦九年(790)己巳十二月壬辰朔壬辰　宜しく朕が外祖父高野朝臣・外祖母土師宿禰に並びに正一位を追贈し、其の土師を改めて大枝朝臣となすべし。……また菅原真仲・土師菅麻呂らも同じく大枝朝臣となせ、と。

2.　土師氏と喪葬

　天皇の喪葬に関する記事は、孝徳紀に小山上百舌鳥土師連土徳が殯（つちとこ）を行った 1 例のみで、『書紀』の「主天皇喪葬之縁也」の記事と実態が異なります。(391-2-323)

米沢康氏も天武天皇の喪葬にさえ土師氏の姿が見られないのは、注意が必要だとしています。

土師氏の活躍は壬申の乱以後に多く、天武天皇との関係も親密であることに反して、その葬儀の詳細な記事の中に土師氏が見られないのは確かに大きな疑問である。(103)(247)(277)(301)(302)(487)(532)

3.　土師氏と陵墓造営

　土師氏が陵墓を造営した記録は、雄略九年夏五月条の土師連小鳥の 1 例だけで、土師氏が陵墓を造営したとする定説は、古墳群の周辺地に分布が認められることを根拠にしています。(103)(144)(247)(277)(532)(543)

　垂仁紀（すいにん）にノミノスクネが殉死に代えて埴輪を立てることを建議した記事があります。

人は「土気」に配当され、土で造られた埴輪も「土気」であり、「土気」を介して殉死と埴輪を等価交換できることが建議の根拠です。(40-97)(105-377)(168-28)(175-54)(242-5-235)(250-21)(375-3-209)(379-27)(391-1-46)

4. 土師氏と土師器

土師氏が製陶に従事した記事は、ノミノスクネの埴輪の伝承と贄土師部に清器を造らせた2例だけです。
（103）（226）（247）（301）（432）（543）（354）（387）

図 5-41：道明寺周辺

a：道明寺楼門（土師連八島が建立した元・土師氏の氏寺・土師寺／大阪府藤井寺市）。　＊大宰府に左遷される菅原道真が叔母・覚壽尼を訪ねた（道明は道真の号）。
b：土師窯跡碑。　＊埴輪を建議した功績で、垂仁天皇よりこの地を賜ったとされる日本の陶業発祥の地。

a　　　　　　　　　　　　b

5. 天穂日命と土師氏

出雲臣、武蔵国造、土師連の始祖・天穂日命はアマテラスの直系で豪勇の武人で、土師氏の軍事的側面と関連する可能性があります。（103）（153）（247）（301）（302）（448）（532）（543）
古来の風水とは兵法も兼ねていたことについて、『完全定本地理風水大全』に指摘があります。（64-24）
ノミノスクネの「野見」は相地（風水）を意味し、兵法にも秀でていたことを示唆する名前です。
事実、同族の出雲氏には出雲国軍防があり、周芳国娑婆には娑婆軍団の伝承があります。（247）（325-75）

6. ノミノスクネと土師氏

ノミノスクネは、強力を自慢する当麻蹴速と捔力を取らせるために出雲から呼び出され、この出雲が現在の出雲であるのか、三輪山の南麓に位置する出雲であるのか、あるいは元出雲の別称がある丹波国一宮・出雲大神宮のある丹波であるのかは明らかではありません。
当麻蹴速を蹴り殺した捔力の結果、大和の南の出入り口で竹内街道に面した当麻の五位堂（奈良県香芝市）にあった腰折田を下賜されました。（現代の相撲とは異なり殴り合いを眼目とした）（370-115）
また、大和の北の出入り口、生駒越えに接する盾列古墳群の地域があり土師氏から分かれた秋篠氏、菅原氏の居住地でした。
したがって、土師氏は大和の出入り口の南北を押さえていたことになり、伝えられる祖業とは違った氏族の一面を想像させます。（103）（153）（226）（247）（277）（301）（302）（448）（532）（543）（581）

宮廷の葬儀にあずかるノミノスクネとハジ部百人は、この出雲（伝承上の出雲）から呼び寄せられ、逆に彼らが伊勢国から出てきたりするのは、そもそもありえぬ沙汰であった、と西郷信綱氏は述べています。（379-31）

7. 屯田司舎人

屯田司舎人は天皇以外には東宮（皇太子）にだけ従う立場で、天皇の直轄地の中でも最も重要な意義を持つ屯田を直接主管する重要な職分でした。
その屯田司舎人を土師連馬手が担っていた記録が壬申紀にあり、土師氏と天皇の親密な関係を窺わせます。
（302）（301）（543）

8. 土師氏の登場する時期について

土師連の初見は仁徳六十年（壬申）とされる一方、土師の名前は実は新しく大化改新前後あるいは天武朝より後ではないかと指摘する説があります。（神名と氏名の透明度）（103）（153）（226）（247）（301）（302）（448）（487）（543）
前作では、土師氏は天武朝に「土徳」を付与されて創造された氏族である、とする仮説を立てました。（105-360）

9. 土師氏の官僚としての位置

　芸能（学問）を学ぶ伝統が土師氏にあって、官僚として生きていける基礎になったとする説があります。
後代、雅楽寮へ進んだ者もいて「楽」は「土気」に配当され「土徳」と密接に繋がっています。
菅原道真、大江匡房などの学者を輩出したのも、学問の伝統があったから、と考えられます。（301）（543）
桓武天皇が山部親王時代に大学頭（当代一流の学者の座）となりえたのも、頭脳集団としての土師氏の伝統（芸能）を受け継いでいたからと考えられます。（238-39）（245-25）

10. 土師氏と芸能の意味

　六芸とは射・御・書・数・礼・楽の意味で、土師氏の祖業に関係するのは「御」「数」「楽」になります。
（487）（532）

11. 八嶋と火星の歌

　土師連八嶋と火星の歌合せを今様の起源として取り上げた研究があります。（487）
なぜ、土師氏が「歌」が上手なのか、なぜ、火星が化した童子と歌合せをしたのか、なぜ、火星は住吉浦に消えたのか。（水剋火の法則から火気・火星は水気・住吉浦で消える）
「歌」は「土気」、火星は「火気」、童子は「土気」、土師氏は「土気」で、「火生土の法則」から「火気」火星は「土気」童子になって、「火気」歌の上手な「土徳」土師氏と歌合せをする、五行の法則を応用して造られた典型的な伝承の一つです。（第2章／陰陽五行思想の概略）
さらに、八嶋の「八」は「八白土気」と考えられ、上記の伝承と「歌」「童子」と併せて土師氏が「土徳」であったことの何よりの証拠になります。（土徳を付与されて創造された氏族とする仮説を支持する）（105-354）

12. 遊部との関係

　「遊」には「土気」の本体「含散持実」あるいは「塵」が含まれ、また本性「四時に配される」性質が含まれる可能性があります。（194）（487）

13. 喪葬における楯伏（節）舞の意味

　『令集解』職員令・雅楽寮条には、「楯伏（節）舞十人、五人土師宿禰等、五人文忌寸等、右着甲並持刀楯」とあり、軍事的性格が強い氏族と共に記載されていることから土師氏も同様の性格を持つと推測されます。
楯節舞は遊部の行う鎮魂の葬儀に源流があり、軍事と葬儀に関わりをもつ土師氏がその任を担った、と植木朝子氏は指摘しています。（301）（302）（487）（532）（543）

14. 土師氏四腹の問題

　既出。（第4章／土師氏四腹と毛受腹）（103）（153）（247）（277）（301）（302）（448）（532）（543）

15. 土師氏が、「土徳」を附与されて創造された氏族、とする議論はなく、土師氏を「土徳」とする史料は見当たらない。

土師氏と大内氏を結ぶ「タタラ」

　琳聖太子の後裔と自ら主張した以外、大内氏の来歴は明らかではなく謎とされています。
しかし、注意深く史料をみると土師氏との接点が多く認められ、大内氏は土師氏から派生した氏族と考えられます。

1. 共に百済王族の末裔であると主張した。

　14世紀以降、李氏朝鮮との貿易を行う上で、大内政弘（1446〜1495）は百済聖王の第3王子・琳聖太子の子孫であると強調しました。
この時点で、土師氏の祖・純陀太子が大内氏の祖・琳聖太子の伯父であり、土師氏と同族であることを認めていたことになります。

百済王系図

25代　　　　26代　　　　第3王子

武寧王 ― 聖王 ― 琳聖太子 … 大内氏

　　　　　　純陀太子 … 和氏 ― 和乙継 ― 高野新笠（土師氏）

2.「タタラ」は毛受腹（龍腹）土師氏から派生した言葉。（第4章／「タタラ」の語源）

　多々良朝臣の初見は仁平二年(1152)の在庁下文で、大内氏が多々良と名のったのは氏祖の徳を継承すること
に誇りを感じていた可能性があります。

土師氏の改氏姓から360年が経過していました。

3.　多々良と名のった理由。

　天応元年(781)、土師宿禰安人等が奏上し、延暦九年(790)に改氏姓された結果、この時点で還るべき土師氏
（毛受腹）の名が存在せず、もはや土師氏とは名のれなかった、つまり「還る家」がなかった可能性がありま
す。(105-371)

4.　毛受腹（龍腹）の土師氏が桓武朝で改氏姓された。

　改氏姓は桓武朝の延暦九年己巳十二月に行われ、毛受腹（龍腹）の土師氏が大枝朝臣（後の大江）になりま
す。

「タタラ」の語源は龍腹でした。（第4章）

5.　大内氏の祖・琳聖太子は北斗七星の化身で、北斗図を描いたと推測される土師氏と接点がある。(105-55)

　北斗七星と土師氏は「土徳」で結ばれ、北斗図を描くのは同じ「土徳」を有する土師氏でなければならな
かった、と考えられます。

6.　ともに高度な測量技術を保有していた。（第5章／地上絵のまとめ）

7.　ともに「聖なる神の坐ます山」東鳳翻山と「龍神の棲む龍穴」を信仰していた痕跡が存在する。

8.　五大「円」すなわち五行「水気」の描点には土師八幡（土師氏の氏神あるいは居館）と大内畑伊勢社跡（大内氏の本
　　貫）が用いられている。

9.　土師氏の氏神・土師八幡と大内氏の氏神・北辰妙見社上宮は同一緯線上に設計された。

　土師氏と大内氏には、思想・信仰的に密接な関係を示唆する事績や空間設計の痕跡が残されています。

10.　朝田神社（玉祖五宮）が土師八幡と同一経線上（東鳳翻山を基点とする）に設計されている。

11.　線分（泉香寺山－龍穴）上に大崎玉祖神社、大内畑伊勢社跡が設計されている。

　玉祖は「土徳」土師氏を意味します。(105-48)

大崎玉祖神社の周辺には、玉石の分布も玉造の遺跡も存在しない、と齋藤盛之氏は指摘しています。(382-125)

12.　東鳳翻山を基点とする南北軸に土師八幡、朝田神社が設計され、この延長線と大崎玉祖神社を基点とする巽乾軸の
　　交点に吉野の堂山が存在する。

　土師氏の氏神・土師八幡と土師氏が奉斉する大崎玉祖神社、大内氏の氏神・北辰妙見社を結ぶ設計線が存在
します。

13.　北斗図の構造（回転する北斗七星の内側の領域）から大内県と命名され、その大内を氏名とした。(105-53)

14.　土師氏が周防国衙の国司として赴任し、大内氏は在丁官人であった伝承がある。

15.　国司として赴任した人物はある程度、明らかになっている。（表5-27）

16.　大内氏が崇敬した周芳五宮がいずれも土師氏と関係すること、特に大崎玉祖神社、故五宮、古四宮の存在。

　大内弘世(1325〜1380)は南朝正平十五年（北朝では延文五年［1363年］）、大内御堀から山口に本拠（大内氏館）
を移した記録があります。（第1章／興隆寺参道の設計線）

琳聖太子と土師氏（大内氏）の関係を示唆する伝承

1. 陰陽を兼ねる月の異名「琳」と土師氏の「土徳」がもつ両儀性（陰陽を併せ持つ性質／「土気」は陰陽を兼ね備える）。（第2章／陰陽五行思想）（134）

2. 琳聖太子と聖徳太子に共通する北斗七星の伝承。（105-33）（258-1）

3. 「聖」は仙人の意（道教の神仙思想）。

4. 琳聖太子が上陸後、すぐに向かった竜王社の竜王は「土徳」軒轅（黄帝）の真の姿とされる龍神に通じる。

5. 竜王社の5本の椋樹の「5」と「椋」は「浮腫（むくみ）」に通じ、いずれも「土気」。（38-176）（101-77）（105-466）（166-141）（210-1-144）（258-1）（389-22）（476-1-148）（564-99）（572）（573-214）（592-378）

　大内氏の祖（土師氏から派生した）とされる琳聖太子を北斗七星の化身とした根拠は、下記の4点です。

1. 琳聖太子の「琳」は璇璣玉衡（輝く玉）と呼ばれ天空に輝く北斗七星と同じ「澄みきった玉」を表す。

2. 大内氏の菩提寺・乗福寺（山口市大内御堀）の境内には琳聖太子の七重の供養塔があり、その7も北斗七星を暗示する。

3. 琳聖太子は多々良浜に上陸してすぐに、ほぼ西北方（北斗七星を祀る）の竜王社へ移動した。

4. 琳聖太子の伝承には北斗七星を暗示する「7」が頻出する。

菅原道真の伝承と土師氏

　道真の伝承には「土気」を暗示する言葉が多く含まれ、同族・土師氏の「土徳」が後代になっても認められていた証拠になります。

道真が下向の途次、松崎（現・防府市）へ立ち寄ったことは、当時、娑婆に居住していた土師氏（国司は従五位下多治有友）を同族と認めていた傍証になります。（表5-26）

1. 生誕日の承和十二年乙丑(845)六月丙子朔辛丑(25)にある丑と未（六月）は「土気」（土用）。

2. 生没と大宰権帥に遷任された日のいずれもが25日で、25は天数の合計、2と5は陰陽二気と五行、5は「土気」生数を暗示。

3. 道真の詩歌にまつわる伝承に含まれる幼小、歌、五歳はいずれも「土気」に配当される。

4. 出立日の正月寅月甲寅日にある寅は「土気三合」墓で、「土徳」の衰退を暗示。

5. 埋納した大乗経の「五」は「土気」の生数。

6. ムクロジの実108個は道教の聖数36の3倍になり、3は五気の相生順（木火土金水）の3で「土気」。

7. ムクロジの「ムクロ」は骸（むくろ）で「土気」。

8. 「椋」は「桂」と並んで、土師氏を象徴する樹木の一つ。（桂はタタラ製鉄の神木でもある）

9. 土師氏、娑婆連、多治氏、橘氏が同族であった可能性がある。

10. 酒垂山の「酒」と松崎天神の「松」も「土気」。

11. 菅原家の家宝とされる「十二尾の金鮎」に含まれる十二、黄、金、香の全てが「土気」。

12. 東風に「あゆ」の読みがあることから、道真の歌の真意が伝わり「土徳」の傍証になる。

13. 道真の伝承には牛（丑）が頻出し、「土徳」と考えられる老子に擬えて描かれた可能性がある。

表 5-26：道真寄港時の周防守について（105-438）

元号	事績	国府役職	人物
宝亀五年(774)甲寅		周防守	従五位下多治比真人黒麻呂
宝亀七年(776)丙辰		長門守	従五位下多治比真人三上
寛平九年(897)丁巳		周防守	従五位下多治宗範
昌泰元年(898)戊午		周防守	従五位下多治有友
延喜元年(901)辛酉	道真を勝間浦に迎える		従五位下多治有友
延喜二年(902)壬戌		周防権守	従五位下橘公頼
延喜三年(903)癸亥	道真死去		
延喜四年(904)甲子	松崎天満宮創建	周防守	従五位下多治有友（重任）
仁平元年(1151)辛未	大内菅内に仁平寺創建		多々良氏
仁平二年(1152)壬申	留守所庁下文		多々良氏始見
文治三年(1187)丁未	「松崎天神縁起」勧進	周防守	従五位下土師信定
	周防国在丁官人等言上		土師宿禰 7 名、多々良宿禰 1 名、大江朝臣 1 名
応永十四(1407)年丁亥	氷上山供養日記		大内多々良始見（多々良朝臣盛見）多々良、多々良朝臣と称す

＊宮崎康充著「国司補任」続群書類従完成会と続群書類従巻第八十九「外記補任」（147-47）（258-6）（394-72）

周芳国は纏向型前方後円墳の空白地帯

　椚國男氏によると纏向型前方後円墳が存在しない空白地帯があり、山口県を始め高知、和歌山、山梨、東京、群馬、埼玉、青森、岩手、秋田が該当し、我が国の 3，4 世紀ごろの勢力状況が有る程度分かる、と指摘しています。（175-151）

周芳国の大内県は朝廷の直轄領であったことから、支配の象徴である巨大な前方後円墳を造る必要がなかった、といえるかも知れません。

したがって、古墳時代を通じて周芳国に巨大古墳を築造する技術を持った土師氏は存在せず、この事実が逆に地上絵を描くために土師氏が大和からやってきたことを示す傍証になり得ます。

　前方後円墳が急速に広がった理由として、椚國男氏は次の 3 点をあげています。（175-234）

1. 近畿の纏向勢力の権威や影響力が全国に及んでいたこと。
2. 日本列島の各地に、大陸からの文化や技術を受容できる体制をもつ勢力があったこと。
3. 弥生時代後期の 2 世紀末頃、一時的に遠隔地まで広がるような強い力が働いた。

土師氏の関与を示唆する設計の痕跡

　既述したように、土師氏の関与を示唆する設計の痕跡がいくつも残されています。

1. 泉香寺山を中心とする同心円上に土師八幡と大内畑（伊勢社）が設計されている。
2. 土師八幡と北辰妙見社上宮跡が同一緯線上に、土師八幡と朝田神社が同一経線上に設計されている。
3. 金成山－面貌山－大日古墳を結ぶ方位角 160° の線は土師氏の「宗廟を望拝する方位線」といえる。
4. 大日古墳は土師娑婆連猪手の墳墓である可能性がある。
5. 天御中主神社を基点とする巽乾軸と金成山－面貌山を結ぶ 160° の方位線の交点に大日古墳が築造された。
6. 大日古墳は国津姫神社へ向くように築造されている。
7. 大日古墳の築造には飛鳥の岩屋山古墳と同じ設計図を用いた可能性があり、畿内と周芳の強い繋がりを示唆する。
8. 車塚古墳（天御中主神社）と土師氏の宗廟と考えられる大日古墳は、北斗七星を象徴する可能性がある。（天御中主は北極星の神格化）
9. 2 本の巽乾軸と「宗廟を望拝する方位線」は、「火気」と「土気」を強化する目的あるいは道教の教義に忠実であろうとした設計の可能性がある。

10. 竜王社の五本の椋樹は「土気」を象徴し「土徳」土師氏と北斗七星の化身・琳聖太子の繋がりを示唆する。

11. 高度な測量技術と設計・施行技術が必要な地上絵の製作には、巨大古墳の築造を担った土師氏が関与した可能性が高い。

「土徳」で結ばれる北斗七星と土師氏

北斗七星と土師氏は「土徳」で結ばれ、土師氏が現実的な技術を保有していた以上に呪術的にも北斗図を描く適格者であったと考えられ、『史記』魯周公世家第三の例からも「土徳」北斗七星を描くのは「土徳」土師氏でなければならなかった、と推測されます。（史記／魯周公世家第三の例とは、子孫が先祖の霊を祀らなければならない）（表5-27）（105-443）（279-1-360）

表5-27：北斗七星と土師氏の「徳」の比較

「土気」	「土気」の具体的説明	北斗七星	土師氏
転換作用	陰陽を転換させる	陰陽、夏冬を分ける	調整役、喪葬と出産
両儀性	陰陽を兼ねる	北斗に雌雄あり	吉凶相半
吐出	万物を生みだす造化の元	太一に神饌を届ける	造化の象徴「タタラ」
領分がない	「四時」に配当される	天帝の乗車として天を廻る	土師氏四腹
	土用（辰・未・戌・丑）	天の大時計	
四季を統合	四気は「土気」の働きで活動できる	四方を統一する	調整役、外交
先導役	他の四気の動きを扶翼する	第1から第4星を魁	戦闘の魁

＊「北斗に雌雄あり」（210-191）（476-1-83）

地上絵を描いた土師氏が大和から来たことを示唆する事柄

地上絵を描いたと推測される土師氏が大和からやってきたことを示唆する事柄が、いくつか残されています。

中でも大日古墳の存在、「タタラ」地名と大内氏が「多々良」と名のりを上げた史実、大和と周芳に存在する共通する設計思想と設計線の痕跡、菅原道真の伝承、などが重要です。

大日古墳を築造し地上絵を描いた人々は、天武天皇の命を受けて飛鳥の岩屋山古墳の設計図を携え76％の縮尺で大日古墳を築造し、精確な測量と綿密な設計の基に地上絵を描いて国家的事業の一助を担い、周芳国は伊勢国と共に欠かせない両翼として朝廷の宗廟祭祀を支えた、などと想像することは楽しいことでした。

1. 土師氏は国司として周防国衙に大和から派遣されていた。

2. 土師娑婆連猪手は来目皇子の殯を桑山で行うため大和から派遣され、その子孫が居住し娑婆連と名のった伝承が存在する。

3. 大日古墳は飛鳥の岩屋山古墳と同じ設計図で築造され、岩屋山古墳を築造した土師氏が飛鳥からやってきた証拠になる。

4. 周芳国はI型古墳の空白地帯であり、古墳時代を通じて巨大古墳を築造する技術を持った集団は存在せず、高度な測量技術をもった集団が周芳国の外部からやってきた傍証になる。（175-61）

5. 土師娑婆連猪手の墓と推測される大日古墳を宗廟として望拝する設計線が存在する（金成山－面貌山－大日古墳）。

6. 大日古墳は国津姫神社（大地の母／673年創建）を向いて設計されていることから、地上絵の作成時期と重なる。

7. 陰陽の調和と左祖右社の原則にしたがって朝廷の宗廟祭祀の一翼を担った地上絵が存在し、その規模は周芳国単独の事業とは考えられない。

8. 「ふし」と読む山口盆地を流れる椹野川と大和平群郡の椹原（御櫛神社／平群郡椹原金垣内）が存在し、地上絵を描いた土師氏と平群との関係を示唆する。

9. 土師氏の毛受腹すなわち龍腹から派生した「タタラ」地名が存在し、後代、大内氏が「多々良」と名のった史実が

ある。

10. 飛鳥と周芳国には巽乾軸の設計線、龍穴と山を結ぶ設計線、方格を示唆する設計線の痕跡が共通して存在する。
11. 土師氏（毛受腹）を同族と意識した菅原道真（毛受腹ではない）が太宰府へ下向の途次に立ち寄った史実がある。
12. 土師八幡の境内に残る昭和天皇手播松碑は、土師八幡を創建した土師氏（毛受腹）が桓武天皇の外戚（生母・高野新笠）であった縁を示唆する。
13. 土師氏（毛受腹）の祖・純陀太子と大内氏の祖・琳聖太子とは叔父甥の関係であり、同族と認めていたことが判る。
14. 周芳国に残る「タタラ」地名は毛受腹の土師氏が渡来した後に付けられた地名と推測される。
15. 琳聖太子が難波の荒陵で聖徳太子から大内県を拝領し多々良浜に上陸した伝承は、土師氏の渡来経路を反映している可能性がある。

北斗図と五形図以外の地上絵は存在しないのか

北斗図と五形図には含まれない設計線が存在することから、他の地上絵が残されている可能性があります。
1. 周芳に方眼線が描かれた可能性。
2. 巽乾軸の設計。
3. 宗廟を望拝する方位線。
4. 大崎玉祖神社、田島玉祖神社、赤田神社、熊野神社、古熊神社などの位置決定。
5. 参道と社殿の方位を決定する設計線。

周芳に方眼線が描かれた可能性

方格法が地上絵の設計に用いられたことを示唆する痕跡が残されています。
それは、40緯線に83地点、27経線に54地点が含まれる方眼線の可能性です。（地上絵を発見するまでの測量）（105-63）
この例には、同一経線に設計された土師八幡と朝田神社、同一緯線に設計された土師八幡と北辰妙見社上宮、故五宮と泉香寺山、などがあります。（第1章）（105-50）
しかし、山口市と防府市には明らかな条里制の遺構が残されていることから、この経・緯線は条里制の反映ではないか、とも考えられます。（514-32）
この疑問に対して、例えば標高52mの土師八幡と標高95mの北辰妙見社上宮跡が同じ緯度341018上に設計されているなど、田の区割りとは考えられない位置の経・緯線も多くあります。
図1-60の中央の区域が周防国衙跡で、周辺に明らかな条里制跡が見られ、その南北軸が約4〜5°振れていることから経・緯線とは関係がありません。（137-144）（528-69）
国衙を南北に貫く朱雀路の南北軸（赤線）も5°（184〜186°）東へずれ、これは歳差現象による当時の磁極（北極）の位置を反映した可能性があります。（第1章／周防国衙の指北の振れと地上絵の基本的設計線）（511-51）
中国の西安の碑林には「禹跡図」（1137年）と呼ばれる地図が残され、方格法（方眼図）に基づく高度な測量技術の実例をみることができます。（30-87）（512-45）

大和にも象限を設計した可能性

既述したように、三輪山、飛鳥戸神社、室生竜穴神社が同じ緯線上に並んでいることが明らかになりました。（105-66）（第1章）
室生竜穴神社を基点として、東西軸上（方位角2700657）に約38km隔てて飛鳥戸神社が存在します。
三輪山、飛鳥戸神社、室生竜穴神社が東西軸上に高い精度で設計されている事実と、園城寺－大神神社拝殿を結ぶ経線の存在、また金峯山寺蔵王堂を交点とする経・緯線の存在は、大和にも周芳と同じように象限を

設計した可能性を示唆します。（第1章／大和と周芳に共通した設計）（105-243）

岸俊男氏も藤原京以前に方格地割が存在した事実を指摘しています。（208-3）

周芳に残る設計線の謎──800年に渉る空間設計の跡

「聖なる神の坐ます山」と「龍神の棲む龍穴」

　はるかに東鳳翻山を望むとき、古代、「聖なる神の坐ます山」と観想したであろうことは容易に理解できます。（図5-42）

山口盆地のどこからでも眺められる東鳳翻山は、「鳳凰が羽を翻す」名の通り優美な姿が印象的です。

「山が美しく力強ければ、その山によってご加護がある」とする風水の言葉とおりです。（64-6）（347-42）

『抱朴子』も名山の加護を説きます。

名山がなぜ仙道において大切であるか。これら名山の中には山の正神が住んでいて、修道者を守り、薬を作る上に種々の啓示を与えてくれる。またその中には地仙が居る。……天仙の候補者である。さらにこれらの山山は芝草と言う仙薬が生えていて、これを服用すれば神力があらわれて、如何なる戦禍をも避けることができる。……、かくて五兵を辟けることができると言う。ともかく名山に上って薬を造れば、山神が現れて修道者に福をなし、薬が必ず成就すると言われる。（244-157）

　東鳳翻山と氷上山を結ぶ天然の巽乾軸に気付いたとき、土師氏は天意を感じたと思われます。

さらに、泉香寺山とショウゲン山を結ぶ南北軸を知ったとき、それは確信に変わったはずです。

「天が寿いだ地」周芳国山口、そこに地上絵を描くことに天命を知り、北斗図と五形図を残したのです。

　地上絵の前提となる設計線の多くは、「聖なる神の坐ます山」と山、あるいは氏祖を祀る社（寺）を結ぶ設計でした。

さらに「龍神の棲む龍穴」の発見は、龍すなわち蛇を祖神とする土師氏（毛受腹／龍腹）にとって最も厳粛な聖域であったはずです。

後代、多々良（龍腹から派生）と名のった大内氏も氏祖の徳を継承することに誇りを感じていたに違いありません。

その証拠が、大内義興が山口へ伊勢皇大神宮を勧請する時に用いた「聖なる神の坐ます山」東鳳翻山と「龍神の棲む龍穴」立岩稲荷奥宮を結ぶ設計線です。

五形図（第1候補文武二年698年）から約800年経過しているにもかかわらず、高嶺太神宮を創建するには、この軸上でなければならない、設計者の強い意志が感じられます。

この思想は凌雲寺跡を創建する時にも活かされていて、「聖なる神の坐ます山」東鳳翻山と大内義興が最も崇敬した故五宮を結ぶ設計線に存分に現れています。

　800年間という途方もない時間の開があるにもかかわらず、強い意志を感じさせる伝統的な設計線が残されていることは、地上絵の確かな傍証になります。

図 5-42：中尾東浴口から東鳳翻山を望む

＊この位置から望む東鳳翻山が最も雄々しく秀麗であることから、凌雲寺跡に上がる正面路が存在した可能性がある。

以下、地上絵と基本的な設計線で用いられた基点を纏めます。
800 年にわたる空間設計の伝統を示唆する遺跡として、凌雲寺跡の重要な問題については既述した通りです。
「聖なる神の坐ます山」あるいは「龍神の棲む龍穴」
1. 龍穴（立岩稲荷大明神奥宮）
2. 東鳳翻山、西鳳翻山
3. 多々良山
4. ショウゲン山
5. 泉香寺山
6. 伽藍山（東嶺／石窟）
7. 氷上山
8. 高倉山（盤座）
9. 岩屋山（岩屋／石窟）

氏祖を祀る社（寺）
1. 大崎玉祖神社
2. 土師八幡
3. 朝田神社
4. 故五宮
5. 古四宮－赤田神社
6. 北辰妙見社

最後に、最も初期の設計線と思われる線分（東鳳翻山－氷上山－国津姫神社）から大神宮の創建位置を決定するのに用いられた線分（東鳳翻山－立岩稲荷奥宮）までを図 5-43 と表 5-28 で示します。
約 800 年の間に、東鳳翻山、龍穴（立岩稲荷奥宮）、伽藍山への信仰に変化がなかったこと、五形図の描点で

あった故五宮、古四宮、土師八幡も設計線の基点として用いられていること、などから同じ設計思想が伝えられていた可能性を考えさせます。

おそらく、北斗図と五形図の存在と高度な測量技術も伝えられていたと想像します。

同じ設計思想を背景にして空間設計が行われてきたことには、ただただ驚かされるばかりです。

「歴史の沈黙する所は墳墓これを語る」の言葉を引用すると、「地上絵や設計線の痕跡が古代山口の歴史の空白を埋める」のではないかと期待してます。（空間考古学が成立する可能性）（492-3）（524-31）

表5-28：空間設計の略史

図	描点、設計線	推定年（代）、社伝	事績	備考
1	国津姫神社	天武二年(673)癸酉創建	東鳳翻山－氷上山の巽乾軸を発見	地上絵が早い時期に企画されていた？
	北斗図	天武十年(681)辛巳	宗廟祭祀の一翼を担った	地上絵の中心は、多々良山
2	象限	698年まで	泉香寺山を通る南北軸を発見	地上絵の中心は、泉香寺山
	立岩稲荷龍穴	698年まで	泉香寺山と結ぶ「聖なる軸」	龍穴は673年までに気付いていた
3	土師八幡	698年まで	698年までに土師氏は山口へ移動	
4	五形図（第1候補）	文武二年(698)戊戌	宗廟祭祀の一翼を担った	北斗図から17年（陰8＋陽9の和）
5	赤田神社	養老元年(717)丁巳	社伝と設計が一致する	北斗図から36年（道教の聖数）
6	北辰妙見社	827年まで	早い時期に位置は決定されていた	
7	凌雲寺跡	伝1507年	大内氏館建設以後の設計	道観の可能性
8	大神宮外宮	永正十六年(1519)丙子	記録と一致する	永正十五年大内義興42歳大厄
	大神宮内宮	永正十七年(1520)丁丑		

＊熊野神社の創建は、『防長寺社由来山口宰判』の記述による。　　＊上記以外は各節参照。

図5-43：地上絵と設計線の制作年代を推定する図一覧

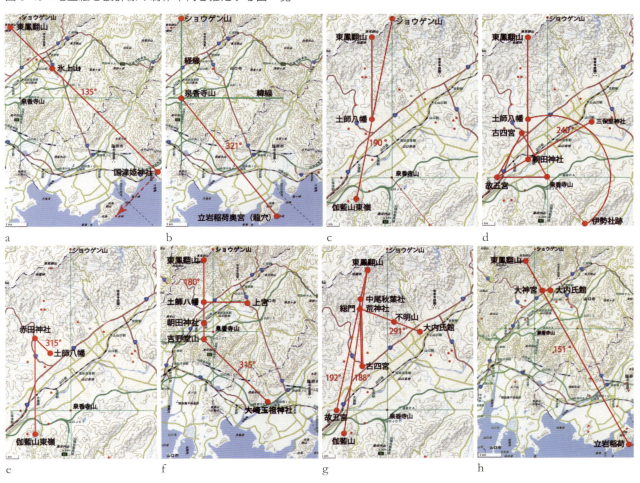

図 a. 東鳳翔山－氷上山－国津姫神社を結ぶ巽乾軸（推定 673 年まで）

東鳳翔山と氷上山を結ぶ線分は自然に造られた巽乾軸で、土師氏は天意を確信したに違いありません。

国津姫神社が創建された天武二年(673)までに、東鳳翔山－氷上山の巽乾軸は発見されていたと推測されます。

線分（東鳳翔山－国津姫神社）の距離は 26915m。

国津姫神社は立岩稲荷奥宮（龍穴）を向いて設計されています。

図 b. 象限と「聖なる軸」の設計（推定 698 年まで）

最も基本となる象限軸と泉香寺山－立岩稲荷大明神を結ぶ「聖なる軸」が設計されました。

象限は、線分（泉香寺山－ショウゲン）を経線とし、線分（故五宮－泉香寺山－毛割若宮跡）を緯線とします。

「聖なる軸」は、龍穴である立岩稲荷大明神奥宮と泉香寺山を結ぶ 321°の方位線です。

線分（泉香寺山－ショウゲン）の距離は 10600m、線分（泉香寺山－龍穴）の距離は 19839m。

図 c. 土師八幡の設計（推定 698 年まで）

土師八幡は、線分（ショウゲン山－伽藍山東嶺）と東鳳翔山を基点とする経線の交点に設計されました。

線分（ショウゲン山－伽藍山東嶺）の距離は 12297m。

氏神・土師八幡は「聖なる神の坐ます山」東鳳翔山の真南でなければならない、強い意志が感じられます。

五形図の第 1 候補が描かれた時期までには土師八幡の位置が設計されていたはずです。

図 d. 五形図の設計（推定 698 年から 717 年まで）

698 年、左祖右社の原則に従って、大和の東方の伊勢国に宗廟である伊勢皇大神宮を創建し、西方の周芳国に社稷として五形図を描いたと考えられます。

五形図第 1 候補（文武天皇二年）は、壬申の乱、北斗図、天武十三回忌と聖数関係にあり、大日如来を象徴する五形図を描く動機は充分に備わっていました。

壬申の乱(672)から 26 年。（一九年七閏法の 19 と 7 の和）

北斗図(681)から 17 年。（陰数 8 と陽数 9 の和）

天武天皇の十三回忌。（金気生数 4 と成数 9 の和）

朝田神社は土師八幡の真南に設計され、東鳳翔山－土師八幡－朝田神社が同一経線上に存在します。

＊図は、五形図の中の三角形と円形の一部を示した。

図 e. 赤田神社の設計（伝承 717 年）

赤田神社は、土師八幡を基点とする巽乾軸と伽藍山東嶺を基点とする経線の交点に設計されました。

線分（赤田神社－伽藍山東嶺）の距離は 6255m。

717 年、神託により古四宮から赤田へ遷座した伝承があります。

これは五形図の第 1 候補、文武二年(698)から 19 年後になり、「一九年七閏法」を考慮した計画的な遷座であった可能性があります。（伊勢皇大神宮の式年遷宮に合せた可能性がある）

図 f. 北辰妙見社上宮の設計（推定 827 年以降）

上宮は土師八幡と、北辰妙見社は吉敷佐畑天神（仮称）と同一緯線に設計されました。

線分（土師八幡－上宮）の距離は 5199m。

北辰妙見社（安楽坊）の位置は北斗図で既に決定されていたことから、北辰妙見社を基点として吉敷佐畑天神（仮称）が設計されたと考えられます。

東鳳翔山を基点とする南北軸に土師八幡と朝田神社が設計され、その延長線と大崎玉祖神社を基点とする巽乾軸の交点に吉野の堂山が存在します。

吉野に関する伝承がなく、設計線が存在する事実を記録するにとどめます。

827年、大内茂村の勧請。(223-164)

1257年、多々良弘貞が鐘を施入したのが氷上山興隆寺初見。

1486年、大内義興（亀童丸）が上宮へ参詣。(223-171)

1497年、大内義興が参詣し、神馬・神楽を奉納したことが、『五社参詣の記』に見える。(525-378)

　平安神宮大極殿と平野神社を結ぶ設計は内宮と外宮を結ぶ設計と一致し、大極殿は内宮に平野神社は外宮に相当します。

つまり、平野神社は西北に祀るべき「北斗七星の宮」で竈神であり「土徳」の宮と考えられます。

また、東面する平野神社と北辰妙見社上宮が対応し、南面する太極殿と北辰妙見社下宮が対応することから、上宮も「北斗七星の宮」で竈神であり「土徳」の宮と考えられ、「土徳」土師氏の宮であった傍証にもなります。

この関係は、北斗図で北斗七星第1星に相当する北辰妙見社と地上の北極星に相当する多々良山との間にも認められ、同じ設計思想が存在したことが判ります。

北斗七星と北極星の関係

豊受大神宮（外宮／南面）　　―　　伊勢皇大神宮（内宮／南面）

平野神社（東面）　　　　　―　　平安京太極殿（南面）

北辰妙見社上宮（東面）　　―　　下宮（南面）

北辰妙見社　　　　　　　　―　　多々良山

図g. 高嶺大神宮の設計（15 9年／1520年）

大神宮の位置は、線分（東鳳翔山－奥宮）と大内氏館（現龍福寺本堂の位置）を通る東西軸の交点に設計されています。

設計線の中でも最長（28332m）の線分（東鳳翔山－奥宮）を採用したのは、大神宮の位置を決定する上で東鳳翔山と龍穴を結ぶ線分が不可欠であったからと考えられます。（龍神の信仰）

『大内氏實録』には、山口へ伊勢皇大神宮の分霊を勧請するまでの記録があります。（第3章）(147-79)

永正十五年(1518)己寅冬十一月、宮地（山口市滝町）を定めた記録から、測量と設計の時期が明らかである唯一の例です。

方位角の誤差は0.3％で条旦制（誤差0.7％）より精度が高く、三者は同一線上に存在します。（表5-29、5-30）

凌雲寺跡と大神宮の設計は、いずれも大内氏館建設後であることから史料の記述と一致します。

大神宮の勧請の動機として、永正十五年(1518)己寅、大内義興が42歳の大厄であったことが考えられます。

大神宮と凌雲寺跡の設計線の基点として共に大内氏館が採用されていることから、厄払いとして両者が建設された可能性を考えさせます。

凌雲寺跡と大神宮の図から、東鳳翔山を基点として南面する土師八幡に対して、左祖右社の原則にしたがって東方（左）に祖廟として龍穴（立岩稲荷創建以前）があり、西方（右）に社稷として伽藍山（東嶺）が位置していたと推測されます。

その伽藍山（東嶺）に向かって凌雲寺跡総門が建てられていることから、凌雲寺跡は祭祀施設、望祭を行う道観であった可能性を考えさせます。

伽藍山には多くの寺院（修験道の場）が建立されていた伝承（地元での聞き取り）があります。（岩屋の存在）

表 5-29：東鳳翻山を基点とする距離と方位角

地点	緯度	経度	距離（m）	方位角
東鳳翻山	341319	1312634	0	**0**
大神宮外宮	341104	1312805	4768	**1504429**
奥宮（龍穴）	335953	1313526	28332	**1511127**

＊先に外宮を遷宮していることから外宮の位置で測量した（内宮 341105, 1312805）。

表 5-30：大内氏館中央（現龍福寺本堂）を基点とする距離と方位角

地点	緯度	経度	距離（m）	方位角
本堂中央	341104	1312847	0	**0**
大神宮外宮	341104	1312805	1076	**2700012**

＊近隣する地点の経・緯度は、大内氏館北辺（341105, 1312847）、本堂中央（341104, 1312847）は地形図上で測定した。　大内氏館南辺（341103, 131284）、築山（341110, 1312843）である。

　外宮前の籾置石（341103, 1312805）が測点（榜示石）であった可能性があります。（誤差は 0.3%）

籾置石を測点と考える根拠は、既述した伊勢皇大神宮（内宮）の御垣内にある興玉神（オキタマカミ）と呼ばれる岩が内宮の位置を決定する榜示石になっていた可能性です。（瀧祭宮を通る東西軸と外宮を基点とする方位角 330°の線分の交点にミヤヒ神と興玉神が存在する／内宮の所管社のうち瀧祭宮につぐ第 2 位で実見できない）（興玉の森には石を積んだ神籬がある）（488-138）

その根拠は籾置石と興玉神がともに「金気」岩（盤座）であり、「籾」と「玉」が同じ「金気」で置き換えることができ、「置」と「興」の読みが通用することです。

つまり、高嶺大神宮の位置を決定する時に、籾置石は興玉神に倣って置かれた榜示石であった可能性があります。

図 h. 凌雲寺跡（推定 1507 年）の設計

総門（東開口部）は、線分（東鳳翻山 – 故五宮）と荒神社を通る東西軸の交点に設計されました。

線分（東鳳翻山 – 伽藍山）の距離は 10985m。

大内弘世が大内氏館を建設（1325～1380）。

荒神社の創建は大内氏館以後になり、凌雲寺跡は荒神社以後になります。

その名称と位置から道観である可能性が考えられます。

東鳳翻山を基点とする 4 つの設計線

　繰り返しになりますが、東鳳翻山を基点とする 4 つの設計線を纏めておきます。（5-43 の図 a、c、g、h を合せた）地上絵の謎を解き明かすために重要だと考えられるからです。

　図 5-44 で赤の設計線は五形図（第 1 候補 698 年）までに描かれた設計線、青の設計線は大内義興が皇大神宮勧請（1520）と凌雲寺跡に用いた設計線です。

約 800 年の隔たりがあるにもかかわらず、これらの設計線が存在する事実は東鳳翻山を基点とする設計思想が伝えられていた傍証になります。

東鳳翻山の真南に土師八幡と朝田神社（玉祖五宮）が設計されていることから、土師氏が山口盆地に勢力を得ていたことは間違いありません。

図 5-44：東鳳翩山を基点とする 4 つの設計線

a：東鳳翩山を基点とする 4 つの設計線の地形図上での再現（描点、設計線は必ずしも正確ではない）。　b：東鳳翩山の三角点と右奥にショウゲン山（↓）を望む。
c：東鳳翩山々頂からは 4 つの設計線を想像することが容易である（残念ながら最近は霞んでみえにくい）。以前は、遠く九州と四国の山並み、瀬戸内海も明らかにみることができ、古代には目視による測量が可能であったことを示唆する。

c

表 5-31：東鳳翩山を基点とする線分の構成要素

基点	山	神社	寺	備考
東鳳翩山	堂山	土師八幡／朝田神社		堂山には虚空蔵堂が置かれていた
東鳳翩山	氷上山	国津姫神社		国津姫神社は龍穴に向けて設計されている
東鳳翩山	鴻ノ峰	高嶺太神宮／龍穴		高嶺太神宮は大内氏館と同一緯線上に設計されている
東鳳翩山		五宮	凌雲寺跡	中尾秋葉社が測点として介在する

図 5-44、表 5-31 から読み取れる事実は、以下の通りです。

1. 「聖なる神の坐ます山」としての東鳳翩山への信仰は、北斗図が描かれてから 800 年間、変わっていなかった。
2. 「龍神の棲む龍穴」への信仰も不変であった。
3. 設計線の形式（山－神社－山）あるいは（山－山－神社）にも変化はない。

　　東鳳翩山－土師八幡－朝田神社：180°
　　東鳳翩山－氷上山－国津姫神社：135°
　　東鳳翩山－高嶺太神宮－龍穴（奥宮）：151°
　　東鳳翩山－凌雲寺跡－五宮：192°

第 5 章　地上絵の謎――残された素朴な疑問　　441

上記の事実から考えられる事柄は、以下の通りです。
1. 土師八幡と朝田神社、国津姫神社、高嶺太神宮と龍穴（奥宮）、五宮の対応から、大内義興の菩提寺とされる凌雲寺跡も祭祀施設であった可能性が高い。
2. 東鳳翻山から南面して左祖右社の原則が活かされている可能性がある。
　国津姫神社を祖廟とし、故五宮を社稷とした。
　高嶺太神宮を祖廟の位置におき、凌雲寺跡を社稷の位置においた。
3. 線分（東鳳翻山－土師八幡－朝田神社）－線分（東鳳翻山－氷上山－国津姫神社）＝ 45°と線分（東鳳翻山－凌雲寺跡－五宮）－線分（東鳳翻山－高嶺太神宮－龍穴）＝ 42°が近似することからも、2. の設計思想が伝承されていた可能性がある。
4. 東鳳翻山の真南に位置する土師八幡は土師氏の居館であった可能性を考えさせ、式内社でないことも社殿としての形態ではなかった可能性を考えさせる。
5. 故五宮も式内社ではなく「延喜式」神名帳の成立当初、社殿の形態ではなく地上絵の描点として榜示石が置かれていた可能性を考えさせる（古四宮についても同じ）。

周芳に残る測量と設計の伝統

　江戸時代中期の明和四年(1767)、萩藩は郡方地理図師・有馬喜惣太に防長二国の地理模型を作成するように命じました。
それが防長土図と呼ばれるもので、実見すると絵図に近い模型です。（図 5-45）
有馬喜惣太が防長土図を完成させたとき伊能忠敬(1745〜1818)は若干 22 歳、その死後『大日本沿海輿地全図』が完成(1821)するのは、防長土図から約 50 年先のことでした。
『大日本沿海輿地全図』は実測による近代的・科学的な初めての日本図であった、と織田武雄氏は述べています。（寛政十二年[1800]から文化十三年(1816)にかけて測量した）（356-255）
有馬喜惣太の測量法は不明です。
防長土図の模型と『大日本沿海輿地全図』の実測図を簡単に比較できないとしても、防長土図は忠敬の地図と比較して精確な部分と不正確な部分が混在しているのが判ります。（経度の測定が不正確であるため）（図 5-45）
　防長土図から遡ること約 250 年、大内義興が高嶺太神宮を創建し凌雲寺跡を築造しています。
この築造から約 800 年遡ると五形図、北斗図が描かれた時代になります。
北斗図から五形図（第 1 候補）まで 17 年、北斗図から高嶺太神宮までが約 800 年、防長土図までが約 1100 年の隔たりがあります。
防長二国を治めた、おそらく土師氏から大内氏、毛利氏へと移り変わっても、既述した各時代の設計線が残っていることから、測量と設計・施行法が伝えられていた可能性があります。（表 5-32）

図 5-45：防長土図と古地図

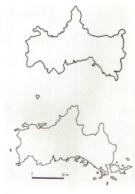

a　　　　b

a：防長土図（上）と現代地図（下）の比較（山口県立山口博物館蔵）（520-56）　＊玖珂郡北部（右奥）が東へ大きく曲がっている点を除けば、現代地図にかなり近い程度の地形精度に達している言える。（520-52）　＊経度の測定は精確なクロノメーターの開発を待つまで困難であった。　b：明和四年（1767）に完成した防長土図と文政四年（1821）に完成した『大日本沿海輿地全図』の中間にある安永七年（1778）に発行された『日本輿地路程全図』でも絵図程度のものであった。（540）

表 5-32：測量と設計の伝統

時代	年（西暦）	地上絵／設計線／地図	誤差／縮尺	備考
古墳時代	3～7 世紀	巨大古墳	不明	方格法の伝来
				周芳国は纒向型前方後円墳の空白地帯
飛鳥時代	天武十年(681)	北斗図	0.1～0.3％	鳳凰図（巽乾軸）
			約 5 万分の 1	
藤原～奈良時代	文武二年(698)	五形図（第 1 候補）	≦ 0.7％	
室町時代	永正四年(1507 ？) 永正十六年(1519)	凌雲寺跡	≦ 0.2％	
	永正十七年(1520)	高嶺太神宮外宮	0.30％	制作年代が確定できる貴重な例
		高嶺太神宮内宮		
江戸時代	明和四年(1767)	防長土図	2 万 5920 分の 1	一寸六里

＊江戸時代の縮尺。（356-235）

本章のまとめ

1. なぜ、地上絵は見えないように描かれたのか。

   「七赤金気」の象意・隠退と陰の象意・かくすにしたがった可能性がある。

   「見せてはならない」という強い呪術性を要求された結果、規模を大きくして見えないようにした。

2. なぜ、地上絵は周芳に描かれたのか。

   明らかなことは判らない。

   左祖右社の原則、兌の位置、本州の西端、陰陽相和の原則、などから陰の位置にしたがった可能性がある。

   四神相応の地あるいは常世国の候補地として評価された可能性がある。

3. なぜ、北斗図（北斗七星／南方朱雀宿／鳳凰）を描いたのか。

   動機

   1. 打ち続く災異が天の譴告によるものと認識したこと。
   2. 災異は「木徳」大友皇子の怨霊の祟りによるものとも認識したこと。
   3. 思想・信仰に忠実であろうとしたこと。

   目的は、それぞれの動機に対応した以下の 3 点。

   1. 宗廟祭祀を怠った天罰として下される壬午の年に予測される大水を回避すること。
   2. 大友皇子の怨霊による祟りで衰弱した天武天皇の「火徳」を扶翼すること。
   3. 不老不死を実現すること。

4. なぜ、北斗七星を描いたのか。

   動機と目的は、天武天皇の「火徳」と宗廟祭祀に帰結する。

5. なぜ、南方朱雀宿を描いたのか。

   「火徳」を扶翼した。

6. なぜ、鳳凰を描いたのか。

   聖天子の出現を予祝し天武天皇の「火徳」を扶翼した。

   南方朱雀宿の中には鳳凰を描かねばならなかった。

7. なぜ、五形図を描いたのか。

   宗廟祭祀の陰陽の調和として、東方の伊勢国に伊勢皇大神宮を創建して太陽神アマテラスを祭祀し、西方の周芳国に遍く光を照らす大日如来を象徴する五形図を描いた。

8. どのように測量し、設計・施行したのか。

   具体的なことはわからない。

9. 設計図は残されていないのか。

   設計図は未発見である。

10. 地上絵を描いた人たちはどこから来たのか

    朝廷から派遣された土師氏の可能性が高いと考えられ、いくつかの傍証が残されている。

11. 北斗図と五形図以外の地上絵は存在しないのか。

    北斗図と五形図に含まれない複数の設計線が存在することから、他の地上絵が存在する可能性がある。

12. 800 年間に渉る空間設計の跡が残されている。

北斗図と五形図の総まとめ

　改めて北斗図と五形図で得られた知見と、地上絵には含まれていなくても重要と考えられる設計線や伝承などを纏めておきます。

　五形図（第1候補）が描かれた文武二年(698)は壬申の乱(672)から26年、北斗図を描いた天武十年(681)から17年が経過していました。

北斗図（天武十年681年）と五形図（第1候補／文武二年698年）を描いた年が聖数関係（陰陽の和17年）で結ばれ、朝廷の宗廟祭祀の一翼を担った国家的事業であった可能性を示唆しています。

また、文武二年が天武天皇の十三回忌であったことも重要で、決して偶然ではありえないことです。

北斗図と五形図のまとめ

1. 北斗七星第7星が南中した位置で描かれた古代の地上絵が存在する。

2. 南方朱雀宿が一体として描かれている。

3. 飛翔する2頭の鳳凰と思われる図形が存在する。

4. 大日如来の象徴と考えられる五形図が存在する。

5. 北斗図と五形図（第1候補）が描かれた年は聖数関係で結ばれている。

6. 南方朱雀宿の分野「周」が周芳国の由来になった可能性がある。

　　あるいは回転する設計、すなわち周（めぐり、まわる）が周芳国の由来になった可能性もある

7. 大内の地名は、北斗七星の地上絵が地上の北極星に相当する多々良山を中心に回転する内側の範囲を意味する。

8. 北斗図の設計（北辰妙見社－多々良山）が後の（外宮－内宮）と（平野神社－大極殿）の設計に影響した可能性がある。

9. 方格法による方眼線を引いた可能性のある痕跡が残されている。

10. 周芳が選ばれた理由に、大和から見て九星「七赤金気」の象意に適う方位であった可能性がある。

11. 飛鳥岩屋山古墳と大日古墳が同じ設計図で築造されていることから、地上絵の設計図が存在した可能性がある。

12. 地上絵を描く位置は、大和から見て左祖右社の原則にしたがった。

13. 地上絵を具体的に見ることができない理由は、「七赤金気」と陰の象意・隠（退）にしたがったからと考えられる。

14. 北斗図と五形図は、朝廷の宗廟祭祀の一翼を担った国家的事業であった。

15. 道教の根本教義である不老不死の実現を目指した可能性もある。

16. 後天易・兌の象意である「神託を受ける巫」の意味が付加されていた可能性がある。

17. 北斗図は「火気」を扶翼する目的も含まれ、五形図は「土気」を補充する目的があった。

18. 北斗図と五形図には、壬の年に予想された洪水を防ぐ目的も含まれていた。

19. 北斗図（北斗七星）で未発見の位置（第2星の位置は現状道路であり将来、発見されることは期待できない。第4星と第6星については、予想される地点を中心として半径31mの範囲内に何らかの遺構が発見される期待がある）。（未発見の谷山付近は図1-43で示した）（図5-46）

　　北斗第2星：大殿付近（仮）(341101, 1312900)

　　北斗第4星：大山路（仮）(341207, 1313144)

　　北斗第6星：仁保蒲生（仮）(341309, 1313415)

図 5-46：北斗図で未発見の位置

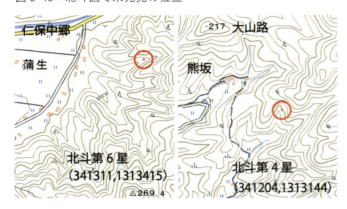

＊地形図上での再現（描点、設計線は必ずしも正確ではない）。

北斗図の存在を示唆する事柄
1. 江戸期の古図では第１星天枢に相当する北辰妙見社の位置に安楽坊が存在し、「安」「楽」ともに「土気」に配当されることから、その位置が北斗図の第１星であると認識されていたことを示唆する。（天枢は天子の象とされ、十二支は子で北辰に相応しく、五行「土気」に配当される）（476-1-84）
2. 第５星の十二支は辰すなわち「時」で、高野時盛様は守辰丁（ときもり／北斗七星）を意味することから、北斗図の伝承が存在したことを示唆する。（表5-21）（591-557）
3. 回転する北斗七星の内側を意味する「大内」の地名が存在する。
4. ２頭の鳳凰図を示唆する東西の鳳翻山が存在する。
5. 北斗七星の化身・琳聖太子と頻出する「七」の伝承が存在する。
6. 南方朱雀宿の分野「周」に由来する可能性がある「周芳」の国名が残されている。
7. 分野「楚」に含まれる笠山に、楚の特産品であった橘（コウライタチバナ）の自生地が存在する。（屈原／橘頌）（88-196）（105-461）（228-348）

五形図の存在を示唆する事柄（北斗図に比較して少ない）
1. 描点を決定する精度の高い設計線が存在する。
2. 五形図は大日如来を象徴し、大日如来に由来する可能性のある大日古墳が存在する。
3. 五形図「宝珠」で五大「空」を象徴する虚空蔵菩薩を治めた堂山には「宝物」の伝説が存在する。（122-15）

土師氏の関与を示唆する事柄
1. 岩屋山古墳と同じ設計図で築造された大日古墳が存在する。
2. 毛受腹土師氏と龍腹に由来するタタラ地名が残されている。
3. 土師氏が居住した平群の椹原と同じ読みの椹野川が存在する。
4. 条里制より優れた測量精度は、400年間の古墳造営で培った土師氏の経験と知識を示唆する。
5. 地上絵には、大和と共通する龍穴の信仰と「聖なる神の坐ます山」と「龍神の棲む龍穴」を結ぶ設計思想が反映されている。
6. 北斗七星と竈神（土公神）と土師氏は「土徳」で結ばれる。
7. 土師氏と大内氏は同族で、800年にわたる空間設計の伝統が存在する。

地上絵には含まれない設計線や伝承などのまとめ

1. 泉香寺山とショウゲン山、故五宮、毛割若宮跡で造られる象限が存在する。

2. 泉香寺山と向島龍穴を結ぶ「聖なる軸」が存在する。

3. 巽乾軸上の設計が存在する。

4. 「宗廟を望拝する方位線」を始め、土師氏の関与を示唆する設計が存在する。

5. 北斗七星の化身と思われる琳聖太子の伝承が残されている。

6. 象限の交点である泉香寺山の西北は「祖霊の降臨するところ」と意識された可能性がある。

7. 平野は、観念的に土師氏の聖地「母なる大地」「ふるさと」として意識された可能性がある。

8. 土師氏の宗廟と思われる大日古墳の大日は大日如来に由来する可能性があり、大日如来を象徴する五形図の存在を暗示する。

参考文献

1　阿部猛編『日本古代官職辞典』高科書店 1995

2　秋穂町史編集委員会『秋穂町史』秋穂町 1982

3　秋本吉郎校注・日本古典文学大系『風土記』岩波書店 1968

4　赤松宗旦著・柳田国男校定『利根川図志』岩波文庫 1938

5　赤坂憲雄『境界の発生』講談社学術文庫 2002

6　赤塚忠・中国古典新書『易経』明徳出版 1974

7　赤塚忠『書経・易経 (抄)』平凡社 1979

8　赤澤威・落合一泰・関雄二編『異民族へのまなざし』東京大学出版会 1992

9　網干善教『古代の飛鳥』学生社 1980

10　青木和夫他校注・新日本古典文学大系『続日本紀』岩波書店 1989

11　『歩いて旅する　熊野古道・高野・吉野　世界遺産の参詣道を楽しむ』山と渓谷社 2015

12　荒川紘『古代日本人の宇宙観』海鳴社 1981

13　荒川紘『龍の起源』紀伊國屋書店 1996

14　有馬正高・北原佶『小児の姿勢』診断と治療社 1999

15　浅井與四郎『北野の史実』北野天満宮 1998

16　『星々と日月の考古学』飛鳥資料館 2011

17　奈良国立文化財研究所飛鳥資料館『飛鳥池遺跡』関西プロセス 2000

18　馬場あき子『鬼の研究』ちくま文庫 1992

19　仏教芸術学会編『仏教芸術』毎日新聞社 87 号 1972

20　総合仏教大辞典編集委員会編『総合仏教大辞典』法蔵館 1987

21　長谷川拓美編・週刊日本の名寺をゆく仏教新発見 06『金峯山寺』朝日新聞出版 2015

22　文化庁監修『国宝高松塚古墳壁画』中央公論美術出版 2004

23　文化庁他編『キトラ古墳壁画』朝日新聞社 2014

24　湖南省博物館中国科学院考古研究所『中国・長沙馬王堆漢墓展』毎日新聞社 1990

25　知切光蔵『鬼の研究』大陸書房 1978

26　知切光蔵『仙人の研究』大陸書房 1979

27　『中華易学集成天文星象大全　開元占経（中文）』中央出版社 2006

28　張明澄『五行経絡　中国医学薬物事典』エンタプライズ社 1990

29　『中央史壇』「生類犠牲研究」- 二重櫓下人骨に絡はる経緯 -1925

30　趙力光主編『石墨鐫華　西安碑林書法芸術』陝西師範大学出版総社有限公司 2016

31　独立行政法人国立文化財機構編『地下の正倉院　平城宮第一次大極殿院のすべて』奈良文化財研究所 2012

32　第八十二代出雲国造・千家尊統『出雲大社』学生社 1968

33　大和岩雄『秦氏の研究』大和書房 1993

34　大森崇編『道教の本』学研 1992

35　林仙庭監修『東方はるかなユートピア－煙台地区出土文物精華－』山口県立萩美術館・浦上記念館 2006

36　江口洌『伊勢神宮の源流を探る』河出書房新社 2012

37　江口洌『古代天皇の聖数ライン』河出書房新社 2007

38　袁珂著・鈴木博訳『中国神話・伝説大事典』大修館書店 1999

39　銭谷武平『役行者ものがたり』人文書院 1991

40　江藤廣『古代中国の民俗と日本　「春秋左氏伝」に見る民俗資料から』雄山閣出版 1992

41　藤井崇『大内義興　西国の「覇者」の誕生』中世武士選書 21 戎光祥出版 2014

42　藤井旭『星座大全』作品社 2003

43　伊藤貞丈・島田勇雄校注『貞丈雑記』平凡社 1985

44　藤井寺市教育広報『萌芽』

45　藤本勝義『源氏物語の＜物の怪＞文学と怨霊の狭間』笠間書院 1994

46　藤巻一保『安倍晴明占術大全』学習研究社 2000

47　藤岡通夫編『日本の美術 8 京都御所と仙洞御所』至文堂 1974

48　福井康順・中国古典新書『神仙伝』明徳出版社 1983

49　福本明『吉備の弥生大首長墓　楯築弥生墳丘墓遺跡』新泉社 2007

50　福永光司『タオイズムの風』人文書院 1997

51　福永光司『道教と古代日本』人文書院 1981

52　福永光司『道教と東アジア——中国・朝鮮・日本』人文書院 1989

53　福永光司『道教と日本文化』人文書院 1982

54　福永光司『「馬」の文化と「船」の文化』人文書院 1996

55　福永光司『老子』朝日新聞社 1978

56　福永光司・千田稔・高橋徹『日本の道教遺跡を歩く』朝日新聞社 2003

57　福永光司他『道教と古代の天皇制』徳間書店 1978

58　福尾猛市郎『大内義隆』吉川弘文館 1959

59　福島久維『孔子の見た星空』大修館書店 1997

60　山口市教育委員会文化課『ふるさと山口』山口の文化財を守る会・第 28 号 1991

61　フレイザー『金枝篇』岩波文庫 1968

62　宮内庁協力　皇室の至宝　御物『絵画 II』毎日新聞社 1991

63　『芸術新潮　特集オールアバウト運慶』新潮社 2017

64　呉佳錡・山道帰一『完全定本 [実践] 地理風水大全』河出書房新社 2009

65	郡司勇夫『日本貨幣図鑑』東洋経済新報社 1981
66	五来重『山の宗教　修験道案内』角川文庫 2008
67	五来重『石の宗教』角川選書 1988
68	五来重『絵巻物と民俗』角川選書 1982
69	五来重『修験道入門』角川書店 1980
70	五来重『仏教と民俗』角川選書 1976
71	五島邦治監修・風俗博物館編集『源氏物語と京都　六條院へ出かけよう』宗教文化研究所 2005
72	後藤丹治・岡見正雄校注・日本古典文学大系『太平記』岩波書店 1962
73	『母たちの神　比嘉康雄写真集』出版舎 Mugen2010
74	ハンス・アイゼンク　マイケル・アイゼンク著・田村浩訳『マインドウオッチング人間行動学』新潮選書 1986
75	ヘンドリック・ファン・デル・フェーレ著・白石凌海訳『五輪九字明秘密釈の研究』ノンブル社 2003
76	平群町史編集委員会『平群町史』平群町役場 1976
77	『平安京図会　復元模型の巻』京都市生涯学習振興財団 2005
78	『北斉－風景・美人・奇想－』大阪市立美術館 2012
79	斐川町教育委員会編『荒神谷博物館』斐川町 2005
80	花房英樹編『李白歌詩索引　唐代研究のしおり唐8』同朋舎 1977
81	本間清利『御鷹場』埼玉新聞社 1981
82	原田伴彦・矢守一彦・矢内昭『大阪古地図物語』毎日新聞社 1980
83	原田敏明『村の祭祀』中央公論社 1975
84	原田敏明『日本古代思想』中央公論社 1972
85	廣畑輔雄『記紀神話の研究』風間書房 1977
86	平野暁臣編『岡本太郎の沖縄』小学館クリエイテイブ 2016
87	平野神社由緒書
88	星川清孝・中国古典新書『楚辞』明徳出版 1980
89	橋本敬造『中国占星術の世界』東方書店 1993
90	波多野鷹『鷹狩りへの招待』筑摩書房 1997
91	服部敏良『王朝貴族の病状診断』吉川弘文館 2006
92	防府市教育委員会『周防の国衙』1967
93	防府市史編纂委員会『防府市史』通史Ⅰ原始・古代・中世 2004
94	林睦朗『桓武朝論』雄山閣出版 1994
95	林睦朗「高野新笠をめぐって」『折口博士記念古代研究所紀要　第三輯』角川書店 1977
96	林睦朗先生還暦記念会編『日本古代の政治と制度』続群書類従完成会 1985
97	林陸朗『長岡京の謎』新人物往来社 1972
98	林陸朗校注訓訳『続日本紀』現代思潮社 1988
99	伊波普猷『伊波普猷全集』平凡社 1974
100	市毛勲著『朱の考古学』雄山閣 1975
101	飯田季治『古語拾遺新講』明文社 1970
102	佐藤洋一郎『イネが語る日本と中国ー交流の大河五〇〇〇年』農産漁村文化協会 2003
103	飯島忠雄『天文暦法と陰陽五行説』第一書房 1979
104	生月誠『不安の心理学』講談社現代新書 1996
105	池畑孝次郎『山口に残る古代地上絵　北斗図の謎』東洋出版 2016
106	池畑怜伸『写真でわかるシダ図鑑』トンボ出版 2016
107	今井啓一『帰化人の研究　総説編』綜芸舎 1972
108	段成式・今村与志雄訳注・東洋文庫 404『西陽雑組』平凡社 1981
109	今村啓彌『富本銭と謎の銀銭　貨幣誕生の真相』小学館 2001
110	稲田義行『現代に息づく　陰陽五行』日本実業出版社 2003
111	井ノ口章次『日本の俗信』弘文堂 1975
112	伊能忠敬研究会『忠敬と伊能図』アワ・プラニング 1998
113	井上ひさし『四千万歩の男』講談社文庫 1992
114	井上聡『古代中国陰陽五行の研究』翰林書房 1996
115	井上満郎『桓武天皇 当年の費えといえども後世の頼り』ミネルヴァ書房 2006
116	井上亘『日本古代の天皇と祭儀』吉川弘文館 1998
117	石塚尊俊『鈩と鍛冶』民芸民俗双書 1985
118	石田茂作『総説飛鳥時代寺院址の研究』大塚巧芸社 1944
119	石田茂作『仏教美術の基本』東京美術 1967
120	石上堅『日本民俗語大辞典』桜楓社 1983
121	石川県立美術館『国宝薬師寺展』国宝薬師寺展金沢開催委員会 2013
122	石川卓美『平川文化散歩』山口市平川公民館 1972
123	石川卓美『防長歴史用語辞典』マツノ書店 1986
124	石川忠久『漢詩をよむ李白一〇〇選』NHK出版 1998
125	礫川全次『生贄と人柱の民俗学』批評社 1998
126	石上神宮編『石上神宮』石上神宮 1999
127	石野浩司『石灰壇「毎朝御拝」の史的研究』皇学館大学出版部 2011
128	伊藤清司『中国の神獣・悪鬼たち　山海経の世界』東方書店 1986
129	岩本裕『観音の表情』淡交社 1968
130	岩崎俊彦『大内氏壁書を読む-掟書による中世社会の探求-』大内文化探訪会 1997
131	岩下尚史『芸者論』雄山閣 2006
132	岩槻秀明『雲の図鑑』KKベストセラーズ 2014
133	泉谷八千代『NHK歴史ドキュメント2』追跡王朝の秘薬——不老長寿の夢　日本放送出版協会 1986
134	『事物異名類編』須原屋茂兵衛他 1858
135	沢潟久孝他編『時代別国語大辞典上代編』三省堂 1967
136	ジョナサン・J・ム-7著・森本美樹訳『処刑の文化史』ブックマン社 2018
137	条里制研究会『空から見た古代遺跡と条里』大明堂 1997
138	Kankan『伊勢神宮』書肆侃侃房 2013
139	木場明志監修『陰陽五行　淡交ムック』淡交社 1997
140	窪徳忠『道教百話』講談社学術文庫 1989
141	久保田展弘『役行者と修験道』ウエッジ 2006
142	窪徳忠『道教の神々』講談社 1996
143	小林茂文『周縁の古代史　王権と性・子ども・境界』有精堂出版 1994
144	古代を考える会『河内土師の里遺跡の検討』1979・3

145	「角川日本地名大辞典」編纂委員会『角川日本地名大辞典　35 山口県』角川書店 1988
146	喜田貞吉『帝都』日本学術普及会 1939
147	近藤清石『大内氏實録』マツノ書店 1974
148	近藤敏喬『古代豪族系図集覧』東京堂出版 1993
149	門脇禎二編『日本古代国家の展開』思文閣出版 1995
150	小金丸研一『古代文学の発生』桜楓社 1969
151	小金丸研一『日本書紀構造論』おうふう 2003
152	貝塚茂樹『古代中国の精神』筑摩叢書 1967
153	小出義治「大和・河内・和泉の土師氏」『国史学』(54),56-70,1951-01-00
154	『広辞苑』第六版・岩波書店 DVD-ROM 版 2013
155	『漢字源』改訂第四版・学習研究社 2007
156	梶井基次郎『梶井基次郎全集第一巻』筑摩書房 1966
157	小島憲之校注・日本古典文学大系『懐風藻』岩波書店 1964
158	斐川町教育委員会『荒神谷遺跡の謎　ブックレット集①』島根県斐川町 1990
159	朝日新聞社編『考古学クロニクル 2000』朝日新聞社 2000
160	国立故宮博物院印行『故宮銅器選萃』続輯・中華民国国立故宮博物院 1970
161	柿沼陽平『中国古代の貨幣：お金をめぐる人びとと暮らし』吉川弘文館ライブラリー 2015
162	国立民族学博物館監修『季刊　民族学 49』一般財団法人千里文化財団 1989 夏
163	亀田隆之『日本古代治水史の研究』吉川弘文館 2000
164	神居文彰・宮城俊作・太日亜希編『平等院鳳翔館』平等院 2002
165	神居文彰・志村ふくみ『古寺巡礼京都 13　平等院』淡交社 2007
166	木村康一代表『新註校定国譯本草綱目』春陽堂 1977
167	木村大樹「御体御卜の成立と変遷に関する一考察」国学院大学大学院紀要文学研究科第 47 輯 2015
168	来村多加史『風水と天皇陵』講談社現代新書 2004
169	小松英雄『日本語の音韻』中央公論社 1981
170	小松和彦『憑霊信仰論』講談社学術文庫 1994
171	小松和彦・内藤正敏『鬼がつくった国・日本』光文社 1985
172	神谷政行『天武天皇の年齢研究』叢文社 2010
173	木股三善・宮野敬編『原色新鉱物岩石検索図鑑』北隆館 1964
174	小宮輝之監修『里山の野鳥ハンドブック』NHK 出版 2011
175	椚国男『古墳時代の成立とは　方格法の渡来と複合型古墳の出現』築地書房 2009
176	金子修一『古代中国と皇帝祭祀』汲古選書 2001
177	金倉圓照『インド哲学史』平楽寺書店 1962
178	金森敦子『伊勢詣と江戸の旅　道中日記に見る旅の値段』文藝春秋 2004
179	邦光史郎『干支から見た日本史』毎日新聞社 1996
180	金岡秀友『密教の哲学』サーラ叢書 1969
181	干宝・竹田晃・東洋文庫 10『捜神記』平凡社 1995
182	金谷治訳注『荘子』岩波文庫 1975
183	金谷治訳注『韓非子』岩波文庫 1994
184	狩野賢一『金太郎』講談社 1966
185	倉橋恵理佳・加藤真文編『週刊古寺をゆく 31 愛染明王と伎芸天が招く佐路の寺・西大寺・秋篠寺』小学館 2001
186	黒板勝美・国史大系編集会・新訂増補国史大系『日本書紀私記・釈日本紀・日本逸史』吉川弘文館 1965
187	黒板勝美・国史大系編集会・新訂増補国史大系『延喜式』吉川弘文館 1977
188	黒板勝美・国史大系編集会・新訂増補国史大系『交替式・弘仁式・延喜式』吉川弘文館 1965
189	黒板勝美・国史大系編集会・新訂増補国史大系『日本紀略』吉川弘文館 1929
190	黒板勝美・国史大系編集会・新訂増補国史大系『日本後紀』吉川弘文館 1971
191	黒板勝美・国史大系編集会・新訂増補国史大系『日本三代実録』吉川弘文館 1984
192	倉野憲司・武田祐吉校注・日本古典文学大系『古事記 祝詞』岩波書店 1958
193	黒崎直『最古の銅銭「富本銭」の発見と飛鳥池遺跡』朝日新聞社 2000
194	黒沢幸三「土師氏の伝承と歌謡」『文化』31(4),99-130,1968-03-00
195	倉塚曄子・皇統譜における「妹」――古代女性誌序説『文学』第 36 巻 6 号・岩波書店 1968
196	倉塚曄子『古代の女――神話と権力の淵から』平凡社選書 1986
197	倉塚曄子『巫女の文化』平凡社 1979
198	串田久治『古代中国の童謡――王朝滅亡の予言歌』あじあブックス大修館書店 1999
199	串田久治『中国古代の「謡」と「予言」』創文社 1999
200	串田久治『無用の用』研文出版 2008
201	小曽戸丈夫・浜田義利『意釈黄帝内経素問』築地書館 1971
202	小杉一雄『中国仏教美術史の研究』新樹社 1980
203	久世仁士『百舌鳥古墳群を歩く』創元社 2014
204	楠原佑介『地名でわかる水害大国・日本』祥伝社 2016
205	九州国立博物館『古代日本と百済の交流　大宰府・飛鳥そして公州・扶餘』西日本新聞社 2015
206	日下雅義『地形からみた歴史』講談社 2012
207	許慎『説文解字（中文）』北京聯合出版公司 2014
208	岸俊男「飛鳥と方格地割」『史林』五三巻四号史学研究会 1970
209	岸俊男教授退官記念会編『日本政治社会史研究』塙書房刊 1984
210	楠山春樹『淮南子』明治書院 1979
211	小竹武夫訳『漢書』筑摩書房 1977
212	「週刊日本の神社」第 6 号・北野天満宮　デアゴスティーニ・ジャパン 2014
213	交野市史編纂室『交野市史　自然編Ⅰ』交野市 1986
214	片岡龍峰『太陽フレアと宇宙災害』NHK 出版 2018
215	独立行政法人国立文化財機構奈良文化財研究所編『キト

ラ古墳天文図　星座写真資料』（奈良文化財研究所研究報告第 16 冊）奈良文化財研究所 2016

216　加藤唐九郎編『原色陶器大辞典』淡交社 1973

217　川原秀城『毒薬は口に苦し――中国の文人と不老不死』大修館書店 2001

218　川合康三『白楽天詩選』岩波文庫 2011

219　川勝政太郎『日本石造美術辞典』東京堂出版 1978

220　川上隆子編『大人の伊勢神宮』ワニブックス 2018

221　河村秀根・益根著・阿部秋生解題『書紀集解一』臨川書店 1969

222　河野多麻校注・日本古典文学大系『宇津保物語』岩波書店 1959

223　河野通毅編『大内村誌』マツノ書店 1958

224　香春町郷土史会編『香春町歴史探訪』香春町教育委員会 1992

225　御堂龍児『定本地理風水大全』国書刊行会 1997

226　前川明久「土師氏と帰化人」『日本歴史』(255),18-31,1969-08-00

227　前園実知雄『斑鳩に眠る二人の貴公子　藤ノ木古墳』新泉社 2006

228　目加田誠訳『詩経・楚辞』平凡社 1974

229　牧野富太郎『牧野日本植物図鑑』北隆館 1979

230　槇佐知子『今昔物語と医術と呪術』築地書館 1984

231　槇佐知子全訳精解『大同類聚方』新泉社 1992

232　丹波康頼撰・槇佐知子訳『医心方』筑摩書房 1999

233　南方熊楠『十二支考』岩波文庫 2003

234　南方熊楠『南方閑話』人柱の話・坂本書店出版部 1926

236　『毛利元就』毛利博物館 2007

235　森朝男『古代文学と時間』新典社 1989

237　村井康彦『平安京物語』小学館 1994

238　森浩一『巨大古墳 - 前方後円墳の謎を解く』草思社 1985

239　森浩一『日本の深層文化』ちくま新書 2009

240　森浩一・門脇禎二『渡来人　尾張・美濃と渡来文化』大巧社 1997

241　『柳田国男全集』ちくま文庫 1990

242　森浩一編『日本の古代』中央公論社 1986

243　村上嘉実『中国の仙人－抱朴子の思想－』サーラ叢書 1956

244　村上嘉実・中国古典新書『抱朴子』明徳出版社 1992

245　村尾次郎『桓武天皇』吉川弘文館 1963

246　森田悌『日本後紀　全現代語訳』講談社学術文庫 2006

247　村津弘明『土師氏の研究 -- 土師姿婆連猪手を中心として』史泉 (50), p55-63, 1975-04-00,240

248　『村田治郎著作集三』「中国建築史叢考　仏寺仏塔篇」中央公論美術出版 1988

249　村田路人『近世の淀川治水』山川出版社 2009

250　丸山竜平『巨大古墳と古代国家』吉川弘文館 2004

251　守屋洋『六韜・三略の兵法』プレジデント社 1994

252　森山秀子編『高島野十郎　里帰り展』石橋財団石橋美術館 2011

253　森由雄『神農本草経解説』源草社 2011

254　益田勝美『火山列島の思想』講談社学術文庫 2015

255　益田勝美『秘儀の島　日本の神話的創像力』筑摩書房 1976

256　三坂圭治編『吉敷村史』磯村乙巳 1937

257　三島由紀夫『橋づくし』文芸春秋社 1956

258　御薗生翁甫『大内氏史研究』マツノ書店 2001

259　御薗生翁甫『防長地名淵鑑』マツノ書店 1974

260　満田大 , 中川敦夫：うつ病に対する認知行動療法．日本臨牀 75(10): 1542-1547, 2017.

261　三井記念美術館他編『奈良西大寺展』日本経済新聞社 2017

262　松本清張編『古代出雲・荒神谷の謎に挑む』角川書店 1985

263　松前健『古代伝承と宮廷祭祀』塙書房 1974

264　松村博「日本の木造橋の構造とデザイン」土木史研究講演集・第 23p78,2003

265　松村博『大阪の橋』松籟社 1992

266　松本浩一『中国の呪術』大修館書店 2001

267　三谷栄一『日本神話の基盤』塙書房 1974

268　三谷栄一『日本文学の民俗学的研究』有精堂出版 1965

269　三浦茂久『古代日本の月信仰と再生思想』作品社 2008

270　宮家準『修験道小事典』宝蔵館 2015

271　宮本常一『絵巻物に見る日本庶民生活誌』中公新書 1981

272　三好和義『御所と離宮――①京都御所』朝日新聞出版 2010

273　溝口睦子『アマテラスの誕生――古代王権の源流を探る』岩波新書 2009

274　水野敬三郎他編『法隆寺から薬師寺へ　飛鳥・奈良の建築・彫刻』講談社 1990

275　水野俊平『韓 vs 日 偽史ワールド』小学館 2007

276　水沢澄夫『秋篠寺』中央公論美術出版 1968

277　前川明久「土師氏伝承の一考察　野見宿禰をめぐって」『日本歴史』日本歴史学会 1978・9

278　野口武彦・鷲尾隆輝『古寺巡礼近江　石山寺』淡交社 1980

279　野口定男他訳『史記』平凡社 1974

280　野口鐵郎責任編集『古代文化の展開と道教』雄山閣 1997

281　須川眞編週刊原寸大日本の仏像「円成寺大日如来と柳生の石仏」講談社 2008

282　三好和義・岡野弘彦他『日本の古社　伏見稲荷大社』淡交社 2004

283　「日本書紀天文記録の信頼性」河鰭公昭 , 谷川清隆 , 相馬充：国立天文台報第 5, 2002

284　小島憲之校注・日本古典文学大系『懐風藻　文華秀麗集　本朝文粋』岩波書店 1964

285　特別報道写真集『7・13 水害　長岡・三条・見附・栃尾・中之島』新潟日報事業社 2004

286　内藤匡『古陶磁の科学』雄山閣 1972

287　野尻抱影『星の方言集　日本の星』中公文庫 1976

288　仲松弥秀『神と村』伝統と現代社 1975

289　中村修也『図説地図とあらすじでわかる！続日本紀と日本後記』青春出版社 2010

290　中村修也編著『続日本紀の世界　奈良時代への招待』思

文閣出版 1999

291　中村亮平『仏教美術　堂・塔・構成』寶雲舎 1938

292　村山修一『陰陽道叢書』名著出版 1991

293　中村璋八『五行大義全釈』明治書院 1986

294　中田力『日本古代史を科学する』PHP 研究所 2012

296　中司健一『山口大神宮勧請・造営に見る大内氏の財政』日本歴史 (760),19-35,2011

295　中山太郎『日本巫女史』パルトス社 1930

297　中沢新一『大阪アースダイバー』講談社 2012

298　中澤伸弘『宮中祭祀　連綿と続く天皇の祈り』展転社 2010

299　野間文史『春秋学　公羊伝と穀梁伝』研文出版 2001

300　波里光徳『気学集成』東洋書院 2010

301　直木孝次郎「土師氏の研究 -- 古代的氏族と律令制との関連をめぐって」『人文研究』11(9),890-913,1960-09-00

302　直木孝次郎『日本古代の氏族と天皇』塙書房 1980

303　直木孝次郎『日本古代兵制史の研究』吉川弘文館 1968

304　直木孝次郎・鈴木重治編『飛鳥池遺跡ー富本銭と白鳳文化』ケイ・アイ・メディア 2000

305　荒井魏編『魅惑の仏像28』「奈良・円成寺　大日如来」毎日新聞社 1996

306　奈良県立橿原考古学研究所『藤ノ木古墳が語るもの』雄山閣 1989

307　奈良国立文化財研究所編『平城宮跡資料館図録』関西プロセス 1987

308　奈良国立文化財研究所編『平城京　長屋王邸宅と木簡』吉川弘文館 1991

309　奈良国立文化財研究所飛鳥資料館『図説　飛鳥の石造物』飛鳥資料館 2000

310　西野儀一郎『古代日本と伊勢神宮』新人物往来社 1976

311　西岡秀雄『なぜ、日本人は桜の下で酒を飲みたくなるのか』PHP2009

312　西山明彦・滝田栄『古寺巡礼奈良 8 唐招提寺』淡交社 2010

313　根崎光男『犬と鷹の江戸時代〈犬公方〉綱吉と〈鷹将軍〉吉宗』吉川弘文館 2016

314　小葉田淳『日本鉱山史の研究』岩波書店 1968

315　落合淳思『甲骨文字の読み方』講談社 2007

316　『鴎外全集』岩波書店 1973

317　緒方惟章訳・西沢正史監修『現代語で読む歴史文学　古事記』勉誠出版 2004

318　緒方隆司『暁の平安京 桓武天皇史話』光風社出版 1994

319　小川光三『知られざる古代太陽の道　大和の原像』大和書房 1980

320　小川泰『フラクタルとは何か』岩波書店 1989

321　小川和佑『桜と日本文化　清明美から散華の花へ』アーツアンドクラフツ 2007

322　小川清彦著作集『古天文・暦日の研究』皓星社 1997

323　岡田芳朗『旧暦読本　現代に生きる「こよみ」の知恵』創元社 2006

324　岡研一『ちょっとそこの山まで。』山歩きの報告書 - 第 2 集 - 大村印刷 1987

325　沖森卓也他編著『出雲国風土記』山川出版社 2005

326　岡見正雄・赤松俊秀校注・日本古典文学大系『愚管抄』岩波書店 1967

327　沖守弘・伊東照司『原始仏教美術図典』雄山閣出版 1991

328　三好和義ほか『日本の古社　住吉大社』淡交社 2004

329　奥野平次『ふるさと交野を歩く　山の巻』交野市・交野古文化同好会 1981

330　三好和義ほか『日本の古社　大神神社』淡交社 2004

331　沢潟久孝『万葉集注釈』中央公論社 1960

332　沢潟久孝他編『時代別国語大辞典』上代編・三省堂 1971

333　小野塚幾澄・梅原猛『古寺巡礼奈良 2　長谷寺』淡交社 2010

334　小野正敏『動物と中世――獲る・使う・食らう（考古学と中世史研究 6）』高志書院 2009

335　大林太良他監修『日本神話事典』大和書房 2005

336　大形徹『不老不死　仙人の誕生と神仙術』講談社現代新書 1992

337　大岡昇平編『中原中也全集』角川書店 1967

338　大岡信『たちばなの夢 私の古典詩選』新潮社版 1972

339　大角修『平城京全史解読』学研新書 2009

340　大森崇他編『密教の本　驚くべき秘儀・修法の世界』学研 1992

341　大森亮尚『日本の怨霊』平凡社 2007

342　大野峻・中国古典新書『国語』明徳出版社 1969

343　大野晋『日本語をさかのぼる』岩波新書 1974

344　大野晋・佐竹昭広・前田金五郎編『岩波古語辞典』岩波書店 1974

345　大阪市立美術館『役行者と修験道の世界』毎日新聞社 1999

346　大坪秀敏『百済王氏と古代日本』雄山閣 2008

347　太田雅男他編『陰陽道の本　日本史の闇を貫く秘儀・占術の系譜』学習研究社 1993

348　大歳地区史編纂委員会『郷土大歳のあゆみ』大歳自治振興会 2002

349　大竹三郎『鉄をつくる』大日本図書 1981

350　大塚英志『人身御供論』角川文庫 2002

351　大塚敬節『臨床応用　傷寒論解説』創元社 1966

352　大塚初重他編『日本古墳大辞典』東京堂出版 1989

353　大山邦興編『週刊古寺をゆく 24　四天王寺』小学館 2001

354　寺沢薫・森岡秀人編『弥生土器の様式と編年　近畿編 II』木耳社 2000

355　『折口信夫全集』中央公論社 1966

356　織田武雄『地図の歴史』講談社 1973

357　小沢賢二『中国天文学史研究』汲古書院 2010

358　セゾン美術館編『紫禁城の后妃と宮廷芸術』セゾン美術館 1997

359　銭宝琮編・川原秀城訳『中国数学史』みすず書房 1990

361　柴田實編　民衆宗教史叢書⑤『御霊信仰』雄山閣出版 1984

362　宗竹仙『中国陶磁中和堂コレクション』中国陶磁協会 2002

363　首藤善樹『金峯山寺史』国書刊行会 2004

364	佐伯有清『日本古代の政治と社会』吉川弘文館 1970
366	梅原猛監修、狭川宗玄・吉岡幸雄『古寺巡礼奈良 3　東大寺』淡交社 2010
367	繁田信一『安陪晴明　陰陽師たちの平安時代』吉川弘文館 2006
368	繁田信一『平安貴族と陰陽師　安陪晴明の歴史民俗学』吉川弘文館 2005
369	繁田信一『陰陽師　安陪晴明と蘆屋道満』中公新書 2006
370	繁田信一『王朝貴族の悪だくみ』柏書房 2007
371	繁田信一『呪いの都平安京　呪詛・呪術・陰陽師』吉川弘文館 2006
372	佐川英治『中国古代都城の設計と思想　円丘祭祀の歴史的展開』勉誠出版 2015
373	椙山林継・山岸良二編『原始・古代日本の祭祀』同成社 2007
374	西郷信綱『源氏物語を読むために』平凡社 1983
375	西郷信綱『古事記注釈』平凡社 1988
376	西郷信綱『神話と国家　古代論集』平凡社選書 1977
377	西郷信綱『古代の声』朝日新聞社 1985
378	西郷信綱『古代人と夢』平凡社 1972
379	西郷信綱『古代人と死　大地・葬り・魂・王権』平凡社 2008
380	西郷信綱『壬申紀を読む』平凡社 1993
381	『星経』早稲田大学古典籍データーベース
382	齋藤盛之『一宮ノオト』思文閣出版 2002
383	斎藤国治『古天文学の道　歴史の中の天文現象』原書房 1990
384	斎藤国治『星の古記録』岩波新書 1982
385	坂口謹一郎『日本の酒』岩波文庫 2007
386	「世界の幻獣」を研究する会『よくわかる「世界の幻獣」事典』廣済堂出版 2007
387	『世界遺産　琉球グスク群』琉球新報社 2000
388	酒井シズ『病が語る日本史』講談社 2002
389	阪倉篤義他校注・日本古典文学大系『竹取物語　伊勢物語　大和物語』岩波書店 1978
390	佐喜真興英『シマの話　風俗・明治の沖縄』沖縄書籍販売社 1925
391	坂本太郎他校注・日本古典文学大系『日本書紀』岩波書店 1967
392	『週刊日本の神社 No.51　熊野大社・美保神社・佐太神社』デアゴスティーニ 2015
393	湖南省博物館編『長沙馬王堆一号漢墓』下・平凡社 1976
394	続日本の絵巻『松崎天神縁起』中央公論社 1992
395	島田崇志『写真で見る祇園祭のすべて』光村推古書院 2006
396	島田泉他編『世界遺産ナスカ展　地上絵の創造者たち』TBS 2006
397	御園生翁甫『大内氏史研究』マツノ書店 2001
398	島根県立古代出雲歴史博物館『たたら製鉄と近代の幕開け』2011
399	須股孝信「大和条里計画の使用尺度と測量技術に関する検討」土木史研究・第 14 号 1994 年 6 月

400	清水克行『日本神判史』中公新書 2010
401	薗田香融『日本古代の貴族と地方豪族』塙書房 1991
402	佐野藤右衛門監修『徹底京都桜めぐり』講談社 2009
403	『真言密教の本　空海伝説の謎と即身成仏の秘密』学習研究社 1997
404	篠原義近編『吉野ヶ里・藤ノ木・邪馬台国　見えてきた古代史の謎』読売新聞社 1989
405	新城理恵「先蚕儀礼と中国の蚕神信仰」『比較民俗研究』4.　1991/9
406	新谷尚紀『伊勢神宮と出雲大社』講談社 2009
407	新谷尚紀『神社に秘められた日本史の謎』洋泉社 2015
408	塩見青嵐『伏見人形』河原書店 1967
409	『周防の国衙』防府市教育委員会 1967
410	白川静『字訓』平凡社 1987
411	白川静『字通』平凡社 1996
412	白川静『字統』平凡社 1984
413	白川静『白川静著作集』平凡社 2000
414	白川静・東洋文庫 184『金文の世界　殷周社会史』平凡社 1971
415	白川静・東洋文庫 204『甲骨文の世界　古代殷王朝の構造』平凡社 1972
416	笹間良彦『図説・龍の歴史大辞典』遊子館 2006
417	『周防鋳銭司跡』山口市教育委員会 1978
418	笹山晴生『日本古代史年表』東京堂出版 1993
419	下見隆雄・中国古典新書『礼記』明徳出版社 1997
420	佐藤宗太郎『石と死者』鈴木出版 1984
421	瀬戸内寂聴・福家俊明『古寺巡礼近江 4　三井寺』淡交社 1980
422	佐藤弘夫『アマテラスの変貌　中世神仏交渉史の視座』法蔵館 2000
423	佐藤貢悦『古代中国天命思想の展開──先秦儒家思想と易的論理──』学文社 1996
424	佐藤政次編著『日本暦学史』駿河台出版社 1968
425	数値地図 50000（山口・福岡・大分）CD-ROM 版
426	劉向＋葛洪・沢田瑞穂訳『列仙伝・神仙伝』平凡社 1993
427	鈴木由次郎・中国古典新書『周易参同契』明徳出版社 1988
428	鈴木理生『江戸の橋』三省堂 2006
429	田淵実夫『日本の石垣』朝日テレビニュース社 1967
430	『橘寺と聖徳太子の昔ばなし』橘寺
431	立木義浩『立木義浩写真集　東寺──生命の宇宙』集英社 1998
432	多田一臣『日本霊異記』ちくま学芸文庫 1997
433	田賀井篤平『和田鉱物標本』東京大学総合研究博物館 2001
434	特別報道写真集『平成の三陸大津波』岩手日報社 2011
435	高田栄一『蛇・トカゲ・亀・ワニ』北隆館 1971
436	武田康男『楽しい気象観察図鑑』草思社 2005
437	高田真治・後藤基巳訳『易経』岩波文庫 1969
438	竹田恒泰『怨霊になった天皇』小学館文庫 2011
439	武田通治『測量　古代から現代まで』古今書院 1979
440	高木市之助他監修・日本古典文学大系『今昔物語集』岩

波書店 1961

441 高木敏雄『日本伝説集』宝文館出版 1990

442 瀧川政次郎『京制並に都城制の研究』角川書店 1967

443 高橋徹『道教と日本の宮都　桓武天皇と遷都をめぐる謎』人文書院 1991

444 高橋文雄『ふるさとの地名－地名の話あれこれ－』山口県地名研究所 1977

445 高橋文雄『山口県地名考』山口県地名研究所 1978

446 東京国立博物館他編『運慶』朝日新聞社・テレビ朝日 2017

447 竹村俊則校注『新版　都名所図会』角川書店 1976

448 武光誠「土師氏と出雲との関係」『明治学院大学一般教育部付属研究所紀要』(21),29-40,1997-06-00

449 瀧浪貞子『日本古代宮廷社会の研究』思文閣出版 1991

450 所功『日本の年号』雄山閣 1977

451 所功『年号の歴史』雄山閣 1988

452 高崎正秀『高崎正秀著作集』桜楓社 1971

453 竹島卓一『中国の建築』中央公論美術出版 1970

454 筑紫申真『アマテラスの誕生』講談社学術文庫 2014

455 朱鷺田祐介『図解巫女』新紀元社 2011

456 竹内理三他編『日本古代人名辞典』吉川廣文館 1985

457 竹内照夫他『礼記』明治書院 1972

458 「角川日本地名大辞典」編纂委員会『角川日本地名大辞典』角川書店 1988

459 富倉徳次郎『平家物語全注釈』角川書店 1966

460 田村圓澄『伊勢神宮の成立』吉川弘文館 2009

461 田村圓澄『飛鳥・白鳳仏教史』吉川弘文館 1994

462 「七世紀の日本天文学」谷川清隆,相馬充：国立天文台報第 11,31-55(2008)

463 谷川健一『古代歌謡と南島歌謡』春風社 2006

464 谷川健一『谷川健一著作集』三一書房 1984

465 谷川健一編『日本の神々』白水社 2000

466 八尾市市長公室広報課『新版　八尾の史跡』八尾市市長公室広報課 1987

467 田中貴子・花田清輝・澁澤龍彦・小松和彦『図説百鬼夜行絵巻をよむ』河出書房新社 1999

468 田中初夫『践祚大嘗祭』木耳社版 1975

469 田中澄江・伊藤教如・林亮勝『古寺巡礼奈良 10　室生寺』淡交社 1979

470 田中胎東編『気学　九気密意』香草社 1975

471 谷岡武雄『聖徳太子の榜示石』学生社 1976

472 寺田透『わが中世』現代思潮社 1967

473 鳥越泰義『正倉院薬物の世界　日本の薬の源流を探る』平凡社 2005

474 段呂明・戴晨京・何虎生著・栗田和成訳『中国仏寺道観』金陵刻経所 1995

475 虎尾俊哉『延喜式』吉川弘文館 1964

476 寺島良安『和漢三才図会』平凡社 1985

477 鳥山石燕『画図百鬼夜行全画集』角川学芸出版 2013

478 都筑卓司『トポロジー入門』日科技連 1974

479 『つるちゃんのプラネタリウム』・シェア版 3.5.2

480 『東寺の如来・祖師像』東寺（教王護国寺）宝物館 1994

481 豊島泰国『図説日本呪術全書』原書房 1998

482 内田克巳『内田克巳写真集　米子』内田克巳 1994

483 内田正男編著『日本暦日原典』雄山閣 1975

484 内野熊一郎・中村璋八・中国古典新書『呂氏春秋』明徳出版社 1976

485 上田正昭監修『平野神社史』平野神社社務所 1993

486 上田正昭他『三輪山の神々』学生社 2003

487 植木朝子「土師氏と芸能　今様起源譚から能「道明寺」へ」『日本歌謡研究』37,10-18,1997

488 植島啓司『伊勢神宮とは何か　日本の神は海からやってきた』集英社 2015

489 宇治市歴史資料館編『巨椋池、そして、干拓は行われた』宇治市歴史資料館 2011

490 宇治谷孟『続日本紀　全現代語訳』講談社学術文庫 1992

491 宇治谷孟『日本書紀』創芸出版 1986

492 梅原末治『日本の古墳墓』養徳社 1947

493 梅原猛『海人と天皇　日本とは何か』朝日新聞社 1991

494 梅原猛・砂原秀遍『古寺巡礼京都 I　東寺』淡交社 2006

495 宇佐神宮庁『宇佐神宮』2008

496 臼杵華臣編『東大寺別院　周防阿弥陀寺』阿弥陀寺 1986

497 臼杵華臣他編『毛利博物館』防府毛利報公会 1988

498 和田英松校訂『水鏡』岩波文庫 1930

499 和田維四郎『日本鑛物誌』東京大学出版会 1904

500 和田維四郎『本邦鑛物標本』東京大学出版会 1907

501 和田一範・有田茂・後藤和子「わが国の聖牛の発祥にかかる考察」『土木史研究』講演集 Vol.24　2004p359-366

502 和田萃「夕占と道饗 - チマタにおけるマツリと祭祀」『日本学　倭国から日本へ』名著刊行会 1985-6p35-47

503 『和刻本正史　晋書』食貨志・汲古書院 1971

504 渡邊一郎『伊能忠敬測量隊』小学館 2003

505 渡邊一郎『伊能忠敬の歩いた日本』ちくま新書 1999

506 渡邊一郎『幕府天文方御用　伊能測量隊まかり通る』NTT 出版 1997

507 渡邊一郎・鈴木純子『図説　伊能忠敬の地図をよむ』河出書房 2000

508 渡辺敏夫著『日本・朝鮮・中国——日食月食宝典』雄山閣 1979

509 薮田嘉一郎『五輪塔の起原』綜芸舎 1967

510 薮田嘉一郎『宝篋印塔の起原　続五輪塔の起原』綜芸舎 1967

511 薮内清『中国の科学と日本』朝日選書 1978

512 薮内清『中国の数学』岩波新書 1974

513 八木充編『図説　日本の歴史 35』河出書房新社 1998

514 山口市史編纂委員会『山口市史』山口市 1982

515 阿部猛編『日本古代官職辞典』高科書店 1995

516 横山卓雄『平安遷都と鴨川つけかえ』法政出版 1988

517 山田勝芳『貨幣の中国古代史』朝日新聞社 2000

518 山田雄司『怨霊とは何か』中公新書 2015

519 山田雄司『跋扈する怨霊　祟りと鎮魂の日本史』吉川弘文館 2007

520 山田稔・有馬喜惣太製作『防長土図』について　山口県立山口博物館研究報告第 16 号山口県立山口博物館 1990

521 山口県神社誌編纂委員会編『山口県神社誌』山口県神社庁 1998

522 山口市教育委員会編『山口市の文化財』山口市教育委員会 1983

523 山口の文化財を守る会『山口市の石仏・石塔 (1) －平川・大歳・吉敷』山口市教育委員会 2002

524 山口県郷土読本編集委員会編『やまぐち郷土読本』山口市教育委員会 1988

525 山口県文書館『防長寺社由来　山口宰判』第三巻 1983

526 山口県立萩美術館・浦上記念館編『原始土器の美－大汶口遺跡出土文物』山口県立萩美術館・浦上記念館 2003

527 山口県立美術館編『防府天満宮展－日本最初の天神さま－』防府天満宮展実行委員会 2011

528 山口市教育委員会山口市文化財センター『湯田条里跡』山口市埋蔵文化財調査報告第３９集

529 山口市教育委員会文化財保護課『興隆寺跡遺跡Ⅲ』山口市埋蔵文化財調査報告第 90 集・山口市教育委員会 2005

530 山口市教育委員会文化財保護課『凌雲寺跡１』山口市埋蔵文化財調査報告第 115 集・山口市教育委員会 2015

531 山本博文監修『あなたの知らない京都府の歴史』洋泉社 2014

532 山根惇志「出雲族の原郷に就い──土師氏伝承と関連して──」『古事記年報』29 古事記学会 1986

533 山中襄太『地名語源辞典』校倉書房 1978

534 吉野裕子『隠された神々』人文書院 1992

535 山野満喜夫『百済王神社拝殿修復工事落成記念　百済王神社と特別史跡百済寺跡』百済王神社 1975

536 山折哲雄『日本の神』平凡社 1995

537 山折哲雄編『日本における女性』名著刊行会 1992

538 山崎青樹『草木染染料植物図鑑Ⅰ』美術出版社 2012

539 山内登貴夫『和鋼風土記　出雲のたたら師』角川選書 2008

540 『復刻古地図・日本輿地路程全図安永七年』人文社

541 フランシス・ラーソン著・矢野真千子訳『首切りの歴史』河出書房新社 2015

542 米沢康「土師氏に関する一考察──日本書紀の所伝を中心として」『藝林』9(3),46-59,1958-06-00

543 米沢康「土師氏の改姓」『藝林』12(6), 34-48, 1961

544 説文会編『説文入門』大修館書店 1983

545 吉田賀一 , 松永寿人：強迫症への認知行動療法とその技法の適用．最新精神医学 23(2): 97-104,2018.

546 吉田賢抗『論語』明治書院 1960

547 吉田光邦『星の宗教』淡交社 1970

548 吉田東伍『大日本地名辞書　中国・四国』冨山房 1900

549 義江明子『日本古代の氏の構造』吉川弘文館 1986

550 義江明子『平野社の成立と変質──外戚神説をめぐって──』日本歴史 (429),32-48,1984-02

551 安居香山『緯書と中国の神秘思想』平河出版社 1988

552 安居香山・中国古典新書『緯書』明徳出版 1969

553 吉川忠夫『古代中国人の不死幻想』東方書店 1995

554 吉川忠夫・富谷至『漢書五行志』平凡社 1986

555 吉川忠夫訓注『後漢書』第六冊列伝・岩波書店 2004

556 安本美典『大和朝廷の起源』勉誠出版 2005

557 吉野裕子『カミナリさまはなぜヘソをねらうのか』サンマーク出版 2000

558 吉野裕子『易・五行と源氏の世界』人文書院 1999

559 吉野裕子『易と日本の祭祀』人文書院 1984

560 吉野裕子『陰陽五行と童児祭祀』人文書院 1986

561 吉野裕子『陰陽五行と日本の天皇』人文書院 1998

562 吉野裕子『陰陽五行と日本の文化』大和書房 2003

563 吉野裕子『陰陽五行と日本の民俗』人文書院 1983

564 吉野裕子『陰陽五行思想からみた日本の祭』弘文堂 1978

565 吉野裕子『古代日本の女性天皇』人文書院 2005

566 吉野裕子『狐』法政大学出版局 1995

567 吉野裕子『祭りの原理』慶友社 1972

568 吉野裕子『持統天皇』人文書院 1987

569 吉野裕子『蛇』法政大学出版局 1979

570 吉野裕子『大嘗祭』弘文堂 1987

571 吉野裕子『日本古代呪術』大和書房 1971

572 吉野裕子『日本人の死生観』人文書院 1995

573 安岡正篤『易学入門』明徳出版社 1982

574 谷沢栄一『聖徳太子はいなかった』新潮新書 2004

575 谷沢永一『五輪書の読み方』ごま書房 1982

576 吉野裕子『神々の誕生』岩波書店 1990

577 荒俣宏『世界大博物図鑑』平凡社 1992

578 松橋利光写真・富田京一解説『日本のカメ・トカゲ・ヘビ』山と渓谷社 2007

579 小向正司編『陰陽道の本』学研 1993

580 アジア民族造形文化研究所『アジアの龍蛇』造型と象徴・雄山閣出版 1992

581 上方史蹟散策の会編『竹内街道』向陽書房 1988

582 綿本誠『論衡』明徳出版社 1983

583 吉野裕子『五行循環』人文書院 1992

584 新谷尚紀『日本人の禁忌』青春新書 2004

585 窪徳忠『道教の世界』学生社 1987

586 吉川幸次郎『漢の武帝』岩波新書 1949

587 槙佐知子『日本の古代医術　光源氏が医者にかかるとき』文芸春秋 1999

588 村上文崇『中国最凶の呪い　蠱毒』彩図社 2017

589 赤祖父俊一『北極圏のサイエンス』誠文堂新光社 2006

590 赤祖父俊一『オーロラ』岩波新書 2002

591 仁保の郷土史編纂委員会『仁保の郷土史』1987

592 田村哲夫『宮野八百年史』宮野八百年史刊行会 1981

593 羽曳野市史編纂委員会『羽曳野市史第 1 巻本文編Ⅰ』羽曳野市 1997

594 安原修次『伊吹山の花』ほおずき書籍 2005

595 加藤敬『下北・神仏との出会いの里』平河出版社 1992

596 松田寿男『古代の朱』学生社 1975

597 桜井勝之進『伊勢神宮の祖型と展開』国書刊行会 1991

598 小松和彦『異界と日本人』角川ソフィア文庫 2015

599 本渡章『カラー版大阪古地図むかし案内──江戸時代をあるく』創元社 2018

あとがき

　「青垣　山隠れる」山口の街は、5月、オウチ（樗／センダン）の花の香りに包まれて涼しい朝を迎えようとしています。

人目に触れることもなく眠り続けてきた北斗図と五形図にも、また新しい一日が始まりました。

　はるか遠い天武天皇の御世、土師氏（後の土師氏四腹のうち毛受腹）が周芳山口に地上絵を描いたと推測されます。

それから約100年後、桓武天皇の御生母・高野新笠の母が土師宿禰真妹であったことから、土師氏（毛受腹／大枝氏）は朝廷と姻戚関係にあり、その事実は氏族の誇りとして永く伝えられていたと思われます。

延暦九年(790)庚午十二月壬辰朔辛酉(30)の勅では、中宮（高野新笠）の系統の土師氏（毛受腹）には大枝朝臣を賜姓したとあります。（毛受腹はモヅバラではなくモウケノハラと読む／大枝朝臣の枝は金枝玉葉すなわち天皇から分かれた氏族を意味する可能性がある）(154)(490-2-447)(490-2-447)

史実としては認められていませんが、中宮の父方は百済第二十五代武寧王の子・純陀太子の末裔と称する和史乙継でした。（和氏譜／和気清麻呂）

　中世、周芳を支配した大内氏の出自も土師氏と考えられます。(105-46)

大内氏は、仏像・経典を日本に最初に伝えたとされる百済第二十六代聖明王の第3王子・琳聖太子の末裔である、と自称していました。（渡来伝説は各地にある）(105-55)(547-242)

琳聖太子の伝承もやはり史実としては認められていませんが、その名前（琳は澄みきった玉を表し北斗七星の璇璣玉衡と対応する）から太子に北斗七星の化身で北斗図の存在を暗示するための伝承であった、と前作で推測しました。

大内氏が百済王の末裔とする伝承を造り上げた時点で、大内氏は朝廷の外戚であった毛受腹の土師氏を同族であると認めていたことが想像できます。（叔父の土師氏と甥の大内氏の関係）

　さらに、大内氏と土師氏を結び付ける重要な要素は、毛受腹すなわち龍腹から派生した「タタラ（毛受腹／儲けの腹／龍腹）」の言葉で、応永十四年(1407)丁亥に大内多々良朝臣盛見の名が見られます。（氷上山供養日記）(105-405)

「タタラ」と名のることで、氏祖・土師氏の徳を継承することに誇りを感じていたのでしょう。

後代、周芳を支配した毛利氏も、実は毛受腹の土師氏が改氏姓した大枝（後の大江）氏の末裔でした。

毛利氏が氏祖を土師氏（大枝氏）であると記憶していた証拠の一つは、土師八幡の鳥居に残る大江元潔の奉献名で、これは吉敷毛利家十三代当主・毛利元潔（元一／1816～1889)のことです。(123-423)

つまり、それぞれの経緯は異なっても、土師氏（毛受腹）、大内氏、毛利氏（大枝氏）と同族が繋がって周芳を支配してきたことになり、地上絵と空間設計の存在が近世まで伝えられてきた可能性があります。

　昭和天皇が山口行幸（昭和38年4月）のみぎり、土師八幡の境内に松（の種）を手播きされたのも、桓武天皇と外戚であった土師氏との関係を意識されていたから、と想像されます。

今上天皇（令和元年での上皇）も、高野新笠の父方の遠祖を意識されていたのか「百済武寧王との縁」の発言がありました。(275-14)

大内氏の時代、伊勢皇大神宮から神霊を勧請して山口大神宮の創建を可能にした理由には、当時の大内氏の繁栄もさることながら、地上絵を描いて朝廷の宗廟祭祀の一翼を担ってきたことや桓武朝以来朝廷との外戚関係であったこと、などが考えられます。

遠い昔、地上絵の北斗七星（第5星の位置に高野時盛様に名を残す）が南方朱雀宿の範囲（大内の地名を残す）を常に回転して四季のめぐりを促し、2頭の鳳凰（東西の鳳翻山に名を残す）が翻って聖天子の出現を予兆し、東方の多気大神宮（瀧原宮）と並んで朝廷の宗廟祭祀の一翼を担った歴史が周芳山口にありました。

さらに、左祖右社の原則にしたがって、東方の伊勢国に宗廟である伊勢皇大神宮を創建し、西方の周芳国に社稷にあたる五形図（大日如来を象徴する）を描いて、やはり朝廷の宗廟祭祀の一翼を担い、あるいは和銅五年に予想された洪水を防ぐ呪術の一つとして存在したこともありました。

その五形図（第1候補／文武二年／698年）と聖数関係（陰陽の和17年）にある北斗図（天武十年／681年）の設計が、伊勢神宮（外宮と内宮）の設計に、時代が下って平安京大極殿と平野神社を結ぶ設計に影響した可能性も明らかになりました。

周芳山口を治めたと推測される土師氏の氏神・土師八幡は、五形図の重要な描点（基点）であるだけでなく空間設計の確かな痕跡として、その位置を秘かに守り続けてきたのです。

　1300年の眠りから目覚め始めた北斗図と五形図が、古代の夢を蘇らせる一助になることを願って止みません。

謝辞

　本書の出版に際して、地域の情報を提供して下さった岸孝穂氏、富田勢津子氏、白木美和氏、宮崎栄美氏の各位に、地上絵が存在することを多くの方々に説いて戴いた中野愛子氏はじめ、松田康義氏、西村正伸氏、吉本康治氏、鈴木克彦氏、大和潔、圭子御夫妻と大和佳太氏、中村充代氏の各位に、北辰妙見社について教えて戴いた市原博胤氏に、泉香寺山の古写真などを提供して戴いた宮田幸太郎氏に、平野と吉野について教えて戴いた山根典明、寿子御夫妻に、表紙をはじめ図版のデザインを担当して戴いたデザイン事務所ガレージに、照明について教えて戴いたstudio tanboの各位に、感謝申し上げます。最後に、東洋出版編集部編集長の秋元麻希氏はじめ編集部の各位には、丁寧な編集と懇切な御配慮を戴き感謝申し上げます。

著者略歴

1949 年：米国統治下の奄美大島名瀬市に生れる。

1975 年：鳥取大学医学部卒業

1987 年：医院を開く。

1998 年：現在地に移転、地上絵を発見する。

医学博士

現住所：〒753-0831 山口市平井 556-6

著書：『山口に残る古代地上絵　北斗図の謎』東洋出版 2016

子供達の成長を夢見て（Ryo／デザイン事務所ガレージ）

山口に残る古代地上絵　五形図の謎

2019年10月29日　第1版発行

著　者　池畑孝次郎

協　力　デザイン事務所ガレージ

発行者　田辺　修三

発行所　東洋出版株式会社
　　　　〒112-0014　東京都文京区関口 1-23-6
　　　　電話　03-5261-1004（代）
　　　　振替　00110-2-175030
　　　　http://www.toyo-shuppan.com/

印刷・製本　日本ハイコム株式会社

© Kojiro Ikehata, 2019 Printed in Japan.
　ISBN978-4-8096-7948-3

定価はカバーに表示してあります。
許可なく複製転載すること、または部分的にもコピーすることを禁じます。
乱丁・落丁本の場合は、御面倒ですが、小社まで御送付下さい。
送料小社負担にてお取り替えいたします。